IUSTITIAM COLIMUS

Mauro Bove

Lineamenti di diritto processuale civile

SETTIMA EDIZIONE

Giappichelli

VIA PO, 21 - TEL. 011-81.53.111

http://www.giappichelli.it

ISBN/EAN 979-12-211-0151-5
ISBN/EAN 979-12-211-5143-5 (ebook - pdf)

G. Giappichelli Editore

Questo libro è stato stampato su carta certificata, riciclabile al 100%

Stampa: Rotolito S.p.A. - Pioltello (MI)

A mio figlio Enrico
e ai miei "ragazzi"

«La libbra di carne che pretendo da lui è comprata a caro prezzo:
è mia e voglio averla. Se me la negate, onta alla vostra legge!
Non c'è forza nella legge di Venezia.
Io aspetto il giudizio»

(W. SHAKESPEARE, *Il mercante di Venezia*)

«Il fine del diritto è la pace, il mezzo per raggiungere questo è la lotta.
Fino a quando il diritto dovrà tenersi pronto all'attacco da parte del torto
– e così sarà fin quando esisterà il mondo – non gli sarà risparmiata la lotta.
La vita del diritto è lotta, una lotta dei popoli, del potere statale, degli individui»

(R. VON JHERING, *La lotta per il diritto*)

INDICE SOMMARIO

pag.

CAPITOLO TERZO

La tutela dichiarativa

CAPITOLO QUARTO

Profili di rito del processo dichiarativo

CAPITOLO QUINTO

Profili di merito del processo dichiarativo

CAPITOLO SESTO

Il processo complicato

CAPITOLO SETTIMO

I mezzi di impugnazione

PREFAZIONE ALLA SETTIMA EDIZIONE

Non molto tempo è passato dall'ultima edizione. Eppure ancora è necessario tornare a prendersi cura di questo strumento di lavoro per gli studenti, perché il vento caotico dei cambiamenti normativi non accenna a chetarsi, ed anzi rinvigorisce la sua forza.

La giustizia civile è stata travolta dal recente d.lgs. n. 149 del 2022, che ha apportato molte modifiche, collocate sia all'interno del codice di procedura civile, sia al suo esterno. L'abbondanza dei cambiamenti, di fattura non sempre pregevole, determinerà molte difficoltà nella vita quotidiana degli operatori. In questa sede a noi spetta il compito di trasferire le nuove conoscenze a coloro che ancora hanno il privilegio di vivere l'esperienza dell'apprendimento universitario, sperando di riuscire a far emergere sempre e solo profili di sistema e razionalità, affinché i nostri giovani possano acquisire fondamenti meno soggetti ai continui cambiamenti.

In attesa che una nuova generazione costruisca un mondo migliore rispetto a quello che noi siamo stati capaci di lasciare loro.

Ronchi Massa Carrara

Giugno 2023

PREFAZIONE ALLA SESTA EDIZIONE

Se la cura di un manuale è un viaggio che non può finire, se non con la "scadenza" naturale del suo autore, a volte la dinamica di una simile esperienza prende una svolta che non era nelle intenzioni del suo protagonista umano. Così, in tutti questi anni, un libro nato solo come strumento d'insegnamento, quindi avendo presente esclusivamente giovani ed ancora inesperti interlocutori, ha finito per cambiare, almeno in parte, volto e diventare un luogo di riflessione sistematica e di confronto con la prassi giurisprudenziale in ordine alle problematiche del processo civile.

Così la trama espositiva si infittisce e si aspira certamente alla formazione dei nostri studenti, ma anche al dialogo con studiosi ed operatori pratici.

Nel licenziare la nuova edizione sento, peraltro, il bisogno di ricordare in modo particolare gli studenti che hanno frequentato il mio ultimo corso, con i quali abbiamo, insieme, affrontato questa terribile primavera, ostaggi di un virus che è sembrato e, in parte, continua a sembrare implacabile. Nelle nostre lezioni "da remoto" li ho accolti nella quiete del mio studio e ho letto i loro volti preoccupati, affaticati e pur pieni di forza per andare avanti e sperare.

A loro soprattutto dedico questa mia ultima fatica, con ogni miglior augurio per la loro vita che verrà.

Ronchi Massa Carrara

Giugno 2020

PREFAZIONE ALLA QUINTA EDIZIONE

Ancora mutamenti legislativi tanto incessanti, quanto inutili allo scopo, vale a dire al miglioramento del servizio giustizia, continuano ad essere riversati su un'utenza ormai stremata. Il lavoro quotidiano degli operatori pratici è sempre più incerto nella conoscenza e nell'uso delle regole che presiedono alle vie da percorrere per giungere alla tutela dei diritti, insomma in quelli che dovrebbero essere gli utensili più comuni e stabili del mestiere.

Il c.d. Legislatore appare ormai veramente un personaggio mitologico del tutto lontano dalla realtà, sordo ad ogni sollecitazione di comportamenti più razionali ed equilibrati. Una frenesia del "fare pur che sia" domina incontrastata, senza che neppure si riesca ad individuare il reale soggetto di esso, un interlocutore con cui si possa aprire un dialogo.

A fronte di questa situazione, le cui tinte fosche appena tratteggiate colgono la gravità della situazione solo per difetto, studiare e far studiare il diritto processuale civile cogliendo concetti e disegnando sistemi, ossia in un modo che non voglia attenersi solo ad una sorta di libretto delle istruzioni per l'uso, diventa un esercizio quasi "fuori moda". Ma, come forse fuori del loro tempo poteva apparire il lavoro anonimo di quegli oscuri monaci del Medio Evo, al cui impegno dobbiamo noi la salvezza dei fondamenti dello spirito occidentale, l'analogo buio dei nostri tempi può essere accettato senza irrimediabili pessimismi nichilisti solo tenendo accesa qualche fiammella. In noi docenti, innanzitutto. Ma soprattutto in quei giovani che, con la passione e l'energia a noi meno giovani sempre più carenti, vorranno raccogliere un testimone per mezzo del quale, in un futuro per ora non collocabile, si potrà, ravvivando da quelle poche e timidi luci il fuoco della ragione, uscire da questa lunga ed infelice transizione.

Ronchi Massa Carrara

Luglio 2016

PREFAZIONE ALLA QUARTA EDIZIONE

Le ragioni che avevano imposto nell'arco di pochissimi anni edizioni successive alla prima continuano ad essere attuali e così impongono la cura di una quarta edizione di questo libro.

Che il pensiero di un autore non sia una realtà statica, ma un fenomeno in movimento, come tutti i fenomeni dello "Spirito", è cosa ovvia e naturale. Meno ovvio è che un simile fenomeno sia incessantemente stimolato, a distanze temporali direi insignificanti, da continui corsi e ricorsi di un legislatore che ormai fabbrica leggi come se producesse beni di consumo.

In attesa di uscire da questo nuovo Medio Evo, non possiamo che affannarci a rincorrere i mutamenti continui.

Ronchi Massa Carrara

Settembre 2012

PREFAZIONE ALLA TERZA EDIZIONE

Continue rimeditazioni sugli argomenti trattati e l'incessante evoluzione della giurisprudenza rendevano naturalmente opportuna una nuova edizione di questo libro nonostante che siano passati pochi anni dalla precedente. Poi, di recente, la nuova maggioranza parlamentare, riprendendo un disegno di legge della precedente maggioranza, ha approvato un'ennesima riforma del processo civile con legge 18 giugno 2009, n. 69, rendendo così necessario un aggiornamento che prima appariva solo opportuno.

Nonostante che emerga con oggettiva evidenza come le rilevanti riforme avvenute negli anni 2003/2006 non abbiano prodotto una giustizia civile più efficiente, il legislatore ci apparecchia altri aggiustamenti del codice di rito, senza un'idea di fondo sulla sua riforma organica e soprattutto senza alcuna consapevolezza del fatto che tante e continue riforme parziali del processo, se non risolvono alcun problema, ne producono piuttosto di nuovi.

A fronte di una simile situazione il rischio di creare confusione è alto. Sempre più si allontana la possibilità di costruire linee semplici ed armoniche, si direbbe, per usare un'espressione fuori moda, linee sistematiche del diritto processuale civile. In tal modo sempre meno si riesce a comprendere e razionalizzare la realtà della giustizia civile.

Ma il compito di un insegnante, se il suo ruolo ha ancora un senso, è comunque quello di provarci.

Ronchi Massa Carrara

Giugno 2009

PREFAZIONE ALLA SECONDA EDIZIONE

Ogni libro è destinato ad essere superato dal suo stesso autore, sempre che questi continui il suo cammino. Ciò vale soprattutto per un manuale, che, essendo al contempo uno strumento didattico e l'espressione di un punto di vista generale della materia, per un verso esige una costante attenzione alle novità legislative, giurisprudenziali e dottrinali e, per altro verso, suscita continui ripensamenti nella trattazione delle singole questioni.

Ma l'"invecchiamento" di questo libro, in particolare, ha subito una rapida accelerazione a causa dei numerosi cambiamenti che al codice di procedura civile sono stati apportati dal legislatore negli ultimi mesi della legislatura appena terminata. La stagione delle riforme è stata breve e convulsa, ma non per questo poco ampia nella sua incidenza. Gli interventi di modifica hanno riguardato molte parti della nostra materia: dal processo dichiarativo a quello esecutivo e cautelare, dal giudizio di cassazione al processo arbitrale. Non si è trattato di riforme definibili come "epocali", perché gli snodi ed i concetti fondamentali del processo civile non hanno subito, tendenzialmente, decisivi mutamenti. Tuttavia le norme del codice di rito coinvolte da questa ventata di cambiamento sono state molte, per cui non era possibile tralasciarne la trattazione, neanche nell'ambito di un manuale di base, come vuole restare quello che mi accingo ancora una volta a licenziare. Un immediato aggiornamento era, quindi, inevitabile.

La struttura del libro resta quella originaria, perché non è cambiata l'idea che lo fonda e l'esigenza didattica che lo anima, anche se l'abbondanza delle questioni sul tappeto ha comportato qualche appesantimento, soprattutto nelle note. Viene meno in questa edizione la nota bibliografica, perché al momento tutti i manuali sono in via di aggiornamento.

Per il resto, non credo che sia utile ed opportuno un giudizio preliminare, di carattere generale, sulle riforme recenti, soprattutto in questa sede. La loro complessità impone uno studio attento ed esteso e, quindi, semmai esige una critica scientificamente fondata nell'ambito delle singole questioni, non dimenticando che il nostro compito è essenzialmente quello di trovare e proporre spunti di riflessione razionale.

Ronchi Massa Carrara

Aprile 2006

CAPITOLO PRIMO

INTRODUZIONE ALLO STUDIO DEL DIRITTO PROCESSUALE CIVILE

SOMMARIO: 1. Diritto sostanziale e giurisdizione civile. – 2. Crisi del diritto sostanziale e forme della giurisdizione civile. – 3. Concetto generale di "processo". – 4. Le tutele.

1. *Diritto sostanziale e giurisdizione civile*

Nel corso degli studi giuridici effettuati fino a questo momento lo studente ha analizzato l'esperienza giuridica su un piano statico, ossia egli essenzialmente ha studiato le norme comunemente denominate *sostanziali*, vale a dire l'insieme delle regole che un certo ordinamento detta al fine di disciplinare le relazioni tra i soggetti, regole che impongono determinati comportamenti, positivi o negativi, in funzione di protezione di interessi ritenuti meritevoli. Invero, ogni ordinamento giuridico, e così pure quello dello Stato italiano che rappresenta l'oggetto principale, o quanto meno l'oggetto di partenza, dei nostri studi, si presenta innanzitutto come un insieme di regole di comportamento doverose, ciò in tutti i suoi settori ed a prescindere dalla costruzione di situazioni giuridiche individuali.

Ora, mantenendoci su un piano generale, comprendente ogni branca dell'ordinamento (civile, amministrativo, penale, ecc.), è intuitivo che il suddetto insieme di regole sostanziali possa entrare in crisi, cioè può verificarsi il caso che un soggetto non si adegui, non rispetti una delle prescrizioni comportamentali che, al contrario, egli avrebbe dovuto rispettare. In altri termini, è possibile che un soggetto non faccia qualcosa che invece avrebbe dovuto fare oppure faccia qualcosa che egli non avrebbe dovuto fare. Ove ciò accada, si verifica un *illecito* in senso lato: se un soggetto tiene in concreto un comportamento contrario a quello che in astratto una norma gli imponeva, si ha una violazione di tale norma, si entra in un ambito patologico di non-attuazione dell'ordinamento. È a questo punto che interviene (*rectius*: può intervenire) l'*attività giurisdizionale*, la quale, in termini generali, ha lo scopo di ripristinare l'ordine violato, di attuare, quindi, il diritto oggettivo, in ultima analisi di sanzionare l'illecito inteso, in senso lato, come violazione di una norma.

Ma, dovendo ora studiare solo il diritto processuale civile, noi abbiamo bisogno di specificare i concetti generali a questo pertinenti, ossia dobbiamo individuare il concetto di illecito civile, che è più specifico rispetto a quello generale di illecito appena richiamato, e il concetto di giurisdizione civile, che è solo una parte della giurisdizione più ampiamente intesa. Tale percorso conoscitivo va intrapreso partendo dal presupposto teorico imprescindibile per cui l'attività giurisdizionale, essendo innanzitutto attuazione del diritto oggettivo, deve conformarsi secondo il modo di essere, appunto, del tipo di diritto oggettivo che essa è chiamata ad applicare ed attuare. Di conseguenza, per afferrare il concetto di base del diritto processuale civile, dobbiamo partire da alcuni rilievi che riguardano il diritto civile.

Ciò che emerge da una sia pur superficiale osservazione dell'area da noi denominata diritto civile è che nel suo ambito quando un soggetto viola una norma sostanziale, nel senso che egli tiene un comportamento che gli era proibito o, al contrario, non pone in essere un comportamento che, invece, avrebbe dovuto porre in essere, con ciò egli finisce sempre per ledere una situazione giuridica protetta (di vantaggio) imputabile ad altro soggetto denominata *diritto soggettivo*. Questo accade perché le norme sostanziali civili si occupano essenzialmente della ripartizione dei beni tra i consociati, per cui ad ogni previsione di comportamento doveroso corrisponde la necessità di realizzare o, comunque, tutelare un interesse (che non è altro che una tensione verso un bene della vita) prevalente che l'ordinamento riconosce e garantisce appunto attraverso la figura del diritto soggettivo. Insomma, la norma civilistica intanto impone un comportamento ad un soggetto in quanto ciò serve per realizzare o garantire un interesse essenzialmente individuale (considerato) meritevole di tutela, il quale, appunto perché meritevole di tutela, è dall'ordinamento fatto assurgere al rango di diritto soggettivo.

Ciò che è stato appena detto risulta evidente se solo si fa qualche esempio.

In riferimento ai diritti di credito è essenziale la figura del rapporto obbligatorio, nel quale dal lato passivo si pone il debitore che deve tenere un certo comportamento al fine di realizzare il diritto di credito. Tenendo il comportamento dovuto l'obbligato adempie la prestazione e quindi realizza il diritto di credito. Peraltro, qui il diritto soggettivo si presenta come una situazione strumentale, ossia una situazione-ponte, fisiologicamente destinata ad estinguersi, in quanto l'avente diritto realizza il suo interesse proprio a causa della prestazione dell'obbligato, che, adempiendo, appunto estingue il diritto. Se, invece, il debitore non adempie, il mancato comportamento dovuto comporta, non solo inattuazione del diritto oggettivo (= violazione della norma), ma anche lesione del diritto soggettivo in funzione del quale quel dovere era stato imposto.

Mutando ciò che c'è da mutare, rilievi analoghi vanno fatti anche in riferimento ai diritti assoluti, siano essi diritti reali o diritti della personalità, diritti anche detti finali in quanto nella loro fisiologia non sta l'estinzione, bensì la loro durata, realizzandosi l'interesse sottostante proprio nella misura in cui il diritto continua a vivere in capo al suo titolare. Infatti anche a fronte di tali situazioni si possono costruire obblighi, ancorché non specifici, in quanto a fronte di ogni diritto assoluto vi è il dovere di tutti i consociati di astenersi dal fare ciò che altrimenti turberebbe il godimento del bene oggetto del diritto assoluto. Insomma, anche qui si riscontrano doveri (negativi) di comportamento, la cui violazione comporta inevitabilmente pure la lesione del diritto in funzione del quale quei doveri sono costruiti.

In conclusione, nel campo dei nostri studi il concetto di illecito si specifica nel senso che il mancato rispetto di una norma di relazione comporta sempre anche la lesione di un diritto soggettivo al cui presidio quella norma era dettata, per cui l'illecito civile è, non solo, violazione del diritto oggettivo, ma anche *lesione del diritto soggettivo*.

A fronte di un illecito civile deve essere possibile un'attività che, per un verso, ristabilisca oggettivamente l'ordine violato e, per altro verso, tuteli soggettivamente il diritto soggettivo leso. Tale attività negli ordinamenti moderni non può consistere, almeno di regola, in forme di autotutela, ma essa consiste nella *giurisdizione civile*. Quindi l'attività giurisdizionale civile, a prescindere da ogni ulteriore specificazione sulle forme nelle quali essa si manifesta e sui soggetti che possono porla in essere, è sempre caratterizzata dallo *scopo* di *tutelare il diritto soggettivo violato* o, se si vuole, di realizzare e/o garantire l'interesse che è "giuridicizzato" dalla figura del diritto soggettivo, interesse che può non aver trovato la sua fisiologica realizzazione (come dovrebbe accadere nei diritti di credito attraverso l'adempimento) o può essere stato turbato, per così dire, nella sua persistenza (come si verifica nella lesione di un diritto assoluto).

L'anello di congiunzione tra il diritto sostanziale violato, o se si vuole il diritto soggettivo leso, e l'attività giurisdizionale che serve a ripristinare il diritto oggettivo e, quindi, a tutelare il diritto soggettivo entrato in crisi è il *diritto di azione*. Questo si annovera tra le situazioni giuridiche processuali ed è il corrispettivo che gli Stati moderni hanno conferito a ciascuno in cambio della rinuncia all'autotutela: esso ha come contenuto essenzialmente il diritto di agire in giudizio per la tutela delle proprie situazioni giuridiche soggettive sostanziali.

Fermo restando che su di esso torneremo quando studieremo l'art. 24, 1° comma, Cost., fin da ora si tenga presente che tale diritto spetta ad ogni soggetto, non nei confronti di altri soggetti, bensì nei confronti dello Stato. Col suo esercizio (subito dalla controparte, ma rivolto allo Stato [1]) il soggetto passa dalla statica alla dinamica dell'esperienza giuridica e, assumendo la (compiuta) lesione di un suo diritto, egli chiede agli organi deputati dello Stato appunto la tutela di esso, ovviamente in base al modo di essere del diritto sostanziale così come emerge a seguito della lesione. Il diritto di azione è una categoria processuale e presuppone un diritto soggettivo la cui esistenza (presunta) e conformazione deriva dalla legge e dalla situazione verificatasi. Così, ad esempio, danneggiata la proprietà altrui, ne deriva un diritto risarcitorio, che a seconda delle situazioni può anche essere in forma specifica (art. 2058 c.c.). Ora, se questo diritto risarcitorio è fisiologicamente realizzato, non vi sono problemi. Ma, se così non è, l'interessato eserciterà un'azione di condanna affermando quel credito, che non rappresenta il contenuto del diritto di azione, bensì ciò che questo presuppone.

Insomma, il diritto d'azione non è altro che il *diritto alla tutela giurisdizionale*.

Di conseguenza, nello svolgimento di ogni attività giurisdizionale si agiteranno sempre due ordini di questioni: quelle attinenti all'azione, ossia alle condizioni della sua esistenza nonché alle forme del suo esercizio, e quelle attinenti al diritto sostanziale per il quale si chiede tutela, così come in ipotesi conformato prima del processo.

In altri termini, l'azione ha come contenuto il tipo di provvedimento che si vuole ottenere dal giudice, il tipo di tutela giurisdizionale. Restando all'esempio appena sopra fatto, nonostante contrari usi linguistici diffusi nel foro, non esiste l'azione risarcitoria, ma esiste il diritto sostanziale al risarcimento, rispetto al quale può essere esercitata l'azione di condanna, se la vicenda umana lo rende necessario.

Azione e diritto sostanziale hanno diversi presupposti e possono esistere disgiuntamente.

Invero è possibile che sussistano in concreto i presupposti per una misura giurisdizionale richiesta, siano cioè realizzate le condizioni previste dal diritto processuale civile, e allo stesso tempo non sussistano i presupposti del diritto sostanziale per il quale si pretenda una certa tutela. Come, al contrario, è possibile che non vi siano i dovuti presupposti processuali, ancorché sussistano le condizioni di esistenza della situazione giuridica sostanziale. Tale duplicità di piani si pone in ogni tipo di attività giurisdizionale, ma meglio e più approfon-

---

[1] Insomma potremmo anche dire che dall'esercizio del diritto d'azione emergono due aspetti: per un verso, si determina una modificazione giuridica nella sfera della controparte, che si trova assoggetta alla situazione processuale, e, per altro verso, si concretizza una pretesa verso lo Stato alla pronuncia di un dato provvedimento giurisdizionale.

ditamente noi la analizzeremo nell'ambito dell'attività c.d. dichiarativa, nel cui seno si distingueranno le questioni c.d. di rito dalle questioni c.d. di merito.

2. *Crisi del diritto sostanziale e forme della giurisdizione civile*

La crisi del diritto soggettivo può verificarsi in diversi modi e, di conseguenza, diverse possono essere le esigenze di tutela del titolare del diritto soggettivo. Ma, se la giurisdizione civile è rivolta alla tutela del diritto soggettivo[2], evidentemente essa deve adeguarsi ai diversi modi in cui può entrare in crisi il diritto soggettivo, quindi alle diverse esigenze di tutela, approntando le adeguate *forme*.

Innanzitutto può sorgere il bisogno di *accertare* il diritto soggettivo, perché quanto meno è messa in discussione la sua esistenza e/o il suo modo di essere. Oppure è possibile che il bisogno stia nella sua *realizzazione*. Od anche può essere che sorga il bisogno di approntare *cautele* affinché il tempo necessario per svolgere una certa attività giurisdizionale non vada a danno del titolare del diritto.

A queste diverse esigenze di tutela corrispondono diverse forme di attività giurisdizionale. Essenzialmente ci troviamo di fronte a tre tipi di attività, ognuno dei quali ha specifiche caratteristiche funzionali e strutturali, nel senso che ogni tipo è previsto in funzione di un certo bisogno di tutela e per ognuno di essi l'ordinamento appronta anche uno strumento, il processo, per giungere allo scopo.

Mantenendo l'ordine già scelto, nel campo dei nostri studi distinguiamo:

1. la tutela dichiarativa, che si realizza attraverso il processo dichiarativo;
2. la tutela esecutiva, che si realizza attraverso il processo esecutivo;
3. la tutela cautelare, che si realizza attraverso il processo cautelare.

In ciascuno di questi ambiti si riscontra sempre lo scopo generale della giurisdizione civile, che sta nella tutela del diritto soggettivo leso. Ma, poi, a seconda delle diverse forme di crisi del diritto soggettivo e, quindi, a fronte dei diversi suoi bisogni di tutela, quel comune, ed identico, scopo si atteggia in modi diversi.

Ed ancora l'attività da compiere in funzione dei detti scopi si struttura in modi diversi, per rendere adeguata la struttura al suo obiettivo, ma sempre, in ognuna di quelle forme, noi possiamo dire che lo strumento utilizzato è comun-

[2] Peraltro, in seguito vedremo come, per un verso, la tutela di un diritto soggettivo possa aversi anche nell'ambito di altre giurisdizioni (si pensi a quella del giudice amministrativo) e, per altro verso, la giurisdizione civile possa a volte risolvere controversie che non hanno ad oggetto un diritto soggettivo (si pensi ad esempio all'opposizione agli atti esecutivi di cui all'art. 617 c.p.c.).

que un *processo*, ossia un'attività che mantiene in ogni caso alcune imprescindibili caratteristiche strutturali.

In questa fase introduttiva il nostro compito sarà allora duplice: innanzitutto è necessario delineare gli elementi essenziali e generali del concetto di "processo", quindi, in un secondo tempo, sarà nostra cura specificare meglio gli scopi che la giurisdizione civile assume nelle sue tre forme appena accennate.

3. *Concetto generale di "processo"*

Il processo è la via che il giudice e le parti in conflitto devono percorrere insieme per giungere alla meta della tutela del diritto soggettivo (che si assume) violato. In termini giuridicamente sintetici possiamo dire che esso è un *procedimento* caratterizzato dall'operatività al suo interno di alcuni *principi essenziali*, che possiamo dire essere tutti attuazione nel processo del principio fondamentale di uguaglianza di cui all'art. 3 Cost.:

a) il principio di terzietà del soggetto che pone capo alla misura giurisdizionale (il giudice);
b) il principio del contraddittorio;
c) il principio della domanda.

Il procedimento non è altro che un'attività normativamente organizzata, ossia preordinata da norme, ancorché, come vedremo, nei diversi moduli processuali il tasso di preordinazione può essere (legittimamente) più o meno alto. Tale attività consta di una pluralità di atti, l'uno consequenziale all'altro, nel senso che essa si sviluppa secondo un'ordinata progressione, la quale pone capo ad un atto finale, l'unico (normalmente) destinato ad avere efficacia nel mondo sostanziale. Gli atti del procedimento, avendo di solito solo lo scopo di far avanzare la progressione verso l'atto finale, non hanno effetti nel mondo sostanziale, essendo a ciò deputato solo l'atto finale della serie. Ma, a volte, è possibile che vi siano atti procedimentali a doppia rilevanza: così, ad esempio, la domanda, che, per un verso, instaura il procedimento, ponendo le basi per gli atti procedimentali successivi, e, per altro verso, è fattispecie sostanzialmente rilevante a vari fini, tra i quali basti citare l'effetto dell'interruzione-sospensione della prescrizione del diritto fatto valere (argomenta dagli artt. 2943, 1° e 2° comma, e 2945, 2° comma, c.c.). Peraltro, discende sempre dalla logica interna al procedimento che l'atto finale sia in ogni caso atto qualificabile da una duplice serie di norme: quelle che lo riguardano direttamente, perché presiedono propriamente alla sua formazione, e quelle che qualificano gli atti anteriori, per cui la loro violazione, generando vizi degli atti a monte, produce, per ripercussione, vizi anche nell'atto finale.

Questi concetti di base saranno ripresi quando studieremo le nullità processuali [3]. Per il momento si tenga presente che la struttura procedimentale è tipica di varie attività di pubblico potere (anche se vi sono attività procedimentalizzate pure nel diritto privato: si pensi alle attività delle persone giuridiche). Ma, come si è accennato, quando ci si trova di fronte a quel tipo di attività di pubblico potere che chiamiamo attività giurisdizionale [4], il procedimento si colora della necessaria vigenza al suo interno di alcuni principi, che fanno di esso un processo. Quindi il processo è una *species* del *genus* procedimento.

Sui singoli principi si tenga, per il momento, presente quanto segue.

☑ *Principio di terzietà del giudice*

Con esso si esprime l'esigenza dell'equidistanza di colui che giudica dagli interessi in gioco. Il principio è oggi garantito da un complesso di norme costituzionali, sulle quali torneremo, e trova la sua attuazione anche in istituti disciplinati a livello di legge ordinaria (la ricusazione e l'astensione di cui agli artt. 51 e ss. c.p.c.) [5].

☑ *Principio del contraddittorio*

Con esso si esprime l'esigenza di garantire a coloro che sono interessati alla misura giurisdizionale (l'atto finale) la partecipazione al processo della sua formazione, partecipazione da costruire su un piano di parità tra di essi e tra gli interessati ed il giudice. In altre parole il principio del contraddittorio si risolve nell'esigenza di garantire il diritto degli interessati ad essere ascoltati, ad influenzare quello che sarà il contenuto della misura giurisdizionale. Anche tale principio trova riconoscimento in norme di rango costituzionale, sulle quali torneremo, e in norme di legge ordinaria, tra le quali si ricordi in particolare, oltre agli artt. 171*bis*, 1° comma e 384, 3° comma, c.p.c., l'art. 101 c.p.c., che

---

[3] Vedi *infra* il paragrafo 12 nel quarto capitolo.

[4] Quella giurisdizionale è attività di pubblico potere quando è svolta dai giudici dello Stato. Ma, come meglio vedremo (si rinvia ai paragrafi 1 e 2 del terzo capitolo), l'attività giurisdizionale può anche essere svolta da privati e in tal caso essa non sarà, ovviamente, un'attività di pubblico potere.

[5] Vedi anche l'art. 186*bis* disp. att. c.p.c. introdotto dalla legge n. 69/2009, che, al fine di ovviare alla c.d. forza della prevenzione, ossia alla naturale tendenza a mantenere un giudizio già espresso in altri momenti decisionali, impedisce che l'opposizione agli atti esecutivi di cui all'art. 617 c.p.c. sia trattata dallo stesso magistrato che ha posto in essere gli atti esecutivi avverso i quali il rimedio è stato speso.

contiene l'enunciazione del principio generale e che oggi, dopo una riforma del 2009 ed una del 2022, così recita: «Il giudice, salvo che la legge disponga altrimenti, non può statuire sopra alcuna domanda, se la parte contro la quale è proposta non è stata regolarmente citata e non è comparsa./ Il giudice assicura il rispetto del contraddittorio e, quando accerta che dalla sua violazione è derivata una lesione del diritto di difesa, adotta i provvedimenti opportuni. Se ritiene di porre a fondamento della decisione una questione rilevata d'ufficio, il giudice riserva la decisione, assegnando alle parti, a pena di nullità, un termine, non inferiore a venti giorni e non superiore a quaranta giorni dalla comunicazione, per il deposito in cancelleria di memorie contenenti osservazioni sulla medesima questione».

☑ *Principio della domanda*

Con esso si esprime l'esigenza per cui vi deve essere una distinzione tra il soggetto che mette in moto l'attività giurisdizionale e ne individua l'oggetto e il soggetto chiamato a porre in essere la misura giurisdizionale (previsione generale nell'art. 2907 c.c.).

Sono sottese a tale principio due ragioni.

Innanzitutto esso è un corollario del principio di terzietà del giudice, perché, se questi deve essere equidistante dagli interessi in conflitto, è opportuno che si tenga sempre distinta la figura del giudice da quella del soggetto che attiva la giurisdizione e ne individua l'oggetto. In tal senso il principio della domanda trova copertura costituzionale e dovrebbe essere rispettato anche nelle ipotesi in cui sono in gioco diritti indisponibili o, comunque, interessi pubblici, ipotesi nelle quali l'ordinamento, più che affidarsi ad azioni d'ufficio, come pur ammette in linea di principio il 1° comma dell'art. 2907 c.c., dovrebbe affidarsi all'esercizio dell'azione da parte del Pubblico Ministero. Peraltro si tenga presente come il caso più importante che la legge prevedeva d'iniziativa d'ufficio sia stato eliminato quando nell'art. 6 della legge fallimentare si escluse che la dichiarazione di fallimento potesse essere adottata senza la domanda, se non dello stesso debitore o di uno dei creditori, almeno del Pubblico Ministero [6].

---

[6] Peraltro, quello a cui si accenna è un mondo del tutto cambiato con l'approvazione del c.d. Codice della crisi d'impresa, punto di arrivo di un travagliatissimo lavoro legislativo, a partire dal D.Lgs. n. 14/2019. Oggi si deve guardare all'art. 37 di tale testo e poi, visti gli artt. 121 ss., è cambiata anche la terminologia, per cui il fallimento ha lasciato spazio alla c.d. liquidazione giudiziale. Piuttosto va citato come importante caso che fa eccezione alla regola quello tratto dall'art. 96, 3° comma, c.p.c., in virtù del quale il giudice può, anche d'ufficio, condannare la parte soccombente a pagare alla controparte una somma a titolo di abuso del processo, norma che dà al giudice un amplissimo potere discrezionale, che scade quasi nell'arbitrio. Peraltro, il D.Lgs. n. 149/2022 ha qui aggiunto un ulteriore 4° comma, a norma del quale il giudice potrà aggiungere, a

Inoltre, il principio della domanda è anche una naturale conseguenza del modo di essere del diritto soggettivo, quando si ha a che fare con diritti disponibili. Invero, il diritto soggettivo (se disponibile) è comunque una situazione di libertà e non di necessità, per cui il suo titolare deve pur sempre mantenere, oltre al potere di agire per la tutela dell'interesse sotteso al diritto soggettivo, anche la libertà di non perseguire la sua realizzazione.

Gli enunciati principi sono, nell'attuale momento storico, ritenuti elementi costitutivi essenziali del c.d. "giusto processo", ossia è oggi opinione della comunità che l'attività giurisdizionale svolta nel rispetto di essi possa garantire l'attendibilità del suo risultato. Tale opinione è cristallizzata e resa norma fondamentale nei precetti costituzionali che analizzeremo nel prossimo capitolo.

Ovviamente, poi, i valori indicati troveranno una loro peculiare (e diversificata) attuazione nei diversi processi che sono disciplinati nell'ambito del diritto processuale civile, tenendo presente quanto si è già rilevato sulla necessaria adeguatezza dello strumento allo scopo per cui esso è utilizzato. In altri termini, se la giurisdizione civile serve in genere alla tutela del diritto soggettivo e se ogni processo è un procedimento caratterizzato dalla vigenza dei principi sopra individuati, è anche vero che, poi, quello scopo generale si specializza in diverse forme e, quindi, in diverse forme dovrà specializzarsi anche lo strumento per la sua realizzazione.

Lo studio dei diversi processi che operano nell'ambito della giurisdizione civile implicherebbe lo studio di tutto il diritto processuale civile, compito che in questa sede sarebbe troppo ampio. Invero, l'approfondimento di questo libro riguarderà solo il processo dichiarativo ed anche in esso ci limiteremo essenzialmente ad analizzare i principi e gli istituti fondamentali.

Maggiore riflessione va dedicata, invece, all'individuazione degli scopi dei vari tipi di tutela già sopra indicati.

4. *Le tutele*

Abbiamo già detto come la giurisdizione civile non sia altro, in fondo, che la cura di una malattia, il rimedio che l'ordinamento appronta a fronte della crisi del diritto soggettivo. Insomma essa deve rispondere con le adeguate tutele in base ai diversi bisogni del diritto soggettivo in crisi. Da qui nasce la distinzione tra tutela dichiarativa, tutela esecutiva e tutela cautelare.

---

quanto già previsto nello stesso articolo, la condanna della parte al pagamento, a favore della cassa delle ammende, di una somma non inferiore ad euro 500 e non superiore ad euro 5000.

Nell'ambito della tutela dichiarativa si presuppone che il diritto soggettivo entri in crisi quanto meno perché esso è messo in discussione nella sua esistenza e/o nel suo modo di essere e/o nella sua attribuzione. Ed allora l'ordinamento deve approntare una via che porti almeno ad accertare, con forza vincolante, appunto la sua esistenza e/o il suo modo di essere e/o la sua attribuzione. Peraltro, vedremo in seguito che quello dell'*accertamento* è scopo *minimo* e *costante* nell'ambito della tutela dichiarativa, attraverso la quale, però, si può perseguire anche un obiettivo ulteriore proprio in base ai diversi bisogni di tutela del diritto soggettivo. Cioè vedremo che, poi, la tutela dichiarativa al suo interno si ripartisce in:

– tutela di mero accertamento;
– tutela di condanna;
– tutela costitutiva.

Insomma, se è vero che il processo dichiarativo punta sempre e comunque *almeno* all'accertamento di qual è il diritto nel caso concreto, è anche vero che esso, a seconda delle situazioni, punterà anche a qualche risultato ulteriore: così nella sentenza di condanna si avrà, oltre, si ripete, all'accertamento, anche un ordine di prestazione e nella sentenza costitutiva si avrà addirittura una modificazione di diritto sostanziale.

Ma, se possiamo per il momento evitare ulteriori precisazioni sulla tutela dichiarativa, in quanto lo studio di essa sarà al centro del corso di lezioni che seguiranno, qualche riflessione in più dobbiamo, invece, compiere ora sulla tutela esecutiva e sulla tutela cautelare, perché su di esse non torneremo nel prosieguo.

La *tutela esecutiva*, che si avvale del modulo del processo esecutivo, ha lo scopo di realizzare il diritto ad una prestazione. Qui abbiamo sempre a che fare con un diritto di credito insoddisfatto, con un rapporto obbligatorio inattuato, restando sullo sfondo, ed in tale sede del tutto irrilevante, il fatto che un simile rapporto obbligatorio sia, per così dire, originario oppure nasca dal verificarsi di un illecito. Si pensi, per fare un esempio del primo tipo, al rapporto obbligatorio che nasce da un contratto. Si pensi, invece, per fare un esempio del secondo tipo, al caso in cui venga leso un diritto di proprietà o, più in generale, al caso in cui un soggetto violi il dovere di astenersi dall'intromissione nella sfera giuridica del titolare di un diritto assoluto, sia questo un diritto reale o un diritto della personalità. Nel primo caso il contratto obbligherà originariamente un soggetto a porre in essere una certa prestazione in favore di altro soggetto, sempre che l'inadempimento mantenga vivo l'originario rapporto obbligatorio[7].

---

[7] Vedi anche poi nel terzo capitolo il paragrafo 4, ove si tratterà della tutela di condanna.

Nel secondo caso è dall'illecito, cioè dall'aver fatto ciò che non si doveva fare, che nasce il rapporto obbligatorio, il quale avrà come contenuto una prestazione rivolta a controbilanciare ciò che è stato fatto in violazione dell'obbligo di non fare: così, ad esempio, se Tizio ha sottratto il bene di proprietà di Caio, nascerà il diritto di Caio verso Tizio alla consegna, alla restituzione del bene.

Il rapporto obbligatorio, ossia la relazione tra un diritto ad una prestazione (situazione di vantaggio passiva) ed un obbligo di prestazione (situazione di svantaggio attiva), a prescindere, si ripete, dalla sua origine, si attua con l'adempimento. Il diritto di credito, il diritto alla prestazione, si realizza fisiologicamente nel momento in cui l'obbligato pone in essere la prestazione alla quale era appunto obbligato. Ma, è possibile che tale realizzazione fisiologica non si verifichi, è possibile che il debitore non adempia: ecco, allora, che (ovviamente a certe condizioni) interviene, o meglio può intervenire (su iniziativa dell'interessato), il processo e quindi la tutela esecutiva.

Il processo esecutivo ha lo *scopo di far conseguire all'avente diritto ciò che questi avrebbe dovuto conseguire sul piano del diritto sostanziale facendo a meno della prestazione dell'obbligato*. Esso mira, insomma, a realizzare il diritto di credito nonostante l'inerzia del debitore. L'interesse sotteso ai diritti di credito (situazioni strumentali) si realizza fisiologicamente con l'adempimento o patologicamente con l'esecuzione forzata. Entrambe le vie, quindi, possono giungere allo stesso risultato, alla realizzazione di quell'interesse e quindi all'estinzione del diritto di credito la cui permanenza in vita si giustificava solo fino a tale realizzazione.

È allora evidente come quella esecutiva sia *un'attività sostitutiva*. Se Tizio è debitore di Caio di una certa somma di denaro, il credito di Caio si realizza fisiologicamente (e così si estingue) nel momento in cui Tizio paga quella certa somma di denaro (adempimento). Ma, se questo non accade, sussistendo le dovute condizioni processuali, Caio potrà ottenere lo stesso risultato attraverso l'esecuzione forzata. In tal caso un organo dello Stato porrà in essere una attività attraverso la quale farà conseguire al creditore procedente quella stessa somma di denaro che questi avrebbe dovuto ottenere sul piano del diritto sostanziale.

Da ciò consegue la naturale necessità che l'esecuzione forzata si strutturi in moduli differenti, affinché l'attività dell'organo esecutivo sia adeguata al tipo di comportamento da sostituire, quel comportamento che un soggetto (l'obbligato) avrebbe dovuto porre in essere ed, invece, non ha posto in essere. Ancora una volta la giurisdizione, se così possiamo dire, non inventa nulla, ma deve adeguarsi al modo di essere delle situazioni giuridiche soggettive e alle loro patologie, deve rispondere alla loro crisi. Così il legislatore distingue tra l'esecuzione per espropriazione (artt. 483 e ss. c.p.c.), l'esecuzione per consegna o rilascio (artt. 605 e ss. c.p.c.) e l'esecuzione per obblighi di fare e non fare (artt. 612 e ss. c.p.c.). La distinzione tra questi moduli deriva solo dal diverso comportamento da sostituire, quindi dal diverso atteggiarsi della prestazione, dal diverso contenuto dell'obbligo col quale si ha a che fare. Nel primo caso trattasi dell'obbligo di pagare una somma di denaro, nel secondo caso dell'obbligo di consegnare una cosa mobile o rilasciare un bene immobile e nel terzo dell'obbligo di fare o non fare qualcosa di diverso dai tipi di comportamento finora immaginati.

Per comprendere l'essenziale sostitutività dell'attività esecutiva si faccia l'esempio dell'esecuzione per espropriazione, che, del resto, rappresenta anche il modulo più complesso tra quelli disciplinati nel codice di procedura civile.

Qui il credito insoddisfatto di fronte al quale ci si trova ha contenuto pecuniario, ossia l'obbligato doveva pagare una somma di denaro. Se tale pagamento non è avvenuto, la procedura esecutiva si svolgerà in una serie di attività, che ovviamente incideranno nella sfera giuridica del debitore, alla fine delle quali al creditore perverrà quella certa somma di denaro che egli avrebbe dovuto ottenere attraverso l'adempimento, che, invece, non c'è stato. L'organo esecutivo individuerà e assoggetterà all'aggressione esecutiva alcuni beni del debitore (pignoramento), quindi li venderà e, poi, ottenuta la necessaria liquidità, consegnerà la somma dovuta al creditore. Insomma l'organo esecutivo farà ciò che "naturalmente" dovrebbe fare ciascuno di noi per pagare i propri debiti, sempre che ovviamente non vi sia nel patrimonio di riferimento sufficiente liquidità [8].

La stessa logica si ritrova nell'esecuzione per consegna o rilascio e nell'esecuzione per obblighi di fare o non fare: anche qui l'organo esecutivo non farà altro che sostituire il comportamento che l'obbligato avrebbe dovuto tenere e non ha tenuto, ossia consegnare una cosa, rilasciare un immobile, fare o disfare qualcosa [9].

---

[8] Peraltro, in questo contesto è necessario farsi carico anche di attuare il principio della *par condicio creditorum* (art. 2741 c.c.), per cui è possibile che nel processo esecutivo per espropriazione intervengano altri creditori. Ma il rinnovato art. 499 c.p.c. (a seguito della legge n. 80/2005 e della legge n. 263/2005) oggi limita l'intervento ai creditori muniti di titolo esecutivo, nonché a coloro che, prima del pignoramento, avevano eseguito un sequestro (conservativo) sui beni pignorati ovvero avevano un diritto di prelazione risultante da pubblici registri o un diritto di pegno ovvero erano titolari di un credito di somma di denaro risultante dalle scritture contabili di cui all'art. 2214 c.c.

[9] Questi moduli vanno sotto la formula di "esecuzione in forma specifica", espressione il cui significato non deve trarre in inganno. In realtà, l'esecuzione forzata, se va a buon fine, fa sempre ottenere al creditore proprio ciò che, sul piano del diritto sostanziale, egli avrebbe dovuto ricevere dall'obbligato. Ma, mentre nell'esecuzione per espropriazione il bene oggetto dell'aggressione è diverso da quello dovuto ed esso è individuato nello stesso processo esecutivo (pignoramento), nella c.d. esecuzione in forma specifica, invece, il bene oggetto dell'aggressione

Peraltro, se l'esecuzione forzata si risolve solo nella realizzazione del credito facendo a meno dell'adempimento da parte dell'obbligato, si deve aggiungere che essa, per un verso, presuppone, puramente e semplicemente, l'esistenza del credito della cui realizzazione si tratta e, per altro verso, ha dei limiti di operatività fisiologici, in quanto non può arrivare oltre gli ambiti in cui può operare il detto principio di sostitutività.

Dal primo punto di vista, riprendendo quanto si è detto sul diritto di azione, qui è netta la distinzione tra l'azione esecutiva e il credito da realizzare, nel senso che ben può esistere la prima e non il secondo e viceversa. L'azione esecutiva, quale diritto ad ottenere dagli organi giurisdizionali dello Stato una aggressione esecutiva nei confronti di un certo soggetto, sussiste nella misura in cui sussistono i suoi presupposti. In particolare essa deriva dai c.d. *titoli esecutivi*, fattispecie tipiche che troviamo elencate nell'art. 474 c.p.c.

Se Tizio ha un credito nei confronti di Caio, il quale non intende adempiere, non per questo Tizio può procedere ad esecuzione forzata, ossia semplicemente affermando di essere titolare di un credito insoddisfatto, ma ciò può fare solo se egli ha un titolo esecutivo, ossia: una sentenza di condanna, un provvedimento giudiziale (decreto o ordinanza) o altro atto al quale la legge esplicitamente attribuisce efficacia esecutiva, un titolo di credito oppure un atto ricevuto da notaio o da altro pubblico ufficiale a ciò autorizzato o ancora una scrittura privata autenticata [10]. Anzi, egli, se può presentare un titolo esecutivo, già solo per questo otterrà la misura esecutiva richiesta, anche se per avventura non dovesse affatto essere creditore oppure, essendolo stato in precedenza, non lo sia più al momento dell'instaurazione del processo esecutivo per il verificarsi di un qualche fatto estintivo del credito.

Insomma, è vero che l'esecuzione forzata serve a realizzare il credito, ma è anche vero che nel processo esecutivo non ci si interroga sull'esistenza del diritto di credito che con esso si intende realizzare, ma, sussistendo i necessari presupposti processuali (in particolare il titolo esecutivo), si procede solo alla sua realizzazione.

Il sistema non è assurdo ed in esso vi sono ovviamente meccanismi di riequilibrio tra la realtà sostanziale e l'attività processuale.

Non è certo il titolo esecutivo che può rappresentare il punto di equilibrio esclusivo. Invero, perfino quando il processo esecutivo è instaurato sulla base di una sentenza di condanna, non vi può essere alcuna definitiva certezza sul-

---

coincide col bene dovuto, per cui esso è "specificamente" individuato già prima del processo esecutivo nell'atto costituente il titolo esecutivo.

[10] Non è qui il caso di soffermarsi sulle diverse potenzialità di questi titoli esecutivi, alla luce dell'art. 474 c.p.c.

l'esistenza del credito che si vuole realizzare, perché, se è vero che nella sentenza è accertata l'esistenza del credito, è anche vero che tale accertamento si riferisce al momento in cui è pronunciata la sentenza[11] e non si può certo escludere che in un momento successivo vi sia stato l'adempimento. Per cui non è escluso che la parte condannata, se era debitrice al momento della condanna, non lo sia più al momento dell'instaurazione del processo esecutivo. In un caso del genere l'attività esecutiva resta processualmente possibile e legittima, sussistendo il titolo esecutivo, ma allo stesso tempo essa è sostanzialmente ingiusta, o meglio essa, ove arrivasse al suo esito finale, fornirebbe un prodotto ingiusto sul piano del diritto sostanziale. Consapevole di questo problema il legislatore fornisce due rimedi, due strumenti di riequilibrio: in via preventiva l'opposizione all'esecuzione di cui all'art. 615 c.p.c. e in via successiva, ove non sia stato utilizzato il primo, l'azione di arricchimento senza causa di cui all'art. 2041 c.c.

Insomma, il processo esecutivo è un'attività di aggressione che si esplica nella sfera patrimoniale dell'obbligato in funzione della realizzazione di un credito, attività che l'organo esecutivo, stimolato dall'interessato, comincia e fa progredire fino al perseguimento del suo obiettivo solo in presenza delle necessarie condizioni processuali, senza nulla chiedersi intorno all'esistenza del credito. Starà, eventualmente, a colui che subisce l'aggressione contestare l'esistenza del credito, ma per far ciò egli deve porsi su un piano diverso da quello esecutivo, egli deve instaurare un processo dichiarativo (in via preventiva o successiva), perché solo questo può rispondere al suo bisogno di tutela, in quanto solo questo ha lo scopo di accertare il modo di essere degli assetti sostanziali.

Per quanto riguarda, invece, il limite fisiologico di operatività dell'esecuzione forzata è ovvio che, se essa si risolve in un'attività per mezzo della quale far ottenere al creditore ciò che egli deve ottenere sul piano del diritto sostanziale facendo a meno dell'adempimento del debitore, evidentemente la tutela esecutiva è naturalmente possibile solo in riferimento a rapporti obbligatori in cui il comportamento dovuto è *fungibile*. In altri termini, l'esecuzione forzata è concepibile quando l'interesse sotteso al credito è realizzabile, non solo attraverso la prestazione dell'obbligato, ma anche attraverso l'attività di un terzo, qui appunto l'organo esecutivo, mentre essa non è concepibile quando, invece, la prestazione è infungibile, ossia non è possibile fare a meno della cooperazione dell'obbligato ed il diritto si può realizzare solo attraverso tale cooperazione.

---

[11] Sull'individuazione del preciso momento a cui si riferiscono i limiti cronologici del giudicato vedi in seguito il paragrafo 7 nel quinto capitolo.

Naturalmente non vi sono problemi quando la prestazione consiste nel pagamento di una somma di denaro, nella consegna di una cosa mobile [12] o nel rilascio di un bene immobile. Ma, diverso è il discorso quando si tratta di obblighi di fare. È in questo ambito che si potranno avere rapporti obbligatori irrealizzabili in via esecutiva, quando appunto il "fare" è infungibile, ossia il "fare" dell'obbligato non è surrogabile da un ipotetico "fare" dell'organo esecutivo. Così si pensi all'obbligo a carattere negativo, cioè all'obbligo di non fare proiettato nel futuro [13]. Queste non sono situazioni nelle quali la tutela esecutiva possa intervenire ed anzi in concreto l'interessato, il creditore insoddisfatto, avrà il più delle volte come unica via utile da percorrere quella di esperire l'azione risarcitoria.

Ma, in astratto, è configurabile un modo per garantire maggiormente la tutela di situazioni di questo tipo: ci riferiamo alle c.d. *misure coercitive* o, se si vuole, alla c.d. esecuzione indiretta [14].

La tecnica dell'esecuzione indiretta è diversa da quella dell'esecuzione forzata perché diversa è l'aspettativa dell'ordinamento rispetto al comportamento dell'obbligato. Nell'esecuzione forzata si punta a realizzare il credito facendo a meno del comportamento dell'obbligato, per cui in essa si presuppone proprio un'inerzia, una totale mancanza di cooperazione da parte dell'obbligato. Nell'esecuzione indiretta, invece, non si fa a meno del comportamento dell'obbligato, ma anzi l'ordinamento continua ad ancorarsi ad esso per la realizzazione del credito: approntando una misura coercitiva la legge non fa altro che prevedere una conseguenza negativa, di natura civile o penale, per l'obbligato che non adempie. Insomma in questo secondo caso la cooperazione dell'obbligato è ulteriormente cercata dal sistema e, se così si può dire, stimolata dalla minaccia di un male per il caso della sua mancanza.

È ovvio che una simile tecnica è utile soprattutto quando ci si trova di fronte

---

[12] Almeno sul piano sostanziale, perché al creditore poco importa chi gli fa avere il bene. Ma potrebbe emergere un'infungibilità processuale, ossia un'impossibilità pratica di portare a buon fine l'esecuzione: si pensi all'eventualità che il debitore tenga ben nascosta la cosa!

[13] Questo obbligo va distinto da quello che sorge dalla sua violazione che consisterà in un obbligo di disfare ciò che è stato fatto in violazione dell'obbligo di non fare. L'obbligo di disfare normalmente è fungibile.

[14] Anche riprendendo quanto accennato alla nota 12, l'esecuzione indiretta, se è certamente utile a fronte di prestazioni sostanzialmente infungibili, lo è anche a fronte di prestazioni che, sia pur sostanzialmente fungibili, ossia in astratto sostituibili dall'opera dell'organo esecutivo, sarebbe assai difficile se non impossibile sostituire in concreto. Qui emerge un concetto di infungibilità processuale. Si pensi all'obbligo di consegna di una cosa facilmente occultabile oppure a certi obblighi di fare non sostituibili con l'opera di un ufficiale giudiziario, come ad esempio può essere quello di allacciare una linea telefonica.

ad obblighi infungibili [15], quindi a situazioni per le quali la tradizionale esecuzione forzata si rivela un'arma spuntata. Per questo motivo vi sono ordinamenti, come ad esempio quello francese, che prevedono da lungo tempo un sistema generale di esecuzione indiretta, che rappresenta un opportuno completamento dei mezzi di tutela dei diritti. Nell'ordinamento italiano si ritrovano varie disposizioni di carattere particolare che prevedono misure coercitive. Si pensi, per fare degli esempi: alla misura coercitiva di carattere penale prevista nell'art. 28, 4° comma, del c.d. Statuto dei lavoratori (legge 20 maggio 1970, n. 300) in funzione dell'ottemperanza da parte del datore di lavoro del provvedimento col quale il giudice ordina la cessazione della condotta antisindacale; alla misura prevista dall'art. 124, 2° comma, D.Lgs. n. 30/2005 che, in materia di proprietà industriale, dispone che in collegamento all'inibitoria ivi prevista il giudice possa "fissare una somma dovuta per ogni violazione o inosservanza constatata o per ogni ritardo nell'esecuzione del provvedimento" ed infine alla misura disciplinata nell'art. 140, 7° comma, del D.Lgs. n. 206/2005 (c.d. codice del consumo), che, in collegamento all'azione inibitoria esercitata dalle legittimate associazioni dei consumatori, prevede che il giudice possa, dopo aver fissato un termine per l'adempimento degli obblighi stabiliti [16], disporre il pagamento in caso d'inadempimento di una somma di denaro da 516 euro a 1032 euro per ogni inadempimento ovvero giorno di ritardo rapportati alla gravità del fatto.

Ma, oltre alle misure specifiche che emergono dagli esempi appena fatti, nel nostro sistema è stata inserita anche una misura coercitiva di più ampia applicabilità.

Ciò è avvenuto innanzitutto con la legge 18 giugno 2009, n. 69, che ha introdotto nel codice di procedura civile una disposizione generale, l'art. 614*bis*, che, originariamente rubricata "Attuazione degli obblighi di fare infungibile o di non fare", oggi, dopo una riforma nel 2015 e il più recente D.Lgs. n. 149/2022, è rubricata "Misure di coercizione indiretta" e così recita: «Con il provvedimento di condanna all'adempimento di obblighi diversi dal pagamento di somme di denaro il giudice, salvo che ciò sia manifestamente iniquo, fissa, su richiesta di parte, la somma di denaro dovuta dall'obbligato per ogni violazione o inosservanza successiva ovvero per ogni ritardo nell'esecuzione del provvedimento, determinandone la decorrenza. Il giudice può fissare un termine di durata della misura, tenendo conto delle finalità della stessa e di ogni circostanza utile./ Se non è stata richiesta nel processo di cognizione, ovvero il titolo esecutivo è diverso da un provvedimento di condanna, la somma di denaro dovuta dall'obbli-

---

[15] Anche se è possibile che essa sia prevista per così dire in aggiunta pure in riferimento ad obbligazioni fungibili.

[16] Peraltro qui possono aversi anche ordini di fare in positivo, per disfare ciò che è stato precedentemente fatto illecitamente.

gato per ogni violazione o inosservanza o ritardo nell'esecuzione del provvedimento è determinata dal giudice dell'esecuzione, su ricorso dell'avente diritto, dopo la notificazione del precetto. Si applicano in quanto compatibili le disposizioni di cui all'articolo 612./ Il giudice determina l'ammontare della somma tenuto conto del valore della controversia, della natura della prestazione dovuta, del vantaggio per l'obbligato derivante dall'inadempimento, del danno quantificato o prevedibile e di ogni altra circostanza utile./ Il provvedimento costituisce titolo esecutivo per il pagamento delle somme dovute per ogni violazione, inosservanza o ritardo./ Le disposizioni di cui al presente articolo non si applicano alle controversie di lavoro subordinato pubblico o privato e ai rapporti di collaborazione coordinata e continuativa di cui all'articolo 409».

Così anche in Italia è stata introdotta una misura coercitiva di carattere generale, per mezzo della quale far fronte all'attuazione sia dei rapporti obbligatori aventi come contenuto una prestazione infungibile sia di rapporti che abbiano come contenuto una prestazione fungibile, con la sola esclusione degli obblighi relativi a somme di denaro [17]. Trattasi della minaccia di dover pagare una somma di denaro, che, si immagina, anche se la norma non lo dice, debba andare a favore dell'avente diritto.

L'art. 614*bis* c.p.c. sembra, ad un primo sguardo, derivare dalla *astreinte* francese, ma in realtà se ne discosta in misura non irrilevante. Innanzitutto strutturalmente, perché la misura italiana: 1) non è utilizzabile d'ufficio, 2) subisce delle limitazioni sia specifiche sia tramite una generale clausola di equità, 3) nasce definitiva e non sono valutati elementi soggettivi nella sua quantificazione. Ma anche funzionalmente perché, mentre l'*astreinte*, ponendosi come una minaccia compulsoria, che poi in via definitiva diventa una pena, tutela così sia un interesse privato sia un interesse pubblico, la misura italiana è solo un mezzo esecutivo, ossia di realizzazione del credito.

Questa funzione esecutiva spiega la ragione per cui la detta misura, se non concessa dal giudice del processo dichiarativo, possa bene essere richiesta al giudice dell'esecuzione. Si pensi non solo alle ipotesi in cui essa non sia stata chiesta al giudice di fronte al quale pur era stata esercitata l'azione di condanna, ma anche ai casi in cui la lite sia risolta al di fuori del processo, come ad esempio accade in sede di mediazione o negoziazione assistita dagli avvocati [18].

---

[17] Ovviamente, se nel primo ambito di applicazione la misura coercitiva rappresenta l'unica via per ottenere l'attuazione del diritto, in riferimento alle obbligazioni fungibili essa, invece, si aggiunge alla via dell'esecuzione forzata (diretta).

[18] Un dubbio resta in riferimento al lodo arbitrale, discutendosi se gli arbitri possano o meno provvedere in tal senso. Comunque, ammesso che sia possibile la risposta positiva, resta il fatto che la misura esecutiva può sempre essere richiesta al giudice statale dell'esecuzione ove essa non sia stata richiesta al giudice privato.

La generale clausola equitativa è la vera chiave di volta per applicare un istituto che rischia di attribuire al giudice un potere illimitato, a parte le specifiche esclusioni. Quella chiave servirà al giudice di volta in volta per decidere sull'*an* e sul *quantum*, quindi sul concorso tra misura coercitiva ed esecuzione forzata nonché sull'ammontare della misura stessa, dovendo contemperare l'esigenza di realizzare il credito con l'esigenza di non provocare una situazione di eccessiva onerosità a carico del debitore. A questo fine la legge gli dà, fra l'altro, anche il potere di stabilire sia la decorrenza della misura sia la sua durata.

A quest'ultimo proposito riprendendo ampi spunti dalla Relazione di accompagnamento alla riforma, sembra evidente come la fissazione di una durata abbia senso quando si ha di fronte un obbligo di prestazione in positivo e non anche quando sia in gioco un obbligo di astensione. In tale ultimo caso, poiché la sanzione compulsoria diviene operativa solo quando sia tenuto un comportamento contrario all'obbligo di astensione, non vi è necessità di evitare che l'entità della somma da corrispondere divenga esorbitante. Esemplificando: se ad un soggetto è fatto divieto, sotto comminatoria della misura in questione, di chiudere a chiave un cancello o di suonare uno strumento dopo le ore 23, non ha senso prevedere un termine massimo di durata della misura esecutiva.

In caso, invece, di obblighi positivi, può essere opportuno porre un limite massimo di durata della misura e così un limite massimo all'incremento della somma che risulti dovuta. Non è, infatti, possibile che essa divenga, se così possiamo dire, perpetua. Esemplificando: se ad un soggetto è ordinato, sotto comminatoria di una sanzione pecuniaria pari ad X per ogni giorno (o settimana) di ritardo, di consegnare un certo bene, non è concepibile che la somma raggiunga entità del tutto irragionevoli.

Ci resta da dire della *tutela cautelare*.

Già in precedenza abbiamo rilevato che quella cautelare non si presenta come una forma di tutela autonoma, bensì essa serve a cautelare il diritto soggettivo rispetto ad un eventuale pregiudizio (*periculum in mora*) verificabile durante il tempo necessario allo svolgimento di altra attività giurisdizionale, precisamente lo svolgimento della tutela dichiarativa. Quindi la caratteristica essenziale di tale tipo di tutela è la *strumentalità* (e la connessa *provvisorietà*), caratteristica che qui va meglio compresa.

La tutela cautelare rappresenta una delle tante misure attraverso le quali l'ordinamento cerca di attuare quel principio di civiltà, elaborato tra i primi da Giuseppe Chiovenda[19], per cui *il tempo necessario per celebrare un processo non*

[19] L'autore citato nel testo scriveva all'inizio del XX secolo ed è considerato il padre della attuale scienza processualcivilistica italiana.

deve andare a danno della parte che ha ragione. Se un soggetto è costretto ad agire in giudizio per la tutela di un proprio diritto e, quindi, è costretto ad impiegare del tempo (spesso molto tempo!) per vedersi riconosciuto e attribuito quel bene della vita che ha diritto di conseguire, egli deve essere messo nella condizione di ottenere un provvedimento, in ipotesi favorevole, che gli dia una tutela effettiva. Chi propone la domanda in un processo dichiarativo (attore) ovviamente non può sapere, al momento della sua proposizione, se otterrà una sentenza favorevole (di accoglimento della domanda) o sfavorevole (di rigetto della domanda), ma la legge deve approntare delle misure che consentano all'attore, per l'ipotesi in cui sia riconosciuta la sua ragione, di vedersela riconosciuta con la stessa utilità che si avrebbe ove quella ragione gli fosse riconosciuta il giorno stesso in cui egli aveva proposto la domanda.

Per comprendere più concretamente questo strumento, e, quindi, anche il tipo di bisogno di tutela del diritto soggettivo ad esso collegato, teniamo presente la distinzione tra provvedimenti cautelari di tipo *conservativo* e provvedimenti cautelari di tipo *anticipatorio*, distinzione di cui fino a pochi anni addietro non vi era traccia nel codice di procedura civile, ma che è sempre stata comunemente utilizzata sia in dottrina sia in giurisprudenza. Invero, mentre strutturalmente la tutela cautelare si esplica attraverso un modulo unitario, il processo cautelare disciplinato dagli artt. 669*bis* e ss. del codice di procedura civile, la legge prevede, invece, diverse misure cautelari a seconda del diverso *periculum in mora*, ovvero del diverso rischio a cui bisogna, in ipotesi, far fronte durante il tempo necessario allo svolgimento di un processo dichiarativo.

La tutela cautelare conservativa serve a neutralizzare il c.d. *rischio da infruttuosità*. Per capirne il senso basta porre attenzione alla logica sottesa al sequestro conservativo (art. 671 c.p.c.), che rappresenta il tipico esempio di tutela conservativa. Qui si immagina che un soggetto agisca in giudizio per chiedere il riconoscimento del suo diritto al pagamento di una data somma di denaro con conseguente domanda di condanna del debitore inadempiente. Il creditore vuole realizzare il credito, ma, non potendo vantare un titolo esecutivo e, quindi, non potendo direttamente procedere ad esecuzione forzata, egli passa prima dalla via del processo dichiarativo, nella specie chiedendo una tutela di condanna. In una vicenda di questo tipo il creditore può correre il rischio, pur vincendo la causa e, quindi, vedendo pronunciata la richiesta sentenza di condanna, di ottenere una vittoria praticamente inutile, se, poi, cercando, sulla base di essa, la realizzazione esecutiva del credito, non dovesse trovare alcun bene nel patrimonio del debitore da poter far liquidare. Insomma, è possibile che il creditore ottenga il riconoscimento della sua ragione, ma che un tale riconoscimento arrivi troppo tardi, al punto da finire con l'essere un riconoscimento puramente astratto: egli ottiene la tutela (dichiarativa), ma in termini del tutto non effettivi.

È per evitare questo inconveniente che la legge appronta il sequestro conservativo, misura che serve appunto al (presunto) creditore, prima di veder pronunciata la sentenza di condanna a lui favorevole, per individuare e "conservare" alcuni beni del (presunto) debitore. Il sequestro conservativo, in fondo, anticipa il futuro pignoramento, che è atto del processo esecutivo, in quanto con esso si concretizza la garanzia patrimoniale su singoli ed individuati beni del (presunto) debitore, beni che dall'attuazione del sequestro risultano per così dire "congelati". Anche il sequestro conservativo, come del resto il pignoramento, non rappresenta un'espropriazione, rimanendo i beni sequestrati nel patrimonio del debitore. Ma, ed è in ciò la cautela del creditore sequestrante, la legge appronta meccanismi di conservazione materiale e giuridica dei beni coinvolti. Al fine della conservazione materiale sono previste le norme sulla custodia, mentre al fine della conservazione giuridica è previsto che gli eventuali atti di disposizione che il debitore dovesse porre in essere sui beni sequestrati non abbiano effetti nei confronti del creditore sequestrante (art. 2906 c.c.), ossia è previsto che quegli atti, pur validi su un piano civilistico, non siano opponibili al soggetto che ha ottenuto la misura cautelare in discorso. Di conseguenza il creditore sequestrante, ottenuta la pronuncia della sentenza di condanna, può, in mancanza della cooperazione del debitore condannato, procedere ad esecuzione forzata su quegli stessi beni che, prima soggetti a sequestro, saranno ora soggetti a pignoramento e, quindi, ad espropriazione forzata [20].

In definitiva, il rischio da infruttuosità consiste in ciò che durante il tempo necessario per celebrare un processo dichiarativo possono verificarsi delle vicende che renderebbero del tutto non effettiva la, pur concessa, tutela dichiarativa che era stata richiesta. La tutela cautelare conservativa interviene, quindi, essenzialmente per cristallizzare la situazione al momento in cui è proposta la domanda dichiarativa, per neutralizzare le ripercussioni negative di quelle possibili vicende, senza che in essa si abbia la fissazione provvisoria di una regola di condotta che presiede al rapporto tra le parti.

Diversa è la logica della tutela cautelare anticipatoria, con la quale si cerca di ovviare, propriamente, al c.d. *rischio da tardività*. Per comprenderne il senso, si tenga ancora presente il fatto che il modo di atteggiarsi di una tutela giurisdizionale dipende sempre dal modo di essere di un diritto soggettivo e del suo bisogno di tutela.

---

[20] In altri termini, con la pronuncia della sentenza di condanna esecutiva, il sequestro conservativo si converte in pignoramento (vedi l'art. 686 c.p.c.). A questo punto il "congelamento" dei beni in funzione della tutela del creditore sarà direttamente garantito dagli effetti sostanziali del pignoramento che, analogamente ai citati effetti del sequestro conservativo, consistono innanzitutto nell'inefficacia degli atti di disposizione dei beni pignorati rispetto al creditore procedente (art. 2913 c.c.).

Il tipico esempio di misura che attua una tutela cautelare anticipatoria lo troviamo nel provvedimento d'urgenza di cui all'art. 700 c.p.c., che così recita: «Fuori dai casi regolati nelle precedenti sezioni di questo capo, chi ha fondato motivo di temere che durante il tempo occorrente per far valere il suo diritto in via ordinaria, questo sia minacciato da un pregiudizio imminente e irreparabile, può chiedere con ricorso al giudice i provvedimenti d'urgenza che appaiono, secondo le circostanze, più idonei ad assicurare provvisoriamente gli effetti della decisione sul merito»[21].

In questo ambito il meccanismo della cautela consiste nell'anticipazione degli effetti di quello che sarà (si immagina che sarà) il provvedimento dichiarativo di accoglimento della domanda[22]. In altri termini, qui si ha a che fare con situazioni nelle quali è il "fattore tempo" in sé a rappresentare un pericolo, nel senso che, se non si intervenisse, come si suole dire, in via di urgenza, l'eventuale sentenza di accoglimento della domanda arriverebbe in ogni caso troppo tardi. Quindi, in definitiva, il bisogno della tutela cautelare anticipatoria nasce dal modo di essere dei diritti soggettivi di cui si chiede tutela, diritti a cui sono sottesi interessi che, se messi in crisi, hanno bisogno di una tutela immediata, altrimenti la loro crisi diventa irrimediabile.

Si pensi ai diritti della personalità, ma anche a crediti pecuniari con funzione alimentare. Il credito con funzione alimentare, pur avendo lo stesso contenuto di tutti gli altri crediti pecuniari, ossia il diritto al pagamento di una somma di denaro, ha la sua peculiarità appunto nella funzione di sostentamento dell'alimentato. Ma, allora, se, normalmente, il creditore che agisce in giudizio può correre il rischio che il debitore (convenuto in giudizio) occulti i suoi beni durante il tempo necessario per celebrare il processo dichiarativo, rischio a cui si può ovviare attraverso il sequestro conservativo, il titolare di un credito alimentare, invece, quando ha bisogno di ottenere una sentenza di condanna a suo favore, ha innanzitutto bisogno di "far presto", perché quel denaro gli serve per vivere! Insomma, qui il creditore non ha paura di trovarsi di fronte un debitore

[21] Fra l'altro si noti come, dalla formulazione della norma, emerga che lo strumento in parola abbia carattere residuale e contenuto atipico. Quindi esso, per un verso, può, in generale, essere utilizzato tutte le volte in cui gli altri strumenti previsti dal codice di procedura civile non servano al bisogno di tutela cautelare e, per altro verso, può avere un contenuto diverso da caso a caso, a seconda del bisogno di cautela in concreto emergente.

[22] Quindi vi deve essere omogeneità tra il contenuto del provvedimento cautelare e il contenuto della futura sentenza. Questa omogeneità non si ha, ad esempio, tra il provvedimento di revoca dell'amministratore e la sentenza che accoglie l'azione di responsabilità ai sensi dell'art. 2476 c.c., mentre si ha ove, anziché pretendere il risarcimento del danno, si chieda anche in via principale sempre e solo la medesima revoca dell'amministratore a causa di "gravi irregolarità nella gestione".

nullatenente il giorno in cui egli avrà ottenuto la pronuncia della sentenza di condanna a suo favore, ma ha paura di non arrivare vivo a quel giorno, per mancanza dei mezzi di sostentamento. Il titolare del credito alimentare, in altre parole, è pregiudicato dal passaggio del tempo in sé ed, allora, egli ha bisogno di un provvedimento cautelare che anticipi gli effetti della sentenza di condanna, un provvedimento provvisorio che gli riconosca già, appunto provvisoriamente, il diritto prima che questo stesso diritto gli sia riconosciuto in via definitiva con la pronuncia della sentenza.

La tutela cautelare, dunque, è sempre una tutela servente, strumentale alla tutela dichiarativa, della quale garantisce l'effettività. Però essa si può strutturare in modi diversi, perché diversi possono essere i tipi di pericolo a cui il diritto, in attesa di tutela dichiarativa, può essere soggetto. Se il pericolo consiste nell'eventualità che si verifichino vicende pregiudizievoli durante il tempo necessario per celebrare il processo dichiarativo, l'ordinamento appronta una forma di tutela cautelare conservativa, mirante a congelare una certa situazione fino alla pronuncia della sentenza. Se, invece, il pericolo sta proprio nel tempo in sé, allora l'ordinamento offre una forma di tutela cautelare anticipatoria, ossia la possibilità di ottenere un provvedimento che anticipa, per il momento, gli effetti che si attendono dalla sentenza di accoglimento.

Insomma, se il contenuto del provvedimento cautelare conservativo non comporta alcuna soluzione del conflitto in gioco, il contenuto del provvedimento cautelare anticipatorio rappresenta una soluzione della lite al momento, una norma concreta provvisoria che fornisce un assetto del conflitto, ancorché instabile.

Venendo ora ad alcuni rilievi strutturali, si ricorda come abbiamo già accennato al fatto che, mentre diverse possono essere le misure cautelari, essenzialmente unico è il modulo attraverso il quale esse si possono ottenere, ossia unico è il processo cautelare. Anche questo ovviamente, in quanto processo, è un procedimento, ossia un'attività preorganizzata da norme, nel cui ambito vigono i principi fondamentali dell'imparzialità del giudice, del contraddittorio e della domanda. Ma, poi, è altrettanto ovvio che il modulo deve strutturarsi in modi peculiari in base alla funzione al cui servizio esso è posto, per cui è inevitabile che il processo cautelare, dovendo assolvere alla tutela cautelare, sia strutturalmente diverso dal processo dichiarativo e dal processo esecutivo.

Non è questo il luogo per analizzare ulteriormente il processo cautelare[23].

---

[23] Si tenga solo presente che quello cautelare è un processo diverso dal processo dichiarativo, essendo caratterizzato dalla sommarietà, ossia dalla minore preorganizzazione dell'attività giurisdizionale, ossia, in altri termini, da una maggiore discrezionalità del giudice. Questa caratteristica fa del processo cautelare uno strumento più agile, quindi più idoneo al suo scopo. Per ulteriori riflessioni sul punto vedi *infra* nel prossimo capitolo il paragrafo 5.

Tuttavia è bene sottolineare che, coerentemente con il tipo di tutela in gioco, presupposti dell'accoglimento della domanda cautelare sono:

– *il c.d. periculum in mora;*
– *il c.d. fumus boni iuris.*

Il *periculum in mora* è il rischio, il pericolo appunto, a cui è esposto il diritto soggettivo durante il tempo necessario per celebrare il processo dichiarativo. Di esso abbiamo già detto, in particolare rilevando come sia il diverso tipo di pericolo che fa emergere la necessità di una tutela cautelare conservativa o di una tutela cautelare anticipatoria.

Ma questo elemento non basta per ottenere l'accoglimento della domanda cautelare, dovendo l'istante anche provare il *fumus boni iuris*, ossia, non l'esistenza del diritto soggettivo di cui egli si afferma titolare, bensì la probabilità della sua esistenza. Del resto, se la tutela cautelare serve a garantire che il tempo necessario per celebrare un processo dichiarativo non vada a danno della parte che ha ragione, è logico che un provvedimento cautelare, dovendosi emettere prima di accertare dove stia la ragione, possa essere concesso solo a colui che "probabilmente" avrà ragione. È questo il motivo per cui l'interessato non potrà limitarsi a provare il *periculum in mora*, dovendo egli anche provare, ancorché in via sommaria, la probabilità del diritto per il quale si chiede tutela. Peraltro, da ciò consegue che non è esclusa la possibilità che nel processo dichiarativo si accerti l'inesistenza del diritto che, invece, era stato ritenuto (probabilmente) esistente nel processo cautelare [24]. Del resto i presupposti e la funzione del processo dichiarativo sono diversi da quelli del processo cautelare. Quello ha la funzione, principalmente, di accertare qual è il diritto nel caso concreto. Questo, invece, ha solo una funzione strumentale di cautela del diritto.

I principi che sono stati finora esposti, frutto di un'elaborazione della dottrina tradizionale protrattasi per svariati decenni sulla tutela cautelare, avevano trovato una chiara rispondenza nella disciplina del procedimento cautelare contenuta nel codice di procedura civile fino a pochi anni addietro. In particolare, la strumentalità del provvedimento cautelare rispetto alla tutela dichiarativa era attuata essenzialmente attraverso due disposizioni: quella che imponeva l'instaurazione della causa di merito ove il provvedimento cautelare fosse stato concesso prima dell'avvio del processo dichiarativo [25] e quella che prevedeva la

---

[24] Nel caso ipotizzato il provvedimento cautelare perde ovviamente la sua efficacia: vedi l'art. 669*novies*, 3° comma, c.p.c.

[25] La domanda cautelare può essere proposta sia durante la pendenza del processo dichiarativo sia prima di questa pendenza. Ma, in tale secondo caso, in nome appunto della strumentalità della tutela

sopravvenuta inefficacia della misura cautelare ove il processo dichiarativo, strumentalmente al quale essa è stata assunta, si fosse estinto, ossia fosse venuto meno senza giungere alla pronuncia della sentenza [26].

Tutto ciò era coerente con il principio di partenza assunto in questo ambito: se la tutela è servente e provvisoria, cioè non autonoma, ma strumentalmente collegata alla tutela dichiarativa, sembrerebbe ovvio concludere che un provvedimento cautelare ha un senso solo in riferimento alla pendenza di un processo dichiarativo.

Tuttavia, la corrispondenza tra funzione della tutela cautelare e struttura del suo procedimento è stata in qualche misura "annacquata" da recenti riforme legislative.

Si è partiti col D.Lgs. 17 gennaio 2003, n. 5 in materia di controversie societarie, che ha per la prima volta "allentato", se così si può dire, il principio di strumentalità nel caso in cui sia concesso un provvedimento cautelare anticipatorio. L'art. 23 di detto provvedimento legislativo aveva disposto, per un verso, che «i provvedimenti cautelari idonei ad anticipare gli effetti della decisione di merito ... non perdono efficacia se la causa non viene iniziata» e, per altro verso, che la «estinzione del giudizio di merito non determina l'inefficacia della misura cautelare di cui al 1° comma».

Poi, con legge 14 maggio 2005, n. 80, intervenendo sull'art. 669*octies* c.p.c., si è allargato ad ogni possibile controversia quella disciplina che era stata dettata solo per le liti societarie.

Oggi, abrogate ormai con la legge n. 69/2009 le norme sul rito societario e mantenute solo le disposizioni di diritto comune in materia di tutela cautelare, il legislatore utilizza in generale quella distinzione, in precedenza elaborata dalla dottrina, tra tutela cautelare conservativa e tutela cautelare anticipatoria, per affermare solo nel primo caso una necessaria strumentalità del provvedimento di accoglimento della domanda cautelare. Anche al fine di ottenere un provvedimento cautelare anticipatorio è necessario provare le tradizionali condizioni del *periculum in mora* e del *fumus boni iuris*, per cui resta vitale l'idea di fondo secondo la quale la tutela cautelare serve pur sempre a garantire l'effettività della tutela dichiarativa. Ma, poi, a fronte di un provvedimento a contenuto anticipatorio l'ordinamento fa ormai a meno della necessaria instaurazione del processo dichiarativo [27], ammettendo, quindi, che il provvedimento cautelare resti in vita da sé.

---

cautelare, all'eventuale accoglimento della domanda cautelare dovrebbe seguire necessariamente l'instaurazione della causa di merito. Così, infatti, era previsto negli artt. 669*octies* e 669*novies* c.p.c.

[26] Vedi sempre l'art. 669*novies* c.p.c. in collegamento al previgente art. 669*octies* c.p.c.

[27] Che, ovviamente, può sempre essere avviato su iniziativa dell'interessato, sia questo colui che ha ottenuto il provvedimento cautelare o la sua controparte.

In questo provvedimento non vi è l'accertamento del diritto, preclusivo di altri accertamenti futuri, per cui quel diritto, tutelato provvisoriamente, potrà sempre essere rimesso in discussione nella sua esistenza e/o nel suo modo di essere[28]. La tutela ottenuta ha, per così dire, risolto il conflitto "al momento" e "per il momento", nella speranza che ciò sia sufficiente, che i litiganti non chiedano più l'intervento dello Stato. Ma nulla esclude che, invece, sia richiesto, poi, un nuovo intervento della giurisdizione statale in relazione allo stesso diritto.

Tutto ciò rappresenta un prezzo che nell'attuale momento storico si paga per il perenne stato di crisi della giustizia civile, per cui si rinuncia al far bene con risultati certi in nome di un far peggio, ma più rapidamente e con risultati che rimangono incerti.

Peraltro, nel descritto sistema di tutela cautelare permane un grave problema teorico-pratico, derivante dal fatto che a volte può essere assai dubbio il modo di tracciare la linea di confine tra tutela anticipatoria e tutela conservativa, quindi tra provvedimenti che, se adottati *ante causam*, rimangono efficaci ove non sia successivamente instaurato il processo dichiarativo e provvedimenti che invece perdono la loro efficacia ai sensi del 1° comma dell'art. 669*novies* c.p.c. ove non sia instaurata la causa di merito entro un dato termine.

Secondo alcuni, dovendosi qui richiamare quanto ci tramanda la dottrina tradizionale, il provvedimento cautelare è di tipo anticipatorio solo nella misura in cui esso anticipa appunto gli effetti della probabile pronuncia di merito, essendovi quindi una sostanziale coincidenza di contenuto tra questa e quello.

Secondo altri, invece, l'anticipatorietà del provvedimento si può ravvisare anche tutte le volte in cui esso soddisfi l'interesse dell'istante, pur mancando una coincidenza di contenuto tra la misura cautelare e l'immaginabile pronuncia di merito. Ossia nell'ambito dei provvedimenti cautelari a cui si deve applicare il regime c.d. di strumentalità attenuata dovrebbero rientrare tutte le misure "assicurative", vale a dire quelle che forniscono una disciplina provvisoria della situazione controversa, non necessariamente anticipatoria in senso proprio di ciò che sarà o dovrebbe essere il contenuto della pronuncia di merito, impartendo ordini, divieti, limitazioni di poteri, sospensione degli effetti di un atto, ecc.

Se si accettasse questa seconda prospettiva, si risolverebbe il problema pratico che sorge quando l'interessato è incerto sul tipo di provvedimento che ha ottenuto dal giudice, non sapendo se egli ha l'onere o meno d'instaurare il processo dichiarativo, perché evidentemente tutti i casi dubbi finirebbero per rien-

---

[28] L'art. 669*octies*, 9° comma, c.p.c. dispone che l'autorità del provvedimento cautelare non è invocabile in un diverso processo.

trare nella categoria dei provvedimenti cautelari anticipatori, che stanno in piedi da sé. Ma una simile idea non è sostenibile perché mantenere efficaci i provvedimenti assicuratori significherebbe mantenere in vita discipline giuridiche della situazione controversa che non sono contemplate dalla legge sostanziale e che il giudice può approntare solo momentaneamente.

Simili difficoltà interpretative non possono che alimentare la tendenza ad instaurare la causa di merito dopo aver ottenuto la misura cautelare, per evitare il rischio di una sua caducazione, con ciò in fondo frustrando lo scopo pratico delle citate norme, che stava nel tentativo di sgravare di lavoro i giudici statali.

In astratto il legislatore potrebbe risolvere i dubbi di volta in volta, disciplinando singoli provvedimenti cautelari [29]. Ma un simile chiarimento non si può avere in termini generali nel codice di procedura civile.

In particolare, ciò non accade quando l'art. 669*octies*, 6° comma, c.p.c. richiama in generale il caso in cui sia pronunciato un provvedimento d'urgenza ai sensi dell'art. 700 c.p.c., perché questo richiamo va riferito solo ai casi in cui il provvedimento d'urgenza abbia in concreto una valenza anticipatoria.

Né l'interessato può essere sicuro di come stiano effettivamente le cose quando il giudice, in virtù del 7° comma dell'art. 669*octies* c.p.c., ritenendo di pronunciare un provvedimento anticipatorio, provvede sulle spese del procedimento cautelare, perché, in realtà, ai fini della caducazione della misura ottenuta, non è decisiva l'opinione del giudice che l'ha concessa, bensì l'opinione del giudice che sarà chiamato in ipotesi ad accertare la sopravvenuta inefficacia del provvedimento cautelare ai sensi dell'art. 669*novies* c.p.c.

Tuttavia, novellando l'art. 669*octies* col D.Lgs. n. 149/2022, sono stati disciplinati alcuni casi dubbi, praticamente assai rilevanti, ossia le ipotesi di sospensive dell'efficacia di delibere condominiali e di delibere assunte da organi di associazioni, fondazioni e società, riportandoli alla categoria dei provvedimenti cautelari anticipatori, ossia a strumentalità attenuata.

---

[29] Così accadeva, ad esempio, nell'art. 131 del codice della proprietà industriale, che disponeva una chiara strumentalità strutturale del provvedimento cautelare inibitorio rispetto al processo dichiarativo. Ma, poi, queste norme sono state modificate dal D.Lgs. n. 131/2010, che, abrogando alcune disposizioni del citato art. 131 e novellando il successivo art. 132, ha nuovamente attribuito all'interprete il compito di distinguere tra cautelari anticipatori e cautelari conservativi.

Capitolo Secondo

PRINCIPI COSTITUZIONALI

Sommario: 1. Il diritto di azione. – 2. Il principio del contraddittorio. – 3. Indipendenza, imparzialità e terzietà del giudice. – 4. La soggezione del giudice alla legge. – 5. Il concetto di "giusto processo" e le ulteriori garanzie costituzionali. – 6. La valenza delle garanzie costituzionali. – 7. L'ambito di applicazione delle garanzie costituzionali del "giusto processo".

1. *Il diritto di azione*

L'art. 24, 1° comma, Cost. così recita: «Tutti possono agire in giudizio per la tutela dei propri diritti e interessi legittimi».

Questa norma, fondamentale nel sistema, fornisce copertura costituzionale al diritto di azione, di cui abbiamo accennato in precedenza [1]. Lo Stato garantisce ad ogni soggetto giuridico (invero la norma non parla di "cittadini", ma dice "tutti"), che si afferma titolare di una situazione giuridica soggettiva, la possibilità di pretendere la tutela giurisdizionale. Lo Stato non può creare, attraverso le norme sostanziali, situazioni giuridiche soggettive senza approntare allo stesso tempo un apparato di tutela giurisdizionale da utilizzare per il caso della lesione di quelle situazioni. Lo Stato, se riconoscesse e costruisse situazioni giuridiche soggettive [2] senza concedere il diritto alla tutela giurisdizionale, insomma senza approntare e disciplinare l'apparato della tutela giurisdizionale, costruirebbe delle vuote forme, situazioni giuridiche senza alcuna reale effettività.

---

[1] Ritorna al paragrafo 1 del primo capitolo.

[2] I nostri studi si occupano essenzialmente della tutela del diritto soggettivo, ma l'art. 24 in commento si riferisce a tutte le situazioni giuridiche soggettive, quindi anche all'interesse legittimo, ossia alla pretesa del singolo, coinvolto in una certa attività amministrativa, a che detta attività si svolga legittimamente, ossia secondo le regole che riguardano il potere amministrativo. Questa parte della norma rimarrà in ombra, riguardando essa soprattutto la giustizia amministrativa e non quella civile.

Riprendendo le considerazioni svolte nell'introduzione, si rileva ancora come il diritto di azione non sia né una mera facoltà interna al diritto soggettivo né l'unica realtà giuridica concreta al cui interno rileverebbe il diritto soggettivo sostanziale. Bisogna tenere distinte le due figure del diritto soggettivo sostanziale e del diritto di azione, anche sottolineando l'atipicità di quest'ultima, nonostante la possibile impressione contraria che si potrebbe trarre dalla lettura di alcune norme del codice civile, come ad esempio gli artt. 948, 1079 o 1441 ss., che sembrano evocare un sistema di azioni tipiche.

Alcune di queste disposizioni esplicitano la possibilità di agire in giudizio per far valere un diritto preesistente, ma in realtà non avremmo niente di diverso se esse non vi fossero: si pensi ad esempio al caso di cui all'art. 1079 c.c. che prevede una domanda di accertamento del diritto di servitù divenuto incerto.

Altre, lungi dall'essere norme sull'azione (quindi processuali), sono norme sostanziali nelle quali si esplicita la conseguenza, sostanziale appunto, dell'illecito. Così l'art. 1483 c.c. prevede che dall'evizione subita dal compratore nasca un diritto al risarcimento del danno; l'art. 1492 c.c. prevede che per i vizi della cosa acquistata nasca il diritto alla risoluzione del contratto ovvero, a scelta, il diritto alla riduzione del prezzo; l'art. 1668 c.c. dispone che, per il caso dei vizi dell'opera nel contratto di appalto, il committente maturi il diritto ad un *facere* (eliminazione dei vizi) ovvero il diritto alla riduzione del prezzo, più il diritto al risarcimento del danno; gli artt. 1441 ss. c.c. prevedono che dalla violazione di norme di costruzione della fattispecie contrattuale nasca un diritto al suo annullamento.

Configurato il modo di essere del diritto sostanziale a seguito dell'illecito, emerge poi l'azione, che ha sempre un contenuto processuale adeguato al diritto sostanziale che si fa valere, consistente in una pretesa di mero accertamento o di condanna o di modificazione giuridica.

In definita, l'azione non è, come pensavano molti giuristi del periodo della Pandettistica tedesca del XIX secolo, il diritto soggettivo sul piede di guerra, ma essa è un'entità diversa da questo: l'azione è *un diritto pubblico processuale*. Il diritto di azione si fonda sui suoi presupposti, di carattere processuale, del tutto diversi dai presupposti, di carattere sostanziale, del diritto di cui si afferma la lesione e per il quale si chiede la tutela.

Di ciò abbiamo già accennato, ma ancora è bene insistere.

Se consideriamo la tutela esecutiva, nel cui ambito propriamente non ci si interroga sull'esistenza e/o il modo di essere del diritto soggettivo, sappiamo che un soggetto ha diritto alla tutela esecutiva in quanto sussistono i presupposti di questa, in particolare il titolo esecutivo. Altro è che esista il credito per la realizzazione del quale si mette in moto l'attività esecutiva. Può esistere un credito, ma non essere prospettabile la sua tutelabilità in via esecutiva e può accadere che un soggetto vanti un titolo esecutivo senza, però, essere, o essere più, titolare di un credito.

Se consideriamo il processo dichiarativo, siamo in presenza di un'attività che non ha la funzione di attuare, ma di accertare un diritto soggettivo. Ma anche in questa è chiara e netta la distinzione tra il diritto di azione e il diritto soggettivo oggetto della tutela, quindi tra i presupposti di quello e i fatti costitutivi di questo. Nel processo dichiarativo l'azione si risolve nel diritto del singolo verso lo Stato ad ottenere la pronuncia di una sentenza di merito, insomma ad ottenere una risposta alla sua domanda sull'ipotesi di un diritto soggettivo. E ben può esistere il diritto ad ottenere quella risposta, ma non anche il diritto soggettivo vantato e viceversa. Di ciò parleremo ampiamente quando distingueremo il c.d. "rito" dal c.d. "merito" del processo dichiarativo e, quindi, studieremo i presupposti processuali [3].

Se consideriamo, infine, la tutela cautelare, si ricorda come i presupposti dell'azione cautelare stiano nel *periculum in mora* e nel *fumus boni iuris*, da non confondersi con i fatti costitutivi del diritto soggettivo sostanziale da cautelare. Può esistere questo, ma non i presupposti dell'azione cautelare. E, viceversa, ottenuto il provvedimento cautelare, possono risultare insussistenti i fatti costitutivi del diritto soggettivo sostanziale.

In ultima analisi va tenuto ben distinto il diritto soggettivo sostanziale, che un soggetto può vantare a fronte di un altro, come strumento che le norme di relazione utilizzano per garantire l'attribuzione a qualcuno di un bene della vita, dal diritto di azione, che è un diritto pubblico verso lo Stato: il diritto alla tutela giurisdizionale.

Approfondiamo la riflessione sull'art. 24, 1° comma, Cost. dal punto di vista dello Stato e del suo dovere di garantire la tutela giurisdizionale. La previsione di un simile dovere implica che lo Stato ha l'obbligo di approntare, al livello delle fonti del diritto inferiori [4], tutti i meccanismi che servono alla tutela giurisdizionale.

Ma, ci si chiede, già da questa norma possiamo ricavare qualche ulteriore, e più concreto, principio che attenga anche ad un modo di essere della tutela giurisdizionale?

Innanzitutto dalla disposizione in commento si trae una conseguenza rilevante nel campo dei *diritti disponibili*, precisamente il principio per cui, in riferimento ad essi, lo Stato non può espropriare i loro (presunti) titolari del diritto di azione.

---

[3] Si rinvia al paragrafo 6 del terzo capitolo e all'intero capitolo quarto.

[4] Pur non essendo specificato nell'art. 24 Cost. quale possa essere tale fonte, emerge dall'art. 111, 1° comma, Cost. che l'attività giurisdizionale debba essere disciplinata con atti aventi forza di legge. Sul punto torneremo: vedi *infra* il paragrafo 5 nel presente capitolo.

Bisogna tenere presente che il principio della domanda, di cui abbiamo già evidenziato la centralità, non comporta che debba e possa agire in giudizio necessariamente colui che si afferma titolare del diritto soggettivo leso, bensì esso significa che si debbano tenere distinti il soggetto che agisce ed individua l'oggetto dell'attività giurisdizionale dal giudice che presiede a tale attività. Questo principio, quindi, non implica anche, di per sé, una necessaria correlazione tra la titolarità del diritto sostanziale e la titolarità del diritto di azione. Tale correlazione, corollario non necessario del principio della domanda, è esplicitata, come elemento normale della tutela giurisdizionale, dall'art. 2907 c.c., che, però, è solo una norma di legge.

Ebbene dall'art. 24, 1° comma, Cost. noi possiamo ricavare, invece, la necessità della detta correlazione quando sono in gioco diritti disponibili semplicemente dall'utilizzazione del verbo "*possono*". Invero, se tutti "possono agire", ciò significa che tutti, non dovendo agire, possono anche non agire in giudizio per la tutela dei propri diritti, per cui, si ripete, il legislatore ordinario non potrebbe espropriare dell'azione i titolari dei diritti, almeno quando questi sono disponibili. Del resto questi rilievi sono coerenti con la natura del diritto soggettivo, che è una situazione di libertà e non di necessità, uno schema che il legislatore utilizza per attribuire ad un soggetto un bene della vita, attribuzione che il soggetto interessato può anche ignorare. Insomma, se Tizio è titolare di un diritto, egli può godere e disporre del bene con quello garantito, ma può anche scegliere di non goderne e disporne. Per cui la possibilità (non la necessità) di agire in giudizio è la proiezione processuale di quella libertà e il titolare del diritto leso ha diritto a che lo Stato apponti un apparato di tutela a suo favore, ma egli ha anche diritto a non usufruirne[5].

Ma dalla norma in commento è stato ricavato molto di più dalla dottrina e dalle sentenze della Corte costituzionale. Oltretutto si tenga presente che per molti anni questa è stata l'unica norma di sistema relativa alla tutela giurisdizionale dei diritti, mancando nel testo originario della Costituzione una norma generale sul "giusto processo", che invece è stata introdotta in un momento successivo novellando l'art. 111 Cost.[6].

In particolare da essa si è tratto il principio per cui lo Stato deve garantire, ad ogni soggetto che si affermi titolare di un diritto leso, non solo la possibilità di instaurare un processo, ma anche la possibilità, per un verso, di perseguire, attraverso la disponibilità di strumenti concreti, la sua tutela in giudizio e, per

---

[5] Peraltro la legge può prevedere delle eccezioni quando sono in gioco diritti di terzi connessi con quello che si vuole azionare. Su ciò torneremo trattando della legittimazione straordinaria nel paragrafo 6 del quarto capitolo.

[6] Sul quale torneremo in questo capitolo nel paragrafo 5.

altro verso, di ottenere tutela, se la misura giurisdizionale sarà favorevole, in *modo effettivo*. Da questo corollario sono derivate conseguenze importanti, tra le quali basti citare la copertura costituzionale con ciò riconosciuta alla tutela cautelare. La tutela cautelare ha lo scopo di garantire l'effettività della tutela dichiarativa, ossia nell'ambito di essa rientra tutta una serie di misure attraverso le quali trova attuazione il principio per cui il tempo necessario per celebrare un processo non deve andare a danno della parte che ha ragione, per cui questa deve veder riconosciuta la sua ragione come se avesse ottenuto tale riconoscimento il giorno stesso in cui aveva proposto la domanda. Se così è, allora la tutela cautelare rientra nell'ampia copertura costituzionale offerta dall'art. 24, 1° comma, nel senso che il legislatore ordinario non potrebbe non approntarla come corredo necessario della tutela dichiarativa.

Ma, sempre dalla detta esigenza di effettività della tutela la Corte costituzionale ha tratto anche la necessità di rendere sanabile il difetto di giurisdizione, "trasferendo" la causa dal giudice errato inizialmente adito al giudice giusto, con salvezza degli effetti sostanziali e processuali della domanda. Ciò sia nei rapporti tra diverse giurisdizioni statali [7] sia nel rapporto tra giudice statale ed arbitro [8].

E ancora dall'art. 24, 1° comma, Cost. è stata tratta l'idea che lo Stato, dovendo appunto garantire a tutti la possibilità di agire di fronte ad un suo giudice per la tutela dei diritti, non possa imporre a nessuno di deviare dalla via ordinaria della tutela giurisdizionale. In conseguenza di questo assunto si è giunti ad espungere dal sistema i c.d. arbitrati obbligatori.

L'arbitrato è una forma di giustizia alternativa a quella ordinaria, giustizia alla quale i litiganti possono ricorrere al fine di far decidere le loro controversie da giudici di loro fiducia al posto dei giudici statali. Su di essa torneremo [9], ma fin da ora si rileva come l'arbitrato abbia uno spazio di operatività giuridicamente ammissibile solo nella misura in cui i privati lo scelgono come via alternativa. Invece, fino a tempi non lontani, il legislatore prevedeva nell'ambito di certe materie arbitrati obbligatori, vale a dire impediva ai litiganti l'accesso alla tutela giurisdizionale ordinaria, imponendo loro appunto un arbitrato. Tali forme di arbitrato sono state considerate incompatibili con l'art. 24, 1° comma, Cost., appunto perché, alla luce di questo disposto, a nessuno può essere sottratto il diritto di agire in giudizio per la tutela dei suoi diritti.

Peraltro, non si deve commettere l'errore di pensare che dalla norma in

---

[7] Vedi poi il paragrafo 3 nel capitolo quarto.

[8] Vedi poi il paragrafo 11 nel capitolo quarto.

[9] Vedi *infra* il paragrafo 2 nel terzo capitolo.

commento debba ricavarsi una sorta di monopolio della giurisdizione statale [10]. Qui il costituente ha solo voluto affermare il principio per cui lo Stato, se è legislatore, deve essere necessariamente anche giudice, nel senso che deve farsi carico di approntare un apparato che attui le leggi violate. Altra cosa è che l'interessato si serva di tale apparato. Almeno nel campo dei diritti disponibili è possibile che gli interessati scelgano di non utilizzare la giurisdizione statale o per semplice disinteresse o per percorrere, invece, una via alternativa: quella dell'arbitrato. L'art. 24, 1° comma, Cost. impedisce gli arbitrati obbligatori, ma certo non impedisce gli arbitrati scelti liberamente dalle parti [11]: da esso discende un dovere per lo Stato e non un dovere per le parti.

Infine una precisazione importante collegata alla norma in commento attiene alla c.d. *giurisdizione condizionata*.

Se è vero che lo Stato deve garantire ad ogni soggetto la possibilità di agire in giudizio per la tutela dei propri diritti, è anche vero che, in astratto, la legge ordinaria potrebbe pure prevedere dei condizionamenti all'esercizio dell'azione, perché non discende dalla garanzia costituzionale la necessità di rendere spendibile il potere di agire sempre e comunque al momento in cui è lesa la situazione giuridica sostanziale per la quale si chiede tutela. Simili, eventuali, condizionamenti sono, però, compatibili con l'art. 24, 1° comma, Cost. nella misura in cui:

– essi non rendano eccessivamente gravoso l'esercizio del diritto di azione;

– siano previsti dalla legge in funzione del miglior funzionamento della giustizia.

Alla luce di queste considerazioni sia la dottrina sia la Corte costituzionale hanno fatto emergere delle differenze tra i condizionamenti che il nostro legislatore ha, nel tempo, variamente immaginato, considerandone alcuni illegittimi ed altri legittimi.

Così, ad esempio, è stata considerata incostituzionale la necessità, in precedenza prevista, di passare dalla via di un ricorso amministrativo prima di poter adire il giudice per la tutela di una situazione giuridica soggettiva che il singolo vanta a fronte di una pubblica amministrazione, perché la costrizione ad esperire previamente la via del ricorso amministrativo non era, in realtà, approntata in funzione di un miglior funzionamento della giustizia, quanto piuttosto quale strumento per favorire la pubblica amministrazione, ossia una delle parti del conflitto.

---

[10] Sulla questione torneremo ancora fra breve trattando dell'art. 102, 1° comma, Cost.

[11] Quanto si dice non implica che il legislatore non possa prevedere arbitrati speciali (ossia con una disciplina speciale) in certe materie, ma significa solo che arbitrati del genere non possono essere imposti alle parti contro la loro volontà.

Come sono anche stati dichiarati incostituzionali meccanismi di condizionamento fondati sulla richiesta del pagamento di una somma di denaro, come ad esempio il c.d. *solve et repete*.

Invece, comunemente si ritengono legittimi, quali condizionamenti all'esercizio dell'azione, i *tentativi obbligatori di conciliazione*, purché si precisi che il condizionamento riguarda il processo dichiarativo e non anche la tutela cautelare[12].

In certe materie il legislatore, lungi dal sottrarre il diritto di azione a colui che afferma la lesione di un suo diritto, impone, però, al (presunto) titolare del diritto di cercare la conciliazione con la controparte secondo determinati meccanismi, restando ovviamente salva la possibilità di agire in giudizio ove il tentativo fallisca. Si guardi in particolare alle previsioni dell'art. 5 del D.Lgs. n. 28/2010 (così come poi modificato con D.L. n. 69/2013, convertito con legge n. 98/2013, e successivamente ancora con D.Lgs. n. 149/2022), che in tutta una serie di materie condiziona la procedibilità della domanda all'esperimento di un tentativo di mediazione rivolto alla conciliazione da esperire presso organismi accreditati ai sensi dell'art. 16 del medesimo articolato.

Tali meccanismi sono costituzionalmente legittimi perché essi sono oggettivamente al servizio del miglior funzionamento della giustizia e non favoriscono una parte in danno dell'altra. Invero, più sono i tentativi di conciliazione che riescono, meno sarà il carico di lavoro dell'apparato giurisdizionale statale ed allora in riferimento a tale carico l'attività giurisdizionale sarà migliore quantomeno perché sarà più rapida[13].

Peraltro, la Corte costituzionale ha precisato che i tentativi obbligatori di conciliazione sono costituzionalmente legittimi solo se sono costruiti come

---

[12] La Corte costituzionale ha ribadito che l'azione cautelare non può essere impedita dal previo esperimento di un tentativo obbligatorio di conciliazione previsto dalla legge. Sulla compatibilità dei tentativi obbligatori di conciliazione con l'effettività del diritto di azione, nel rispetto di certe condizioni, si è espressa anche la Corte di Lussemburgo, occupandosi del caso italiano riferito alle liti tra imprese di telecomunicazioni ed utenti.

[13] Si deve, però, ad onor del vero, riconoscere che quanto detto in linea teorica nel testo non ha il conforto della realtà concreta, perché sono pochi i tentativi di conciliazione che riescono. La verità è che la conciliazione è un'alternativa credibile solo se i litiganti la vogliono veramente o, comunque, ne comprendono i vantaggi e in ciò il legislatore non ha molti spazi di manovra. Tuttavia, nell'aspirazione di diminuire il carico di lavoro dei giudici statali, il legislatore prevede delle sanzioni di vario genere avverso la parte poco collaborativa, ravvisandosi questa sia in chi non partecipa al tentativo di conciliazione sia in colui che rifiuta di conciliare su proposte vicine a quello che risulta poi essere il contenuto della decisione del giudice. Argomenta per il primo aspetto dall'art. 12*bis* del D.Lgs. n. 28/2010 e per il secondo aspetto dall'art. 13 del medesimo articolato. Più in generale, a seguito del D.Lgs. n. 149/2022, s'impone alle parti e ai loro avvocati di cooperare al tentativo con buona fede e lealmente, al fine di realizzare un effettivo confronto sulle questioni controversie (nuovo 6° comma dell'art. 5 del D.Lgs. n. 28/2010).

meccanismi temporalmente delimitati. Il legislatore ordinario non potrebbe, attraverso essi, imporre a colui che afferma la lesione di un suo diritto una sorta di stagnazione illimitata in attesa di una conciliazione che non arriva mai, perché ciò significherebbe incidere in modo eccessivo sul suo diritto di agire in giudizio. Così è legittimo il meccanismo adottato dall'art. 5 del citato D.Lgs. n. 28/2010, ai sensi del quale il giudice, rilevata l'eccezione di improcedibilità dal convenuto o d'ufficio nella prima udienza[14], provvede ad una dilazione di tre mesi, fissando un'udienza successiva per consentire nel frattempo l'esperimento del tentativo di conciliazione non esperito prima.

In definitiva, rinviando per un maggior approfondimento[15], qui emerge come il diritto di azione, pur essendo un valore fondamentale garantito al più alto livello, non abbia però una valenza assoluta, dovendo esso contemperarsi col principio della ragionevole durata del processo, che in sé implica anche la necessità di fare in modo che l'apparato della giustizia statale abbia un carico di lavoro sopportabile.

2. *Il principio del contraddittorio*

Il principio del contraddittorio è sancito dalla Costituzione agli artt. 24, 2° comma («La difesa è diritto inviolabile in ogni stato e grado del procedimento») e 111, 2° comma («Ogni processo si svolge nel contraddittorio tra le parti, in condizioni di parità ...»). Esso è un valore fondamentale nell'ambito del processo e rappresenta un necessario corollario del principio di uguaglianza di cui all'art. 3 Cost.

Riprendendo ed ampliando l'accenno già fatto nell'introduzione[16], il principio in commento implica che ad ogni soggetto interessato ad una certa misura giurisdizionale deve essere concessa la possibilità di partecipare al processo della sua formazione, per cui gli è riconosciuto il *diritto ad essere ascoltato*, il *diritto ad esercitare*, all'interno del processo, *poteri* al fine di influenzare quello che sarà il contenuto della misura giurisdizionale.

Inoltre, il principio del contraddittorio implica anche che la detta possibilità vada garantita in *modo paritario tra i litiganti e tra i litiganti e il giudice*. Nel processo si sviluppa una dialettica, che coinvolge certamente le parti con-

---

[14] Con l'inserimento nel codice di rito dell'art. 171*bis* il giudice potrebbe rilevare la questione anche prima dell'udienza: vedi poi il paragrafo 3 del quinto capitolo.

[15] Vai al paragrafo 11 nel capitolo quarto.

[16] Torna al paragrafo 3 del primo capitolo.

tendenti, ma anche il giudice che, prima di adottare la misura richiesta, esercita poteri nella gestione e nello sviluppo della lite. Ebbene la detta parità va garantita non solo tra le parti, ma anche rispetto al possibile esercizio di poteri del giudice.

La garanzia di parità rispetto al giudice è importante quanto la garanzia di parità tra le parti. Così, ad esempio, se è vero, come meglio vedremo in seguito, che nel processo dichiarativo il giudice può porre a fondamento della sua decisione questioni che lui stesso ha sollevato, è anche vero che ciò non può accadere, se così possiamo dire, "a sorpresa", ossia senza prima aver stimolato il contraddittorio con e fra le parti sulla questione rilevata d'ufficio.

Tuttavia, è pur vero che l'art. 101 c.p.c. prevede la possibilità che vi siano delle deroghe all'attuazione del principio del contraddittorio, deroghe che possono essere costituzionalmente legittime solo se in esse, lungi dall'eliminarsi ogni dialettica, piuttosto la si posponga. Insomma il contraddittorio può, al più ed eccezionalmente, essere svolto, non prima del provvedimento, bensì successivamente [17].

3. *Indipendenza, imparzialità e terzietà del giudice*

Il giudice chiamato ad adottare una certa misura giurisdizionale non deve subire condizionamenti esterni, personali o di altro tipo, ma deve pronunciarsi soltanto in base alle risultanze in fatto e in diritto acquisite e comunque emergenti nel processo condotto secondo le regole. Un complesso di norme costituzionali cerca di garantire questo obiettivo, ossia di garantire l'indipendenza e l'imparzialità del giudice.

Prima di approfondire il senso della garanzia, leggiamo le norme costituzionali pertinenti.

Art. 25, 1° comma: «Nessuno può essere distolto dal giudice naturale precostituito per legge».

Art. 101, 2° comma: «I giudici sono soggetti soltanto alla legge».

Art. 102, 1° comma: «La funzione giurisdizionale è esercitata da magistrati ordinari istituiti e regolati dalle norme sull'ordinamento giudiziario» e 2° comma: «Non possono essere istituiti giudici straordinari o giudici speciali».

---

[17] Ma il legislatore dovrebbe stare molto attento a far uso di tali eccezioni, perché a volte un contraddittorio posticipato può risultare inutile. Si vada, per un esempio, al successivo paragrafo 3 del quinto capitolo, ove si tratterà, fra l'altro, dei poteri di verifica preliminare attribuiti al giudice dall'art. 171*bis* di nuovo inserimento.

Art. 104, 1° comma: «La magistratura costituisce un ordine autonomo e indipendente da ogni altro potere».

Art. 107, 1° comma: «I magistrati sono inamovibili» e 3° comma: «I magistrati si distinguono fra loro soltanto per diversità di funzioni».

Art. 108, 2° comma: «La legge assicura l'indipendenza dei giudici delle giurisdizioni speciali».

Art. 111, 2° comma: «Ogni processo si svolge ... davanti a giudice terzo e imparziale».

In quest'ultima norma, che è la più recente [18], è esplicitato lo scopo ultimo di tutto il citato complesso normativo, vale a dire quello di far amministrare la giustizia sempre da giudici imparziali. Una delle condizioni, poi, per raggiungere tale imparzialità è quella dell'indipendenza, la quale è concepita nella Costituzione su un triplice piano.

Innanzitutto è garantita l'indipendenza del potere giudiziario, costituendo la magistratura un ordine autonomo governato da un organo appositamente costituito, ossia il Consiglio superiore della magistratura (art. 104 Cost.). Quindi è garantita l'indipendenza del singolo magistrato all'interno dell'ordine giudiziario (art. 107 Cost.). Infine è garantita l'indipendenza funzionale, ossia l'indipendenza del giudice nell'esercizio della funzione giurisdizionale, essendo questi, soggetto soltanto alla legge (art. 101 Cost.).

E sempre a garanzia dell'indipendenza, e quindi, in definitiva, dell'imparzialità, del giudice sono posti gli artt. 25, 1° comma, e 102, 1° e 2° comma, della Costituzione.

Nel primo articolo è canonizzata l'idea che i giudici chiamati a decidere le singole controversie non vanno individuati di volta in volta al momento in cui insorge la lite, bensì a tale momento essi devono poter essere individuati in base a norme preesistenti. Vedremo in seguito l'attuazione di tale garanzia nelle norme sulla competenza previste dal codice di procedura civile [19].

Sull'art. 102 Cost. è, invece, necessario un più lungo discorso, il cui punto di partenza è rappresentato, innanzitutto, dalla comprensione del limite applicativo di tale norma.

Quando la Costituzione afferma che nessuno può essere distolto dal giudice naturale precostituito per legge ed ancora afferma che la funzione giurisdizionale è esercitata dai giudici ordinari, con ciò essa non determina una sorta di monopolio in capo allo Stato dell'attività giurisdizionale. È vero che, alla luce del-

---

[18] Il 1° e il 2° comma dell'attuale art. 111 Cost. sono stati inseriti dall'art. 1 della legge cost. 23 novembre 1999, n. 2.

[19] Si rinvia al paragrafo 4 del quarto capitolo.

l'art. 24, 1° comma, Cost., lo Stato deve approntare l'apparato della tutela giurisdizionale, quindi organizzare i suoi organi giurisdizionali e disciplinare l'attività di tali organi. Ma da questo dovere non discende, nel disegno della Costituzione, il principio per cui l'attività giurisdizionale sarebbe di esclusiva spettanza degli organi giudiziari dello Stato. Né un simile, presunto, monopolio è ricavabile dalle norme ora in commento, le quali, invece, hanno solo lo scopo di atteggiare in un certo modo l'apparato giurisdizionale pubblico, un modo che garantisca l'indipendenza e quindi l'imparzialità dei giudici statali.

Insomma, il legislatore ordinario potrebbe anche scegliere di riconoscere come unica giurisdizione immaginabile quella dello Stato, ma questa non sarebbe una scelta imposta dalla Costituzione, la quale si limita solo ad occuparsi della giurisdizione statale, senza escludere l'eventuale operatività, a livello di ordinamento statale, di altre giurisdizioni.

Ed allora, se affrontiamo l'argomento senza pregiudizi, ci accorgiamo che ormai il legislatore ordinario ha fatto scelte diverse da quelle preferite in tempi più risalenti. Si pensi al modo in cui la legge oggi disciplina il rapporto dell'ordinamento statale con le giurisdizioni straniere e con la giurisdizione arbitrale. Qui[20] noi vediamo che oggi è riconosciuto, a livello di ordinamento statale, il frutto di altre attività giurisdizionali, senza bisogno di passare da filtri preventivi. La sentenza straniera e il lodo arbitrale (rituale) esplicano efficacia vincolante senza che vi sia bisogno di una previa delibazione o omologazione, insomma senza che un giudice dello Stato li recepisca, li assuma come atti imperativi dello Stato[21].

In realtà, tra le varie, possibili, attività giurisdizionali solo quella esecutiva rientra nel monopolio degli organi giurisdizionali dello Stato e ciò perché essa rappresenta un'attività di aggressione nel patrimonio di un soggetto, attività che, quindi, implicando fra l'altro anche l'uso della forza, può essere svolta solo dal potere pubblico. Così non si potrebbe certo ammettere un'attività esecutiva svolta da privati né l'uso della forza, nell'ambito del territorio italiano, in capo ad organi appartenenti ad altri ordinamenti.

Quindi, si ripete, la preoccupazione sottesa all'art. 102 Cost. è solo quella di delineare un certo, necessario, modo di essere della giurisdizione statale, so-

---

[20] Vedi la legge 31 maggio 1995, n. 218 ("Riforma del sistema italiano di diritto internazionale privato") e la legge 5 gennaio 1994, n. 25 ("Nuove disposizioni in materia di arbitrato e disciplina dell'arbitrato internazionale") che trova conferme, per quanto detto nel testo, nell'ultima riforma dell'arbitrato attuata con D.Lgs. n. 40/2006.

[21] Torneremo ampiamente sui profili per il momento appena accennati: per la giustizia privata vedi il paragrafo 2 del terzo capitolo e sul riconoscimento delle sentenze straniere vedi il paragrafo 9 del quinto capitolo. In questi luoghi analizzeremo anche il tipo di intervento che pur lo Stato si riserva, a vari fini, rispetto a tali, diverse, giurisdizioni.

stanzialmente al fine di garantire l'indipendenza e, quindi, l'imparzialità dei giudici pubblici. In definitiva in esso si è voluto, essenzialmente, separare il potere giudiziario da quello esecutivo, per un verso, garantendo l'indipendenza del giudice dal potere esecutivo e, per altro verso, escludendo la possibilità che l'attività giurisdizionale sia esercitata da organi amministrativi [22].

Nella norma in commento la disposizione in positivo, per cui la funzione giurisdizionale è esercitata da magistrati ordinari istituiti e regolati dalle norme sull'ordinamento giudiziario, è rafforzata dall'esplicito divieto di istituire giudici straordinari o speciali.

Un *giudice* è *straordinario* quando esso è istituito dopo l'accadimento dei fatti sui quali è chiamato a giudicare. Un simile modo di costituire l'organo giurisdizionale desta ovviamente sospetti in ordine alla sua indipendenza ed imparzialità, per cui esso è stato espunto dal sistema [23].

Più complesso è, invece, il problema dei giudici speciali.

Il *giudice speciale*, a differenza di quello straordinario, è precostituito, ossia l'organo esiste già prima del verificarsi dei fatti sui quali si vuole il giudizio. Ma esso si contrappone al giudice ordinario perché resta fuori dalla disciplina contenuta nella legge di ordinamento giudiziario e gli è attribuito potere giurisdizionale in riferimento a specifiche materie ovvero specifici ambiti di potenziale contenzioso. Insomma, il giudice è speciale solo perché si contrappone a quello ordinario, rappresenta un'entità diversa dal giudice ordinario.

Dalla lettura dell'art. 102 Cost. sembra doversi ricavare il principio assoluto per cui solo i giudici ordinari dovrebbero avere diritto di cittadinanza nel nostro ordinamento. Ma questa prima impressione è subito smentita dalla stessa Costituzione già nell'articolo successivo, nel quale vengono salvate, e coperte da garanzia costituzionale, tre giurisdizioni speciali: quella amministrativa, quella contabile e quella militare. Tralasciando queste ultime, occupiamoci, sia pur sommariamente, della prima.

L'art. 103, 1° comma, Cost. recita: «Il Consiglio di Stato e gli altri organi di giustizia amministrativa hanno giurisdizione per la tutela nei confronti della

---

[22] Peraltro vi sono ipotesi in cui la legge attribuisce ad un organo amministrativo il compito di svolgere attività oggettivamente giurisdizionali. A prescindere da ogni valutazione sull'opportunità di prevedere casi del genere, si può dire che essi si salvano sul piano della legittimità costituzionale nella misura in cui la loro previsione non esclude tuttavia la possibilità di agire anche di fronte ad un organo giurisdizionale.

[23] Ovviamente noi riflettiamo in riferimento ad una situazione di normalità della convivenza civile. Altro e più difficile discorso andrebbe svolto rispetto a situazioni eccezionali di rivolgimento di assetti politici. Si pensi, per fare un esempio, al tribunale, certamente straordinario nel senso qui accolto, di Norimberga che, dopo la seconda guerra mondiale, fu chiamato a giudicare sui crimini commessi dai gerarchi nazisti.

Pubblica Amministrazione degli interessi legittimi e, *in particolari materie indicate dalla legge*, anche dei diritti soggettivi». Con ciò il costituente innanzitutto completa il quadro della tutela giurisdizionale delle situazioni giuridiche soggettive, che ha enunciato nell'art. 24, 1° comma, Cost. In tale ultima norma sono esplicitamente individuate e distinte due situazioni giuridiche soggettive: il diritto soggettivo e l'interesse legittimo. Senza particolari approfondimenti, noi possiamo accontentarci di dire che, mentre il diritto soggettivo è lo schema attraverso il quale l'ordinamento garantisce ad un soggetto l'attribuzione di un bene della vita, l'interesse legittimo è, invece, propriamente lo strumento attraverso il quale la legge garantisce ad un soggetto la legittimità dell'attività della pubblica amministrazione. Per mezzo della costruzione e dell'attribuzione dei diritti soggettivi, l'ordinamento organizza la ripartizione dei beni tra i consociati. Per mezzo della costruzione e dell'attribuzione degli interessi legittimi il legislatore attribuisce uno strumento di controllo e di reazione agli interessati che sono coinvolti, e pregiudicati, dallo svolgimento di un'azione amministrativa, in ipotesi svolta senza il rispetto delle regole che la disciplinano.

In secondo luogo il costituente, in questa opera di costruzione dell'apparato di tutela giurisdizionale, delinea molto chiaramente il principio per cui la tutela dei diritti è attribuita al giudice ordinario, mentre la tutela degli interessi legittimi è attribuita al sistema di giustizia amministrativa[24]. Peraltro l'art. 103, 1° comma, Cost. dispone che "in particolari materie indicate dalla legge" è possibile attribuire la tutela dei diritti anche ai giudici amministrativi (c.d. *giurisdizione esclusiva* del giudice amministrativo).

Ora, da tale inciso non si può ricavare l'idea che, a fronte dei diritti soggettivi, spetti, in buona sostanza, al legislatore il compito (insindacabile) di scegliere se attribuirne la tutela al giudice ordinario o al giudice amministrativo. Invero, dal sistema della Costituzione emerge chiaramente che, invece, il legislatore ha dei limiti assai stretti nell'ambito dei quali poter manovrare, perché il giudice naturale dei diritti deve essere quello ordinario[25] e non quello speciale. Per cui, quando, poi, la norma costituzionale concede la possibilità di fare eccezione a tale principio di partenza, essa impone anche, implicitamente, la necessità che vi siano motivi ragionevoli per derogare a quello che dovrebbe essere il sistema ordinario.

In ultima analisi, è costituzionalmente legittima una legge che attribuisca giurisdizione esclusiva al giudice amministrativo in settori nei quali, magari,

---

[24] La quale oggi è strutturata su due livelli: il primo regionale dato dai Tribunali amministrativi regionali (T.A.R.) e il secondo nazionale col Consiglio di Stato, che siede a Roma.

[25] Vedi un ulteriore aspetto della questione nell'analisi, che faremo tra breve, dell'art. 111, 7° e 8° comma, Cost.

può essere particolarmente problematico tracciare la linea di confine tra diritti soggettivi ed interessi legittimi oppure può essere pregiudizievole tenerne distinte le tutele.

Non è, invece, costituzionalmente legittima una legge che operi la distinzione tra i due sistemi di giustizia solo per blocchi di materie, immaginando, in modo del tutto arbitrario, ossia senza considerare e distinguere le diverse situazioni giuridiche soggettive che vengono in gioco, che certe materie debbano essere attribuite al giudice ordinario ed altre a quello amministrativo.

Peraltro, il discorso non è finito qui.

I padri costituenti certamente volevano salvare solo le giurisdizioni speciali di cui al citato art. 103 e ciò risulta, non solo dalle norme che abbiamo già analizzato, ma anche dalla VI disposizione transitoria, nella quale si legge: «Entro cinque anni dall'entrata in vigore della Costituzione si procede alla revisione degli organi speciali di giurisdizione attualmente esistenti, salvo le giurisdizioni del Consiglio di Stato, della Corte dei conti e dei Tribunali militari». Tuttavia, quel disegno non si è realizzato appieno, perché è evidente che sono sopravvissute altre giurisdizioni speciali: si pensi solo a quella tributaria e a quella disciplinare degli Ordini professionali. Ed allora, oggi, dopo tanti anni, si è finito per accettare l'esistente e, quindi, un'interpretazione riduttiva dell'art. 102 Cost., in virtù della quale si ritiene che tale disposizione impedisca l'istituzione di *nuovi* giudici speciali, fatti salvi quelli che già esistevano al tempo dell'entrata in vigore della Costituzione.

Insomma, i giuristi si sono arresi ad una realtà che i politici non hanno voluto, o potuto, cambiare, ancorandosi solo al rilievo che, comunque, l'organizzazione di tali giurisdizioni deve almeno essere tale da garantire l'indipendenza dei rispettivi organi (argomenta dall'art. 108, 2° comma, Cost.).

Peraltro, c'è anche da dire che nel tempo attuale il sospetto avverso le giurisdizioni speciali è assai ridotto rispetto al tempo in cui fu scritta la Costituzione. Non bisogna dimenticare che questa Carta è stata l'atto di fondazione di una nuova Repubblica, a seguito di un periodo assai travagliato della nostra storia, periodo in cui i giudici speciali erano sinonimo di giudici non indipendenti rispetto al potere politico. Oggi le cose sono assai cambiate e l'idea che il giudice speciale sia inevitabilmente influenzato dal potere politico non è più attuale. Resta fondamentale il valore della separazione tra i poteri e tra le funzioni, ma il divieto di istituire giudici speciali non è un elemento necessario per l'attuazione di questo valore, restando un simile divieto, piuttosto, il frutto di un bisogno di unità della giurisdizione. Ma tale bisogno è francamente sempre meno sentito.

4. *La soggezione del giudice alla legge*

L'art. 101, 2° comma, Cost. recita: «I giudici sono soggetti soltanto alla legge».

Questa semplice e netta affermazione ha diverse implicazioni, tutte derivanti da un valore cardine dell'idea di Stato di diritto nata con la rivoluzione francese del XVIII secolo: il principio della separazione dei poteri. Lo Stato moderno vede giocare al suo interno tre poteri, quello legislativo, quello esecutivo e quello giudiziario, poteri che concorrono all'organizzazione e alla gestione della convivenza civile, ma che devono essere separati, per potersi contemperare a vicenda.

Di conseguenza, la norma in commento, per un verso, significa che il giudice non può essere soggetto a poteri diversi da quello legislativo, quindi, in particolare, egli non può essere soggetto al potere esecutivo. Con ciò noi ci troviamo di fronte ad un'ulteriore affermazione del principio di indipendenza del giudice, di cui abbiamo già parlato in precedenza.

Ma, per altro verso, la norma ci dice che il giudice deve essere soggetto alla legge, egli non può porsi al di sopra della legge. Qui gioca sempre il principio della separazione dei poteri, perché, se bisogna proteggere il giudice dal potere esecutivo, bisogna, però, se così si può dire, anche proteggere la legge dal giudice, esigenza, peraltro, ulteriormente rafforzata dalla previsione della garanzia del ricorso in cassazione per violazione di legge avverso le sentenze di cui all'art. 111, 7° comma, Cost.

Bisogna, però, fare delle precisazioni, perché il riferimento alla "legge" va preso *cum grano salis* e il principio della separazione dei poteri va assunto senza irrealistiche esagerazioni.

Dal primo punto di vista la norma vuole solo enunciare la subordinazione del giudice al potere legislativo, per cui la parola "legge" non va presa alla lettera. Ciò significa, innanzitutto, che il giudice deve obbedienza, più in generale, ad ogni norma di diritto, frutto di uno dei fatti di produzione normativa previsti dal sistema delle fonti del diritto statale. Quindi la subordinazione non è solo rispetto alla legge, ma all'insieme del *diritto oggettivo prodotto dall'ordinamento statale*.

Inoltre, è possibile che il giudice sia soggetto a norme di altro tipo, criteri di valutazione cogenti (*rectius*: che diventano cogenti) perché la legge dello Stato dà loro la sua forza.

Si pensi all'ipotesi in cui il giudice italiano si trovi a giudicare di una controversia transnazionale[26]: se, certamente, al processo dovrà applicarsi la legge

[26] Vedi sul problema della giurisdizione del giudice italiano a fronte di tali controversie il paragrafo 3 del quarto capitolo.

italiana[27], è, invece, possibile che alla controversia debba applicarsi una *legge sostanziale straniera* e ciò in base alle norme di diritto internazionale privato dettate dall'ordinamento italiano[28]. In un caso del genere è evidente come il giudice italiano sia soggetto ad una norma che non è prodotta dall'ordinamento interno, ma che è per lui cogente in forza del riconoscimento di essa da parte di una norma interna.

Ma si pensi anche ai casi in cui vengono in gioco criteri di valutazione rientranti nell'*equità* o *norme negoziali*.

Se la lite ha ad oggetto diritti disponibili, le parti possono, ai sensi dell'art. 114 c.p.c., chiedere al giudice la decisione secondo equità e con ciò rendere cogenti per il giudice un insieme di criteri di valutazione che si pongono al di fuori del diritto, nascendo e vivendo su un piano pregiuridico. Inoltre, ancorché in termini assai limitati, l'art. 113, 2° comma, c.p.c. prevede dei casi in cui il giudice di pace decide necessariamente secondo equità, quindi senza aversi a monte una scelta delle parti. Ma, se anche in questi ambiti vige l'obbligo del giudice di motivare la sua decisione e, soprattutto, vige il principio del contraddittorio, non si può pensare che l'equità rinvii all'inafferrabile sentimento del bene e del giusto del giudicante, dovendosi piuttosto ritenere che con essa si faccia riferimento, appunto, a criteri di giudizio da assumere come preesistenti, criteri che il giudice deve esplicitare anticipatamente alle parti, perché solo attraverso di essi il giudice stesso e le parti potranno selezionare i fatti da allegare e provare in giudizio[29].

Mentre, per quanto riguarda le norme negoziali l'art. 1372 c.c. dispone: «Il contratto ha forza di legge tra le parti». Ed, allora, è evidente che, se l'esistenza e/o il modo di essere del diritto fatto valere in giudizio dipendono dall'esistenza e/o il modo di essere di una norma negoziale, il criterio di valutazione cogente per il giudice sarà tratto da tale norma negoziale, alla quale la legge dello Stato ha dato la sua forza. Ed anzi, se la norma negoziale in gioco ha una valenza che va oltre il caso singolo sottoposto alla decisione del giudice, la sua violazione o falsa applicazione è anche soggetta al sindacato della Corte di cassazione[30].

---

[27] Cfr. art. 12 della legge 31 maggio 1995, n. 218 ("Riforma del sistema italiano di diritto internazionale privato").

[28] Cfr. gli artt. 13 e ss. della legge n. 218/1995. Peraltro si tenga presente che nello spazio europeo, quando cioè la giurisdizione del giudice italiano è fondata, non sulla base della legge n. 218/1995, bensì sulla base del Reg. n. 1215/2012, applicabile dal 10 gennaio 2015 in sostituzione del precedente Reg. n. 44/2001, la legge applicabile è individuata secondo le previsioni di regolamenti comunitari, ossia il Reg. n. 593/2008 (c.d. Roma I per le obbligazioni contrattuali) e il Reg. n. 864/2007 (c.d. Roma II relativo alle obbligazioni extracontrattuali).

[29] Come meglio comprenderemo quando studieremo l'istruzione probatoria: vai al paragrafo 2 del quinto capitolo.

[30] Il principio è ormai assunto dal legislatore nel momento in cui è stato previsto, all'art. 360,

In definitiva, affermare che il giudice è soggetto alla legge significa, più ampiamente affermare che il giudice è soggetto al complesso delle norme per lui vincolanti, che sono quelle che derivano dalle fonti del diritto statale e quelle alle quali, comunque, l'ordinamento dà la sua forza, come ad esempio le norme prodotte da ordinamenti stranieri, le norme di equità e le norme negoziali.

Tornando ora all'aspetto del principio della separazione dei poteri per cui il giudice non può porsi al di sopra della legge, bisogna chiarire cosa si vuole intendere quando si mette in guardia da possibili esagerazioni.

I rivoluzionari francesi ritenevano che il giudice fosse semplicemente "la bocca della legge". Essi immaginavano, in una prospettiva molto schematica, che il Parlamento dovesse fare le leggi ed i giudici dovessero limitarsi semplicemente ad applicarle in presenza dei loro presupposti e ciò compiendo un'operazione meramente di logica deduttiva. Al fine di garantire tale assetto essi crearono anche un organo nuovo per l'esperienza giuridica europea, la Corte di cassazione. Tale organo, istituito presso il Parlamento, aveva natura politica e doveva attuare una funzione di *nomofilachia*, ossia di repressione degli abusi dei giudici, annullando le sentenze nelle quali il giudicante si poneva al di sopra della legge.

In questa idea vi era un'evidente esagerazione nel modo di assumere il principio della separazione dei poteri, un approccio semplicistico e schematico al problema del rapporto tra il giudice e la legge, un approccio in buona sostanza irrealistico. Invero, fin dalla prima metà del XIX secolo ci si è resi conto dell'ineluttabilità di un certo apporto creativo della giurisprudenza, apporto della cui esistenza ed imprescindibilità oggi nessuno dubita, dovendosene solo studiare i contorni.

Per comprendere il senso del discorso si pensi all'applicazione, da parte dei giudici, dei c.d. *concetti giuridici indeterminati*, il cui uso è sempre più frequente nelle legislazioni moderne, in quanto con essi si attribuisce elasticità all'ordinamento, permettendo alla legge scritta, per un verso, di mantenersi attuale nonostante i mutamenti dei tempi e, per altro verso, di essere applicabile a molteplici, e particolari, casi singoli. Tra i concetti giuridici indeterminati di più frequente applicazione si ricordino: la "giusta causa" di licenziamento (art. 2119 c.c. [31]), la "scarsa importanza" dell'inadempimento che impedisce la risoluzione del contratto (art. 1455 c.c.), la "eccessiva onerosità sopravvenuta" di

1° comma, n. 3, c.p.c., che il ricorso in cassazione possa essere proposto anche per violazione o falsa applicazione dei contratti e accordi collettivi nazionali di lavoro (così a seguito del D.Lgs. n. 40/2006).

[31] Ma vedi anche la legge 15 luglio 1966, n. 604 ("Norme sui licenziamenti individuali").

una prestazione che fonda la risoluzione del contratto (art. 1467 c.c.), la "contrarietà al buon costume" che rende illecita la causa (art. 1343 c.c.) e quindi nullo il contratto (art. 1418 c.c.), la "concorrenza sleale" (art. 2598 c.c.), la "normale tollerabilità" che rende lecite le immissioni nella proprietà altrui (art. 844 c.c.).

Se si vogliono definire in astratto tali concetti [32], si riesce ad individuare solo un'affermazione di principio che resta, in fondo, indeterminata. Così, ad esempio, si può dire che si ha giusta causa di licenziamento quando si rompe il rapporto di fiducia tra datore di lavoro e prestatore di lavoro o, se si vuole, quando quest'ultimo incorre in gravi o notevoli inadempimenti ai suoi obblighi contrattuali. Ma, poi, il vero problema si pone in concreto, quando il giudice, di fronte ad un caso di specie, deve applicare il concetto, ossia deve decidere se qualificare quel certo caso come rientrante nell'ipotesi normativa. È qui che risulta inevitabile l'apporto valutativo del giudice, perché non si può certo sostenere che da una definizione astratta ed indeterminata del concetto giuridico si possa semplicemente trarre, secondo un'operazione di mera logica deduttiva, la soluzione dei mille e diversi casi della vita.

Così i concetti indeterminati sono idonei ad abbracciare situazioni diverse, come sono idonei a mantenere attuale l'ordinamento nonostante il cambiamento dei modi di sentire e di pensare, insomma di tutto quel complesso di valori sociali che la legge presuppone e recepisce quando formula le norme. Se un contratto è nullo ove la sua causa sia contraria al buon costume, come si può negare che quel concetto di buon costume abbia oggi un contenuto diverso rispetto a quello che esso aveva al tempo in cui entrò in vigore il codice civile? Insomma resta del tutto valido l'insegnamento di uno dei padri della nostra scienza, Oskar Bülow, secondo il quale l'ordinamento non è solo quello che si trova nella legge scritta, ma è anche quello che vive nella realtà; l'ordinamento, in altri termini, è dato solo in una certa misura dalla norma scritta e precostituita, dovendo, poi, esso costruirsi a poco a poco attraverso la giurisprudenza.

Ma, allora, il problema è quello di cercare un punto di equilibrio tra tale apporto creativo e l'esigenza della certezza del diritto. Tale punto di equilibrio sta nell'istituzione e nell'opera della Corte di cassazione, la quale, abbandonata ormai da tempo la pretesa di rappresentare un organo politico, ha finito per diventare un organo di vertice della giurisdizione, l'organo chiamato a razionalizzare il tumultuoso "farsi" dell'ordinamento, a dare unità e prevedibilità al diritto vivente.

Questa opera implica, per un verso, la fissazione di principi interpretativi e, per altro verso, l'individuazione dei casi tipici che possono farsi rientrare

---

[32] Oltre a quanto si sta dicendo nel testo, sul tema vai anche al paragrafo 6 del capitolo settimo.

nell'ambito di applicazione dei concetti giuridici indeterminati. Da questo punto di vista non c'è poi una distanza abissale tra la nostra esperienza c.d. di *civil law* e quella anglosassone. È vero che nella tradizione dell'Europa continentale non troviamo l'efficacia vincolante del precedente, il c.d. *stare decisis*, per cui, ovviamente, neanche alle sentenze della nostra Corte di cassazione spetta un'efficacia vincolante per casi futuri, quindi al di fuori del processo in cui esse sono pronunciate [33]. Ma tali sentenze svolgono ugualmente una funzione fondamentale, ancorché solo, se si vuole, sociale o psicologica, perché in esse si trova quella necessaria opera di razionalizzazione del diritto vivente senza la quale spesso le norme scritte sarebbero vuote formule.

In ultima analisi, nessun giurista o operatore del diritto, quando imposta un problema giuridico o una causa concreta, può evitare di vedere nella legge scritta solo il punto di partenza del suo lavoro: poi egli dovrà necessariamente volgere la sua attenzione alle interpretazioni ed applicazioni che della legge scritta propongono ed utilizzano la dottrina e la giurisprudenza della Corte di cassazione [34].

5. *Il concetto di "giusto processo" e le ulteriori garanzie costituzionali*

Con legge cost. 23 novembre 1999, n. 2 è stato novellato l'art. 111 Cost., nel quale sono state introdotte, fra l'altro, due nuove disposizioni, che così recitano: «La giurisdizione si attua mediante il giusto processo regolato dalla legge. Ogni processo si svolge nel contraddittorio tra le parti, in condizioni di parità, davanti a giudice terzo e imparziale. La legge ne assicura la ragionevole durata».

---

[33] Tuttavia, un peculiare effetto vincolante delle sentenze delle Sezioni Unite della cassazione è oggi sancito quando, nell'art. 374, 3° comma, c.p.c., si prevede che se «la sezione semplice ritiene di non condividere il principio di diritto enunciato dalle sezioni unite, rimette a queste ultime, con ordinanza motivata, la decisione del ricorso». Inoltre, indirettamente, la legge riconosce una sorta di efficacia vincolante alla costante giurisprudenza della Corte di cassazione nel momento in cui, a seguito della legge n. 69/2009, prevede l'inammissibilità del ricorso per cassazione proposto avverso una sentenza che a quella giurisprudenza si sia conformata (art. 360*bis* c.p.c.). Ma qui il vincolo è costruito in modo del tutto peculiare perché, restando come unico motivo di ricorso pur sempre la violazione di legge, il fatto che il giudice del merito si sia adeguato alla giurisprudenza della C.S. implica solo che il ricorso appaia in buona sostanza come manifestamente infondato, a meno che in esso non emergano motivi che possano indurre la Corte a mutare il suo orientamento. Insomma nell'art. 360*bis* c.p.c. si dà semplicemente corpo a quella funzione "sociale" di cui si sta per parlare nel testo.

[34] Su tali temi ci soffermeremo ancora nel paragrafo 6 del capitolo settimo.

In queste disposizioni si sono, innanzitutto, ribaditi principi che già erano contenuti nella Costituzione. Così, si pensi ai principi del contraddittorio e dell'imparzialità del giudice. Qui il "nuovo" art. 111 Cost. esplicita garanzie costituzionali già ricavabili da altre norme, come del resto abbiamo visto in precedenza.

Tuttavia nella norma vi sono anche spunti di novità che non vanno né sottaciuti né sottovalutati.

Il primo di questi sta nell'enunciazione per cui la giurisdizione si attua mediante il "giusto processo".

Questa espressione, per un verso, riecheggia quella di "equo processo", che si ricava essenzialmente dall'art. 6 della Convenzione europea di salvaguardia dei diritti dell'uomo e delle libertà fondamentali (CEDU)[35], e, per altro verso, quella, più antica, di *due process of law*, che, risalendo addirittura alla Magna Charta del 1215, si trova oggi assunta nella Costituzione Nordamericana. In essa è contenuta una duplice garanzia: la *garanzia del processo* e la *garanzia della giustizia*, o se si vuole equità, *del processo*.

Che il riferimento al processo rappresenti una garanzia in sé risulta chiaro se sol si ripensa a quanto abbiamo detto nell'introduzione e cioè che il processo è un'attività preorganizzata da norme. Ora, posto che la giurisdizione dello Stato è espressione di un potere, la prima garanzia di colui che è soggetto al potere sta appunto nella disciplina del potere, cioè nella procedimentalizzazione del suo esercizio, insomma nell'assicurazione della sua legalità.

Poi si può anche concedere che la misura di una simile preorganizzazione sia più o meno elevata. Ma, se si vuole rispettare il quadro costituzionale che abbiamo di fronte, è necessario che siano rispettate certe condizioni. Precisamente, detta preorganizzazione deve essere certamente ampia nella misura in cui il giudice svolge un'attività con la quale si vuole attribuire in modo stabile un bene della vita. Mentre è possibile che la legge lasci maggiori spazi di discrezionalità al giudice ove l'attività di questi punti a concedere forme di tutela instabile, forme che, pur attribuendo ad uno dei litiganti il bene della vita in contestazione, non ne sanciscano tuttavia un'attribuzione stabile.

Siamo qui di fronte alla distinzione tra la c.d. cognizione piena e la c.d. cognizione sommaria. In base alla prospettiva assunta dalla Costituzione, solo per mezzo della prima è possibile che la tutela giurisdizionale sfoci nello stabile riconoscimento del diritto ad uno dei litiganti. Ma, allora, evidentemente il legislatore, se può prevedere moduli procedimentali che seguano il modello della

---

[35] La CEDU è stata siglata a Roma il 4 novembre 1950 e ratificata in Italia con legge 4 agosto 1955, n. 848. Essa ha come strumento di attuazione la Corte europea dei diritti dell'uomo che siede a Strasburgo.

cognizione sommaria, non può, però, prevedere che in essi si metta capo a provvedimenti che producono effetti stabili. Insomma, la via della cognizione sommaria, sia essa tracciata con funzione cautelare o meno, ossia abbia come presupposto o meno anche la valutazione del *periculum in mora*[36], non può mai escludere la via della cognizione piena.

Peraltro questa pur essenziale garanzia della giurisdizione statale va presa col classico grano di sale.

Invero, è possibile che il legislatore consenta al giudice, in base ad una valutazione del caso di specie, che faccia emergere la particolare semplicità, soprattutto "in fatto", della concreta controversia, di scegliere di procedere in forme più leggere, secondo quanto egli ritenga opportuno, salva sempre la necessità di rispettare il fondamentale principio del contraddittorio.

Ed, ancora, è possibile che nell'ambito di un processo eccezionalmente complesso sul piano oggettivo il percorso da seguire assuma connotati peculiari, dovendosi affidare al prudente apprezzamento del giudice nel tracciare le regole del procedere.

Questi temi, posti qui in astratto, avevano in concreto agitato il dibattito a seguito dell'introduzione del c.d. processo sommario di cognizione negli artt. 702*bis* ss. c.p.c., richiamato anche dalla normativa sul processo di classe. Ma ormai essi finiranno per essere depotenziati dalla soppressione di dette norme, sostituite, con D.Lgs. n. 149/2022, dagli artt. 281*decies* ss. c.p.c., che disciplina il c.d. procedimento semplificato di cognizione, applicabile in presenza di determinati presupposti, ma ormai con caratteristiche che non si vede cosa abbiano di sommario.

Alla garanzia del processo si aggiunge un'ulteriore garanzia, anzi un complesso di garanzie, tutte riferibili all'aggettivo "giusto". Non solo è necessario, almeno in linea di principio, che la giurisdizione si attui attraverso un'attività preorganizzata da norme di legge, quindi un'attività che si svolga secondo un canovaccio prevedibile da parte del soggetto che vi si trova coinvolto, ma è anche necessario che tale preorganizzazione normativa rispetti alcuni valori essenziali, che fanno di un processo appunto un processo "giusto".

Lo Stato non può obbligarsi a rendere sentenze giuste, ossia conformi alla realtà fattuale e normativa preesistente. Ciò è auspicabile e desiderabile, ma è

---

[36] Sulla tutela cautelare torna al paragrafo 4 del primo capitolo. La cognizione sommaria non ha funzione cautelare quando non è costruita come strumentale al processo dichiarativo. Per mezzo di essa, sulla base del solo *fumus boni iuris*, si mette capo ad un provvedimento che, essenzialmente al fine di costituire un titolo esecutivo, accoglie la domanda dell'attore, senza che però esso possa avere efficacia di giudicato. Sull'efficacia di giudicato delle sentenze di merito pronunciate nell'ordinario processo dichiarativo vedi *infra* nel capitolo quinto i paragrafi 4, 5, 6, 7, 8.

sempre possibile che vi sia un errore nella ricostruzione dei fatti o nell'interpretazione ed applicazione della legge. L'unico impegno concreto, e verificabile nella sua attuazione, che può assumere lo Stato è quello di organizzare la sua attività giurisdizionale secondo moduli che rendono probabile un risultato giusto. È giusto il processo che rispetta tali garanzie strutturali, quelle garanzie che in un certo momento storico si pensa siano essenziali per rendere più probabile un esito giusto e più improbabile un esito ingiusto dell'attività giurisdizionale. Così, per fare un solo esempio, la disciplina del processo deve garantire la dialettica tra le parti su un piano di parità, perché appartiene al sentire comune l'idea per cui il giudice, se darà ad ogni litigante la possibilità di affermare e provare la sua tesi, renderà una sentenza giusta. Ma, poi, in concreto, non è affatto escluso che un processo nel quale sia stato rispettato il principio del contraddittorio arrivi alla pronuncia di una sentenza ingiusta.

Ma quali sono gli elementi costitutivi del "giusto" processo?

Lo stesso art. 111 Cost. ne individua alcuni: il principio del contraddittorio e l'imparzialità del giudice. Di essi abbiamo già parlato, come abbiamo pure già rilevato quanto in questa parte la norma in commento rappresenti una ben scarsa novità.

Invece, una novità va pur riscontrata nell'uso dell'espressione "giusto processo regolato dalla legge" e nel riferimento alla necessità di assicurare la ragionevole durata.

Dal primo punto di vista, se è vero che la disciplina del processo deve attuare le garanzie esplicitamente e singolarmente individuate nell'art. 111, 2° comma, Cost., è anche vero che, attraverso il concetto di "giusto processo", la Corte costituzionale potrebbe in futuro inserire nel sistema ulteriori garanzie costituzionali. Si pensi, ad esempio, al c.d. principio del doppio grado in merito, ossia al principio per cui per una causa vi deve essere la possibilità di una doppia decisione in due istanze diverse. Tale principio è comunemente ritenuto sprovvisto di copertura costituzionale, per cui oggi non sarebbe incostituzionale una legge che abolisse l'appello. Ma nessuno potrebbe ormai escludere un suo inserimento tra le garanzie costituzionali del processo attraverso la valvola del concetto di "giusto processo": starà solo alla Corte costituzionale la scelta!

Altra precisa indicazione va tratta dall'inciso "regolato dalla legge".

Qui abbiamo, innanzitutto, la previsione di una riserva di legge, per cui la disciplina del processo non può avvenire a livello di fonte inferiore ad un atto avente forza di legge. È vero che tale riserva di legge era già stata ricavata dall'art. 108 Cost., ma è anche vero che la disposizione attuale è assai più chiara ed esplicita.

Inoltre, visto il contesto in cui si pone l'espressione in commento e ricordando quanto abbiamo appena sopra detto, non sembra peregrina l'idea per cui dalla necessaria regolamentazione per legge del processo derivi anche l'illegittimità di una legge che lasciasse al potere discrezionale del giudice l'attuazione dei valori fondamentali costitutivi del concetto di giusto processo.

Insomma, qui torna a riproporsi il problema dei rapporti tra cognizione piena e cognizione sommaria di cui abbiamo già accennato prima. E la domanda è sempre la stessa: il legislatore può, anziché disciplinare l'attività processuale, lasciare al giudice il compito di organizzare detta attività caso per caso? A noi non resta che ribadire quanto abbiamo già detto in precedenza, cercando di specificare ancor meglio il concetto espresso. E cioè: fermo restando che, ovviamente, il legislatore non può disciplinare ogni piccolo spazio di attività processuale, è però necessario che sia disciplinato il modo in cui trovano attuazione le garanzie fondamentali della giurisdizione[37]. Ed, allora, si può anche concedere l'approntamento di modelli processuali più snelli (c.d. a cognizione sommaria), nei quali molto spazio sia lasciato al potere discrezionale del giudice, ma non si può pretendere che la tutela giurisdizionale dei diritti si esaurisca in modelli di questo tipo. Di conseguenza, negli spazi in cui il legislatore li prevede è comunque e sempre necessario lasciare aperta la possibilità di un processo ordinario. A meno che la situazione di specie consenta o imponga un modulo più snello che si adatti al caso di specie.

Infine, l'art. 111, 2° comma, Cost. costituzionalizza il principio della "ragionevole durata" del processo, anche qui riecheggiando una previsione dell'art. 6 CEDU, oggi ribadita anche nell'art. 47 della Carta dei diritti fondamentali dell'Unione europea. Questa disposizione, per un verso, impone dei doveri al legislatore e, per altro verso, ha spazi di applicazione immediata.

Il legislatore deve approntare meccanismi che garantiscano una ragionevole durata dei processi, sia sul piano delle norme processuali sia sul piano dell'organizzazione della macchina della giustizia. Quest'ultimo aspetto è, in astratto, importante quanto il primo ed anzi in Italia esso è, in concreto, il più importante. Invero la disciplina del nostro processo civile non è così distante da quella del processo civile tedesco: eppure in Germania i processi hanno durata media assai inferiore rispetto ai nostri! Ed allora è ovvio che il vero problema in casa nostra è l'organizzazione.

La valenza diretta del principio della ragionevole durata è, invece, percepibile soprattutto in riferimento all'interpretazione ed applicazione delle leggi proces-

---

[37] A mio parere il minimo strutturale costituzionalmente necessario sta nel disciplinare, e quindi rendere prevedibile il modo di svolgere la relativa attività, le regole attinenti: 1) al riparto dei poteri tra le parti e il giudice (in relazione all'individuazione dell'oggetto della decisione, dell'oggetto della cognizione e delle prove), 2) ai tempi per l'esercizio dei diversi poteri, 3) all'attuazione del diritto alla prova, nel cui ambito rientra la disciplina relativa ai tipi di prova, al modo della loro assunzione nonché al modo della loro valutazione.

suali. Così, se di un determinato istituto vengono proposte interpretazioni diverse, il canone della ragionevole durata potrebbe servire a preferire un'interpretazione alle altre. Si faccia l'esempio della possibile decisione nel merito da parte della Corte di cassazione ai sensi dell'art. 384, 2° comma, c.p.c.[38]. Qui, presupponendo un accoglimento del ricorso in cassazione, è, poi, molto discusso il modo in cui tracciare la linea di confine tra il caso in cui la Corte suprema debba rinviare per la decisione nel merito ad altro giudice ed il caso in cui, invece, essa stessa possa decidere la causa, evitando il giudizio di rinvio. Senza poter approfondire la questione, possiamo però dire che essa deve trovare una soluzione che prediliga al massimo la possibilità della decisione nel merito da parte della Corte di cassazione, proprio perché con ciò, evitando una prosecuzione del processo, si favorisce l'attuazione del principio della ragionevole durata[39].

Resta da dire, prima di chiudere il discorso sull'art. 111 Cost., del 6° comma, nel quale si legge che «Tutti i provvedimenti giurisdizionali devono essere motivati», e del 7° comma, per cui «Contro le sentenze ... è sempre ammesso ricorso in Cassazione per violazione di legge».

Partendo da quest'ultima norma, abbiamo già visto qual è il ruolo della Corte di cassazione nel sistema, cercando in particolare di chiarire il senso della sua funzione c.d. di nomofilachia. Restano solo da fare due precisazioni.

La prima attiene al senso della prevista garanzia. Qui la Carta costituzionale ha voluto prevedere che contro ogni provvedimento giurisdizionale che sia sostanzialmente una sentenza, ossia, pur avendo esso, in ipotesi, la forma del decreto o dell'ordinanza, decida su diritti soggettivi, è concesso *almeno* il ricorso per cassazione. In altri termini, a fronte di un provvedimento che comunque decide su un diritto soggettivo l'interessato, se la legge non prevede altro rimedio, può avvalersi almeno del ricorso in cassazione[40].

---

[38] Vedi anche *infra* il paragrafo 5 nel settimo capitolo, ove si tratterà del citato articolo così come riformulato dal D.Lgs. n. 40/2006.

[39] In questa ottica si era posta la delega che, in materia di processo di cassazione, il Parlamento aveva attribuito al Governo con legge 14 maggio 2005, n. 80, delega poi attuata con D.Lgs. n. 40/2006, nel quale, fra l'altro, è stato riscritto l'art. 384 c.p.c.

[40] Peraltro, al fine di potenziare il ruolo di nomofilachia della C.S., è stato recentemente previsto che, a fronte di un provvedimento di per sé non suscettibile di ricorso in cassazione, il Procuratore generale presso la C.S. possa chiedere che la Corte stessa enunci nell'interesse della legge il principio di diritto al quale il giudice di merito avrebbe dovuto attenersi (così il novellato art. 363 c.p.c. a seguito del D.Lgs. n. 40/2006). In tal modo si è reso possibile l'intervento nomofilattico della C.S. in settori che tipicamente erano ad esso sottratti, quale, ad esempio, quello della tutela cautelare, ancorché la scelta effettuata dal legislatore abbia utilizzato uno strumento che, non avendo alcuna efficacia sul provvedimento del giudice di merito ed essendo nell'esclusiva disponibilità del Procuratore generale, non potrà mai avere un ruolo pratico effettivo.

La seconda attiene ai limiti della garanzia e si riallaccia ad uno spunto già emerso in precedenza. Bisogna tenere presente che l'ultimo comma della norma in parola dispone che «Contro le decisioni del Consiglio di Stato e della Corte dei conti il ricorso in Cassazione è ammesso per i soli motivi inerenti alla giurisdizione». Ma, allora, richiamando pure quanto si è detto sull'art. 103, 1° comma, Cost., risulta ancor più evidente quanto sia non conforme al dettato costituzionale l'idea che il riparto di giurisdizione tra giudice ordinario e giudice amministrativo potrebbe pure essere tracciato per blocchi di materia. La verità è che nel disegno della Costituzione la persona che vanta un diritto soggettivo *ha diritto al giudice ordinario e almeno al ricorso in cassazione*, avverso le decisioni appunto del giudice ordinario. L'ampliamento dei confini della giurisdizione esclusiva del giudice amministrativo, sottraendo spazi di tutela dei diritti al giudice ordinario, è operazione legittima solo se vi sono ragionevoli motivi, non potendo essa rientrare nella mera discrezionalità del legislatore. E ciò è confermato dalla norma in commento, perché è evidente che attribuire la tutela di un diritto al giudice amministrativo significa (anche) sottrarre all'interessato il diritto a ricorrere all'opera di nomofilachia della Corte di cassazione.

Così, una palese illegittimità costituzionale emerge nell'art. 7, 4° comma, c.p.a., quando si attribuiscono al giudice amministrativo le liti sul risarcimento danni derivante dalla lesione di interessi legittimi. Addirittura qui si fanno rientrare tali liti nella giurisdizione di legittimità, e non in quella esclusiva, del giudice amministrativo, facendo in tal modo evaporare la figura stessa del diritto soggettivo.

L'artifizio legislativo è evidente: per restare nel quadro costituzionale si collega alla lesione dell'interesse legittimo, non già la nascita di un conseguente diritto risarcitorio, bensì la possibilità di far valere una forma di tutela dell'interesse legittimo. Così, l'interessato deve rivolgersi al giudice amministrativo anche quando vuole solo cercare un risarcimento e non anche l'eliminazione del provvedimento amministrativo.

Infine, l'ultima garanzia è quella della motivazione.

Siamo in presenza di una garanzia relativamente recente, un portato dell'idea dello Stato di diritto, per cui il potere giudiziario, se può certo porre comandi imperativi, deve, però, giustificarne la ragione, rendere conto del fondamento di essi.

Il dovere della motivazione risponde ad una duplice logica.

La prima ha valenza extraprocessuale e risponde ad un'esigenza di trasparenza nella gestione della funzione giurisdizionale. Del resto, se è vero che «La giustizia è amministrata in nome del popolo» (art. 101, 1° comma, Cost.), è anche vero, allora, che il giudice deve rendere conto al popolo del suo operare, per poter essere da questo controllato.

La seconda ha valenza endoprocessuale e si risolve nel dovere del giudice di rendere conto ai soggetti coinvolti nella singola attività processuale, affinché questi possano esercitare con effettività i poteri di controllo che pur la legge gli conferisce. Così, vedremo che le sentenze pronunciate nel processo dichiarativo sono normalmente assoggettabili a rimedi denominati mezzi di impugnazione, con i quali l'interessato contesta la loro invalidità e/o ingiustizia. Ma, come potrebbe l'interessato esercitare effettivamente il suo diritto di impugnazione se non conoscesse le ragioni che hanno condotto il giudice a prendere una decisione piuttosto che un'altra? Ecco allora che, conosciute quelle ragioni attraverso la lettura della motivazione, egli potrà attaccare la sentenza con maggiore cognizione e, quindi, con maggiori possibilità di vittoria, attaccando appunto (anche) quelle ragioni.

6. *La valenza delle garanzie costituzionali*

Le garanzie costituzionali di cui abbiamo fino ad ora parlato rappresentano indubbiamente il portato di valori oggi ritenuti imprescindibili nella delineazione della funzione giurisdizionale e nella disciplina dello strumento processuale che dà a questa concreta attuazione. Tali valori, che nel nostro ordinamento trovano ormai la loro migliore enunciazione e la loro sintesi nell'art. 111 Cost., rappresentano il punto di arrivo di un processo storico-culturale che va ben al di là del nostro Paese. Infatti garanzie analoghe si trovano enunciate in varie Carte internazionali: non solo nella Convenzione europea dei diritti dell'uomo (art. 6) e nella Carta dei diritti fondamentali dell'Unione europea (art. 47), già sopra citate, ma anche nella Dichiarazione Universale dei Diritti dell'Uomo (art. 10) proclamata dall'Assemblea generale delle Nazioni Unite il 10 dicembre 1948 e nel Patto internazionale sui diritti civili e politici (art. 14) approvato dall'Assemblea generale delle Nazioni Unite il 16 dicembre 1966.

Ma la domanda che ora bisogna porsi è la seguente: come operano tali garanzie, qual è la loro concreta valenza giuridica? Non è una domanda banale né retorica, perché non è detto che il modo di operare di dette garanzie sia sempre lo stesso.

Se noi ci poniamo dal punto di vista della CEDU, vediamo che le garanzie del giusto processo rappresentano, essenzialmente, il contenuto di un diritto della persona nei confronti dello Stato, nel senso che la singola persona, se in concreto subisce la lesione di tale diritto da parte dello Stato, può agire avverso questo di fronte alla Corte europea dei diritti dell'uomo chiedendo il risarcimento del danno. Così, ad esempio, molto spesso lo Stato italiano è stato citato in giudizio di fronte alla Corte di Strasburgo da persone che hanno affermato la lesione del diritto al giusto processo in riferimento alla violazione del principio della ragionevole durata.

Diversa è, invece, la prospettiva interna, ossia diversa è, almeno tradizionalmente, la valenza delle garanzie in parola se ci poniamo dal punto di vista della nostra Costituzione.

È vero che la c.d. legge Pinto [41] ha ormai riconosciuto la possibilità di esercitare un'azione risarcitoria di fronte ad un giudice italiano per la lesione del diritto al giusto processo sotto il profilo del mancato rispetto del termine ragionevole di cui all'art. 6 CEDU. Ma è anche vero che questo modo di intendere le garanzie fondamentali della giurisdizione resta, dal punto di vista interno, un'eccezione. Per cui continua ad avere prevalenza quello che è il modo tradizionale di inquadrare il problema.

Tradizionalmente le garanzie costituzionali della giurisdizione rappresentano, in buona sostanza, dei canoni ai quali il legislatore deve attenersi, quindi dei parametri di valutazione della legittimità delle leggi da applicare in sede di giudizio di costituzionalità da parte della Corte costituzionale. Insomma con esse si delimita il potere discrezionale del legislatore, il quale, se può disciplinare il

---

[41] È la legge 24 marzo 2001, n. 89, successivamente modificata con D.L. 22 giugno 2012, n. 83, convertito in legge 7 agosto 2012, n. 134 e poi ancora con legge 30 dicembre 2015, n. 302, fino ad arrivare al più recente D.Lgs. n. 149/2022, con cui si cerca in sostanza di disincentivare l'uso dello strumento concesso. In particolare l'art. 15 di quest'ultimo provvedimento sostituisce il 1° comma dell'art. 1*ter* della legge Pinto, sui c.d. rimedi preventivi, statuendo: «Ai fini della presente legge, nei processi civili costituisce rimedio preventivo a norma dell'articolo 1*bis*, comma 1, l'introduzione del giudizio nelle forme del procedimento semplificato di cognizione di cui agli articoli 281*decies* e seguenti del codice di procedura civile. Costituisce altresì rimedio preventivo formulare richiesta di passaggio dal rito ordinario al rito semplificato a norma dell'articolo 183*bis* del codice di procedura civile, entro l'udienza di trattazione e comunque almeno sei mesi prima che siano trascorsi i termini di cui all'articolo 2, comma 2*bis*. Nelle cause in cui non si applica il rito semplificato di cognizione, ivi comprese quelle in grado d'appello, costituisce rimedio preventivo proporre istanza di decisione a seguito di trattazione orale a norma degli articoli 275, commi secondo, terzo e quarto, 281*sexies* e 350*bis* del codice di procedura civile, almeno sei mesi prima che siano trascorsi i termini di cui all'articolo 2, comma 2*bis*. Nelle cause in cui il tribunale giudica in composizione collegiale, il giudice istruttore quando ritiene che la causa può essere decisa a seguito di trattazione orale, rimette la causa al collegio a norma dell'articolo 275*bis* del codice di procedura civile». La valenza disincentivante di previsioni del genere emerge nell'art. 2, ove si legge: «È inammissibile la domanda di equa riparazione proposta dal soggetto che non ha esperito i rimedi preventivi all'irragionevole durata del processo di cui all'art. 1*ter*». Come dire: la legge conosce percorsi rapidi per giungere alle decisioni e se l'interessato non li usa *imputet sibi*! Ovviamente il presupposto di questi meccanismi è quanto di più lontano dalla realtà si possa immaginare, perché le lungaggini dei processi italiani non dipendono certo dal genere di norme processuali che vengono utilizzate, bensì dalla sproporzione strutturale tra la domanda di giustizia e la capacità di risposta dello Stato.

processo nei modi che ritiene più opportuni, deve, però, anche rimanere nei limiti che i detti valori gli impongono.

Peraltro, la prospettiva interna va arricchita ormai anche attingendo a Convenzioni internazionali come la CEDU, dopo che l'art. 117, 1° comma, Cost. ha sancito che la potestà legislativa va esercitata dallo Stato e dalle Regioni, non solo nel rispetto della nostra Carta costituzionale, ma anche osservando i vincoli derivanti dall'ordinamento comunitario e dagli obblighi internazionali. Ed è proprio attraverso il filtro di questa norma che la Corte costituzionale ha affermato che la violazione delle norme della CEDU determina l'illegittimità costituzionale della legge statale o regionale, sempre che dette norme, così come interpretate dalla Corte di Strasburgo, non siano in contrasto con qualche norma della Costituzione. Insomma le norme della CEDU sono diventate una fonte integratrice del parametro di costituzionalità delle leggi italiane in materia di processo.

Questa prospettiva va, però, arricchita anche di una valenza diretta delle garanzie del giusto processo e ciò in una duplice direzione.

Per un verso, va ricordato come le norme costituzionali debbano rappresentare un parametro costante, non solo per il legislatore, ma anche per il giudice che si trova a decidere la singola controversia. Nel nostro sistema non è accolto il principio del c.d. sindacato diffuso, per cui il giudice, che dovesse ritenere incostituzionale una certa norma di legge, non può certo disapplicare la norma sospetta, bensì egli ha il potere-dovere di investire della questione la Corte costituzionale. Però, è possibile che di una legge siano prospettabili diverse interpretazioni ed allora nella scelta il giudice deve considerare (anche) le norme costituzionali, quindi preferire le *interpretazioni* c.d. *costituzionalmente orientate* [42]. Al punto che non è ammissibile la rimessione alla Consulta di una questione di costituzionalità di una legge se, tra le varie interpretazioni possibili, almeno una sia conforme a Costituzione, dovendo il giudice del merito scegliere questa interpretazione al fine di risolvere il caso concreto.

Per altro verso, è pure concepibile un'applicazione diretta delle norme costituzionali agli atti del processo. Vedremo in seguito come le norme contenute nel codice di procedura civile qualifichino gli atti del processo e quindi come, individuando esse i modelli astratti degli atti processuali, si determini l'invalidità degli atti che in concreto non abbiano rispettato il modello normativo [43]. Insomma, se una norma di legge prevede che un certo atto debba avere un determinato contenuto, ove quell'atto posto in concreto manchi di uno o più elementi normativamente individuati, si ha come conseguenza l'invalidità dell'atto

---

[42] Un esempio l'abbiamo già fatto in precedenza accennando alla disputa interpretativa sull'art. 384 c.p.c.

[43] Si rinvia al paragrafo 12 del quarto capitolo.

stesso. Ebbene, nulla esclude, in astratto, che alla qualificazione giuridica degli atti processuali partecipino direttamente le norme della Costituzione, ossia dall'immediata applicazione di queste si producano invalidità processuali.

Si faccia l'esempio della garanzia della motivazione. Una norma del codice di rito (l'art. 132) prevede che la sentenza debba contenere, fra l'altro, anche la motivazione, per cui è invalida una sentenza che sia sfornita di detto requisito. Ora, se in ipotesi la legge ordinaria non avesse previsto esplicitamente l'obbligo della motivazione, questo si sarebbe ugualmente imposto al singolo giudice applicando direttamente l'art. 111, 6° comma, Cost. È vero che un simile spazio di operatività è immaginabile più in teoria che in concreto, perché le nostre leggi processuali lasciano ben poche lacune, ma è anche vero che, in un corretto e completo inquadramento della valenza delle garanzie del giusto processo, non si può tralasciare la sua individuazione. Anche perché a volte la lacuna si trova, come avviene in riferimento al principio dell'imparzialità del giudice. È in virtù della diretta applicazione dell'art. 111 Cost. che la giurisprudenza ritiene invalida e quindi impugnabile la sentenza pronunciata da giudice non imparziale, con la precisazione che si ritiene ammissibile l'impugnazione solo se l'interessato abbia previamente proposto istanza di ricusazione senza successo.

Per non parlare, poi, delle ipotesi in cui la Carta costituzionale serve a sopperire alla mancanza di una esplicita norma di legge su questioni sistemiche.

Si pensi al problema inerente all'individuazione della c.d. minima unità azionabile, la quale, come meglio vedremo[44], nessuno dubita che vada ancorata all'affermazione di un diritto soggettivo, ancorché, come è evidente, nessuna norma di legge lo espliciti. Invero, non essendo esaustiva né la norma costituzionale contenuta nell'art. 24, 1° comma, Cost. né la norma di legge contenuta nell'art. 2907 c.c., l'idea che non si possa impegnare un giudice statale per qualcosa di meno di un (intero) diritto soggettivo può essere tratta solo dal principio della ragionevole durata del processo quale esigenza di avere un carico di lavoro accettabile di fronte alle giurisdizioni dello Stato.

E ancora si pensi alla mancanza di una norma che stabilisca la regola di base inerente ai limiti soggettivi della cosa giudicata. Anche qui, come vedremo[45], è solo dal principio costituzionale del contraddittorio che trarremo la regola per cui (tendenzialmente) la sentenza ha effetti solo tra coloro che hanno preso parte al processo della sua formazione.

---

[44] Nel paragrafo 5 del capitolo quinto, dedicato all'oggetto della cosa giudicata.

[45] Nel paragrafo 6 del quinto capitolo.

7. L'ambito di applicazione delle garanzie costituzionali del "giusto processo"

L'art. 111 Cost., quando esordisce dicendo che la «giurisdizione si attua mediante il giusto processo», ovviamente si riferisce, innanzitutto, all'attività giurisdizionale statale. Per cui, da tutto quanto abbiamo detto finora, deriva per lo Stato un duplice dovere: quello di approntare l'apparato della tutela giurisdizionale e quello di disciplinare la macchina processuale nel rispetto di alcune garanzie fondamentali.

Tuttavia, è possibile parlare di *giurisdizione* anche *in senso sostanziale*.

Come meglio vedremo, nel prosieguo del corso che si occuperà soprattutto della tutela dichiarativa, è possibile qualificare come "giurisdizionale" ogni attività che, rivolta alla tutela dei diritti, abbia delle costanti caratteristiche funzionali e strutturali e ciò a prescindere dal soggetto chiamato a porla in essere. Del resto neanche dall'art. 102 Cost. è ricavabile un necessario monopolio dell'attività giurisdizionale in capo agli organi dello Stato, dovendosi, invece, da tale norma e da tutte le altre finora considerate, trarre solo quel duplice dovere dello Stato appena ora ricordato. Invero, è possibile che l'ordinamento statale riconosca come concepibile solo la sua giurisdizione, ma è anche possibile che, invece, le sue leggi diano ingresso ai risultati prodotti dall'attività sostanzialmente giurisdizionale di soggetti diversi dai suoi giudici, insomma è possibile che a livello di ordinamento statale sia riconosciuta la valenza di altre giurisdizioni. Se questo accade, le garanzie del giusto processo vanno applicate anche a tali giurisdizioni.

Il punto ora è verificare, per un verso, se la possibilità astrattamente indicata si sia trasformata, in qualche misura, in una realtà normativamente prevista e, per altro verso, in quale modo si deve intendere che le garanzie del giusto processo devono valere anche per giurisdizioni diverse da quella statale.

Guardando all'attuale diritto vigente, troviamo almeno due esempi importanti di giurisdizioni diverse da quella statale riconosciute come tali dalla legge: si tratta dei casi, già citati, delle giurisdizioni straniere e della giurisdizione arbitrale.

A seguito dell'entrata in vigore della legge n. 218/1995, le sentenze straniere, per valere in Italia, non hanno più bisogno di un atto di recezione da parte di un giudice italiano, svolgendo esse la loro efficacia di accertamento automaticamente[46]. E lo stesso principio vale per i lodi arbitrali, che hanno efficacia vincolante e sono impugnabili a prescindere dalla c.d. omologazione[47].

---

[46] Vedi l'art. 64 della legge in parola.

[47] Cfr. gli artt. 824*bis* (ai sensi del quale il lodo non omologato ha gli effetti della sentenza pronunciata dall'autorità giudiziaria) e 827, 2° comma, c.p.c. Si ricorda che l'intera materia dell'arbitrato è stata modificata con D.Lgs. n. 40/2006.

È vero che, in riferimento ad entrambi i casi, resta nel sistema il simulacro dell'*exequatur*, ossia la previsione per cui è necessario chiedere al giudice statale l'attribuzione a tali provvedimenti dell'efficacia esecutiva, che ad essi manca all'origine. Ma, è anche vero, però, che questo è solo un aspetto degli effetti riconducibili alle sentenze straniere e ai lodi arbitrali, restando centrale il rilievo che l'effetto, forse principale, quello dell'accertamento, si produce a livello di ordinamento statale automaticamente.

Per quello che riguarda l'altro aspetto del problema, è evidente che qui lo Stato può e deve imporre il rispetto delle garanzie del giusto processo essenzialmente approntando dei meccanismi di controllo nell'ambito dei quali verificare, solitamente a seguito della compiuta attività, che appunto esse siano state attuate. In altre parole, se, alla luce delle norme costituzionali, non è impedito al legislatore di riconoscere la valenza di altre giurisdizioni, dal citato art. 111 Cost. deve, però, trarsi il dovere dello Stato di prevedere nelle sue leggi dei meccanismi di controllo che servano a verificare l'avvenuto rispetto delle fondamentali garanzie della giurisdizione, insomma a salvaguardare quello che si può considerare l'ordine pubblico processuale[48].

Resta da affrontare un'ultima questione, sintetizzabile nella seguente domanda: le garanzie del giusto processo, se ovviamente trovano la loro naturale applicazione nell'attività propriamente di *ius dicere*, quindi nell'ambito della c.d. giurisdizione contenziosa, devono applicarsi anche a quell'insieme di procedimenti che vanno sotto il nome di *giurisdizione volontaria*?

Il problema è estremamente complesso, ma ovviamente in questa sede cercheremo di semplificarlo e sintetizzarne i termini.

Nella vasta area comprendente la giurisdizione volontaria è possibile individuare almeno due gruppi di ipotesi.

Nel primo gruppo troviamo i casi in cui il giudice è chiamato a svolgere un compito di integrazione di attività negoziali, casi in cui si può propriamente parlare di *amministrazione pubblica del diritto privato*. Nel secondo gruppo troviamo, invece, ipotesi nelle quali il giudice, pur essendo chiamato a curare interessi e non a tutelare diritti, tuttavia spesso finisce ugualmente per incidere su situazioni giuridiche protette[49].

---

[48] L'affermazione del testo va, però, presa col classico grano di sale e nel rispetto di "quelle" giurisdizioni. Così l'arbitrato, che è la giurisdizione dei privati, essendo fondata sul consenso, se deve rispettare i principi di terzietà del giudice e del contraddittorio, non è condizionato, invece, dal principio della ragionevole durata né dall'idea del processo come attività preorganizzata dalla legge, essendo l'attività dell'arbitro procedimentalizzata solo, eventualmente, dalla volontà delle parti.

[49] Si pensi al procedimento instaurato, ai sensi dell'art. 2409 c.c., a seguito della denunzia al tribunale da parte della minoranza che lamenta gravi irregolarità nella gestione sociale.

In riferimento alle ipotesi di cui al primo gruppo non vi è spazio di operatività del concetto di giusto processo e per esse il semplice, e scarno, *rito camerale*, le cui disposizioni generali troviamo agli artt. 737 e ss. c.p.c., è del tutto adeguato.

Ben più spinosa è la questione rispetto alle ipotesi del secondo gruppo, trovandosi l'interprete di fronte a procedimenti che mettono capo a provvedimenti incidenti su situazioni protette.

Ora, è vero che, come abbiamo già detto, la Costituzione, quando si occupa della "giurisdizione", si riferisce soprattutto alla giurisdizione contenziosa, attività che, nel disegno costituzionale, non potrebbe essere esplicata da organi diversi da quelli giudiziari. Ma, è anche vero che, quando la legge attribuisce certe attività, non giurisdizionali nel senso appena detto, alla competenza degli organi giudiziari, con ciò evidentemente si vuole valorizzare la posizione di indipendenza che tali organi hanno nel sistema e quindi, in un certo senso "giurisdizionalizzare" attività che pur, in astratto, si sarebbe potuto attribuire ad organi amministrativi [50]. Ma, allora, tale giurisdizionalizzazione va tenuta presente, almeno quando vengono in gioco attività che finiscono per incidere su situazioni protette, al punto da dover ritenere che anche per esse debbano trovare applicazione le garanzie del giusto processo. Del resto tutto ciò è coerente con il senso più profondo della clausola del *due process of law*, contenuta nella Costituzione Nordamericana, da cui deriva il concetto di "giusto processo" dell'Europa continentale, clausola che vuole rappresentare una garanzia della persona a fronte dell'esercizio di ogni attività di potere che incida sui suoi diritti fondamentali, sia essa giurisdizionale o amministrativa.

---

[50] L'espressione "giurisdizione volontaria" abbraccia tutte quelle attività che il legislatore non doveva necessariamente attribuire ai giudici, ma che egli ha, appunto non costretto, tuttavia voluto attribuire ad essi.

CAPITOLO TERZO

LA TUTELA DICHIARATIVA

SOMMARIO: 1. Concetto. – 2. La giustizia privata. – 3. La tutela di mero accertamento. – 4. La tutela di condanna. – 5. La tutela costitutiva. – 6. "Rito" e "merito" nel processo dichiarativo.

1. *Concetto*

I principi di cui abbiamo parlato finora riguardano la tutela giurisdizionale dei diritti in genere, ossia in tutte le sue forme. Da ora in poi, invece, ci occuperemo solo della tutela dichiarativa e, quindi, del processo dichiarativo.

In un primo momento, al fine di spiegare quali sono le questioni che si agitano nel processo dichiarativo, noi lo studieremo immaginandolo nella sua struttura minima, ossia tenendo presente il caso in cui due soggetti litigano sull'esistenza e/o il modo di essere di un diritto soggettivo. Questa è la struttura minima del processo dichiarativo sia in senso oggettivo sia in senso soggettivo, per cui in esso vi devono essere almeno due parti contrapposte in relazione ad un oggetto del contendere, vale a dire all'attribuzione di un bene della vita. Poi, in un momento successivo, vedremo quanto tale struttura minima può essere superata da varie complicazioni oggettive e/o soggettive.

Tuttavia, prima di affrontare lo studio delle questioni che emergono nel processo dichiarativo, è necessario mantenersi ancora su un piano introduttivo al fine di chiarire il concetto di tutela dichiarativa. Ciò ci porterà a comprendere l'essenza del c.d. *modo giurisdizionale di risoluzione delle controversie* e quindi anche a comprendere, per un verso, il suo ambito di operatività e, per altro verso, le sue specificazioni nelle varie forme della tutela dichiarativa.

Se insorge una lite tra due soggetti sull'esistenza e/o il modo di essere di un diritto soggettivo, gli strumenti che l'ordinamento offre per risolverla sono diversi, almeno quando siamo in presenza di un diritto disponibile.

Innanzitutto è possibile che i litiganti trovino la soluzione autonomamente utilizzando lo strumento del *negozio giuridico*. Con questo essi superano il precedente rapporto, ormai divenuto litigioso, ponendo capo ad un nuovo rapporto, appunto fondato sul contratto per mezzo del quale pongono fine alla lite. La legge prevede esplicitamente a tale scopo il contratto di *transazione*, nel quale, ai sensi dell'art. 1965 c.c., i litiganti superano il loro dissidio «facendosi reciproche concessioni». Ma nulla esclude che il detto dissidio sia superato senza tali reciproche concessioni, ossia che una delle parti riconosca l'intera pretesa dell'altra, ed allora avremo pur sempre la possibilità di soluzione negoziale della lite, ancorché non attraverso il contratto di transazione, se si ritiene che a questo siano essenziali le reciproche concessioni, bensì attraverso il *contratto di accertamento*, contratto atipico del tutto giustificabile in virtù del principio di autonomia negoziale dei privati di cui all'art. 1322 c.c. posto che la sua causa giuridica si identifica con quella del contratto tipico transazione.

Peraltro è possibile che alla soluzione negoziale della lite le parti giungano da sole oppure per mezzo dell'aiuto di un terzo, ossia dell'opera di un mediatore. Ma anche in questa seconda ipotesi l'atto di soluzione della lite è un contratto stipulato dai litiganti e non un comando del terzo, il quale si limita appunto ad agevolare gli interessati nella ricerca di un punto economicamente conveniente per entrambi [1].

Se, invece, i litiganti non riescono a trovare alcun accordo per superare la lite, si aprono due possibili vie: quella del processo statale, che sarà instaurato ad iniziativa di uno dei due, o quella dell'arbitrato, nella quale i privati, se non hanno trovato la soluzione negoziale del dissidio, almeno trovano un accordo su una via "alternativa" di soluzione al loro problema, la via della giustizia privata.

È a questo punto che noi dobbiamo, prima di procedere oltre, comprendere cosa deve intendersi per "modo giurisdizionale" di soluzione delle controversie, concetto che, poi, servirà a capire meglio vari aspetti del processo statale e il senso della giustizia privata.

Il modo giurisdizionale di soluzione della controversia [2] è caratterizzato dal fatto che un soggetto-terzo (giudice), ossia al di sopra degli interessi rappre-

---

[1] Ancorché nella mediazione "istituzionalizzata", ossia affidata ad organismi accreditati, sia il percorso da seguire sia l'atto finale abbiano una disciplina ulteriore rispetto a quella, per così dire, "naturale" dettata dal codice civile. Per questi aspetti è fondamentale il D.Lgs. n. 28/2010 (poi modificato con D.L. n. 69/2013, convertito in legge n. 98/2013 e poi ancora modificato col D.Lgs. n. 149/2022), nel quale, fra l'altro, si distingue tra mediazione libera e mediazione imposta quale condizione di procedibilità. Si aggiunga che un aiuto giuridicamente rilevante, al fine di conciliare stragiudizialmente la controversia, può oggi venire alle parti anche dai loro avvocati, a seguito dell'introduzione nel sistema della c.d. negoziazione assistita ad opera del D.L. n. 132/2014, convertito in legge n. 162/2014 (anch'essa poi modificata con il D.Lgs. n. 149/2022).

[2] Quanto sto per dire non ha alcuna pretesa di assolutezza, ma vale solo in riferimento al diritto vigente. Nulla esclude che un futuro legislatore tolga fondamento ai rilievi qui sviluppati.

sentati nel conflitto, risolve la lite accertando *qual è il diritto nel caso concreto*, quindi attraverso la pronuncia di una *sentenza*, atto ben diverso, funzionalmente e strutturalmente, dal negozio giuridico. Fondamentale è l'individuazione del concetto sostanziale di sentenza, ossia capire quali sono gli elementi essenziali della sentenza, a prescindere dalla forma che il legislatore può scegliere, sia essa la forma stessa della sentenza o altra, quella del decreto o dell'ordinanza.

La sentenza è, come il negozio giuridico, un atto di normazione concreta, quindi un atto che produce un comando concreto, sia oggettivamente sia soggettivamente, ma, a differenza di quanto avviene nel negozio giuridico, tale normazione concreta nella sentenza non avviene liberamente, bensì in modo vincolato, derivando essa dall'applicazione di una norma generale ed astratta (che si assume) preesistente. In altri termini, con la sentenza si ha la concretizzazione dell'ordinamento.

Ovviamente l'ordinamento trova la sua concretizzazione già prima dell'attività giurisdizionale. Se si verifica nella realtà il presupposto di una norma generale ed astratta, l'ordinamento già per questo si concretizza, nel senso che si produce l'effetto che a quel presupposto la norma generale collegava. Restando nel campo del diritto privato, la detta vicenda comporta la nascita di un diritto soggettivo, il quale vive, e normalmente si realizza, prima e a prescindere dall'instaurazione di un processo.

Ma, se il diritto soggettivo (che si presume) già nato entra in crisi, il suo (presunto) titolare (attore) agirà per ottenere da un giudice la pronuncia di una sentenza a suo favore e a tale fine egli farà, nei confronti della controparte (convenuto) una serie di affermazioni: che si sono verificati determinati fatti, che a questi vanno applicate determinate norme, che si è prodotto a suo vantaggio un certo effetto giuridico, che la controparte ha violato un dovere ad essa imposto in funzione della tutela o della realizzazione del suo diritto, che, quindi, è necessario concedere una certa tutela.

Questa è la *domanda giudiziale*, nella quale si ha la postulazione di un'ipotesi di sentenza.

Ad essa il giudice dovrà dare una risposta, risolvendo le questioni poste dall'attore, cioè egli dovrà pronunciare la sentenza, nella quale, accolga o rigetti la domanda, porrà il *comando concreto* che regolerà le future condotte delle parti. Da questo punto di vista, la sentenza ha sempre un'*efficacia costitutiva*, in quanto tale comando rappresenta un *quid novi*, la posizione di una norma concreta prima inesistente[3].

---

[3] Le conseguenze pratiche di questo concetto saranno analizzate nell'ambito dello studio dei limiti oggettivi e cronologici del giudicato: vedi i paragrafi 5 e 7 nel quinto capitolo.

Tuttavia, la sentenza svolge pur sempre una *funzione dichiarativa*, appunto perché il giudice non pone il comando liberamente, ma lo deriva da un'operazione di sussunzione giuridica: egli comanda solo dopo aver fissato il modo di essere dei fatti e, quindi, averli sussunti sotto una norma giuridica o, ponendoci da un altro punto di vista, avere applicato la norma giuridica ai fatti. Insomma, riprendendo le parole di Francesco Carnelutti, il giudice non dice semplicemente «deve essere A», ma dice «accertato B, deve essere A»: il comando non è posto da solo, ma come conseguenza di un accertamento, perché, in definitiva, il giudice che comanda non persegue un suo fine, bensì persegue in concreto il fine già posto dal legislatore nella norma generale ed astratta.

In questo semplice concetto sta tutta la differenza tra sentenza e negozio giuridico.

Negozio e sentenza sono entrambi atti di normazione concreta, ma in quello la norma concreta è posta liberamente dal soggetto che persegue un proprio fine, mentre in questa la norma concreta è posta da un soggetto imparziale in funzione dichiarativa, ossia di concretizzazione dell'ordinamento giuridico, al fine di perseguire in concreto i fini che la legge astratta ha già scelto. Sia nel negoziare sia nel sentenziare la legge svolge un ruolo. Ma rispetto al negozio la legge rappresenta solo l'autorizzazione e la delimitazione dell'attività, che non ha, quindi, funzione dichiarativa, mentre rispetto alla sentenza la legge rappresenta ciò che deve trovare appunto la sua concretizzazione.

Da quanto detto deriva anche la differenza strutturale tra i due fenomeni, in particolare il fatto che solo al concetto di sentenza è imprescindibilmente collegato il concetto di *processo*. Invero, se la sentenza è un atto di normazione concreta derivata, evidentemente prima della posizione del comando è necessario acquisire i presupposti dell'accertamento, vale a dire gli elementi che diano al giudice la possibilità di assumere una posizione rispetto alle questioni che abbiamo visto essere elementi naturali della domanda dell'attore. E tutte le garanzie fondamentali del "giusto processo" servono ad assicurare che tale acquisizione sia la più attendibile possibile, perché, appunto, il giudice, prima di comandare, deve risolvere una *questione di fatto* ed una *questione di diritto*: egli deve accertare e, poi, coerentemente all'accertamento, comandare.

Ma allora, con ciò individuiamo un'altra caratteristica della sentenza, che serve a distinguerla dal negozio. Se la sentenza presuppone necessariamente il processo in funzione dell'accertamento, evidentemente la sentenza, punto di arrivo di quella concatenazione di atti, normativamente preorganizzata, che chiamiamo processo, è sempre un atto a doppia qualificazione giuridica, ossia valutabile in base a due ordini di norme.

Essa è valutabile in virtù delle norme che presiedono direttamente alla sua formazione e, poi, in virtù delle norme che presiedono alla formazione degli atti (processuali) necessariamente antecedenti. Invero, la sentenza può essere qualificata come *invalida*, e ciò per violazione delle norme che presiedono alla formazione degli atti del processo o per violazione delle norme che presiedono direttamente alla formazione della sentenza stessa. Inoltre essa può essere qualificata come *ingiusta*, e ciò per violazione delle norme che presiedono al suo contenuto, ossia al giudizio. Invero, la sentenza è, prima che comando, accertamento del giusto: è un atto di giustizia che ripartisce torto e ragione in base ad una preesistente situazione di fatto e di diritto.

Su tutto ciò torneremo ampiamente, ma fin da ora è evidente quanto la sentenza sia lontana dal negozio, il quale, per un verso, può essere qualificato solo da norme che riguardano direttamente la sua formazione [4] e, per altro verso, non può essere certamente qualificato da norme sul giudizio, in quanto in esso non vi è accertamento [5].

Quello appena descritto è il "modo giurisdizionale" di risoluzione delle controversie, modo che, quindi, ha precise caratteristiche funzionali e strutturali. La tutela dichiarativa è caratterizzata dal fatto che la lite sull'esistenza e/o il modo di essere di un diritto soggettivo si risolve nel detto modo, quindi attraverso un'attività che ha i descritti requisiti funzionali e strutturali.

Come è già stato accennato, questo "modo giurisdizionale" di risoluzione delle controversie è tipico sia della giurisdizione statale sia della giurisdizione privata (*rectius*: dell'arbitrato rituale), al punto che anche in questo vigono alcune fondamentali garanzie del c.d. giusto processo. Tuttavia, la giurisdizione statale e la giurisdizione privata si differenziano per il ruolo della volontà delle parti.

La giustizia dello Stato è fondata sull'*imperium*, che si esplica per il solo fatto che una parte unilateralmente esercita il diritto di azione garantito dall'art. 24, 1° comma, Cost. Essa si presenta, quindi, come attività autoritativa a cui i privati finiscono per essere soggetti, almeno quando uno di essi decide di ricorrervi e comunque fino a quando questi non decida di rinunciarvi. Da ciò deriva l'essenzialità del procedimento quale modalità esplicativa della giurisdizione statale, che, consistendo in un'attività normativamente preorganizzata, attua il principio di legalità nell'ambito di questa peculiare attività dello Stato.

La giustizia privata, invece, è fondata sul e delimitata dal consenso delle parti. Essa si esplica solo se le parti fanno una scelta concorde in questo senso.

---

[4] Ciò è quanto di solito accade. Ma non è escluso che i privati procedimentalizzino anche l'attività negoziale. Si pensi all'attività delle persone giuridiche private o all'arbitrato irrituale.

[5] Anche il c.d. contratto di accertamento non svolge, tecnicamente, alcuna funzione dichiarativa, caratterizzandosi esso, pur sempre, solo come fonte di un nuovo rapporto sostanziale.

Ecco, allora, che nel campo della giustizia privata evapora la figura del procedimento. Ovviamente anche nell'arbitrato rituale, si ripete, vigono i principi fondamentali del contraddittorio, della terzietà del giudice e della domanda. Con la conseguenza che un lodo pronunciato in violazione di questi valori risulta invalido e, quindi, annullabile. Ma ciò che non serve all'arbitrato è l'affermazione per cui detti valori debbano trovare una loro attuazione attraverso la preorganizzazione normativa dell'attività. Insomma, non serve l'idea del procedimento quale garanzia dei privati a fronte di un'attività autoritativa dello Stato, perché qui siamo di fronte all'attività di un terzo, che è anch'esso un privato, investito del suo compito per concorde scelta delle parti. Ed allora al più nell'arbitrato si può avere un procedimento convenzionale, ove le parti fissino le regole per lo svolgimento del giudizio.

Prima di approfondire il discorso sulla giurisdizione dello Stato, è bene fare altri cenni sulla giurisdizione dei privati.

2. *La giustizia privata*

La giustizia privata, ovvero l'arbitrato, rappresenta una via di tutela alternativa a quella che possiamo definire ordinaria, ossia alla giurisdizione statale. Qui i litiganti, trattandosi di diritti disponibili, non riuscendo a trovare autonomamente la soluzione del dissidio attraverso un negozio giuridico, si accordano, tuttavia, quantomeno sulla scelta di una via privata che porti a quella soluzione. Quindi, in termini molto generali, possiamo dire che siamo in presenza di un arbitrato quando i litiganti sottraggono alla giurisdizione statale una certa controversia per deferirla alla decisione, per essi vincolante, di una o più persone di loro fiducia.

Già da queste poche battute possono trarsi i primi rilievi tecnici. In particolare, dobbiamo sottolineare come dal fenomeno arbitrale scaturiscano sempre, a livello di ordinamento statale, *due tipi di effetti*: uno *negativo*, rivolto ad impedire la decisione statale sulla controversia, l'altro *positivo*, fondante quella che sarà la decisione vincolante degli arbitri (lodo), che non sono certo né dei mediatori, perché essi non favoriscono una soluzione contrattuale delle parti, ma pongono in essere l'atto di soluzione della lite, né dei consulenti, perché il loro responso non è un semplice parere, ma appunto una decisione vincolante.

Peraltro, se questi due effetti sono sempre presenti nel fenomeno arbitrale, è pur vero che essi si esplicano tecnicamente in modi diversi a livello di ordinamento statale, perché diverse sono le forme di arbitrato esistenti nella nostra esperienza. Dobbiamo distinguere tre forme: l'arbitrato c.d. rituale (disciplinato dagli artt. 806 e ss. c.p.c.), l'arbitrato c.d. libero o irrituale e la perizia contrattuale o arbitrale[6].

L'arbitrato *rituale* e l'arbitrato *libero* hanno in comune l'obiettivo di risolvere una controversia giuridica nel suo complesso, ossia il conflitto giuridico in ordine all'attribuzione di un bene della vita, ma essi si differenziano per il modo in cui l'obiettivo è raggiunto, in quanto l'arbitro rituale segue un modo giurisdizionale, mentre l'arbitro libero segue un modo negoziale.

La *perizia contrattuale* è, invece, un fenomeno particolarissimo, perché con essa non si risolve la controversia giuridica nel suo complesso, bensì solo una questione normalmente non giuridica, un profilo di particolare pregnanza tecnica della lite, quello che rappresenta probabilmente l'aspetto più difficile e discutibile, da risolvere essenzialmente secondo criteri di valutazione non giuridici (massime di esperienza).

Ma, prima di approfondire il senso di queste distinzioni, vediamo di mettere a fuoco il limite generale dell'arbitrato, che vale quindi per ogni forma di giustizia privata, ovvero il fatto che la controversia non coinvolga diritti indisponibili. L'arbitrato è una via percorribile solo se vengono in gioco *diritti disponibili*, mentre essa non è percorribile se vengono in gioco diritti indisponibili. Tecnicamente ciò significa che l'accordo, eventualmente stipulato tra le parti per deferire ad arbitri controversie relative a diritti indisponibili, è radicalmente nullo. E, se, per avventura, nonostante la nullità dell'accordo, dovesse ugualmente instaurarsi un processo arbitrale e giungersi addirittura al suo atto finale, il lodo, anche questo sarebbe radicalmente nullo.

Se l'art. 806 c.p.c. dispone che le parti non possono far decidere da arbitri le controversie tra di loro insorte ove esse abbiano ad oggetto diritti indisponibili, l'art. 1966 c.c. prevede che un diritto sia sottratto alla disponibilità delle parti o per espressa disposizione di legge o per la sua natura. La linea di confine tra indisponibilità e disponibilità, tra non arbitrabilità e arbitrabilità, va, quindi, innanzitutto tracciata in base alle esplicite disposizioni di legge. Ma, poiché raramente la legge si esprime in modo esplicito su simili aspetti, il più delle volte all'interprete non resta che cercare la, spesso dubbia, "natura" delle cose, ossia, per quello che qui interessa, cercare di capire se il diritto soggettivo coinvolto nella controversia sottenda un interesse pubblico, il quale, andandosi ad aggiungere a quello privato, impedisca al titolare del diritto di disporne.

Questa è un'indagine che qui non può essere compiuta. Accontentandoci di

---

[6] Per la verità ve ne sarebbe una quarta: l'arbitrato irrituale in materia di lavoro, che si pone a metà strada tra l'arbitrato rituale e l'arbitrato irrituale di cui all'art. 808*ter* c.p.c. Ma la specialità e la residualità di tale fenomeno non ci consente di trattarne in questa sede.

qualche ulteriore indicazione, essenzialmente casistica, si rileva come si possano ritenere non arbitrabili: a) le controversie per le quali, di fronte al giudice statale, la legge prevede l'intervento obbligatorio del pubblico ministero [7]; b) le controversie in tema di diritti della personalità; c) le controversie in ordine all'esistenza di crediti alimentari [8].

Quello ora individuato rappresenta l'unico limite di carattere generale della giustizia privata, restando per il resto solo la possibilità che la legge espressamente preveda qualche altro limite di carattere particolare, posto che l'ultimo inciso del 1° comma dell'art. 806 c.p.c. fa salvo un espresso divieto di legge. Peraltro la Corte costituzionale ha avuto modo di precisare che il divieto di arbitrato per le controversie aventi ad oggetto diritti disponibili debba essere "ragionevole", se esso vuole essere conforme a Costituzione, perché in linea di principio la legge non può sottrarre ai litiganti la facoltà di scegliere la giustizia privata quando appunto non sono in gioco diritti indisponibili.

Ogni tentativo di tracciare ulteriori limiti di carattere generale è destinato all'insuccesso.

In particolare, non ha alcuna importanza il rilievo che la controversia in gioco sarebbe stata attribuita, in ipotesi, al giudice statale ordinario in virtù di un criterio di competenza per materia [9] o addirittura ad un giudice statale speciale. Soprattutto quest'ultimo, ipotetico, impedimento è stato ben eliminato, onde fugare ogni dubbio, dall'art. 6, 2° comma, della legge 21 luglio 2000 n. 205 ("Disposizioni in materia di giustizia amministrativa"), ai sensi del quale «Le controversie concernenti diritti soggettivi devolute alla giurisdizione del giudice amministrativo possono essere risolte mediante arbitrato rituale di diritto», trasfuso, poi, nell'art. 12 del codice del processo amministrativo (D.Lgs. 2 luglio 2010, n. 104).

Né un impedimento all'arbitrato può essere ricavato dal fatto che in una certa controversia debbano essere applicate *norme inderogabili*. Le norme inderogabili si contrappongono alle norme dispositive non perché queste non siano vincolanti a differenza di quelle, ma solo per il fatto che le norme dispositive possono essere messe fuori gioco da accordi privati, mentre le norme inderoga-

---

[7] Vedi l'art. 70 c.p.c. Il principio era stato confermato dall'art. 34, 5° comma, D.Lgs. 17 gennaio 2003, n. 5 ("Definizione dei procedimenti in materia di diritto societario e di intermediazione finanziaria, nonché in materia bancaria e creditizia, in attuazione dell'art. 12 della legge 3 ottobre 2001, n. 366"), che recitava: «Non possono essere oggetto di clausola compromissoria le controversie nelle quali la legge preveda l'intervento obbligatorio del pubblico ministero». Oggi la disposizione è recepita nell'art. 838*bis*, 5° comma, c.p.c., a seguito del D.Lgs. n. 149/2022.

[8] Invece sembra che siano arbitrabili le liti relative alla quantificazione dei crediti alimentari.

[9] Sui criteri di competenza per materia si rinvia al paragrafo 4 del quarto capitolo.

bili devono necessariamente trovare la loro applicazione. L'ordinamento vuole trovare la sua concretizzazione quando detta norme inderogabili o perché in queste sottende interessi pubblici o perché con esse si tutela una parte considerata più debole a fronte di un'altra [10]. Ma, poi, resta da valutare la natura dell'effetto che deriva dalla concretizzazione di una norma inderogabile: è ben possibile che da questa concretizzazione nasca un diritto disponibile. Così, ad esempio, la norma che disciplina il riparto degli utili tra i soci è inderogabile, ma il diritto agli utili concretamente nato è disponibile. Insomma, la dicotomia norme derogabili/norme inderogabili non ha nulla a che fare con la dicotomia diritti disponibili/diritti indisponibili, per cui l'arbitrato è ammissibile anche se vengono in gioco norme inderogabili, sempre che, ovviamente, si tratti di controversie relative a diritti disponibili.

Piuttosto c'è da aggiungere che nelle ipotesi ora immaginate l'arbitrato, ancorché possibile, esige alcune cautele.

Nei rapporti di lavoro, nel cui ambito si ha uno squilibrio di partenza tra datore e prestatore di lavoro, la prima cautela sta nell'evitare che la scelta della via arbitrale sia effettuata in totale solitudine tra i singoli interessati. Così l'art. 806, 2° comma, c.p.c. prevede che a monte del patto compromissorio individuale vi debba essere un'autorizzazione della legge o dei contratti o accordi collettivi di lavoro [11].

Inoltre, e più in generale, i privati, se non possono mettere fuori gioco una norma inderogabile attraverso un negozio giuridico, non possono raggiungere lo stesso obiettivo neanche attraverso il giudizio arbitrale. Ciò significa che, dovendosi decidere la controversia applicando norme di quel tipo, per un verso le parti non possono chiedere agli arbitri una decisione secondo equità [12] e, per altro verso, l'ordinamento prevede che sia sempre possibile sindacare, in sede d'impugnativa del lodo, la violazione della norma inderogabile, anche se le parti non abbiano esplicitamente disposto l'ammissibilità di tale motivo d'impugnativa [13]. È all'approntamento di cautele del genere che pensa il legislatore

[10] Si pensi al rapporto tra datore e prestatore di lavoro.

[11] Peraltro la legge n. 183/2010 (c.d. Collegato lavoro) ha fortemente inciso nella materia, sfavorendo la clausola compromissoria e favorendo la scelta della via arbitrale successivamente al sorgere della lite nel contesto di un ambiente, per così dire, protetto per il lavoratore. Senza indulgere in questa sede in ulteriori approfondimenti, si rinvia semplicemente agli artt. 412, 412*ter* e 412*quater* c.p.c., così come novellati dalla detta legge.

[12] Viene, quindi, meno la possibile scelta dei criteri di valutazione, in riferimento alla quale l'art. 822 c.p.c. dispone: «Gli arbitri decidono secondo le norme di diritto, salvo che le parti abbiano disposto con qualsiasi espressione che gli arbitri pronunciano secondo equità».

[13] Vedi gli ultimi tre commi dell'art. 829 c.p.c., che così recitano: «L'impugnazione per violazione delle regole di diritto relative al merito della controversia è ammessa se espressamente

quando dispone che l'arbitrato relativo a diritti per la cui tutela l'interessato avrebbe dovuto adire il giudice amministrativo possa essere solo "rituale di diritto" [14] o quando, in materia di arbitrato societario, dispone che «gli arbitri debbono decidere secondo diritto, con lodo impugnabile anche a norma dell'articolo 829, secondo comma, del codice di procedura civile quando per decidere abbiano conosciuto di questioni non compromettibili, ovvero quando l'oggetto del giudizio sia costituito dalla validità di delibere assembleari» [15].

Cercando, ora, di offrire specifici approfondimenti, partiamo dall'osservazione di quella forma di arbitrato che, per essere disciplinata in modo completo dal codice di rito, chiamiamo normalmente *rituale*.

L'arbitrato rituale è un fenomeno perfettamente alternativo alla giurisdizione statale, nel senso che l'arbitro risolve la controversia secondo quello stesso modo giurisdizionale che, altrimenti, avrebbe seguito il giudice pubblico. L'arbitro è, ovviamente, un privato e non un organo dello Stato, per cui non si può affermare che egli sia titolare di una quota della giurisdizione statale [16]. Tuttavia, la sua attività è sostanzialmente giurisdizionale, perché egli risolve la lite pronunciando, a seguito di un'attività che, sia procedimentalizzata o meno in base a regole private, deve in ogni caso rispettare i principi dell'imparzialità del giudice e del contraddittorio, un atto che ha la funzione e la struttura di una sentenza, ossia di un atto di normazione concreta derivante da una previa, necessaria, operazione di sussunzione giuridica.

La decisione dell'arbitro è indubbiamente un atto privato, ma esso non è un negozio giuridico, perché non ha le caratteristiche del negozio giuridico, bensì, appunto, le caratteristiche della sentenza, cosa ormai riconosciuta esplicitamente dal legislatore quando all'art. 824*bis* c.p.c. dispone che «il lodo ha dalla data della sua ultima sottoscrizione gli effetti della sentenza pronunciata dall'autorità giudiziaria».

---

disposta dalle parti o dalla legge. È ammessa in ogni caso l'impugnazione delle decisioni per contrarietà all'ordine pubblico. / L'impugnazione per violazione delle regole di diritto relative al merito della controversia è sempre ammessa: 1) nelle controversie previste dall'articolo 409; 2) se la violazione delle regole di diritto concerne la soluzione di questione pregiudiziale su materia che non può essere oggetto di convenzione di arbitrato. / Nelle controversie previste dall'articolo 409, il lodo è soggetto ad impugnazione anche per violazione dei contratti e accordi collettivi». Peraltro si tenga presente che nelle controversie di lavoro è possibile autorizzare gli arbitri a decidere secondo equità negli strettissimi ambiti nei quali vengono in gioco norme dispositive.

[14] Trattasi del citato art. 6, 2° comma, della legge n. 205/2000, poi trasfuso nell'art. 12 del codice del processo amministrativo.

[15] Vedi l'art. 838*quater* c.p.c. (che, a seguito del D.Lgs. n. 149/2022, ha inserito nel codice quanto prima era previsto nell'art. 36 del D.Lgs. n. 5/2003).

[16] Cfr. l'art. 813, 2° comma, c.p.c. ai sensi del quale agli arbitri non compete la qualifica di pubblico ufficiale o di incaricato di un pubblico servizio.

Insomma quella arbitrale è un'altra giurisdizione [17], che vive ai margini dell'ordinamento statale ed è da questo riconosciuta pienamente, almeno da quando le norme statali hanno attribuito efficacia vincolante al lodo senza necessità di un atto giurisdizionale pubblico che lo recepisca [18].

Il riconoscimento di un'altra giurisdizione non viola alcuna norma costituzionale.

Gli artt. 24, 1° comma, 25, 1° comma, e 102, 1° comma, Cost. non enunciano il principio per cui quella giurisdizionale non potrebbe che essere attività di organi pubblici. Lungi dal sancire il monopolio della giurisdizione in capo allo Stato, le dette norme vogliono solo imporre allo Stato un duplice dovere: quello di approntare un sistema di tutela giurisdizionale e quello di strutturare tale sistema nel rispetto di alcuni valori fondamentali, tra i quali spiccano l'indipendenza e l'imparzialità dei giudici e il principio del contraddittorio. In altri termini, se lo Stato non può esimersi dal fornire la tutela giurisdizionale, il legislatore ordinario può, però, anche riconoscere il possibile operare di altre giurisdizioni e dare agli atti di queste il suo riconoscimento.

Piuttosto dalla Costituzione emergono due indicazioni importanti in materia di arbitrato.

La prima dall'art. 24, 1° comma, Cost.: se ad ognuno è garantito il diritto di agire in giudizio, la via alternativa dell'arbitrato è legittimamente percorribile solo se basata sul consenso degli interessati, per cui, per un verso, non è ammissibile un arbitrato imposto [19] e, per altro verso, il legislatore ordinario deve approntare meccanismi di controllo per verificare che quel consenso si sia validamente formato e sia stato validamente manifestato [20].

La seconda, fra l'altro, dall'art 111, 2° comma, Cost.: se ogni processo si

---

[17] L'assunto è anche confermato dal fatto che, visto l'art. 819*bis*, 1° comma, n. 3, c.p.c., gli arbitri rituali possono rimettere alla Corte costituzionale le questioni di legittimità costituzionale ai sensi dell'art. 23 della legge n. 87/1953. Questa previsione è stata introdotta nel codice di rito con D.Lgs. n. 40/2006 in conseguenza della precedente sentenza 28 novembre 2001 n. 376 nella quale la Corte costituzionale aveva appunto affermato che gli arbitri, a fronte di una legge di dubbia costituzionalità, hanno il potere-dovere di rimettere ad essa la questione. A me sembra eccessivo parlare di dovere, ma è indubbio che tale affermazione è stata possibile solo in virtù di un inquadramento "giurisdizionale" dell'arbitrato rituale.

[18] Vedi essenzialmente gli artt. 824*bis* e 827, 2° comma, c.p.c. («I mezzi di impugnazione possono essere proposti indipendentemente dal deposito del lodo»), dai quali emerge chiaramente come la sentenza privata abbia effetti di per sé a livello di ordinamento statale.

[19] E ciò a prescindere dal meccanismo dell'imposizione. Comunque si ricorda che il detto principio ha portato all'eliminazione dei c.d. arbitrati obbligatori, che erano previsti in alcune leggi.

[20] Vedi innanzitutto l'art. 829, 1° comma, n. 1, c.p.c., in base al quale il lodo è impugnabile per invalidità della convezione di arbitrato.

svolge nel contraddittorio tra le parti, davanti ad un giudice imparziale, essendo l'arbitrato rituale un'attività sostanzialmente giurisdizionale, il legislatore deve approntare dei meccanismi che garantiscano la vigenza di detti principi anche nel giudizio privato[21].

Il fenomeno arbitrale si fonda sul c.d. *patto compromissorio o convenzione d'arbitrato*, col quale le parti, in riferimento ad una o più controversie[22], scelgono la via arbitrale, escludendo la giurisdizione statale.

Il patto compromissorio strutturalmente è un *contratto*, che non rientra tra gli atti del processo arbitrale, ma sta a monte di questo, e ad esso si applicano le norme generali che il codice civile detta in materia di contratti. Tuttavia, il patto compromissorio ha effetti peculiari, diversi dai normali contratti, perché con esso non si incide sui rapporti sostanziali, bensì si producono *effetti processuali*. Tali effetti processuali sono rivolti, per un verso (in negativo), ad impedire lo svolgimento dell'attività giurisdizionale dello Stato e, per altro verso (in positivo), a fondare quella che sarà l'efficacia vincolante della decisione arbitrale.

L'effetto negativo del patto compromissorio emerge concretamente nell'ipotesi in cui una delle parti, nonostante la scelta della via arbitrale, propone la domanda, non di fronte agli arbitri[23], ma di fronte al giudice pubblico. In questo contesto il patto compromissorio opera come un presupposto processuale negativo[24], ossia una condizione che non deve esistere perché il giudice statale possa e debba decidere nel merito la causa. Di conseguenza, sollevata la relativa eccezione, il giudice, accertata l'esistenza di un valido patto compromissorio, si rifiuterà di decidere la controversia in merito e rigetterà la domanda in rito (art. 819*ter* c.p.c.).

---

[21] Vedi in particolare l'art. 829, 1° comma, n. 9, c.p.c., per cui il lodo è annullabile se nel procedimento arbitrale non è stato osservato il principio del contraddittorio, e l'art. 815 c.p.c., in cui è prevista la ricusazione degli arbitri per un complesso di motivi che ricalcano, con qualche aggiunta, gli stessi motivi per i quali è possibile la ricusazione del giudice statale.

[22] Che possono essere già insorte, ed allora si avrà un compromesso (art. 807 c.p.c.), oppure eventuali e future in relazione ad un certo rapporto contrattuale o non contrattuale, ed allora si avrà rispettivamente la clausola compromissoria ai sensi dell'art. 808 o la convenzione di arbitrato in materia non contrattuale ai sensi dell'art. 808*bis* c.p.c.

[23] È tipico dell'arbitrato la mancanza di precostituzione del giudice, per cui è nella stessa proposizione della domanda che, normalmente, l'interessato dà avvio anche al processo di formazione del collegio arbitrale (vedi l'art. 2943, 4° comma, c.c.). Da ciò scaturirà, con l'accettazione degli arbitri nominati, il perfezionamento di un altro contratto, diverso e distinto dal patto compromissorio, il mandato, che lega le parti e gli arbitri in un rapporto in cui questi si obbligano a rendere il lodo in un certo termine e quelle si obbligano a pagare un corrispettivo (sul contenuto di questo rapporto contrattuale vedi gli artt. 813*ter* e 814 c.p.c.).

[24] Sui presupposti processuali vedi, in seguito, il quarto capitolo. In quella sede vedremo anche, nel paragrafo 11, il regime giuridico dell'eccezione di patto compromissorio rituale.

L'effetto positivo si comprende guardando al lodo. Questo, come abbiamo già detto, non è altro che una sentenza, funzionalmente e strutturalmente, per cui in esso si rende giustizia accertando qual è il diritto nel caso concreto[25]. Anche la sua disciplina è quella tipica delle sentenze e non quella dei negozi. Ciò è evidente, se si guarda ai motivi per i quali si può attaccare un lodo e alla via fornita per la sua impugnativa. Quelli sono i motivi peculiari che si fanno valere per attaccare le sentenze: così, avverso il lodo si può lamentare la violazione di norme che presiedono alla formazione degli atti del processo, la violazione di norme che presiedono alla costruzione del lodo in sé ed, infine, eventualmente[26], la violazione delle norme del giudizio, che deve inevitabilmente precedere la posizione del comando. E guardando alla via per far valere i detti motivi, mentre i negozi sono impugnabili anche incidentalmente in ogni occasione utile, per i lodi, come per le sentenze, vige il c.d. *onere dell'impugnazione*, ossia l'interessato deve spendere un preciso rimedio, qui essenzialmente l'impugnazione per nullità di cui all'art. 828 c.p.c., in un dato termine, altrimenti l'atto, sentenza o lodo, si stabilizza.

Diverso è il modo di operare, a livello di ordinamento statale, dell'arbitrato libero o irrituale.

Siamo qui in presenza di un fenomeno, nato nella pratica dei commerci al di fuori di previsioni normative, che ha trovato un suo riconoscimento in una lontana sentenza della Corte di cassazione di Torino del 1904[27], nella quale si affermò che i privati possono legittimamente istituire un arbitrato al di fuori delle forme previste dal codice di rito se, con ciò, essi restano sul piano dell'autonomia negoziale e, quindi, non pretendono di costruire irritualmente un fenomeno analogo a quello disciplinato dalla legge. In definitiva l'arbitro libero, come quello rituale, risolve la controversia nel suo complesso, ma seguendo un modo negoziale e non un modo giurisdizionale, ossia compiendo, in pratica, quella stessa attività che altrimenti avrebbero potuto compiere le parti autono-

[25] Residua, tuttavia, la necessità di chiedere al giudice statale il c.d. *exequatur*, ossia l'attribuzione dell'efficacia esecutiva, di cui il lodo non è di per sé fornito: cfr. l'art. 825 c.p.c.

[26] Per assicurare una maggiore autonomia della giurisdizione privata e, quindi, una maggiore stabilità del lodo, il D.Lgs. n. 40/2006 ha novellato l'art. 829 c.p.c., in cui oggi si prevede che il sindacato del giudice statale in ordine alla violazione delle regole di giudizio sia, in linea di principio, ammissibile solo in casi eccezionali, precisamente se esso è disposto dalla legge o dalle parti ovvero se viene in gioco l'ordine pubblico oppure la violazione di una norma inderogabile.

[27] Si ricorda che solo nel 1923 sono state eliminate le cinque Corti di cassazione, che esistevano in Italia (nelle città di: Torino, Firenze, Roma, Napoli e Palermo), per approdare all'istituzione di una sola Corte suprema, che siede a Roma, operante per tutto il territorio nazionale.

mamente. Per cui egli non presiede ad un'attività propriamente processuale e il suo responso non ha gli elementi, funzionali e strutturali, della sentenza.

Per comprendere i profili tecnici di questo fenomeno è necessario capire un peculiare istituto disciplinato in termini generali nell'art. 1349 del codice civile: *l'arbitraggio*.

Questo è un fenomeno che risale al diritto romano, nel quale troviamo, come primo esempio di arbitraggio, quello delle parti di una compravendita che affidano ad un terzo la fissazione del prezzo. Poi l'istituto, dopo aver subito confuse vicende nel Medio Evo, trova la sua moderna razionalizzazione nella Pandettistica tedesca[28] del XIX secolo e quindi nel codice civile tedesco del 1900, dal quale deriva il nostro art. 1349 c.c. Alla luce di questa l'arbitraggio oggi si caratterizza solo per ragioni funzionali.

Strutturalmente l'arbitraggio può presentarsi in modi diversi. È possibile: che le parti siano in lite, che esse impongano agli arbitratori dei criteri di valutazione, che il responso risulti sindacabile per manifesta erroneità o iniquità, che esso sia essenziale al contratto. Ma, al di là, dei diversi possibili modi di atteggiarsi strutturalmente, funzionalmente l'arbitraggio si risolve sempre in un fenomeno di *cooperazione tra le parti e un terzo nella formazione di un regolamento negoziale*. Gli interessati al perfezionamento di un contratto, non riuscendo a percorrere tutta la strada da soli, ma non volendo neanche abbandonare la trattativa, si affidano ad una persona di fiducia affinché questi percorra per loro quel pezzo di strada mancante.

Si comprende allora quanto sia naturale riportare l'arbitrato libero all'arbitraggio: invero, se l'arbitro libero risolve la lite in quello stesso modo negoziale, di cui, se ci fossero riuscite, le parti si sarebbero avvalse autonomamente, è evidente che nell'arbitrato libero noi troviamo la stessa caratteristica dell'arbitraggio, quale fenomeno di cooperazione tra le parti e un terzo nella formazione di un regolamento negoziale. L'arbitrato libero non è altro che un arbitraggio applicato ad un contratto di transazione o di accertamento.

Ma c'è di più, perché, non solo è possibile, ma è anche necessario utilizzare qui lo schema dell'arbitraggio, se si vuole attribuire un'efficacia "reale" al patto compromissorio libero, ossia attribuire a questo un effetto che possa realmente impedire la decisione della lite da parte del giudice statale prima della pronuncia del lodo arbitrale. Il punto fondamentale è che il patto compromissorio per arbitrato libero non può produrre effetti processuali, in quanto nel campo del

---

[28] Molto della nostra cultura giuridica attuale è dovuto alla c.d. Pandettistica tedesca, che nel XIX secolo riprese il diritto romano cercandone una nuova, e attuale, razionalizzazione. Tale movimento culturale creò le fondamenta del codice civile tedesco (BGB), vero e proprio monumento normativo, al quale si sono ispirate varie legislazioni, tra cui anche il nostro codice civile del 1942.

diritto processuale, lungi dal poter valere il principio dell'autonomia negoziale, vige il principio opposto della tipicità dei negozi processuali[29].

Prima del D.Lgs. n. 40/2006 era inevitabile spiegare il patto per arbitrato libero esclusivamente sulla base del principio di autonomia negoziale di cui all'art. 1322 c.c., in quanto esso non aveva alcun riconoscimento nel codice di procedura civile. Di conseguenza non potevano esservi dubbi sul fatto che ad esso fossero collegabili solo effetti sostanziali. Ma, dal nostro punto di vista, le cose non sono molto cambiate anche a seguito del detto intervento di riforma, in virtù del quale è stato introdotto nel codice di rito l'art. 808*ter*, che ha esplicitamente, ed in termini generali, riconosciuto l'arbitrato irrituale, perché il legislatore ha comunque mantenuto la netta differenza tra questo e l'arbitrato rituale.

Il patto compromissorio rituale può produrre un effetto impediente processuale in quanto esso è previsto dal codice di procedura civile come negozio, appunto, processuale, ossia come strumento per mezzo del quale i privati possono mutare il modo di essere dell'azione, chiudendo l'accesso alla via della tutela pubblica per aprire la via della tutela privata. Ciò emerge, fra le altre norme, in modo specifico dall'art. 819*ter* c.p.c., in cui l'eccezione di patto compromissorio rituale è disciplinata come un'eccezione d'incompetenza[30].

Invece, il patto compromissorio libero, attraverso il quale si vuole raggiungere pur sempre lo stesso risultato pratico di far decidere la lite da privati di fiducia, non può tuttavia operare, tecnicamente, allo stesso modo, proprio perché esso, ancorché, si ripete, ormai previsto esplicitamente nell'art. 808*ter* c.p.c., non è tuttavia delineato come un negozio processuale, ma anzi il legislatore, affermando che con esso le parti puntano alla soluzione della controversia, non con una sentenza privata (art. 824*bis* c.p.c.), bensì per mezzo di una determinazione contrattuale, dispone che all'arbitrato irrituale non si applichino le norme che il codice di rito detta per l'arbitrato rituale[31]. Di conseguenza, la convenzione per arbitrato libero resta al di fuori della categoria degli accordi processuali ed è sempre, quindi, un negozio che non può produrre effetti processuali, ma solo effetti di carattere sostanziale.

Ma quali possono essere questi effetti sostanziali?

---

[29] Sul quale vedi anche l'ultimo paragrafo del quarto capitolo.

[30] Vedi *infra* il paragrafo 11 nel capitolo quarto.

[31] È illuminante il 1° comma dell'art. 808*ter* c.p.c., che così recita: «Le parti possono, con disposizione espressa per iscritto, stabilire che, in deroga a quanto disposto dall'articolo 824*bis*, la controversia sia definita dagli arbitri mediante determinazione contrattuale. Altrimenti si applicano le disposizioni del presente titolo». È evidente come il legislatore, pur avendo riconosciuto il fenomeno nel codice di rito, affermi che esso non sia disciplinato dalle norme che in questo sono dettate per l'arbitrato previsto dagli artt. 806 e ss.

Si può immaginare che il patto compromissorio libero produca un rapporto obbligatorio a contenuto negativo, per cui con esso le parti si impegnano a non adire il giudice statale ove insorga una certa controversia. Tuttavia, un simile modo di costruire gli effetti del patto in questione non impedirebbe la pronuncia del giudice statale su quella certa controversia, se una delle due parti dovesse tradire l'impegno. Invero, contro questa si potrebbe agire in via risarcitoria, ma di fronte al giudice pubblico, investito della controversia che invece si sarebbe dovuta devolvere all'arbitro, non sarebbe spendibile alcuna eccezione idonea a salvaguardare la, prescelta, via arbitrale.

L'unico modo per attribuire al detto patto un'efficacia "reale" è allora quello di immaginare che con esso si incida già sul rapporto sostanziale che sarà oggetto della pronuncia arbitrale ed è in questo quadro che l'istituto dell'arbitraggio può e deve soccorrerci. Il patto compromissorio libero contiene già il superamento del rapporto sostanziale litigioso, per cui, se una delle parti si rivolge al giudice pubblico prima che sia percorsa la via arbitrale, l'altra potrà spendere un'eccezione di merito sulla cui base chiedere una sentenza di rigetto in merito della domanda. Tuttavia, le parti stesse, non essendo riuscite a portare a compimento la loro opera, insomma non essendo riuscite a dare un contenuto al contratto di transazione o di accertamento che pur nel patto compromissorio avevano stipulato, si rivolgono all'arbitro libero affinché questi trovi quel contenuto, soggetto che, cooperando con le parti alla formazione di un nuovo regolamento negoziale, non è altro che un arbitratore.

Ecco allora il senso dello schema immaginato per spiegare tecnicamente l'arbitrato libero, per spiegare anche qui i due effetti fondamentali del fenomeno arbitrale: quello negativo è riportabile ad un'eccezione di merito attinente al rapporto sostanziale in gioco, quello positivo è riportabile al negozio giuridico accessorio che porrà in essere l'arbitro, dando contenuto alla transazione o al contratto di accertamento incompiutamente stipulato dalle parti.

Questa precisa differenza tecnica [32] tra i due fenomeni arbitrali descritti comporta varie conseguenze pratiche.

Per citarne sommariamente alcune, si pensi alle seguenti:

– solo il patto compromissorio rituale va stipulato con la forma scritta c.d. *ad substantiam* (artt. 807 e 808 c.p.c.), mentre per il patto compromissorio libe-

---

[32] Non si deve confondere il piano sociologico con quello giuridico, per cui è possibile che nell'ambito di un ordinamento vi siano strumenti tecnicamente diversi per raggiungere magari obiettivi pratici analoghi. Se l'arbitrato serve, in generale, ad impedire l'operatività della giustizia pubblica per far risolvere una controversia da un giudice privato, poi gli strumenti arbitrali utilizzabili non sono uguali, ma tecnicamente diversi. Ciò arricchisce, e non impoverisce, il complesso degli strumenti disponibili.

ro vale il principio della forma scritta *ad probationem* (art. 1967 c.c.), non sembrando che il generico disposto di cui all'art. 808*ter* c.p.c., che parla di «disposizione espressa per iscritto», ma senza aggiungere "a pena di nullità", come invece avviene nell'art. 807 c.p.c., possa indurre ad un'interpretazione più rigida;

– solo in collegamento all'arbitrato rituale è possibile la concessione di un provvedimento cautelare di tipo conservativo [33] da parte del giudice statale (art. 818 c.p.c.) [34];

– solo per l'arbitrato rituale vale la disciplina del termine per la pronuncia del lodo dettata dagli artt. 820 e 821 c.p.c., dovendosi al lodo irrituale applicare le norme civilistiche sul mandato; in particolare, se nulla hanno previsto le parti, gli arbitri devono semplicemente rispettare il canone generale della diligenza del buon padre di famiglia di cui all'art. 1176 c.c., restando alla parte interessata la facoltà di chiedere al giudice statale la fissazione di un termine ai sensi dell'art. 1183 c.c.;

– mentre per il lodo rituale, essendo una sentenza privata, vale il principio dell'onere dell'impugnazione [35], per cui l'interessato può e deve far valere i suoi eventuali vizi nell'ambito dei mezzi d'impugnazione previsti dall'art. 827 c.p.c., preclusi i quali non vi è alcuna altra via percorribile, il lodo libero, invece, essendo un negozio giuridico può essere attaccato sia in via di azione, di fronte al giudice da individuare secondo le ordinarie regole di competenza, sia in via di eccezione, nell'ambito di un processo in cui esso rilevi;

– solo per il lodo rituale vale la possibilità di ottenere l'*exequatur* ai sensi dell'art. 825 c.p.c.;

– infine molti dei principi vigenti per la formazione del collegio arbitrale rituale non devono necessariamente valere anche nel campo dell'arbitrato libero [36].

---

[33] Vedi oggi il nuovo art. 669*quinquies* c.p.c., ai sensi del quale la tutela cautelare è concedibile anche rispetto all'arbitrato irrituale. Ma tale possibilità ha senso solo rispetto ad un provvedimento a contenuto anticipatorio. In sostanza, è stato esteso ad ogni possibile lite il regime che era già previsto rispetto alle liti societarie. Vedi anche la nota successiva.

[34] Si tenga presente che, a seguito della modifica dell'art. 818 c.p.c., a causa del D.Lgs. n. 149/2022, è possibile che le parti conferiscano agli arbitri il potere cautelare, ancorché resti in ogni caso detto potere al giudice statale prima della costituzione del tribunale arbitrale.

[35] Sul quale vedi *infra* il paragrafo 1 nel settimo capitolo.

[36] Per la formazione del collegio arbitrale libero si può dire: non è necessario rispettare il principio del numero dispari (art. 809 c.p.c.); non è escluso che le parti scelgano una persona giuridica; niente consente di ricorrere al potere sostitutivo del giudice statale di cui agli artt. 810 e 811 c.p.c., in caso di inerzia di una parte; è difficile immaginare l'operatività della ricusazione di cui all'art. 815 c.p.c., restando solo la possibilità di far valere ogni sintomo di inattendibilità del lodo in sede di impugnazione. A tal proposito valgono solo i due principi contenuti nell'art. 808*ter*: a) che gli arbitri devono essere nominati con le forme e nei modi stabiliti dalle parti, b) che non può essere arbitro chi è privo, in tutto o in parte, della capacità legale di agire (art. 812).

Resta, infine, da dire della perizia contrattuale.

Siamo di fronte ad un fenomeno sociale assai risalente nel tempo, fenomeno che, però, non ha trovato un esplicito riconoscimento giuridico[37]. Ed allora bisogna prima comprendere i suoi tratti sociali caratteristici e poi cercare un accettabile inquadramento tecnico-giuridico.

Alla perizia contrattuale si riportano quattro tipi di casi.

Il primo caso attiene all'ipotesi in cui le parti di un contratto a prestazioni corrispettive demandano ad un terzo il compito di accertare, a prescindere dalle conseguenze giuridiche che se ne vorranno trarre, se una certa prestazione compiuta corrisponda o meno a quella che era stata pattuita, così, ad esempio, se la merce consegnata abbia le dovute qualità.

Il secondo caso è quello in cui le parti demandano al terzo il compito di accertare l'ammontare di un danno causato e/o il nesso causale tra un certo comportamento e il danno. Si pensi, ad esempio, alla clausola contenuta in un contratto di assicurazione per infortuni in cui si prevede di affidare ad un collegio di medici l'accertamento del grado di invalidità derivante dal verificatosi infortunio.

Il terzo caso si ha nell'ipotesi in cui si affida al terzo il compito di accertare se un determinato comportamento costituisca una violazione di legge, così, ad esempio, se una data attività sia qualificabile come concorrenza sleale.

Infine alla perizia contrattuale sono riportabili le c.d. clausole di adeguamento nei rapporti contrattuali di durata: qui, nell'ambito di un rapporto a prestazioni corrispettive che dura nel tempo, si prevede che, se si verificano determinate circostanze, che possono alterare in modo significativo l'equilibrio tra le prestazioni incrociate, onde evitare la risoluzione per eccessiva onerosità sopravvenuta (art. 1467 c.c.), si affidi ad un terzo il duplice compito di accertare il verificarsi di quelle circostanze e, quindi, di trovare un nuovo punto di equilibrio tra le prestazioni.

Dai casi descritti emerge che con la perizia contrattuale le parti non vogliono la soluzione della controversia giuridica nel suo complesso, ma solo la decisione di una *questione* di particolare pregnanza *tecnica*, o, per meglio dire, la decisione di una questione rispetto alla quale si devono utilizzare, in buona sostanza, criteri di valutazione non giuridici, ma tecnici o pregiuridici, *massime di esperienza* che appartengono al patrimonio di conoscenza di cerchie sociali diverse da quella dei giuristi. Di conseguenza esse, per un verso, isolano la detta questione, facendola emergere come il vero punto di lite, e, per altro verso, ne demandano la decisione ad un soggetto esperto (perito) nel campo di quelle

[37] Tranne qualche equivoco e, comunque, settoriale caso: vedi l'art. 64, 4° comma, D.Lgs. n. 30/2005 in materia di proprietà industriale, ove si prevede una perizia contrattuale addirittura obbligatoria.

specifiche massime di esperienza che andranno utilizzate nel caso concreto, volendo impedire, sulla questione, la decisione del giudice statale.

Se vogliamo attribuire una forma giuridica a questo fenomeno sociale, e quindi spiegare tecnicamente il necessario duplice effetto, impeditivo e positivo, tipico di ogni fenomeno arbitrale, non possiamo avvalerci dello schema dell'arbitrato libero. La perizia contrattuale non si risolve in un arbitraggio nella transazione o nel contratto di accertamento, per il semplice motivo che, per un verso, il suo patto fondativo, volendo devolvere ad un terzo solo l'accertamento di una questione, evidentemente non dispone del diritto sostanziale controverso e, per altro verso, dovendosi qui decidere una questione, oltretutto il più delle volte di fatto, non si può immaginare che essa sia "accertata" per mezzo di un negozio giuridico, essendo, almeno nell'attuale diritto vigente, i fatti fissabili solo con un mezzo di prova o, al più, e in casi particolari, con una sentenza.

In realtà la perizia contrattuale non è altro che un arbitrato rituale, solo con un oggetto "più piccolo" rispetto al suo normale oggetto, perché in essa, appunto, non si decide su un rapporto giuridico, ma solo su una questione rilevante rispetto all'esistenza e/o al modo di essere di un rapporto giuridico. È vero che l'arbitrato rituale sostituisce la giurisdizione statale e che questa non può svolgersi se non almeno in riferimento all'affermazione di un diritto soggettivo[38]; però è anche vero che per l'arbitrato rituale, fenomeno pur sempre di giustizia privata, non valgono quelle ragioni di interesse pubblico che hanno portato ad individuare come minima unità azionabile nel processo statale il diritto soggettivo. Di conseguenza la perizia contrattuale compiuta non sarà altro che un lodo rituale su questione, mentre dal patto fondativo scaturirà, prima dello svolgimento della perizia, un'eccezione processuale impediente al fine di impedire, appunto, la decisione del giudice pubblico sulla questione devoluta ai periti[39].

3. *La tutela di mero accertamento*

Nel primo capitolo[40] abbiamo detto che l'attività giurisdizionale si presenta in modi diversi a seconda del modo in cui si atteggia la crisi del diritto soggettivo e, quindi, abbiamo aggiunto che nell'ambito della tutela dichiarativa, sempre in ba-

---

[38] Sull'oggetto del giudicato statale vedi il paragrafo 5 nel quinto capitolo.

[39] Sulla disciplina e le conseguenze di tale eccezione processuale vedi il paragrafo 11 nel quarto capitolo.

[40] Dei quali vedi i paragrafi 2 e 4.

se ai bisogni di tutela del diritto soggettivo, si possono distinguere tre forme: la tutela di mero accertamento, la tutela di condanna e la tutela costitutiva. Dobbiamo ora riprendere l'accenno ed approfondire l'analisi di queste forme.

Quella di mero accertamento è la forma di *tutela minima* nell'ambito della più generale tutela dichiarativa, nel senso che con essa si giunge, puramente e semplicemente, alla *fissazione* di qual è il diritto nel caso concreto. Ciò è dovuto al fatto che è l'illecito, (che si presume come) verificatosi a monte, ad assumere un'entità minimale, risolvendosi esso solo nella contestazione del diritto. Insomma, qui siamo in presenza di un'ipotesi in cui un soggetto ha contestato l'esistenza e/o il modo di essere del diritto di un altro soggetto e questi reagisce al fine di ottenere dal giudice una sentenza che fissi il modo di essere della realtà giuridica, accerti l'esistenza e/o il modo di essere del diritto, eliminando la provocata incertezza.

Visto il bisogno di tutela e il modo in cui l'ordinamento concede all'interessato di rispondere, è evidente come la tutela di mero accertamento sia *autosufficiente*. Invero, l'attore, che si afferma titolare di un diritto messo in discussione dal convenuto, se prova il diritto affermato ed ottiene la pronuncia di una sentenza di accoglimento della sua domanda, con ciò giunge ad eliminare quella incertezza provocata dal suo avversario, che era il suo unico obiettivo.

Di conseguenza egli, vinta la causa alla fine del processo dichiarativo, non ha bisogno successivamente di alcun altro tipo di attività giurisdizionale.

Non ha molta importanza, poi, chiedersi se quella in parola sia una forma di tutela che opera per prevenire un possibile illecito futuro o per reprimere un illecito già verificatosi. È vero che con la contestazione del diritto non si ha già la lesione dell'interesse sotteso al diritto stesso, ma probabilmente siamo ancora allo stadio di minaccia di un eventuale lesione successiva di questo. Se Tizio contesta l'esistenza del diritto di Caio, è probabile la futura lesione dell'interesse sottostante, sia che trattasi di un diritto reale o di un diritto di credito. Tuttavia, è anche vero che già la provocazione dell'incertezza rappresenta un illecito, sia pure allo stadio minimo, perché con essa si ha la rottura dell'ordine giuridico e della pace sociale. Rilievi, questi, che si riverberano praticamente nel contenuto della sentenza di accoglimento, nella quale, se pur si ha un comando rivolto al futuro soggettivamente concreto, non si ha tuttavia anche un ordine di prestazione corrispondente ad un comportamento o ad un mancato comportamento illecito che ancora non vi è stato. Insomma, nel suo contenuto il comando giurisdizionale qui ribadisce semplicemente il generico comando del *neminem laedere* della legge [41].

---

[41] Ma ovviamente il comando giurisdizionale, se così si può dire, varrà di più del comando della legge, perché col giudicato sarà preclusa ogni ulteriore contestazione. Sull'istituto del giudicato vai al quinto capitolo.

Piuttosto, la contestazione deve essere tale da provocare *un'incertezza obiettiva ed attuale*, essa deve scaturire da fatti tangibili.

Quella di mero accertamento non è una forma di tutela tipica, ossia immaginabile solo in ipotesi previste dalla legge [42], nelle quali si individuino i fatti produttivi di incertezza. Ma, non è neanche immaginabile che tutti possano chiedere ad un giudice l'accertamento dei propri diritti quando si sentano, anche solo psicologicamente, minacciati magari dalle semplici parole di altri soggetti. Il punto di equilibrio, tra le astratte paure di ognuno e la meritevole esigenza di tutela sarà cercato di volta in volta dal giudice attraverso la valutazione *dell'interesse ad agire* (art. 100 c.p.c.), che rappresenta una sorta di filtro generale per evitare di spendere attività giurisdizionali inutili [43]. Per cui l'attore, che propone domanda per il mero accertamento di un suo diritto, deve, se vuole la pronuncia di una sentenza di merito, previamente provare il bisogno della tutela richiesta, ossia la provocazione di un'incertezza obiettiva ed attuale, quella incertezza giuridicamente rilevante che, sola, può giustificare un'attività processuale che sfoci, in ipotesi, nel richiesto accertamento del diritto.

In concreto, poi, il detto bisogno di accertamento può riguardare l'esistenza stessa del diritto o anche il suo contenuto. Si faccia il caso della *confessoria servitutis* di cui all'art. 1079 c.c. e si immagini che il proprietario del fondo dominante subisca, dal proprietario del fondo servente, la contestazione, non in riferimento all'esistenza della servitù, bensì in riferimento al suo modo di essere. Così, ad esempio, trattandosi di servitù di passo, il secondo contesta al primo il diritto di esercitare la servitù con un mezzo. Qui è evidente che la questione non sta nell'esistenza del diritto, quanto nel suo contenuto e questo è ben diverso a seconda che il diritto di passo possa esercitarsi solo a piedi o anche con un mezzo.

Peraltro, *l'accertamento* può anche essere *in negativo*.

È ovvio che, se il giudice rigetta la domanda nella quale l'attore si è affermato titolare di un diritto, il contenuto dell'accertamento consisterà in una negazione, in quanto, appunto, mancando la prova del diritto affermato, la sentenza ne negherà l'esistenza. Ma, è anche possibile che lo stesso attore miri ad una

---

[42] Anche se, ovviamente, delle ipotesi sono previste dalla legge: si veda la c.d. *confessoria servitutis* di cui all'art. 1079 c.c. («Il titolare della servitù può farne riconoscere in giudizio l'esistenza contro chi ne contesta l'esercizio»). Il principio di atipicità è confermato dall'art. 2653, n. 1, c.c., almeno nel campo dei diritti reali, nonché più in generale dall'art. 34 c.p.c., che prevede l'accertamento della situazione pregiudiziale e più in generale, ovviamente, dall'art. 24, 1° comma, Cost.

[43] Su di esso vedi in particolare il paragrafo 8 nel quarto capitolo.

negazione, ossia che egli nella domanda non si affermi titolare di un diritto, ma affermi l'inesistenza di un diritto del convenuto.

Anche qui, a monte della vicenda processuale, c'è la provocazione dell'incertezza in riferimento ad una realtà giuridica, ma ciò è avvenuto in termini diversi da quelli descritti sopra, perché colui che è citato in giudizio, lungi dal negare il diritto dell'altro, si è, invece, affermato titolare di un diritto nei suoi confronti. Il presupposto dell'azione non è, dunque, la contestazione di un diritto, ma *il vanto*: Tizio, futuro convenuto, non contesta il diritto di Caio, futuro attore, ma si vanta di avere nei suoi confronti un diritto. Ecco che, allora, Caio subisce un'intromissione nella sua sfera giuridica, perché, in virtù di fatti tangibili, Tizio pretende di assoggettarlo all'esistenza di una sua situazione giuridica sostanziale ed ecco che può egli esercitare un'azione di mero accertamento negativo [44]. Si pensi, ad esempio, al caso, previsto dalla legge nell'art. 949 c.c., della c.d. *negatoria servitutis*, nella quale il proprietario «può agire per far dichiarare l'inesistenza di diritti affermati da altri sulla cosa, quando ha motivo di temerne pregiudizio».

In definitiva, la domanda rivolta ad ottenere la tutela di mero accertamento può contenere l'affermazione di un diritto di chi agisce o la negazione di un diritto di colui contro il quale si agisce.

Tale precisazione non ha una valenza puramente descrittiva, ma essa comporta rilevanti conseguenze pratiche, particolarmente in riferimento all'operatività della *regola dell'onere della prova*. Questa è contenuta nell'art. 2697 c.c., che così recita: «Chi vuol fare valere un diritto in giudizio deve provare i fatti che ne costituiscono il fondamento. / Chi eccepisce l'inefficacia di tali fatti ovvero eccepisce che il diritto si è modificato o estinto deve provare i fatti su cui l'eccezione si fonda».

Siamo in presenza di una regola di giudizio, che il giudice utilizza per for-

---

[44] Il ragionamento svolto può sedare il dubbio che emerge con la seguente domanda: se, come vedremo nel prossimo capitolo (paragrafo 6), può azione un certo diritto solo chi è legittimato, affermandosene titolare, come può Tizio negare il diritto di Caio, quindi andare oltre quella regola? Si è detto da alcuni che qui l'attore azionerebbe propriamente un suo diritto all'integrità del suo patrimonio, pur affermandosi, poi, che oggetto del processo sarebbe il diritto negato del convenuto. A me sembra che una simile prospettiva sia tecnicamente insostenibile perché quel diritto all'integrità del patrimonio in realtà non esiste (è una finzione), cosa evidente quando si aggiunge che in ogni caso l'oggetto dell'accertamento starebbe nel diritto di cui il convenuto si sia vantato. Ed allora il punto vero è che il vanto è un'intromissione nella sfera giuridica altrui, per cui, se emerge un pericolo per il futuro, è del tutto ragionevole concedere la possibilità di agire in giudizio. Insomma, il vanto ingiusto, non sorretto da una situazione di diritto, è un illecito, per cui basta alla giustificazione dell'azione in parola la categoria dell'interesse ad agire, da valutarsi, ovviamente, di caso in caso.

mare il suo convincimento finale. Egli, alla fine del gioco processuale, non può mai giungere ad una non-decisione, ossia rispondere, a colui che ha affermato la titolarità di un diritto, che non riesce a formarsi un convincimento, ma deve sempre dare una risposta univoca, nel senso dell'accoglimento (magari anche parziale) o del rigetto della pretesa, in altre parole dell'affermazione o della negazione del diritto vantato. La legge, quindi, fornisce al giudice un criterio chiaro, disponendo che l'onere della prova dei fatti costitutivi del diritto affermato è a carico di colui che compie l'affermazione, per cui questi perderà la causa se quei fatti non sono provati [45]. Tutto ciò a prescindere dalle posizioni formali di attore e convenuto.

In altre parole, è vero che normalmente è l'attore ad affermarsi titolare di un diritto, per cui normalmente l'onere della prova descritto va a suo carico, ma è anche vero che questo non accade sempre e non a caso l'art. 2697 c.c. addossa l'onere di provare i fatti costitutivi del diritto non all'attore, bensì a colui che fa valere il diritto, lasciando aperta la possibilità che le due figure non si identifichino nel caso concreto.

Tornando, quindi, alla tutela di mero accertamento, è evidente che, se l'attore si afferma titolare di un diritto, la cui esistenza il convenuto aveva precedentemente contestato, sarà a lui addossato l'onere di provarne i fatti costitutivi, con la conseguenza che egli perderà la causa ove difetti quella prova. Ma, se l'attore nega l'esistenza di un diritto, della cui titolarità nei suoi confronti il convenuto si era precedentemente vantato, starà a quest'ultimo l'onere di provare, in positivo, l'esistenza dei fatti costitutivi del diritto in gioco e non certo all'attore l'onere di provare, in negativo, l'inesistenza del diritto vantato.

In conclusione, non bisogna lasciarsi fuorviare dalle posizioni processuali assunte dalle parti: ciò che conta veramente, a prescindere dalle posizioni di attore e convenuto, è la sostanza delle cose, per cui è sempre colui che si afferma titolare del diritto a dover, innanzitutto, subire il rischio del processo, ossia a doversi accollare l'onere di provare il fondamento di ciò che afferma.

4. *La tutela di condanna*

Se lo stadio dell'illecito è più avanzato rispetto a quello della mera provocazione dell'incertezza sull'esistenza e/o il modo di essere del diritto soggettivo, giungendo a presentarsi propriamente come una lesione dell'interesse a questo

---

[45] Per una più approfondita analisi della regola in questione vedi il paragrafo 1 nel quinto capitolo.

sottostante, è necessario approntare una forma di tutela che soddisfi un simile, più pregnante, bisogno, una forma di tutela sicuramente repressiva: la tutela di condanna. In tale ambito il giudice, ove riconosca la fondatezza della domanda, non si limiterà ad accertare l'esistenza del diritto affermato dall'attore, ma pronuncerà, in più, un *ordine di prestazione*, ossia, appunto, la condanna del convenuto a tenere un certo comportamento.

Si facciano degli esempi.

Tizio è creditore di Caio per una certa somma di denaro, quindi egli è titolare di un diritto a cui è sotteso un interesse che trova la sua realizzazione solo nel momento in cui l'obbligato adempie alla prestazione dovuta, con ciò estinguendo il rapporto obbligatorio, sia il suo obbligo sia il diritto del creditore. Se Caio non adempie, quindi non paga la somma per cui è debitore, Tizio può agire in giudizio proponendo una domanda nella quale chiederà al giudice: l'accertamento del suo diritto, l'accertamento della lesione, ossia dell'inadempimento[46], quindi l'ordine di prestazione o, se si vuole, la condanna del convenuto a pagare la somma di denaro.

Ma, si pensi anche ad una situazione nella quale il diritto di partenza era un diritto assoluto, magari un diritto di proprietà. Il titolare del diritto di proprietà su un certo bene non ha bisogno della cooperazione di qualche altro soggetto per realizzare il suo interesse, che, fra l'altro, non trova certo la sua realizzazione attraverso l'estinzione del diritto soggettivo, quanto, piuttosto, attraverso il perdurare della vita di questo. Il proprietario gode semplicemente del suo bene, col quale egli ha una relazione diretta e non vi è qui un rapporto obbligatorio dalla cui attuazione si realizza il diritto, ma semplicemente vi è la (perdurante) esistenza di un diritto a fronte di tutti gli altri consociati (come si suole dire *erga omnes*), i quali sono destinatari di un generico dovere di non ledere l'altrui sfera giuridica.

Tuttavia, è possibile che tale dovere generico di *neminem laedere* sia violato, danneggiando il bene o addirittura sottraendolo al proprietario, ed allora nascerà in capo a questi un diritto relativo a fronte di colui che ha violato il detto dovere generico, il cui contenuto sarà adeguato al tipo di ripristino necessario in conseguenza della lesione subita. Così, ad esempio, se vi è stato danneggiamento, emergerà un diritto al risarcimento del danno o un diritto alla reintegrazione in forma specifica, qualora sia in tutto o in parte possibile (art. 2058 c.c.). Se, invece, vi è stata sottrazione nascerà un diritto alla restituzione del bene. A fronte di queste situazioni è possibile che il soggetto "colpevole" della lesione

---

[46] L'attore dovrà solo allegare (ossia affermare nel processo) l'avvenuto inadempimento, restando solo al convenuto l'onere di provare in positivo di aver adempiuto. Su questi temi torneremo nel quinto capitolo.

adempia al suo obbligo risarcitorio o ripristini la situazione precedente all'illecito ed in tal caso non vi sarà bisogno dell'intervento giurisdizionale. Ma, se ciò non dovesse accadere, il proprietario agirà in giudizio chiedendo, per un verso, una serie di accertamenti, ovvero del suo diritto di proprietà, della lesione subita, del conseguente diritto risarcitorio o di ripristino e dell'inadempimento a petto di questo, e, per altro verso, un ordine di prestazione, insomma la condanna del convenuto a tenere quel comportamento che sul piano del diritto sostanziale egli avrebbe dovuto porre in essere.

Da questi esempi si possono ricavare, innanzitutto, due rilievi.

Il primo: la tutela di condanna è immaginabile sempre a fronte di un *rapporto obbligatorio*, originario o derivato dalla lesione di un diritto, che non ha trovato la sua fisiologica realizzazione. Il titolare della situazione di vantaggio (credito), oltre ad affermare l'esistenza del diritto, chiede anche la pronuncia di un ordine di prestazione, il cui contenuto sarà, in ipotesi, coerente col contenuto del rapporto obbligatorio.

Il secondo: la tutela di condanna, a differenza di quella di mero accertamento, *non è autosufficiente*, perché l'attore vittorioso, ottenuta la pronuncia della sentenza di condanna a suo favore, con ciò solo non ha ancora realizzato il suo interesse, avendo egli pur sempre bisogno di un comportamento successivo del convenuto condannato, che si adegui all'ordine di prestazione. Se tale comportamento non viene posto in essere, allora si aprirà eventualmente la strada della tutela esecutiva, ossia di quella particolare forma di tutela che, lungi dal servire all'accertamento del modo di essere della realtà sostanziale, serve puramente e semplicemente alla realizzazione dei diritti di credito[47]. Si può parlare, allora, di normale correlazione tra tutela di condanna e tutela esecutiva, nel senso che normalmente, ancorché non necessariamente, alla sentenza di condanna la legge attribuisce l'efficacia esecutiva, per cui nel disegno delle forme di tutela il processo esecutivo è visto come un normale "seguito" del processo dichiarativo di condanna.

Tuttavia la valenza di questo rilievo non deve essere esagerata.

In primo luogo, quella normale correlazione non significa che si possa dimenticare la chiara e netta distinzione, funzionale e strutturale, tra processo di condanna e processo esecutivo. Invero, qui non abbiamo due fasi di un'unica vicenda processuale, bensì abbiamo l'operatività di due diverse azioni, una di condanna ed una esecutiva, e lo svolgimento di due moduli processuali, collegati, ma strutturalmente distinti. Né la funzione della condanna consiste nella produzione dell'azione esecutiva: il contenuto della sentenza di accoglimento di una domanda di condanna attiene all'ordine di prestazione, restando l'efficacia

---

[47] Vedi *retro* il paragrafo 4 del primo capitolo.

esecutiva solo un effetto esterno a detto contenuto. Detto effetto può essere attribuito ad una decisione di condanna, ossia una pronuncia giudiziaria contenente un ordine di prestazione, o dalla legge o da un ulteriore provvedimento del giudice. Nell'ambito dell'ordinamento interno statale la legge attribuisce alle sentenze e agli altri provvedimenti che non abbiano forma di sentenza detto effetto [48]. Nell'ambito dei rapporti tra stati diversi normalmente è un provvedimento del giudice ad attribuire alla decisione giudiziaria efficacia esecutiva in uno o più stati diversi da quello in cui la decisione è stata pronunciata [49].

Del resto è di tutta evidenza come la tutela di condanna, pur non essendo in astratto autosufficiente, possa esserlo tuttavia in concreto, quando il convenuto-obbligato-condannato si adegui all'ordine di prestazione a lui impartito nella sentenza.

In secondo luogo, se la correlazione tra condanna ed esecuzione forzata è cosa normale, nel senso che, ove il condannato non si adegui spontaneamente, si aprirà normalmente un processo esecutivo, non si può, però, dire vigente un principio che renda detta correlazione necessaria. Al contrario, vi può essere esecuzione forzata senza sentenza di condanna e vi possono essere sentenze di condanna inidonee ad aprire la strada di un'esecuzione forzata.

Per giustificare la prima affermazione basta leggere l'art. 474 c.p.c., che contiene il catalogo dei titoli esecutivi. Questi possono essere giudiziali (art. 474, 2° comma, n. 1) o stragiudiziali (art. 474, 2° comma, nn. 2 e 3), quindi, da questo ultimo punto di vista, può trattarsi di titoli di credito, di scritture private autenticate o di atti pubblici [50]. In tale secondo caso è di tutta evidenza che si

---

[48] Cfr. l'art. 474 in collegamento all'art. 282 c.p.c. per le sentenze e a svariate altre norme per i provvedimenti che non hanno la forma della sentenza. Peraltro, a volte l'efficacia esecutiva è attribuita ad un provvedimento, non direttamente dalla legge, bensì per mezzo di un provvedimento del giudice, ovviamente assunto secondo le indicazioni di legge. Si pensi, ad esempio, ai casi disciplinati dagli artt. 642 e 648 c.p.c.

[49] Cfr. l'art. 68 della legge n. 218/1995, sul quale vedi *infra* il paragrafo 9 del quinto capitolo. Nello spazio europeo la necessità dell'*exequatur*, prima derivante dalle previsioni del Reg. n. 44/2001, oggi è venuta meno col Reg. n. 1215/2012.

[50] A seguito della legge n. 80/2005 e della legge n. 263/2005, nonché del D.Lgs. n. 149/2022 il testo dell'art. 474 c.p.c. così recita: «L'esecuzione forzata non può aver luogo che in virtù di un titolo esecutivo per un diritto certo, liquido ed esigibile. / Sono titoli esecutivi: 1) le sentenze, i provvedimenti e gli altri atti ai quali la legge attribuisce espressamente efficacia esecutiva; 2) le scritture private autenticate, relativamente alle obbligazioni di somme di denaro in esse contenute, le cambiali, nonché gli altri titoli di credito e gli atti ai quali la legge attribuisce espressamente la stessa efficacia; 3) gli atti ricevuti da notaio o da altro pubblico ufficiale autorizzato dalla legge a riceverli. / L'esecuzione forzata per consegna o rilascio non può aver luogo che in virtù dei titoli esecutivi di cui ai numeri 1) e 3) del secondo comma. Il precetto deve contenere trascrizione integrale, ai sensi dell'articolo 480, secondo comma, delle scritture private autenticate di cui al numero 2) del secondo comma./ Il titolo è messo in esecuzione da tutti gli ufficiali giu-

rende possibile un processo esecutivo senza titolo esecutivo giudiziale, insomma senza un provvedimento di condanna.

Assai più impegnativa è la seconda affermazione, con la quale si vuole essenzialmente dire che è immaginabile la pronuncia di una sentenza di condanna senza che poi sia possibile, ove il condannato non rispetti l'impartito ordine di prestazione, un'esecuzione forzata.

Si pensi al caso in cui il *comportamento dovuto* sia *infungibile*, quindi esso dia contenuto ad un rapporto obbligatorio che non può trovare la sua realizzazione forzata, in quanto, come sappiamo, la realizzazione forzata può aversi solo nell'ipotesi in cui il diritto sia realizzabile facendo a meno dell'obbligato, quindi sostituendone l'opera. In casi del genere è probabile che il più delle volte, verificatosi l'illecito, l'interessato agirà chiedendo il risarcimento del danno, trasformando quindi il suo originario diritto in un diritto a contenuto pecuniario, come tale sempre realizzabile in via esecutiva [51]. Ma ciò non è, né deve essere, sempre vero, come del resto emerge dalla legge stessa, nella quale si ravvisano almeno due importanti indizi in questo senso.

Il primo, importante, indizio emerge dall'art. 614*bis* c.p.c., che, nel prevedere la possibilità che il giudice della cognizione disponga, come accessorio di una pronuncia di condanna, a prescindere dalla fungibilità o meno della prestazione [52], una misura coercitiva, rende evidente come possa concepirsi appunto una sentenza di condanna senza esecuzione forzata e magari anche senza quella misura coercitiva, visto che questa può anche non essere concessa o perché non è neanche richiesta dall'interessato o perché, pur richiesta, il giudice non ritenga di concederla.

Il secondo indizio emerge da quelle disposizioni di legge nelle quali si prevedono specificamente sentenze di condanna a peculiari prestazioni infungibili. Si pensi

diziari che ne siano richiesti e da chiunque spetti, con l'assistenza del pubblico ministero e il concorso di tutti gli ufficiali della forza pubblica, quando ne siano legalmente richiesti».

[51] Il discorso sarebbe molto più complesso perché vi sono delle situazioni in cui è lo stesso legislatore a scegliere di non mantenere in vita l'originario rapporto obbligatorio dopo la lesione, ossia l'inadempimento. Qui emerge la distinzione tra tutela c.d. reale e tutela c.d. per equivalente, che molto ha a che fare pure col risalente principio per cui *nemo ad factum praecise cogi potest*, il quale oggi ha, però, perso molto terreno volendo gli ordinamenti moderni tendenzialmente garantire agli aventi diritti i beni della vita a cui hanno appunto diritto. Ma quel principio resta a protezione di sfere intime di libertà: si pensi all'obbligo assunto da un artista o all'obbligo di fedeltà assunto dai coniugi. Se il primo troverà sanzione solo nel risarcimento del danno il secondo troverà (tendenzialmente) sanzione nella separazione con addebito.

[52] Quindi anche in riferimento ad un obbligo fungibile. La disposizione, in origine riferita solo alle obbligazioni infungibili, è divenuta più generica e, quindi, di più generale applicabilità a seguito della sua novellazione ad opera della legge n. 132/2015. Torna al paragrafo 4 nel primo capitolo.

alla tutela c.d. reale del lavoratore licenziato senza giusta causa di cui all'art. 18, legge 20 maggio 1970, n. 300 (Statuto dei lavoratori). In questa legge, oggi parzialmente modificata (art. 1, 42° comma, legge 28 giugno 2012, n. 92), è previsto in tutta una serie di ipotesi di nullità del licenziamento ovvero nel caso che non ricorrano gli estremi del giustificato motivo soggettivo o della giusta causa per insussistenza del fatto contestato ovvero perché il fatto rientra tra le condotte punibili con una sanzione conservativa sulla base delle previsioni dei contratti collettivi ovvero dei codici disciplinari applicabili che il giudice, dichiarata la nullità o annullato il licenziamento, ordini la reintegrazione del lavoratore nel posto di lavoro. Ma questa è proprio un'ipotesi di sentenza di condanna inidonea a dare corso ad una esecuzione forzata, perché, a prescindere dagli ulteriori profili economici di essa, l'ordine di reintegro nel posto di lavoro in sé è infungibile, non essendo sostituibile la gestione da parte dell'imprenditore del ciclo produttivo.

Vi è, poi, un intero settore della giurisdizione dichiarativa nel cui ambito, pur rientrando esso nella tutela di condanna, non è concepibile un'attuazione esecutiva a seguito della pronuncia della sentenza. Si tratta della c.d. *tutela inibitoria*, tipicamente connessa alla violazione di *obblighi di non fare a carattere continuativo*. Siamo qui in presenza di una forma di tutela di condanna, che si atteggia, però, in modo particolare, in funzione delle particolari esigenze del tipo di situazione sostanziale in relazione alla quale essa opera.

Se Tizio è obbligato nei confronti di Caio a non fare qualcosa durevolmente, a non tenere un certo comportamento continuativamente nel tempo, egli viola il suo obbligo nel momento in cui fa qualcosa in positivo contrario al suo obbligo negativo di non fare, insomma se pone in essere in concreto quel certo comportamento che in astratto non doveva porre in essere. In tal caso Caio potrà esercitare l'azione inibitoria, che ha lo scopo di giungere, oltre all'usuale accertamento del diritto e della sua violazione, alla pronuncia di un duplice comando: uno, in *funzione repressiva*, che guarda al passato ed uno, in *funzione preventiva*, che guarda al futuro. Il primo avrà come contenuto l'ordine di *disfare* ciò che è stato fatto in violazione dell'obbligo di non fare, sempre che nel caso concreto vi sia qualcosa da disfare, eventualità non sempre realizzata. Il secondo avrà come contenuto l'ordine di *cessazione della turbativa*.

È ovvio che nella sentenza c'è sempre la posizione di un comando concreto che vuole condizionare i comportamenti successivi delle parti, per cui è ovvio che in tal senso la sentenza, se così possiamo dire, guarda sempre al futuro. Ma, è di tutta evidenza il senso della distinzione appena accennata, se si guarda al contenuto della sentenza inibitoria, perché è indubitabile che l'ordine di disfare si fonda sull'accertamento del "già fatto", mentre l'ordine di cessare la turbativa si fonda sulla previsione di ciò che eventualmente potrebbe essere fatto in futuro. Ed è questo secondo ordine il *quid proprium* della tutela inibitoria, l'elemento in più rispetto agli altri tipi di sentenze di condanna, elemento reso necessario dalla peculiarità dell'obbligo di cui si assume la violazione, il cui contenuto non è un non fare qualsiasi, bensì un non fare che duri nel tempo. In tali casi, al titolare del diritto, della cui turbativa si tratta, non basterebbe un ordine di disfare, non basterebbe una sentenza che risponda all'illecito perpetrato, ma serve, appunto, anche un comando che guardi a successivi, possibili, comportamenti antigiuridici dell'obbligato. E in questo comando c'è qualcosa in più rispetto al mero accertamento del diritto proiettato nel futuro che si giustifica sulla base della semplice contestazione del diritto stesso, proprio perché qualcosa in più si è verificato sul piano dell'illecito, che è andato oltre la creazione dell'incertezza, arrivando alla turbativa concreta del diritto.

Insomma, il comando contenuto nella sentenza di mero accertamento consiste in un "non fare" che potrebbe profilarsi in futuro, vista la provocazione dell'incertezza. Come abbiamo già detto nel precedente paragrafo, è un comando generico che ribadisce il comando di legge del *neminem laedere*. Nella sentenza inibitoria, invece, si ha propriamente l'ordine di non ripetere un comportamento illecito già avutosi in precedenza. In questo comando si ha un concreto ordine di prestazione negativa, perché vi è l'individuazione di un preciso comportamento qualificato come illecito: quel comportamento che già è stato tenuto e rispetto al quale si ha l'ordine giudiziale di non ripetizione.

Ebbene, se rispetto all'ordine impartito in funzione repressiva di ciò che è già stato fatto è concepibile un'eventuale attuazione esecutiva, non altrettanto può dirsi rispetto all'ordine di cessazione della turbativa. Al più si può concepire in collegamento a questo una misura coercitiva [53], ma non certo la spendibilità di un'esecuzione forzata, perché questa è inconcepibile a fronte di obblighi negativi che si proiettano nel futuro.

Vediamo degli esempi.

Riprendiamo il caso, disciplinato dall'art. 949 c.c., della c.d. *negatoria servitutis*, che abbiamo già visto trattando dell'azione di accertamento negativo. Qui l'attore, proprietario di un bene, innanzitutto nega l'esistenza di un diritto di cui il convenuto si è vantato nei suoi confronti. Inoltre, se il convenuto, prima del processo, non si è limitato al vanto del diritto, ma ha anche posto in essere comportamenti di intromissione più pregnante nella sfera giuridica del proprietario, vere e proprie turbative o molestie, questi, oltre al detto accertamento negativo, chiederà al giudice anche la pronuncia di una condanna al fine di ottenere, per un verso, l'ordine di disfare ciò che è stato fatto e, per altro verso, l'ordine di cessare la turbativa per il futuro. Solo il primo ordine sarà assistito,

---

[53] Come abbiamo già detto, nel codice di rito, a seguito dell'entrata in vigore della legge n. 69/2009, è prevista ormai una misura coercitiva di carattere generale nell'art. 614*bis* c.p.c.

eventualmente, dall'attuabilità in via esecutiva, non anche il secondo, rispetto al quale può al più accadere, ma non necessariamente deve accadere, che il giudice, su richiesta di parte, conceda la misura coercitiva di cui all'art. 614*bis* c.p.c., dopo aver ritenuto di svolgere positivamente tutta la serie di valutazioni che questa norma impone.

Si faccia, poi, il caso di cui all'art. 28 del c.d. Statuto dei lavoratori, nel quale è previsto, a fronte della condotta antisindacale del datore di lavoro, una forma di tutela che sfocia in un provvedimento esecutivo contenente il duplice ordine di rimuovere gli effetti del comportamento tenuto e di cessare per il futuro di fare ciò che violerebbe l'obbligo di non fare. Anche qui vi è la caratteristica della tutela inibitoria, ossia questo duplice ordine, uno rivolto al passato e l'altro rivolto al futuro, che solo può rispondere alla crisi di quel particolare rapporto obbligatorio, che ha come contenuto un obbligo di non fare a carattere continuativo. Qui poi il legislatore ha voluto prevedere una misura coercitiva peculiare, disponendo che il datore di lavoro che non ottempera al provvedimento del giudice «è punito ai sensi dell'articolo 650 del codice penale», quindi ha supportato la tutela inibitoria con la previsione di una misura coercitiva di carattere penale.

Si pensi, infine, a varie altre disposizioni contenute nel codice civile o in altre leggi: l'azione inibitoria a fronte di atti di concorrenza sleale (art. 2599); l'azione inibitoria di associazioni rappresentative dei consumatori e dei professionisti o delle camere di commercio avverso un professionista o l'associazione di professionisti rivolta a far cessare l'utilizzo di clausole vessatorie (art. 1469*sexies* c.c., oggi art. 37 del Codice del consumo), nonché l'analoga azione volta ad inibire gli atti e i comportamenti lesivi degli interessi dei consumatori (vecchio art. 140 sempre del Codice del consumo ed oggi art. 840*sexiesdecies* c.p.c.); l'azione volta ad inibire la fabbricazione, il commercio e l'uso delle cose costituenti violazione di un diritto di proprietà industriale (artt. 124 e 131 del Codice della proprietà industriale); l'azione inibitoria spendibile a tutela del diritto al nome (art. 7); l'azione inibitoria esercitabile a tutela dell'immagine (art. 10).

Un'ulteriore prova del fatto che non vi sia una correlazione necessaria tra tutela di condanna ed esecuzione forzata è fornita, poi, dalla c.d. sentenza di *condanna generica* di cui all'art. 278 c.p.c.

L'ipotesi tipica è che la lite verta sull'esistenza e/o il modo di essere di un diritto al risarcimento del danno e che nel processo quest'unico oggetto, sul quale normalmente si dovrebbe decidere con una sola e definitiva sentenza, venga, invece, smembrato in due parti, ossia sia reso oggetto di due diverse decisioni: una *sentenza* di condanna generica nella quale si accerti solo l'*an debeatur*, come tale evidentemente *non definitiva*, perché essa non esaurisce l'oggetto del contendere, ed una successiva sentenza, questa sì definitiva, nella quale si accerti il *quantum debeatur*, quindi si arrivi a quantificare quel diritto in astratto affermato come esistente dalla precedente sentenza non definitiva. La pronuncia di una simile sentenza è immaginabile ove, non essendo possibile definire il giudizio, perché resta controversa la quantità della prestazione dovuta, tuttavia è stata già accertata l'esistenza del diritto. Precisamente il giudice, smembrando, come si diceva, l'oggetto del processo, accerterà il verificarsi di un fatto potenzialmente dannoso e la sua imputabilità alla parte convenuta, rinviando ad una successiva sentenza l'accertamento del danno in concreto e il suo eventuale ammontare [54]. In tal caso essa sarà concretamente pronunciata dal giudice se l'attore lo richiederà e il convenuto non farà alcuna opposizione.

Tale sentenza non è suscettibile di successiva esecuzione forzata, perché il credito è in essa solo accertato in astratto, mancando una sua quantificazione. Del resto tale naturale impossibilità è anche giuridicamente confermata dall'art. 474, 1° comma, c.p.c., ai sensi del quale l'esecuzione forzata può aver luogo solo per un diritto liquido. Tuttavia essa, pur non contenendo neanche il tipico ordine di prestazione [55], che caratterizza le altre sentenze di condanna, è inquadrabile nell'ambito della tutela di condanna, perché in tal senso va la scelta del legislatore. E ciò non solo per la stessa sua qualificazione formale, parlando la rubrica dell'art. 278 c.p.c., di "condanna", ancorché generica, ma anche perché a questa sentenza è collegata la produzione di alcuni effetti peculiari alla tutela di condanna.

Essa, innanzitutto, è titolo per iscrivere ipoteca giudiziale, disponendo l'art. 2818 c.c. appunto che ogni «sentenza che porta condanna al pagamento di una somma o all'adempimento di altra obbligazione, ovvero al risarcimento dei danni da liquidarsi successivamente è titolo per iscrivere ipoteca sui beni del debitore». Quindi anche la sentenza di condanna generica, come ogni sentenza di condanna, è sufficiente ad attribuire all'attore la possibilità di ottenere quell'iscrizione nei registri immobiliari che costituisce il diritto reale di garanzia, ancorché in essa non vi sia alcuna quantificazione, per cui l'ipoteca sarà iscritta per l'ammontare che l'attore dichiarerà sotto la sua responsabilità (cfr. l'art. 2838 c.c.).

Inoltre anche alle sentenze di condanna generica si applica l'art. 2953 c.c., ai sensi del quale i «diritti per i quali la legge stabilisce una prescrizione più breve di dieci anni, quando riguardo ad essi è intervenuta sentenza di condanna passata in giudicato, si prescrivono con il decorso di dieci anni».

---

[54] Ma in concreto potrebbe anche non aversi alcun danno!

[55] Qui immaginiamo una sentenza di condanna generica "pura", ossia senza la, pur possibile, aggiunta della provvisionale di cui all'art. 278, 2° comma, c.p.c.

Infine, esiste una particolare forma di tutela di condanna: la c.d. *condanna in futuro*.

Se, normalmente, l'azione di condanna è esercitata al fine di ottenere un ordine, in qualche modo, riparatore a fronte della compiuta lesione di un rapporto obbligatorio, con ciò svolgendo una funzione repressiva dell'illecito già consumato, vi sono delle ipotesi in cui l'ordinamento consente ai titolari di diritti, ai quali si vuole riconoscere una tutela particolarmente rafforzata, di ottenere un provvedimento a contenuto condannatorio ancor prima che si sia verificato l'illecito, appunto, come si suole dire, in futuro, ossia per l'eventualità che quell'illecito si consumi in seguito. Questa forma di tutela non ha niente a che fare con l'azione inibitoria, perché essa non presuppone un rapporto obbligatorio che abbia come contenuto un obbligo di non fare a carattere continuativo e non si risolve in un ordine di cessazione della turbativa. Strutturalmente la condanna in futuro contiene un normale ordine di prestazione in considerazione di un, compiuto, inadempimento. La sua peculiarità sta nel fatto che il titolare del diritto può agire prima che ci si trovi di fronte a tale inadempimento, al fine di ottenere un provvedimento di condanna che esplicherà una concreta valenza giuridica solo a condizione che, in futuro, vi sarà l'illecito, perdendo esso, invece, ogni valore se la condizione non si verificherà.

Il senso pratico di tale forma di tutela sta nel permettere la formazione di un titolo esecutivo ancor prima che il titolare del diritto possa ed abbia interesse ad utilizzarlo. Per questa via l'interessato, che abbia esercitato vittoriosamente l'azione in questione, ove, successivamente, dovesse verificarsi l'illecito, avrà già la possibilità di esercitare l'azione esecutiva, senza dover perdere altro tempo, appunto perché l'ordinamento gli ha permesso di precostituirsi il titolo esecutivo.

Ovviamente siamo di fronte ad un rimedio particolarmente "forte", per cui esso tendenzialmente è utilizzabile solo nelle ipotesi previste dalla legge, quindi nei casi in cui il legislatore ha scelto, per ragioni sociali, di rafforzare la tutela di particolari situazioni giuridiche soggettive [56].

Si faccia l'esempio, tratto dall'art. 657 c.p.c., dell'intimazione di licenza per finita locazione, prima della scadenza del contratto, con contestuale citazione per la convalida. Questo atto ha una duplice valenza: una sostanziale, consistente nell'evitare la tacita riconduzione del contratto di locazione (argomenta dall'art. 1596, 2° comma, c.c.), ed una processuale, mirante ad ottenere un provve-

---

[56] Peraltro, un ampliamento dell'uso dello strumento in parola, magari filtrato solo dalla sussistenza di un lato interesse ad agire, rischierebbe di essere fortemente antieconomico. Invero, la fissazione di un credito prima del perfezionarsi della sua integrale fattispecie comporterebbe frequentemente la celebrazione di successivi processi dichiarativi per la verifica in concreto di quelle condizioni in ipotesi fissate nella sentenza in futuro.

dimento di condanna in futuro (lo sfratto), ossia un ordine esecutivo di restituzione del bene ove, alla scadenza del contratto, tale restituzione non dovesse avvenire spontaneamente ad opera del conduttore. In tale caso, come è evidente, la legge consente al locatore di ottenere un provvedimento condannatorio ancor prima che scada il contratto di locazione e, quindi, ancor prima che il conduttore possa aver compiuto un illecito: egli può precostituirsi un titolo esecutivo da utilizzare, eventualmente, se, poi, vi sarà concretamente questo paventato illecito.

Peraltro, vi sono ipotesi in cui è ritenuta ammissibile la condanna in futuro anche se essa non è prevista esplicitamente dalla legge. Mi riferisco alla tutela dei rapporti obbligatori di durata che hanno come contenuto prestazioni periodiche, come ad esempio accade nei crediti alimentari. Anche ai titolari di crediti di questo genere si deve riconoscere la utilizzabilità dell'azione di condanna in futuro quantomeno per applicazione analogica dell'art. 664 c.p.c., nella parte in cui si prevede che, disposto lo sfratto per morosità, il giudice pronuncia separato decreto «per l'ammontare dei canoni scaduti e da scadere fino all'esecuzione dello sfratto».

5. *La tutela costitutiva*

Vi sono delle situazioni in cui l'ordinamento riconosce e tutela l'interesse di un soggetto ad ottenere una certa modificazione giuridica sostanziale e immagina l'eventualità che detta modificazione sia chiesta al giudice e da questi prodotta con la pronuncia della sentenza. Allora si può parlare di tutela costitutiva, con la quale si vuol fare riferimento a sentenze che hanno come contenuto, appunto, *modificazioni della realtà giuridica*. Questa è una forma di tutela *autosufficiente*, perché, se l'interesse dell'attore stava solo nel produrre una modificazione giuridica, quell'interesse è del tutto soddisfatto con la semplice pronuncia della sentenza che accoglie la domanda, senza che vi sia bisogno di altra attività.

Il problema dell'interprete a fronte della tutela costitutiva sta nel comprendere il rapporto tra l'accertamento, contenuto imprescindibile di ogni tipo di sentenza, e la modificazione giuridica. Invero, vi sono altri atti che mirano a produrre modificazioni giuridiche[57], ma solo la sentenza contiene l'accertamento in ogni caso, ossia svolge pur sempre, innanzitutto, una funzione dichiarativa, anche quando, poi, non limitandosi a questa, essa assume anche la funzione di cambiare la realtà giuridica preesistente.

---

[57] Si pensi, tipicamente, al negozio giuridico.

Il punto centrale è che anche in questi casi il giudice non persegue, con la pronuncia della sentenza, un proprio fine, ma semplicemente concretizza l'ordinamento, o, per meglio dire, parte dalla dichiarazione di una concretizzazione che (si presume come già) accaduta prima del processo. Si deve presupporre l'esistenza di una legge, in cui una certa modificazione è collegata all'insorgere di determinati presupposti, i quali, a loro volta, si sono già verificati, a prescindere da ogni attività giurisdizionale, a favore di un soggetto. Ma, se l'ordinamento non costruisce anche un diritto adeguato, esercitando il quale tale soggetto possa giungere da sé alla detta modificazione, sorge lo spazio e il bisogno della tutela costitutiva.

La tutela costitutiva può essere necessaria o eventuale.

Essa è *necessaria* quando il legislatore impone in ogni caso, anche a prescindere da accordi di parte, che l'effetto di modificazione sia prodotto da una sentenza, perché, sussistendo ragioni di interesse pubblico, si vuole sempre il previo accertamento del giudice sull'esistenza dei presupposti a cui la legge collega quell'effetto. Si pensi, per far un solo esempio, allo scioglimento del matrimonio [58].

La tutela costitutiva è *eventuale* quando, invece, la modificazione potrebbe prodursi anche senza un processo.

In queste ipotesi manca sempre la costruzione di un'idonea situazione sostanziale in capo a colui che, verificatisi i presupposti di legge, ha un meritevole interesse alla modificazione. Tuttavia, questa si può produrre senza ricorrere al giudice se le parti riescono a cooperare tra loro, quindi pervengono ad un negozio produttivo della detta modificazione. Si pensi alle ipotesi di annullabilità del contratto per vizi della volontà o ai casi che fondano la possibilità di risolvere i contratti a prestazioni corrispettive. Qui l'interessato all'annullamento o alla risoluzione non ha certo il potere di eliminare il contratto unilateralmente. Ma tale obiettivo è raggiungibile se le parti, in un clima di cooperazione, perfezionano un negozio risolutivo. Se non si giunge ad una risoluzione convenzionale, allora l'unica strada percorribile sarà quella del processo, ossia l'interessato proporrà una domanda nella quale egli affermerà il verificarsi del presupposto, previsto da una norma di legge, dell'annullabilità del contratto o della sua risoluzione e, quindi, chiederà la produzione della corrispondente modificazione giuridica.

---

[58] Ma se vi è stata separazione al divorzio si può ormai giungere anche seguendo il percorso della negoziazione assistita dagli avvocati: così l'art. 6 del D.L. n. 132/2014, convertito in legge n. 162/2014. Peraltro alla fine di questo percorso è comunque previsto un controllo da parte del procuratore della Repubblica, che è più o meno pregnante a seconda che vi siano o non vi siano figli minori ovvero figli maggiorenni portatori di handicap o incapaci o economicamente non autosufficienti.

Insomma, anche in questo ambito la sentenza mantiene intatta la sua funzione dichiarativa, prima di rispondere al particolare bisogno di tutela, che qui non porta ad un mero accertamento, né ad una condanna, ma alla produzione di una modificazione della realtà sostanziale. Nella sentenza costitutiva il giudice produce il nuovo effetto solo dopo che ne ha accertato la necessità giuridica, compiendo una normale operazione di sussunzione giuridica, che consiste nell'identificare una determinata fattispecie concreta con una fattispecie astratta prevista in una norma giuridica o, se si vuole, ponendosi da un altro punto di vista, nell'applicare la legge ai fatti affermati e provati in giudizio.

Peraltro, l'ordinamento può scegliere anche un diverso modo per giungere al medesimo obiettivo, riconoscendo all'interessato alla modificazione giuridica un vero e proprio diritto soggettivo, ossia un *diritto potestativo*, dal cui esercizio scaturirà l'effetto sostanziale, senza bisogno di intraprendere la via del giudizio. In tal caso siamo in presenza di una situazione ancora diversa, perché qui il legislatore non pretende che, prima della modificazione giuridica, un giudice accerti il verificarsi dei suoi presupposti normativamente previsti, ma concede all'interessato un potere unilaterale, un diritto al cui esercizio il controinteressato sarà semplicemente soggetto. Allora un'attività giurisdizionale è concepibile in una fase successiva all'intervenuta modificazione giuridica ed essa non sarà stimolata dall'interessato alla modificazione, che ha già realizzato il suo interesse [59], bensì da colui che è stato a questo soggetto, il quale potrà agire per far accertare la violazione di qualche previsione di legge, per negare che sussistessero i presupposti dell'esercitato potere o per contestarne le modalità di esercizio.

Si pensi al disposto dell'art. 1456 c.c.: «I contraenti possono convenire espressamente che il contratto si risolva nel caso che una determinata obbligazione non sia adempiuta secondo le modalità stabilite. / In questo caso, la risoluzione si verifica di diritto quando la parte interessata dichiara all'altra che intende valersi della clausola risolutiva». La differenza tra le diverse situazioni che l'ordinamento costruisce pur in riferimento alla stessa ipotesi di fondo è evidente. Se, in riferimento ad un contratto a prestazioni corrispettive, uno dei contraenti non adempie alle sue obbligazioni, l'altro ha sempre "diritto" alla risoluzione del contratto (art. 1453 c.c.) [60], ove l'inadempimento non abbia scarsa importanza (art. 1455 c.c.). Ma questo "diritto" può atteggiarsi in modi diversi.

Se le parti hanno inserito nel contratto la clausola risolutiva espressa, di cui al citato art. 1456 c.c., allora l'interessato è titolare di un potere di modificazione unilaterale, direi di un *vero* diritto soggettivo sostanziale, che, come tutti i

[59] Salvo ciò che preciseremo tra breve alla nota 61.

[60] Restando ovviamente ferma la possibilità di insistere per l'adempimento, come prevede lo stesso art. 1453 c.c.

diritti soggettivi, può trovare la sua realizzazione a prescindere da un processo, la cui instaurazione sarà al più stimolata da colui che ha subito la già prodotta modificazione, al fine di farne verificare i presupposti[61].

Se, invece, le parti non hanno previsto questa clausola, allora l'interessato ha un "diritto" alla risoluzione che si risolve solo, in mancanza di cooperazione dell'altro, nella possibilità di agire in giudizio per ottenere, in ipotesi, una sentenza che, accertati i presupposti di legge, produrrà la risoluzione del contratto, una sentenza, quindi, costitutiva[62].

Si pensi ancora all'importante caso del licenziamento del prestatore di lavoro subordinato. Nel nostro sistema il licenziamento è ammissibile solo se sussiste una giusta causa o un giustificato motivo oggettivo. Se si verifica uno di questi presupposti, il datore di lavoro, che voglia risolvere il rapporto, non deve rivolgersi ad un giudice per realizzare il suo interesse, perché l'ordinamento gli attribuisce un potere di modificazione unilaterale: il potere di licenziare. Anche qui la legge collega la modificazione a certi presupposti, ma non si ritiene necessaria una previa verifica, ad opera del giudice, del loro verificarsi: il datore eserciterà il potere di licenziare assumendosi la responsabilità della loro esistenza e con ciò egli produrrà unilateralmente la risoluzione del rapporto e un controllo giudiziario si avrà solo, eventualmente, in seguito, ove il lavoratore licenziato vorrà impugnare il già avvenuto licenziamento.

Vi sono, poi, delle particolari forme di tutela costitutiva: il caso della c.d. *esecuzione specifica dell'obbligo di concludere un contratto*, di cui all'art. 2932 c.c., e le ipotesi delle c.d. *sentenze determinative*.

L'art. 2932 c.c. presuppone la stipulazione di un contratto preliminare senza che vi sia stato, poi, il perfezionamento del contratto definitivo e fornisce al contraente interessato un mezzo per giungere al risultato pur in mancanza della cooperazione dell'altro contraente. In esso si legge: «Se colui che è obbligato a concludere un contratto non adempie l'obbligazione, l'altra parte, qualora sia possibile e non sia escluso dal titolo, può ottenere una sentenza che produca gli

---

[61] Ciò non toglie che spesso è la stessa parte che si sia avvalsa della clausola risolutiva ad agire in giudizio per chiedere, in conseguenza dell'accertamento della già verificatasi risoluzione, un risarcimento dei danni. In tal caso la sentenza (di accoglimento) risponderà a due esigenze di tutela: di mero accertamento (l'avvenuta risoluzione) e di condanna (l'ordine di pagare una somma di denaro).

[62] Si tenga presente che la differenza descritta nel testo non attiene solo ad aspetti che possono sembrare meramente esteriori. Negli usi del traffico giuridico i contraenti scelgono spesso la tecnica dell'art. 1456 c.c. essenzialmente per stabilire con certezza e in anticipo quali saranno gli inadempimenti di non scarsa importanza sulla base dei quali il contratto sarà risolto. Ma anche in questa eventualità non è affatto escluso che nel caso concreto sorga una controversia interpretativa sul senso e il limite di una clausola risolutiva espressa.

effetti del contratto non concluso». Interpretando estensivamente la norma, si può dire che qui l'ordinamento appronta una forma di tutela utilizzabile in tutte le ipotesi in cui un soggetto violi l'obbligo di rendere, a fronte di un altro, una dichiarazione di volontà a contenuto predeterminato, a prescindere dalla fonte di tale obbligo, sia essa un contratto preliminare, una norma di legge o un altro fatto giuridico.

Questa è una forma di tutela che si pone a metà strada tra la tutela di condanna e la tutela costitutiva, perché in essa troviamo il presupposto di quella, ma la struttura di questa.

Il presupposto dell'azione di condanna è l'inadempimento, quindi la mancata attuazione fisiologica di un rapporto obbligatorio. Il titolare del diritto agisce in funzione di repressione dell'illecito, nel senso che egli, affermata l'esistenza del diritto ad una certa prestazione e il verificatosi inadempimento, chiede, oltre all'accertamento della realtà giuridica, un ordine di prestazione corrispondente. E sappiamo che, con ciò, nell'ipotesi di accoglimento della domanda, l'attore non ottiene una tutela autosufficiente, dovendo la realizzazione del suo interesse ancora dipendere da un comportamento cooperativo del convenuto-obbligato, che si adegui alla subita condanna.

Nell'azione di cui all'art. 2932 c.c. sicuramente si mette in gioco un rapporto obbligatorio insoddisfatto, anche se la prestazione aveva un contenuto particolare, trattandosi di un *facere* giuridico, ossia dell'obbligo di rendere una dichiarazione di volontà. Per cui l'attore che agisce afferma ciò che tipicamente si afferma nelle azioni di condanna: l'inadempimento di un rapporto obbligatorio. Tuttavia, qui il tipo di provvedimento che si chiede non è un provvedimento di condanna, bensì una sentenza costitutiva. Il giudice, se accoglie la domanda, non condanna il convenuto a rendere la dichiarazione dovuta, ma pronuncia una sentenza che produce gli effetti del contratto non concluso, quindi realizza quella modificazione giuridica a cui l'attore aveva interesse, con ciò fornendogli una tutela del tutto autosufficiente. Si spiega anche il motivo per cui la rubrica dell'art. 2932 c.c. parla di «esecuzione specifica dell'obbligo di concludere un contratto», perché l'ipotizzata sentenza di accoglimento della domanda in questione, accertato l'obbligo di rendere una dichiarazione di volontà a contenuto predeterminato e il suo inadempimento, lungi dal contenere un ordine di prestazione, contiene un momento esecutivo, in quanto sostituisce quella attività che l'obbligato avrebbe dovuto porre in essere, e con ciò produce l'effetto di modificazione giuridica in funzione del quale era nato il rapporto obbligatorio.

Veniamo ora alle sentenze determinative.

Se, normalmente, le sentenze costitutive producono una modificazione giuridica semplicemente in virtù dell'accertamento dei suoi presupposti, previsti in una norma di legge, le sentenze determinative producono una modificazione della realtà giuridica in virtù di un'attività che non si risolve solo in quell'accertamento, ma che presenta strutturalmente un *quid pluris*. Il giudice anche in queste ipotesi applica delle regole (che si assumono come) preesistenti, ma la sua attività ha dei margini di creatività, in altri termini egli svolge un'attività che strutturalmente ha caratteristiche negoziali, ossia un'attività che altrimenti avrebbero potuto compiere le parti per mezzo di un negozio giuridico. È questo elemento ulteriore che fa di esse una *species* nel più ampio *genus* delle sentenze costitutive.

Si prenda ad esempio il possibile intervento del giudice in collegamento ad un caso di arbitraggio di cui all'art. 1349 c.c. Abbiamo già visto, parlando dell'arbitrato libero, che l'arbitraggio è un fenomeno di cooperazione tra le parti di un contratto ed un terzo in funzione della formazione di un regolamento negoziale. Così, per fare l'ipotesi più antica, è possibile che i contraenti nell'ambito di un contratto di compravendita si accordino su tutto, tranne che sulla determinazione del prezzo, per cui a tal fine essi si assoggettano al responso di un terzo. Alla luce dell'art. 1349, però, vi sono due forme di arbitrio: le parti possono affidarsi al mero arbitrio del terzo o all'*arbitrium boni viri*. Nel primo caso il responso del terzo è essenziale ed insostituibile, vale a dire, per un verso, l'eventuale sua mancanza rende nullo il contratto e, per altro verso, ove il terzo arrivi alla richiesta determinazione, le parti non possono impugnarla, se non per mala fede. Nel secondo caso, invece, le parti si sono sì affidate ad un terzo, ma non, per così dire, lasciandogli totale libertà, bensì imponendogli il rispetto di regole, giuridiche o non giuridiche. In questa ipotesi la parte interessata potrà chiedere l'intervento del giudice sia nel caso che il terzo non renda il richiesto responso sia nel caso che questi renda un responso (asseritamente) manifestamente erroneo o iniquo. Insomma, la differenza tra le due forme di arbitrio finisce per risolversi nel fatto che nel primo caso le parti scelgono di mantenere il vincolo negoziale solo in virtù del responso del terzo, mentre nel secondo caso i contraenti vogliono comunque salvare il contratto e l'elemento mancante sarà integrato dal terzo o, se l'opera di questo addirittura manca o è svolta al di fuori delle regole imposte, al più dal giudice. Ecco allora che ci troviamo di fronte ad un'attività del giudice che ha elementi di negozialità, anche se egli è ancorato al rispetto di regole preesistenti. Qui la modificazione giuridica operata dal giudice non deriva semplicemente dall'accertamento che si è verificato il suo presupposto di legge, ma si compie in virtù di un'attività che va oltre fino ad approdare ad un piano di creatività: il giudice, come ben diceva Enrico Redenti, si fa arbitratore ed allora la sua opera si svolge veramente al limite della funzione giurisdizionale per sconfinare sul piano dell'attività negoziale.

Troviamo le stesse caratteristiche nell'ambito di altre ipotesi.

Si pensi all'intervento del giudice per la costituzione di una servitù coattiva. L'art. 1032 c.c. dispone che, se il proprietario di un fondo ha diritto, in forza di legge, alla costituzione di una servitù da parte del proprietario di altro fondo [63], questa, in mancanza di contratto, è costituita con sentenza. Ad una prima impressione tale caso potrebbe sembrare una classica ipotesi di tutela costitutiva, perché, in fondo, qui il giudice accerta l'esistenza dei presupposti di legge del diritto alla modificazione giuridica e quindi la dispone. Ma, invero, basta leggere il 2° comma dell'art. 1032 c.c., in cui si dice che la sentenza stabilisce le modalità della servitù, per capire che ancora una volta il giudice va oltre un'operazione di sussunzione giuridica, compiendo un'attività che appunto possiamo definire determinativa.

Ed ancora si pensi alla c.d. offerta di riduzione ad equità di cui agli artt. 1450 e 1467, 3° comma, c.c. Un contratto a prestazioni corrispettive si fonda su un equilibrio tra le prestazioni incrociate, che deve sussistere all'origine e deve continuare ad esistere anche successivamente. Se lo squilibrio è originario, la legge offre all'interessato la possibilità di esercitare l'azione di rescissione (art. 1448 c.c.); se, invece, lo squilibrio è sopravvenuto, l'azione disponibile è quella di risoluzione per eccessiva onerosità sopravvenuta (art. 1467 c.c.). Ora, posto che in entrambi i casi la parte contro la quale è esercitata l'azione può evitare l'estinzione del rapporto contrattuale offrendo di eliminare lo squilibrio, ove le parti non trovino l'accordo sulla ridefinizione dell'equilibrio, starà al giudice dettare la soluzione, ancora ponendo in essere un'attività che è strutturalmente negoziale.

Per finire il discorso sulla tutela costitutiva si tenga presente che il principio di tipicità, ricavabile dall'art. 2908 c.c. [64], per cui sembrerebbe che il giudice possa produrre una modificazione giuridica solo nei casi previsti dalla legge, vale in verità solo per le sentenze determinative. Un principio, ormai generalmente condiviso, è che il processo possa e debba fornire all'interessato tutto ciò che il diritto sostanziale gli garantisce, perché l'attività giurisdizionale non è altro che concretizzazione delle norme giuridiche, generali ed astratte (che si assumono come) preesistenti. Per cui, se una norma di legge garantisce ad un soggetto il "diritto" ad una certa modificazione giuridica per il caso che si verifichino determinati presupposti, il giudice che interviene nella vicenda non fa altro che accertare quei presupposti e, quindi, trarre la dovuta conseguenza giuridica. Ciò deve essere ed è possibile tutte le volte che una norma di legge attribuisce il "diritto" ad una modificazione giuridica e il giudice qui, per attuare il

[63] Ad esempio, ai sensi dell'art. 1051 c.c., il «proprietario, il cui fondo è circondato da fondi altrui, e che non ha uscita sulla via pubblica né può procurarsela senza eccessivo dispendio o disagio, ha diritto di ottenere il passaggio sul fondo vicino».

[64] La norma recita: «Nei casi previsti dalla legge, l'autorità giudiziaria può costituire, modificare o estinguere rapporti giuridici, con effetto tra le parti, i loro eredi o aventi causa».

diritto, non fa altro che la classica operazione giurisdizionale, ossia la sussunzione giuridica. Altro è produrre una modificazione giuridica in virtù di un'attività strutturalmente e funzionalmente[65] negoziale, nella quale si va ben oltre la detta operazione sussuntiva, quindi altro è il campo delle sentenze determinative. Per queste vale il principio di tipicità, quindi esse sono concepibili solo se la legge prevede la relativa azione.

6. *"Rito" e "merito" nel processo dichiarativo*

Nel prosieguo del corso noi studieremo, non tanto la struttura dell'attività che si svolge nel processo dichiarativo, quanto piuttosto le questioni che si agitano in esso. Queste sono distinguibili in due grandi aree: quelle che attengono al "merito", ossia al diritto fatto valere e al tipo di tutela per esso richiesta, e quelle che attengono al "rito", ossia al processo stesso.

Tratteremo delle questioni di merito, quindi dell'oggetto del processo e del giudicato in una fase successiva.

Tratteremo, invece, nel prossimo capitolo delle questioni di rito, dando ad esse una preferenza cronologica perché, in fondo, il giudice, prima di interrogarsi sulla fondatezza o meno della domanda, quindi sul modo di essere del diritto soggettivo fatto valere, deve interrogarsi sul suo stesso potere, sul suo radicamento in concreto e sulle modalità del suo esercizio. Insomma, prima di porci il problema dell'applicazione delle norme sostanziali, che presiedono alla decisione sul diritto fatto valere, dobbiamo studiare l'applicazione delle regole processuali, quindi delle regole che hanno ad oggetto il processo in sé, il radicamento in concreto del potere-dovere del giudice di giudicare e le modalità secondo le quali questo potere deve essere esercitato.

Peraltro, prima di proseguire, è utile fare una precisazione.

È vero che quando parliamo di "rito", con ciò riferendoci all'insieme delle questioni attinenti alla macchina del processo, rinviamo sempre allo studio di questioni, e quindi di norme, processuali, ma non è anche vero che tutte le immaginabili questioni processuali rientrino sempre nell'ambito del c.d. "rito" di un processo. Il punto è che, se, normalmente, un processo civile ha ad oggetto un diritto sostanziale, a volte, in ipotesi previste dalla legge, il processo civile ha ad oggetto questioni processuali.

---

[65] La categoria non è data dalla creatività del giudice, che può parimenti aversi nell'applicazione di diversi concetti giuridici indeterminati. Qui, in realtà, accade di più: la funzione del giudice sta nel partecipare alla costruzione di una norma negoziale.

Si pensi all'opposizione agli atti esecutivi di cui all'art. 617 c.p.c. In questo caso si instaura un processo dichiarativo nel quale non si fa valere un diritto soggettivo di natura sostanziale, ma si chiede l'accertamento di questioni processuali, attinenti alla regolarità o opportunità di atti del processo esecutivo [66].

Si pensi ancora all'impugnazione per nullità del lodo arbitrale (rituale) di cui all'art. 828 c.p.c.

Qui non si mette in discussione, almeno come oggetto essenziale, il rapporto sostanziale sul quale hanno deciso gli arbitri, bensì si contesta la conformità del lodo e del processo della sua formazione a regole del gioco, al cui rispetto l'ordinamento tiene anche nello svolgimento di quella autonoma giurisdizione dei privati, qual è l'arbitrato.

Infine si pensi al giudizio, instaurato ai sensi dell'art. 67 della legge n. 218/1995, sull'accertamento dei requisiti di riconoscibilità delle sentenze straniere. Su tale giudizio torneremo ampiamente [67], ma fin da ora si può rilevare come esso abbia ad oggetto una questione processuale, quella, appunto, della riconoscibilità, e non il rapporto sostanziale sul quale ha già deciso la sentenza straniera.

Ebbene, in processi di questo genere, ad *oggetto c.d. processuale*, vengono sempre in gioco solo questioni processuali, Ma anche in essi è netta la distinzione tra "rito" e "merito", ossia la distinzione tra le questioni che attengono alla ritualità del processo e quelle, pur sempre processuali, che attengono, però, all'oggetto del processo, ciò su cui, essendo oggetto della domanda dell'attore, il giudice è chiamato a rispondere e a dare, o negare, la richiesta tutela.

---

[66] Anche nelle controversie distributive, che possono sorgere nell'ambito dell'esecuzione per espropriazione ai sensi dell'art. 512 c.p.c., è in gioco una situazione giuridica processuale: il diritto al concorso.

[67] Vedi il paragrafo 9 nel quinto capitolo.

CAPITOLO QUARTO

PROFILI DI RITO DEL PROCESSO DICHIARATIVO

1. *Introduzione*

Le questioni processuali che possono emergere nel corso del processo dichiarativo sono riconducibili a quattro gruppi di ipotesi:

a) le questioni relative alla ritualità del processo nel suo complesso, ossia quelle attinenti ai c.d. presupposti processuali;

b) le questioni relative alla ritualità dei singoli atti, quindi quelle che implicano l'applicazione delle regole che presiedono alla formazione degli atti, dalla cui violazione conseguono le c.d. nullità formali;

c) le questioni relative alla ritualità dei mezzi di impugnazione, ossia quelle attinenti alla loro ammissibilità e procedibilità;

d) le questioni che attengono a momenti di crisi temporanea o di chiusura sanzionatoria del processo, ossia quelle che implicano l'applicazione delle norme sulla sospensione, l'interruzione e l'estinzione del processo.

Per il momento non ci occuperemo degli istituti dell'ammissibilità e procedibilità, perché di essi parleremo quando si tratterà in generale dei mezzi di impugnazione.

Nel presente capitolo studieremo, invece, le altre questioni, cominciando da quelle, certamente più rilevanti, che riguardano i presupposti processuali.

2. *Discorso generale sui presupposti processuali*

La categoria dei presupposti processuali ha trovato la sua prima razionalizzazione scientifica nell'opera di Oskar Bülow, il quale, a metà del XIX secolo, li individuò come gli elementi costitutivi del rapporto giuridico processuale, da tenere distinti rispetto agli elementi costitutivi del rapporto giuridico sostanziale, oggetto del giudizio.

Questo grande Maestro ebbe un indiscutibile merito, perché con la sua indagine iniziò il processo di distinzione, e, quindi, di autonomia, del diritto processuale rispetto al diritto sostanziale. Però, il suo modo di intendere la categoria in parola è oggi superato perché, per un verso, è superata l'idea che l'attività processuale sia riportabile all'attuazione di un rapporto giuridico, il rapporto giuridico processuale, ritenendosi ormai pacificamente che l'attività giurisdizionale si spieghi attraverso la categoria del "processo", quale procedimento caratterizzato dalla vigenza al suo interno di alcuni principi fondamentali [1], e, per altro verso, è indubitabile che il processo esista già nella misura in cui è proposta la domanda, a prescindere da altre condizioni.

Nel pensiero e nel sistema normativo attuali i presupposti processuali sono, più modestamente, *condizioni*, positive e negative, *di decidibilità della domanda*, ossia condizioni che devono esistere, in positivo, o non devono esistere, in negativo, affinché il giudice possa e debba decidere nel merito della domanda proposta. Il processo esiste nel momento in cui esso è instaurato con la proposizione della domanda, ma il giudice non risponderà a tale domanda se emerge un vizio attinente ad un presupposto processuale. In questo caso egli, salva un'eventuale sanatoria, ove giuridicamente possibile, si limiterà a chiudere il processo con un provvedimento di rito, nel quale dirà appunto che non può decidere in merito a causa del rilevato vizio.

Da questo punto di vista, emerge, innanzitutto, un altro aspetto del diritto di azione, che ci consente, in un certo senso, di relativizzare quanto è emerso dallo studio dell'art. 24, 1° comma, Cost. [2]. La norma costituzionale implica il dovere dello Stato di approntare l'apparato della tutela giurisdizionale e, quindi, garantisce il diritto di tutti ad agire in giudizio per la tutela delle proprie situazioni giuridiche soggettive. Ma, nella vicenda processuale concretamente avviata bisogna operare una distinzione nell'ambito del diritto di azione, come pretesa ad un'attività giurisdizionale, perché, se ad ognuno deve essere data la possibilità di agire, poi, una volta che un soggetto abbia esercitato l'azione, il dovere del

---

[1] Vedi *retro* il paragrafo 3 del capitolo primo.

[2] Vedi *retro* il paragrafo 1 del secondo capitolo.

giudice è innanzitutto quello di dare una risposta, non quello di fornire certamente una risposta nel merito. L'attore che domanda tutela per un suo (presunto) diritto sostanziale non può rimanere senza una risposta: ma questa sarà una risposta nel merito solo se sussistono i presupposti processuali[3].

In sintesi:

– ogni persona può (deve poter) agire in giudizio contro un'altra affermandosi titolare di un diritto sostanziale;

– colui che ha agito ha diritto alla pronuncia di una sentenza di merito se vi sono i necessari presupposti processuali;

– infine tale sentenza di merito sarà favorevole all'attore che agisce nella misura in cui egli proverà i fatti costitutivi del diritto sostanziale per il quale ha chiesto tutela, senza che risulti la prova della sussistenza di fatti impeditivi, modificativi od estintivi del medesimo diritto.

I presupposti processuali tradizionalmente si distinguono in *positivi* o *negativi*[4].

I primi consistono in condizioni che devono esistere perché il giudice possa e debba decidere nel merito la causa. Essi sono: la giurisdizione, la competenza, la capacità delle parti, la legittimazione ad agire, la rappresentanza tecnica, l'interesse ad agire ed infine la c.d. integrità del contraddittorio[5].

I secondi consistono in condizioni che non devono esistere affinché il giudice possa e debba decidere nel merito la causa. Essi sono: la litispendenza, il patto compromissorio rituale ed il precedente giudicato[6].

A tutti quelli elencati vanno aggiunte le ipotesi nelle quali la legge, o anche la volontà delle parti, impone, quale condizione di procedibilità, la necessità di seguire un percorso negoziale prima di esercitare l'azione in giudizio[7].

Nello studio di ognuno dei citati presupposti bisognerà distinguere un profilo statico da un profilo dinamico. Ciò significa porsi sempre tre domande in successione. La prima: quand'è che possiamo dire esistente, o non esistente, la

---

[3] Ovviamente, altro è il problema del contenuto della risposta in merito: questo potrà essere favorevole o meno all'attore, ma ciò non riguarda il diritto di azione, ma solo la ripartizione del torto e della ragione.

[4] Distinzione che, oltre ad avere un valore descrittivo, tendenzialmente incide sull'onere della prova, essendo questo a carico dell'attore per le condizioni in positivo ed a carico del convenuto per le condizioni in negativo.

[5] La trattazione di quest'ultimo è rinviata al momento in cui studieremo il litisconsorzio necessario (art. 102 c.p.c.): vedi il paragrafo 7 nel sesto capitolo.

[6] Sul giudicato e quindi anche sull'eccezione di cosa giudicata rinviamo al capitolo quinto.

[7] Siamo in presenza di un altro complesso di casi in cui viene costruito un presupposto processuale attinente all'oggetto della lite: vedi poi in questo capitolo il paragrafo 11.

singola condizione? La seconda: quale soggetto nel processo è legittimato a far valere l'eventuale vizio attinente ad un presupposto processuale e fino a quando? La terza: come si decide la questione e quali sono le possibili vicende successive a tale decisione?

In altri termini, l'organizzazione dello studio implica, innanzitutto, l'analisi delle norme che disciplinano i singoli presupposti processuali, quindi l'analisi della disciplina dell'*eccezione processuale*, relativa al singolo presupposto, ed infine lo studio della decisione sulla questione e delle sue conseguenze nel processo.

Peraltro, vi sono alcuni principi generali che vanno individuati nell'ambito di questo discorso introduttivo.

Con la parola "eccezione" ci si riferisce, in generale, all'attività processuale con la quale si dà rilievo giuridico ad un fatto che già risulta, a monte, agli atti del processo. Quando si rileva un'eccezione, si pone una questione e si radica in concreto il dovere del giudice di dare ad essa una soluzione. Le eccezioni nel processo attengono sia al rito sia al merito. Tralasciando per il momento queste ultime [8], il vizio attinente ad un presupposto processuale è appunto rilevato sollevando un'eccezione, a seguito della quale il giudice dovrà risolvere la questione processuale, salvo legittimo assorbimento, per il caso in cui, sollevate diverse eccezioni, egli possa decidere immediatamente solo sulla base di una di esse [9].

Ora, un presupposto processuale esiste o meno in base alle regole che lo disciplinano, ma il problema della sua esistenza, la questione processuale che lo riguarda, si pone concretamente solo se il soggetto legittimato lo solleva, appunto rilevando la relativa eccezione, e lo fa nei tempi che l'ordinamento impone. La legge processuale spesso offre la disciplina esplicita delle eccezioni di (presunta) carenza dei singoli presupposti processuali. Nelle ipotesi in cui, invece, nulla è previsto, bisogna applicare il principio, comunemente ritenuto vigente, per cui le eccezioni attinenti ai presupposti processuali sono *rilevabili anche d'ufficio in ogni stato e grado del processo*, se, appunto, la legge non dispone altrimenti, sempre che risultino agli atti i fatti sulla cui base si fa il rilievo.

Vedremo, poi, che le conseguenze derivanti dalla carenza dei presupposti processuali non sono sempre le stesse, perché a volte quella carenza è recuperabile, mentre altre volte essa non è recuperabile. A seconda delle scelte del le-

---

[8] Per le quali si rinvia al paragrafo 1 nel quinto capitolo.

[9] L'assorbimento opera seguendo un ordine logico, se questo sussiste: ad esempio si assorbe la questione di competenza se è negata la giurisdizione del giudice adito. Altrimenti opera semplicemente il principio della ragione più liquida, cioè la causa è decisa sulla base della questione di più pronta soluzione.

gislatore o del tipo di vizio [10], vi sono vizi che, se rilevati e riscontrati come esistenti, portano inevitabilmente alla chiusura in rito del processo, mentre ve ne sono altri che possono essere sanati, potendo in tal caso aversi la continuazione del processo fino alla decisione nel merito.

Infine, studieremo il modo in cui viene decisa la questione processuale, quindi, in buona sostanza, la *sentenza di rito* [11], che si contrappone alla *sentenza di merito*. Anche su questa è bene accennare già in questa sede ad alcuni principi generali.

Innanzitutto, si tenga presente che, salve specificazioni successive, da farsi nell'ambito dei singoli presupposti processuali, nel nostro sistema la sentenza di rito non ha, tendenzialmente, un'efficacia esterna al processo nell'ambito del quale essa è pronunciata. Solo i provvedimenti della Corte di cassazione in materia di giurisdizione e competenza (argomenta dagli artt. 310, 2° comma, e 382, 1° e 2° comma) hanno rilevanza esterna, mentre qualsiasi altra sentenza di rito, pronunciata dalla Corte di cassazione o dal giudice di merito, non vincola un altro giudice che, eventualmente, in un secondo processo sullo stesso oggetto e tra le stesse parti, dovesse occuparsi della stessa questione processuale già decisa nel primo processo.

In secondo luogo, la decisione della questione attinente ad un presupposto processuale può avvenire con sentenza di rito *non definitiva* o con sentenza di rito *definitiva*. Emerge qui il meccanismo, di economia processuale, di cui agli artt. 187, 3° comma, e 279, 2° comma, n. 4, c.p.c.

Ogni questione attinente alla carenza di un presupposto processuale è potenzialmente idonea a definire il giudizio, ma essa lo diventa concretamente solo se il giudice ritiene fondata la relativa eccezione, ossia ritiene che sussista la carenza del presupposto processuale. Di fronte ad un'eccezione di questo tipo, allora, l'organo dell'istruzione può decidere di rimettere in decisione la causa appunto quando a suo parere essa è fondata. Egli non decide la questione, facendosi solo un'opinione su di essa, ma è un'opinione tale che lo induce a rimettere alla fase della decisione, perché ritiene che in tale fase si pronuncerà una sentenza di rigetto in rito. Invero, ed è qui che si comprende il perché ci si trovi di fronte ad un meccanismo di economia processuale, sarebbe inutile istruire tutte le altre questioni se poi, almeno a parere dell'organo dell'istruzione, la domanda dovrà comunque essere rigettata in rito per carenza di un presupposto processuale. Insomma, il disposto dell'art. 187, 3° comma, c.p.c. consente di evita-

---

[10] Invero, come meglio si dirà, vi sono vizi ontologicamente insanabili, rispetto ai quali poco può fare il legislatore.

[11] Peraltro, come vedremo, a volte la legge dispone che la questione processuale sia decisa con ordinanza e non con sentenza.

re molto lavoro inutile, perché non ha senso che il giudice debba impegnarsi ad accertare qual è l'assetto della realtà sostanziale nel caso in cui egli stesso ritiene che non vi sarà alcuna possibilità di pronunciarsi su questo assetto, dovendosi negare, in previsione, all'attore una risposta in merito alla sua domanda.

Tuttavia, rimessa la causa in decisione, possono aversi due sviluppi diversi.

L'organo della decisione può confermare quanto già delibato dall'organo dell'istruzione, ossia ritenere effettivamente fondata la sollevata eccezione processuale impediente e, quindi, pronunciare una sentenza definitiva di rito, con la quale rigetta, appunto in rito, la domanda. Il giudice definisce il grado di giudizio non entrando nel merito della domanda, nulla dicendo sul diritto sostanziale fatto valere dall'attore, ma limitandosi ad accertare la carenza di un presupposto processuale. In questo caso si sarà realizzata l'economia processuale, perché il giudizio è giunto alla sua conclusione essendosi svolto il minor lavoro possibile.

Ma, può anche accadere che l'organo della decisione non confermi quanto delibato dall'organo dell'istruzione e, quindi, respinga la sollevata eccezione, insomma ritenga che sussista il presupposto processuale, erroneamente ritenuto mancante dall'organo dell'istruzione. In tal caso sarà pronunciata ugualmente una sentenza, ma questa non sarà, né potrebbe esserlo, definitiva, perché non può definire il grado di giudizio un provvedimento nel quale semplicemente si accerta la sussistenza di un presupposto processuale, dovendosi, a questo punto, decidere la causa nel merito. Peraltro, non avendosi in tal caso gli elementi per giungere ad una decisione di merito, proprio perché, in funzione di economia processuale, si era istruita solo la questione attinente al presupposto processuale, evidentemente il giudice, in sede di decisione, dovrà disporre la rimessione alla fase istruttoria: egli, allora, pronuncerà una *sentenza non definitiva* con la quale respinge l'eccezione processuale impediente e un'ordinanza con la quale dispone, per il resto, la rimessione in istruttoria. In questa ipotesi l'obiettivo di attuare l'economia processuale è fallito ed, anzi, il meccanismo che avrebbe dovuto garantirla ha prodotto diseconomia ed, inoltre, ha condotto alla pronuncia di una sentenza, la sentenza parziale su questione, che non appartiene alla fisiologia del processo, ma ne rappresenta, in fondo, un momento patologico, perché essa è il frutto di una discrasia tra l'organo dell'istruzione e l'organo della decisione.

Infine è immaginabile una terza situazione. È possibile che l'organo della istruzione ritenga infondata la sollevata eccezione processuale e, quindi, considerando che il giudizio debba giungere ad una risposta nel merito alla proposta domanda, egli istruisca tutte le questioni, per, poi, alla fine di una completa istruttoria, rimettere in decisione la causa. Però, può accadere che, giunti alla decisione, l'organo di questa ritenga fondata quella eccezione processuale che, invece, era in precedenza stata delibata come infondata, e, quindi, pronunci una sentenza di rigetto in rito per carenza di un presupposto processuale. Anche qui, in fondo, ci troviamo di fronte ad una vicenda che, alla fine del gioco, si può dire essere stata gestita in modo diseconomico, perché nel processo sono state svolte tante attività (soprattutto istruttorie) poi risultate inutili, in quanto la causa è stata definita solo in base a quell'unica e preliminare eccezione processuale impediente, che, se fosse stata delibata correttamente, avrebbe portato alla definizione della causa in tempi assai più rapidi.

3. *Giurisdizione*

La prima domanda da porre è: quand'è che il giudice ordinario è fornito di giurisdizione?

La risposta dipende dall'analisi di tre ordini di limiti tracciati rispetto alla giurisdizione del giudice ordinario [12]:

a) nei confronti della pubblica amministrazione;

b) nei confronti dei giudici speciali;

c) nei confronti del convenuto, dal punto di vista dei rapporti tra la giurisdizione italiana e quella di altri Stati.

Le norme di riferimento, per il discorso che segue, sono contenute nell'art. 37 c.p.c. e negli artt. 3 e ss. della legge 31 maggio 1995, n. 218.

Per quello che riguarda il primo limite, siamo in presenza di un problema, più che di riparto di giurisdizione, di separazione di poteri tra l'amministrazione e la giurisdizione. Il caso è quello, francamente difficile da realizzarsi in concreto, di un soggetto che chiede al giudice la pronuncia di un provvedimento sostanzialmente amministrativo, un provvedimento che, quindi, si sarebbe dovuto richiedere ad una determinata autorità amministrativa. Oppure si faccia anche l'ipotesi in cui chi agisce pretenderebbe di tutelare un interesse generale, ad esempio chiedendo al giudice la condanna di un Comune a gestire meglio le strade.

Ben più rilevante, praticamente, è il secondo limite, che induce ad interrogarsi sui rapporti tra la giurisdizione del giudice ordinario e quella dei giudici speciali. Peraltro, non è questo il luogo per approfondire un simile discorso ed a noi basta solo richiamare quanto abbiamo già detto [13] sui giudici speciali

---

[12] Leggi l'art. 1 c.p.c.: «La giurisdizione civile, salvo speciali disposizioni di legge, è esercitata dai giudici ordinari secondo le norme del presente codice».

[13] Vedi *retro* nel paragrafo 3 del secondo capitolo.

esistenti nel nostro sistema e sottolineare ancora come la questione più rilevante riguardi la distinzione tra la giurisdizione del giudice ordinario e quella del giudice amministrativo, che tendenzialmente, ancorché non esclusivamente, corre lungo la linea di confine tra il diritto soggettivo e l'interesse legittimo.

Venendo ora al terzo dei citati limiti, dobbiamo analizzare i principi essenziali, dettati dalla legge n. 218/1995 in materia di diritto internazionale privato, sui rapporti tra la nostra giurisdizione e quella di altri Stati. Ma, prima di addentrarsi nel discorso, si tengano presenti due rilievi preliminari.

Il primo: l'art. 2 della legge in questione ne sancisce il carattere residuale, ossia, essa si applica solo se, nel caso concreto, non risulta applicabile una Convenzione internazionale.

Il secondo: un problema di giurisdizione si pone solo nei confronti del convenuto citato e non anche nei confronti dell'attore, che prende l'iniziativa, perché a nessuno può essere impedito di agire di fronte ad un giudice italiano per far valere una sua (presunta) situazione giuridica sostanziale, visto che l'art. 24, 1° comma, Cost. recita: «*Tutti* possono agire in giudizio ...».

La domanda fondamentale, allora, è: quand'è che un soggetto può essere citato in giudizio in Italia, di fronte ad un giudice italiano?

Innanzitutto, si rileva che nel cercare la risposta non ha alcuna importanza interrogarsi sulla cittadinanza del convenuto. Prima dell'entrata in vigore della legge n. 218/1995 il giudice italiano aveva "naturalmente" potere giurisdizionale nei confronti dei cittadini italiani e, quindi, la legge si preoccupava di individuare i casi, particolari, nei quali era possibile citare in Italia uno straniero [14]. Poi la detta legge ha superato una simile idea e, nella stessa posizione del problema, non ci si chiede più se è possibile o meno convenire in giudizio, di fronte ad un giudice italiano, uno straniero, ma ci si interroga semplicemente sui limiti della giurisdizione italiana nei confronti di un convenuto *tout court*, a prescindere da quale sia la sua cittadinanza.

A tale proposito la legge n. 218/1995 fissa alcuni *criteri generali*.

Il primo di essi è contenuto nell'art. 3, 1° comma, che così recita: «La giurisdizione italiana sussiste quando il convenuto è domiciliato o residente in Italia o vi ha un rappresentante che sia autorizzato a stare in giudizio a norma dell'art. 77 del codice di procedura civile» [15]. Quindi un soggetto che si trovi in una di queste condizioni può essere citato di fronte ad un giudice italiano, si ripete, a prescindere da ogni altra considerazione.

---

[14] Così nell'art. 4 c.p.c., oggi abrogato.

[15] Se è convenuta una persona giuridica, sussiste la giurisdizione italiana ove essa abbia sede in Italia.

Il concetto di *residenza* e *domicilio* sono da individuare secondo la legge italiana, per cui qui sovvengono le definizioni di cui all'art. 43 c.c., nel quale è disposto che il «domicilio di una persona è nel luogo in cui essa ha stabilito la sede principale dei suoi affari e interessi» [16], mentre la residenza «è nel luogo in cui la persona ha la dimora abituale».

Peraltro, la giurisdizione italiana non può operare quando, pur trovandosi il convenuto in una delle dette condizioni, si tratti di azioni reali aventi ad oggetto beni immobili situati all'estero. Qui ci troviamo di fronte ad un'ipotesi generale di esclusione della giurisdizione italiana, prevista dall'art. 5 della stessa legge, eccezione, invero, condivisibile, perché sarebbe irragionevole che il giudice italiano si occupasse di liti riguardanti diritti reali su beni immobili situati fuori dal territorio italiano.

Se il convenuto non ha in Italia né domicilio né residenza, è tuttavia possibile citarlo di fronte ad un giudice italiano in base ad altri criteri.

La prima situazione è quella in cui il soggetto in questione abbia domicilio in uno degli Stati aderenti alla Convenzione di Bruxelles [17]. In tal caso dobbiamo applicare direttamente le norme convenzionali e non la legge n. 218/1995, perché, come abbiamo già detto, la legge interna di diritto internazionale privato vale solo in via residuale. Anche la Convenzione di Bruxelles individua, quale primo criterio di collegamento, quello del domicilio del convenuto, per cui questi può essere citato nello Stato in cui ha, appunto, il suo domicilio. Tuttavia, immaginando che il soggetto da citare in giudizio non abbia domicilio in Italia, è possibile che l'interessato possa ugualmente agire contro di lui di fronte ad un giudice italiano in base ad altri criteri, pur contenuti nel testo convenzionale. Si pensi all'art. 5, n. 1, in base al quale, in materia contrattuale, è possibile citare in giudizio in Italia un soggetto, ancorché domiciliato in un altro Stato, ove il luogo di esecuzione dell'obbligazione dedotta in giudizio sia in Italia [18]; o anche al n. 3 dello stesso art. 5, che, in materia di illecito extracontrattuale, con-

---

[16] È utilizzabile anche l'art. 47 c.c. sull'elezione di domicilio, norma peraltro applicabile pure in base al combinato disposto dell'art. 30 c.p.c. e dell'ultima frase del 2° comma dell'art. 3 della legge n. 218/1995, sulla quale torneremo fra breve.

[17] Trattasi della Convenzione concernente la competenza giurisdizionale e l'esecuzione delle decisioni civili e commerciali, firmata, nello spazio europeo, il 27 settembre 1968 e resa esecutiva in Italia con legge n. 21 giugno 1971 n. 804. Ancorché essa sia stata prima recepita nel Regolamento comunitario n. 44/2001 e poi nel successivo Reg. comunitario n. 1215/2012 (entrato in vigore nel gennaio 2015), nel testo continueremo a parlare di Convenzione di Bruxelles perché nell'art. 3 della legge n. 218/1995 il riferimento formale è ancora ad essa. Peraltro, il contenuto dei citati Regolamenti, per quanto qui interessa, è in buona sostanza ricalcato sul contenuto convenzionale.

[18] Vedi, oggi, il n. 1, a) dell'art. 7 del Reg. n. 1215/2012.

sente di citare in Italia il convenuto ove l'evento dannoso sia avvenuto nel territorio italiano [19].

Insomma, a prescindere da ogni approfondimento, qui non necessario, sugli indicati criteri di collegamento, è importante comprendere che, se certamente si può citare in Italia un soggetto che abbia nel nostro Paese il suo domicilio o la sua residenza, ove il detto soggetto non si trovi in una di queste situazioni, non per questo è escluso senz'altro che egli sia citabile di fronte ad un giudice italiano. Così, innanzitutto, se entra in gioco la Convenzione di Bruxelles, vi sono in essa vari altri criteri che consentono di agire in giudizio in Italia contro una persona che qui non abbia né domicilio né residenza.

Facciamo ora il caso che l'ipotetico convenuto non abbia domicilio in Italia né in uno degli Stati aderenti alla Convenzione di Bruxelles. Qui tale Convenzione non trova applicazione (diretta), ma nella legge n. 218/1995, che allora tornerà ad essere applicabile, troviamo, nel 2° comma dell'art. 3, altri criteri che possono condurre ugualmente ad affermare la giurisdizione del giudice italiano.

In particolare, le ipotesi sono due.

Se siamo in presenza di materie comprese nella Convenzione di Bruxelles, è possibile citare in giudizio in Italia un soggetto ove a ciò porti l'applicazione di uno dei criteri di cui alle sezioni 2, 3 e 4 del titolo II della Convenzione. Insomma, la Convenzione, ancorché non operante direttamente, si applica in virtù del rinvio che la legge interna fa ad essa. Così, ad esempio, si potranno applicare le norme che abbiamo visto essere dettate nell'art. 5 della Convenzione di Bruxelles, anche se abbiamo a che fare con un convenuto che è domiciliato in uno Stato non europeo: i criteri della Convenzione si applicano non in quanto tali, ma perché la legge italiana ha voluto renderli applicabili in termini generali.

Se, invece, siamo nell'ambito di materie escluse dal campo di applicazione della Convenzione di Bruxelles [20], c'è ancora una speranza di poter citare di

---

[19] Lo stesso criterio è contenuto nel n. 2 dell'art. 7 del Reg. n. 1215/2012, il quale però fa un'aggiunta e, quindi, complessivamente così recita: è possibile citare un soggetto domiciliato in altro Stato «in materia di illeciti civili dolosi o colposi, davanti al giudice del luogo in cui l'evento dannoso è avvenuto o può avvenire». Peraltro, questa espressione, se presa alla lettera, è riduttiva, perché secondo la Corte di giustizia UE il criterio, già contenuto nel precedente n. 3 dell'art. 5 del Reg. n. 44/2001, si riferiva e quindi dovrà continuare a riferirsi sia al luogo in cui è stato tenuto il comportamento sia al luogo in cui si è verificato il danno.

[20] L'art. 1 della Convenzione così recita: «La presente Convenzione si applica in materia civile e commerciale e indipendentemente dalla natura dell'organo giurisdizionale. Essa non concerne, in particolare, la materia fiscale, doganale ed amministrativa. / Sono esclusi dal campo di applicazione della presente convenzione: 1) lo stato e la capacità delle persone fisiche, il regime patrimoniale fra coniugi, i testamenti e le successioni; 2) i fallimenti, i concordati ed altre procedure

fronte ad un giudice italiano un soggetto che non abbia in Italia domicilio o residenza, visto che l'ultimo inciso dell'art. 3 della legge n. 218/1995 dispone la sussistenza della giurisdizione italiana «anche in base ai criteri stabiliti per la competenza per territorio», quindi applicando gli artt. 18 e ss. del codice di procedura civile[21].

Peraltro, ove nessuno dei criteri già visti risulti applicabile, è ancora possibile che vi sia la giurisdizione del giudice italiano, se è questo che le parti vogliono. A tal proposito l'art. 4, 1° comma, legge n. 218/1995 fa due ipotesi: a) che le parti abbiano convenzionalmente accettato la giurisdizione italiana e tale accettazione sia provata per iscritto; b) che il convenuto compaia nel processo senza eccepire il difetto di giurisdizione nel primo atto difensivo, con ciò ritenendosi che egli abbia tacitamente (implicitamente) accettato la giurisdizione del giudice italiano. Resta, comunque, escluso il caso di cui all'art. 5 della stessa legge, ossia che si tratti di azioni reali aventi ad oggetto beni immobili situati all'estero.

Infine, la legge n. 218/1995 detta, oltre ai criteri generali, alcuni *criteri speciali*, utilizzabili nell'ambito di determinate materie. I criteri speciali, per i quali si leggano gli artt. 22, 32, 37, 40, 42, 44 e 50, possono essere *alternativi* rispetto ai criteri generali oppure *esclusivi*, in quanto appunto escludono l'applicabilità dei criteri generali. Tra questi ultimi si faccia l'esempio della giurisdizione in materia successoria di cui all'art. 50.

Peraltro, è possibile che la giurisdizione del giudice italiano, pur esistente, venga meno. Ciò accade quando le parti stipulano un accordo in tal senso, *l'accordo in deroga* di cui all'art. 4, 2° e 3° comma, della legge n. 218/1995[22]. Siamo in presenza di un contratto processuale, simile, *mutatis mutandis*, al patto compromissorio rituale, perché le parti, rispetto ad una lite già sorta o che potrebbe sorgere in futuro, possono impedire l'attività giurisdizionale del giudice statale italiano e scegliere di assoggettarsi alla giurisdizione di un giudice di altro Stato o ad un arbitrato estero[23].

---

affini; 3) la sicurezza sociale; 4) l'arbitrato». Analogamente, poi, l'art. 1 del Reg. n. 44/2001 ed oggi l'art. 1 del Reg. n. 1215/2012, il quale aggiunge alle esclusioni le obbligazioni alimentari derivanti da rapporti di famiglia, di parentela, di matrimonio o di affinità.

[21] Peraltro è assai dubbio che si possa utilizzare pure il 2° comma dell'art. 18 c.p.c., in base al quale il criterio di collegamento sufficiente sarebbe dato dal luogo di residenza dell'attore.

[22] È stato abrogato l'art. 2 c.p.c., che disponeva l'inderogabilità convenzionale della giurisdizione. Si aggiunga che le disposizioni in commento si applicano ove le parti individuino quale giudice fornito di competenza giurisdizionale un organo giudiziario di Stato terzo rispetto all'Unione europea. In caso contrario si applica l'art. 25 del Reg. n. 1215/2012.

[23] A noi interessa, in questa sede, solo il riferimento al giudice straniero. Peraltro, si rileva

Rispetto all'accordo in deroga alla giurisdizione sono individuabili, fra l'altro, tre importanti *requisiti di validità*:

a) la controversia deve riguardare diritti disponibili [24];

b) l'accordo deve contenere un patto compromissorio per arbitrato estero o l'accettazione di una specifica giurisdizione straniera;

c) il giudice straniero così individuato deve già essere fornito di giurisdizione in base a qualche criterio di collegamento, perché con l'accordo in deroga non si può attribuire un potere giurisdizionale normativamente inesistente, ma con esso le parti possono solo, in caso di concorrenza tra la giurisdizione italiana e altra giurisdizione, escludere quella in favore di questa.

Non è, invece, un requisito di validità la forma scritta, perché il legislatore ha esplicitamente superato l'idea che lo scritto sia un elemento costitutivo della fattispecie, essendo esso richiesto solo, come si suole dire, *ad probationem*.

Se, nonostante lo stipulato accordo, una delle parti si rivolge ugualmente al giudice italiano, questi, sollevata la relativa eccezione, si spoglierà della causa dichiarandosi sfornito di giurisdizione, sempre che, ovviamente, sia accertata la valida esistenza dell'accordo in deroga. Insomma la logica è la stessa di quella che ritroviamo nei rapporti tra il giudice statale e l'arbitro: in ogni caso, il giudice italiano investito della controversia, per la quale una delle parti afferma che vi sia stato un accordo per escludere il suo giudizio, in favore del giudizio di altro giudice statale straniero o di un giudice privato, dovrà accertare il fondamento di tale eccezione, quindi la valida esistenza del contratto che si assume essere stato stipulato in tal senso. Peraltro, per l'accordo in deroga alla giurisdizione la legge specifica che, se le parti hanno già adito il giudice straniero e questi si è dichiarato sfornito di giurisdizione, in un secondo processo, instaurato di fronte al giudice italiano, non si avrà più un fondato problema di giurisdizione, perché la declinatoria della giurisdizione da parte del giudice straniero di per sé invalida l'accordo.

Veniamo ora al *profilo dinamico* della giurisdizione. Come si solleva la questione di (difetto della) giurisdizione e come si decide su di essa?

Per quello che riguarda il primo aspetto della domanda, la disciplina dell'eccezione processuale varia a seconda che il rilievo del difetto di giurisdizione ri-

---

che, rispetto all'arbitrato estero, la norma in commento ha carattere residuale rispetto alla Convenzione di New York del 10 giugno 1958.

[24] Quindi siamo di fronte allo stesso limite che abbiamo visto sussistere in materia di arbitrato. Si aggiunga che il concetto di "diritto disponibile" è qui da individuare in base alla legge italiana e non in base alla legge, in ipotesi straniera, da applicare al caso concreto. Sull'eventualità che il giudice italiano, pur fornito di giurisdizione, debba tuttavia giudicare secondo una legge non italiana torna a quanto rilevato nel paragrafo 4 del secondo capitolo.

guardi i limiti nei confronti della pubblica amministrazione o nei confronti dei giudici speciali o i limiti nei confronti del convenuto.

Nel primo caso, visto l'art. 37 c.p.c., il difetto di giurisdizione è rilevabile, anche d'ufficio, in qualunque stato e grado del processo. L'eccezione, quindi, è sollevabile sia dalla parte sia dal giudice e per tutto il corso del processo. Su entrambi i punti bisogna fare delle precisazioni, che si rilevano importanti, perché esse valgono, oltre che per il caso in parola, certamente raro, più in generale per tutti i presupposti processuali la cui carenza è rilevabile d'ufficio in ogni stato è grado del processo.

Innanzitutto, dire che il vizio è rilevabile ad istanza di parte non significa affermare che ogni parte del processo sia legittimata in tal senso, perché bisogna tenere conto del principio generale per cui un vizio non è sollevabile da parte di colui che vi ha dato causa[25]. Quindi è evidente come il difetto di giurisdizione non possa essere sollevato dall'attore, bensì solo dal convenuto. E tale principio è qui affermato esplicitamente, anche se esso viene riferito, ma direi impropriamente, alla sola ipotesi di un rilievo fatto nel grado d'impugnazione.

Inoltre, la rilevabilità, anche d'ufficio, del detto vizio in ogni stato e grado del processo vale solo fino a quando l'eccezione è proposta e non anche dopo la sua proposizione. Immaginando un processo che si svolge nei suoi normali tre gradi – ossia in primo grado, in appello e poi in cassazione –, se il vizio non è rilevato in primo grado, la relativa eccezione sarà ancora spendibile in appello, e, se neanche in appello è stato sollevato il problema, essa sarà rilevabile pure nel giudizio di cassazione. Ma, una volta che l'eccezione sia proposta, non si applica più l'art. 37 c.p.c., bensì si applicheranno le regole sulla decisione e, quindi, le regole sull'impugnazione delle decisioni.

In altri termini, facendo il caso che, ad esempio, il difetto di giurisdizione sia sollevato, dal convenuto o dal giudice stesso, in primo grado, vi sarà una decisione della questione ed allora essa potrà essere messa in discussione in sede di appello secondo le tecniche vigenti per i mezzi di impugnazione, ma non in virtù di una nuova eccezione di difetto di giurisdizione in appello. Per cui, continuando nell'esempio, se per caso l'interessato non abbia coltivato la questione, secondo quelle tecniche, in sede di appello, il problema della giurisdizione non potrà certo essere sollevato d'ufficio dal giudice d'appello e ancor meno dalla Corte di cassazione, ove si giunga pure di fronte ad essa.

Se trattasi del difetto di giurisdizione del giudice ordinario nei confronti del giudice amministrativo o dei giudici speciali, sempre l'art. 37 c.p.c., così come

---

[25] Il citato principio è esplicitato solo nell'ambito della disciplina delle nullità formali (vedi l'art. 157, 3° comma, c.p.c.), ma esso vale anche al di là di queste.

modificato con D.Lgs. n. 149/2022, dispone, in primo luogo, che l'eccezione è rilevabile in primo grado sia dalla parte interessata sia dal giudice d'ufficio e, quindi, aggiunge che il vizio, se non rilevato in quella sede, è rilevabile solo dalla parte interessata con specifico motivo d'impugnazione. Fermo restando che, come prima si accennava, colui che ha scelto il giudice in primo grado (l'attore) non possa in questa sede sollevare la questione.

Su questa disciplina vanno fatte alcune precisazioni esplicative.

Innanzitutto, se la questione è stata fatta in primo grado, essa può emergere nei gradi successivi solo mediante impugnazione della decisione su di essa già assunta, secondo le regole delle impugnazioni, così come si è detto per il primo caso qui trattato.

In secondo luogo, è da precisare che, se al contrario il vizio non è stato rilevato nel corso del giudizio di primo grado, la previsione per cui esso è rilevabile in grado d'impugnazione dalla parte interessata con specifico motivo significa solo che il rilievo va fatto con l'atto d'impugnazione ovvero con l'atto d'impugnazione incidentale [26]. Insomma la disposizione indica un luogo processuale e una tempistica per il rilievo, ma non altro. Invero, qui non si attacca una decisione implicita sulla giurisdizione, che certo il giudice di primo grado non ha assunto. Pensare il contrario, come pur si erano erroneamente espresse le Sezioni Unite della Corte di cassazione, significherebbe giocare su una finzione giuridica, quale sarebbe la c.d. pronuncia implicita, finzione oltretutto palesemente contraria alla Costituzione, perché ammettere che la questione di giurisdizione sia oggetto di una decisione implicita significherebbe violare il principio del contraddittorio, precisamente il 2° comma dell'art. 101 c.p.c., ai sensi del quale il giudice non può porre a fondamento della sua decisione una questione rilevata d'ufficio se non stimola previamente su di essa il contraddittorio con le parti [27].

Peraltro, questo abbaglio della Corte di cassazione è purtroppo diventato norma di legge nell'art. 9 del D.Lgs. n. 104/2010 (codice del processo amministrativo), norma che, in base a quanto appena detto, suscita perplessità sul piano della compatibilità col principio del contraddittorio, nel momento in cui utilizza il concetto di pronuncia implicita. Invero, il legislatore, volendo "sdrammatizzare" la questione di giurisdizione, avrebbe fatto meglio semplicemente a pre-

---

[26] Vai al settimo capitolo.

[27] E qui emergeva la pericolosità della posizione assunta dalla Corte di cassazione, che, oltretutto, per le argomentazioni di carattere generale spese, dovrebbe avere una valenza che va oltre la questione di giurisdizione. Invece, cadendo in palese contraddizione, la C.S. spendeva il concetto di decisione implicita solo per la questione di giurisdizione e non anche per le altre questioni di rito rilevabili in ogni stato e grado del processo.

vedere la rilevabilità del difetto di giurisdizione solo nel primo grado di giudizio, oppure a scrivere una norma come quella qui in commento.

Quindi, per fortuna, questo abbaglio non ha condizionato la modifica dell'art. 37 c.p.c., per cui il rilievo di difetto di giurisdizione in grado d'impugnazione deve essere esplicitato negli atti introduttivi, ma senza il corredo di argomentazioni specifiche avverso una decisione sulla questione di giurisdizione che non c'è.

In terzo luogo, quando la norma parla di giudizio d'impugnazione, evidentemente si riferisce alla prima o unica impugnazione ammessa avverso la sentenza di primo grado. Se trattasi di un caso in cui quella sentenza è passibile solo di ricorso per cassazione[28], è in questa sede che il rilievo va fatto. Se, al contrario, come di solito accade, la sentenza è appellabile, allora è in sede d'appello che il rilievo fa effettuato. Precisandosi che, se quanto detto sopra è vero, ove l'eccezione non sia sollevata nell'atto d'impugnazione, essa semplicemente si preclude, ed è questa preclusione che impedisce un rilievo nel successivo (ipotetico) giudizio di cassazione, non certo la formazione di un giudicato implicito in relazione ad una fantomatica pronuncia implicita di affermazione della giurisdizione.

Rispetto alla terza delle ipotesi prospettabili dispongono gli artt. 4, 1° comma, e 11 della legge n. 218/1995. In base a questo combinato disposto si devono distinguere varie ipotesi.

Innanzitutto il difetto di giurisdizione è sempre rilevabile anche d'ufficio, in qualunque stato e grado del processo, quando si tratta di azioni reali aventi ad oggetto beni immobili situati all'estero (art. 5) o quando la giurisdizione italiana è esclusa per effetto di norma internazionale.

Al di fuori di questi casi, bisogna distinguere a seconda che il convenuto si costituisca o meno.

Se il convenuto si costituisce, sta solo a lui rilevare il vizio e, se vuole, lo deve fare subito, nella sua prima difesa, altrimenti si intende che egli abbia accettato tacitamente la giurisdizione italiana.

Se, invece, il convenuto non si costituisce, il vizio è rilevabile anche d'ufficio in ogni stato e grado del processo.

Per comprendere il sistema, bisogna tenere presente che il convenuto può costituirsi subito, all'inizio del processo, oppure anche in una fase avanzata di questo. Per cui, se e fino a quando il convenuto resta contumace, vale la regola della rilevabilità d'ufficio del difetto di giurisdizione, in ogni stato e grado del processo. Ma, se il giudice non solleva la questione e, poi, in una fase avanzata, il convenuto si costituisce, a questo punto, e solo a questo punto, viene meno la

---

[28] Vai ancora al settimo capitolo.

regola della rilevabilità d'ufficio e scatta l'operatività dell'altra regola, quella per cui sta solo al convenuto rilevare il vizio ed oltretutto egli ha l'onere di spendere subito la relativa eccezione, se non vuole che scatti la presunzione di accettazione tacita della giurisdizione italiana.

Una volta posta formalmente, la questione di giurisdizione va decisa in base alle regole che noi abbiamo già esposto studiandone il profilo statico. Si aggiunga, solo, che nel sistema vi è un *principio*, per così dire, *di favore per il giudice adito*, che trova spazio in un duplice senso. È possibile che il giudice adito sia fornito di giurisdizione in base agli elementi di fatto e di diritto esistenti al momento della domanda, ma che, poi, durante il corso del processo, intervenga una modificazione, in fatto e/o in diritto, che, in ipotesi, sottragga ad esso la giurisdizione in origine esistente. In tal caso, l'intervenuta modificazione è resa irrilevante dall'art. 5 c.p.c., nel quale è sancito il principio della c.d. *perpetuatio iurisdictionis*, che in tale ambito attua quel valore fondamentale, risalente al pensiero di Giuseppe Chiovenda, per cui la parte che ha ragione non deve essere pregiudicata dal tempo necessario per celebrare il processo[29]. Ma, è anche possibile il caso inverso, ossia che il giudice adito sia sfornito di giurisdizione al momento della domanda, intervenendo solo successivamente delle modificazioni in fatto e/o in diritto che gli attribuiscano la, originariamente carente, giurisdizione. Anche qui il sistema preferisce favorire il processo già pendente, e quindi la possibilità che in questo si giunga alla decisione in merito, sancendo, all'art. 8 della legge n. 218/1995, che «la giurisdizione sussiste se i fatti e le norme che la determinano sopravvengono nel corso del processo».

In definitiva, in caso di successione di norme sulla giurisdizione o di modificazioni fattuali, il giudice deve risolvere la questione della sua giurisdizione secondo la situazione più favorevole: quella originaria o quella successiva, a seconda che la prima o la seconda consentano di affermare, piuttosto che negare, la giurisdizione.

Per quello che riguarda la decisione della questione di giurisdizione, bisogna distinguere due ipotesi, perché, rilevata la questione di giurisdizione, è possibile che essa sia decisa secondo la via normale, ossia dal giudice adito, oppure seguendo una via particolare, quella del regolamento di giurisdizione.

Il *regolamento di giurisdizione*, disciplinato dagli artt. 41 e 367 c.p.c., non è un mezzo di impugnazione, perché con esso non si attacca una decisione, già

---

[29] Vedi *retro* nel paragrafo 4 del primo capitolo, quando abbiamo parlato della tutela cautelare. È fatta, peraltro, salva l'ipotesi di *ius superveniens* retroattivo, sempre che la questione di giurisdizione non sia già preclusa. Si pensi, ad esempio, al caso in cui sopravvenga, durante la pendenza del processo, la dichiarazione d'incostituzionalità di una norma attinente alla giurisdizione.

intervenuta, sulla questione di giurisdizione, ma è un mezzo preventivo che la legge offre ad ognuna delle parti per sottrarre la decisione della questione di giurisdizione al giudice adito e trasferirla immediatamente alla Corte di cassazione. In altri termini, la Corte di cassazione, chiamata in causa, si ripete, da una qualsiasi delle parti, quindi sia dal convenuto sia dall'attore[30], non interviene a sindacare una decisione sulla questione di giurisdizione, bensì interviene prima di ogni decisione su di essa.

L'art. 41 c.p.c. dispone che l'istanza è proponibile finché la causa non sia decisa nel merito in primo grado. Da ciò dovrebbe ricavarsi l'inammissibilità del relativo ricorso solo se proposto successivamente alla pronuncia di una sentenza di merito, definitiva o non definitiva. Ma la giurisprudenza ormai ritiene che il regolamento di giurisdizione non sia più spendibile anche quando è pronunciata una sentenza (parziale) di rito. Per cui si deve ritenere che la parte interessata possa avvalersi del mezzo in parola fino a quando non sia pronunciata una qualsiasi sentenza.

Inoltre, sempre l'art. 41 c.p.c. prevede che le questioni di giurisdizione per le quali è possibile proporre regolamento di giurisdizione alla Corte di cassazione sono solo quelle di cui all'art. 37 c.p.c. Ciò significa, innanzitutto, che il mezzo in parola non è spendibile per tutte le questioni astrattamente qualificabili come "questioni di giurisdizione"[31].

Però, nel delineare il campo di utilizzabilità del regolamento di giurisdizione, non si deve guardare semplicemente a quello che è oggi il contenuto dell'art. 37 c.p.c., bensì a quello che era tale contenuto al momento in cui fu scritto l'art. 41 c.p.c. Invero, fino all'entrata in vigore della legge n. 218/1995, al 1° comma dell'art. 37 era aggiunto un 2° comma, nel quale si disciplinava l'eccezione di difetto di giurisdizione nei confronti del convenuto straniero, per cui, quando l'art. 41 disponeva la proponibilità del regolamento di giurisdizione per risolvere le questioni di cui all'art. 37, evidentemente intendeva includere tutti i profili che abbiamo visto rappresentare i limiti alla giurisdizione del giudice ordinario. Ma, con la legge n. 218/1995 quel 2° comma dell'art. 37 è venuto me-

---

[30] L'attore non è legittimato a rilevare l'eccezione di difetto di giurisdizione, ma una volta che l'eccezione è proposta, dal convenuto o d'ufficio, egli può proporre regolamento di giurisdizione.

[31] Così, ad esempio, prima dell'entrata in vigore del D.Lgs. n. 40/2006, se è vero che i rapporti tra giudice statale ed arbitro rituale erano ricostruibili in termini di rapporti di giurisdizione, per cui all'eccezione di patto compromissorio era applicabile analogicamente la disciplina dettata agli artt. 4, 1° comma, ed 11 della legge n. 218/1995, è anche vero, però, che non era utilizzabile il regolamento di giurisdizione per una questione di questo genere. Oggi il problema è stato superato nel rinnovato art. 819*ter* c.p.c., sul quale vedi *infra* il paragrafo 11 del presente capitolo. Ma se è in gioco un patto compromissorio per arbitrato estero, la nostra C.S. ritiene che si tratti di una questione di giurisdizione per la quale è ammesso il regolamento di giurisdizione.

no e i rapporti tra la giurisdizione italiana e le giurisdizioni straniere, nonché la disciplina della relativa eccezione processuale, sono stati regolati da questa legge.

Si può, allora, dire che oggi, alla luce della lettera dell'art. 37 c.p.c. e dell'art. 41 c.p.c., non si possa sollevare regolamento di giurisdizione a seguito dell'eccezione di difetto di giurisdizione rilevata ai sensi degli artt. 4, 1° comma, e 11 della legge n. 218/1995?

Io non credo. Qui è mancata solo un'opera di coordinamento del legislatore, opera che, però, ben può compiere l'interprete, che, quindi, può ragionevolmente concludere affermando che il regolamento di giurisdizione è proponibile per ognuna delle questioni di giurisdizione finora prospettate: quella attinente ai rapporti con la pubblica amministrazione, quella relativa ai limiti rispetto ai giudici speciali ed, infine, quella relativa ai limiti della giurisdizione italiana nei confronti del convenuto [32].

Proposto il regolamento di giurisdizione, l'art. 367 c.p.c. dispone che, in attesa della decisione della questione da parte della Corte di cassazione, il giudice, di fronte al quale pende la causa, sospende il processo, a meno che egli ritenga l'istanza di regolamento manifestamente inammissibile o manifestamente infondata. Quindi tale sospensione non è necessaria, ancorché i margini per evitarla siano in fondo esigui [33].

Peraltro, se il giudice originariamente adito non sospende il processo, è possibile che si crei una complicazione. In particolare ci si chiede: cosa accade se si giunge alla decisione nel merito della causa prima che la Corte di cassazione abbia deciso il regolamento?

Posto che non sembrerebbe ragionevole ritenere che la pronuncia della sentenza di merito faccia venir meno il potere-dovere della C.S. di decidere sul rego-

---

[32] A quest'ultimo proposito, non so con quanta ragione, in giurisprudenza è pure emersa una distinzione, ritenendosi che il regolamento sarebbe ammissibile solo se il convenuto è "straniero" (ossia residente o domiciliato all'estero), mentre non lo sarebbe, dovendosi in tal caso decidere la questione di giurisdizione solo con sentenza appellabile, in caso contrario, quando il convenuto, pur residente o domiciliato in Italia, potrebbe non essere assoggettabile alla giurisdizione italiana per altri motivi. Questo assunto si fonderebbe sul duplice rilievo per cui l'art. 41 c.p.c., per un verso, andrebbe riferito a ciò che era il precedente art. 37, 2° comma, c.p.c., il quale si riferiva appunto allo straniero, e, per altro verso, andrebbe trattato come norma eccezionale, ben potendo il regolamento essere utilizzabile solo per alcune questioni di giurisdizione. Insomma, venuta meno la rilevanza della cittadinanza, oggi la parola "straniero" andrebbe vagliata alla luce della residenza o domicilio.

[33] Del tutto particolare è il caso di cui agli artt. 41, 2° comma, e 368 c.p.c.: qui siamo in presenza dell'esercizio di una sorta di potere di veto da parte della pubblica amministrazione che non è parte in causa, che, sollevando un vero e proprio conflitto di attribuzione tra potere giudiziario e potere amministrativo, provoca necessariamente la sospensione del giudizio di fronte al giudice di merito. Peraltro questo istituto ha avuto ben scarsa applicazione.

lamento, bisogna distinguere a seconda dell'esito di questo: se la Corte afferma la giurisdizione del giudice adito, non vi sono conseguenze; mentre, se la Corte nega tale giurisdizione, allora è travolta la sentenza con la quale si è decisa la causa nel merito, perché questa era stata pronunciata sul presupposto della sussistenza della giurisdizione in capo al giudice adito, per cui, se poi quel presupposto è negato dalla Corte di cassazione, evidentemente cade anche la decisione nel merito.

Se il regolamento di giurisdizione non è proposto, abbiamo già accennato al fatto che sulla questione di giurisdizione decide, seguendo la via ordinaria, il giudice di fronte al quale è stata proposta la domanda. Egli deciderà sempre con sentenza. Ma, riprendendo quanto abbiamo già detto sul combinato disposto degli artt. 187, 3° comma, e 279, 2° comma, n. 4), c.p.c. [34], le situazioni immaginabili sono tre.

In primo luogo è possibile che, avendo l'organo dell'istruzione, sul presupposto della fondatezza dell'eccezione processuale, rimesso subito in decisione senza istruire altre questioni, l'organo della decisione accolga l'eccezione e, quindi, pronunci una sentenza di rigetto in rito, sentenza che ovviamente definisce il grado di giudizio.

Ma, è anche possibile che nello stesso caso ora prospettato l'organo della decisione non abbia la stessa opinione dell'organo dell'istruzione e, quindi, rigetti l'eccezione processuale: si avrà allora la pronuncia di una sentenza non definitiva, con la quale si afferma la giurisdizione del giudice adito, e di un'ordinanza con la quale si rimette il processo nella fase istruttoria, per istruire appunto tutte le altre questioni che erano state erroneamente tralasciate.

Infine, la terza situazione si ha quando l'organo dell'istruzione, ritenendo infondata l'eccezione, istruisca l'intera causa e solo alla fine di questa completa attività rimetta in decisione. In tal caso vi sono due possibilità: che, confermando la precedente delibazione, si pronunci una sentenza a doppio capo, uno di rito nel quale si rigetta l'eccezione processuale ed uno di merito nel quale si decide sul rapporto sostanziale fatto valere; oppure che, invece, si ravvisi la sussistenza del difetto di giurisdizione ed, allora, avremo ancora la pronuncia di una sentenza definitiva di rito.

A fronte di ognuna di queste sentenze il soccombente potrà sempre reagire proponendo appello. Se, poi, si ha una sentenza non definitiva sulla giurisdizione, l'interessato potrà scegliere tra l'immediata proposizione dell'appello e la riserva d'appello (art. 340 c.p.c.), con la quale si differisce l'eventuale proposizione dell'appello al momento in cui sarà pronunciata la sentenza definitiva. Su questo particolare istituto torneremo nel capitolo dedicato ai mezzi d'impugna-

---

[34] Vedi *retro* il paragrafo 2 del presente capitolo.

zione, ma fin d'ora si tenga presente che con esso si consente alla parte, soccombente rispetto alla sentenza non definitiva, di aspettare la fine del gioco processuale, per fare a quel punto le sue valutazioni complessive sulla reale dimensione della sua sconfitta. Invero, la parte soccombente su una questione, decisa con sentenza parziale, potrebbe poi vincere la causa ed allora quella pur patita soccombenza potrebbe alla fine risultare per essa irrilevante[35].

Se, invece, l'interessato lascia cadere la questione di giurisdizione, la decisione di questa si stabilizza ed il relativo problema sarà definitivamente superato per l'ulteriore corso del processo, non essendo più possibile tornare su di esso.

Residua un ultimo, fondamentale, problema.

La questione di giurisdizione può ovviamente essere decisa in due modi diversi, in quanto la relativa eccezione può essere accolta o rigettata. Ciò può accadere con provvedimento della Corte di cassazione, che può essere una ordinanza o una sentenza a seconda dei diversi percorsi disciplinati[36], ovvero con sentenza del giudice adito.

Il provvedimento, ordinanza o sentenza che sia, con cui si nega la giurisdizione del giudice adito rappresenta sempre una definizione in rito del giudizio instaurato di fronte al giudice errato. Tuttavia una simile definizione può comportare o meno l'operatività di un meccanismo di sanatoria affinché il processo possa riprendere di fronte al giudice "giusto" salvando gli originari effetti sostanziali e processuali della domanda.

Vi sono delle situazioni in cui non è possibile una sanatoria. Così quando si rileva un difetto assoluto di giurisdizione, mancando nel caso concreto un giudice che possa risolvere il conflitto. Ma anche quando la giurisdizione spetta ad un giudice straniero[37].

Ma vi sono situazioni nelle quali è, invece, ragionevole che la legge preveda meccanismi di sanatoria, ossia che, lungi dal doversi avere puramente e semplicemente la chiusura in rito del processo, sia prevista la possibilità di svolgere

---

[35] Il discorso fatto vale solo se la questione è sollevata in primo grado. Se invece, una sentenza parziale sulla giurisdizione è pronunciata in secondo grado, allora l'interessato potrà proporre avverso di essa ricorso per cassazione solo unitamente alla sentenza definitiva, posto che l'art. 360, 3° comma, c.p.c. prevede che non sono «immediatamente impugnabili con ricorso per cassazione le sentenze che decidono su questioni insorte senza definire, neppure parzialmente, il giudizio. Il ricorso per cassazione avverso tali sentenze può essere proposto, senza necessità di riserva, allorché sia impugnata la sentenza che definisce, anche parzialmente, il giudizio».

[36] Sui percorsi e le forme di decisione della C.S. vedi poi nel paragrafo 5 del capitolo settimo.

[37] Peraltro non può escludersi che in futuro nell'ambito europeo si approvi una norma nella quale sia prevista la "trasmigrazione" del processo dal giudice di uno Stato membro dell'Unione al giudice di altro Stato membro.

una certa attività per recuperare l'errore commesso dall'attore nell'individuazione del giudice. Si pensi in particolare ai rapporti tra giudice ordinario e giudici speciali, nell'ambito dei quali è ben concepibile che la causa malamente instaurata di fronte al giudice sfornito di giurisdizione "trasmigri" in qualche modo a colui che è invece fornito di giurisdizione.

Tuttavia nel disegno originario del codice di procedura civile non erano previsti meccanismi del genere. Questa irragionevole situazione è stata superata innanzitutto dalla Corte costituzionale, la quale ha dichiarato l'incostituzionalità dell'art. 30 della legge n. 1034/1971 (c.d. legge TAR) nella parte in cui non prevedeva che gli effetti sostanziali e processuali prodotti dalla domanda proposta a giudice privo di giurisdizione si conservassero di fronte al giudice munito di giurisdizione. In altri termini la Consulta ha affermato il principio per cui l'esistenza di una pluralità di giurisdizioni non può risolversi in un pregiudizio per la tutela dei diritti e, di conseguenza, la domanda proposta al giudice "errato" non può perdere i suoi effetti sostanziali e processuali nel momento in cui essa "trasmigra" di fronte al giudice munito di giurisdizione.

Questa sentenza della Corte costituzionale, che, fissando un principio e direi un obiettivo da raggiungere, lasciava tuttavia nel sistema una lacuna da riempire, ha trovato per così dire la sua attuazione nella legge 18 giugno 2009, n. 69, il cui art. 59[38] così recita: «1. Il giudice che, in materia civile, amministrativa, contabile, tributaria o di giudici speciali, dichiara il proprio difetto di giurisdizione indica altresì, se esistente, il giudice nazionale che ritiene munito di giurisdizione. La pronuncia sulla giurisdizione resa dalle sezioni unite della Corte di cassazione è vincolante per ogni giudice e per le parti anche in altro processo. / 2. Se, entro il termine perentorio di tre mesi dal passaggio in giudicato della pronuncia di cui al 1° comma, la domanda è riproposta al giudice ivi indicato, nel successivo processo le parti restano vincolate a tale indicazione e sono fatti salvi gli effetti sostanziali e processuali che la domanda avrebbe prodotto se il giudice di cui è stata dichiarata la giurisdizione fosse stato adito fin dall'instaurazione del primo giudizio, ferme restando le preclusioni e le decadenze intervenute. Ai fini del presente comma la domanda si ripropone con le modalità e secondo le forme previste per il giudizio davanti al giudice adito in relazione al rito applicabile. / 3. Se sulla questione di giurisdizione non si sono già pronunciate, nel processo, le sezioni unite della Corte di cassazione, il giudice davanti al quale la causa è riassunta può sollevare d'ufficio con ordinanza, tale questione davanti alle medesime sezioni unite della Corte di cassazione, fino alla prima udienza fissata per la trattazione del merito. Restano ferme le disposizioni

---

[38] Trattasi di una norma che resta fuori dal corpo del codice di procedura civile, ma che evidentemente va ad integrare le norme che in questo si occupano della giurisdizione.

sul regolamento preventivo di giurisdizione. / 4. L'inosservanza dei termini fissati ai sensi del presente articolo per la riassunzione o la prosecuzione del giudizio comporta l'estinzione del processo, che è dichiarata anche d'ufficio alla prima udienza, e impedisce la conservazione degli effetti sostanziali e processuali della domanda. / 5. In ogni caso di riproposizione della domanda davanti al giudice di cui al 1° comma, le prove raccolte nel processo davanti al giudice privo di giurisdizione possono essere valutate come argomenti di prova».

Dalla norma emerge evidentemente come l'atto sanante, con il quale salvare *ex tunc* (ossia dal momento della domanda proposta di fronte al giudice "sbagliato") gli effetti sostanziali e processuali della domanda, da compiere entro tre mesi dal passaggio in giudicato della pronuncia sul difetto di giurisdizione, non sia propriamente un atto di riassunzione, come vedremo[39] essere invece quello con cui si sana il difetto di competenza, bensì rappresenti la proposizione di una nuova domanda di fronte al giudice "giusto", secondo le forme che di fronte a questi vanno rispettate.

Ma, se così è, varie disposizioni della stessa norma appaiono poco ragionevoli.

Poco ragionevole è prevedere che restino ferme le preclusioni e le decadenze maturate di fronte al giudice originariamente adito, perché non si vede come in un nuovo processo successivamente instaurato possano valere preclusioni e decadenze verificatesi in un precedente e diverso processo. O meglio bisogna distinguere.

Le decadenze sostanziali che si sono già verificate è ragionevole che restino tali. Così, ad esempio, se si doveva impugnare un atto amministrativo entro un certo termine e la domanda originaria è stata proposta oltre quel termine, è immaginabile che l'atto di "trasmigrazione" dal giudice sbagliato al giudice giusto non possa recuperare la decadenza maturata. Ma altro è parlare delle preclusioni verificatesi all'interno del processo in ordine alla allegazione di fatti, al rilievo di eccezioni e alla produzione di documenti o alla presentazione di istanze istruttorie. Che in un secondo processo debbano valere le preclusioni verificatesi in un primo e diverso processo non è cosa ragionevole!

Non ha alcun senso la previsione del 4° comma della disposizione citata, in virtù della quale la mancata "trasmigrazione" del processo nel termine di legge implica l'estinzione del giudizio, perché, se il processo originariamente instaurato di fronte al giudice "sbagliato" non può estinguersi in quanto si è già chiuso con la pronuncia di difetto di giurisdizione, non si vede per quale motivo dovrebbe estinguersi il processo poi instaurato di fronte al giudice "giusto", an-

---

[39] Nel prossimo paragrafo, nel quale chiariremo anche l'importanza della salvezza degli effetti sostanziali della domanda di cui si parla nel testo.

corché non nel termine di legge. Invero, il rispetto di questo termine è necessario se si vogliono salvare retroattivamente gli effetti sostanziali e processuali della domanda ed inoltre se si vuole mantenere il vincolo delle parti alla pronuncia di difetto di giurisdizione. Ed, allora, se quel termine non è rispettato, al più si può immaginare che ne consegua la non producibilità di quegli effetti, ma non si vede proprio perché dovrebbe conseguirne l'estinzione del processo.

Infine rimane oscuro il senso dell'ultimo inciso del 3° comma per cui rimangono ferme le disposizioni sul regolamento preventivo di giurisdizione, perché francamente non si vede come potrebbe concepirsi, di fronte al giudice adito per secondo, la proposizione del regolamento di cui all'art. 41 c.p.c., posto che, di fronte a lui, alle parti non è dato più sollevare la questione di giurisdizione ormai decisa di fronte al giudice originariamente adito.

Per il resto la disposizione fa chiarezza sull'efficacia della pronuncia di difetto di giurisdizione.

La decisione della Corte di cassazione, se in precedenza si riteneva che fosse sempre vincolante per ogni giudice e per le parti anche in altro processo, oggi lo è solo se la Corte si pronuncia a Sezioni Unite. Ciò avviene quando la Corte è investita della questione con regolamento ai sensi dell'art. 41 c.p.c. Ma non è detto che lo stesso avvenga quando, invece, la Corte è adita con ricorso per cassazione ai sensi dell'art. 360, n. 1), c.p.c., posto che l'art. 374, 1° comma, c.p.c. recita: «La Corte pronuncia a sezioni unite nei casi previsti nel n. 1 dell'art. 360 e nell'art. 362. Tuttavia, tranne che nei casi d'impugnazione delle decisioni del Consiglio di Stato e della Corte dei conti, il ricorso può essere assegnato alle sezioni semplici, se sulla questione di giurisdizione proposta si sono già pronunciate le sezioni unite».

Se, invece, si sia pronunciato il giudice del merito, la sua pronuncia nel processo instaurato di fronte al giudice da lui indicato come munito di giurisdizione è vincolante solo per le parti, ma non anche per il giudice, ove la causa "trasmigri" entro il termine perentorio previsto dalla legge. Le parti, ovviamente, come abbiamo in precedenza visto, possono contestare la pronuncia sulla giurisdizione, ma lo devono fare nell'ambito dei mezzi d'impugnazione da utilizzare nel processo che ha posto capo ad essa. Una volta passata in giudicato la pronuncia che ha chiuso in rito il processo per difetto di giurisdizione, l'interessato può mantenere vincolato ad essa il suo avversario solo se instaura la causa di fronte al giudice "giusto" entro tre mesi da quel passaggio in giudicato. Il giudice può, invece, ribellarsi all'indicazione di giurisdizione fornita da altro giudice di merito, non pronunciando a sua volta una sentenza, ma, riprendendo l'analogo meccanismo contenuto nell'art. 45 c.p.c.[40], sollevando con ordinanza

---

[40] Vedi *infra* nel prossimo paragrafo sulla competenza.

conflitto di fronte alle Sezioni Unite della Corte di cassazione entro la prima udienza fissata per la trattazione del merito.

Se, poi, la domanda è instaurata di fronte al giudice indicato come fornito di giurisdizione oltre il termine perentorio previsto dalla legge, la questione di giurisdizione può porsi e decidersi nuovamente senza che la precedente decisione di un giudice di merito abbia un qualche rilievo. In questa ipotesi la questione di giurisdizione è preclusa solo se in precedenza si erano pronunciate le Sezioni Unite della Corte di cassazione.

Alla detta disciplina si sovrappone il successivo art. 11 del D.Lgs. n. 104/2010 (codice del processo amministrativo), che si applica nei rapporti tra il giudice amministrativo e gli altri giudici nazionali.

In questa sopravvenuta norma si chiariscono alcuni punti, che erano rimasti poco chiari nel precedente art. 59 della legge n. 69/2009.

In primo luogo in esso si elimina il riferimento all'estinzione del giudizio ove la domanda di fronte al giudice "giusto" sia proposta oltre il termine dovuto.

In secondo luogo si elimina il riferimento, assai poco opportuno, alla salvezza delle norme sul regolamento di giurisdizione, in ipotesi da aversi sempre di fronte al giudice adito per secondo.

In terzo luogo si esplicita la possibilità di ottenere, nel giudizio riproposto, una rimessione in termini per decadenze e preclusioni intervenute, possibilità che, peraltro, è prevista in termini generali nel processo civile dall'art. 153, 2° comma, c.p.c.

L'art. 11 del codice del processo amministrativo non ha abrogato l'art. 59 della legge n. 69/2009, per cui siamo di fronte a due disposizioni di legge entrambe vigenti che vanno coordinate. Il coordinamento avviene su un duplice piano.

Innanzitutto, sul piano dell'ambito di applicazione, in quanto la seconda disposizione si applica nei rapporti tra giudice ordinario e giudici speciali, ad esclusione del giudice amministrativo.

In secondo luogo, si ha una sorta di integrazione tra di esse. Posto che l'art. 11 del codice del processo amministrativo è norma speciale rispetto all'art. 59 della legge n. 69 del 2009, evidentemente questa si applica anche nei rapporti tra giudice ordinario e giudice amministrativo per quanto quella non disponga, ossia per quanto quella presenti delle lacune.

4. *Competenza*

La competenza è la misura del potere all'interno della giurisdizione, per cui in base alle regole che la disciplinano si ripartisce concretamente il potere tra i diversi giudici ordinari. La previsione di norme di questo genere è resa necessaria da naturali esigenze organizzative, ma essa è anche imposta al legislatore ordinario dall'art. 25, 1° comma, Cost., per cui nessuno «può essere distolto dal giudice naturale precostituito per legge». Il principio c.d. del giudice naturale precostituito per legge è, appunto, attuato dalla disciplina dettata in materia di competenza.

Affrontiamo lo studio della competenza ponendoci dal punto di vista dell'attore che vuole agire in giudizio per far valere, contro un certo convenuto, una determinata situazione giuridica. Questi deve individuare il giudice di fronte al quale proporre la domanda e, a tal fine, deve porsi due domande:

a) a quale tipo di organo, ossia di giudice, bisogna rivolgersi?

b) risolto questo primo problema, qual è il giudice di quel tipo competente per territorio?

La posizione della prima domanda si spiega per il fatto che nel nostro sistema vi sono due possibili giudici civili di primo grado: il giudice *di pace* e il *tribunale*[41]. Per cui essa si può riformulare così: la causa deve essere instaurata di fronte ad un giudice di pace o di fronte ad un tribunale?

La risposta è data dall'utilizzazione dei c.d. *criteri verticali* di competenza, quello per *materia* e quello per *valore*.

Innanzitutto, il nostro ipotetico attore deve verificare se nella legge vi è una norma che dispone la competenza del giudice di pace o del tribunale per il tipo di causa che egli vuole instaurare. Così, ad esempio, l'art. 7, 3° comma, c.p.c. dispone che il giudice di pace è competente, appunto per materia, in riferimento a certe cause, a prescindere dal loro valore. E l'art. 9, 2° comma, c.p.c. contiene un'analoga disposizione per il tribunale, prevedendo che altre determinate cause rientrano senz'altro nella sua competenza[42].

---

[41] Atteniamoci alle ipotesi, per così dire, "normali", tralasciando i casi in cui il giudice di primo grado è la Corte d'appello, come, ad esempio, avviene per l'impugnazione del lodo arbitrale rituale (artt. 828 e 831 c.p.c.), per l'accertamento della riconoscibilità delle sentenze straniere (art. 67, legge n. 218/1995) o per le azioni esercitate ai sensi dell'art. 33, 2° comma, legge n. 287/1990 in materia di illecito antitrust.

[42] In aggiunta, si deve ricordare che il tribunale è competente per materia anche per le controversie che rientravano nella competenza per materia del pretore, prima che questo organo fosse soppresso, se non è stato altrimenti disposto. Si pensi alle controversie di lavoro di cui all'art. 409 c.p.c. Qui ci limitiamo alla lettura delle norme del codice di procedura civile. Ma la competenza sia del giudice di pace sia del tribunale è assai più vasta, se si guarda alle disposizioni di varie leggi speciali. Tra queste oggi spicca il D.Lgs. 1° settembre 2011, n. 150, che, attuando la delega contenuta nell'art. 54 della legge n. 69/2009, rappresenta una sorta di testo unico sui procedimenti disciplinati al di fuori del codice di rito, peraltro anch'esso non esaustivo. Ma importante è anche la legge 24 marzo 2012, n. 27 (che converte il D.L. 24 gennaio 2012, n. 1), nella

Se egli non trova risposta in questo modo, perché la legge non dispone un criterio di competenza per materia in riferimento al tipo di causa in gioco, allora sovviene il criterio, residuale, per valore.

In termini generali, l'art. 7, 1° comma, c.p.c., considerando anche le modifiche intervenute con D.Lgs. n. 149/2022, prevede che il «giudice di pace è competente per le cause relative a beni mobili di valore non superiore a 10.000 euro, quando dalla legge non sono attribuite alla competenza di altro giudice», per cui, in qualsiasi altra situazione il giudice competente sarà, tendenzialmente, il tribunale. Tuttavia, si possono avere situazioni più complesse, perché la competenza del giudice di pace è anche costruita secondo un criterio misto di materia/valore. Basta leggere l'art. 7, 2° comma, c.p.c. per rendersene conto, ove si dispone che il giudice di pace «è altresì competente per le cause di risarcimento del danno prodotto dalla circolazione di veicoli e di natanti, purché il valore della controversia non superi 25.000 euro». Per cui, ove l'attore voglia esercitare un'azione risarcitoria derivante da un sinistro stradale, la legge prevede che per questo tipo di cause è competente, per materia, il giudice di pace, ma solo se il valore non supera la cifra indicata, residuando, quindi, oltre questa cifra, la competenza del tribunale.

Individuato il tipo di giudice competente, bisogna a questo punto cercare una risposta alla seconda domanda, sopra posta. Così, ad esempio, se, in base ai criteri verticali, risulta essere competente il tribunale, il passaggio successivo è individuare quale, tra i tanti tribunali esistenti in Italia, è il tribunale concretamente competente. Qui soccorrono i *criteri*, c.d. *orizzontali*, di competenza per *territorio*.

Le norme da prendere in considerazione per prime sono quelle contenute negli artt. 18 e 19 c.p.c., nelle quali si disciplina il *foro generale delle persone fisiche* e il *foro generale delle persone giuridiche e delle associazioni non riconosciute*, individuando quello essenzialmente nel luogo in cui il convenuto ha residenza o domicilio [43] e questo essenzialmente nel luogo in cui la persona giuridica o l'associazione non riconosciuta, convenuta in giudizio, ha la sua sede [44]. Qui sono individuati dei criteri da utilizzare in via residuale, ossia nella

---

quale (art. 2) si prevede un'ampia competenza per materia delle sezioni specializzate in materia di impresa presso i tribunali aventi sede nel capoluogo di ogni regione.

[43] L'art. 18 c.p.c. aggiunge, poi, altre due ipotesi. La prima: se sono sconosciuti la residenza e il domicilio del convenuto, si guarda al luogo della sua dimora. La seconda: se «il convenuto non ha residenza, né domicilio, né dimora nella Repubblica o se la dimora è sconosciuta, è competente il giudice del luogo in cui risiede l'attore», sempre che, direi di aggiungere, sussista la giurisdizione italiana per altre ragioni.

[44] L'art. 19 c.p.c. fa poi due aggiunte. La prima riguarda le persone giuridiche e consiste nel precisare che è «competente altresì il giudice del luogo dove la persona giuridica ha uno stabili-

misura in cui non vi sia, per la controversia che viene in gioco, uno dei *fori esclusivi* di cui agli artt. 21 e ss. c.p.c., quindi uno dei fori che, appunto, escludono il foro generale. A quest'ultimo si deve aggiungere il *foro facoltativo* per le cause relative a diritti di obbligazione, individuato nell'art. 20 c.p.c., che così recita: «Per le cause relative a diritti di obbligazione è anche competente il giudice del luogo in cui è sorta o deve eseguirsi l'obbligazione dedotta in giudizio». Quindi, quando la domanda ha ad oggetto un diritto di obbligazione, l'attore può scegliere, in ipotesi, tra vari fori concorrenti, tutti legittimi, senza che il convenuto possa obiettare alcunché.

Alle previsioni della legge bisogna aggiungere le possibili previsioni delle parti.

L'art. 6 c.p.c. dispone che la «competenza non può essere derogata per accordo delle parti, salvo che nei casi stabiliti dalla legge»; quindi l'art. 28 c.p.c. ammette un tale accordo, ma solo in riferimento ai criteri di competenza per territorio ed, in più, specificando delle eccezioni, quando dice «salvo che per le cause previste nei numeri 1, 2, 3 e 5 dell'articolo 70, per i casi di esecuzione forzata, di opposizione alla stessa, di procedimenti cautelari e possessori, di procedimenti in camera di consiglio e per ogni altro caso in cui l'inderogabilità sia disposta espressamente dalla legge». Tale accordo, visto l'art. 29 c.p.c., deve riferirsi ad uno o più affari determinati e risultare da atto scritto [45].

Le parti possono scegliere vari modi per formularne il contenuto.

Innanzitutto esse possono, ovviamente sempre in riferimento ad un determinato oggetto, attribuire la competenza per territorio ad un certo giudice oppure individuare, allo scopo, un altro criterio di competenza. Inoltre esse, scelto il foro convenzionale o comunque il criterio per individuarlo, possono disporre che questo sia esclusivo, ma, se nulla specificano a tal proposito, deve intendersi che il foro convenzionale vada solo ad aggiungersi a quelli già previsti nella legge.

---

mento e un rappresentante autorizzato a stare in giudizio per l'oggetto della domanda». La seconda, attinente alle società non aventi personalità giuridica e alle associazioni non riconosciute e ai comitati di cui agli artt. 36 e ss. c.c., consiste nel chiarire che ai fini della competenza la sede di tali soggetti s'intende nel luogo dove essi svolgono attività in modo continuativo.

[45] Peraltro, il legislatore non esplicita la funzione dello scritto, per cui resta dubbio che questo valga *ad substantiam*, come per il patto compromissorio rituale (art. 807, 1° comma, c.p.c.) o *ad probationem*, come per l'accordo di deroga della giurisdizione italiana a favore di un giudice straniero (art. 4, 2° comma, legge n. 218/1995). Né aiuta la previsione di cui all'art. 1341, 2° comma, c.c., in cui si dice che le clausole di deroga alla competenza devono essere specificamente approvate per iscritto, quando esse si trovino nell'ambito di condizioni generali di contratto predisposte da uno solo dei contraenti. Invero, in casi del genere l'ordinamento vuole solo proteggere la parte, che non ha predisposto il contenuto negoziale, da una sua possibile ignoranza rispetto a certe clausole, per cui la carenza della specifica approvazione per iscritto non rileva ove si provi che la clausola è stata oggetto di specifica trattativa.

Venendo, ora, al profilo dinamico, le domande da porsi sono note: come si sollevano i possibili difetti di competenza, quindi, in altri termini, chi è legittimato a porre concretamente una questione di competenza e fino a quale momento? Come si decide su tale questione?

Trovare la risposta alla prima domanda è assai semplice, perché essa è tutta contenuta nell'art. 38 c.p.c., nel quale, peraltro modificato con legge n. 69/2009, la disciplina dell'eccezione di incompetenza è tracciata distinguendo tra i vari profili d'incompetenza e tra il potere di rilievo del giudice e quello del convenuto.

Per il giudice nulla è cambiato rispetto alle previsioni previgenti alla legge n. 69/2009: egli può rilevare entro l'udienza di cui all'art. 183 c.p.c. ogni profilo d'incompetenza ad eccezione dell'incompetenza per territorio derogabile[46].

Il convenuto, invece, può rilevare ogni profilo d'incompetenza, ovviamente senza alcuna eccezione, solo nella comparsa di risposta tempestivamente depositata, ossia nel termine di cui all'art. 166 c.p.c.

Su questa norma, all'apparenza semplice e lineare, bisogna fare almeno un paio di precisazioni.

La prima riguarda il regime dell'eccezione d'incompetenza per territorio semplice. Nella precedente formulazione dell'art. 38 c.p.c. era previsto che il convenuto dovesse indicare necessariamente il giudice da lui ritenuto competente solo nel caso che si sollevasse un profilo d'incompetenza per territorio derogabile. Nell'attuale formulazione quell'onere è addossato al convenuto in ogni caso di eccezione d'incompetenza per territorio, senza distinguere tra profili d'incompetenza per territorio derogabile e profili inderogabili.

Ora, se l'indicazione da parte del convenuto del giudice da lui ritenuto competente è imposta essenzialmente al fine di favorire la formulazione di un accordo endoprocessuale sulla competenza, ossia di permettere l'operatività di quella parte dell'art. 38 c.p.c. in cui si prevede che, fuori dai casi previsti dall'art. 28, quando le parti costituite aderiscono all'indicazione del giudice competente per territorio, la competenza del giudice indicato rimane ferma se la causa è riassunta entro tre mesi dalla cancellazione della stessa dal ruolo, evidentemente non ha alcun senso addossare lo stesso onere al convenuto ove egli rilevi un profilo d'incompetenza per territorio inderogabile.

È allora necessaria un'interpretazione correttiva della lettera della norma, ri-

---

[46] Con il D.Lgs. n. 149/2022 la prima comparsa del giudice sulla scena del processo non avviene più nell'udienza di cui all'art. 183 c.p.c., bensì in un momento precedente, ossia nell'ambito delle verifiche preliminari da fare, ai sensi dell'art. 171*bis*, senza contraddittorio e appunto prima della detta udienza (vai al paragrafo 3 del quinto capitolo). Tuttavia, non essendo stato toccato l'art. 38 c.p.c. né facendosi cenno nel citato art. 171*bis* della questione d'incompetenza, credo che il potere di rilievo del giudice resti spendibile all'udienza di cui all'art. 183 c.p.c.

portandone il senso a quanto essa prevedeva in precedenza. Insomma, si dovrà intendere che il convenuto sia obbligato ad indicare il giudice ritenuto competente solo se egli rileva un difetto di competenza per territorio derogabile[47].

La seconda precisazione riguarda il necessario collegamento che si deve fare tra l'art. 38 e il novellato art. 163, 3° comma, n. 7), c.p.c. Quest'ultima disposizione, a seguito della legge n. 69/2009, prevede che nell'atto di citazione, con cui s'instaura il processo, l'attore debba, fra l'altro, avvertire il convenuto che se non si costituirà nei termini di legge incorrerà nella decadenza di cui all'art. 38 c.p.c., disposizione questa la cui violazione comporta la nullità dell'atto di citazione.

Sulle nullità processuali in genere e sulla nullità dell'atto di citazione in particolare torneremo[48]. Ma fin da ora, per quanto riguarda l'argomento specifico che stiamo qui trattando, si tenga presente che dal combinato disposto delle norme appena citate emerge la possibilità che l'eccezione d'incompetenza non si precluda nei termini della comparsa di risposta. Invero, se il necessario avvertimento al convenuto manca, delle due l'una: se il convenuto si costituisce, la nullità è sanata, ma il convenuto ha diritto alla fissazione di una nuova prima udienza; se, invece, il convenuto non si costituisce, il giudice ordina la rinnovazione della citazione che comporta inevitabilmente una nuova fissazione della prima udienza. Ove, poi, si consideri che questi meccanismi di sanatoria, se dovrebbero operare immediatamente, tuttavia non è escluso che operino in una fase avanzata del processo, perché ad esempio, non avendo il giudice disposto alcunché, il convenuto si costituisce appunto in una fase avanzata, è evidente come la questione di competenza possa di fatto emergere ben oltre il termine di cui parla l'art. 38 c.p.c.

Sollevata la questione d'incompetenza si aprono due possibilità. Se trattasi di un profilo d'incompetenza per territorio semplice, è possibile che il giudice non debba decidere nulla, eventualità che si verifica ove l'attore aderisca all'indicazione di competenza formulata dal convenuto nella sua eccezione. Se, invece, questo accordo[49] non si perfeziona o se si tratta di altri profili d'incompetenza, il giudice deve decidere la questione.

Prima di analizzare i modi, ossia le vie decisorie per essa immaginabili, vi è da svolgere qualche chiarimento sui criteri di valutazione, perché non ci si può

---

[47] Non si dimentichi che in questo ambito le parti avrebbero potuto esplicare il loro potere negoziale anche prima e fuori del processo: si torni a quanto detto a proposito degli artt. 28 e 29 c.p.c.

[48] Vedi in questo capitolo il paragrafo 12.

[49] Trattasi di un accordo, come si suole dire, endoprocessuale, che, a differenza dell'accordo di cui agli artt. 28 e 29 c.p.c., ha un'efficacia temporalmente limitata: esso vincola le parti solo se vi è riassunzione entro 3 mesi dalla cancellazione della causa dal ruolo.

limitare al rilievo, pur ovviamente corretto, per cui il giudice deciderà secondo le regole che disciplinano i vari profili della competenza.

Si cominci col dire che anche in questo ambito vale certamente il principio c.d. della *perpetuatio iurisdictionis*, che abbiamo enunciato trattando della giurisdizione, in quanto l'art. 5 c.p.c. dispone che, non solo la giurisdizione, ma anche la competenza si determina «con riguardo alla legge vigente e allo stato di fatto esistente al momento della proposizione della domanda» e non hanno rilevanza rispetto ad essa «i successivi mutamenti della legge o dello stato medesimo». Quindi, ancora una volta applicando il principio chiovendiano per cui il tempo necessario per celebrare un processo non deve andare a danno della parte che ha ragione, se il giudice adito è competente in base agli elementi di fatto e di diritto esistenti al momento della domanda, egli resta competente anche se, per caso, interviene qualche mutamento che, in astratto, dovrebbe provocare il venir meno della competenza [50].

Non è, invece, esplicitamente previsto per la competenza, a differenza di quanto accade per la giurisdizione [51], il principio inverso. Ma, francamente, non vedo cosa potrebbe impedire qui un'applicazione analogica dell'art. 8 della legge n. 218/1995, per cui credo si possa dire che anche per la competenza debba valere in tutti i sensi un principio di favore per il giudice adito, il quale dovrà ritenersi munito di competenza pure nell'ipotesi in cui i presupposti di questa, originariamente carenti, intervengano successivamente.

Tuttavia, il problema più spinoso è un altro, problema che noi trattiamo in questa sede, ma che riguarda, invero, più in generale, i *rapporti tra rito e merito*. Ci si chiede: il giudice, quando si trova a decidere la questione di competenza, come deve considerare il presupposto, l'elemento, al quale la legge collega la presenza o l'assenza di essa? Il senso della domanda si comprende quando si considera che il modo di essere di un presupposto processuale a volte dipende dal modo di essere di un elemento che rileva solo a tal fine, mentre altre volte esso dipende dal modo di essere di un elemento a doppia rilevanza, un elemento, cioè, che rileva sia ai fini della decisione della questione processuale sia ai fini della decisione nel merito della causa. Se così è, il principio fondamentale da tenere presente è il seguente:

– *quando l'elemento è rilevante solo per la questione di rito, il giudice, trovandosi a decidere tale questione di rito, dovrà accertare il suo effettivo modo*

---

[50] Sempre fatto salvo lo *ius superveniens* retroattivo, come accade in caso di pronuncia della Corte costituzionale. Vedi anche quanto abbiamo detto *retro* in questo capitolo alla nota 29 in materia di giurisdizione.

[51] Vedi *retro* il paragrafo 3 nel presente capitolo e rileggi l'art. 8 della legge n. 218/1995.

di essere; invece, quando l'elemento è rilevante anche ai fini della decisione in merito, il giudice, ai fini della decisione della questione di rito, dovrà considerarlo, non per quello che è, ma per quello che appare, ossia secondo la prospettazione fattane dall'attore, mentre il suo effettivo modo di essere varrà per decidere la causa, oggetto del processo.

Partiamo dal caso in cui l'elemento rilevante ha doppia funzione, sia per il rito sia per il merito. Qui, si ripete, ai fini del rito vale ciò che di esso l'attore ha detto nella domanda, veramente possiamo dire che la competenza si determina sulla base della domanda.

Si pensi all'ipotesi di una domanda nella quale l'attore afferma di essere titolare di un credito per una certa somma di denaro, per il quale chiede la condanna del convenuto a pagare. Ai fini della competenza il valore della causa si determina in base a ciò che l'attore ha prospettato nella domanda (art. 10, 1° comma, c.p.c.). Ovviamente al giudice spetterà, poi, il compito di verificare se quanto l'attore ha affermato corrisponde o meno a verità, ma ciò servirà solo ai fini della decisione in merito, senza che l'esito della verifica possa incidere sulla competenza.

Se, per esempio, l'attore afferma, citando in giudizio il convenuto di fronte ad un tribunale, di essere titolare di un credito di centomila euro, il valore della causa è determinato secondo questa somma e il tribunale adito dovrà ritenersi munito di competenza. Peraltro, è ovvio che il modo di essere del credito, quindi anche l'ammontare della somma di denaro, rileva pure ai fini della decisione della causa nel merito ed è altrettanto ovvio che il giudice dovrà accertare la verità su detto ammontare, non potendo certo accontentarsi di quanto ha affermato l'attore. Ma, ed è qui l'applicazione del citato principio, l'effettivo ammontare del credito, così come risulterà dall'istruzione probatoria, rileverà solo ai fini del merito, senza che si possano avere ripercussioni sul piano della competenza. Di conseguenza, il tribunale, se, per avventura, dovesse accertare che la somma dovuta è pari ad un ammontare tale, per cui la causa si sarebbe potuta, e dovuta, instaurare di fronte al giudice di pace, non si dichiarerà incompetente, bensì pronuncerà una sentenza con la quale deciderà nel merito tenendo in considerazione a questo fine, e solo a questo fine, quel certo ammontare.

Peraltro, rimanendo nell'ambito dei crediti a contenuto pecuniario, vi possono essere delle complicazioni, perché, per un verso, bisogna pure tenere presente il principio, ricavabile dall'art. 14, 3° comma, c.p.c. per cui il giudice, nel decidere la causa nel merito, non può comunque andare oltre i limiti della sua competenza, e, per altro verso, bisogna distinguere a seconda che l'attore quantifichi o meno la somma di denaro pretesa.

Manteniamo il caso già fatto, nel quale l'attore ha quantificato la somma da lui pretesa. Qui la complicazione potrebbe nascere da, pur possibili, successive modificazioni sul piano della quantificazione, modificazioni che possono aversi in diminuzione o in aumento.

Ora, nel nostro esempio non si porranno mai problemi, a causa di dette modificazioni, perché le modificazioni in diminuzione non spostano la competenza [52] e quelle in aumento finiscono per essere sempre irrilevanti, visto che si immagina un processo instaurato di fronte al tribunale.

Ma, se, invece, la causa è radicata di fronte al giudice di pace, in base ad un'originaria quantificazione che si manteneva nei limiti della competenza di tale giudice, allora un'eventuale modificazione in aumento, tale da fuoriuscire dai limiti di detta competenza, deve comportare lo spostamento del processo di fronte al tribunale, perché, ove si mantenesse la causa di fronte al giudice di pace, questi non potrebbe, poi, nel merito, accogliendo la domanda, liquidare una somma che vada oltre i limiti della sua competenza e l'attore, quindi, sarebbe pregiudicato sul piano del suo diritto sostanziale [53].

Lo stesso principio è da considerare con attenzione quando l'attore non quantifica la somma pretesa. In tal caso, innanzitutto scatta la presunzione di competenza del giudice adito, di cui all'art. 14, 1° comma, c.p.c. e, quindi, successivamente trova applicazione il detto principio.

Così, se, ad esempio, l'attore fa valere un credito pecuniario senza quantificarlo di fronte al giudice di pace, in primo luogo si presume che la causa sia di valore tale da attribuire, appunto, la competenza al giudice adito, poi, in secondo luogo, ne consegue che il giudice di pace, quand'anche dovesse accertare che, in realtà, l'ammontare del credito è pari ad una cifra esorbitante, potrebbe comunque limitarsi a liquidare una somma il cui ammontare rientra nella sua modesta competenza. Qui il rischio di un grave pregiudizio per l'attore è grande, se si considera che il diritto di credito fatto valere, come oggetto del processo, è sempre un *quid* unico, che può essere fatto valere, come tale, una volta sola.

In altre parole, se Tizio ha un credito (presunto) di centomila euro nei confronti di Caio, egli non può spezzettare il suo (presunto) credito in tante domande, ma deve farne oggetto di una sola domanda. Per cui, se il giudice di pace ha riconosciuto l'esistenza del credito di Tizio verso Caio nei limiti, mode-

---

[52] Per intendersi, se l'attore dovesse, successivamente, diminuire la quantificazione al punto da scendere nei limiti della competenza per valore del giudice di pace, ciò sarà irrilevante e si continuerà tranquillamente il processo di fronte al tribunale originariamente adito.

[53] Ma, allora, si crea una situazione a dir poco curiosa. Invero, a fronte di una modificazione successiva in aumento emerge una questione di incompetenza, che, se non può essere l'attore a rilevare, il convenuto non ha probabilmente interesse a sollevare, con la conseguenza che, di fatto, solo il giudice potrebbe realmente rilevare una simile questione. Se, poi, la questione non è sollevata, l'attore si trova, per così dire, "incastrato" nei limiti di competenza del giudice di pace.

stissimi, della sua competenza, non è possibile, poi, che Tizio faccia valere lo stesso credito, magari per la differenza, in un altro e successivo processo.

Peraltro, elemento a doppia rilevanza può essere anche il tipo di rapporto giuridico in gioco. Ad esempio, avendo il tribunale assorbito la precedente competenza del pretore, esso è competente per materia quando si tratti di una causa di lavoro o di locazione. In tal caso la competenza si radica in base all'affermazione dell'attore e, se poi risulta insussistente uno di quei rapporti, il tribunale rigetterà in merito la domanda proposta. Tuttavia, qui il rigetto potrà riguardare solo quel profilo giuridico con la conseguenza che ben sarà possibile un ulteriore processo in cui si metta in gioco un profilo giuridico diverso.

Ma, allora, è ben possibile che la stessa vicenda della vita sia, per così dire, spezzettata in più processi, perché sono in astratto ipotizzabili più diritti soggettivi, ciascuno individuato da una diversa fattispecie giuridica, ancorché, essendo sotteso un unico interesse economico, solo uno di essi potrà in concreto essere riconosciuto come esistente [54].

Quando, invece, l'elemento rileva solo ai fini della questione di competenza, allora si può andare oltre la prospettazione dell'attore, ai fini della soluzione della questione processuale.

Si pensi alla residenza del convenuto, rilevante ai fini della competenza per territorio, che evidentemente non ha alcun rilievo ai fini della decisione della causa. Ma, si pensi anche al valore di una cosa mobile, nell'ambito di un'azione ad essa relativa. Se Tizio pretende da Caio la consegna di una certa cosa mobile, il valore di questa rileverà ai fini della competenza e non certo, anche, ai fini del merito. In tal caso, quindi, è pure possibile che le parti litighino sulla determinazione del valore della cosa, ma, per un verso, un simile dissidio rileverà solo sul piano del problema di competenza e, per altro verso, se non dovesse neanche porsi il problema, non vi sarà alcuna seria conseguenza sul piano del merito.

Questa particolare ipotesi è disciplinata sempre nell'art. 14 c.p.c., nel quale si prevede che, se il convenuto, nella sua prima difesa, contesta il valore della cosa mobile, oggetto dell'azione, così come dichiarato dall'attore o presunto [55], il giudice deciderà su quel valore «ai soli fini della competenza, in base a quello che risulta dagli atti e senza apposita istruzione». Di conseguenza, individuato il valore, il giudice potrebbe, poi, dichiararsi incompetente, appunto perché detto valore esorbita dai limiti della sua competenza. Se, invece, il convenuto non solleverà alcuna contestazione di questo genere, allora s'intenderà che il valore sia tale da rendere competente il giudice adito e, quel che è più importante, ciò

---

[54] O anche nessuno, se appunto non se ne prova alcuno!

[55] Se il valore non è dichiarato, si presume che esso sia tale da rientrare nella competenza del giudice adito.

non avrà mai conseguenze negative per l'attore, sul piano del merito, perché, anche se, pure in questo caso, bisogna applicare il principio per cui il valore «rimane fissato, anche agli effetti del merito, nei limiti della competenza del giudice adito» (art. 14, 3° comma, c.p.c.), evidentemente questo principio non ha incidenza concreta per le cause nelle quali quel valore non è un elemento determinante nel merito. Insomma, se Tizio proverà nei confronti di Caio di avere diritto alla consegna della cosa mobile, vincerà la causa ed otterrà la condanna di Caio, anche se, per avventura, ha agito di fronte al giudice di pace e la cosa in questione ha un valore inestimabile.

La questione di competenza, a seguito della legge n. 69/2009, è decisa con ordinanza sulla sola competenza o con sentenza che pronuncia sulla competenza e sul merito. Ma, a prescindere dalla forma della pronuncia, la cosa più importante da rilevare è che, applicandosi il combinato disposto degli artt. 187, 3° comma e 279, 1° comma, c.p.c., anche per la questione di competenza, lungi dall'aversi sempre e comunque un'immediata decisione con ordinanza, si può piuttosto avere o meno un'immediata rimessione in decisione della causa in base alla delibazione che della questione faccia l'organo dell'istruzione [56].

In altri termini, è possibile che il giudice istruttore, delibando la questione, la ritenga fondata o infondata, rimettendo subito in decisione nel primo caso e continuando l'istruzione della causa, accantonando per il momento l'eccezione d'incompetenza, nel secondo caso. Per cui resta sempre l'eventualità che l'organo della decisione abbia un'opinione diversa.

Senza spendere altre parole sulle logiche e sulle modalità di funzionamento di questo meccanismo di economia processuale, a noi già noto, vediamo, piuttosto, di analizzare gli sviluppi della vicenda processuale a seconda che il giudice si dichiari competente o incompetente.

Partiamo dalla prima ipotesi: il giudice *si dichiara competente*. Ciò può avvenire con la pronuncia di una ordinanza, che non definisce il giudizio, sulla sola questione di competenza o con la pronuncia della sentenza definitiva, che decide sia sulla competenza sia sul merito.

La prima ipotesi si verifica quando l'organo della decisione respinge la rilevata eccezione d'incompetenza, che, invece, l'organo dell'istruzione aveva, in

---

[56] Quindi, dalla lettura dello strano disposto dell'art. 38, 3° comma, c.p.c. («Le questioni di cui ai commi precedenti sono decise, ai soli fini della competenza, in base a quello che risulta dagli atti e, quando sia reso necessario dall'eccezione del convenuto o dal rilievo del giudice, assunte sommarie informazioni»), si deve solo ricavare che per risolvere la questione di competenza va svolta, al più, un'istruzione sommaria e non anche l'idea che su di essa il giudice dovrebbe, sempre e comunque, pronunciarsi immediatamente.

via di delibazione, ritenuto fondata, disponendo, di conseguenza, l'immediata rimessione in decisione della causa ai sensi dell'art. 187, 3° comma, c.p.c., ossia senza alcuna istruzione sulle altre questioni. In tal caso la legge n. 69/2009 ha voluto, novellando l'art. 279 c.p.c., prevedere che il giudice pronunci, non più una sentenza non definitiva, come accadeva in precedenza, bensì un'ordinanza, con la quale, oltre ad affermare la propria competenza, egli disponga anche per la rimessione in istruttoria. Ma, francamente, a parte il cambio d'intestazione del provvedimento, non si vede quale differenza sostanziale vi sia rispetto al regime precedente. In ogni caso, infatti, con la pronuncia di detta ordinanza il giudice si spoglia della questione, la quale potrà essere rimessa in discussione solo su iniziativa di parte con la proposizione del regolamento di competenza, di cui tra breve tratteremo.

A fronte dell'ordinanza affermativa della competenza, sono immaginabili due tipi di sviluppi: è possibile che l'interessato (il convenuto) voglia contestarla oppure che egli lasci cadere la questione. In questo secondo caso, della questione di competenza non si tratterà più nell'ulteriore corso del processo. Nel primo caso, invece, l'interessato ha l'onere di proporre il *regolamento di competenza* di fronte alla Corte di cassazione, salvo che si tratti di una pronuncia sulla competenza assunta dal giudice di pace, che secondo la giurisprudenza è impugnabile con gli ordinari mezzi d'impugnazione, vista la previsione di cui all'art. 46 c.p.c.[57].

Questa, nell'ipotesi in parola, è l'unica via percorribile, perché, ai sensi dell'art. 42 c.p.c., le ordinanze che pronunciano solo sulla competenza sono impugnabili esclusivamente col regolamento di competenza, definito, appunto, come "necessario"[58]. Oltretutto, il convenuto non può neanche scegliere tra la sua proposizione immediata e il suo differimento al momento in cui sarà pronunciata la sentenza definitiva, perché l'istituto della riserva, che abbiamo già visto a proposito della sentenza non definitiva sulla giurisdizione, non è previsto a fronte delle ordinanze e comunque, se anche si fosse mantenuta la forma della sentenza per decidere sulla questione di competenza, esso in ogni caso non vale per il regolamento di competenza[59].

---

[57] In ciò contrastata da una buona parte della dottrina, la quale ritiene implicitamente abrogato il citato art. 46.

[58] Ovviamente la necessità della via non significa obbligatorietà, perché non è pensabile che l'interessato sia obbligato a proporre il regolamento di competenza.

[59] Sono riservabili solo l'appello (art. 340 c.p.c.) e il ricorso in cassazione (art. 361 c.p.c.). Peraltro, a seguito dell'entrata in vigore del D.Lgs. n. 40/2006, la riserva di ricorso in cassazione è ammessa solo a fronte delle sentenze parzialmente definitive e non anche per le sentenze non definitive su questione: vedi *retro* la nota 35 in questo capitolo e più ampiamente *infra* nel paragrafo 3 del settimo capitolo.

Se viene proposto il regolamento di competenza, il giudizio di fronte al giudice del merito si sospende *ope legis*, ai sensi dell'art. 48 c.p.c., e la sospensione dura fino alla pronuncia dell'ordinanza[60] della Corte di cassazione, che decide sulla questione di competenza. Con tale ordinanza si può rigettare il regolamento di competenza, quindi confermare l'affermazione della competenza del giudice adito: allora la Corte di cassazione disporrà la prosecuzione del processo di fronte a questi. Oppure è possibile che l'impugnazione sia accolta, quindi sia negata la competenza del giudice originariamente adito, ed allora la C.S. indicherà qual è il giudice competente e disporrà la riassunzione del processo di fronte a questi.

Ma, il rigetto dell'eccezione d'incompetenza può aversi nella sentenza definitiva, nella quale il giudice, chiamato a decidere a seguito di una completa istruzione della causa, per un verso, si dichiara competente e, per altro verso, accoglie o rigetta nel merito la domanda proposta. Prima di analizzare le diverse ipotesi prospettabili, si tenga presente che, a fronte di una sentenza a doppio capo, sulla competenza e sul merito, dall'art. 43 c.p.c. emerge il principio per cui, se si vuole attaccare il solo capo relativo alla competenza, bisogna utilizzare il regolamento di competenza, mentre, se si vuole rimettere in gioco anche il capo di merito, allora si deve percorrere la via dell'appello. In questo quadro, il ricorso al regolamento di competenza, pur prospettabile, è tuttavia facoltativo, perché l'interessato può scegliere anche di ricorrere all'appello. Però, per capire concretamente il meccanismo, bisogna distinguere due ipotesi.

Si faccia, innanzitutto, il caso che l'attore vinca sulla questione di competenza, ma perda nel merito la causa. Il convenuto non ha ovviamente alcun interesse a prendere l'iniziativa, perché, pur essendo soccombente sulla questione di competenza, egli ha vinto la causa. Starà, allora, all'attore fare la prima mossa, ossia decidere di proporre l'appello, aprire, quindi, un giudizio di secondo grado, nel quale cercare di ribaltare la sua sconfitta sul rapporto giuridico fatto valere.

Proposto appello da parte dell'attore soccombente, il convenuto deve scegliere se coltivare o meno la questione di competenza.

Egli può lasciarla cadere, perché magari ritiene abbastanza sicura la conferma della sua vittoria nel merito, ed allora della questione di competenza non si parlerà più nel corso del processo. Oppure, è possibile che l'originario convenuto, ora appellato, voglia mantenere viva la detta questione. A tal fine l'ordi-

---

[60] Vedi l'art. 49 c.p.c., nonché l'art. 375 c.p.c., nel quale si dispone che la C.S. decide con ordinanza in camera di consiglio, fra l'altro, anche sulle istanze di regolamento di competenza. Peraltro, a seguito del D.Lgs. n. 149/2022, è pur possibile che il regolamento sia deciso con sentenza in pubblica udienza ove emerga una questione di diritto di particolare rilevanza.

namento gli offre due vie: egli può coltivare la questione in appello [61] o demandarne la decisione direttamente alla Corte di cassazione, attraverso la proposizione del regolamento di competenza avverso il relativo capo di rito [62], con la conseguente sospensione del giudizio di appello.

Si tratta di una scelta difficile, perché la questione di competenza, attenendo alla ritualità del processo nel suo complesso, andrà comunque decisa, anche in sede d'appello, prima di ogni altra, per cui, se, per avventura il giudice di secondo grado dovesse ritenere fondata l'eccezione d'incompetenza, erroneamente rigettata in primo grado, l'appellato, convenuto in primo grado, si troverà ad ottenere una sentenza di rigetto in rito della domanda attorea là dove, invece, egli aveva in precedenza ottenuto un rigetto in merito di quella domanda, quindi un provvedimento per lui assai più utile.

Ma anche la scelta di lasciar cadere la questione di competenza è rischiosa, perché l'attore-appellante, soccombente in primo grado, potrebbe convincere il giudice d'appello dell'ingiustizia della sua soccombenza e così ottenere una sentenza di accoglimento della domanda, restando all'altra parte il rammarico di non aver mantenuto in vita quel profilo di rito.

Si faccia, ora, il caso che l'attore vinca su tutto: sia sulla questione di competenza sia nel merito della lite. Qui, ovviamente, il gioco successivo è in mano al solo convenuto, il quale potrà:

– proporre appello attaccando la sentenza sia per il capo di rito sia nel merito;
– proporre appello solo per il merito, lasciando cadere il profilo relativo alla competenza;
– proporre prima regolamento di competenza alla Corte di cassazione avverso il relativo capo.

In questa terza ipotesi i termini per proporre appello rimarranno sospesi, per riprendere a decorrere dalla comunicazione dell'ordinanza che regola la competenza [63].

Veniamo ora alla seconda ipotesi generale, quella della *pronuncia di incompetenza*, che, peraltro, può essere assunta dal giudice del merito o dalla Corte di cassazione.

Il giudice del merito si dichiara incompetente con la pronuncia di un'ordi-

---

[61] Sulla forma di questa attività, tra mera riproposizione ai sensi dell'art. 346 c.p.c. o appello incidentale, si rinvia a quanto diremo nel paragrafo 4 del settimo capitolo.

[62] Vedi l'art. 43, 2° comma, c.p.c.: «La proposizione dell'impugnazione ordinaria non toglie alle altre parti la facoltà di proporre l'istanza di regolamento». In tal caso il regolamento va proposto entro trenta giorni dalla notificazione dell'impugnazione ordinaria (art. 47, 2° comma, c.p.c.).

[63] Si legga l'art. 43, 3° comma, c.p.c.

nanza, che, logicamente, definisce il grado di giudizio, rigettando in rito la domanda dell'attore. Ma, qui il legislatore ha predisposto un meccanismo di sanatoria, perché la detta pronuncia di incompetenza, non limitandosi ad una negazione, contiene anche l'indicazione, in positivo, del giudice ritenuto competente di fronte al quale la causa può essere riassunta (vedi gli artt. 44 e 50 c.p.c.).

È possibile che l'attore impugni tale ordinanza. Il rimedio spendibile sarà ancora il regolamento necessario di competenza[64] e si tratterà di attendere la decisione della Corte di cassazione.

Ma, è anche possibile che l'attore lasci cadere la questione ed allora si apre la strada della riassunzione di fronte al giudice indicato come competente, quindi della c.d. *translatio iudicii*, ossia, non dell'inizio di un nuovo processo di fronte ad altro giudice, bensì della prosecuzione dello stesso processo. Questo meccanismo sanante, peraltro da utilizzare entro i termini di cui all'art. 50 c.p.c. a pena di estinzione, è molto importante, perché esso permette di salvare gli effetti della litispendenza, in particolare gli *effetti sostanziali e processuali della domanda*, i quali rimarranno collegati all'atto nel quale era stata proposta l'originaria domanda.

Gli effetti sostanziali[65] della domanda rappresentano un altro modo per attuare il fondamentale principio per cui il tempo necessario per celebrare il processo non deve andare a danno della parte che ha ragione, quindi per neutralizzare i possibili inconvenienti che potrebbero derivare dal passare del tempo. Così, ad esempio, con la domanda si interrompe (art. 2943 c.c.) e si sospende (art. 2945, 2° comma, c.c.) il decorso del termine di prescrizione del diritto fatto valere, termine che ricomincia a decorrere dal momento in cui passa in giudicato la sentenza che definisce il giudizio. In tal modo il tempo necessario per celebrare il processo è neutralizzato, perché finché questo pende non si potrà estinguere il diritto fatto valere per prescrizione.

Per capire ora l'importanza del meccanismo sanante previsto in materia di competenza, si tenga presente, mantenendo l'esempio del termine di prescrizione, che l'art. 2945 c.c. prevede la risoluzione dell'effetto sospensivo nel caso in cui il processo non giunga alla decisione nel merito. Insomma, il termine di prescrizione ricomincia a decorrere dalla fine del processo solo se questo si

---

[64] A meno che si tratti di una pronuncia del giudice di pace, che, come abbiamo già detto, stante l'art. 46 c.p.c., si ritiene impugnabile con gli ordinari mezzi d'impugnazione. Si aggiunga che sempre col regolamento di competenza si potrà far valere la violazione dell'art. 38 c.p.c., magari perché, ad esempio, il giudice si è dichiarato incompetente per territorio semplice sulla base di un'eccezione intempestiva o non contenente l'indicazione del giudice competente.

[65] Per quanto riguarda il valore della salvezza degli effetti processuali si rinvia soprattutto a quanto si dirà nell'analisi dell'art. 111 c.p.c.: vai al paragrafo 15 nel sesto capitolo.

conclude con una sentenza di merito, mentre esso ricomincerà a decorrere dalla domanda originaria, salvandosi solo l'effetto interruttivo collegato esclusivamente a questa, ove, invece, il processo si estingua o giunga ad una pronuncia di rigetto in rito, con la conseguenza che tra la proposizione della domanda e la pronuncia del provvedimento di estinzione o di rigetto in rito potrebbe essersi verificata, direi, a questo punto, a sorpresa, l'estinzione del diritto [66].

Ebbene, consentendo, in caso di pronuncia di incompetenza, la riassunzione del processo di fronte al giudice dichiarato competente, il legislatore evita proprio un inconveniente di questo genere, mantenendo in vita lo stesso processo originario, il quale, a questo punto, purgato dalla carenza del presupposto processuale, potrà giungere alla pronuncia della sentenza di merito. Così, anche su un piano processuale in senso stretto, abbiamo la prosecuzione dello stesso percorso che era stato iniziato irritualmente di fronte ad un giudice incompetente. Ed è questa idea di fondo che giustifica l'opinione maggioritaria secondo la quale di fronte al c.d. giudice *ad quem*, per un verso, si trascinano le preclusioni già maturate in precedenza [67] e, per altro verso, si salvano le attività istruttorie già compiute dal c.d. giudice *a quo*, nonostante che questi fosse incompetente a porle in essere [68].

Resta, peraltro, un problema: il giudice di fronte al quale il processo è trasferito deve sottostare all'indicazione di competenza fatta dal giudice che, dichiarandosi incompetente, ha disposto la riassunzione di fronte a lui?

La legge ci fornisce la risposta all'art. 45 c.p.c., nel quale si è cercato un punto di equilibrio tra l'esigenza di un effettivo funzionamento della macchina della giustizia ed il principio per cui ogni organo giurisdizionale è giudice della propria competenza. Da tale norma emerge una distinzione, a seconda del profilo di competenza in gioco: se si tratta di un problema di competenza per valore o per territorio semplice, il giudice della riassunzione non può rimettere in discussione la questione, mentre, se si tratta di un profilo di competenza per materia o territorio inderogabile (vedi l'art. 28 c.p.c.), il giudice della riassunzione può, a sua volta, ritenersi incompetente, ma allora deve sollevare il c.d. *conflitto* di fronte alla Corte di cassazione, ossia richiedere d'ufficio il regolamento di competenza, scelta che secondo la giurisprudenza della C.S. egli deve fare subito a pena di inammissibilità, ossia entro la prima udienza di trattazione.

Infine la pronuncia di incompetenza può essere adottata dalla Corte di cassa-

---

[66] Ciò si ricava dal 2° e 3° comma dell'art. 2945 c.c.

[67] Sui tempi del processo vai al paragrafo 3 del quinto capitolo.

[68] Quest'ultima affermazione, a mio sommesso avviso, potrebbe essere discutibile, emergendo in questo contesto, piuttosto, la possibilità di applicare analogicamente l'art. 310, 3° comma, c.p.c.

zione, a prescindere dalla sua forma. In ogni caso la pronuncia della C.S. risolverà la questione in parola una volta per tutte, sia nel processo in corso, nel senso che il giudice della riassunzione non potrà certo "ribellarsi" all'indicazione di competenza della C.S., sia in un eventuale secondo processo, nel quale, essendosi estinto il primo, si faccia nuovamente valere il diritto già in questo fatto valere.

5. *Capacità processuale*

Se la giurisdizione e la competenza sono presupposti processuali che riguardano il giudice, quelli che ora analizzeremo sono presupposti che riguardano le parti: la capacità processuale, la legittimazione ad agire e la rappresentanza tecnica.

Preliminarmente si rileva che *parti* del processo sono coloro che di fatto, appunto, prendono parte all'attività processuale, insomma si tratta di colui che formalmente propone la domanda e di colui contro il quale tale domanda è proposta. In questo senso, ponendoci sul piano di ciò che in una certa vicenda processuale accade (quindi sul piano dell'essere), le "parti" si contrappongono ai *terzi*, cioè a coloro che, in concreto, non prendono parte al processo. Tale distinzione riemergerà quando, studiando i limiti soggettivi del giudicato[69], vedremo il fondamentale principio per cui sono soggetti al giudicato, normalmente, solo coloro che hanno preso parte al processo della sua formazione, mentre non lo sono, normalmente, coloro che sono rimasti terzi.

Ma, ora, noi dobbiamo analizzare il problema delle parti sul piano del "dover essere", quindi dobbiamo porci una serie di domande: a) chi può essere parte di un processo? b) chi può essere parte attiva in un processo? c) qual è la giusta parte?

Con la prima domanda ci si interroga, in buona sostanza, sulla *capacità di essere parte*, nel senso di essere soggetto di effetti processuali, quindi destinatario di situazioni giuridiche processuali. La risposta è molto semplice, perché la capacità di essere parte, intesa in questo modo, coincide con la *capacità giuridica* di cui all'art. 1 c.c., la qual cosa, poi, significa che può essere parte ogni soggetto di diritto.

Ogni persona fisica, con la semplice nascita, è un soggetto di diritto. Per il resto, è soggetto di diritto ogni "ente" collettivo, che assurga al rango di autonomo centro d'imputazione di effetti giuridici. Senza approfondire ulteriormente il discorso, si tenga presente che tra questi ultimi troviamo soggetti di vario

---

[69] Si rinvia al paragrafo 6 nel quinto capitolo.

genere, dalla persona giuridica, all'associazione non riconosciuta, fino, per certi versi, al condominio.

Affrontando la seconda domanda (chi può essere parte attiva nel processo?), si pone la questione della *capacità processuale*, disciplinata dagli artt. 75 e ss. c.p.c. Se può essere destinatario degli effetti processuali ogni soggetto di diritto, non ogni soggetto di diritto può essere soggetto degli atti processuali, quindi parte attiva del processo, ma solo quel soggetto che ha, oltre, ovviamente, alla capacità giuridica, anche la *capacità di agire*, ossia, appunto, visto l'art. 2 c.c., la capacità di compiere gli atti o, usando le parole dell'art. 75, 1° comma, c.p.c., il libero esercizio dei diritti che si fanno valere nel processo.

La persona fisica, che è soggetto di diritto per il semplice fatto di esistere, acquista normalmente la capacità di agire con il raggiungimento della maggiore età (18 anni), anche se non è escluso che per alcuni diritti detta capacità si raggiunga ad un'età inferiore (art. 2, 2° comma, c.c.)[70]. La persona minorenne può essere titolare di situazioni giuridiche soggettive, ma non è ritenuta in grado di compiere gli atti ad esse relativi, per cui a tal fine ha bisogno di un'altra persona, pienamente capace, che la aiuti, persona che normalmente è il genitore. E così è possibile che, pur raggiunta la maggiore età, la persona risulti, o diventi successivamente, inidonea a gestire i propri affari, per cui ancora essa ha bisogno di un aiuto e, a tal fine, a seconda della gravità della situazione, l'ordinamento dispone l'intervento di un tutore (per l'interdetto), di un curatore (per l'inabilitato) o di un amministratore di sostegno per determinati atti.

In tutti questi casi nell'esperienza giuridica si verifica che un soggetto, capace di agire, è rappresentante di altro soggetto, sfornito di capacità di agire. Il *rappresentante* agisce *in nome e per conto* del rappresentato: essendo le situazioni giuridiche per le quali si agisce imputabili al rappresentato, gli atti compiuti dal rappresentante esplicano direttamente i loro effetti nella sfera giuridica del rappresentato. Ciò avviene sia rispetto ad atti di diritto sostanziale sia rispetto ad atti di diritto processuale, per cui nel processo il rappresentante agisce sempre in nome e per conto del rappresentato.

Anche per gli enti collettivi normalmente si dice che essi stanno in giudizio per mezzo della persona che li rappresenta. Ma qui la situazione è diversa da quella appena descritta per le persone fisiche, perché per gli enti collettivi, lungi dal porsi un problema propriamente di incapacità, quindi un problema inquadrabile sul piano della patologia, fisica e giuridica, appartiene alla fisiologia della loro attività operare attraverso i propri "organi". Ecco allora che per essi è più corretto parlare di *rappresentanza organica*, perché qui non vi è propria-

---

[70] Si pensi, ad esempio, ai diritti derivanti dal rapporto di lavoro.

mente una scissione tra il soggetto (rappresentato), al quale sono imputati gli effetti giuridici, ed il soggetto (rappresentante), che è capace di compiere i relativi atti, bensì vi è un solo soggetto, l'ente collettivo, che fisiologicamente opera in concreto per mezzo degli atti posti in essere dalle persone fisiche che lo rappresentano. Da questa precisazione si possono trarre diverse conseguenze, tra le quali si pensi solo al fatto che, per citare in giudizio un ente collettivo non è necessario individuare la persona fisica che in quel certo momento ricopre l'organo di rappresentante, ma basta agire nei confronti dell'ente utilizzando la formula generica "in persona del suo rappresentante".

A volte, inoltre, alla necessità della rappresentanza si aggiunge pure la necessità di un'*autorizzazione*, che il rappresentante deve avere, per agire nel caso concreto, o da altro organo dell'ente collettivo o da un giudice. Così, ad esempio, il Comune sta in giudizio per mezzo del Sindaco, ma lo statuto del Comune può, ai sensi dell'art. 6 del D.Lgs. 18 agosto 2000, n. 267, prevedere che questi in concreto debba avere l'autorizzazione della Giunta. Ed, ancora, spostandoci sul piano della tutela della persona incapace, vi sono casi in cui il tutore, per agire in giudizio in nome e per conto dell'incapace, ha bisogno dell'autorizzazione del giudice (si legga l'art. 374 c.c.).

Peraltro, l'autorizzazione integra ulteriormente il profilo della capacità processuale, quale condizione per la decisione nel merito, solo se essa è necessaria in capo all'attore, quindi a colui che prende l'iniziativa processuale e chiede la tutela di un diritto. In altri termini, per ottenere una decisione nel merito, chi agisce deve essere capace, altrimenti è necessario che agisca per lui il rappresentante, in ipotesi, ove prevista, munito di autorizzazione. Se, invece, l'autorizzazione è richiesta dal lato del convenuto, la sua carenza non può impedire all'attore di giungere ad una pronuncia nel merito, perché non gli si può accollare la conseguenza negativa di una mancanza che egli non può assolutamente colmare. In questo caso la carenza dell'autorizzazione sarà tutta a carico del convenuto, determinandone un vizio di costituzione e, quindi, la nullità degli atti da lui compiuti.

Venendo al profilo dinamico, l'art. 182, 2° comma, c.p.c. dispone che il vizio di capacità è rilevabile anche d'ufficio, ma non aggiunge altro. Si deve, allora, intendere, applicando i principi generali, che l'eccezione sia rilevabile in ogni stato e grado del processo, ovviamente con le precisazioni già sopra fatte [71].

Il vizio in parola non determina l'immediata chiusura in rito del processo, ma è recuperabile. Il citato art. 182, anche a seguito della legge n. 69/2009,

---

[71] Vedi *retro* il paragrafo 2 in questo capitolo, in particolare sul rapporto tra la spendibilità dei poteri d'ufficio e la tecnica delle impugnazioni, una volta che la questione processuale è stata sollevata e decisa.

prevede che quando rileva un difetto di rappresentanza, di assistenza o di autorizzazione, il giudice assegna alle parti un termine perentorio per la costituzione della persona alla quale spetta la rappresentanza o l'assistenza o per il rilascio delle necessarie autorizzazioni, aggiungendo che l'osservanza del termine sana i vizi, e gli effetti sostanziali e processuali della domanda si producono sin dal momento della prima notificazione.

Questo meccanismo di sanatoria è stato, per così dire, irrobustito con la citata legge n. 69/2009, perché in precedenza era previsto che esso operasse con effetti *ex nunc*, ossia senza che fosse possibile la salvezza degli effetti sostanziali e processuali della domanda originaria. Con la conseguenza che secondo un'opinione molto diffusa si doveva isolare almeno il caso in cui il vizio riguardasse l'autorizzazione, affermando in tale ipotesi la retroattività della sanatoria.

Ma, oggi, in base al nuovo ultimo inciso dell'art. 182 c.p.c. non è più necessario ricorrere a distinzioni, avendo ormai il legislatore previsto la sanatoria di ogni difetto di capacità o di autorizzazione con effetti *ex tunc*.

L'utilità della distinzione che prima si faceva sopravvive allora solo in riferimento alla necessità di compiere nuovamente gli atti processuali già posti in essere. In altri termini, la sanatoria intervenuta non può esimere dalla necessità di porre nuovamente in essere gli atti processuali compiuti in precedenza se si era di fronte ad un vizio propriamente di capacità. Ma, lo stesso non deve dirsi ove si trattava solo della carenza di un'autorizzazione.

Infine, c'è da aggiungere che, se l'attività di sanatoria, pur in astratto possibile, non è però in concreto posta in essere, evidentemente il processo non potrà giungere ad una decisione nel merito della causa ed il suo esito inevitabile sarà quello della sua chiusura in rito.

6. *Legittimazione ad agire*

Affrontare il problema dell'individuazione della *giusta parte* significa studiare il presupposto processuale della legittimazione ad agire. Dall'art. 81 c.p.c. si ricava, anche se la norma è scritta in modo alquanto contorto, che è legittimato ad agire in giudizio solo colui che *si afferma* titolare del diritto per il quale si chiede tutela ed è legittimato a contraddire solo colui contro il quale si fa valere quel diritto, colui che si afferma essere l'autore dell'illecito, presupposto dell'attività giurisdizionale. Esemplificando: Tizio può far valere un diritto affermandosi titolare di esso e non può far valere un diritto affermando che, invece, il suo titolare è Caio.

La funzione di tale presupposto è evitare l'intromissione nelle sfere giuridiche altrui. Del resto lo stesso diritto soggettivo, garantendo la tutela di un interesse giuridicamente rilevante, è normalmente una situazione di libertà, nel senso che il suo titolare deve rimanere libero nella scelta di perseguire o meno il suo interesse. Ed allora ogni persona può far valere i suoi diritti, ma nessuno può agire per far valere i diritti altrui.

Peraltro, bisogna tenere ben distinto il piano attinente alla legittimazione ad agire dal piano attinente al merito della causa, distinguendo a seconda che venga in gioco un elemento rilevante solo per il rito ovvero a doppia rilevanza.

Il primo caso si ha, ad esempio, quando la legittimazione ad esercitare un data azione si fondi sull'avere lo stato di socio di una società o di condomino: qui, non assumendo rilevanza questo elemento ai fini della decisione nel merito, esso ben potrebbe essere oggetto di contestazione e quindi di accertamento al fine di risolvere la questione di rito relativa alla legittimazione ad agire.

Nella seconda ipotesi, invece, si deve applicare il principio per cui gli elementi a doppia rilevanza, ossia rilevanti sia ai fini del rito sia ai fini del merito, vanno considerati nella loro apparenza per il primo profilo e nella loro realtà per il secondo profilo. L'attore che si afferma titolare del diritto oggetto della domanda che propone è, per ciò solo, legittimato ad agire, ossia il giudice ha il dovere di pronunciare una sentenza nel merito. Ma altro è il problema del contenuto di questa sentenza, perché il giudice, a tale fine, non potrà certo accontentarsi dell'affermazione dell'attore, dovendo, invece, accertare come stanno veramente le cose, quindi accertare se è vero che l'attore è o meno titolare del diritto affermato.

Tuttavia, rispetto al principio per cui ognuno può agire solo per i suoi (presunti, quindi affermati) diritti vi sono delle eccezioni, alle quali rinvia l'art. 81 c.p.c., ipotesi nelle quali è possibile che un soggetto agisca in nome proprio per il diritto di un altro soggetto (*sostituzione processuale* o *legittimazione straordinaria*). La citata norma esordisce disponendo «Fuori dei casi espressamente previsti dalla legge ...», per cui le ipotesi di legittimazione straordinaria sono tutte *tipiche*, ossia non sono immaginabili casi di legittimazione straordinaria al di fuori di quelli esplicitamente disciplinati dalla legge. In altri termini, dai casi tipici di legittimazione straordinaria non si può ricavare una *ratio*, da utilizzare al fine di attribuire in casi analoghi, ma non previsti dalla legge, il potere di agire per far valere diritti altrui, perché, si ripete, questo potere deve essere espressamente attribuito dall'ordinamento. Del resto, quando sono in gioco diritti disponibili le ipotesi di legittimazione straordinaria rappresentano eccezioni al principio per cui non si può espropriare del monopolio dell'azione il suo titolare. Detto principio, ricavabile dall'art. 24, 1° comma, Cost. [72], può essere vulnerato dal legislatore ordinario solo in casi delimitati e "ragionevoli".

---

[72] Vedi *retro* il paragrafo 1 nel secondo capitolo.

Un esempio importante di legittimazione straordinaria lo si ricava dall'art. 2900 c.c. (azione surrogatoria), che così recita: «Il creditore, per assicurare che siano soddisfatte o conservate le sue ragioni, può esercitare i diritti e le azioni che spettano verso i terzi al proprio debitore e che questi trascura di esercitare, purché i diritti e le azioni abbiano contenuto patrimoniale e non si tratti di diritti o di azioni che, per loro natura o per disposizione di legge, non possono essere esercitati se non dal loro titolare». Qui la legge concede ad un soggetto, "terzo" rispetto al diritto oggetto della domanda, di perseguire la tutela di detto diritto, perché da questa egli, in qualche modo, dipende. Fermo restando che studieremo in termini più approfonditi situazioni di tal genere [73], è intuitivo che il creditore sia interessato alla consistenza del patrimonio del suo debitore, perché questa condiziona, ancorché non la possibilità di essere riconosciuto creditore, la concreta realizzabilità del credito. È per tale motivo che il legislatore attribuisce al creditore il potere, in certe condizioni, di «farsi gli affari del suo debitore», quindi, per dirla in termini tecnici, di agire in nome proprio per i diritti del suo debitore.

Ma vi sono anche ipotesi di legittimazione straordinaria legate alla tutela di interessi pubblici, la cui presenza spinge il legislatore a chiamare in campo addirittura il Pubblico Ministero. Il riferimento è all'art. 69 c.p.c., nel quale si dispone che il «pubblico ministero esercita l'azione civile nei casi stabiliti dalla legge». Tra questi si pensi, per fare un solo esempio, al disposto dell'art. 23 c.c., dettato in materia di associazioni e fondazioni, per cui le «deliberazioni dell'assemblea contrarie alla legge, all'atto costitutivo o allo statuto possono essere annullate su istanza degli organi dell'ente, di qualunque associato o del *pubblico ministero*».

Sui processi instaurati da un legittimato straordinario bisogna fare delle considerazioni particolari.

Innanzitutto si rileva che in questi casi il presupposto legittimante non è rilevante anche per il merito. Se Tizio agisce per il diritto di Caio, affermando quale titolo di legittimazione il fatto di essere suo creditore (il presupposto dell'azione surrogatoria), il diritto che sarà oggetto del processo, e quindi del futuro giudicato, è appunto quello (presunto) di Caio e non il diritto di credito di Tizio, che invece è solo il presupposto del potere di agire in via surrogatoria. Da ciò si ricava che, se dovesse insorgere una contestazione sull'effettiva posizione creditoria di Tizio nei confronti di Caio, per contestarne la legittimazione ad agire, il giudice non dovrà e non potrà accontentarsi dell'affermazione sul punto contenuta nella domanda. Il giudice allora, già ai fini della soluzione del-

[73] Si rinvia al paragrafo 6 nel quinto capitolo, nonché al paragrafo 9 del sesto capitolo.

la questione di rito, accerterà il modo di essere di un diritto sostanziale, anche se, ovviamente, tale accertamento, non essendo svolto ai fini del merito, non avrà efficacia al di fuori di questo processo.

In secondo luogo, non bisogna confondere la figura del rappresentante con quella del legittimato straordinario. Il rappresentante agisce *in nome e per conto del rappresentato*, per cui parte del processo, ossia il soggetto a cui saranno imputati tutti gli effetti del processo, è il rappresentato. Questi ha bisogno del rappresentante perché non è in grado di essere anche soggetto degli atti e il rappresentante interviene, appunto, solo per integrare quel difetto di capacità, ma senza diventare soggetto di effetti processuali. Il legittimato straordinario, invece, agisce *in nome proprio per il diritto altrui*, per cui egli è parte del processo, cioè soggetto destinatario di effetti processuali.

Peraltro, bisogna anche tenere presenti i limiti di una simile affermazione, derivanti dal fatto che, comunque, il legittimato straordinario non è titolare del diritto fatto valere in giudizio. Ciò comporta, in primo luogo, delle conseguenze sul piano dei poteri processuali spendibili, che saranno per il legittimato straordinario inferiori ai poteri normalmente spendibili da parte del legittimato ordinario [74].

Inoltre, gli effetti processuali direttamente imputabili al legittimato straordinario saranno essenzialmente quelli non di merito. Gli effetti di merito si ripercuoteranno in via riflessa nei suoi confronti, ma essi saranno imputabili innanzitutto al titolare del diritto oggetto del processo, il quale, non a caso, deve necessariamente essere chiamato in giudizio [75]. Invece egli sarà direttamente destinatario degli altri effetti processuali, tra i quali si ricordi il più importante, quello relativo alla condanna a pagare le spese del processo.

In definitiva, non si deve dimenticare che, mentre il legittimato straordinario aziona un diritto altrui, in fondo, per perseguire comunque un suo interesse, a quel diritto, in qualche modo, connesso, il rappresentante non persegue alcun interesse proprio, ma svolge un ufficio.

Venendo al profilo dinamico, non trovando norme nel codice che si occupino del difetto di legittimazione ad agire, si devono applicare i principi generali. Per cui esso è rilevabile anche d'ufficio in ogni stato e grado del processo.

Rilevato il vizio, al giudice non resta altro da fare che pronunciare una sentenza di rigetto in rito della domanda, per carenza del relativo presupposto processuale. Qui non sono previste attività di sanatoria, né, del resto, si sarebbe potuto disporre diversamente, perché siamo in presenza di un vizio oggettivamen-

---

[74] La questione sarà ripresa nel paragrafo 9 del sesto capitolo.

[75] Così vedi, ad esempio, l'art. 2900, 2° comma, c.c. Insomma siamo in presenza di ipotesi di litisconsorzio necessario, istituto sul quale torneremo nel paragrafo 7 del sesto capitolo.

te insanabile. Invero, sarebbe assai curioso se il legislatore, dopo aver previsto la legittimazione ad agire in funzione del rispetto della sfera giuridica altrui, consentisse la sanatoria ordinando di chiamare in causa quel soggetto che, legittimato ad agire, non ha voluto appunto agire!

7. *Rappresentanza tecnica*

Ogni soggetto, pur capace di agire e quindi capace di stare in giudizio, non può tuttavia agire da solo, ma deve farlo, normalmente, attraverso l'ausilio di un difensore. La legge prevede ipotesi in cui la parte può stare in giudizio personalmente: a) davanti al giudice di pace, se la causa ha un valore che non eccede euro millecento (art. 82, 1° comma, c.p.c., così come modificato dall'art. 13 della legge 17 febbraio 2012, n. 10); b) sempre davanti al giudice di pace, se questi, vista la natura e l'entità della causa, autorizza a ciò la parte che lo richieda (art. 82, 2° comma, c.p.c.); c) in ogni caso in cui la parte ha la qualità necessaria per esercitare l'ufficio di difensore con procura presso il giudice adito (art. 86 c.p.c.). Ma, al di là di questi casi, l'ordinamento prevede una sorta di diritto-dovere di farsi assistere dal difensore tecnico.

Si tenga presente che quella processuale è un'attività tecnicamente difficile, un'attività che la persona comune, sprovvista del necessario titolo di studio e della relativa abilitazione professionale, non è in grado di svolgere da sola. Per questa ragione essa ha bisogno dell'ausilio di un professionista: un avvocato [76].

Questo bisogno acquista una duplice valenza nel sistema.

Innanzitutto l'assistenza di un avvocato garantisce alle parti del processo l'*effettività* del loro *diritto di agire e contraddire*, in altri termini, l'effettività della garanzia costituzionale della parità delle armi. Da questo punto di vista ogni persona ha diritto a quella assistenza ed anzi lo Stato, visto l'art. 24, 3° comma, Cost., per cui sono «assicurati ai non abbienti, con appositi istituti, i mezzi per agire e difendersi davanti ad ogni giurisdizione», ha assunto su di sé, fra l'altro, anche il dovere di garantire un servizio di gratuito patrocinio per coloro che non possono permettersi le spese di giustizia.

In secondo luogo, evitare la gestione del processo da parte dei diretti interessati, spesso inconsapevoli dei meccanismi tecnici e comunque sempre emotivamente troppo coinvolti, ed affidarla agli avvocati è una *garanzia* per una più

---

[76] La legge 24 febbraio 1997, n. 27 ha eliminato la figura del procuratore, per cui è ormai venuta meno la dicotomia tra il procuratore e l'avvocato.

ordinata e celere amministrazione della giustizia. Da questo punto di vista la difesa tecnica assume la colorazione dell'obbligo, imposto in funzione della realizzazione di un interesse pubblico, e diventa un presupposto processuale, quindi una condizione che deve esistere affinché il giudice possa e debba decidere nel merito la causa.

Ma, allora, è evidente che la difesa tecnica, se è un diritto della parte nell'ambito di ogni tipo di attività giurisdizionale, anche quella degli arbitri [77], diventa un dovere solo nell'ambito dell'attività giurisdizionale dello Stato [78].

Tra la parte e il suo difensore si instaura un rapporto di *mandato con rappresentanza.* Tale rapporto si costituisce con la c.d. procura alle liti, che può essere generale o speciale. La procura generale comprende tutti i possibili processi che possono riguardare una certa persona, mentre quella speciale si limita agli atti di un singolo processo. Essa deve essere conferita con atto pubblico o scrittura privata autenticata (art. 83, 2° comma, c.p.c.), ma, se trattasi di procura speciale, la si può conferire, in calce o a margine, nel primo atto della parte nel processo e lo stesso difensore potrà certificare l'autografia della sottoscrizione [79].

Come ogni mandatario con rappresentanza, l'avvocato compie gli atti relati-

---

[77] Vedi oggi l'art. 816*bis* c.p.c., inserito con D.Lgs. n. 40/2006, che così recita: «Le parti possono stare in arbitrato per mezzo di difensori».

[78] Finisce, così, per essere del tutto irragionevole l'imposizione alle parti di farsi assistere da un avvocato nei percorsi di mediazione. Vedi in tal senso l'art. 8, 5° comma, del D.Lgs. n. 28/2010, che, dopo la modifica con legge n. 98/2013 e poi ancora con D.Lgs. n. 149/2022, fissa l'obbligo nei casi in cui la mediazione è condizione di procedibilità. Va in opposta direzione la legge n. 130/2015, in attuazione della direttiva 2013/11/UE, che, introducendo nel codice del consumo gli articoli un intero Titolo dedicato alla risoluzione extragiudiziale delle controversie, esclude, all'art. 141*quater*, 3° comma, lett. *b*), l'obbligo di assistenza legale, facendo salvo il diritto delle parti di ricorrere al parere di un soggetto indipendente o di essere rappresentate o assistite da terzi. Tuttavia questa legge non pone nel nulla le disposizioni citate del D.Lgs. n. 28/2010.

[79] Si legga l'art. 83, 3° comma, c.p.c così come modificato dalla legge n. 69/2009: «La procura speciale può essere anche apposta in calce o a margine della citazione, del ricorso, del controricorso, della comparsa di risposta o d'intervento, del precetto o della domanda d'intervento nell'esecuzione, ovvero della memoria di nomina del nuovo difensore, in aggiunta o in sostituzione del difensore originariamente designato. In tali casi l'autografia della sottoscrizione della parte deve essere certificata dal difensore. La procura si considera apposta in calce anche se rilasciata su foglio separato che sia però congiunto materialmente all'atto cui si riferisce o su documento informatico separato sottoscritto con firma digitale e congiunto all'altro cui si riferisce mediante strumenti informatici, individuati con apposito decreto del Ministro della giustizia. Se la procura alle liti è stata conferita su supporto cartaceo, il difensore che si costituisce attraverso strumenti telematici ne trasmette la copia informatica autenticata con firma digitale, nel rispetto della normativa, anche regolamentare, concernente la sottoscrizione, la trasmissione e la ricezione dei documenti informatici e trasmessi in via telematica».

vi al mandato in nome e per conto del rappresentato [80]. Questi atti sono quelli del processo e non anche atti relativi al diritto sostanziale, a meno che non ne abbia ricevuto espressamente il potere (art. 84 c.p.c.). Oltretutto, se il mandato si è costituito con procura speciale, si presume che il potere rappresentativo riguardi solo gli atti di un grado del processo (art. 83, 4° comma, c.p.c.). Tuttavia, normalmente, nelle procure speciali si conferisce all'avvocato il potere di difendere in ogni grado, fermo restando che, comunque, se e quando si giungerà di fronte alla Corte di cassazione, il professionista incaricato deve avere anche la relativa abilitazione [81].

Peraltro, questo particolare mandato ha delle peculiarità rispetto all'omonima figura disciplinata nel codice civile, proprio perché esso fonda l'esistenza di un presupposto processuale. Così, si pensi, ad esempio, al caso della revoca da parte del mandante o della rinuncia da parte del mandatario: se in questi casi il mandato di diritto comune sicuramente si estingue (vedi l'art. 1722 c.c.), la procura alle liti, invece, sopravvive nell'interesse della controparte, fino a quando non venga nominato un nuovo avvocato (art. 85 c.p.c.).

Venendo al profilo dinamico, anche il vizio di rappresentanza tecnica, che si ha quando non esiste alcuna procura ovvero ne esiste una viziata [82], è disciplinato nell'ambito dell'art. 182 c.p.c., che, come abbiamo visto, si occupa del vizio di capacità. Esso è, quindi, rilevabile anche d'ufficio, rilievo che, mancando ulteriori precisazioni, è evidentemente possibile in ogni stato e grado del pro-

---

[80] A seguito della legge n. 27/1997 è stato abolito il dualismo tra la figura del procuratore e quella dell'avvocato. Oggi l'avvocato ha sia il potere di assistenza sia il potere di rappresentanza su tutto il territorio nazionale, mentre in precedenza, se l'assistenza era possibile su tutto il territorio nazionale, non lo era la rappresentanza. Così erano configurabili vizi derivanti da rappresentanze *extra districtum*. Resta il fatto che spesso ancora oggi la difesa fuori dalla circoscrizione del "proprio" tribunale porta ad eleggere domicilio presso un collega della circoscrizione interessata, perché in caso contrario si dovrebbe intendere che il domicilio sia presso la cancelleria del giudice adito. Ma questo sistema è ormai di fatto superato dall'istituzione dell'obbligo di avere una PEC, a cui indirizzare comunicazioni e notifiche, che saranno, come si suole dire, fatte in cancelleria solo quando non è possibile farle alla PEC per causa imputabile al destinatario.

[81] Insomma non tutti gli avvocati sono, come si suole dire, cassazionisti, dovendo avere l'abilitazione per iscriversi al relativo albo speciale. A questo traguardo professionale si è sempre giunti per il solo fatto di avere esercitato la professione nel corso di un certo numero di anni. Poi la legge n. 247/2012 ha cambiato le cose, imponendo a tale fine un percorso preciso, sfociante in un esame finale. Ma tale legge è rimasta sospesa da allora e così il sistema vecchio non è ancora cambiato nella realtà. Inoltre, dall'art. 365 c.p.c., sembrerebbe doversi ricavare che per il ricorso in cassazione sia sempre necessaria una procura *ad hoc* da rilasciare dopo la pronuncia della sentenza da impugnare. Del resto è in questo modo rigoroso che la C.S. interpreta la detta norma.

[82] Queste precisazioni sono state meglio effettuate con un ritocco della norma nel D.Lgs. n. 149/2022.

cesso. Peraltro, anche qui soccorre la stessa precisazione già fatta a proposito del vizio di autorizzazione, vale a dire che il vizio in parola può impedire la decisione nel merito, quindi attiene propriamente ad un presupposto processuale, solo se esso riguarda la parte che fa valere il diritto in giudizio, perché non si potrebbe addossarle carenze che riguardano colui che resiste in giudizio, non potendo essa fare nulla per ovviare alle inerzie della controparte. Quindi, se il convenuto partecipa al processo senza difensore tecnico, si avrà un vizio nella sua costituzione e non un impedimento alla decisione nel merito, a cui l'altra parte aspira.

Rilevato il vizio attinente al presupposto processuale, è possibile la sua sanatoria, consistente nel rilascio di una procura prima inesistente ovvero nella rinnovazione di una procura prima viziata. Come per il difetto di capacità processuale, anche per il difetto di rappresentanza tecnica con legge n. 69/2009 è stata prevista, nel novellato art. 182 c.p.c., la possibile sanatoria con effetti *ex tunc*, ossia con salvezza degli effetti sostanziali e processuali della domanda originaria.

Tuttavia, gli atti compiuti fino al momento della sanatoria andranno rinnovati, a meno che la parte non ratifichi *ex post* gli atti compiuti da un eventuale difensore nominato con una procura affetta da nullità.

8. *Interesse ad agire*

L'interesse ad agire, disciplinato dall'art. 100 c.p.c., è un altro [83] dei presupposti processuali positivi, ossia delle condizioni che devono esistere perché il giudice possa e debba decidere nel merito la causa. Esso attiene all'oggetto del processo e la sua funzione è quella di impedire che lo Stato svolga attività giurisdizionali inutili. L'interesse ad agire è, quindi, uno strumento di attuazione del principio di economia processuale, nel senso, appunto, che attraverso il suo filtro la giurisdizione pubblica evita di girare a vuoto, senza alcuna utilità pratica.

Vi sono due ambiti, due gruppi di ipotesi nelle quali il presupposto in parola può svolgere la sua funzione, perché la carenza di utilità dell'attività giurisdizionale richiesta può atteggiarsi in due modi diversi.

In primo luogo, è possibile che nel caso concreto non vi sia *interesse al processo* in sé, ossia al processo come via per giungere ad un dato risultato. Ciò accade quando l'interessato può ottenere quel risultato senza il processo, in quanto l'ordinamento gli offre un altro strumento a quel fine.

Per comprendere il caso, si torni a quanto si disse, studiando la tutela costi-

---

[83] Si vedrà poi l'integrazione del contraddittorio: cfr. *infra* il paragrafo 7 nel sesto capitolo.

tutiva [84], dei diversi modi in cui il legislatore può riconoscere ad un soggetto, in presenza di determinati presupposti, la meritevolezza dell'interesse ad una certa modificazione giuridica.

È possibile che, a tale fine, non sia attribuito all'interessato un diritto soggettivo (potestativo), ossia uno strumento che gli consenta di produrre autonomamente la detta modificazione giuridica, per cui egli, ove la controparte non cooperi per giungere concordemente a quella modificazione, può solo rivolgersi al giudice, al quale chiederà la pronuncia di una sentenza costitutiva. Così, tornando agli esempi delle impugnative negoziali, se vi è in concreto un motivo di annullabilità del contratto o di sua risolubilità, delle due l'una: o le parti cooperano e, quindi, stipulano un contratto risolutivo del precedente, oppure l'interessato all'annullamento o alla risoluzione può solo percorrere la strada del giudizio, al fine di ottenere con la sentenza quella modificazione giuridica che non ha ottenuto (pur avendone "diritto") in via negoziale.

Ma, è possibile, invece, che l'ordinamento attribuisca all'interessato alla modificazione giuridica un vero diritto soggettivo, un potere di modificazione, attraverso l'esercizio del quale giungere autonomamente al risultato voluto. In tal caso l'interessato non ha bisogno del processo per realizzare la modificazione giuridica ed, anzi, ove, ciononostante, si rivolgesse al giudice, questi pronuncerebbe una sentenza di rigetto in rito per carenza di interesse ad agire, appunto perché l'effetto che l'attore persegue con la proposizione della domanda era raggiungibile senza la via del processo.

Si pensi, per fare l'esempio più rilevante, al potere di licenziamento del datore di lavoro. Se si verificano i presupposti della "giusta causa", che, poi, corrispondono a situazioni di inadempimento da parte del prestatore di lavoro, il datore di lavoro può provocare l'estinzione del rapporto semplicemente esercitando quel potere. Egli non ha bisogno dell'intervento di un giudice per realizzare il suo interesse, potendo realizzare la modificazione giuridica a cui aspira senza il processo.

Ed, allora, una domanda a ciò rivolta è da rigettare per carenza di interesse ad agire, perché lo Stato spende la sua attività giurisdizionale solo se è necessaria, quindi solo se il fine perseguito dall'istante non è raggiungibile altrimenti e non anche quando, invece, il risultato perseguito attraverso il processo è raggiungibile con un mezzo alternativo [85].

---

[84] Vedi *retro* il paragrafo 5 del terzo capitolo.

[85] Peraltro le esperienze umane potrebbero essere più complesse e così potrebbe anche emergere il caso in cui un datore di lavoro sia in dubbio sulla sussistenza dei presupposti del potere di licenziare. In tale eventualità può egli rivolgersi ad un giudice al fine di chiedere (preventivamente) l'accertamento di tale potere oppure deve correre il rischio di esercitarlo e poi, eventual-

In secondo luogo, l'*interesse* ad agire va stimato in relazione *al risultato* che l'attore vuole raggiungere con la pronuncia della sentenza, nel senso che un soggetto non può pretendere che lo Stato spenda un'attività giurisdizionale alla fine della quale, immaginando, in ipotesi, che venga riconosciuta la sua ragione, si arriva ad un risultato del tutto inutile da un punto di vista pratico. Siamo qui in presenza delle ipotesi più tipiche di operatività dell'interesse ad agire.

Si pensi al caso in cui l'attore pretende di ottenere dal giudice la modificazione giuridica di una situazione ormai superata, come, ad esempio, accade quando si impugna un testamento superato da uno successivo.

Ed ancora si pensi all'intero campo della tutela di mero accertamento, in cui, come, del resto, abbiamo già detto [86], l'interesse ad agire rappresenta il filtro generale attraverso il quale il giudice verifica l'utilità della tutela richiesta, valutandone il bisogno in concreto, in altri termini, valutando la sussistenza di una effettiva situazione di incertezza sul diritto fatto valere, situazione che, appunto, la sentenza di mero accertamento, dovrà eliminare.

Ma, si possono immaginare anche altri esempi, tra i quali si citi quello offertoci in materia di risoluzione delle controversie distributive di cui all'art. 512 c.p.c. Nel processo esecutivo per espropriazione, rivolto alla realizzazione di crediti pecuniari, è ammesso, in attuazione, peraltro oggi solo parziale, del principio c.d. della *par condicio creditorum* (art. 2741 c.c.), l'intervento dei creditori del debitore esecutato, ove essi siano muniti di titolo esecutivo ovvero, al momento del pignoramento, abbiano eseguito un sequestro sui beni pignorati ovvero abbiano un diritto di prelazione risultante da pubblici registri o un diritto di pegno o ancora siano titolari di un credito di somma di denaro risultante dalle scritture contabili di cui all'art. 2214 c.c. [87]. Detti creditori possono partecipare alla distribuzione della somma ricavata, insieme al creditore procedente, ossia a colui che ha attivato la procedura esecutiva, ancorché solo i creditori muniti di titolo esecutivo abbiano diritto a soddisfarsi, mentre gli altri creditori hanno solo diritto ad un accantonamento di somma, per un periodo di tempo non superiore a tre anni, in attesa di munirsi del necessario titolo esecutivo (art. 510, 2° e 3° comma, c.p.c.). A tal fine l'organo esecutivo, espletata la vendita forzata dei beni pignorati, appronta un piano di distribu-

---

mente, trovarsi a difendere il suo operato in un successivo giudizio instaurato dal lavoratore licenziato? Francamente è difficile assumere una posizione netta, in un senso o nell'altro, e tutto dovrà essere valutato di caso in caso dal giudice.

[86] Vedi *retro* il paragrafo 3 nel terzo capitolo.

[87] Cfr., l'art. 499 c.p.c., così come modificato con legge 14 maggio 2005, n. 80 e poi con legge 28 dicembre 2005, n. 263, in virtù del quale è stato superato il precedente principio per cui era ammesso l'intervento di tutti i creditori del debitore esecutato.

zione del ricavato tra i creditori concorrenti, osservando, in particolare, la sussistenza di eventuali cause di prelazione. Ma, a questo punto, è possibile che, riportando le parole dell'art. 512 c.p.c., sorgano controversie «tra creditori concorrenti o tra creditori e debitore o terzo assoggettato all'espropriazione circa la sussistenza o l'ammontare di uno o più crediti o circa la sussistenza di diritti di prelazione».

Ora, alla luce dell'interesse ad agire, tali, eventuali, controversie vanno, per così dire, selezionate.

Il debitore esecutato ha interesse a far valere qualsiasi motivo che possa eliminare dal piano di riparto un creditore utilmente collocato o ridimensionarne (quantitativamente) la collocazione, mentre egli non ha alcun interesse a far valere motivi che attengono esclusivamente alla graduazione tra i creditori. Così, ad esempio, egli potrà negare la sussistenza di cause di prelazione avverso un creditore sfornito di titolo esecutivo, perché in tal modo egli punta ad eliminare quel creditore dal piano di riparto. Ma il debitore non avrebbe alcun interesse a contestare una causa di prelazione di origine processuale o una causa di prelazione sostanziale in ipotesi spettante al creditore che, però, fonda la sua legittimazione all'intervento già su un titolo esecutivo.

Ed anche le contestazioni dei creditori tra di loro non sempre sono assistite dall'interesse ad agire, sussistendo questo solo quando la dimostrata fondatezza della contestazione ha una conseguenza utile per colui che la solleva: così non avrebbe alcun senso ammettere, dal punto di vista dell'interesse ad agire, che un creditore concorrente possa contestare la posizione di altro creditore concorrente collocato dopo di lui nel piano di riparto, perché, quand'anche egli dovesse vincere la causa, da tale vittoria non ricaverebbe alcuna utilità pratica. Vi sarà, invece, l'interesse ad agire, e quindi sarà possibile la decisione nel merito, quando il creditore istante, in caso di vittoria, godrà di un migliore, e più utile, collocamento nel piano di riparto.

Venendo al profilo dinamico, in mancanza di previsioni normative, si devono applicare i principi generali, per cui la carenza di interesse ad agire è rilevabile anche d'ufficio in ogni stato e grado del processo. Riscontrata detta carenza, non vi può essere, oggettivamente, alcuna sanatoria e il giudice si limiterà a pronunciare una sentenza di rigetto in rito della domanda proposta.

Peraltro, secondo un'opinione il rapporto di pregiudizialità tra rito e merito qui dovrebbe essere, se così si può dire, "zoppo". Si osserva: se l'interesse ad agire è filtro di economia processuale e se la sua eventuale carenza provoca al più, non atti invalidi, bensì atti inutili, la relativa questione può portare ad un rigetto in rito della domanda solo se essa è rilevata subito nel processo, mentre se essa è rilevata quando la causa è matura per la decisione, si dovrà pronunciare una sentenza nel merito.

Ma questa idea non sembra avere basi normative. Oltretutto con essa si dimentica che una sentenza può sempre essere oggetto d'impugnazione e le potenzialità di questa, nonché il relativo carico di lavoro, sono ben diverse se si ha a che fare con una pronuncia di rito o con una pronuncia di merito.

9. *Litispendenza*

La litispendenza è un presupposto processuale negativo, ossia una condizione che non deve esistere perché il giudice possa e debba decidere nel merito la causa. Essa può essere interna o internazionale.

La litispendenza interna è disciplinata dall'art. 39, 1° comma, c.p.c., che così recita: «Se una stessa causa è proposta davanti a giudici diversi, quello successivamente adito, in qualunque stato e grado del processo, anche d'ufficio, dichiara con ordinanza la litispendenza e dispone la cancellazione della causa dal ruolo». Il legislatore, quindi, immaginando la pendenza, di fronte a due uffici giudiziari diversi, di due processi sulla stessa causa, dispone che solo uno di essi debba proseguire, dovendo l'altro semplicemente chiudersi.

Il presupposto in questione ha una duplice valenza. La prima attiene all'economia processuale, in quanto si vuole evitare di spendere una doppia attività giurisdizionale per la stessa causa. La seconda, più importante, riguarda l'esigenza di evitare, in anticipo, possibili conflitti pratici tra giudicati e, da questo punto di vista, l'eccezione di litispendenza è una sorta di eccezione di cosa giudicata anticipata.

Sulla cosa giudicata ovviamente torneremo [88], ma fin da ora si rileva che con essa l'ordinamento vuole garantire la stabilità dell'attribuzione del bene della vita, compiuta nella sentenza che ha pronunciato sul diritto fatto valere in giudizio, per cui, una volta giudicato, ad esempio, sull'esistenza di un certo diritto di Tizio nei confronti di Caio, non è poi possibile rimettere in discussione quell'accertamento in altri e futuri processi, essenzialmente perché, in caso contrario, si correrebbe il rischio di giungere ad una successiva pronuncia contrastante con la prima, quindi si rischierebbe di creare il c.d. conflitto pratico di giudicati. Ebbene, tornando alla litispendenza, è questo stesso inconveniente che con essa si vuole evitare, ma ciò prima ancora che si arrivi alla pronuncia delle sentenze: se la stessa causa pende di fronte a due giudici diversi, è bene che solo uno di essi se ne occupi, perché, se i due processi dovessero proseguire in parallelo, si rischierebbe di giungere a due risultati contrastanti tra loro.

---

[88] Vedi, in seguito, i paragrafi 5 e 8 nel quinto capitolo.

Ma, a questo punto, si pone il problema più spinoso, che attiene all'individuazione del presupposto della litispendenza, che consiste nell'*identità delle cause*. Ci si chiede: come si può giungere ad affermare che due processi, contemporaneamente pendenti, abbiano ad oggetto la stessa causa?

Qui, evidentemente, si pone il problema dell'individuazione dell'oggetto del processo ed anche su questo noi dobbiamo fare un sostanziale rinvio al capitolo che si occuperà dei limiti oggettivi del giudicato [89]. Tuttavia, anche se sommariamente, fin d'ora si tenga presente che l'oggetto del processo, e quindi del futuro giudicato, è il diritto fatto valere con la domanda e la tutela che per esso si chiede, per cui interrogarsi sugli elementi di identificazione della causa significa, più propriamente, interrogarsi sugli elementi di identificazione del diritto e della sua tutela. Tali elementi sono:

a) i soggetti;

b) l'oggetto, ossia il c.d. *petitum*, sia mediato, che si riferisce al bene della vita in gioco (ad es. la somma di denaro, la cosa mobile o il bene immobile), sia immediato, che si riferisce al tipo di provvedimento richiesto, quindi al tipo di tutela perseguita (di mero accertamento, di condanna o costitutiva), nonché la relazione col detto bene, ossia il genere di utilità, se si tratta di un diritto reale (proprietà, usufrutto ecc.), e il genere di prestazione dovuta, se è in gioco un rapporto obbligatorio;

c) la c.d. *causa petendi*, ovvero i fatti costitutivi del diritto, quando si fanno valere diritti eteroindividuati.

Se nei processi contemporaneamente pendenti tutti gli elementi della causa ora indicati coincidono, evidentemente non vi è dubbio sulla sussistenza della litispendenza, per cui solo uno di essi potrà proseguire. Se, invece, non tutti i detti elementi sono identici, normalmente non si avrà identità di causa, ma, c'è da aggiungere, che in caso di non coincidenza di alcuni di essi bisogna fare un'ulteriore indagine. In particolare, può sorgere la necessità di un approfondimento quando gli elementi divergenti sono i soggetti o la *causa petendi*.

Nell'ipotesi in cui nelle due cause coincidono tutti gli elementi di identificazione tranne i soggetti, normalmente noi saremo di fronte a cause diverse e, quindi, non vi sarà litispendenza. Ma questo può non essere vero quando è in gioco una situazione per la quale la legge prevede la possibilità di agire di un legittimato straordinario. Invero, in tal caso, vi sarà litispendenza se in ordine allo stesso diritto sono instaurati due processi, uno da parte del legittimato straordinario e l'altro da parte del legittimato ordinario, ossia da parte di colui che si afferma titolare del diritto azionato.

---

[89] Vedi *infra* il paragrafo 5 nel quinto capitolo.

Il discorso è più complesso sul ruolo della c.d. *causa petendi*, perché questa rappresenta un elemento di identificazione solo per i *diritti c.d. eteroindividuati* e non anche per i *diritti c.d. autoindividuati*.

Nell'ambito della prima categoria si collocano essenzialmente i diritti relativi, vale a dire i diritti di credito (propriamente ad oggetto generico). Se, ad esempio, Tizio chiede al giudice la condanna di Caio al pagamento di una certa somma di denaro, con ciò egli non ha individuato il diritto per il quale sta agendo in giudizio, dovendo aggiungere, a tale fine, l'affermazione del titolo della sua pretesa, ossia egli deve dire in base a quale fattispecie ritiene di essere creditore di Caio per quella data somma di denaro. In altri termini, il credito non è individuato solo attraverso l'indicazione dei soggetti, titolari delle rispettive posizioni di credito e di debito, e della somma di denaro dovuta, ma anche attraverso l'indicazione della *causa petendi*. Ed, infatti, nella stessa unità di tempo, tra Tizio e Caio vi possono pure essere tanti diritti di credito per la stessa somma di denaro quante sono le fattispecie costitutive che il primo può vantare nei confronti del secondo. Questi può essere obbligato a pagare una somma, ad esempio, di mille euro nei confronti di quello a causa di un solo rapporto obbligatorio che tra essi intercorre in un certo momento; ma, è anche possibile che, sempre nello stesso momento, Caio sia obbligato a pagare più volte mille euro nei confronti di Tizio, perché diversi sono i rapporti obbligatori tra essi intercorrenti, ancorché con lo stesso contenuto: invero, vi può essere un rapporto di compravendita e poi di mutuo e poi ancora di lavoro e così via.

Tra i diritti autoindividuati rientrano, invece, essenzialmente i diritti assoluti, cioè i diritti della personalità e i diritti reali. Quando un soggetto fa valere in giudizio uno di questi diritti, l'affermazione dei relativi fatti costitutivi varrà certo al fine di ottenere l'accoglimento della domanda, ma essa non ha alcun rilievo per l'individuazione del diritto oggetto del processo. Così, ad esempio, se Tizio si afferma proprietario di un certo bene nei confronti di Caio, con ciò egli ha già individuato il diritto per il quale agisce, senza bisogno di aggiungere in base a quale fattispecie afferma la titolarità del diritto di proprietà. Del resto, nella stessa unità di tempo Tizio può essere proprietario di un determinato bene una sola volta, anche se, per avventura, dovesse vantare a suo favore più di una fattispecie acquisitiva.

Applicando i principi appena enunciati allo studio della litispendenza, è evidente che per questa la *causa petendi* rileva in modo diverso, a seconda del tipo di diritto in questione. In particolare, mantenendo l'esempio del diritto di proprietà, se pendono due processi tra Tizio e Caio in ordine alla proprietà sullo stesso bene, non fa alcuna differenza se in essi Tizio ha speso fattispecie costitutive diverse, perché, comunque, questi due processi avranno, pur sempre, ad oggetto lo stesso diritto e, quindi, saremo di fronte ad una situazione di litispendenza.

Venendo al profilo dinamico, si rileva, preliminarmente, che qui, non a caso, ci siamo riferiti alla proposizione della stessa causa di fronte a due uffici giudiziari diversi e non, genericamente, di fronte a due giudici diversi. Infatti, se vengono instaurati due processi, aventi lo stesso oggetto, di fronte a due giudici appartenenti allo stesso ufficio giudiziario, ad esempio allo stesso Tribunale, non si applica l'art. 39 c.p.c., bensì l'art. 273 c.p.c., ai sensi del quale sarà disposta d'ufficio la riunione. In questo contesto sarà trattata e decisa la causa instaurata per prima, venendo meno la causa instaurata per seconda: se così non fosse, riproporre successivamente la stessa domanda di fronte allo stesso giudice potrebbe essere un espediente per recuperare preclusioni già maturate nel giudizio previamente pendente[90].

Quando, invece, si può parlare propriamente di litispendenza, quindi, si ripete, quando le cause sono proposte di fronte a due uffici giudiziari diversi, allora il citato art. 39 fornisce sia la disciplina della relativa eccezione sia l'indicazione delle conseguenze della pronunciata litispendenza.

L'eccezione è rilevabile anche d'ufficio, in qualunque stato e grado del processo, e sulla questione il giudice decide pronunciando un provvedimento che, se a seguito della legge n. 69/2009 deve avere la forma dell'ordinanza, è sostanzialmente una sentenza, con la quale si rigetta in rito la domanda proposta dall'attore. Detto provvedimento è equiparato all'ordinanza d'incompetenza dal punto di vista dei rimedi spendibili, prevedendo l'art. 42 c.p.c. la sua impugnabilità col regolamento necessario di competenza.

La conseguenza è che solo uno dei due processi pendenti prosegue, mentre l'altro si ferma definitivamente: precisamente, adottando il *criterio della prevenzione*, prosegue il processo iniziato per primo e si chiude, appunto con il provvedimento che pronuncia la litispendenza, quello iniziato per secondo.

Peraltro, si ritiene che il giudice adito per secondo debba semplicemente spogliarsi della causa, senza potersi interrogare sulla competenza, perché, in caso contrario, si correrebbe il rischio di trovarsi di fronte a due giudici che, ritenutisi entrambi competenti, decidano la stessa causa e magari in modi divergenti. Però, è anche vero che un simile meccanismo potrebbe risultare antieconomico quando il giudice adito per secondo si spoglia della causa sapendo che il primo non è competente e poi si veda, successivamente, ritornare la stessa causa proveniente dal giudice adito per primo che, ritenutosi incompetente, ordini la *translatio iudicii*. Ma, come si deve riconoscere, una scelta interpretativa andava fatta ed un prezzo andava inevitabilmente pagato!

Ma, in base a quale criterio si può individuare il processo iniziato per primo?

---

[90] Sui tempi del gioco processuale e, quindi, sull'individuazione dei momenti in cui le parti perdono i loro poteri processuali vai al paragrafo 3 del quinto capitolo.

Per rispondere a tale domanda bisogna distinguere a seconda del tipo di processo dichiarativo che viene in considerazione, perché vi sono casi in cui esso si instaura con la tecnica dell'atto di *citazione* e casi in cui, invece, esso si instaura con la tecnica del *ricorso*.

La tecnica dell'atto di citazione, tipica del c.d. rito ordinario di cui agli artt. 163 e ss. c.p.c., è caratterizzata dal fatto che l'attore propone la domanda con un atto che viene prima portato a conoscenza del convenuto, mediante notificazione, e poi del giudice, mediante deposito.

La tecnica del ricorso è, invece, caratterizzata dal fatto che la domanda è prima portata a conoscenza del giudice e solo in un momento successivo, dopo che il giudice investito abbia fissato l'udienza per la comparizione delle parti, essa è portata a conoscenza della controparte, sempre mediante notificazione. Essa è utilizzata, dopo l'entrata in vigore del D.Lgs. n. 149/2022, nel rito semplificato di cui agli artt. 281*decies* ss. c.p.c., che si pone quale alternativa possibile a quello ordinario [91], e, più classicamente nel rito speciale per le controversie di lavoro di cui all'art. 409 c.p.c., la cui disciplina è dettata negli artt. 413 e ss. c.p.c.

Tornando al problema della litispendenza il 3° comma dell'art. 39 c.p.c., peraltro novellato con legge n. 69/2009, ci dice come si stabilisce la prevenzione. Nei processi che utilizzano la prima delle descritte tecniche la prevenzione è data dal momento della notificazione dell'atto di citazione, per cui si deve considerare come iniziato per primo il processo nel cui ambito è stata per prima notificata la citazione. Là dove, invece, la domanda si propone con ricorso la prevenzione è data dal deposito di questo, per cui si deve considerare come iniziato per primo quel processo nel cui ambito è stato per primo depositato il ricorso [92].

Infine l'art. 39, 2° comma, c.p.c. disciplina una sorta di litispendenza parziale, detta *continenza.*

Si ha continenza quando pendono contemporaneamente due processi aventi ad oggetto cause, non identiche, ma tali per cui si può dire che una ha limiti più ampi dell'altra, quindi quella contiene questa. Si pensi al caso in cui i due processi abbiano ad oggetto lo stesso diritto, ma nell'uno si chiede il mero accer-

---

[91] Vai al paragrafo 3 del quinto capitolo.

[92] Resta, però, il dubbio sull'individuazione del momento a cui collegare la produzione degli effetti sostanziali della domanda. Invero, se col deposito del ricorso si determinano certamente gli effetti processuali, si potrebbe ritenere che per la produzione degli effetti sostanziali sia comunque necessaria la notificazione del ricorso stesso. Questa idea, che trova un appiglio nell'art. 2943, 1° comma, c.c. pur diffusa, non è tuttavia a mio parere indiscutibile. Che per la produzione degli effetti sostanziali della domanda sia imprescindibile presupposto la notificazione della domanda stessa non significa che non si possano poi retrodatare quegli effetti al momento del deposito.

tamento di esso, mentre nell'altro si chiede anche la condanna del convenuto: qui il secondo processo (*rectius*: la causa del secondo processo) contiene il primo (*rectius*: la causa del primo), perché la tutela di condanna è più ampia della tutela di mero accertamento. E si pensi anche al caso in cui i due processi pendenti abbiano ad oggetto la stessa impugnativa negoziale, ma in uno di essi si sia fatto valere anche il conseguente, eventuale, diritto al risarcimento del danno: anche qui vi è continenza, nel senso che il processo, nel cui ambito sia stata azionata anche la pretesa risarcitoria, contiene l'altro.

Ma secondo la giurisprudenza si ha continenza anche quando tra le cause dei processi contemporaneamente pendenti non c'è un rapporto di più a meno, bensì una relazione per cui si potrebbe giungere a pronunciare due sentenze i cui effetti si elidano a vicenda. Ciò accade quando ad esempio in un processo si litighi sull'esistenza di un vincolo contrattuale e nell'altro sull'esistenza e/o consistenza di un singolo effetto derivante dallo stesso vincolo contrattuale.

La caratteristica ora descritta influenza il profilo dinamico in due sensi.

Innanzitutto, se a volte può essere sufficiente la chiusura di uno dei due processi, per lasciar continuare solo l'altro, altre volte è necessario aggiungere un ordine di riassunzione della causa davanti al giudice di fronte al quale pende il processo che continua. Riprendendo gli esempi sopra fatti, nel primo, se prosegue il processo sulla condanna, basta semplicemente chiudere quello sul mero accertamento, ma nel secondo esempio, se l'ordinanza di continenza è pronunciata nel processo che aveva ad oggetto anche la pretesa risarcitoria, allora in ordine a questa vi dovrà essere una riassunzione di fronte all'altro giudice, che originariamente era stato investito solo dell'impugnativa negoziale.

In secondo luogo, per la continenza il criterio della prevenzione non è utilizzato in modo esclusivo, ossia non ci si può limitare a dire che si chiude il processo iniziato per secondo, per consentire unicamente la continuazione del processo iniziato per primo, ma bisogna anche aggiungere una valutazione sulla competenza. Di conseguenza, il giudice successivamente adito pronuncerà l'ordinanza di continenza solo se quello preventivamente adito è competente anche per la causa di fronte a lui pendente, insomma se questi è competente, se così si può dire, "per il tutto". Altrimenti non vale il criterio della prevenzione, ma, al contrario, sarà il giudice preventivamente adito a pronunciare l'ordinanza di continenza.

10. *Litispendenza internazionale*

È possibile che la stessa causa penda contemporaneamente di fronte a due giudici, di cui uno italiano ed uno straniero. Si ha in tal caso una situazione di litispendenza internazionale, come tale riconosciuta e disciplinata dal legislatore: se in precedenza ciò accadeva con l'art. 7 della già citata legge n. 218/1995, più di recente questa disposizione è stata messa fuori gioco dall'art. 33 del Reg. n. 1215/2012, entrato in vigore nel gennaio del 2015 [93].

Partiamo dall'analisi del previgente art. 7 della nostra legge statale, per poi comprendere in cosa la disposizione comunitaria l'abbia superata [94].

Al fine di approfondire il discorso su tale istituto, è opportuno svolgere due considerazioni preliminari.

La prima: la norma in commento, si ripete l'ormai abrogato art. 7 della legge n. 218/1995, si applicava solo in via residuale, perché, più in generale, visto l'art. 2 della legge n. 218/1995, la nostra legge interna di diritto internazionale privato si applicava quando non operava una Convenzione internazionale o una normativa comunque sopranazionale. Ciò significa, per quanto ci riguarda più da vicino, che la disciplina della litispendenza internazionale operava solo là dove non aveva spazio applicativo la disciplina della litispendenza comunitaria di cui, allora, all'art. 27 del Reg. n. 44/2001, che aveva recepito la precedente Convezione di Bruxelles del 1968 [95], ed oggi l'art. 29 del Reg. n. 1215/2012.

La seconda: il riconoscimento della litispendenza internazionale è stato possibile nell'ambito di una legge che ha cambiato l'intera filosofia dei rapporti tra il nostro ordinamento e quelli stranieri, in particolare riconoscendo automaticamente l'efficacia delle sentenze straniere, le quali, ormai, visto l'art. 64 della legge n. 218/1995 [96], valgono nell'ambito dell'ordinamento statale italiano senza alcun bisogno di un atto di recezione, in altri termini senza dover previamente passare da quello che precedentemente era il giudizio di delibazione. Prima dell'entrata in vigore della legge in parola, il nostro ordinamento non aveva tale atteggiamento di apertura e il vecchio art. 3 c.p.c., che escludeva qualsiasi effetto della pendenza di un processo straniero sull'esercizio della giurisdizione italiana, era coerente con quel sistema. Così la disciplina dell'art.

---

[93] L'art. 7 della legge n. 218/1995 aveva abrogato il previgente art. 3 c.p.c., che escludeva il rilievo della litispendenza internazionale, disponendo: «La giurisdizione italiana non è esclusa dalla pendenza davanti a un giudice straniero della medesima causa o di altra con questa connessa». Poi il citato Regolamento della UE ha disciplinato, non solo la litispendenza comunitaria (art. 29), come già accadeva in precedenza nell'art. 27 del vecchio Reg. n. 44/2001, ma anche appunto la litispendenza rispetto a stati terzi, ossia al di fuori della UE, mettendo così fuori gioco sulla questione la nostra legge statale di diritto internazionale privato.

[94] Peraltro, il citato art. 7 sopravvive per ciò che il Reg. UE non prevede ed anche quando il giudice italiano ha giurisdizione fondata su titoli diversi da quelli indicati nel relativo art. 33.

[95] Vedi *supra* nel paragrafo 3 del presente capitolo quanto abbiamo riferito su detta Convenzione e sulla sua successiva recezione nel regolamento comunitario, che si cita nel testo.

[96] Sul giudicato straniero vedi *infra* il paragrafo 9 nel quinto capitolo.

7 della legge n. 218/1995 era coerente col principio dell'automatica efficacia dei giudicati stranieri.

Peraltro, bisogna anche riconoscere che essa, pur coerente col quadro della legge in cui era inserita, non era però logicamente necessaria. Invero, il legislatore avrebbe pur potuto fare una scelta intermedia, ossia riconoscere i frutti delle giurisdizioni straniere, ma non anche dare valenza giuridica alla mera pendenza di processi stranieri [97]. Ma, il legislatore aveva scelto la via della massima apertura e all'interprete non restava che prenderne atto, riconoscendo anche, si ripete, che l'intero impianto aveva una sua coerenza interna.

Presupposto dell'art. 7, legge n. 218/1995 era che di fronte al giudice italiano pendesse una causa già preventivamente instaurata di fronte ad un giudice straniero. Anche in questo ambito, quindi, si aveva (e si ha) a che fare con due processi, contemporaneamente pendenti, aventi oggetto identico. Ma il concetto di *identità* rilevante per la litispendenza internazionale non coincideva con l'omonimo concetto rilevante per la litispendenza interna e, del resto, le stesse norme usavano espressioni diverse, in quanto, mentre l'art. 39 c.p.c. parla di «una stessa causa», l'art. 7, legge n. 218/1995 si riferiva a «domanda avente il medesimo oggetto e il medesimo titolo».

È sempre stata opinione comune che la litispendenza internazionale avesse (ed abbia) presupposti meno rigidi di quella interna, vale a dire: se questa si ha quando coincidono nei due processi gli elementi di identificazione dei diritti, quella si ha già solo quando le azioni esercitate nei due processi, a prescindere da una perfetta coincidenza dei detti elementi di identificazione, hanno lo *stesso fine pratico*, per cui, ove i due processi dovessero giungere a conclusione, si rischierebbe di trovarsi di fronte a due pronunce aventi *effetti che si elidono a vicenda*. Così, ad esempio, si riteneva la sussistenza della litispendenza internazionale nel caso in cui la causa italiana e quella straniera riguardassero lo stesso diritto, ancorché magari, a parti invertite o meno, nell'una si fosse chiesto il suo mero accertamento, mentre nell'altra si fosse chiesta anche la condanna della controparte. E ancora si riteneva sussistente la litispendenza internazionale ove le cause pendenti, una in Italia e l'altra all'estero, avessero per oggetto innanzitutto l'accertamento della forza vincolante di un contratto, anche se, ad esempio, nell'una si disputasse *principaliter* sulla valida esistenza del contratto, mentre nell'altra si chiedesse la condanna in relazione ad un singolo effetto scaturente da quel medesimo contratto [98].

---

[97] Questa logica torna a far capolino, nella misura che vedremo, nel Reg. n. 1215/2012, in cui si guarda con maggior sospetto l'arresto del processo per litispendenza.

[98] Da quanto detto deriva che bisognava leggere l'art. 7 insieme all'art. 64, lett. *e*) della medesima legge n. 218/1995, perché il campo di applicazione delle due norme coincideva. Su quest'ul-

Ciò significava riconoscere al giudice un certo spazio di valutazione nell'accertare la sussistenza della litispendenza internazionale, sicuramente più ampio rispetto ai casi in cui egli doveva e tuttora deve verificare il presupposto della litispendenza interna.

Complessa era la disciplina del profilo dinamico, anche complicata dalla mancanza di scelte chiare che il legislatore, invece, avrebbe dovuto fare su alcuni importanti passaggi.

Il primo problema si poneva in ordine alla disciplina dell'eccezione di litispendenza internazionale: chi era legittimato a rilevarla e fino a quando?

Secondo l'opinione dominante, sia in dottrina sia in giurisprudenza, questa era ritenuta un'eccezione rilevabile solo dalla parte e non anche d'ufficio. Ma, poi, si è sempre discusso in ordine alla risposta da dare alla seconda parte della domanda sopra formulata, in particolare dividendosi il campo coloro i quali ritenevano che l'interessato potesse eccepire la litispendenza internazionale negli stessi tempi in cui il codice di rito prevede la rilevabilità delle eccezioni processuali in senso stretto [99] e coloro i quali, invece, affermavano che, mancando esplicite disposizioni di legge al riguardo, l'interessato potesse attivarsi in ogni stato e grado del processo.

A mio parere era l'opinione da cui partiva il ragionamento a non essere condivisibile, perché, a ben guardare, nell'art. 7, legge n. 218/1995 non vi era alcuna indicazione sui soggetti legittimati al rilievo. Ma, allora, qui andavano applicati integralmente i principi generali che valgono quando, per un certo presupposto processuale, la legge non dispone diversamente, in base ai quali il vizio è rilevabile anche d'ufficio in ogni stato e grado del processo. Del resto, in tal modo, si uniformava la disciplina della litispendenza internazionale sia con quella della litispendenza interna, da noi già analizzata, sia con quella della litispendenza comunitaria, visto che l'art. 27 del Reg. n. 44/2001 ne prevedeva la rilevabilità anche d'ufficio, cosa oggi confermata nell'art. 29 del Reg. n. 1215/2012.

Sollevata la questione, il giudice italiano la decideva affrontando tre ordini di problemi. Egli doveva chiedersi: a) se il processo pendente all'estero avesse lo stesso oggetto di quello pendente in Italia, b) se il processo straniero era stato instaurato prima di quello italiano, c) se il futuro giudicato straniero sarebbe stato riconoscibile nel nostro Stato. Avendo già accennato al primo dei detti problemi, occupiamoci degli altri due.

---

tima diposizione vedi *infra* il paragrafo 9 nel quinto capitolo. Inoltre è evidente come nel campo di applicazione dell'istituto della litispendenza internazionale rientrassero casi che nei rapporti interni andavano sotto il concetto di continenza (vedi *retro* il precedente paragrafo).

[99] Quindi nella comparsa di risposta ai sensi dell'art. 167, 2° comma, c.p.c. secondo il quale, appunto le eccezioni processuali che non siano rilevabili d'ufficio devono essere fatte a pena di decadenza in detto atto.

Sulla previa pendenza del processo straniero l'art. 7, 2° comma, legge n. 218/1995 disponeva che si dovesse guardare alla legge dello Stato in cui quel processo si svolgeva. Quindi il giudice italiano non doveva cercare la risposta nella legge italiana, ma doveva interrogarsi sulle regole che nel paese straniero disciplinano la pendenza del processo.

Passando al terzo problema, eravamo qui di fronte alla c.d. *prognosi di riconoscibilità*, che sempre l'art. 7 imponeva al giudice italiano quando, nel suo 1° comma, disponeva di valutare se «il provvedimento straniero possa produrre effetto per l'ordinamento italiano».

Ora, è vero che la sentenza straniera era (ed è) automaticamente riconosciuta nel nostro ordinamento, ma è anche vero che l'art. 64 della legge n. 218/1995 prevede delle condizioni di riconoscibilità, sulla cui esistenza o meno era (ed è) possibile l'insorgenza di una controversia tra le parti da risolvere nell'ambito di un processo dichiarativo [100]. Perciò, quando il giudice italiano doveva decidere se arrestare la sua attività in favore di un'attività giurisdizionale straniera, che avesse preso l'avvio per prima, doveva anche valutare se un simile arresto fosse utile, perché non avrebbe avuto senso fermare il processo italiano in attesa di un giudicato straniero inidoneo ad avere effetto in Italia [101].

Peraltro, in concreto, le condizioni di riconoscibilità di cui al citato art. 64 sono quasi tutte valutabili solo dopo che è stato celebrato il processo straniero e si è giunti alla pronuncia della sentenza [102], per cui la prognosi di riconoscibilità, realmente esperibile in sede di decisione sull'eccezione di litispendenza internazionale, si riduceva (e si riduce) alla valutazione della condizione di cui alla lettera *a*) di detta norma, ai sensi della quale la sentenza straniera è riconosciuta in Italia quando «il giudice che l'ha pronunciata poteva conoscere della causa secondo i principi sulla competenza giurisdizionale propri dell'ordinamento italiano». E ciò, direi, con un'aggiunta: se, per avventura, il giudice italiano si fosse convinto dell'attribuibilità della giurisdizione al suo collega straniero secondo la legge italiana, ma non anche secondo la legge del suo Stato, sarebbe stato antieconomico pronunciare la litispendenza nel processo italiano, perché si poteva prevedere l'inidoneità del processo straniero a giungere al giudicato sostanziale, ipotizzandosi in quello solo la pronuncia di una sentenza di rito declinatoria della

---

[100] Vedi *infra* nel paragrafo 9 del quinto capitolo.

[101] Non si aveva né si ha, invece, una prognosi di riconoscibilità nella litispendenza comunitaria.

[102] Basti l'esempio più eclatante, quello che si trae dalla lett. *g*) dell'art. 64: come si può prevalutare, cioè valutare prima della pronuncia della sentenza, la contrarietà all'ordine pubblico degli effetti prodotti dal provvedimento straniero ancora inesistente? Forse limitandosi a guardare a ciò che è chiesto nella domanda?

giurisdizione. Per cui, in un caso del genere, era opportuno andare al di là della lettera della norma e immaginare la possibilità di rigettare l'eccezione di litispendenza, nonostante che formalmente vi fossero tutti i presupposti di questa.

Compiute le dette valutazioni, il giudice poteva rigettare o accogliere la sollevata eccezione.

Se il giudice rigettava l'eccezione, ovviamente il processo italiano procedeva, ma, allo stesso tempo, però, continuava a svolgersi pure il processo straniero, rispetto al quale era stata, infondatamente, sollevata la questione di litispendenza internazionale. Questa corsa in parallelo poteva avere varie conseguenze, a seconda di quale dei due processi finisse per primo.

Nel caso in cui finisse per primo il processo italiano, il giudicato straniero, in ipotesi sopraggiunto a quello italiano e contrastante con questo, non aveva (e continua a non avere) alcuna possibilità di avere efficacia in Italia, perché a ciò osta la lett. *e*) dell'art. 64, legge n. 218/1995.

Se, invece, finiva prima il processo straniero, allora era possibile che la parte interessata, ossia quella vittoriosa all'estero, volesse far valere la sentenza in Italia. A tal fine egli aveva a disposizione due vie diverse. La prima: quella del giudizio di cui all'art. 67, legge n. 218/1995, ove la riconoscibilità del giudicato sia contestata o vi sia bisogno di attribuire ad esso efficacia esecutiva [103]. La seconda: egli poteva spendere il giudicato straniero nel processo italiano, ancora pendente sulla stessa causa, chiedendo la sua chiusura in rito a causa, appunto, del precedente giudicato. Questa seconda via non era preclusa dal fatto che, in ipotesi, il giudice avesse in precedenza effettuato una negativa prognosi di riconoscibilità dell'emananda sentenza, perché l'esito di quella prognosi, effettuata *ex ante* al solo fine di decidere sull'eccezione di litispendenza internazionale, non vincolava successivamente il giudice che si trovasse a decidere sull'eccezione di cosa giudicata straniera. Quindi, in definitiva, se l'eccezione di litispendenza internazionale era rigettata, non era detto che un problema rispetto alla valenza in Italia dell'attività giurisdizionale straniera fosse del tutto superato, perché, come abbiamo visto, quel problema poteva riemergere, ancorché sotto un'altra veste, ove fosse il processo straniero a finire per primo.

Peraltro, una simile valenza era da escludere se l'eccezione di litispendenza internazionale fosse stata in precedenza rigettata sul rilievo che il processo italiano era iniziato prima di quello straniero: qui, fra l'altro, veniva (e viene) in gioco anche l'art. 64, lett. *f*), legge n. 218/1995, ai sensi del quale non è riconoscibile il giudicato straniero se per il medesimo oggetto pende in Italia un processo che abbia avuto inizio prima del processo straniero che abbia prodotto

---

[103] Su questo giudizio torneremo nel paragrafo 9 del quinto capitolo.

quel giudicato. A meno che il giudice, *re melius perpensa*, non ritenesse (e tuttora ritenga) che in realtà il processo straniero fosse stato instaurato prima del processo italiano.

Trattando ora del caso opposto, il rilievo principale è che l'accoglimento dell'eccezione di litispendenza internazionale comportava, non la pronuncia di un provvedimento con cui si chiudeva in rito il processo, bensì la pronuncia di un provvedimento di sospensione del processo [104]. Ciò aveva (e continua ad avere) una sua logica ed una sua utilità pratica, che tra breve indicheremo.

La legge non diceva quale forma dovesse assumere il provvedimento in questione e le opinioni che si sostenevano erano tutte quelle possibili. Così alcuni ritenevano che dovesse pronunciarsi un'ordinanza, altri che, invece, dovesse pronunciarsi una sentenza, altri ancora, addirittura, che il giudice potesse scegliere tra la forma della sentenza e quella dell'ordinanza. A mio avviso era più ragionevole ritenere che il giudice si pronunciasse con ordinanza in caso di assenza di lite sul punto tra le parti e con sentenza in caso contrario.

Fermo restando che ogni problema avrebbe potuto essere risolto immaginando la spendibilità avverso l'ordinanza di litispendenza del regolamento di competenza ai sensi dell'art. 42 c.p.c., soluzione che restava dubbia per il fatto che questa norma si riferisce solo al provvedimento di sospensione pronunciato ai sensi dell'art. 295 c.p.c. [105].

Se il processo italiano non era chiuso, ma solo sospeso, lo stato di quiescenza in cui esso si trovava poteva essere scosso e, così, essere ripreso il suo cammino. Ed, infatti, l'art. 7, 1° comma, prevedeva che se «il giudice straniero declina la propria giurisdizione o se il provvedimento straniero non è riconosciuto nell'ordinamento italiano, il giudizio in Italia prosegue, previa riassunzione ad istanza della parte interessata». Questo disposto, invero assai stringato, immaginava due tipi di situazioni.

Innanzitutto, la riassunzione del processo italiano era possibile in tutte le ipotesi in cui il processo straniero non fosse giunto alla pronuncia di una sentenza in merito, essendosi chiuso con un tipo di provvedimento che, in ogni caso, non avesse fornito la soluzione della lite. Per cui, il citato art. 7, quando fa-

---

[104] Eravamo, quindi, anche per questo profilo, lontani dalla disciplina della litispendenza interna, dettata nell'art. 39 c.p.c. Ma diversa era (ed è) anche la conseguenza della litispendenza comunitaria, in quanto l'art. 27 del Reg. n. 44/2001 disponeva che «il giudice successivamente adito sospende d'ufficio il procedimento finché sia stata accertata la competenza del giudice adito in precedenza» e poi aggiungeva «Se la competenza del giudice precedentemente adito è stata accertata, il giudice successivamente adito dichiara la propria incompetenza a favore del primo». Disposizioni queste sostanzialmente confermate dall'attualmente vigente art. 29 del Reg. n. 1215/2012.

[105] Su detta norma torneremo *infra* nel paragrafo 13 nel presente capitolo. Peraltro, la C.S. negli ultimi anni ha sposato questa tesi.

ceva il caso del giudice straniero che declinasse la propria giurisdizione, diceva, in realtà, meno di quello che voleva, perché era ovvio che la stessa logica, sottesa all'ipotesi esplicitamente prevista, era ravvisabile sia in tutti gli altri casi nei quali il giudice straniero avesse ravvisato la carenza di un presupposto processuale sia nelle ipotesi in cui, invece, quel processo avesse finito, più semplicemente, per estinguersi.

È qui che emergeva, in tutta evidenza, l'utilità pratica della scelta legislativa. Se il legislatore avesse previsto, quale conseguenza della litispendenza internazionale, la chiusura in rito del processo italiano, nella serie di ipotesi che stiamo prospettando, tutte accomunate dal fatto di una sostanziale inconcludenza della attività giurisdizionale straniera, l'interessato avrebbe dovuto ricominciare in Italia un nuovo processo sulla stessa situazione sostanziale. Invece, avendo la legge disposto nel nostro caso la sospensione e, di conseguenza, previsto la possibilità della successiva riassunzione, l'interessato, attraverso quest'ultimo strumento, poteva riprendere il vecchio processo italiano, che, lungi dall'essere "morto", semplicemente "dormiva". Ciò non faceva, certo, recuperare il tempo perduto, ma almeno rendeva salvi gli effetti sostanziali e processuali della domanda originaria, cosa non da poco!

Residuava l'ultima ipotesi: che il processo straniero giungesse alla decisione nel merito, ma che questa non fosse riconosciuta in Italia. Gli sviluppi immaginabili erano due, ma, in ogni caso, ancora una volta emergeva come la precedente prognosi di riconoscibilità, effettuata al fine di accogliere l'eccezione di litispendenza, non avesse, in una fase successiva, alcun valore.

In primo luogo era possibile che l'interessato, stante i relativi presupposti, instaurasse il giudizio di riconoscibilità, di cui all'art. 67, legge n. 218/1995, con esito per lui negativo, avendo la competente Corte d'appello negato la riconoscibilità della sentenza straniera.

In secondo luogo, era possibile che la parte interessata riassumesse il vecchio processo italiano quiescente e che in questo si negasse, incidentalmente, la riconoscibilità del provvedimento straniero e quindi si decidesse nel merito la lite. Un esito del genere non era inverosimile, non solo perché, come abbiamo detto, la prognosi di riconoscibilità effettuata in precedenza non vincolava il giudice che si trovasse a valutare la riconoscibilità di un provvedimento ormai esistente, ma anche perché a questo punto, e solo a questo punto, il giudice poteva veramente valutare tutti gli elementi di cui all'art. 64, legge n. 218/1995.

In cosa questa complessa disciplina sulla litispendenza internazionale, dettata da una fonte interna (statale), è cambiata oggi alla luce dell'art. 33 del Reg. n. 1215, che, come abbiamo detto, ha messo fuori gioco l'art. 7 della legge n. 218/1995?

Il presupposto della normativa è rimasto identico: si ha litispendenza internazionale quando la stessa causa pende di fronte al giudice italiano e di fronte ad un giudice di stato straniero al di fuori della UE. Con la permanenza della doppia precisazione per cui, per un verso, il concetto di "identità di causa" è più elastico rispetto all'omonimo concetto utilizzato nell'ambito della litispendenza interna, e, per altro verso, la pendenza della causa straniera, per accertarne la tempistica rispetto alla pendenza della causa in Italia, va valutata in base alla legge dello stato straniero. E così è rimasta identica la conseguenza derivante dalla previa pendenza del processo straniero, che non sta nella chiusura in rito del processo italiano, bensì nella sua sospensione.

Ma a fronte di questo presupposto, quand'anche il processo straniero sia iniziato prima di quello italiano, il nostro giudice vede aumentati i suoi spazi di discrezionalità nel decidere se sospendere o meno il processo italiano.

Innanzitutto oggi si prevede, non che il giudice senz'altro sospenda, bensì che egli "possa" sospendere. Inoltre, a questo spazio di discrezionalità, si aggiungono ulteriori elementi che il giudice deve valutare, elementi assai elastici.

Così, se certamente il giudice deve sempre fare quella prognosi di riconoscibilità del giudicato straniero, valutazione che continua ad ancorarsi alle condizioni di cui all'art. 64 della legge n. 218/1995, a ciò si aggiunge anche la previsione per cui il giudice italiano deve valutare se la sospensione è necessaria per la corretta amministrazione della giustizia.

Siamo qui in presenza di un ampio spazio di valutazione del giudice inserito nella UE, il quale valuta la necessità della sospensione considerando essenzialmente: 1) il rischio di un possibile conflitto di giudicati, 2) l'appropriatezza della giurisdizione straniera per il caso da decidere (guardando ad aspetti sostanziali e processuali), 3) l'eventuale competenza esclusiva dello Stato terzo, quand'anche il giudice della UE abbia una competenza esclusiva (vedi il Considerando 24 del Regolamento). Ma, al di là dei tentativi di fornire dei principi-guida, è di tutta evidenza quanto l'applicazione di questa disposizione possa condurre a risultati diversi nei diversi stati, anche di tipo, per così dire, protezionistico[106].

Questo diverso atteggiamento emerge anche nella disciplina del processo sospeso. Ai sensi del nostro previgente art. 7 della legge n. 218/1995, il processo dormiente poteva risvegliarsi solo se il giudice straniero non giungeva alla decisione in merito ovvero se la sentenza straniera nel merito non era riconosciuta in Italia ovvero non era riconoscibile. Oggi, oltre questi casi, il processo (qui si ipotizza italiano) sospeso può riprendere il suo corso anche se: 1) il processo straniero è sospeso o interrotto, 2) si ritiene che il processo all'estero, a prescindere da un fatto interruttivo o sospensivo, non possa concludersi in un tem-

---

[106] Tuttavia la Corte di giustizia della UE potrà attutire questo rischio, soprattutto dando uniformità di applicazione al criterio *sub* 2).

po ragionevole, 3) si ritiene necessario riprendere il cammino fermatosi per la corretta amministrazione della giustizia.

Insomma, è evidente quanto l'arresto del processo a causa della previa pendenza della lite all'estero sia, non solo più difficile, ma anche soggetto sempre ad una possibilità di ripresa ove il giudice che si è fermato in qualche misura "sfiduci" il giudice straniero di fronte al quale era previamente stata instaurata la causa. Possibilità di ripresa che, in mancanza di una precedente disciplina, è oggi ipotizzata anche nell'eventualità che il giudice straniero giunga ad un giudicato riconoscibile ed eseguibile nel nostro territorio, eventualità che però farebbe riprendere il nostro processo solo per condurlo all'estinzione (art. 33, 3° comma, del citato Regolamento)[107].

Quanto, infine, al regime della relativa eccezione e del provvedimento di sospensione, compreso il problema dei rimedi avverso questo ipotizzabili, la norma comunitaria (vedi il 4° comma sempre del citato art. 33) rinvia alla *lex fori*, per cui restano ancora attuali tutte le considerazioni sopra fatte in merito.

11. *ADR e processo*

Restano, infine, altri presupposti processuali attinenti all'oggetto della controversia la cui emersione deriva dai rapporti con le c.d. ADR (*Alternative Dispute Resolution*), acronimo col quale si vogliono indicare tutti i percorsi per giungere alla soluzione della lite che siano alternativi alla giustizia statale. In questo ambito si trovano strumenti assai diversi tra loro strutturalmente e funzionalmente, che pur fanno emergere a livello di presupposti processuali istituti diversi.

La distinzione principale, riprendendo quanto pur si è già accennato[108], è tra percorsi negoziali e percorsi giurisdizionali diversi da quello ipotizzato di fronte al giudice statale: insomma tra fenomeni di alternativa alla giustizia e fenomeni di giustizia alternativa. Quelli possono essere specificamente disciplinati con legge dello Stato al fine di rendere necessario un preliminare dialogo tra i

---

[107] Norma, quella ora indicata, che dovrebbe valere anche nel caso in cui sia stata rigettata l'eccezione di litispendenza e così il processo italiano abbia continuato la sua corsa. Giunto il giudicato straniero riconoscibile, il processo italiano dovrebbe estinguersi, là dove prima vi era la pronuncia di una sentenza di rito. Ciò sia che l'interessato abbia prima proceduto al giudizio di cui all'art. 67 della legge n. 218/1995 sia che egli abbia speso direttamente il giudicato straniero nel processo italiano ancora pendente sulla stessa causa, ipotesi questa in cui il giudizio di riconoscimento avverrà solo in termini incidentali. Insomma, si riprende qui quanto detto in precedenza commentando questa eventualità alla luce della norma previgente.

[108] Torna al capitolo terzo nel paragrafo 1.

litiganti che, se riesce, evita il processo, mentre in caso di insuccesso ne deriva la riapertura dello scenario che conduce alla decisione della lite con sentenza. Questi, invece, sono disciplinati come sostitutivi della giustizia statale, ossia come percorsi che, se scelti dagli interessati[109], impediscono ogni accesso al giudice pubblico. Invero qui non si vuole un diverso (rispetto alla sentenza) modo di risolvere il conflitto, ma si vuole solo che quel modo sia gestito da un diverso giudice: quello privato e non precostituito dalla legge.

Cominciando dalla giustizia alternativa si deve accennare alla disciplina dei rapporti tra giudice statale, da un lato, e arbitrato ovvero perizia contrattuale, dall'altro lato. Richiamando quanto si è già detto sull'arbitrato rituale[110], dobbiamo ora analizzare il modo in cui si esplica, nel processo statale, l'effetto impediente del patto compromissorio, col quale le parti, avendo scelto la via della giustizia privata, volevano al contempo escludere il potere decisorio del giudice statale.

La questione centrale riguarda la disciplina dell'eccezione di patto compromissorio. Essa è oggi, a seguito dell'entrata in vigore del D.Lgs. n. 40/2006, esplicitamente risolta nell'art. 819*ter* c.p.c. Ma, prima del detto intervento normativo vi era sul punto un aspro dibattito sia in dottrina sia in giurisprudenza, dibattito che finiva per coinvolgere e mettere in discussione la natura stessa del fenomeno arbitrale. Per comprendere meglio il valore della disciplina attuale non è inutile ricordare brevemente i termini di quella disputa, ancorché essa sia ormai superata.

La trattazione del problema partiva dal rilievo, certamente indiscutibile, ricavabile dal principio di cui all'art. 1372, 1° comma, c.c. che i privati, se sono liberi di assoggettarsi ad un vincolo contrattuale, sono altrettanto liberi di sciogliersi da esso consensualmente. Da ciò si ricavava, venendo alla disciplina dell'eccezione di patto compromissorio rituale, che, se l'attore, proponendo la domanda di fronte al giudice statale, ha mostrato di volersi liberare dalla scelta della via arbitrale, bisogna dare anche al convenuto la possibilità di ripensare a quella scelta e magari superarla. Ma, con ciò la discussione, più che giungere ad un approdo sicuro, finiva semplicemente per essere aperta e le opinioni in campo erano diverse.

Secondo l'opinione tradizionale, diffusa nella dottrina e nella giurisprudenza fino al 2000, da quel principio di partenza si doveva ricavare la necessità di lasciare la questione in gioco completamente nella disponibilità delle parti, per cui, in mancanza di ogni previsione normativa, all'eccezione di patto compromissorio rituale si poteva solo applicare analogicamente il regime dell'ecce-

---

[109] Sull'inammissibilità di arbitrati obbligatori torna al paragrafo 1 del secondo capitolo.

[110] Vedi *retro* nel paragrafo 2 del terzo capitolo.

zione di incompetenza per territorio semplice, in base al quale, visto l'art. 38, 2° comma, c.p.c. l'eccezione processuale è rilevabile esclusivamente dal convenuto nella comparsa di risposta.

Tale opinione, pur giungendo ad una soluzione praticamente ragionevole, non era, però, fondata su un ragionamento ineccepibile, perché la competenza è la misura del potere di ogni giudice all'interno della giurisdizione statale e l'arbitro non è un giudice statale. Insomma, contro di essa si poteva affermare che è irragionevole costruire i rapporti tra giudice privato e giudice pubblico in termini di competenza.

Per cui altri ritenevano che fosse, oltre che ragionevole sul piano pratico, più corretto logicamente, applicare, in via analogica, all'eccezione di patto compromissorio rituale la disciplina dell'eccezione di difetto di giurisdizione nei confronti del convenuto, di cui agli artt. 4, 1° comma, e 11, legge n. 218/1995. Il ragionamento svolto era il seguente: se quella arbitrale è una giurisdizione alternativa alla giurisdizione statale, sembra naturale, ovviamente in via analogica, applicare ai rapporti tra di esse le norme dettate per disciplinare, direttamente, i rapporti dell'ordinamento statale con gli ordinamenti di altri Stati. Inoltre, tale scelta restava coerente col principio di partenza, per cui bisogna lasciare alle parti la possibilità di ripensare alla scelta della via arbitrale. È vero che nella disciplina dettata dagli artt. 4, 1° comma, e 11, legge n. 218/1995 è previsto il rilievo d'ufficio del vizio, ma è anche vero che ciò vale unicamente per il caso in cui il convenuto non si costituisca in giudizio, restando, invece, nell'ipotesi opposta, solo a questi la scelta in ordine alla posizione della questione.

Contro entrambe le citate opinioni era poi emersa, più di recente, una singolare linea argomentativa assunta dalla Corte di cassazione, in base alla quale si ricostruiva l'eccezione di patto compromissorio rituale come un'eccezione di merito. In questo c.d. nuovo corso della giurisprudenza si riscontravano affermazioni di fondo condivisibili: che all'arbitro non è attribuita una "quota" della giurisdizione statale, che, quindi, i suoi rapporti col giudice pubblico non sono ricostruibili secondo lo schema della competenza, che giurisdizione statale e giurisdizione arbitrale sono in alternativa tra loro, che, quindi, questa non è un "momento" di quella, infine che il giudice statale, quando si trova a decidere sull'eccezione di patto compromissorio rituale, deve accertare la valida esistenza del relativo patto compromissorio. Ma, tutte queste affermazioni, si ripete condivisibili, non potevano certo giustificare la qualificazione dell'eccezione di patto compromissorio rituale come un'eccezione di merito [111], per il semplice motivo che quel patto non dispone del rapporto sostanziale controverso, vale a

[111] Come, invece, è l'eccezione di patto compromissorio libero o irrituale, sulla quale torna ancora *retro* al paragrafo 2 del terzo capitolo.

dire l'oggetto e quindi il "merito" del processo statale che ora stiamo immaginando pendente, bensì dispone solo della sua tutela. Il patto compromissorio rituale esclude una via della tutela, quella pubblica, per favorire un'altra via della tutela, quella privata. Ecco perché il patto compromissorio rituale è un presupposto processuale negativo, ossia una condizione che non deve esistere affinché il giudice statale possa e debba decidere nel merito la causa, per cui la relativa eccezione può solo essere di carattere processuale.

A fronte di questa situazione è intervenuto il D.Lgs. n. 40/2006 che, nell'art. 819*ter* c.p.c., qualifica l'eccezione di patto compromissorio rituale come eccezione d'incompetenza, da proporsi da parte del convenuto, a pena di decadenza, nella comparsa di risposta, questione sulla quale il giudice statale decide con ordinanza impugnabile ai sensi degli artt. 42 e 43 c.p.c.[112].

Così il legislatore ha chiaramente riaffermato il principio più corretto secondo il quale qui siamo in presenza, non di un'eccezione di merito, bensì di un'eccezione di rito. Poi, egli ha scelto l'idea più tradizionale, anche se non ha riconosciuto del tutto che i rapporti tra arbitro e giudice statale siano inquadrabili in termini di competenza, nel momento in cui è stato esplicitamente affermato che nei rapporti tra il giudice privato e quello pubblico non si applicano regole corrispondenti agli artt. 44, 45, 48 e 50 c.p.c., disposizione questa che è stata successivamente corretta dalla Corte costituzionale solo per quanto riguarda l'esclusione del rinvio a regole corrispondenti all'art. 50 c.p.c., nel momento in cui è stato riconosciuto che l'errore nella scelta del giudice debba poter essere recuperabile, con salvezza degli effetti sostanziali e processuali della domanda originaria, anche nei rapporti tra giudice statale e giudice privato.

Sollevata la questione, il giudice la deciderà dopo aver accertato, pienamente, la valida esistenza del patto compromissorio. Se egli rigetterà l'eccezione, ovviamente si avrà, poi, la decisione nel merito della lite e, con ciò, verrà meno, comunque, la possibilità di celebrare il giudizio arbitrale, anche se, in ipotesi, il giudice statale si fosse sbagliato, perché il giudicato preclude, in ogni caso, una nuova decisione sulla stessa causa. Se, invece, egli la accoglierà, verrà pronunciata una ordinanza di rigetto in rito della domanda e sarà, poi, possibile instaurare il giudizio arbitrale sempre sullo stesso oggetto, giudizio che, se sarà instaurato entro un dato termine, porterà con sé la salvezza degli effetti dell'originaria litispendenza[113].

---

[112] Così a seguito della modifica adottata con D.Lgs. n. 149/2022, mentre in precedenza questa declinatoria era assunta con sentenza. Si è voluto coerenziare la previsione con gli altri casi di declinatoria per incompetenza, ancorché qui si abbia una "questione di competenza" del tutto particolare, una questione che si avvicina più a quella di giurisdizione.

[113] A seguito del D.Lgs. n. 149/2022, tale "trasmigrazione" avviene con il meccanismo indi-

La detta disciplina, nella misura in cui individua chi può sollevare la questione e in quali termini, vale anche per l'eccezione di patto per perizia contrattuale, posto che, come abbiamo già visto [114], la perizia contrattuale è solo un arbitrato rituale parziale. Ma, se questa eccezione è accolta, la conseguenza non può essere identica a quella vista per il patto compromissorio rituale, perché l'effetto impediente va calibrato sull'oggetto del patto stipulato.

Ora, se il patto di cui agli artt. 806, 808 e 808*bis* c.p.c. riguarda la controversia giuridica nel suo complesso, è naturale che il suo effetto impediente sia tale da provocare il rigetto in rito della domanda incautamente proposta al giudice statale. Ma, se il patto compromissorio riguarda solo un elemento di quella controversia, quindi esso è propriamente un patto per perizia contrattuale, allora l'effetto impediente deve esplicarsi in misura minore e non può provocare il rigetto in rito della domanda proposta prima del compimento della relativa perizia.

In mancanza di ogni previsione di legge, sembra ragionevole affermare che l'accoglimento dell'eccezione di patto per perizia contrattuale comporti la pronuncia di un provvedimento sospensivo ai sensi dell'art. 295 c.p.c. [115], visto che in tale norma si prevede l'arresto del processo statale, fra le altre ipotesi, anche per il caso in cui il giudice si trovi di fronte ad un impedimento insuperabile, ma temporaneo, alla sua decisione, si trovi di fronte ad una questione che, sia pur rilevante ai fini della decisione della causa, egli, tuttavia, non può né decidere né rimettere ad altra istanza [116]. Né contro questa affermazione si può far valere l'argomento per cui dall'art. 819*ter* c.p.c. emerge l'esclusione dell'art. 295 c.p.c. nei rapporti tra giudice privato e giudice pubblico, perché detta esclusione si riferisce al caso in cui il processo arbitrale abbia un oggetto "rituale", ossia la controversia giuridica nel suo complesso.

Passando, ora, ai percorsi negoziali in cui emerge un'alternativa alla giustizia, ossia propriamente alla soluzione della lite secondo un modo giurisdiziona-

---

cato nell'art. 819*quater*. c.p.c., per cui processo in origine irritualmente instaurato continuerà di fronte ali arbitri. Così il legislatore ha colmato la lacuna che era stata lasciata dal citato intervento della Corte costituzionale, disciplinando il relativo meccanismo tecnico. Da sottolineare che, se il trasferimento della causa di fronte agli arbitri avviene nel termine di legge, nel giudizio arbitrale non può riemergere la questione di competenza, restando vincolante la decisione d'incompetenza assunta dal giudice statale.

[114] Cfr. *retro* il paragrafo 2 nel terzo capitolo.

[115] Per approfondimenti sulla sospensione vedi *infra* il paragrafo 13 nel presente capitolo.

[116] Si avverte che la giurisprudenza, partendo dall'idea che la perizia contrattuale sia una specie di arbitrato libero, afferma che l'effetto impediente ad essa riportabile si esplica, analogamente a quanto accade, appunto, per l'arbitrato libero, sul piano del merito, per cui la domanda, prematuramente proposta, dovrebbe essere rigettata in merito per sua temporanea improponibilità.

le, bisogna vedere in quale misura e con quali tecniche il legislatore impone ai privati di fare un tentativo negoziale [117] e, quindi, come queste discipline operano sul piano dei presupposti processuali.

Innanzitutto è lasciato ai privati il potere di scegliere di assoggettarsi ad un simile tentativo: siamo qui di fronte ad un nuovo contratto processuale, disciplinato dal legislatore, che può sembrare simile al patto compromissorio, ma che, in realtà, ne diverge in termini sostanziali. Mi riferisco alla clausola di conciliazione, che, ai sensi dell'art. 5*sexies* del D.Lgs. n. 28/2010, ha un (limitato) effetto impediente del processo statale, quindi assurge a nuovo presupposto processuale negativo, ancorché con valenza temporalmente delimitata. Ovviamente i privati hanno sempre avuto la possibilità di prevedere nei contratti clausole di questo genere. Ma, solo con la previsione di legge in commento è stato possibile attribuire ad esse un effetto processuale. Per cui, vista la previsione della detta norma, se una parte, nonostante la stipula della clausola in parola, si rivolge al giudice statale senza prima esperire il tentativo di conciliazione, il giudice su eccezione di parte entro la prima udienza fissa, ai sensi dell'art. 5, 2° comma, la successiva udienza dopo la scadenza del termine di cui all'art. 6 [118]. Quindi, continua l'art. 5*sexies*, «La domanda di mediazione è presentata all'organismo indicato dalla clausola, se iscritto nel registro [119], ovvero, in mancanza, all'organismo individuato ai sensi dell'articolo 4, comma 1» [120]. In ogni caso, le parti possono concordare, successivamente al contratto o allo statuto o all'atto costitutivo [121], l'individuazione di un diverso organismo iscritto.

Tuttavia, il parallelo tra il patto compromissorio e la clausola di conciliazione si limita a far emergere, quale elemento comune, solo un generico effetto impediente della giurisdizione statale, in favore della ricerca di una soluzione alternativa della lite. Ma, poi, è evidente che arbitrato e conciliazione sono fenomeni strutturalmente assai diversi, perché quello pone capo ad una sentenza privata pronunciata da un giudice privato, mentre questo vede scendere in campo un terzo al solo fine di facilitare il raggiungimento di un accordo che sta

---

[117] Ovviamente un obbligo giuridico può spingersi ad avere come contenuto il solo tentativo, non potendo certo la legge imporre ai privati di risolvere la lite con un contratto!

[118] Vale a dire tre mesi, prorogabili per altri tre prima della scadenza, su accordo delle parti.

[119] Trattasi del registro presso il Ministero della giustizia nel quale deve iscriversi ogni organismo che voglia accreditarsi per la gestione delle mediazioni rivolte alla conciliazione. Vedi l'art. 16 del D.Lgs. n. 28/2010.

[120] Nel quale si prevede che, ove siano state presentate più domande di mediazione relative alla stessa controversia, la mediazione si svolge davanti all'organismo presso il quale è stata presentata la prima domanda.

[121] Si tenga presente che la clausola di conciliazione può essere inserita negli statuti o negli atti costitutivi di enti, come ad esempio le società.

comunque alle parti porre in essere [122]. Ed anche i relativi patti fondamentali hanno funzione e quindi efficacia diverse, perché col patto compromissorio le parti scelgono una via alternativa che esclude quella ordinaria della giurisdizione statale, mentre col patto di conciliazione le parti, al più, vogliono impedire momentaneamente l'attività giurisdizionale dello Stato, per esperire, aiutati da un terzo, un tentativo di conciliazione, il cui fallimento riaprirà la strada al processo pubblico.

Ma, se l'uso della detta clausola è nella realtà dei traffici giuridici assai scarso, ben più vasto è il terreno sul quale l'obbligo di tentare la via di un accordo prima di rivolgersi al giudice dello Stato deriva dalla legge ovvero da un ordine del giudice. Anche qui il legislatore ha costruito ipotesi di condizioni di procedibilità legate all'oggetto del processo, con l'importante distinzione per cui, ove la condizione sia imposta dalla legge, essa è ancorata a certi tipi di controversie, mentre la condizione che nasce da un ordine del giudice è ancorata alla valutazione delle caratteristiche del caso singolo già oggetto di un processo pendente.

Ma andiamo con ordine e partiamo dall'analisi della condizione di procedibilità imposta per legge, cercando di sintetizzare un quadro normativo complesso, perché esso attinge a discipline diverse.

Come si è accennato, il legislatore può condizionare l'esercizio del diritto di azione per determinati tipi di controversie al previo tentativo di conciliazione da espletare nell'ambito di percorsi specificamente disciplinati. Questa tecnica,

---

[122] Peraltro l'articolato in commento ha avvicinato la conciliazione all'arbitrato, sempre che essa sia avvenuta di fronte ad uno degli organismi di conciliazione abilitati ai sensi dell'art. 16 del D.Lgs. n. 28/2010, per quello che riguarda l'efficacia esecutiva del verbale di avvenuta conciliazione. Dispone, infatti, l'art. 12, così come modificato con D.L. n. 69/2013, convertito in legge n. 98/2013 e poi ancora con D.Lgs. n. 149/2022: «Ove tutte le parti aderenti alla mediazione siano assistite dagli avvocati, l'accordo che sia stato sottoscritto dalle parti e dagli stessi avvocati, anche con le modalità di cui all'articolo 8*bis*, costituisce titolo esecutivo per l'espropriazione forzata, l'esecuzione per consegna o rilascio, l'esecuzione degli obblighi di fare e non fare, nonché per l'iscrizione di ipoteca giudiziale. Gli avvocati attestano e certificano la conformità dell'accordo alle norme imperative e all'ordine pubblico. L'accordo di cui al periodo precedente deve essere integralmente trascritto nel precetto ai sensi dell'articolo 480, secondo comma, del codice di procedura civile./In tutti gli altri casi l'accordo allegato al verbale è omologato, su istanza di parte, con decreto del presidente del tribunale, previo accertamento della regolarità formale e del rispetto delle norme imperative e dell'ordine pubblico. Nelle controversie transfrontaliere di cui all'articolo 2 della direttiva 2008/52/CE del Parlamento europeo e del Consiglio, del 21 maggio 2008, il verbale è omologato dal presidente del tribunale nel cui circondario l'accordo deve avere esecuzione./Con l'omologazione l'accordo costituisce titolo esecutivo per l'espropriazione forzata, per l'esecuzione in forma specifica e per l'iscrizione di ipoteca giudiziale». Il rinvio all'art. 8*bis* si riferisce alla mediazione con modalità telematica.

utilizzata essenzialmente per evitare il processo, è legittima nella misura in cui il condizionamento è temporalmente limitato, non provoca costi eccessivi, protegge la sussistenza del diritto in gioco per il tempo necessario al tentativo e non impedisca la concedibilità immediata della tutela cautelare [123].

Peraltro, se le diverse normative esistenti dovrebbero coordinarsi, nel senso che il legislatore dovrebbe tracciare precise linee di confini tra i loro ambiti applicativi, è pur vero che a volte esse si sovrappongono. Ossia è possibile che per una stessa causa siano in astratto applicabili più discipline. In una simile eventualità quasi sempre la legge detta la norma di coordinamento, che può seguire la tecnica dell'individuazione della disciplina esclusiva ovvero la tecnica dell'alternatività.

Esempio del primo tipo si ha nel rapporto tra la mediazione, disciplinata dal D.Lgs. n. 28/2010 [124], e la negoziazione assistita dagli avvocati delle parti, disciplinata dal D.L. n. 132/2014 convertito in legge n. 162/2014, per cui, se ad esempio è in contestazione una somma di denaro entro i 50.000, opera questa seconda condizione di procedibilità, salvo il caso che si tratti di un tipo di controversia rientrante nel campo di applicazione anche della mediazione, ipotesi nella quale è quest'ultima che deve essere svolta.

Il criterio dell'alternatività è invece previsto in diversi settori e si sostanzia nel prospettare una scelta tra più percorsi possibili. Così: 1) per le liti relative a responsabilità medica e sanitaria il paziente danneggiato, prima di rivolgersi al giudice dello Stato può scegliere tra la mediazione e il percorso tracciato dall'art. 696*bis* c.p.c.; 2) per le liti relative a servizi d'investimento, emergendo la violazione da parte degli intermediari di obblighi di informazione, correttezza e trasparenza l'attore può scegliere tra la mediazione e il c.d. ACF (Arbitro per le controversie finanziarie) rientrante nel sistema CONSOB; 3) per le liti bancarie sempre l'attore può scegliere tra la mediazione e il c.d. ABF (Arbitro bancario finanziario).

Ove, al contrario, la legge non adotti alcun coordinamento è possibile che per la stessa causa l'interessato abbia l'onere di assolvere due volte alla condizione di procedibilità. Si pensi alle controversie agrarie, per le quali sembra che allo specifico tentativo disciplinato dall'art. 11 del D.Lgs. n. 150/2011 possa sommarsi, a seconda della situazione, quello dato dalla su citata negoziazione assistita.

Lasciando perdere ogni ulteriore approfondimento, basta qui soffermarsi sulla disciplina certamente più importante: quella della mediazione.

---

[123] Limiti esplicitamente fissati sia dalla nostra Corte costituzionale sia dalla Corte di giustizia della UE.

[124] Così come modificato nel 2013 e poi nel 2022.

L'art. 5, 1° comma, del D.Lgs. n. 28/2010 prevede che chi intenda esercitare in giudizio un'azione relativa a determinate controversie, ivi elencate, è tenuto preliminarmente ad esperire il procedimento di mediazione nello stesso testo normativo disciplinato, al fine di tentare una conciliazione con la sua controparte.

Se il tentativo riesce, il processo sarà evitato e la relazione tra le parti troverà la sua norma concreta nel contratto stipulato tra di esse, rispetto al quale il mediatore avrà fatto solo opera di "aiuto", non potendo certo lui stesso porre ed imporre quella norma.

Se il tentativo non riesce, allora, decorsi tre mesi dall'inizio della procedura (art. 6 del citato D.Lgs.), la domanda diventerà procedibile di fronte al giudice dello Stato, che a questo punto potrà essere ritualmente adito. Ciò purché esso sia stato svolto di fronte ad uno degli organismi accreditati secondo la legge, non potendo una simile condizione essere assolta di fronte a qualsiasi soggetto di cui le parti abbiano magari fiducia.

Come questo meccanismo operi sul piano dei presupposti processuali è reso evidente se sol si guarda al profilo patologico della vicenda, ossia all'eventualità che in quelle certe materie l'attore abbia esercitato l'azione senza il previo tentativo di conciliazione in mediazione.

In tale eventualità l'art. 5, 2° comma, del D.Lgs. n. 28/2010 disciplina sia l'eccezione di rito sia le conseguenze del suo accoglimento.

L'eccezione è rilevabile dal convenuto o dal giudice al più tardi nella prima udienza. Ove il giudice ravvisi il mancato assolvimento della condizione, egli fissa un'udienza per la prosecuzione del processo considerando che le parti devono avere tre mesi di tempo per svolgere il tentativo. Se a quella udienza emergerà che la condizione è stata assolta, ancorché la mediazione non abbia avuto successo, il processo proseguirà per giungere alla decisione nel merito della causa. Se, al contrario, il necessario tentativo non è stato svolto, allora, come avviene a fronte di ogni presupposto processuale sanabile in astratto e non sanato in concreto, il giudice si spoglierà della causa rigettando la domanda in rito.

Al di là della qualificazione del contenuto di tale pronuncia, come di improcedibilità, sul piano formale, in virtù dei principi generali, avremo una sentenza di chiusura in rito del processo [125], avverso la quale sarà possibile il rimedio

---

[125] Questo inquadramento comporta la seguente conseguenza: nell'ambito del procedimento per ingiunzione l'onere è a carico di colui che fa valere il diritto, ossia il creditore avverso il quale è stata proposta l'opposizione, con la conseguenza che il mancato assolvimento della condizione comporta il rigetto della sua domanda e non il rigetto dell'opposizione, senza che, quindi, si possa avere alcuna stabilizzazione del decreto ingiuntivo. Ciò è stato chiarito dal legislatore con l'inserimento di un art. 5*bis* ad opera del D.Lgs. n. 149/2022.

dell'appello secondo le regole ordinarie che valgono avverso le sentenze di primo grado.

Piuttosto, il grave problema che è emerso nell'esperienza è sintetizzabile formulando la seguente domanda: vi sono situazioni nelle quali, pur essendosi svolta la mediazione, si deve ritenere come non assolta la condizione, insomma non verificatasi la sanatoria? In altri termini: la procedura di mediazione va svolta secondo un certo "modo", che la renda rituale al fine di quell'assolvimento?

A tal proposito un nodo è da sciogliere con una certa ragionevole certezza: la condizione non può dirsi assolta se nel percorso non vi è stata l'assistenza del difensore, posto che questo requisito è imposto dall'art. 8, 5° comma, del D.Lgs. n. 28/2010.
Resta un secondo nodo assai problematico. Ci si chiede: la condizione è assolta con la semplice celebrazione di un primo incontro informativo tra mediatore e parti oppure è necessario che vi sia stato un effettivo tentativo di dialogo negoziale, magari con la presenza personale delle parti e non solo dei loro avvocati?

La risposta, a seguito del D.Lgs. n. 149/2022, è più a favore dell'effettività, visto che l'art. 8, 4° comma, dell'articolato oggi tendenzialmente impone alle parti di partecipare personalmente al confronto e il successivo 6° comma prevede, per un verso, che il mediatore si adopera affinché le parti giungano ad un accordo e, per altro verso, che parti ed avvocati devono partecipare al percorso con spirito di cooperazione, con lealtà e buona fede, al fine di realizzare un effettivo confronto.

Discorsi analoghi sono ripetibili quando la condizione di procedibilità nasce, non dalla legge, ma da un ordine del giudice, disposto ai sensi dell'art. 5*quater* del D.Lgs. n. 28/2010. In tal caso il giudice dispone la mediazione, non per sanare la carenza di un presupposto processuale, bensì perché alla luce delle caratteristiche del caso concreto ritiene che quella negoziale possa essere una soluzione migliore di quella giurisdizionale. Così, magari anche dopo un opportuno dialogo con le parti, egli le rinvia ad un organismo accreditato che sempre le parti sceglieranno, per svolgere un tentativo, fissando al contempo un'udienza nell'ambito della quale, se il tentativo è fallito, si proseguirà il processo.

Questo meccanismo è una declinazione del generale potere direttivo del giudice di cui all'art. 175 c.p.c. Anche qui emerge un obbligo per le parti. Ma se l'obbligo imposto dalla legge per certi tipi di controversie ha la funzione di evitare il processo, essenzialmente in chiave deflazionistica del carico di lavoro della giurisdizione statale, l'obbligo imposto dal giudice, invece, nasce dalle caratteristiche concrete del caso già pendente ed ha la funzione di trovare la miglior soluzione appunto di questo.

Ma, la conseguenza tecnica derivante dal mancato rispetto dell'ordine del giudice consiste pur sempre in un rigetto in rito della domanda, *sub specie* di dichiarazione di improcedibilità, come abbiamo visto sopra.

12. *Nullità formali*

I presupposti processuali, che abbiamo studiato finora, sono le condizioni che devono esistere (presupposti positivi) o che non devono esistere (presupposti negativi) affinché il giudice possa e debba decidere nel merito la causa. Quindi essi rappresentano quegli elementi, la cui carenza rende il processo inidoneo, nel suo complesso, ad occuparsi del suo oggetto di merito: l'esistenza e la tutela del diritto soggettivo sostanziale. Il giudice non giunge neanche a trattare della controversia sostanziale, se sorge una controversia su una questione processuale impediente, dalla soluzione della quale egli trae la conclusione di non poter pronunciare una sentenza di merito.

Ma, il processo non va valutato solo nel suo complesso, guardando quindi ai requisiti di base che lo rendono idoneo a raggiungere il suo obiettivo di fondo, bensì esso va considerato anche come procedimento.

Riprendendo un concetto già esposto [126], il processo è un procedimento, che, per servire all'esercizio dell'attività giurisdizionale, deve essere caratterizzato dalla vigenza al suo interno di alcuni principi fondamentali, cioè del principio di terzietà del soggetto che pone capo alla misura giurisdizionale, del principio del contraddittorio e del principio della domanda. In quanto procedimento, esso è un'attività (pre)organizzata da norme, quindi una sequenza (pre)ordinata di atti, ognuno dei quali è conseguenza dell'atto precedente e presupposto dell'atto successivo, tranne, ovviamente, l'atto iniziale, che non presuppone nulla, e l'atto finale, al quale non segue nulla. Tali atti sono processuali in quanto, appunto, essi fanno parte della serie organizzata, quindi la loro processualità sta nell'efficacia processuale [127], che, pur specifica per ogni singolo atto, ha sempre, quale elemento comune, lo scopo che anima tutta la serie: la progressione fino all'atto finale, che, solo, avrà effetti nel mondo sostanziale.

Ora, come è possibile che il processo sia affetto da un vizio che, relativo ad un

---

[126] Vedi *retro* il paragrafo 3 nel primo capitolo.

[127] Si ricorda ancora che vi sono atti processuali a doppia rilevanza, ossia atti che hanno anche un'efficacia sostanziale. Si pensi tipicamente all'atto introduttivo in cui è contenuta la domanda, che, per un verso, ha l'effetto processuale di instaurare il processo, fondando tutti gli atti della serie successiva, e, per altro verso, produce effetti sostanziali in riferimento al diritto fatto valere, come, ad esempio, l'interruzione e la sospensione del termine di prescrizione.

presupposto processuale, lo riguarda nel suo complesso (c.d. nullità extraformale), è anche possibile che, più limitatamente, solo uno o alcuni dei suoi singoli atti siano in concreto posti in essere violando le norme processuali che li riguardano. Siamo, allora, di fronte alle nullità singolari o formali, ossia, appunto, dei singoli atti, che trovano la loro disciplina generale negli artt. 156 e ss. c.p.c.

Dobbiamo affrontare tre problemi: a) individuare il concetto di nullità processuali, b) analizzare le regole generali che stabiliscono quand'è che un atto processuale è nullo, c) verificare i meccanismi di rilevabilità delle nullità formali, nonché le conseguenze derivanti dalla loro pronuncia.

Su un piano puramente astratto il problema dell'invalidità dovrebbe identificarsi, semplicemente, con la verifica della conformità della fattispecie concreta al suo archetipo normativo e, quindi, della sua, necessariamente conseguente, efficacia o inefficacia. Se la legge collega ad una determinata fattispecie una certa efficacia, la coppia validità/invalidità non dovrebbe corrispondere ad altro se non alla dicotomia tra integrazione e non integrazione degli elementi della fattispecie normativamente prevista. In altri termini, in astratto, dovremmo limitarci a porre le seguenti equazioni: se in concreto un atto è conforme al suo archetipo normativo, esso è valido e, quindi, efficace; se, invece, l'atto non è conforme al suo archetipo normativo, esso è invalido e, quindi, inefficace.

Guardando, ora, al diritto positivo vigente, vi sono settori nei quali i detti principi, astrattamente concepibili, trovano applicazione. Così, ad esempio, per quello che riguarda la nullità del contratto: se, in concreto, un contratto è stipulato senza uno dei suoi requisiti essenziali (vedi l'art. 1418 c.c.), esso è invalido *sub specie* di nullità, nel senso che è improduttivo dei suoi effetti.

Ma, vi sono altri settori nei quali, invece, il rapporto tra integrazione della fattispecie, sua validità ed efficacia, è disciplinato in maniere diverse. In particolare, troviamo casi in cui gli atti, pur difformi dal loro archetipo normativo, sono tuttavia efficaci e casi in cui gli atti, pur integrando tutti gli elementi costitutivi normativamente previsti, sono inefficaci.

Dal primo punto di vista, si pensi al contratto invalido *sub specie* di annullabilità (vedi gli artt. 1425 e ss. c.c.), che, pur essendo viziato, produce i suoi effetti fino al momento in cui si ha il suo annullamento. Tale efficacia è, quindi, precaria e, del resto, non potrebbe essere diversamente, se si vuole evitare una definitiva contraddizione all'interno del sistema. Ma essa, tuttavia, sussiste nonostante la difformità della fattispecie concreta rispetto a quella astrattamente prevista nella legge.

Dal secondo punto di vista, si faccia il caso del contratto sottoposto a condizione sospensiva (art. 1353 c.c.) o quello della c.d. *vacatio legis*, nei quali abbiamo una fattispecie concreta conforme al suo archetipo normativo e pur improduttiva dei suoi effetti "naturali", che sono impediti dalla carenza di un elemento esterno alla fattispecie, il cui necessario verificarsi integra quell'efficacia momentaneamente carente.

Tornando al nostro settore di indagine, possiamo distinguere, a seconda della gravità dei vizi e delle relative conseguenze, tre categorie: l'inesistenza, la nullità e l'impugnabilità.

L'*inesistenza* corrisponde a situazioni di carenza tale da rendere impossibile la stessa sussumibilità della fattispecie concreta sotto l'archetipo normativo, insomma all'impossibilità di spendere addirittura il corrispondente *nomen*. Prendendo, ad esempio il più importante degli atti processuali, la sentenza, in realtà una sentenza inesistente è una non-sentenza, ossia un *quid* carente degli elementi corrispondenti all'*ubi consistam* della sentenza, gli elementi che fanno di un atto una sentenza, insomma un *quid* per il quale non si può neanche spendere il *nomen* "sentenza". Dal che è evidente come quello della sentenza inesistente sia francamente più un caso di scuola che un dato dell'esperienza reale.

La *nullità* si ha, invece, quando un atto concreto è difforme dal suo archetipo normativo al punto da non produrre i suoi effetti e, di conseguenza, tale da essere insuscettibile di sanatoria. Vedremo, in seguito, che sono rari i casi nei quali un atto processuale è qualificato come nullo in questo senso ed, inoltre, vedremo come in quei pochi casi di questo tipo erroneamente l'opinione comune parli di inesistenza e non di nullità, aiutata, peraltro, da un impreciso linguaggio del legislatore.

L'*impugnabilità*, infine, si ha quando l'atto viziato produce ugualmente i suoi effetti, salva la pronuncia dell'invalidità, fra l'altro stimolata nei giusti tempi e dal soggetto legittimato. Ma, il codice di procedura civile non utilizza la parola "impugnabilità" e, adottando un linguaggio inesatto, scambia questa con la nullità, per cui quando in esso si parla della nullità degli atti processuali in genere (artt. 156 e ss. c.p.c.), ci si riferisce ad atti i cui difetti determinano la loro impugnabilità.

Di conseguenza, per evitare confusione, si precisa che in seguito noi manterremo il linguaggio del codice di rito, con l'avvertenza che quando in esso si parla di nullità, dobbiamo intendere che questa corrisponda al concetto di impugnabilità, mentre quando gli interpreti vedono nelle norme del codice ipotesi di inesistenza, si deve intendere che trattasi di casi di nullità, i quali, per tenerli distinti dagli altri, chiameremo di "nullità veramente assolute".

Nella legge, normalmente, per ogni atto processuale è data la disciplina dei suoi elementi. Se un atto concreto è posto in essere senza alcuno dei suoi elementi, si ha una difformità, ma non si deve credere che ogni divergenza dal modello generi nullità. Questa si ha solo là dove trova applicazione o il 1° comma o il 2° comma dell'art. 156 c.p.c.

L'art. 156, 1° comma, sancisce il principio della *tipicità delle nullità*, in base al quale genera nullità solo la carenza, rispetto all'archetipo normativo, di quegli elementi che esplicitamente la legge prevede, appunto, a pena di nullità. Si pensi all'atto di citazione [128], per il quale l'art. 164 c.p.c. dispone chiaramente quali siano i requisiti la cui mancanza provoca la nullità dell'atto.

Questo *principio*, di derivazione francese, che pur, dalla struttura del citato art. 156, sembra il principale in materia di nullità, è, in realtà, solo *residuale*. Invero, sono assai pochi i casi nei quali la legge dispone esplicitamente che un atto processuale debba contenere certi elementi a pena di nullità, per cui, se quello in parola fosse l'unico o il principale criterio di individuazione delle nullità processuali, in concreto ben raramente si potrebbe parlare di atti processuali nulli.

Soccorre, allora, il 2° comma, sempre dell'art. 156, che così recita: «Può tuttavia essere pronunciata quando l'atto manca dei requisiti formali indispensabili per il raggiungimento dello scopo». Questo criterio, che rappresenta il vero cardine in materia di nullità processuali, si collega all'idea che le *forme* siano *strumentali allo scopo*, insomma all'idea per cui il legislatore individua la disciplina formale degli atti guardando essenzialmente alla funzione che essi hanno nel processo. Ciò significa che il giudice, quando si trova di fronte ad un atto processuale carente di alcuni elementi astrattamente previsti, deve interrogarsi sull'essenzialità di essi, ossia sulla loro necessità al fine di raggiungere lo scopo dell'atto, pronunciando la nullità solo quando egli ritiene che l'elemento mancante sia indispensabile a quel raggiungimento.

Questa è una valutazione complessa e comunque, come si suole dire, svolta *ex ante*. Non ha rilievo, su questo piano, il fatto che in concreto l'atto processuale abbia o meno raggiunto il suo scopo. Ciò che conta, ai fini della qualificazione dell'atto come "nullo", è che il giudice ritenga, dopo aver individuato la funzione dell'atto, che quel certo elemento mancante renda l'atto, in astratto, inidoneo a raggiungere lo scopo.

Il discorso assume una maggiore concretezza se si aggiunge anche la previsione del 3° comma, sempre dell'art. 156, ai sensi del quale «La nullità non può mai essere pronunciata, se l'atto ha raggiunto lo scopo a cui è destinato». Qui si prevede un meccanismo generale di *sanatoria* dell'atto nullo, quindi si ipotizza il perfezionamento di una fattispecie concorrente, in virtù della quale gli effetti dell'atto processuale sono prodotti in modo non precario, non dal solo atto, in ipotesi ritualmente posto in essere, bensì dall'atto nullo più il verificarsi di un accadimento successivo che ha permesso all'atto, nonostante la nullità, il raggiungimento dello scopo.

---

[128] Si ricorda che l'atto di citazione serve a proporre la domanda nel rito ordinario. Esso è disciplinato dagli artt. 163 e 164 c.p.c.

Per semplificare la lettura sistematica del 2° e del 3° comma dell'art. 156 c.p.c., si tenga presente che la valutazione, *ex ante*, dell'idoneità in astratto dell'atto a raggiungere il suo scopo serve a valutare la nullità dell'atto, mentre la verifica, *ex post*, del fatto che, comunque, l'atto ha raggiunto lo scopo serve a sanare una nullità, in ipotesi esistente. In altri termini, il raggiungimento o meno dello scopo non ha nulla a che fare con la qualificazione giuridica dell'atto: questo, se non manca di elementi che lo rendano in astratto inidoneo a raggiungere il suo scopo, non diventa certo nullo per il fatto che, poi, in concreto quello scopo non è stato raggiunto.

Facciamo sempre l'esempio dell'atto di citazione, per il quale, applicando i principi ora esposti, si sarebbe potuto ricavare anche in via interpretativa ciò che, tuttavia, la legge dispone esplicitamente. Esso persegue due scopi: quello di chiamare in giudizio il convenuto (c.d. *vocatio in ius*) e quello di individuare l'oggetto del processo (c.d. *editio actionis*). Al servizio del primo scopo stanno gli elementi di cui ai numeri 1), 2) e 7) dell'art. 163 c.p.c., mentre in riferimento al secondo scopo stanno i requisiti di cui ai numeri 3) e 4) del medesimo art. 163. Si ripete: il legislatore dispone chiaramente che la carenza di questi elementi determina la nullità dell'atto in parola. Ma, se il legislatore non si fosse espresso esplicitamente, l'interprete sarebbe arrivato alle stesse conclusioni, perché nessuno dubita del fatto che l'atto di citazione persegua i detti scopi, né si può dubitare che gli elementi sopra individuati siano in astratto indispensabili a raggiungerli.

Ora, se un atto di citazione contiene tutti gli elementi, esso è valido e non ha alcuna importanza se, poi, non si realizza lo scopo.

Prendiamo il profilo della *vocatio in ius*: sussistendo i requisiti ad esso collegati, l'atto è valido, perché esso è in astratto idoneo a raggiungere il suo scopo, e se, poi, in concreto quello scopo non è raggiunto, perché il convenuto non si costituisce, ciò non rende certo, *ex post*, l'atto nullo, ma il problema sarà solo del convenuto.

Invece, l'atto è nullo se manca alcuno di quegli elementi.

In tal caso è concepibile che, ciononostante, si raggiunga ugualmente, in concreto, lo scopo ed allora la nullità, che esisteva, si sana ed ogni problema è superato. Così, mantenendo l'esempio degli elementi attinenti alla *vocatio in ius*, se uno di essi manca, è vero che l'atto è nullo, ma se, poi, il convenuto ugualmente si costituisce, allora, essendo comunque stato raggiunto lo scopo, in funzione del quale quel certo elemento carente era stato previsto, la nullità dell'atto di citazione si sana. Così esplicitamente dispone l'art. 164, 3° comma, c.p.c. nel quale il legislatore non fa altro che applicare il principio generale sancito nell'art. 156, 3° comma, c.p.c.

Un po' diverso è il discorso in riferimento al profilo della c.d. *editio actionis*, sia per quel che riguarda la possibilità di qualificare come nullo l'atto di citazione sia per quanto attiene alla sua sanatoria. Dal primo punto di vista non si può dire che la carenza della c.d. *causa petendi* (art. 163, n. 4, c.p.c.) renda sempre nullo l'atto: ciò accade solo quando questo elemento serve all'individuazione del diritto che si fa valere, eventualità che, se va affermata a fronte di un diritto eteroindividuato, va invece negata quando si mette in gioco un diritto autoindividuato [129]. Dal secondo punto vista è evidente come la mera costituzione del convenuto non possa portare alcuna sanatoria, perché con ciò non si può certo affermare che l'atto di citazione abbia raggiunto lo scopo di individuare l'oggetto della domanda. A questo fine, allora, sarà sempre necessario un atto di integrazione da parte dell'attore (art. 164, 5° comma, c.p.c.), unico modo per far acquisire al processo l'elemento mancante, caso in cui, peraltro, la sanatoria avviene, non con effetti retroattivi, bensì come suole dirsi *ex nunc*, dovendosi ancorare gli effetti sostanziali e processuali della domanda, non all'atto nullo originario, bensì al successivo atto di integrazione.

Venendo al profilo dinamico, si può distinguere tra nullità c.d. *relative* e nullità c.d. *assolute*. Queste sono rilevabili anche dal giudice in ogni stato e grado del processo. Quelle sono rilevabili solo ad istanza di parte «nella prima istanza o difesa successiva all'atto o alla notizia di esso» (art. 157, 2° comma, c.p.c.). La parte legittimata al rilievo è quella nel cui interesse era stabilito il requisito mancante, che ha prodotto la nullità (art. 157, 2° comma, c.p.c.) e, comunque, la «nullità non può essere opposta dalla parte che vi ha dato causa, né da quella che vi ha rinunciato anche tacitamente» (art. 157, 3° comma, c.p.c.).

Come si traccia la linea di confine tra le nullità relative e le nullità assolute?

A tal proposito l'art. 157, 1° comma, c.p.c. recita: «Non può pronunciarsi la nullità senza istanza di parte, se la legge non dispone che sia pronunciata di ufficio». Quindi la nullità è assoluta solo se è la legge a qualificarla tale, cioè a precisare che al suo rilievo è legittimato anche il giudice in ogni stato e grado del processo. Si pensi anche al già citato art. 164 c.p.c. o, per fare un ulteriore esempio, al disposto dell'art. 158 c.p.c., secondo cui la «nullità derivante da vizi relativi alla costituzione del giudice o all'intervento del pubblico ministero è insanabile e deve essere rilevata d'ufficio, salva la disposizione dell'art. 161». Se, invece, la legge tace, allora la nullità è da intendersi relativa, quindi rilevabile solo ad istanza di parte.

Ma, sia le nullità relative sia le nullità assolute sono pur sempre sanabili, ossia per tutte le nullità giunge un momento nel quale esse non sono più rilevabili. Qui arriviamo ad uno snodo centrale della disciplina delle nullità, dalla cui esplicazione si comprenderà il motivo principale che mi ha spinto a dire, in pre-

---

[129] Torna a quanto si è detto sopra in questo capitolo nel paragrafo 9 e vai anche a quanto si dirà nel paragrafo 5 del quinto capitolo.

cedenza, che il legislatore ha assunto in tale contesto una terminologia errata, scambiando per nullità ciò che, in realtà, è impugnabilità. Il momento in questione è quello in cui la *sentenza passa in giudicato* (formale)[130], ossia si stabilizza come atto, in quanto i mezzi di impugnazione c.d. ordinari (vedi l'art. 324 c.p.c.) non sono più proponibili o sono già stati proposti.

La norma fondamentale è contenuta nell'art. 161, 1° comma, c.p.c., che così recita: «La nullità delle sentenze soggette ad appello o a ricorso per cassazione può essere fatta valere soltanto nei limiti e secondo le regole proprie di questi mezzi di impugnazione». Siamo di fronte ad una vera e propria norma di sistema, dalla quale si possono ricavare due principi fondamentali.

Il primo attiene alla teoria dei mezzi di impugnazione e si sostanzia nell'idea moderna per cui i mezzi ordinari dell'appello e del ricorso per cassazione sono diventati rimedi generali, ossia strumenti utilizzabili per far valere, in una via unica, qualsiasi tipo di vizio, sia esso di giudizio o di attività[131].

Il secondo principio è quello già accennato, in base al quale si può dire che il giudicato formale è la panacea di tutti i mali perché con esso si sanano tutte le nullità che, in ipotesi, si sono verificate nel processo. Per comprendere come dalla norma citata si ricavi il detto principio, si ripensi a quanto già si è detto sulla sentenza quale atto conclusivo del processo.

La sentenza è atto qualificabile da una duplice serie di norme: quelle che attengono al giudizio, ossia all'accertamento, quale necessario antecedente del comando concreto, la cui violazione determina l'ingiustizia della sentenza, e quelle che attengono alla costruzione dell'atto, la cui violazione determina l'invalidità della sentenza. Queste ultime, poi, si possono distinguere a seconda che riguardino la sentenza stessa o gli atti del procedimento, che sta a monte di essa. In altri termini, la sentenza può essere invalida o direttamente, per violazione delle norme che presiedono alla sua costruzione, o indirettamente, per violazione delle norme che presiedono alla costruzione degli atti della serie procedimentale. Insomma, in virtù della struttura del fenomeno processuale, che si esplica in una concatenazione di atti, tutte le nullità, non sanate, in esso verificatesi si ripercuotono sull'atto finale della serie, diventano cioè nullità della sentenza.

Ma, e qui torniamo al nucleo del citato art. 161, queste nullità si trasformano in motivi di impugnazione, anzi in motivi di appello o ricorso per cassazione, vale a dire esse finiscono per diventare, semplicemente, cause di impugnabilità della sentenza, con la conseguenza che, se questa non è impugnata col rimedio

---

[130] Concetto sul quale torneremo nel paragrafo 4 del quinto capitolo.

[131] Per approfondimenti sui diversi *errores* nel sistema dei mezzi di impugnazione vedi *infra* il paragrafo 1 nel settimo capitolo.

adatto [132] o, comunque, se le nullità non sono fatte valere con l'appello o il ricorso per cassazione, pur, in ipotesi, proposto, si verifica la loro sanatoria e non sarà più possibile farle valere in seguito in altre sedi.

Residuano delle eccezioni.

Lo stesso art. 161 prevede, nel suo 2° comma, che il passaggio in giudicato della sentenza non sana il vizio della carenza di sottoscrizione del giudice. E a tale ipotesi, l'unica esplicitamente prevista nella legge, si possono aggiungere i casi della sentenza pronunciata da un soggetto privo di potere giurisdizionale o contro una persona che era già deceduta prima della proposizione della domanda, della sentenza che abbia un oggetto impossibile o incerto, della sentenza assolutamente mancante di motivazione. In queste ipotesi si sfugge al principio dell'onere dell'impugnazione, ossia il vizio resta rilevabile, nonostante il passaggio in giudicato della sentenza, in ogni sede opportuna. Si pensi, per fare un esempio, al caso in cui, trattandosi di una sentenza di condanna, il vincitore proceda, sulla sua base, ad esecuzione forzata: il soccombente, che si trovi nella posizione di debitore esecutato, potrà contestare l'esistenza del titolo esecutivo, proponendo opposizione all'esecuzione ai sensi dell'art. 615 c.p.c., lamentando specificamente la sussistenza di uno dei detti vizi, che è talmente grave da rendere la sentenza-titolo esecutivo radicalmente nulla [133].

Nelle ipotesi in questione la dottrina e la giurisprudenza dominanti utilizzano, normalmente, la categoria dell'inesistenza. Ciò non è condivisibile.

La sentenza priva di sottoscrizione non è inesistente, ma nulla, nel senso classico del termine, perché essa non produce effetti. Essa non è meramente impugnabile, in quanto, appunto, non produce effetti, neanche precariamente, né il vizio è sanabile, magari a causa del mancato uso del rimedio disponibile per il suo rilievo. Quindi la preclusione dei mezzi di impugnazione non incide sul suo regime, né ciò sarebbe possibile, perché non si può rendere efficace una fattispecie che ne è stata priva fin dall'origine. Tuttavia, noi sappiamo che il codice di rito utilizza la parola "nullità" per le ipotesi di impugnabilità ed, allora, per evitare confusioni, di fronte al caso di cui all'art. 161, 2° comma, c.p.c. non possiamo limitarci a parlare di nullità, visto che il vizio in parola resta rilevabile nonostante il passaggio in giudicato della sentenza. Ma, non possiamo

---

[132] Con l'appello, se si tratta di sentenza di primo grado; col ricorso per cassazione, se si tratta di sentenza di secondo grado.

[133] Ciò secondo l'opinione dominante. Ma il rimedio "naturale" per contestare il titolo esecutivo dovrebbero essere l'opposizione agli atti esecutivi di cui all'art. 617 c.p.c., perché il c.d. diritto a procedere ad esecuzione, in ipotesi oggetto di contestazione per mezzo dello strumento di cui all'art. 615 c.p.c., lungi dall'essere l'azione esecutiva, sta piuttosto nella sussistenza del credito a motivo del quale si procede, che in sé non è certo un elemento costitutivo di quella azione.

neanche, per evitare una confusione, crearne un'altra ed è questo che faremmo se utilizzassimo qui la categoria dell'inesistenza, per cui è bene limitarsi ad aggiungere che qui siamo di fronte a nullità "veramente assolute", quindi nullità non sanabili con la formazione del giudicato.

Non stiamo dando sfogo ad un capriccio terminologico, bensì stiamo cercando una precisione di linguaggio che consenta una migliore comprensione e distinzione di fenomeni diversi. Invero, la sentenza inesistente è una non-sentenza, quindi un *quid* che non presenta gli elementi minimi per sussumerlo sotto il concetto stesso di sentenza, un qualcosa per cui non è neanche spendibile il *nomen* "sentenza". La sentenza priva di sottoscrizione è certamente affetta da un vizio grave [134], ma non così grave da farla scadere ad una non-sentenza. E questo rilievo non è semplicemente il frutto di un'impressione, di un'intuizione che si pone sul piano, non razionale, della personale sensibilità, ma esso deriva dall'osservazione del diritto positivo, in particolare dalla lettura degli artt. 339, 1° comma, e 354, 1° comma, c.p.c., dettati in materia di appello [135].

In queste norme è detto, per un verso, che sono suscettibili di essere appellate le sentenze pronunciate in primo grado e, per altro verso, che, in alcuni specifici casi, tra i quali anche quello in cui è dichiarata «la nullità della sentenza di primo grado a norma dell'articolo 161 secondo comma», il giudizio di appello opera, non sostitutivamente fornendo una seconda decisione sulla causa già decisa in precedenza, bensì come una sorta di *querela nullitatis*, in quanto esso pone capo semplicemente all'annullamento della sentenza impugnata, con conseguente rimessione della causa al giudice di primo grado. Ora, è di tutta evidenza che in queste norme la sentenza priva di sottoscrizione non è considerata come una non-sentenza, quantomeno perché, se così fosse, essa non produrrebbe neanche quell'effetto minimo che è la sua appellabilità, collegato, appunto, alla sua sola esistenza.

In definitiva, la c.d. inesistenza rappresenta veramente un caso di scuola. Invece, è praticamente rilevante tracciare la linea di confine tra i vizi che determinano l'impugnabilità – cioè quella che il codice di rito chiama "nullità" – e i vizi che determinano la nullità – cioè quella che, mancando nel codice di rito una scelta terminologica, l'opinione comune chiama "inesistenza", mentre qui è stata chiamata "nullità veramente assoluta". I primi non impediscono all'atto di produrre i suoi effetti, ancorché precariamente, e sono sempre sanabili almeno

---

[134] Peraltro l'intensità di tale gravità deriva dalle scelte del legislatore: così lo stesso vizio è, nel nostro ordinamento, considerato come un semplice motivo di impugnabilità quando esso riguarda la sentenza privata, ossia il lodo arbitrale (vedi gli artt. 823, 2° comma, n. 7 e 829, 1° comma, n. 5, c.p.c.).

[135] Per maggiori approfondimenti si rinvia al capitolo sulle impugnazioni.

per il fatto che il soggetto legittimato non li rileva, col mezzo idoneo e nei termini previsti. I secondi rendono l'atto inefficace e, quindi, mai sanabile, neanche col passaggio in giudicato della sentenza, restando la loro rilevabilità sempre possibile in ogni sede utile.

Sta essenzialmente al legislatore scegliere come qualificare i vizi degli atti processuali, ossia quali conseguenze attribuire ad essi. Ma, è anche evidente, guardando all'evoluzione storica della nostra materia, come la maggior strutturazione del processo, nei suoi vari gradi, abbia consentito alla categoria dell'impugnabilità di guadagnare sempre più terreno rispetto alla categoria della nullità.

13. *Sospensione*

Se il processo è una concatenazione di atti preordinata alla formazione di un provvedimento finale, è possibile che determinate vicende comportino un momentaneo arresto della progressione, quindi generino una sorta di *quiescenza temporanea* del processo. Siamo allora di fronte alla sospensione, la quale, a prescindere dal tipo di vicenda che la causa e, quindi, anche dalla funzione a cui risponde, ha sempre lo stesso *regime giuridico*, ricavabile dagli artt. 298 e 48 c.p.c.

Per un verso, la sospensione interrompe i termini in corso, i quali ricominciano a decorrere per intero dal giorno della nuova udienza fissata nel provvedimento di sospensione o nel decreto pronunciato dal giudice, a seguito dell'istanza di una parte proposta entro tre mesi dalla (conoscenza della) cessazione della causa di sospensione. Per altro verso, durante la quiescenza del processo non possono essere compiuti atti del procedimento, tranne quelli che il giudice autorizza per la loro urgenza (argomenta dall'art. 48, 2° comma, c.p.c., che ha valenza generale), con la conseguenza che gli atti eventualmente compiuti in violazione del divieto sono nulli, ancorché la nullità sia rilevabile solo ad istanza di parte ai sensi dell'art. 157, 1° comma, c.p.c. Resta, comunque, salva la possibilità di chiedere ed ottenere la pronuncia di provvedimenti cautelari, che rappresentano il punto di arrivo di un procedimento diverso da quello, dichiarativo, sospeso, ancorché a questo strumentalmente collegato.

Quella descritta è una chiara disciplina giuridica che si applica in ogni ipotesi di sospensione. Ma queste sono di vario genere e, a seconda del fatto generatore, la sospensione risponde a funzioni diverse.

L'arresto della progressione si ha sempre per la necessità o l'opportunità di aspettare che si verifichi qualcosa. È possibile che si tratti di attendere la conclusione di un altro processo o, comunque, di un peculiare giudizio oppure può trattarsi anche di vicende diverse, ma che, in ogni caso, possono determinare esiti rilevanti per il processo sospeso.

Tra queste ultime si consideri l'ipotesi della sospensione concordata, di cui all'art. 296 c.p.c. [136], nella quale la ragione dell'arresto sta nell'attesa di un accomodamento e quindi nella speranza di rendere inutile l'attività giurisdizionale [137].

Diversa, e direi assai più rilevante, è la prospettiva nel primo gruppo di ipotesi, nell'ambito delle quali è utile la distinzione, elaborata dalla dottrina, tra sospensione c.d. propria e sospensione c.d. impropria.

La *sospensione impropria* si ha quando dal processo in corso si rende autonoma, in un certo senso si distacca una questione, rilevante per la definizione della causa, che deve essere risolta in una sede particolare. Si tratta di ipotesi nelle quali il processo sospeso non deve attendere l'esito propriamente di un altro processo, bensì esso si ferma perché il legislatore ha previsto che vi sia un giudizio speciale su quella certa questione.

Almeno due casi di questo tipo noi li abbiamo già incontrati: mi riferisco, per un verso, alla proposizione del regolamento di giurisdizione ai sensi dell'art. 41 c.p.c. [138], a seguito della quale il giudice davanti a cui pende la causa sospende il processo «se non ritiene l'istanza manifestamente inammissibile o la contestazione della giurisdizione manifestamente infondata» (art. 367 c.p.c.), e, per altro verso, alla proposizione del regolamento di competenza [139], che de-

---

[136] Si avvicina a quella nel testo l'ipotesi in cui il giudice, ai sensi dell'art. 5 del D.Lgs. n. 28/2010, così come modificato con D.L. n. 69/2013 convertito in legge n. 98/2013, e poi ancora con D.Lgs. n. 149/2022, dichiari improcedibile (al momento) la domanda per il fatto che non sia stato previamente esperito il dovuto (per legge o per ordine del giudice) tentativo di conciliazione. Ma in quest'ultimo caso non si ha propriamente una sospensione del processo, bensì un mero differimento dell'udienza affinché quel tentativo possa essere esperito. Torna più ampiamente al precedente paragrafo 11 in questo capitolo.

[137] Si tenga, peraltro, presente che la sospensione concordata di cui all'art. 296 c.p.c. non trova praticamente alcuna applicazione, visto che, per un verso, essa non può essere superiore a tre mesi e, per altro verso, i tempi morti di un processo, in particolare i tempi che intercorrono tra un'udienza e l'altra, sono assai più ampi. Insomma, di fatto, le parti che vogliono cercare di giungere ad una transazione che superi la lite hanno tutto il tempo che vogliono, senza dover temere che il giudice, per così dire, arrivi prima di loro! Peraltro l'istituto della sospensione concordata è stranamente oggetto di particolare attenzione da parte del legislatore, il quale, dopo averlo esteso anche al processo esecutivo (art. 624*bis* c.p.c., introdotto con legge n. 80/2005), è di nuovo tornato su di esso con legge n. 69/2009, modificando l'art. 296 c.p.c. Francamente un tale impegno meriterebbe miglior causa! Si rileva, infine, che anche il differimento dell'udienza, disposto ai sensi dell'art. 5 del D.Lgs. n. 28/2010, per dare spazio ad un necessario tentativo di conciliazione ha lo scopo di cercare un accomodamento nella speranza che la causa non debba più gravare sul ruolo del giudice.

[138] Vedi in questo capitolo il paragrafo 3.

[139] Cfr. sempre in questo capitolo il paragrafo 4.

termina la sospensione, addirittura *ope legis*, del processo in cui il provvedimento così impugnato è stato pronunciato (art. 48 c.p.c.).

Si aggiungano, poi, altri quattro casi.

Il primo si ha quando è sollevata questione di legittimità costituzionale di una legge che dovrebbe essere applicata nel giudizio in corso: il giudice, ritenuta la questione rilevante e non manifestamente infondata, rimette gli atti alla Corte costituzionale e sospende il processo (art. 23, legge 11 marzo 1953, n. 87).

Il secondo si ha nell'ipotesi in cui, ai sensi dell'art. 420*bis* c.p.c., è proposto ricorso in cassazione immediato avverso la sentenza che, per la definizione di una controversia di lavoro, risolve in via pregiudiziale «una questione concernente l'efficacia, la validità o l'interpretazione delle clausole di un contratto o accordo collettivo nazionale», prevedendosi che il processo è sospeso (*ope legis*) dalla data del deposito della copia del ricorso per cassazione presso la cancelleria del giudice che ha emesso la sentenza impugnata [140].

Il terzo emerge dall'art. 363*bis* c.p.c., inserito nel codice con D.Lgs. n. 149/2022, per l'eventualità che, prima di ogni decisione, il giudice del merito disponga il rinvio alla Corte di cassazione al fine di chiarire una questione giuridica necessaria per definire la causa [141], caso che comporta la sospensione *ope legis* del procedimento in corso [142].

Infine, come ultimo esempio, si faccia il caso della sospensione del processo perché, sussistendo uno dei motivi elencati nell'art. 51, 1° comma, c.p.c. il giudice è ricusato da una parte (art. 52 c.p.c.) [143].

---

[140] Su questa ipotesi vedi anche *infra* nel capitolo dedicato ai mezzi d'impugnazione, in particolare nel paragrafo 3.

[141] Si aggiunge che la questione: 1) non sia stata ancora risolta dalla CS, 2) presenti gravi difficoltà interpretative, 3) sia suscettibile di porsi in numerosi giudizi.

[142] Questo nuovo modo d'investire la CS di un "pezzo" della lite deve ancora essere sperimentato. Ma evidentemente esso è assai pericoloso per l'arresto del processo che comporta, anche se, in teoria, il primo presidente della CS dovrebbe reprimere eventuali abusi ed inoltre qui sia ammorbidito il regime della sospensione, col prevedere il compimento «delle attività istruttorie non dipendenti dalla soluzione della questione oggetto del rinvio pregiudiziale». Oltretutto è norma che sembra scritta per creare più problemi di quanti ne possa risolvere, perché le sue condizioni di ammissibilità sono di discutibile applicazione. Senza considerare, poi, che, se per le questioni processuali il mezzo potrebbe anche essere di utilità percepibile, invece per le questioni di merito l'idea di investire la CS di una questione giuridica quando la questione di fatto della causa è fluida potrebbe essere solo una perdita di tempo. Stabilire infine che la questione deve essere suscettibile di porsi in numerosi giudizi sembra un esercizio linguistico svolto da incompetenti, posto che il sindacato della CS si pone sempre e solo quando si ha, appunto, una simile eventualità. Insomma, come vedremo (vai al settimo capitolo, paragrafi 5 e 6), non si danno questioni giuridiche che non abbiamo quella valenza, almeno non nel giudizio di cassazione, improntato allo scopo di nomofilachia.

[143] Del tutto particolare è, poi, la sospensione che, ai sensi dell'art. 279, 4° comma, c.p.c. è

La *sospensione propria*, invece, si collega alla necessità o all'opportunità di attendere la definizione di un vero e proprio processo diverso, il cui esito è rilevante per la definizione del processo che, appunto, si vuole o si deve sospendere. Qui il discorso deve assumere una prospettiva più ampia, andando al di là dell'osservazione di un processo dichiarativo, per studiare anche relazioni tra processi aventi funzioni diverse. Ed allora possiamo rilevare come, se dobbiamo sempre immaginare un rapporto di *pregiudizialità-dipendenza* tra due processi, motivo per cui l'esito del processo pregiudiziale è rilevante per la definizione del processo dipendente, le situazioni possono complicarsi, in particolare perché quel rapporto di pregiudizialità-dipendenza può atteggiarsi, strutturalmente, in modi diversi, correndo tra *processi eterogenei* o tra *processi omogenei*.

Nell'ambito dei rapporti tra due processi evidentemente eterogenei, come quello esecutivo e quello dichiarativo, la legge prevede diverse ipotesi in cui tra essi vi sia un nesso di pregiudizialità-dipendenza, tale da sospendere il processo esecutivo in attesa della definizione di un certo processo dichiarativo.

Si pensi al caso in cui, pendendo il processo esecutivo, venga proposta opposizione all'esecuzione ai sensi dell'art. 615 c.p.c. L'eterogeneità è palese, posto che in quello si esplica l'azione esecutiva, il cui esercizio, possibile semplicemente sulla base di un titolo esecutivo, mira esclusivamente alla realizzazione del credito, senza nulla chiedersi intorno alla sua esistenza; mentre in questo l'esecutato attiva la funzione dichiarativa, negando l'esistenza di quel credito che si vorrebbe realizzare con il processo esecutivo, contemporaneamente pendente. Ma, altrettanto palese è la dipendenza del processo esecutivo dal processo (dichiarativo) di opposizione, perché l'esito di questo influenzerà il procedere di quello, per cui, al fine di consentire un effettivo coordinamento tra i due processi, la legge consente la sospensione del processo esecutivo in attesa della definizione del processo di opposizione [144].

---

disposta dal giudice di primo grado, su istanza concorde delle parti, quando sia stato immediatamente proposto appello avverso una sentenza non definitiva su questione. Noi sappiamo già come si può giungere alla pronuncia di un simile provvedimento. Sull'impugnazione delle sentenze non definitive vedi in seguito, per maggiori approfondimenti, il capitolo dedicato ai mezzi di impugnazione.

[144] Trattasi, quindi, di una sospensione discrezionale: cfr. l'art. 624, 1° comma, c.p.c. il quale recita «Se è proposta opposizione all'esecuzione a norma degli artt. 615 e 619, il giudice dell'esecuzione, concorrendo gravi motivi, sospende, su istanza di parte, il processo con cauzione o senza». Peraltro, vedi oggi anche l'inciso che, con legge 14 marzo 2005, n. 80, è stato aggiunto al 1° comma dell'art. 615 c.p.c., ai sensi del quale «Il giudice, concorrendo gravi motivi, sospende su istanza di parte l'efficacia esecutiva del titolo». Con ciò è stata, quindi, resa possibile la sospensione anche nel caso della c.d. opposizione a precetto, proposta prima che abbia inizio l'esecuzione forzata in senso stretto. Si aggiunga che nelle ipotesi di sospensione del processo esecutivo, a causa delle possibili opposizioni, vi è anche un aspetto cautelare.

Si pensi, poi, all'ipotesi in cui, giunto il processo esecutivo per espropriazione alla fase distributiva, insorga una delle controversie distributive di cui all'art. 512 c.p.c., magari perché un creditore contesta la posizione di altro creditore. Anche qui noi abbiamo a che fare con la contemporanea pendenza di due processi eterogenei, ma connessi per pregiudizialità-dipendenza: quello, dipendente, esecutivo, ancora pendente quando si trova nella fase distributiva, e quello, pregiudiziale, dichiarativo instaurato, appunto, ai sensi del citato art. 512. Ed anche qui la legge cerca un coordinamento tra i due processi con il meccanismo della sospensione, che, se era necessaria alla luce del previgente combinato disposto degli artt. 512, 2° comma, e 624, 2° comma, c.p.c., oggi è prevista come discrezionale a seguito della modificazione che la legge 14 maggio 2005, n. 80 ha apportato all'art. 512 c.p.c.[145].

Più complesso è il discorso guardando alle ipotesi in cui la pregiudizialità-dipendenza corre tra processi omogenei, in particolare tra due processi dichiarativi. Anche in questo ambito noi troviamo casi di sospensione necessaria e casi di sospensione discrezionale. Ma le norme che li prevedono non sono chiare nel definire i presupposti della sospensione, necessaria o possibile, per cui il problema della loro interpretazione è ad oggi aperto.

La disposizione centrale è contenuta nell'art. 295 c.p.c., ai sensi del quale il «giudice dispone che il processo sia sospeso in ogni caso in cui egli stesso o altro giudice deve risolvere una controversia, dalla cui definizione dipende la decisione della causa». Secondo l'interpretazione tradizionale questa norma ha i seguenti presupposti:

– la contemporanea pendenza di due processi aventi oggetti connessi per pregiudizialità-dipendenza, nel senso che la situazione giuridica trattata nell'uno (processo pregiudiziale) è un elemento della fattispecie costitutiva della situazione giuridica trattata nell'altro (processo dipendente);

---

[145] L'attuale formulazione dell'art. 512 c.p.c. prevede, per un verso, che sulle controversie distributive il giudice dell'esecuzione, sentite le parti e compiuti i necessari accertamenti, provvede con ordinanza, impugnabile nelle forme e nei termini di cui all'art. 617, 2° comma, c.p.c. e, per altro verso, che il giudice può sospendere la distribuzione della somma ricavata in tutto o in parte. Sempre in un'ordinanza impugnabile ai sensi dell'art. 617 c.p.c. può sfociare il pignoramento del credito, sia quando insorgano contestazioni sulla dichiarazione resa dal terzo sia quando la sua mancata cooperazione non può consentire un perfezionamento formale del pignoramento, mancando a monte un'allegazione specifica del creditore procedente (arg. dagli attuali artt. 548 e 549 c.p.c., così come modificati da interventi del 2012, 2014 ed infine 2015). Ma, non potendo qui indugiare, si rileva solo come il caso non abbia ormai, oggi, una sua specificità dal punto di vista della sospensione del processo esecutivo, cosa che avveniva quando in precedenza l'art. 548 c.p.c. prevedeva, in caso di mancata dichiarazione del terzo, la necessità di celebrare un processo dichiarativo per accertare il credito, incidente che comportava la sospensione *ope legis* dell'esecuzione.

– l'impossibilità di un simultaneo processo sulle dette situazioni giuridiche, ossia l'impossibilità che queste siano trattate unitariamente in un solo processo;

– la preventivata efficacia (riflessa) della sentenza, che sarà pronunciata nel processo pregiudiziale, nell'ambito del processo dipendente.

In presenza di tali presupposti, sempre secondo l'opinione tradizionale, il processo dipendente deve essere sospeso in attesa della definizione del processo pregiudiziale [146]. Ciò accade per evitare possibili conflitti logici tra giudicati. Il processo sulla situazione dipendente si arresta per consentire la previa pronuncia della sentenza sulla situazione pregiudiziale, che, quindi, sarà, poi, fissata dal giudice della causa dipendente secondo l'accertamento contenuto in quella sentenza. Insomma, se la litispendenza, di cui all'art. 39 c.p.c., è strumento utilizzato per evitare, in anticipo, possibili conflitti pratici tra giudicati, la sospensione necessaria, di cui all'art. 295 c.p.c., è strumento che l'ordinamento appronta per *evitare*, in anticipo, possibili *conflitti logici tra giudicati*, che non avrebbero lo stesso oggetto, ma, appunto, oggetti connessi per pregiudizialità-dipendenza [147].

Secondo questa logica la sospensione è naturalmente alternativa, e direi residuale, rispetto al simultaneo processo [148], che pure ha, quale scopo principale, l'attuazione di un coordinamento tra le decisioni relative a situazioni sostanziali connesse, nel senso che essa opera quando non riesce ad operare questo, ai sensi degli artt. 34, 39 o 40 c.p.c.

Tale interpretazione, coerente e lineare, è, però, da più parti criticata.

La ragione di fondo che spinge i critici è la preoccupazione per le conseguenze pratiche della sospensione di un processo, che, visti i tempi della giustizia italiana, potrebbe protrarsi per un tempo inaccettabile, finendo per risolversi in un caso di vero e proprio diniego di giustizia. Oltretutto, l'attuale art. 111, 2° comma, Cost. dispone che la legge deve assicurare la ragionevole durata dei processi ed allora si fa sempre più strada l'idea che il valore della rapidità debba prevalere sul valore del coordinamento tra i giudicati, valore, peraltro, che non sembra costituzionalmente rilevante. Così, si è cercato di ridurre lo spazio di operatività dell'art. 295, soprattutto giocando sul disposto dell'art. 34 c.p.c.

Questa norma [149] prevede che il giudice può conoscere incidentalmente tutte

---

[146] Si avverte che il processo pregiudiziale può essere civile, penale o amministrativo. Noi qui immaginiamo solo casi di pregiudizialità civile, perché in riferimento agli altri dovremmo fare tutta una serie di precisazioni, inopportune in questa sede.

[147] Sui concetti ora indicati nel testo torneremo ampiamente nel capitolo dedicato al giudicato.

[148] Sul quale vedi ampiamente il sesto capitolo.

[149] Sulla quale torneremo ripetutamente: vedi soprattutto il paragrafo 5 nel quinto capitolo e il paragrafo 3 nel sesto capitolo.

le questioni necessarie al fine di decidere sulla domanda proposta, anche quelle che, non riguardando meri fatti rilevanti, ma vere e proprie situazioni giuridiche soggettive, potrebbero essere oggetto di un autonomo processo. Ed essa aggiunge che una simile cognizione (*incidenter tantum*) è preclusa solo se su una questione di quel genere una delle parti chiede l'accertamento con efficacia di giudicato o la legge lo impone.

Leggendo questa norma insieme all'art. 295, si è rilevato che il potere del giudice di conoscere incidentalmente del rapporto pregiudiziale non viene meno per il fatto che su di esso già penda un autonomo processo, per cui la sospensione non può essere disposta per il fatto puro e semplice della pendenza di quel processo pregiudiziale, mentre essa deve essere disposta quando si verifica una sorta di impossibilità di proseguire, la qual cosa è immaginabile nel caso in cui la questione pregiudiziale non è conoscibile incidentalmente nel processo dipendente, perché è il legislatore a volere che essa sia sempre decisa con forza di giudicato. In questo caso il processo dipendente si ferma se esso è iniziato dopo quello pregiudiziale e non è possibile la riunione. Se, invece, il processo dipendente è iniziato prima, quello pregiudiziale dovrebbe chiudersi per litispendenza.

Ma la critica, pur lodevole nel suo intento, non è del tutto convincente, perché, se l'art. 295 serve al coordinamento dei giudicati, esso opera per la semplice pendenza di due processi aventi oggetti connessi per pregiudizialità-dipendenza e ciò per la sola tutela (preventiva) del giudicato. In particolare sarà quella logica, e non l'esigenza di economia processuale, ossia il bisogno di impedire un doppio lavoro per i giudici statali, a sottrarre al giudice del processo dipendente il potere di conoscere della questione pregiudiziale, ove questa sia oggetto di un processo già pendente, imponendogli la sospensione in attesa della definizione del processo pregiudiziale.

Tuttavia, si potrebbe anche scegliere un'altra strada e vedere nella sospensione necessaria per pregiudizialità, non uno strumento in funzione di un successivo coordinamento tra giudicati, bensì un modo per arrestare il processo che si trovi di fronte ad un *impedimento insuperabile*, ma *temporaneo*, insomma vedere in essa un'alternativa all'altrimenti inevitabile rigetto della domanda. Vi sono situazioni nelle quali il giudice, per decidere sulla domanda proposta, deve necessariamente risolvere delle questioni, in relazione alle quali, però, egli non ha alcun potere, non potendole né decidere né conoscere e non potendo neanche rimettere il processo a quel soggetto od organo che avrebbe il potere di risolvere quella certa questione.

Questa logica la troviamo palesemente nella sospensione per pregiudizialità del giudizio arbitrale, quando l'art. 819*bis* c.p.c., secondo la formulazione approntata con D.Lgs. n. 40/2006, dispone che l'arbitro sospende il procedimento arbitrale «se sorge questione pregiudiziale su materia che non può essere oggetto di convenzione d'arbitrato e per legge deve essere decisa con autorità di giudicato». Qui l'arbitro si arresta [150] perché non può fare altro, trovandosi nella necessità di acquisire la soluzione di una questione in riferimento alla quale egli non ha alcun potere, perché essa non è meramente conoscibile ed inoltre non è arbitrabile. Si pensi alla questione della falsità di un atto pubblico, che l'arbitro non può né conoscere, perché la legge impedisce una soluzione incidentale della questione di falso, né decidere, perché trattasi di questione non arbitrabile.

Inoltre, è sempre in virtù di questa logica che abbiamo ritenuto applicabile la sospensione di cui all'art. 295 in caso di accoglimento dell'eccezione di patto per perizia contrattuale, dovendo il giudice statale necessariamente attendere lo svolgimento della relativa perizia.

Infine, è sempre e solo nell'ambito di questa logica che noi possiamo spiegare il caso della contemporanea pendenza di una causa che ha ad oggetto un *quid* da accertare *ex lege* con efficacia di giudicato ed altra causa da quella dipendente. Qui, poco potendosi trarre dall'art. 34 c.p.c., la verità è che i due processi non possono proseguire in parallelo, perché, riprendendo un accenno poco sopra fatto: 1) se il processo pregiudiziale è iniziato prima, esso impedisce la prosecuzione del processo dipendente successivo per parziale litispendenza, ipotesi in cui il processo iniziato per secondo non può che arrestarsi e non certo chiudersi ai sensi dell'art. 39 c.p.c.; 2) se, invece, è iniziato prima il processo dipendente, quello successivo sulla causa pregiudiziale *ex lege* si chiude per litispendenza ai sensi dell'art. 39 c.p.c.

Per fare un esempio del caso *sub* 1), che rappresenta la situazione più usuale, si faccia il caso del giudizio di divorzio in pendenza della causa sulla (presunta) invalidità dell'accordo di separazione: quello deve sospendersi in attesa della definizione di questa. Invero, non si potrebbe sciogliere il matrimonio senza il necessario presupposto della separazione.

Comunque, per quanti sforzi possa fare l'interprete, tutte queste perplessità saranno superate solo se il legislatore si deciderà ad intervenire facendo una chiara scelta su quale debba essere il valore prevalente e quale il valore recessivo.

Ancor più dibattuta, se possibile, è l'interpretazione di un'altra norma che prevede un caso di sospensione collegata al rapporto tra processi omogenei. Mi riferisco all'art. 337, 2° comma, c.p.c. nel quale si legge: «Quando l'autorità di una sentenza è invocata in un diverso processo, questo può essere sospeso se

---

[150] Peraltro l'arresto non è illimitato, perché nello stesso art. 816*bis*, al 3° comma, si precisa che «il procedimento si estingue altresì se entro novanta giorni dall'ordinanza di sospensione nessuna parte deposita presso gli arbitri copia autentica dell'atto con il quale la controversia sulla questione pregiudiziale è proposta davanti all'autorità giudiziaria».

tale sentenza è impugnata»[151]. Qui addirittura viene in gioco il concetto stesso di "giudicato", dalla cui definizione deriva pure l'individuazione del momento in cui l'autorità di una sentenza può essere invocata in altro processo.

Invero, si potrebbe dire che ciò è possibile solo quando la sentenza è passata in giudicato, con la conseguenza di riferire il citato art. 337 al caso in cui la sentenza, della cui autorità si tratta, sia impugnata con un mezzo di impugnazione straordinario. Ma, si potrebbe anche ritenere che la sentenza sia spendibile fuori del processo in cui è pronunciata ancor prima che essa sia passata in giudicato, con la conseguenza di ritenere utilizzabile la sospensione discrezionale in commento anche quando la sentenza, così spesa, sia impugnata con un mezzo ordinario.

In attesa di un chiarimento del legislatore, sembra preferibile l'ipotesi più ampia, per cui il giudice della causa dipendente avrà, di fronte alla sentenza sulla causa pregiudiziale, che sia stata impugnata con un rimedio ordinario o straordinario, due possibilità: egli potrà sospendere il processo, in attesa della definizione del giudizio di impugnazione, oppure dovrà attenersi all'accertamento contenuto in quella sentenza. Interpretazione questa a cui sembra aderire da ultimo la C.S., nel momento in cui afferma che l'art. 295 c.p.c. si applica solo fino a quando il processo pregiudiziale pende in primo grado, potendo poi la parte interessata riassumere il processo dipendente, nel cui ambito il giudice deve attenersi alla sentenza già pronunciata sulla causa pregiudiziale, a meno che, impugnata colà la sentenza, egli, nel dubbio, non scelga di sospendere di nuovo il processo dipendente, a questo punto ai sensi del 2° comma dell'art. 337 c.p.c.

Venendo al profilo dinamico, normalmente, come del resto è già emerso, la sospensione non si determina direttamente per il verificarsi di una delle cause alle quali la legge la collega, ma si determina solo con la pronuncia di un provvedimento del giudice che la dichiara, quindi, come si suole dire, essa è, il più delle volte, *giudiziale*. Ciò è evidente quando la sospensione è discrezionale. Ma, ciò vale anche quando la sospensione è necessaria, perché la necessità di cui parla il legislatore non è altro che un vincolo per il giudice, il quale, accertato il verificarsi della causa di sospensione, deve appunto dichiararla, senza avere al proposito alcun potere discrezionale.

Peraltro, vi sono nel sistema anche vere e proprie ipotesi di sospensione *ope legis*, casi in cui la sospensione si determina direttamente per il verificarsi della sua causa, senza alcun bisogno della pronuncia di un provvedimento del giudice.

Per le tre ipotesi bastino solo i seguenti esempi, peraltro già prima trattati:

---

[151] Detta norma è applicabile anche al giudizio arbitrale in virtù del richiamo che ad essa fa l'art. 819*bis*, 2° comma, c.p.c.

– per la sospensione discrezionale il caso disciplinato dall'art. 337, 2° comma, c.p.c.;

– per la sospensione necessaria il caso disciplinato dall'art. 295 c.p.c.;

– per la sospensione *ope legis* il caso del rinvio pregiudiziale alla Corte di cassazione di cui al nuovo art. 363*bis* c.p.c.

La sospensione giudiziale può essere disposta d'ufficio o su istanza di parte. Si pensi per la prima ipotesi alla sospensione di cui all'art. 295 c.p.c. o a quella prevista dall'art. 337, 2° comma, c.p.c. Si pensi, invece, per la seconda ipotesi alla sospensione del processo esecutivo disciplinata dall'art. 624 c.p.c.

Rilevata la causa dell'arresto, la sospensione è di regola pronunciata con ordinanza. Ma, nel silenzio del legislatore, può a volte essere ragionevole ritenere che essa sia disposta con ordinanza se non vi è lite tra le parti e con sentenza nel caso contrario: così, ad esempio, per l'accoglimento dell'eccezione di litispendenza internazionale, salvo ritenere applicabile l'art. 42 c.p.c. [152].

Avverso detta ordinanza è possibile spendere rimedi diversi, a seconda di ciò che prevede la legge. Così, nel caso della sospensione necessaria disposta ai sensi dell'art. 295 c.p.c. la legge prevede la spendibilità del regolamento di competenza ai sensi dell'art. 42 c.p.c. Nel caso, invece, di sospensione di cui all'art. 624 c.p.c. è prevista la spendibilità del reclamo cautelare ai sensi dell'art. 669*terdecies* c.p.c., utilizzabile sia che l'istanza di sospensione sia stata accolta sia che essa sia stata rigettata.

Ove, poi, la legge nulla disponga o si giunge a ritenere che la sospensione sia disposta con sentenza, al fine di rendere ammissibile l'appello, oppure con la pronuncia dell'ordinanza si rischia di non concedere all'interessato alcun rimedio spendibile, perché sembra difficile generalizzare il rimedio del regolamento di competenza o il rimedio del reclamo cautelare.

Prima di concludere, è bene svolgere un breve discorso a parte sulla pregiudizialità internazionale, che se in precedenza era disciplinata da una nostra fonte interna, ossia dall'art. 7 della legge n. 218/1995, oggi è disciplinata dall'art. 34 del Reg. n. 1215/2012 [153]. Anche qui, come abbiamo già fatto trattando della litispendenza internazionale, vediamo quale era la disciplina previgente, per poi verificare in cosa siano consistite le modifiche.

L'art. 7, 3° comma, legge n. 218/1995 recitava: «Nel caso di pregiudizialità di una causa straniera, il giudice italiano può sospendere il processo se ritiene che il provvedimento straniero possa produrre effetti per l'ordinamento italia-

---

[152] Sulla questione vedi *retro* il paragrafo 10 in questo capitolo.

[153] Tema che, peraltro, sarà ripreso, ancorché da un altro punto di partenza, nel paragrafo 4 del sesto capitolo.

no». Eravamo in presenza di un'altra prova dell'atteggiamento di apertura che l'ordinamento italiano aveva deciso di assumere rispetto all'attività giurisdizionale svolta in altri Stati, anche se si riscontrava, nella formulazione della norma, una certa, direi opportuna, prudenza, innanzitutto nel fatto che la sospensione per pregiudizialità era qui discrezionale.

Presupposti della sospensione erano due: la contemporanea pendenza di un processo all'estero su causa pregiudiziale e la prognosi di riconoscibilità dell'emananda sentenza, secondo i canoni che abbiamo già riferito trattando della litispendenza internazionale.

Ove il processo italiano non veniva sospeso, nonostante la sussistenza dei detti presupposti, gli sviluppi delle vicende successive variavano, a seconda di quale dei due processi, quello italiano e quello straniero, finisse per primo. In caso di previa conclusione del processo straniero, la sentenza in questo pronunciata era (ed è) sempre spendibile nel processo italiano ancora aperto sulla causa dipendente, senza che avesse (ed ancora abbia) alcuna importanza stabilire quando quel processo straniero fosse cominciato. In caso, invece, di previa conclusione del processo italiano, la sentenza straniera sopraggiunta sul rapporto pregiudiziale era (ed è) ancora riconoscibile, in via autonoma, in Italia, senza che potesse (né oggi possa) rappresentare un impedimento la cognizione incidentale che il giudice italiano evidentemente aveva svolto su quel rapporto.

Peraltro, riprendendo quest'ultimo caso ed allargando la prospettiva oltre l'art. 7, 3° comma, legge n. 218/1995, il giudice italiano, tutte le volte in cui si trovava di fronte ad una questione pregiudiziale sottratta alla sua *potestas iudicandi* (con forza di giudicato), poteva sempre superare l'ostacolo semplicemente conoscendola incidentalmente (art. 6, legge n. 218/1995).

L'art. 34 del Reg. n. 1215/2012, mettendo tendenzialmente [154] fuori gioco la norma dettata nella nostra legge di diritto internazionale privato, ha confermato un principio di prudenza nel dare rilevanza giuridica alla contemporanea pendenza all'estero di un processo pregiudiziale e lo ha rafforzato.

Così, nel ribadire lo spazio di discrezionalità attribuito al giudice del processo dipendente, il legislatore comunitario ha aggiunto alla classica prognosi di riconoscibilità dell'emananda sentenza pregiudiziale, altri elementi, tra cui spicca quella valutazione in ordine alla corretta amministrazione della giustizia che abbiamo già visto nell'ambito della litispendenza internazionale.

Inoltre si aggiungono ipotesi (di cui non vi era traccia nella nostra previgente norma statale) di possibile ripresa del processo in ipotesi sospeso, anche qui riprendendo la logica che l'art. 33 del medesimo Regolamento ha seguito per il caso della litispendenza.

---

[154] Sui limiti di sopravvivenza del citato art. 7 torna al paragrafo 10 in questo capitolo.

Nulla, invece, di nuovo si deve dire per quanto riguarda il trattamento del giudicato straniero nel nostro ordinamento ove il processo italiano dipendente non sia stato sospeso.

14. *Interruzione*

Anche l'interruzione rappresenta una crisi temporanea del processo, un arresto di questo in attesa del compimento di un'attività, ma essa ha una funzione del tutto diversa da quella della sospensione. L'interruzione si collega al verificarsi di eventi che causano la *sopravvenuta carenza di un presupposto processuale* relativo ad una parte ed ha lo scopo di consentire la sanatoria di tale sopravvenuto difetto.

Gli eventi in questione attengono, innanzitutto, alla *capacità processuale* e alla *rappresentanza tecnica* della parte. Può accadere che una parte perda la capacità processuale o che questa sia persa dal rappresentante legale della parte che era già incapace o può accadere che il difensore della parte muoia o perda il c.d. *ius postulandi*, per radiazione o sospensione dall'albo degli avvocati. Ma l'evento immaginabile può essere anche più radicale, nel senso che addirittura una delle parti venga meno, perché, trattandosi di una persona fisica, vi sia la sua morte o, trattandosi di una persona giuridica, vi sia la sua estinzione.

A tal proposito si precisa che le società si estinguono con la loro cancellazione dal registro delle imprese, che i liquidatori devono chiedere dopo l'approvazione del bilancio di liquidazione (art. 2495 c.c.). Se, poi, sopravvivono dei crediti, i creditori sociali non soddisfatti possono far valere i detti crediti nei confronti dei soci, fino alla concorrenza delle somme da questi riscosse in base al bilancio finale di liquidazione. Peraltro, nell'eventualità che per questi crediti penda un processo, durante il corso del quale si abbia la cancellazione della società, sembra ragionevole ritenere che la società debba ritenersi ancora "in vita" dal punto di vista giuridico fino alla definizione del processo stesso, visto che l'interruzione non è istituto applicabile a vicende volontarie, processo che porrà capo ad una sentenza opponibile ai soci utilmente collocati nel bilancio di liquidazione.

Dubbi sorgono riguardo ai fenomeni della fusione, in cui da due società ne nasce una nuova, e dell'incorporazione, in cui un soggetto ingloba l'altro. Non vi è dubbio che il processo continui nei confronti della società risultante dalla fusione o di quella incorporante. La questione dubbia è se in tali casi si debba previamente interrompere il processo.

Se si parte dal presupposto che la "vecchia" società venga meno, si avrà interruzione del processo. Se invece si ritiene che fusione ed incorporazione rappresentino solo vicende modificativo-evolutive dello stesso soggetto, allora non si dovrà interrompere il processo. Il novellato art. 2504*bis* c.c. sembra offrire un appiglio in questo secondo senso nel momento in cui, al 1° comma, è sparito il riferimento alle "società estinte". Così la giurisprudenza più recente ritiene che la fusione e l'incorporazione non determinino l'estinzione delle società antecedenti, ma solo una loro "evoluzione".

In tutte queste ipotesi la progressione degli atti processuali esige una pausa, l'interruzione appunto, al fine di compiere un'attività in sanatoria che permetta di superare la sopravvenuta carenza del presupposto processuale relativo alla parte o addirittura di ricostituire la stessa bilateralità del processo, se una parte è venuta meno. Durante questa pausa il processo resta quiescente, come avviene nel caso della sospensione, per cui gli effetti dell'interruzione sono gli stessi della sospensione, come dispone chiaramente l'art. 304 c.p.c.: «In caso d'interruzione del processo si applica la disposizione dell'articolo 298».

L'interruzione non si determina sempre nello stesso modo. Essa può essere causata direttamente dal verificarsi dell'evento al quale la legge la collega oppure essa può aversi solo in virtù di un atto successivo al verificarsi di quell'evento. Ma, almeno nell'attuale diritto vigente, non è necessario un provvedimento del giudice che la dichiari.

L'interruzione si verifica *ope legis*, quindi per il solo accadimento del fatto interruttivo, quando trattasi: a) del venir meno della parte o della sopravvenuta perdita della sua capacità processuale o di quella del suo rappresentante legale, ove uno di questi eventi accada prima della costituzione in giudizio (art. 299 c.p.c.); b) di uno degli eventi ora indicati, che si verifichino in relazione ad una parte costituita personalmente in giudizio (art. 300, 3° comma, c.p.c.); c) della morte, radiazione o sospensione del difensore (art. 301, 1° comma, c.p.c.).

Se, invece, gli eventi relativi alla parte si verificano dopo che questa si è costituita a mezzo di difensore, allora l'interruzione si ha solo se e quando il difensore lo dichiara in udienza o lo notifica alle altre parti (art. 300, 1° comma, c.p.c.). Mentre, se uno degli stessi eventi riguarda la parte dichiarata contumace, «il processo è interrotto dal momento in cui il fatto interruttivo è documentato dall'altra parte, o è notificato ovvero è certificato dall'ufficiale giudiziario nella relazione di notificazione di uno dei provvedimenti di cui all'articolo 292» (art. 300, 4° comma, c.p.c., così come sostituito con legge n. 69/2009).

Il processo interrotto va ripreso secondo certe modalità ed entro un certo termine.

Le modalità dipendono innanzitutto dal tipo di evento che si è verificato. Così, se è sopravvenuta l'incapacità processuale di una parte o la mancanza del difensore, il processo dovrà proseguire col rappresentante legale della parte diventata incapace o col nuovo difensore. Se, poi, addirittura una parte è venuta meno, andrà ricostituita la bilateralità stessa del processo e a tal proposito l'art. 110 c.p.c. dispone che quando «la parte vien meno per morte o per altra causa, il processo è proseguito dal successore universale o in suo confronto». Ciò a prescindere dalle vicende successorie relative propriamente al diritto controverso. Invero, è possibile che il diritto controverso sia trasferito ad un soggetto diverso dal successore universale della parte venuta meno [155] od anche è possibile che in quel diritto non succeda nessuno, perché, ad esempio, trattasi di un diritto intrasmissibile. Ma, in ogni caso, quindi a prescindere dai destini del diritto controverso, la legge individua nel successore a titolo universale della parte venuta meno colui che dovrà proseguire il processo.

In secondo luogo la continuazione del processo può avvenire o per prosecuzione ad opera di uno dei soggetti ora indicati o per riassunzione nei loro confronti. Quest'ultima, nel caso particolare della morte di una parte, può avvenire notificando il ricorso in riassunzione collettivamente ed impersonalmente agli eredi, nell'ultimo domicilio del defunto, ma solo se a detta notificazione si procede entro un anno dalla morte (art. 303, 2° comma, c.p.c.).

Infine, in relazione ai tempi, l'art. 305 c.p.c. dispone che il «processo deve essere proseguito o riassunto entro il termine perentorio di tre mesi dall'interruzione, altrimenti si estingue». Peraltro, la Corte costituzionale ha precisato che, quando l'arresto del processo si collega al solo accadimento del fatto interruttivo, il termine decorre propriamente, non dall'evento stesso, bensì dal momento in cui le parti ne abbiano avuto conoscenza.

15. *Estinzione*

Se l'esito fisiologico del processo è la pronuncia della sentenza di merito, quindi la decisione del conflitto sull'esistenza e/o il modo di essere, nonché la tutela di un rapporto giuridico sostanziale, è possibile che ad esso non si giunga, non solo perché, mancando un presupposto processuale, il giudice pronuncia una sentenza di rito, ma anche perché il processo si estingue. In tal caso non siamo di fronte ad una crisi temporanea che conduce alla quiescenza del processo, non si tratta di arrestare la progressione degli atti in attesa della conclu-

[155] Si legga l'art. 111, 2° comma, c.p.c.: «Se il trasferimento a titolo particolare avviene a causa di morte, il processo è proseguito dal successore universale o in suo confronto». Torneremo ampiamente su questo articolo nel paragrafo 15 del sesto capitolo.

sione di qualche vicenda, a cui, poi, seguirà la ripresa di quella progressione, bensì siamo di fronte alla fine vera e propria del gioco, se così possiamo dire, con un nulla di fatto [156].

L'estinzione può verificarsi per rinuncia agli atti o per inattività delle parti. Una volta che essa si sia verificata, gli effetti che ne derivano sono sempre gli stessi ed, infatti, essi sono unitariamente disciplinati nell'art. 310 c.p.c. Tuttavia le due ipotesi di estinzione vanno tenute distinte, perché esse sono strutturalmente e funzionalmente diverse. Invero, mentre la prima si pone pur sempre sul piano dei presupposti processuali, la seconda si presenta soprattutto come una sanzione a fronte dell'inerzia di parte.

L'estinzione per rinuncia, disciplinata dall'art. 306 c.p.c., rappresenta un'applicazione del principio della domanda o, se si vuole, del principio dispositivo inteso quale disponibilità in capo alle parti del processo. Stando all'interessato decidere se instaurare o meno un processo, resta sempre nella sua disponibilità la scelta di abbandonare la partita, senza che l'ordinamento possa imporgli la continuazione di un processo che egli non vuole più coltivare.

Di conseguenza, l'estinzione per rinuncia rappresenta un'ipotesi di chiusura del processo per la revoca della domanda con la quale esso era stato instaurato, insomma per il venir meno, successivamente, della condizione stessa di esistenza del processo.

La rinuncia è un atto processuale dell'attore rivolto unicamente ad estinguere la progressione degli atti processuali. In essa non vi è alcuna disposizione del diritto sostanziale, né rileva il motivo che la fonda, anche se, in ipotesi, questo è rappresentato dal fatto che le parti hanno superato la lite per mezzo di una transazione. Il contratto di transazione, stipulato al di fuori del processo, resta, comunque, una fattispecie estranea al fenomeno estintivo, che direttamente è provocato solo dall'atto processuale di rinuncia. Tuttavia, pur non contenendo in sé un atto di disposizione del diritto sostanziale, la rinuncia può provenire solo dalla parte personalmente o dal rappresentante tecnico che sia munito di procura speciale (art. 84, 2° comma, c.p.c.).

La rinuncia non è sufficiente a determinare l'estinzione del processo quando il convenuto ha interesse alla sua prosecuzione, dovendo in tal caso aggiungersi a quella l'accettazione di questi (art. 306, 1° comma, c.p.c.). Si può ritenere sussistente il detto interesse quando l'atteggiamento difensivo del convenuto è

[156] Almeno quando l'estinzione si verifica durante il corso del processo di primo grado. Diverso è il discorso quando, invece, l'estinzione si verifica nel corso del giudizio di impugnazione: cfr. l'art. 338 c.p.c., che dispone: «L'estinzione del procedimento d'appello o di revocazione nei casi previsti nei numeri 4 e 5 dell'art. 395 fa passare in giudicato la sentenza impugnata, salvo che ne siano stati modificati gli effetti con provvedimenti pronunciati nel procedimento estinto».

tale per cui l'estinzione del processo gli attribuirebbe un'utilità pratica inferiore agli effetti favorevoli di cui godrebbe se le sue difese andassero a buon fine.

L'efficacia dell'estinzione del processo corrisponde, in buona sostanza, all'efficacia di una sentenza che rigetta la domanda in rito, nel senso che, se certamente, in entrambi i casi, il convenuto ha evitato una sconfitta nel merito, tuttavia resta la possibilità che egli venga citato in un altro giudizio sulla stessa situazione giuridica che era stata oggetto del processo estinto o definito in rito, perché, appunto, su tale situazione non vi è stata alcuna pronuncia in merito. Ed, allora, tornando alla nostra questione, non sarà necessaria l'accettazione del convenuto quando questi: 1) non si è difeso del tutto, rimanendo contumace, 2) si è difeso solo sollevando eccezioni di rito, 3) si è difeso sia in rito sia in merito, considerando che egli non può disporre dell'ordine logico che impone di considerare le questioni di rito prima di quelle di merito [157]. Invece quella accettazione sarà necessaria ove il convenuto si sia difeso solo nel merito, mostrando con ciò interesse ad un rigetto appunto in merito della domanda.

Invero, il convenuto che si difende in rito (o anche in rito) non cerca una vittoria definitiva, ma tenta solo di allontanare il rischio di vedersi dare torto sull'attribuzione del bene della vita in gioco; ma, a questo fine, per lui è indifferente che il processo si chiuda per estinzione o con la pronuncia di una sentenza di rito ed è per questo motivo che, in un caso del genere, a fronte della rinuncia agli atti dell'attore, il giudice non ha alcun bisogno di acquisire l'accettazione del convenuto, prima di dichiarare l'estinzione.

Verificatisi i presupposti il giudice dichiara l'estinzione normalmente con *ordinanza*. Peraltro, da quanto abbiamo detto emerge come sia pur possibile che insorga una lite sulla questione, ad esempio sulla necessità o meno dell'accettazione del convenuto, ed allora l'estinzione dovrà essere pronunciata con *sentenza*, avverso la quale la parte interessata, ossia quella che contestava la possibilità di pronunciare l'estinzione, potrà proporre l'impugnazione ordinaria dell'appello.

Le spese del processo estinto per rinuncia agli atti sono, normalmente, a carico del rinunciante (art. 306, 4° comma, c.p.c.).

Passando ora a trattare dell'*estinzione per inattività delle parti*, preliminarmente si rileva come qui ci si trovi di fronte ad una serie variegata di ipotesi, le quali, se pur hanno in comune il fatto che almeno una parte non compie una certa attività, che invece avrebbe dovuto compiere, tuttavia, a ben vedere, possono essere anche molto diverse tra loro, strutturalmente e funzionalmente.

Le fattispecie disciplinate dall'art. 307 c.p.c. sono raggruppabili in due grandi aree.

---

[157] Insomma anche in questa più articolata difesa il convenuto non mostra interesse ad ottenere una decisione nel merito tale da legittimarlo ad impedire l'estinzione.

Nella prima area si colloca una serie di situazioni nelle quali la mancanza di un atto di impulso determina l'estinzione del processo. Tra queste bisogna distinguere il caso in cui, non essendosi costituita alcuna delle parti dopo la notificazione dell'atto di citazione, non vi sia stata iscrizione della causa al ruolo dal caso in cui, al contrario, tale iscrizione a ruolo vi sia stata, perché almeno una delle parti, costituendosi, l'abbia provocata [158]. Nella prima eventualità il processo deve essere riassunto entro tre mesi decorrenti dalla scadenza del termine per la costituzione del convenuto a norma dell'art. 166 c.p.c., altrimenti si estingue (art. 307, 1° comma, c.p.c.). Se, invece, la causa è stata iscritta a ruolo, allora il processo può estinguersi quando viene cancellata la causa dal ruolo, la qual cosa, poi, può accadere per motivi diversi, come diverso può essere il modo in cui si giunge all'estinzione. Da questo secondo punto di vista, dopo la cancellazione della causa dal ruolo, vi sono casi nei quali è ancora possibile riassumere il processo entro tre mesi ed altri casi nei quali ciò non è ammesso, per cui il processo si estingue senza prima passare dai tre mesi di quiescenza. In particolare, tra questi ultimi si citino i casi previsti dallo stesso art. 307, 1° comma, c.p.c.: quelli collegati all'art. 181 c.p.c., che prevede la mancata comparizione alla prima udienza delle parti o del solo attore [159], e quello della contumacia dell'attore di cui all'art. 290 c.p.c. [160].

È bene, qui, sintetizzare il quadro che, considerando pure le modifiche intervenute con D.Lgs. n. 149/2022, emerge dalla lettura, oltre che dell'art. 307 c.p.c., anche degli articoli 171, 171*bis*, 181, 290, 291 c.p.c.

Se si sia costituito tempestivamente il solo convenuto, prima della riforma del 2022 il sistema era chiaro. Si aprivano due possibilità alla prima udienza: che, dichiarata la contumacia dell'attore, il convenuto chiedesse di procedere oppure, mancando la richiesta, vi era cancellazione della causa dal ruolo con immediata estinzione. Oggi le cose non sono chiare. Certamente l'attore non

---

[158] Colui che agisce in giudizio attraverso la tecnica dell'atto di citazione instaura innanzitutto una relazione con la controparte, per mezzo della notificazione di tale atto, quindi, in seguito, egli instaura il contatto anche con il giudice: a questo fine l'attore, normalmente, si costituisce depositando in cancelleria la nota di iscrizione a ruolo e il proprio fascicolo (art. 165 c.p.c.). Poi, il cancelliere iscrive la causa a ruolo e forma il fascicolo d'ufficio ai sensi dell'art. 168 c.p.c. Peraltro, se l'attore non si attiva, è anche possibile che sia il convenuto a prendere l'iniziativa, costituendosi ai sensi dell'art. 166 c.p.c. Se nessuna delle parti fa la prima mossa, diciamo così, rivolta al giudice, questi non può certamente neanche entrare in gioco.

[159] Si tenga presente che qui l'art. 307 è stato modificato a seguito della novellazione dell'art. 181 c.p.c. ad opera dell'art. 50 del D.L. n. 112/2008, convertito in legge 6 agosto 2008, n. 133.

[160] Si segnala anche, come ipotesi più generale, quella di cui al 2° comma dello stesso art. 307: «Il processo, una volta riassunto a norma del precedente comma, si estingue se nessuna delle parti siasi costituita, ovvero se nei casi previsti dalla legge il giudice ordini la cancellazione della causa dal ruolo».

costituitosi tempestivamente entro 10 giorni dalla notificazione della citazione (art. 165 c.p.c.) può costituirsi successivamente: non più all'udienza di cui all'art. 183 c.p.c., bensì entro il termine di costituzione del convenuto, ossia 70 giorni prima di quella udienza. Se ciò non fa, egli è a questo momento nella condizione di essere dichiarato contumace, ma non si comprende quando ciò accada formalmente. Invero, l'art. 171*bis* c.p.c., che disciplina le c.d. verifiche preliminari [161], richiama l'art. 171, 3° comma, c.p.c., in cui si stabilisce che la parte non costituitasi entro il termine di cui all'art. 166 è dichiarata contumace, ma non anche l'art. 290 c.p.c., che disciplina la dichiarazione di contumacia dell'attore, previo interpello del convenuto. Posto che sembrerebbe irragionevole spostare la dichiarazione di contumacia dell'attore all'udienza e che non si può neanche prescindere da una manifestazione di volontà del convenuto, forse si potrebbe ritenere che questa manifestazione si ha col deposito della prima memoria integrativa di cui all'art. 171*ter* c.p.c. [162] da parte appunto di questi: se ciò non accade il processo si estingue.

Invece, l'assenza dell'attore, dopo che si sia costituito, è irrilevante, a meno che non emerga alla prima udienza: in tal caso il giudice fissa una nuova udienza se il convenuto non chiede di proseguire e, se a questa, ulteriore udienza l'attore resta assente ed il convenuto silente, si avrà cancellazione della causa dal ruolo e immediata estinzione del processo.

Ove, costituitosi tempestivamente l'attore, sia il convenuto a non costituirsi, ciò non ha alcuna conseguenza, salvo che vizi della notifica della domanda facciano emergere la necessità di una sua rinnovazione [163]. E sempre irrilevante sarà anche l'assenza ad un'udienza del convenuto precedentemente costituitosi.

Infine la disciplina dell'inattività di entrambe le parti si distingue a seconda che si tratti di mancata costituzione o assenza. Del primo caso abbiamo già detto sopra: non essendo stata la causa iscritta a ruolo, ciascuna delle parti può attivarsi entro tre mesi dalla scadenza del termine di costituzione del convenuto (70 giorni prima della prima udienza). Se, invece, si tratta della loro assenza, la vicenda rileva ove tale assenza si abbia a due udienze successive, ipotesi in cui la causa è cancellata dal ruolo con conseguente estinzione immediata.

Nella seconda area si collocano tutte le fattispecie disciplinate nel 3° comma del medesimo art. 307. Qui l'estinzione rappresenta la via più breve per giunge-

---

[161] Per approfondimenti ulteriori vai al paragrafo 3 del quinto capitolo.

[162] Vai ancora al paragrafo 3 del quinto capitolo.

[163] Peraltro sia l'ordine di rinnovazione della citazione sia, in alternativa, la dichiarazione di contumacia del convenuto avviene prima dell'udienza, nell'ambito delle verifiche preliminari di cui all'art. 171*bis* c.p.c.

re alla chiusura del processo, senza una decisione nel merito, quando vi è un vizio di presupposto processuale che, pur essendo sanabile, non sia stato, tuttavia, sanato, perché è mancata una necessaria attività di parte. Si faccia l'esempio del vizio attinente all'integrità del contraddittorio, non essendo stato citato un litisconsorte necessario ai sensi dell'art. 102 c.p.c.[164]. La legge prevede la possibilità di sanatoria del vizio, disponendo che il giudice, invece di rigettare in rito la domanda, ordini l'integrazione del contraddittorio. Ma, se l'ordine impartito non è rispettato, il vizio, in origine sanabile, diventa insanabile e allora il processo deve, necessariamente, imboccare la strada della chiusura senza una pronuncia sul diritto fatto valere. Ebbene, se la strada ordinaria sarebbe quella di pronunciare una sentenza di rigetto in rito, qui l'ordinamento ha tracciato (anche) la strada, equivalente, dell'estinzione, che ha il vantaggio, rispetto all'altra, di essere più rapida.

Verificatisi i presupposti dell'inattività, l'estinzione opera di diritto ed essa, ai sensi dell'ultimo comma dell'art. 307 c.p.c., riformato con legge n. 69/2009, è dichiarata anche d'ufficio, quindi senza che, come era previsto in precedenza, sia necessaria l'eccezione di parte prima di ogni altra sua difesa.

Questo nuovo regime comporta un vantaggio e uno svantaggio.

Il vantaggio sta nel fatto che sono così superate tutte le difficoltà che in precedenza emergevano in alcune delle ipotesi che abbiamo raggruppato nella seconda area, ipotesi in cui l'estinzione rappresenta la via breve per chiudere un processo in cui non si sia sanato un vizio attinente a presupposto processuale che, pur sanabile, non sia stato tuttavia sanato. Invero, in questo ambito il più delle volte l'estinzione non poteva essere dichiarata perché mancava la parte legittimata all'eccezione. Così per fare solo due esempi, se nel caso di cui all'art. 102 c.p.c. nessuna parte poteva rilevare l'eccezione perché ad entrambe era (ed è) rivolto l'ordine di integrazione del contraddittorio, nel caso di cui all'art. 164 c.p.c., pur essendo l'ordine di rinnovazione della citazione nulla rivolto al solo attore, in mancanza dell'atto in sanatoria non si vede come potesse l'estinzione fondarsi sull'eccezione di un convenuto non presente. Lo svantaggio emerge se solo si considera come il rilievo d'ufficio possa aversi, in teoria, in ogni momento del processo, con la conseguenza che la questione dell'estinzione potrebbe rivelarsi una vera e propria mina vagante, che, se può non esplodere mai, può tuttavia esplodere anche in fasi avanzate, vanificando tutto il lavoro svolto fino a quel momento.

Per quanto riguarda la *forma* della decisione sulla questione di estinzione, visti gli artt. 178, 2° comma, 307, 4° comma, e 308 c.p.c., bisogna distinguere a se-

---

[164] Torneremo sul punto nel paragrafo 7 del sesto capitolo.

conda che si tratti di una causa attribuita alla decisione del tribunale in formazione collegiale o di una causa che, invece, va decisa da un giudice monocratico.

In questa seconda ipotesi la questione va risolta con ordinanza, se il giudice rigetta l'eccezione, con sentenza, se invece egli, accogliendo l'eccezione, dichiara l'estinzione. Poi, nel primo caso la questione sarà riproponibile ad opera dell'interessato nel momento in cui il processo passerà dalla fase della trattazione-istruzione alla fase della decisione, mentre nel secondo caso essa sarà coltivabile attraverso la proposizione dell'appello.

Nella prima ipotesi bisogna ancora distinguere. Se l'eccezione è rilevata in fase decisoria, il collegio la deciderà con sentenza. Se, invece, l'eccezione è rilevata nella fase antecedente di fronte al giudice istruttore, questi deciderà con ordinanza. Peraltro, mentre a seguito dell'ordinanza con la quale si rigetta l'eccezione di estinzione il processo continua e la questione sarà sempre riproponibile in sede di precisazione delle conclusioni (artt. 178, 1° comma, e 189 c.p.c. [165]), l'ordinanza che dichiara l'estinzione chiude i giochi ed allora essa è immediatamente reclamabile al collegio. Poi, questi deciderà con ordinanza, se, accogliendo il reclamo, nega che si fosse realizzata una fattispecie estintiva, restando la questione sempre coltivabile in sede di precisazione delle conclusioni e così rifluibile nella sentenza appellabile, oppure con sentenza, se, al contrario, respingendo il reclamo, conferma la pronuncia di estinzione, sentenza che, ovviamente, sarà passibile di appello [166].

Infine per una delle dette questioni potrebbe aversi anche un diverso percorso decisorio. È il caso del vizio non sanato della citazione in riferimento alla c.d. *editio actionis*, per il quale il nuovo art. 183*quater* c.p.c., introdotto nel codice col D.Lgs. n. 149/2022, prevede che si possa definire il processo con una semplice ordinanza, a condizione che il processo abbia ad oggetto diritti disponibili e vi sia istanza della parte interessata. La controparte può tentare di continuare il processo, lamentando l'erroneità della decisione del giudice, spendendo un reclamo ai sensi dell'art. 669*terdecies* c.p.c. Ma, se non ha successo, egli potrà solo ricominciare un nuovo processo sullo stesso oggetto [167].

---

[165] Ancorché l'art. 189 c.p.c. sia stato modificato con D.Lgs. n. 149/2022.

[166] L'appello avverso la sentenza pronunciata ai sensi dell'art. 308 c.p.c. ha la disciplina speciale di cui all'art. 130 disp. Att. c.p.c. Curiosamente tale disciplina speciale non si applica ai casi in cui l'estinzione è dichiarata con sentenza, ma non in sede di reclamo proposto appunto ai sensi dell'art. 308 c.p.c. Quindi l'appello avverso la sentenza di estinzione pronunciata da giudice monocratico oppure dal collegio che abbia rilevato l'estinzione in fase decisoria è soggetta alle norme ordinarie.

[167] È una via di chiusura del processo certamente rapida, perché non si esige alcuna sentenza e così alcun eventuale giudizio d'appello.

Resta da trattare degli effetti dell'avvenuta estinzione, che, come abbiamo accennato sopra, sono sempre identici, a prescindere dal motivo che ha fondato la relativa pronuncia [168].

L'art. 310, 1° comma, c.p.c. recita: «L'estinzione del processo non estingue l'azione». Da questa espressione, per la verità un po' equivoca, si ricava comunemente l'idea che l'interessato può riproporre la domanda avente ad oggetto la stessa causa e che l'estinzione, di per sé, non determina alcun effetto negativo sul diritto sostanziale in ordine al quale il processo non ha fornito alcuna pronuncia.

Peraltro, è possibile che l'avvenuta estinzione causi comunque degli effetti pregiudizievoli sul diritto sostanziale, ancorché non direttamente, bensì indirettamente, cioè attraverso l'incidenza degli effetti sostanziali della domanda.

L'esempio più comune è quello relativo alla prescrizione, in ordine alla quale la domanda giudiziale determina un doppio effetto (artt. 2943 e 2945 c.c.): invero questa interrompe la prescrizione e allo stesso tempo la sospende, in modo che il relativo termine non ricomincia a decorrere immediatamente dal momento del fatto interruttivo, ossia della proposizione della domanda, bensì dal momento in cui passa in giudicato la sentenza che definisce il giudizio nel merito. Tuttavia, l'art. 2945, 3° comma, c.c. precisa che, se «il processo si estingue, rimane fermo l'effetto interruttivo e il nuovo periodo di prescrizione comincia dalla data dell'atto interruttivo». Quindi, l'effetto sospensivo della prescrizione, collegato alla proposizione della domanda, si risolve ove il processo non giunga alla pronuncia di una sentenza di merito e rimane solo l'effetto interruttivo.

Ma, ciò significa che, se il processo è durato un tempo più lungo del termine di prescrizione del diritto fatto valere, al momento dell'estinzione del processo stesso, perdutosi l'effetto sospensivo della prescrizione, il diritto si estingue. Si pensi, a tal proposito, soprattutto ai casi in cui non opera la prescrizione ordinaria di dieci anni (art. 2946 c.c.), ma una prescrizione più breve: di cinque anni (artt. 2947, 1° comma, 2948, 2949 c.c.), di due anni (art. 2947, 2° comma, c.c.) o addirittura di un anno (artt. 2950, 2951, 2952 c.c.). Se la causa ha ad oggetto diritti per i quali non vale la prescrizione ordinaria, è facile che la pendenza del processo duri un tempo più lungo della loro prescrizione ed allora, se, invece di giungere alla pronuncia di una sentenza di merito, si determina l'estinzione del processo, il diritto azionato finisce improvvisamente per estinguersi, perché si perde interamente l'effetto sospensivo che la proposizione della domanda aveva causato.

Del tutto priva di una chiara disposizione normativa è, invece, la questione

---

[168] Si ribadisce che quanto andremo ora a dire vale essenzialmente per l'ipotesi in cui l'estinzione sia dichiarata nel giudizio di primo grado. Quando, invece, essa è dichiarata in fase d'impugnazione possono valere regole diverse (argomenta soprattutto dall'art. 338 c.p.c.).

inerente alla sorte del diritto sottoposto ad un termine di decadenza per il suo esercizio. Se esso è esercitato con la proposizione della domanda giudiziale, si può affermare, per il caso che il processo si estingua, che tuttavia l'effetto di impedimento della decadenza debba rimanere intatto, applicandosi a questo punto solo le norme sulla prescrizione del diritto, ai sensi dell'art. 2967 c.c.?

La giurisprudenza fornisce risposta negativa, sostenendo che l'estinzione del processo fa venir meno l'impedimento della decadenza, anche in considerazione del fatto che l'inefficacia degli atti compiuti nel processo estinto, prevista dal 2° comma dell'art. 310 c.p.c., sarebbe riferibile anche alla valenza sostanziale di essi.

Queste argomentazioni lasciano assai perplessi perché, per un verso, esse si pongono in contrasto con quanto dispone l'art. 2967 c.c. e, per altro verso, è evidente come, dato il contesto in cui si colloca, il 2° comma dell'art. 310 c.p.c. si riferisca chiaramente solo agli effetti processuali degli atti compiuti nel processo estinto. Tuttavia, l'interprete, soprattutto il pratico, deve tener conto dell'inamovibile opinione contraria della Corte di cassazione.

Che valore hanno gli atti compiuti nel processo estinto, ove l'interessato instauri un secondo processo sullo stesso diritto che era già stato fatto valere in quello, sempre che, alla luce di quanto abbiamo appena detto, l'estinzione non abbia pregiudicato il diritto stesso? A tale domanda fornisce una risposta l'art. 310 c.p.c., il quale fissa una regola generale e delle eccezioni.

La regola generale è che l'estinzione «rende inefficaci gli atti compiuti» (art. 310, 2° comma).

Le eccezioni attengono ad alcuni tipi di sentenze e ai mezzi di prova.

L'estinzione non rende inefficaci le sentenze di merito eventualmente pronunciate (art. 310, 2° comma). Ovviamente deve trattarsi di sentenze che non hanno definito il giudizio, ossia di sentenze non definitive, quindi essenzialmente di quelle sentenze su questioni delle quali abbiamo già parlato, trattando del meccanismo di cui agli artt. 187, 2° comma, e 279, 2° comma, n. 4, c.p.c.[169]. In base a questo meccanismo è possibile che la sentenza non definitiva sia pronunciata o su una questione di rito o su una questione di merito.

Il legislatore, se unifica il trattamento della loro impugnazione[170], diversifi-

---

[169] Vedi *retro* il paragrafo 2 in questo capitolo, ove ci siamo occupati soprattutto delle sentenze parziali di rito. Per le sentenze parziali di merito vedi, invece, *infra* il paragrafo 1 del quinto capitolo. Ma torna anche al paragrafo 4 nel terzo capitolo, quando, in fondo, abbiamo parlato della sentenza di condanna generica, di cui all'art. 278 c.p.c.

[170] Prevedendo la possibilità della riserva d'appello ed escludendo (nel recente D.Lgs. n. 40/2006) la loro immediata impugnabilità col ricorso per cassazione. Su quest'ultimo aspetto vedi *infra* il capitolo dedicato ai mezzi d'impugnazione, in particolare nel paragrafo 3.

ca, appunto nell'art. 310 c.p.c., la loro efficacia, sancendo l'efficacia extraprocessuale solo delle sentenze su questioni di merito [171] e non anche delle sentenze su questioni di rito.

Inoltre, sopravvivono all'estinzione alcune pronunce della Corte di cassazione: a) quella che regola la competenza, sia in sede di regolamento di competenza sia in sede di proposizione del ricorso ordinario ai sensi dell'art. 360, n. 2 c.p.c.; b) quella che statuisce sulla giurisdizione a Sezioni Unite, sia in sede di regolamento preventivo di giurisdizione sia a seguito di ricorso proposto ai sensi dell'art. 360, n. 1 c.p.c.

Infine, l'art. 310, 3° comma, dispone che le «prove raccolte sono valutate dal giudice a norma dell'articolo 116, secondo comma», ossia esse scadono ad argomenti di prova. Gli argomenti di prova, a differenza dei mezzi di prova, non possono da soli fondare il convincimento del giudice, ma rilevano su un piano, diciamo così, accessorio. Peraltro, non avrebbe molto senso applicare tale disposto anche ai documenti, in quanto questi saranno semplicemente riprodotti nel secondo processo, instaurato su quello stesso diritto soggettivo, che era stato oggetto del processo estinto [172].

16. *Diritto processuale ed autonomia privata*

A conclusione della trattazione relativa alle questioni c.d. "di rito" si pone la seguente domanda: le parti possono incidere, stipulando un contratto, sul modo di essere dei presupposti processuali e/o sulle modalità previste dal codice di rito per lo svolgimento dell'attività processuale?

Il processo è un'attività (pre)organizzata da norme, le quali, disciplinando l'esistenza in concreto del potere giurisdizionale e le modalità del suo esercizio, appartengono al campo del diritto pubblico. Per cui rispetto ad esse non vige il principio dell'autonomia contrattuale, che, tipico nel diritto privato, è sancito dall'art. 1322 c.c.

---

[171] È a causa di questa efficacia extraprocessuale che l'art. 129, 3° comma, disp. att. c.p.c. prevede solo per le sentenze non definitive di merito l'acquisizione della loro definitività per l'avvenuta estinzione del processo in primo grado, ove sia stata fatta riserva d'appello. Se, invece, la sentenza su questione di merito è stata pronunciata in secondo grado, non essendo qui più prospettabile un ricorso per cassazione immediato, essa diventa definitiva semplicemente per l'estinzione del processo d'appello, senza che sia stata fatta una riserva di ricorso in cassazione, che non è più né necessaria né ammissibile (vedi l'aggiunta all'art. 133 disp. att. c.p.c. apportata con D.Lgs. n. 40/2006).

[172] Si rinvia al paragrafo 2 del quinto capitolo per una più approfondita trattazione dei mezzi di prova. In quella sede studieremo l'importante distinzione tra mezzi di prova precostituiti e mezzi di prova costituendi.

Invero, si può dire che, mentre nel diritto privato è permesso tutto ciò che non è vietato, nel diritto pubblico è vietato tutto ciò che non è permesso.

Ma, non si deve neanche pensare che le norme processuali siano tutte uguali, né che la volontà delle parti non possa svolgere alcun ruolo nell'alterazione di quello che dovrebbe essere il modello processuale. In realtà, in base alla diversa "forza" delle norme, si può distinguere tra un'area di *diritto processuale dispositivo* ed un'area di *diritto processuale assoluto*, rientrando in quella le norme che il legislatore considera, diciamo così, cedevoli ed in questa, invece, le norme che il legislatore considera meno cedevoli.

I modi che il legislatore può scegliere per dare valenza alla detta cedevolezza sono vari.

Innanzitutto egli può attribuire maggiore o minore forza alle norme processuali disciplinando diversamente i modi in cui si può rilevare la loro violazione. Si pensi a quanto abbiamo visto in materia di nullità processuali, in particolare alla distinzione tra nullità relative e nullità assolute: è evidente che saranno più "forti" le norme, la cui violazione sia rilevabile anche d'ufficio in ogni stato e grado del processo, mentre saranno più "cedevoli" quelle, la cui violazione sia rilevabile solo immediatamente ad opera dell'interessato. In questi ambiti non si concepisce un potere delle parti di sostituire le norme dettate dal legislatore con norme negozialmente individuate, ma la dispositività della norma processuale si risolve solo nell'attribuire all'interessato il monopolio del potere di rilevare la violazione in concreto della norma statale.

Ma, il legislatore può anche consentire alle parti di mettere fuori gioco in anticipo le norme processuali statali attraverso un contratto, che, per incidere sul processo, si presenta come un *contratto processuale*.

Qui siamo in presenza di una fattispecie a doppia natura. Il contratto processuale non è un atto della serie procedimentale, ma è strutturalmente un contratto come quelli disciplinati dal codice civile. Tuttavia, esso non serve a costituire, regolare o estinguere tra le parti un rapporto giuridico patrimoniale, come recita l'art. 1321 c.c., nel quale troviamo la nozione di contratto, bensì produce *effetti processuali*.

I contratti processuali sono *tipici*, ossia essi sono ammessi solo in base ad un'esplicita disposizione di legge. Noi ne abbiamo già citati quattro: il patto compromissorio rituale (artt. 806 e 808 c.p.c.), il patto in deroga alla competenza per territorio (artt. 28 e 29 c.p.c.), l'accordo in deroga alla giurisdizione del giudice italiano (art. 4, legge n. 218/1995) e la clausola di conciliazione prevista nei contratti o negli statuti delle società (art. 5*sexies*, D.Lgs. n. 28/2010). A questi si aggiunga l'accordo per omettere l'appello, di cui agli artt. 339, 1° comma, e 360, 2° comma, c.p.c. in base al quale la sentenza di primo grado del tribunale può essere immediatamente impugnata, anziché con l'appello, col ricorso per cassazione, ma soltanto a norma del 1° comma, n. 3 dello stesso art. 360.

CAPITOLO QUINTO

PROFILI DI MERITO DEL PROCESSO DICHIARATIVO

1. *Il "merito" del processo dichiarativo nella dialettica tra le parti*

Il processo, ritualmente svolto, serve a fornire una risposta ad una domanda, nella quale il soggetto che agisce (l'attore) afferma di essere titolare di una determinata situazione giuridica soggettiva, che, avendo subito una certa lesione da parte del soggetto contro il quale è proposta la domanda stessa (il convenuto), ha bisogno di una delle tutele approntate dal legislatore nell'ambito della più ampia tutela dichiarativa. Questo contenuto della domanda e la conseguente richiesta al giudice rappresentano il "merito" del processo o, se si vuole:

– durante lo svolgersi dell'attività giudiziaria è l'oggetto del processo;
– alla fine di questa attività è l'oggetto della decisione del giudice;
– al di fuori del processo concluso è l'oggetto del giudicato.

Il nostro primo compito è quello di fare alcune precisazioni, di carattere terminologico e concettuale, e, quindi, di schematizzare il gioco delle parti in relazione al merito del processo.

Se l'oggetto del processo è innanzitutto la situazione giuridica soggettiva affermata, per comprendere il fenomeno processuale che la riguarda, è necessario preliminarmente avere chiara la struttura logica di essa. Questa discende dalla struttura logica della norma giuridica, la quale, essendo una proposizione di dovere, contiene sempre la formula: "se è *A* deve essere *B*". Per cui la situazione giuridica sostanziale (*B*) è l'effetto di una fattispecie (*A*).

Peraltro, la realtà giuridica è normalmente più complessa, nel senso che più complessa è sempre la fattispecie alla quale si collega quel certo effetto. Ciò vale in una duplice direzione: *in positivo* la situazione giuridica nasce non da un solo fatto o elemento, ma da una pluralità di fatti; *in negativo* l'effetto, pur essendosi verificati i suoi fatti costitutivi, può essere impedito, modificato o estinto da altri fatti. Possiamo schematizzare la struttura logica in questione nel seguente modo:

$A + B + C = X - (D + E + F)$.

In sintesi la situazione giuridica soggettiva X nasce ove si verifichino i *fatti costitutivi* $A + B + C$, ma allo stesso tempo essa è condizionata dalla fattispecie negativa, ossia è necessario che non si siano verificati i fatti *impeditivi*, *modificativi* o *estintivi* $D + E + F$. Se non si realizza uno dei fatti costitutivi, l'effetto non si produce, quindi la situazione giuridica soggettiva non nasce. Ma, pur realizzatisi tutti i necessari fatti costitutivi, basta che si verifichi anche uno solo dei fatti appartenenti alla fattispecie negativa per impedire la nascita dell'effetto, se trattasi di un fatto impeditivo, oppure per modificare o estinguere l'effetto successivamente al suo verificarsi, se trattasi di un fatto modificativo o estintivo.

I fatti impeditivi sono cronologicamente coevi ai fatti costitutivi, ma operano in funzione appunto impeditiva dell'effetto. Così, per fare un esempio, se un contratto è fattispecie costitutiva di diritti, l'invalidità del contratto, che è collegata a cause già esistenti al momento della stipulazione del contratto stesso, impedisce la nascita di quei diritti. I fatti modificativi ed estintivi, invece, sono cronologicamente successivi alla nascita della situazione giuridica soggettiva. Si pensi solo all'adempimento, che è fatto estintivo del rapporto obbligatorio e che, evidentemente, si verifica sempre dopo la nascita di esso.

Come si proietta nel processo questo modo di essere della situazione giuridica soggettiva?

È qui che dobbiamo fare innanzitutto delle precisazioni terminologiche, guardando al linguaggio della legge e a quello della prassi.

Nel processo l'insieme dei problemi che attengono all'esistenza, al modo di essere, alla lesione e alla tutela della situazione giuridica soggettiva affermata viene sintetizzato con la parola "*causa*". Quando norme come l'art. 39 c.p.c. (sulla litispendenza) parlano di "causa", termine assai frequente anche nell'uso forense, si riferiscono ad un'unità logica, ossia all'insieme delle problematiche in fatto e in diritto che riguardano una certa, ed individuata, situazione giuridica soggettiva e la sua tutela.

Nell'ambito della causa, poi, si agitano tante "*questioni*" di merito. Anche la parola "questione" vuole rappresentare un'unità logica, ossia la sintesi di tutti i profili in fatto e in diritto che attengono all'affermazione o alla negazione dell'esistenza di uno degli elementi che rientrano nella fattispecie della situazione giuridica soggettiva, quindi, per un verso, i fatti costitutivi e, per altro verso, i fatti impeditivi, modificativi ed estintivi.

In definitiva, il merito del processo è dato dalla causa sulla quale il giudice è chiamato a decidere e nell'ambito di una causa le parti, spendendo i loro mezzi di attacco e di difesa, sollevano questioni, che, certamente il giudice dovrà risolvere, ma che non rappresentano l'oggetto immediato del processo, ciò a cui si riferirà la cosa giudicata, in altri termini, ciò per cui direttamente le parti possono instaurare un processo (statale) dichiarativo. La causa, o se si vuole la situazione giuridica soggettiva sulla quale essa verte, rappresenta l'oggetto della *decisione* del giudice, mentre le singole questioni, i mezzi di attacco e di difesa spesi dalle parti all'interno di una causa, rappresentano l'oggetto della *cognizione* del giudice. Come meglio vedremo in seguito, tra il decidere e il conoscere non c'è una differenza di serietà o profondità dell'accertamento, bensì c'è una differenza di efficacia, in particolare di efficacia esterna al processo.

Fatte queste precisazioni terminologiche, schematizziamo il gioco processuale tra le parti in relazione al merito, tenendo anche presente quanto già si disse sulla struttura dell'attività giurisdizionale dichiarativa, che si risolve in una concretizzazione della legge astratta, ossia in un'operazione di sussunzione giuridica [1].

Nella domanda l'attore formula un'ipotesi di sentenza. Per affermarsi titolare di una determinata situazione giuridica sostanziale egli narra dei fatti, che assume come verificatisi, ed applica una norma ad essi; quindi, egli aggiunge la narrazione di accadimenti che hanno causato la lesione della medesima situazione giuridica; infine, ed in conseguenza di tutte le affermazioni compiute, in fatto e in diritto, egli chiede al giudice la pronuncia di una sentenza che abbia un contenuto idoneo al bisogno di tutela, ossia di mero accertamento o di condanna o costitutiva.

La decisione della causa, come è evidente, implica, strutturalmente, la soluzione di varie questioni, intese nel senso sopra accennato, come la necessità di rispondere, da parte del giudice, ad una serie di mezzi di attacco spesi dall'attore. Peraltro, su un piano di logica del giudizio, essa può anche essere strutturata dal punto di vista della fondamentale dicotomia tra *questione di fatto* e *questione di diritto*. Invero, l'attore pone una questione di fatto nel momento in cui afferma che si sono verificati determinati accadimenti e vedremo, poi, come il giudice può fissare tali accadimenti, in altri termini in base a quali regole ed attività egli può accertare il modo di essere dei fatti rilevanti per la decisione

---

[1] Vedi *supra* il paragrafo 1 nel terzo capitolo.

della causa. Inoltre, egli pone anche una questione di diritto, alla quale pure il giudice dovrà ovviamente fare fronte, quando, nella domanda proposta, "interpreta" quei fatti alla luce del diritto, quindi quando interpreta la legge e la applica ai fatti narrati.

Ma, prima di giungere a verificare la tenuta dell'ipotesi di sentenza formulata dall'attore nella domanda, il processo deve dare spazio alle difese del convenuto. Questi può assumere atteggiamenti assai diversi.

Innanzitutto è possibile che il convenuto non faccia assolutamente nulla, nel senso che egli, pur avendo avuto conoscenza della pendenza del processo, non si costituisca e resti *contumace*. Ciò, di per sé, non ha conseguenze particolari, nel senso che il legislatore non fa derivare dalla contumacia del convenuto un vantaggio diretto, direi legale, per l'attore, al quale comunque spetterà l'onere di provare i fatti costitutivi del diritto da lui fatto valere (art. 2697, 1° comma, c.c.). Quindi, nonostante la contumacia del convenuto, è prospettabile l'eventualità che l'attore perda ugualmente la causa, magari perché non riesce a provare la sussistenza di uno dei necessari fatti costitutivi [2].

Tale modo di considerare la contumacia non è molto funzionale al buon andamento dell'attività giurisdizionale e sembra francamente inopportuno nei processi che hanno ad oggetto diritti disponibili. La scelta appare poi ancor più irrazionale dopo che, novellando l'art. 115 c.p.c., è stato, con legge n. 69/2009, introdotto nel sistema l'onere di contestazione, ossia il principio per cui non deve essere provato dalla parte che lo afferma il fatto che non sia contestato dalla controparte costituita. Invero, non si comprende la ragione per cui si debba sanzionare la non contestazione della parte costituita e non anche la totale inerzia della parte che resta appunto contumace. Non solo! Non si comprende, stante la detta disciplina della contumacia all'interno del processo, la ragione per la quale nell'art. 12*bis* D.Lgs. n. 28/2010, così come inserito con D.Lgs. n. 149/2022 (riprendendo il precedente art. 8, comma 4*bis* dello stesso testo del 2010), addirittura si sanzioni la mancata cooperazione della parte "convenuta" in sede di mediazione, in ipotesi antecedente al processo, dando al giudice la possibilità di trarvi argomenti di prova.

Se, invece, il convenuto sceglie di difendersi, si possono immaginare diverse prospettive.

Il convenuto può mettere in campo solo le c.d. *mere difese*, le quali possono

---

[2] L'assenza della contestazione ha invece rilievo in alcuni percorsi sommari che, posti al servizio della funzione dichiarativa, sono rivolti alla produzione della cosa giudicata. Così accade nel procedimento per ingiunzione (artt. 633 e ss. c.p.c.) e nel procedimento per convalida di sfratto (artt. 657 e ss. c.p.c.), nei quali, se così si può dire, si scommette proprio sull'assenza della lite in concreto, circostanza che consente la definizione del processo rapidamente.

essere in fatto e/o in diritto. La mera difesa in fatto consiste semplicemente in una negazione delle corrispondenti affermazioni in fatto compiute dall'attore nella domanda: il convenuto nega che si siano verificati i fatti che l'attore ha narrato come verificatisi. La mera difesa in diritto consiste in negazioni o altre argomentazioni sul piano dell'interpretazione e/o dell'applicazione delle norme giuridiche. Qui il convenuto ritiene di aderire alla ricostruzione dei fatti compiuta dall'attore, ma nega che da quei fatti derivino le conseguenze giuridiche affermate dall'attore.

È appena il caso di ribadire che, vista la citata modifica dell'art. 115 c.p.c., la contestazione in fatto da parte del convenuto rende controversa la *quaestio facti* o comunque la parte di essa che ne è oggetto, con la conseguenza che all'attore è addossato il relativo onere probatorio. Ove, invece, il fatto affermato dall'attore non sia contestato dal convenuto, esso deve essere posto dal giudice a fondamento della sua decisione senza che sia necessaria la prova[3].

Il convenuto può anche, andando oltre le mere difese, sollevare *eccezioni*. Con ciò egli allarga l'oggetto della cognizione del giudice, ma non anche l'oggetto del processo, quindi l'oggetto del futuro giudicato. Invero, rilevare eccezioni significa sollevare questioni ulteriori rispetto a quelle prospettate dall'attore nella domanda, ma non significa uscire dalla causa che già si agita nel processo, perché l'eccezione è un'attività processuale con la quale si fa emergere la fattispecie negativa del diritto fatto valere, ossia si fanno valere fatti aventi valenza impeditiva, modificativa o estintiva di esso.

Su questo punto bisogna essere molto precisi. Propriamente l'eccezione è l'attività processuale con la quale *si dà rilievo giuridico ad un fatto* che risulta dagli atti di causa, per cui essa va tenuta distinta dal modo e dal momento in cui i fatti entrano, per così dire, sulla scena del processo. A seconda del tipo di fatto impeditivo, modificativo od estintivo, l'eccezione può essere rilevata solo dalla parte interessata o anche dal giudice, mentre, per quello che riguarda il modo in cui i fatti possono entrare nel processo, se certamente il giudice non può utilizzare la sua scienza privata, ossia non può fondare la sua decisione su fatti che non risultano dagli atti, è anche vero che non sussiste un rigido monopolio delle parti in ordine ai fatti utilizzabili dal giudice, nel senso che non si può dire che il giudice possa fondarsi unicamente sui fatti allegati dalle parti.

Qui bisogna delineare il punto di equilibrio tra i poteri del giudice ed i poteri delle parti.

Sul rilievo delle eccezioni soccorre l'art. 112 c.p.c., nella parte in cui esso dispone che il giudice «non può pronunciare d'ufficio su eccezioni, che posso-

[3] Vedi anche quanto si dirà *infra* nel prossimo paragrafo.

no essere proposte soltanto dalle parti». Quindi l'eccezione di merito è, in linea di principio, come si suol dire, *in senso lato*, ossia rilevabile anche dal giudice, mentre essa è *in senso stretto*, ossia rilevabile esclusivamente ad istanza della parte interessata, solo quando la legge lo prevede. Con ciò si è attribuito al giudice un grande potere, perché, se facciamo una breve verifica, ci accorgiamo che sono assai pochi i casi in cui la legge prevede il rilievo esclusivo di parte: si pensi, ad esempio, all'eccezione di prescrizione (art. 2938 c.c.) o all'eccezione di annullabilità del contratto (artt. 1441 e 1442, 4° comma, c.c.).

Ma, come si è detto, il rilievo dell'eccezione consiste nel far emergere la valenza giuridica di un fatto che è già agli atti, per cui bisogna ora vedere come avviene tale acquisizione.

Sicuramente le parti hanno il monopolio in relazione ai fatti che individuano il diritto fatto valere[4] e dei fatti che fondano eccezioni in senso stretto. In questo ambito gioca essenzialmente il principio della domanda, quale conseguenza necessaria del principio costituzionale dell'imparzialità del giudice, vale a dire il principio per cui, se il giudice deve essere al di sopra degli interessi in conflitto, non sta a lui, non solo instaurare il processo, ma neanche individuare l'oggetto del processo. Ed, allora, è evidente che i fatti che individuano tale oggetto saranno nell'esclusiva disponibilità delle parti, ossia in questo ambito saranno utilizzabili dal giudice solo i fatti allegati (affermati) dalle parti.

Ma, al di là di questa cerchia, in fondo ristretta, di fatti individuatori della domanda, resta solo il *divieto di scienza privata* del giudice, ma non anche il monopolio delle parti in relazione ai fatti, per cui non è vero che il giudice può fondare la sua decisione unicamente sui fatti allegati dalle parti, mentre è vero che egli deve attenersi ai fatti risultanti dagli atti. A tal proposito si tenga presente che un fatto può ben risultare dagli atti, ancorché esso non sia stato allegato dalle parti, magari perché, ad esempio, esso emerge da un mezzo di prova (ad esempio da un documento). Ebbene se un fatto del genere (c.d. avventizio) ha valenza impeditiva, modificativa o estintiva, il giudice, ove non si tratti di un'eccezione in senso stretto, potrà sollevare la relativa eccezione e decidere la causa sulla sua base. Ciò, ovviamente, solo dopo aver stimolato il contraddittorio con le parti, perché il giudice non potrebbe certo giungere a decisioni, per così dire, a sorpresa, ovvero a risolvere la controversia sulla base di questioni che, potendo egli rilevare d'ufficio, non abbia previamente indicato alle parti come possibili fondamenti della emananda sentenza. È proprio in riferimento ai c.d. poteri d'ufficio che trova applicazione quanto si è detto a proposito del principio del contraddittorio, quale esigenza delle parti di giocare la partita del

---

[4] Soccorre la distinzione tra diritti autoindividuati e diritti eteroindividuati, sulla quale vedi già *retro* il paragrafo 9 nel quarto capitolo ed *infra* nel paragrafo 5 del presente capitolo.

processo su un piano dialettico e paritario, non solo tra loro, ma anche rispetto al giudice.

Proposta l'eccezione, si radica il potere-dovere del giudice di decidere la relativa questione. Peraltro, a questo proposito esiste una differenza tra la domanda e l'eccezione: su quella il giudice deve sempre decidere e se sono proposte più domande nel processo, rispetto a tutte è necessaria (normalmente) una risposta [5]; invece l'eccezione può anche essere legittimamente assorbita.

Se il convenuto propone più eccezioni, può darsi il caso che non sia necessario deciderle tutte, perché, invero, logicamente basterebbe considerarne fondata una per rigettare la domanda. In questo campo non vi è un ordine logico imposto al giudice, il quale deve fare i conti solo col principio di economia processuale, che gli impone di decidere la causa con il minor dispendio di attività. Ciò significa che egli deve attenersi alla c.d. *ragione più liquida*, ossia fondarsi sulla questione di più pronta soluzione, quella che, per ragioni istruttorie e/o giuridiche, appare più rapidamente decidibile ed inoltre tale da definire il giudizio. Cerchiamo di comprendere il punto, facendo anche riferimento al meccanismo di cui all'art. 187, 2° comma, c.p.c., che abbiamo già visto operante nell'ambito delle questioni di rito.

Poniamo il caso che il convenuto si sia difeso spendendo un fatto impeditivo ed un fatto estintivo: ad esempio, a fronte di un'azione contrattuale, egli abbia opposto l'invalidità del contratto e comunque l'estinzione del diritto fatto valere, in ipotesi nascente dal contratto, per prescrizione. Al giudice basta convincersi della fondatezza di una sola di queste eccezioni per rigettare la domanda e per lui è indifferente quale delle due sia alla fine decisiva, per cui ben potrebbe avvalersi di quella decidibile col minor spreco di energie. Ciò, inoltre, può avvenire con o senza l'istruttoria sui fatti costitutivi affermati dall'attore. Tutto dipende dallo stato di maturazione delle questioni e dal modo in cui l'organo dell'istruzione ritiene che esse vadano decise. Ed è qui che si inserisce la possibile operatività del disposto di cui all'art. 187, 2° comma, c.p.c.

Invero, l'organo dell'istruzione, se si convince immediatamente, ossia senza aver istruito altre questioni, della fondatezza di una delle eccezioni rilevate o dell'insussistenza di uno dei fatti costitutivi del diritto fatto valere, rimette subito in decisione la causa, perché è convinto che la domanda vada irrimediabilmente rigettata, senza che sia necessario né utile continuare la trattazione-istruzione di tutti gli altri mezzi di attacco e di difesa. Poi, in sede di decisione, è possibile che si arrivi al pronosticato rigetto della domanda, ed allora si sarà veramente attuata l'economia processuale, ma è anche possibile che l'organo del-

---

[5] A meno che lo stesso proponente subordini la decisione di una domanda ad un certo modo di decidere l'altra.

la decisione abbia un'opinione diversa sul modo di decidere quella certa questione, perché ritiene infondata l'eccezione o ritiene sussistente quel certo fatto costitutivo, e così egli sarà costretto a pronunciare una sentenza inevitabilmente non definitiva sulla sola questione, rimettendo per il resto la causa in istruttoria, perché ormai bisognerà appunto istruire le altre questioni.

Se non vi sono accelerazioni nel senso ora detto, tutte le questioni saranno istruite e poi, in base a tutto il materiale di causa, il giudice deciderà sulla domanda proposta. In sede di decisione giocano due principi fondamentali: il *principio dell'onere della prova* (art. 2697 c.c.) e il *principio di acquisizione*.

Quello rappresenta propriamente una regola di giudizio [6], ossia il criterio che il giudice utilizza per dare sempre una risposta alla domanda proposta, visto che egli non potrebbe evitare di decidere, magari affermando di non avere una chiara opinione sulla causa. Applicando la detta regola, il giudice rigetterà la domanda se non è provato anche un solo fatto costitutivo; la accoglierà se sono provati tutti i fatti costitutivi e non lo sono i fatti impeditivi, modificativi ed estintivi; ancora la rigetterà se, pur essendo provati i fatti costitutivi, è provato anche uno solo tra i fatti impeditivi, modificativi ed estintivi.

L'art. 2697 c.c., quando dispone che chi vuol far valere un diritto in giudizio deve provare i relativi fatti costitutivi, mentre chi "eccepisce l'inefficacia di tali fatti ovvero eccepisce che il diritto si è modificato o estinto deve provare i fatti su cui l'eccezione si fonda", vuol solo enunciare la regola di giudizio nei termini appena indicati, senza che, al momento della decisione, possa avere una qualche importanza la provenienza del materiale dal quale il giudice trae il suo convincimento.

È qui che si inserisce il principio di acquisizione, in virtù del quale la decisione è assunta dal giudice utilizzando il materiale di causa acquisito per quello che esso è oggettivamente.

Così, ad esempio, affermare che l'attore (*rectius*: colui che fa valere il diritto in giudizio) perde la causa perché non è provato un fatto costitutivo significa addossare a lui l'onere della prova, nel senso che sarà a suo danno il dubbio che resta nel campo della fattispecie costitutiva del diritto fatto valere, ma non significa anche che la prova dei fatti costitutivi possa provenire solo dall'attore. Invero, alla fine del gioco il giudice accoglierà la domanda se risultano provati, oggettivamente, tutti i fatti costitutivi, a prescindere dalla provenienza di tale prova.

La stessa cosa vale dal lato della fattispecie negativa. È onere del convenuto (*rectius*: di colui che resiste alla pretesa avversaria) provare i fatti impeditivi, modificativi ed estintivi, nel senso che il dubbio su di essi, una volta provati i

---

[6] Vedi quanto abbiamo già detto *retro* nel paragrafo 3 del terzo capitolo.

fatti costitutivi, pregiudica il convenuto, ma al momento della decisione il giudice considererà il modo di essere di quei fatti a prescindere dalla provenienza della prova, per cui egli potrà anche rigettare la domanda perché risulta oggettivamente provato, ancorché non dal convenuto, un fatto impeditivo, modificativo o estintivo.

Infine, il convenuto può scegliere di andare oltre la difesa all'interno della causa già proposta e proporre a sua volta una domanda contro l'attore, mettendo in gioco, quindi, un'altra situazione giuridica sostanziale. Qui il convenuto, oltre alla difesa, addirittura contrattacca, allargando non solo l'oggetto della cognizione del giudice, ma anche l'oggetto del processo nel senso di ciò che sarà, poi, l'oggetto del giudicato. Ma, allora, il processo si complica, quantomeno oggettivamente, per cui il nostro discorso per ora si chiude e sarà ripreso nel capitolo dedicato al processo complicato [7].

Alla fine di questo complesso gioco processuale il giudice deciderà, come abbiamo già detto, risolvendo tutta una serie di problemi, che logicamente possiamo distinguere come rientranti in due grandi aree: una questione di fatto ed una questione di diritto.

Sulla questione di diritto il giudice è signore e per essa non vale il divieto di scienza privata, ma anzi il principio *iura novit curia*. Le parti, o meglio i loro avvocati, cercheranno di influire sulla soluzione della questione di diritto con le loro argomentazioni, ma, se così possiamo dire, in linea di principio il giudice non ne avrebbe bisogno, perché egli, non solo può, ma deve conoscere ed applicare d'ufficio il diritto. Tutto ciò fatti salvi i principi della domanda e del contraddittorio, come è già stato detto prima a proposito dei limiti e delle modalità da seguire nell'esercizio del potere d'ufficio. Dal primo punto di vista, si ripete, il giudice non può rilevare profili giuridici che cambiano l'oggetto del processo [8]. Dal secondo punto di vista il giudice, nei limiti in cui può fornire una "lettura" giuridica dei fatti di causa diversa da quella offerta dalle parti, deve prima condividere questa lettura con le parti stesse, ossia stimolare il contraddittorio con esse, affinché, prima di decidere, sia rispettato il loro diritto ad interloquire.

Assai più complesso è il discorso in relazione alla questione di fatto, ossia all'accertamento della verità dei fatti narrati dalle parti.

Qui siamo in presenza di un'attività di conoscenza, di ricostruzione storica, che, peraltro, lungi dall'essere lasciata all'arbitrio del giudice, è svolta secondo una serie di regole e principi, di cui ora ci occuperemo.

---

[7] Vedi in seguito il sesto capitolo.

[8] In riferimento ai diritti c.d. eterodeterminati cambiare la qualificazione giuridica dei fatti, quindi il titolo della pretesa, insomma il rapporto giuridico, significa cambiare il diritto in gioco.

2. *L'istruzione probatoria*

Per la soluzione della questione di fatto si pongono due problemi di fondo, che possono essere impostati formulando due domande:

a) quali sono i fatti che rientrano nella *quaestio facti* di un determinato processo?

b) una volta individuati detti fatti, come può il giudice conoscerli?

Per rispondere alla prima domanda si deve, innanzitutto, ricordare un principio che abbiamo già enunciato nel precedente paragrafo: il giudice può utilizzare solo i fatti risultanti dagli atti del processo, non potendo egli porre a fondamento della sua decisione fatti che conosce per sua scienza privata. Peraltro, bisogna aggiungere che, se certamente rientrano in questa cerchia i fatti allegati dalle parti, vi rientrano, però, anche i fatti che, pur non essendo stati affermati da alcuna delle parti, tuttavia risultano dalla trattazione-istruzione, purché non si tratti di fatti che individuano il diritto fatto valere in giudizio né di fatti che fondano eccezioni in senso stretto, ossia rilevabili solo dalla parte.

Ma, non tutti i fatti risultanti dagli atti possono dirsi rientranti nella *quaestio facti* di un determinato processo. In realtà, già guardando alla narrazione delle parti, spesso nel processo si contrappongono ricostruzioni anche caotiche delle vicende concrete sottostanti alla lite e in questa caoticità il giudice deve cercare un'impostazione razionale dei problemi ai quali, poi, dovrà dare soluzione. Ovviamente la razionalità del giudice non è altro che la razionalità della legge calata nel caso concreto ed è in base a questa che il giudice dovrà far emergere, tra i tanti fatti risultanti dagli atti, gli unici sui quali valga la pena soffermarsi, cioè i *fatti giuridicamente rilevanti*.

I fatti rilevanti sono essenzialmente quelli che hanno un ruolo nel modo di essere della fattispecie del diritto soggettivo fatto valere in giudizio, quindi si tratta, per un verso, dei fatti costitutivi di esso e, per altro verso, dei fatti impeditivi, modificativi ed estintivi. Ma, a questi fatti di immediata rilevanza, che possiamo qualificare come *principali*, si possono aggiungere altri fatti di rilevanza indiretta, che possiamo chiamare *secondari*. I fatti secondari non rientrano nella fattispecie del diritto soggettivo, che è oggetto del processo, ma rilevano perché da essi si può, in base ad un ragionamento logico-inferenziale, trarre l'esistenza o l'inesistenza dei fatti principali.

Trattasi dei c.d. indizi, sulla base dei quali è possibile ricostruire i fatti in base al meccanismo delle presunzioni, che tra breve tratteremo.

Quindi, in definitiva, rientrano nella *quaestio facti* di un determinato processo i fatti risultanti dai relativi atti e rilevanti, sia direttamente sia indirettamente; mentre sono fuori dalla cerchia individuata, non solo i fatti che non risultano dagli atti del processo, ma anche i fatti che, pur risultando dagli atti, sono tuttavia irrilevanti, perché non rientrano né tra i fatti principali né tra quelli secondari.

Occupandoci, ora, della seconda domanda, cominciamo col dire che anche qui opera il divieto di scienza privata, nel senso che il giudice non può ricostruire i fatti risultanti dagli atti del processo secondo una sua privata conoscenza di essi, ma egli deve arrivare ad una loro fissazione in base ad un'attività di ricostruzione presieduta da regole giuridiche. Gli strumenti di conoscenza della realtà storica che la legge mette a disposizione del giudice sono: i *mezzi di prova* e i *mezzi di presunzione*. Per acquisire tali strumenti il giudice e le parti passano da una complessa fase del processo, anch'essa disciplinata da norme giuridiche, denominata istruzione probatoria.

Peraltro, è possibile che in un determinato processo non si svolga alcuna attività propriamente di istruzione probatoria. Ciò accade in due ipotesi:

a) quando i fatti rilevanti non hanno bisogno di essere provati;
b) quando vengono in gioco solo prove precostituite.

Non hanno bisogno di essere provati innanzitutto i *fatti notori*, ai quali si riferisce l'art. 115, 2° comma, c.p.c. quando dispone che il giudice può «tuttavia, senza bisogno di prova, porre a fondamento della decisione le nozioni di fatto che rientrano nella comune esperienza». Ci troviamo di fronte ad un caso che sembra fare eccezione al divieto di scienza privata del giudice, per comprendere il quale dobbiamo mettere in campo anche il concetto di *massima di esperienza*, che pur appartiene a quella comune esperienza di cui fa cenno la citata norma.

In ogni epoca storica esiste un patrimonio di conoscenze non singolari, ma generali, ossia conoscenze che non appartengono singolarmente ad un individuo o a certi individui determinati, bensì alla generalità di una data cerchia di persone o addirittura alla generalità di tutti gli uomini. Il giudice può e deve utilizzare tali conoscenze, senza che con ciò si ponga in crisi il divieto di scienza privata, appunto perché esse non gli appartengono singolarmente, ma in quanto uomo che vive nel suo tempo.

Ma, per comprendere precisamente il modo in cui il giudice utilizza questo sapere comune, o se si vuole fungibile, bisogna distinguere, al suo interno, tra i fatti notori e le massime di esperienza.

Quelli sono accadimenti singoli, fatti concreti verificatisi che possono essere rilevanti per la ricostruzione del diritto fatto valere in giudizio: si pensi al verificarsi di una data calamità naturale o all'aver una certa persona ricoperto una data carica pubblica in un dato tempo.

Le massime di esperienza, invece, non rappresentano singoli accadimenti, ma *criteri* non giuridici (o pregiuridici) *di valutazione* che l'uomo ha tratto dall'osservazione di una serie indefinita di accadimenti. Esse rilevano nell'interpretazione della legge, quando in questa sono utilizzati concetti indeterminati, e nella ricostruzione dei fatti, ove questa avvenga in base alla valutazione di mezzi di prova libera o di mezzi di presunzione. Così, ad esempio, guardando a questa seconda funzione[9], se la vicenda processuale rilevante è un incidente stradale, la prova che il giorno dell'incidente piovesse fa ritenere che la strada fosse bagnata e, quindi, che si dovessero utilizzare criteri di diligenza più severi. O, ancora, si pensi classicamente all'alibi, che altro non è se non il frutto di un ragionamento presuntivo fondato sulla massima di esperienza per cui nessun uomo ha il dono dell'ubiquità, con la conseguenza che Tizio, se è provato che si trovasse in un certo luogo in un certo giorno e ad una certa ora, non poteva essere in altro luogo nella stessa unità temporale.

Quindi, le massime di esperienza svolgono un ruolo in diversi ambiti della ricostruzione dei fatti e dell'applicazione ad essi della legge. Esse sono criteri di valutazione, proposizioni dell'essere, relative a determinati settori della scienza o della tecnica, o di un dover essere non giuridico, ad esempio morale, di cui si avvale il giudice in vari momenti del giudizio, ma non si tratta di fatti singoli che rientrano nella fissazione della fattispecie concreta rilevante per la decisione. Invece i fatti notori sono fatti singoli, ancorché, come le massime di esperienza, rientrino nella comune conoscenza in una data epoca storica, motivo per cui essi sfuggono all'operatività del principio dell'onere della prova. Si aggiunga che la generalità, e quindi la fungibilità, della conoscenza del fatto notorio dovrebbe rendere recessivo il divieto di scienza privata del giudice in tutti i sensi, ossia consentirgli la sua utilizzazione anche nell'ipotesi in cui esso non dovesse risultare dagli atti. Ma, l'opinione generalmente condivisa non va in questo senso, ritenendosi che l'art. 115, 2° comma, c.p.c. possa solo escludere la necessità di provare il fatto notorio, ma non anche la necessità che esso risulti dagli atti o per mezzo dell'allegazione di parte o in altro modo legittimo.

Non hanno bisogno di essere provati neanche i fatti *pacifici* o non controversi, ossia quei fatti sul cui modo di essere le parti concordano. Ciò vale solo se oggetto del processo è un diritto disponibile. È vero che i meccanismi che stiamo studiando riguardano la ricostruzione dei fatti e non anche l'applicazione della legge, da cui deriva in definitiva l'affermazione della sussistenza di un diritto, ma è pure vero che, se si attribuisce alle parti il potere di determinare in modo esclusivo la fissazione dei fatti, indirettamente si attribuisce loro anche il potere di condizionare in modo decisivo la fissazione dell'esistenza e/o del mo-

---

[9] Vedi, invece, sui concetti giuridici indeterminati quanto si è detto *supra* nel paragrafo 4 del secondo capitolo.

do di essere dei diritti. Quindi non è possibile che le parti rendano pacifici o non controversi fatti relativi a diritti indisponibili.

Peraltro, qui la domanda cruciale è: quand'è che si può ritenere pacifico o non controverso un fatto?

Abbiamo visto che l'attore, nella formulazione della sua ipotesi di sentenza svolta al momento della proposizione della domanda, innanzitutto narra l'accadimento di certi fatti. Se il convenuto, costituendosi, ammette i fatti così come narrati dall'attore, abbiamo sicuramente un caso in cui i fatti sono resi pacifici. Se, invece, il convenuto contesta quella narrazione, evidentemente si ha il caso esattamente contrario ed ovviamente all'attore spetterà l'onere di provare i fatti posti a fondamento della sua domanda.

Ma, che valore ha il silenzio del convenuto? O, detto altrimenti, egli ha l'onere di contestare i fatti affermati dall'attore se non vuole che essi siano resi pacifici o comunque non controversi e, quindi, per essi l'attore sia assolto dall'onere della prova?

Se in precedenza si poteva escludere che nel nostro sistema sussistesse un simile onere, oggi si deve giungere all'affermazione esattamente opposta, visto che, a seguito dell'entrata in vigore della legge n. 69/2009, il 1° comma dell'art. 115 c.p.c. così recita: «Salvi i casi previsti dalla legge, il giudice deve porre a fondamento della decisione le prove proposte dalle parti o dal pubblico ministero, *nonché i fatti non specificamente contestati dalla parte costituita*».

Quanto questa scelta non sia coerente col trattamento che la legge riserva alla contumacia abbiamo già visto nel precedente paragrafo. Qui si aggiunga solo che una simile incoerenza può portare anche a degli inconvenienti pratici. Si pensi al caso in cui, dopo che l'attore abbia speso mezzi di prova solo sui fatti contestati dal convenuto costituito, il giudice rilevi poi un difetto di rappresentanza tecnica del convenuto stesso dichiarandolo contumace. In tale ipotesi l'attore rischia di subire un rigetto della domanda per non aver assolto al suo onere probatorio, nei termini di preclusione previsti, in ordine ai fatti costitutivi che non erano stati contestati. Tuttavia, di fronte ad una simile situazione il giudice il più delle volte dovrà, su richiesta dell'interessato, concedere la rimessione in termini ai sensi dell'art. 153 c.p.c.

Un fatto, se è pacifico o comunque non controverso, non ha bisogno di essere provato e il giudice deve fissarlo per come le parti lo hanno concordemente ricostruito. Non siamo in presenza di una sorta di prova legale, perché il fatto pacifico non è, per la concorde dichiarazione esplicita o implicita delle parti, provato, ma propriamente esso è espunto dal tema di prova, in quanto non ha bisogno di prova [10]. È pure possibile, mancando una previsione in senso contra-

---

[10] Peraltro, a mio parere, ancorché qui non si abbia una prova legale, siamo tuttavia in pre-

rio, che il convenuto [11] contesti successivamente ciò che prima aveva ammesso o non contestato, con ciò rendendo nuovamente controverso il fatto (che era) pacifico o non controverso. In tal caso il fatto rientra nel tema di prova, ma l'avventato convenuto subirà l'inversione dell'onere della prova, peraltro da assolvere nei termini delle preclusioni istruttorie, nel senso che subirà lui il peso del dubbio finale, ove, invece, se non vi fosse stata l'iniziale ammissione, quel dubbio sarebbe andato a carico del suo avversario.

Una vera e propria attività istruttoria non si svolge nel processo anche quando non vi è da assumere alcun mezzo di prova, venendo in gioco solo prove precostituite. Ci imbattiamo nella prima, fondamentale, distinzione tra prove *precostituite* e prove *costituende*.

Le prove precostituite non si formano nel processo, ma preesistono ad esso ed in questo sono semplicemente prodotte. Si tratta dei documenti, come, ad esempio, l'atto pubblico (art. 2699 c.c.) o la scrittura privata (art. 2702 c.c.) [12].

Le prove costituende, invece, si formano nel processo attraverso la loro assunzione ed è in questa che noi troviamo l'attività istruttoria in senso stretto, che si svolge secondo precise regole dettate nel codice di procedura civile. Si pensi, per fare un solo esempio, alla prova testimoniale.

Come è evidente, la distinzione in parola attiene, non alla valutazione, bensì al modo in cui si forma la prova, che impone un'attività processuale solo per le prove costituende. Di conseguenza solo per queste prove è necessario, prima della loro valutazione, lo svolgimento di un procedimento che, normalmente, origina da un'istanza di parte, passa da un'ordinanza di ammissione della prova richiesta [13] e, quindi, sfocia nell'attività di assunzione. Il contenuto di tale ordinanza

---

senza di un mezzo legale di fissazione del fatto che prescinde dalla prova. Ciò significa che il vincolo del giudice a fronte della non contestazione del fatto è analogo al vincolo che egli avrebbe a fronte di una prova legale (e l'errore è analogamente censurabile nell'eventuale giudizio di cassazione). Il processo civile non ha lo scopo di accertare la verità, bensì esso ha lo scopo di risolvere una lite, almeno quando il suo oggetto è un diritto disponibile. Per cui le regole che presiedono alla soluzione della *quaestio facti* sono solo regole che guidano il giudicante, non nella ricerca del vero, bensì più limitatamente nella fissazione dei fatti in riferimento ai quali effettuare poi l'operazione di sussunzione giuridica. Tuttavia, ragioni di completezza impongono di ricordare come secondo una diversa opinione, a mio parere non condivisibile, il fatto non contestato potrebbe essere diversamente ricostruito dal giudice in base alle diverse risultanze del processo.

[11] Nel gioco che stiamo descrivendo schematicamente parliamo di convenuto, ma è ovvio che tutto quello che diciamo vale per ogni parte del processo.

[12] Si ricordi anche l'art. 21 del D.Lgs. 7 marzo 2005, n. 82 (Codice dell'amministrazione digitale), ai sensi del quale il documento informatico sottoscritto con firma digitale o con altro tipo di forma elettronica qualificata ha l'efficacia prevista dall'art. 2702 c.c.

[13] La parte soccombente rispetto a questa ordinanza avrà, poi, l'onere di riproporre la que-

dipenderà dall'esito del *giudizio di ammissibilità e rilevanza* dell'istanza istruttoria, che è una sorta di filtro che l'ordinamento appronta per evitare al giudice di spendere attività processuale che sembra inutile già prima di svolgerla.

Il giudizio di ammissibilità ha ad oggetto il mezzo di prova che si vorrebbe assumere, mentre il giudizio di rilevanza ha ad oggetto il fatto sul quale si chiede l'assunzione di quel certo mezzo di prova.

Dal primo punto di vista, si tenga presente che vi sono diverse norme, molte delle quali contenute nel codice civile, che disciplinano l'ammissibilità dei diversi mezzi di prova, spesso recependo criteri di comune buon senso (o almeno ritenuti tali nel momento attuale) o approntando regole processuali che sono anche necessaria conseguenza di principi di carattere sostanziale.

Si prenda ad esempio l'art. 2731 c.c., ai sensi del quale la «confessione non è efficace se non proviene da persona capace di disporre del diritto, a cui i fatti confessati si riferiscono». Ora la confessione «è la dichiarazione che una parte fa della verità di fatti ad essa sfavorevoli e favorevoli all'altra parte» (art. 2730 c.c.) ed essa, almeno se resa in giudizio [14] «forma piena prova contro colui che l'ha fatta, purché non verta su fatti relativi a diritti non disponibili» (art. 2733, 2° comma, c.c.). È evidente che il legislatore non attribuisce al giudice alcun potere di valutare il contenuto della confessione, perché evidentemente egli ritiene che essa sia normalmente attendibile, visto che difficilmente un soggetto, che dichiara fatti a sé sfavorevoli, dice il falso. Ma, allora, è inevitabile che un simile mezzo di prova debba avere a monte la duplice condizione: che il diritto a cui i fatti si riferiscono sia disponibile e che essa sia resa da colui che abbia soggettivamente la disponibilità del diritto stesso. Invero, se sono in gioco diritti indisponibili, ben potrebbero le parti disporne indirettamente attraverso l'alterazione dei fatti, che sarebbe troppo facile porre in essere per mezzo della confessione.

Si considerino, per fare un altro esempio, le norme sull'ammissibilità della prova testimoniale. Troviamo una disposizione generale nell'art. 246 c.p.c., per cui non «possono essere assunte come testimoni le persone aventi nella causa un interesse che potrebbe legittimare la loro partecipazione al giudizio». Fermo restando che vedremo a suo tempo quand'è che un terzo può intervenire nel

---

stione, se la vuole mantenere viva, quando, a norma dell'art. 189 c.p.c. (riformato con D.Lgs. n. 149/2022), sarà svolta la precisazione delle conclusioni prima dell'udienza per la rimessione della causa in decisione. È possibile, allora, che l'organo della decisione ammetta una prova prima non ammessa o, viceversa, neghi l'accoglibilità di un'istanza istruttoria prima accolta. In questo secondo caso il mezzo di prova è stato già assunto e dalla sua riconosciuta inammissibilità o irrilevanza deriverà l'inutilizzabilità della prova in sede di decisione. Nel primo caso, invece, si tratterà di assumere la prova erroneamente non assunta ed allora si avrà la pronuncia di un'ordinanza con la quale la causa sarà rimessa alla fase istruttoria (art. 279, 1° comma, c.p.c.).

[14] La confessione può essere anche stragiudiziale: cfr. gli artt. 2730, 2° comma, e 2735 c.c.

processo[15], dal nostro attuale punto di vista è chiaro come il legislatore voglia impedire al giudice di assumere come testimone un soggetto che, per non essere estraneo agli interessi in gioco, non sembra oggettivamente attendibile, ancor prima che sia sentito. In ciò non vi è altro che l'assunzione nella legge di un criterio di buon senso, che, poi, altro non è se non la sintesi di una serie di massime di esperienza dell'uomo medio.

E lo stesso buon senso lo ritroviamo quando, trattando della utilizzabilità della prova per testimoni in materia di contratti, l'art. 2722 c.c. recita: «La prova per testimoni non è ammessa se ha per oggetto patti aggiunti o contrari al contenuto di un documento, per i quali si alleghi che la stipulazione è stata anteriore o contemporanea». Invero, qui la legge vede con sospetto la prova testimoniale, perché, in base a ciò che comunemente accade (l'*id quod plerumque accidit*), è ben strano che simili patti non siano contenuti già nel documento che rappresenta il contratto stesso.

Rappresenta, invece, evidentemente una conseguenza di principi sostanziali il divieto, sancito dall'art. 2725, 2° comma, c.c., di provare per testimoni un contratto per il quale la legge prevede la forma scritta quale elemento costitutivo (*ad substantiam*).

Ove, in applicazione delle regole prettamente processuali accennate, l'esito del giudizio di ammissibilità sia positivo, resta ancora da svolgere il giudizio di rilevanza. Questo non può riguardare il mezzo di prova, nel senso che il giudice non potrebbe (pre)valutare negativamente il mezzo di prova, ancor prima di assumerlo e così negarne l'assunzione perché irrilevante in questo senso. Il giudice non può, ad esempio, rifiutarsi di assumere un testimone, rispetto al quale non vi sono problemi di capacità ai sensi dell'art. 246 c.p.c., perché magari lo ritiene inattendibile e, quindi, in definitiva ritiene inutile sentirlo. La valutazione dell'attendibilità del teste, nonché della credibilità delle sue risposte, potrà e dovrà essere svolta in seguito, dopo la compiuta assunzione probatoria, ma essa non può costituire una sorta di filtro preventivo. Il giudizio di rilevanza riguarda esclusivamente il fatto in riferimento al quale si chiede l'assunzione della prova, quindi non il mezzo di prova, ma il suo oggetto. Il giudice rigetterà l'istanza istruttoria se essa riguarda fatti non rilevanti e l'accoglierà in caso contrario, ove, cioè, la prova verta su un fatto o principale o secondario, secondo la terminologia da noi utilizzata.

Oltre alla distinzione tra prove precostituite e prove costituende, che attiene al modo in cui si forma la prova, ve ne sono altre fondamentali, che sono individuabili assumendo prospettive diverse.

---

[15] Vedi *infra* il paragrafo 9 nel sesto capitolo.

In primo luogo, dal punto di vista dell'iniziativa, vi sono mezzi di prova che possono essere assunti solo ad istanza di parte e mezzi che il giudice può assumere d'ufficio. A tal proposito l'art. 115, 1° comma, c.p.c. dispone: «Salvi i casi previsti dalla legge, il giudice deve porre a fondamento della decisione le prove proposte dalle parti o dal pubblico ministero». Qui è canonizzato quello che classicamente è chiamato *principio dispositivo*, in virtù del quale i poteri istruttori del giudice dovrebbero rappresentare un'eccezione alla regola del monopolio in capo alle parti in ordine alla produzione dei mezzi di prova e alle relative istanze istruttorie.

Ma, a ben vedere, non sono pochi i casi "eccezionali" ed è bene elencarli. Rientrano nei poteri d'ufficio del giudice:

– l'ordine «alle parti e ai terzi di consentire sulla loro persona o sulle cose in loro possesso le ispezioni che appaiono indispensabili per conoscere i fatti della causa» (art. 118 c.p.c.);

– la richiesta alla pubblica amministrazione delle informazioni scritte relative ad atti e documenti dell'amministrazione stessa, che è necessario acquisire al processo (art. 213 c.p.c.);

– il deferimento del giuramento suppletorio ad una delle parti «al fine di decidere la causa quando la domanda o le eccezioni non sono pienamente provate, ma non sono del tutto sfornite di prova» (art. 2736 c.c., n. 2);

– l'ordine di mettere a confronto due o più testimoni che abbiano reso deposizioni divergenti tra loro (art. 254 c.p.c.);

– la disposizione dell'assunzione di testi ai quali altro testimone si sia riferito per la conoscenza dei fatti (art. 257 c.p.c.);

– la disposizione, in caso di procedimento davanti al tribunale in composizione monocratica, della testimonianza «quando le parti nella esposizione dei fatti si sono riferite a persone che appaiono in grado di conoscere la verità» (art. 281*ter* c.p.c.) [16].

Il giudice può anche, d'ufficio, nominare un consulente tecnico, ai sensi e

---

[16] Le norme citate valgono per il rito ordinario. Ancora più ampi sono i poteri istruttori del giudice nel rito speciale del lavoro, posto che l'art. 421, 2° comma, c.p.c. prevede che egli «Può altresì disporre d'ufficio in qualsiasi momento l'ammissione di ogni mezzo di prova, anche fuori dei limiti stabiliti dal codice civile, ad eccezione del giuramento decisorio, nonché la richiesta di informazioni e osservazioni, sia scritte che orali, alle associazioni sindacali indicate dalle parti». Resta inteso che, fra i limiti di ammissibilità previsti dal codice civile, sono superabili solo quelli che il legislatore ha tratto dal comune buon senso e non anche quelli che derivano dalla vigenza di principi di diritto sostanziale. Così, per fare un esempio, neanche il giudice del lavoro potrebbe disporre l'assunzione di testi per provare contratti per i quali la legge richiede la forma scritta *ad substantiam*.

per la funzione di cui agli artt. 61 e ss., e 191 e ss., c.p.c. Ma la consulenza tecnica non è propriamente, almeno nel disegno originario del codice di procedura civile, un mezzo di prova, bensì essa è solo un ausilio a cui il giudice ricorre quando, nella ricostruzione della realtà storica giuridicamente rilevante, è necessario utilizzare criteri di valutazione che appartengono a specifiche cerchie di tecnici o scienziati. Ma nella prassi si è sviluppata anche un'altra forma di consulenza tecnica, quella c.d. percipiente, per mezzo della quale il consulente diventa egli stesso strumento di acquisizione della prova del fatto rilevante, in quanto questo, per le sue caratteristiche, può essere percepito solo da un soggetto che ha le dovute cognizioni tecnico-scientifiche. Si pensi, per fare un esempio, a fatti che rilevano nell'area delle conoscenze mediche.

In secondo luogo, dal punto di vista del rapporto rispetto al fatto da provare, i mezzi di prova possono essere *diretti* o *rappresentativi*. Questa distinzione non trova un riconoscimento normativo, ma essa è assai utile per comprendere la struttura della prova.

Il mezzo diretto consente al giudice di prendere immediatamente contatto con il fatto da provare: è questo l'oggetto, appunto diretto, della percezione del giudice. Si pensi classicamente all'ispezione. Il mezzo di prova rappresentativo consente al giudice di percepire direttamente, non il fatto da provare, bensì una sua rappresentazione. Si pensi alla testimonianza, con la quale il giudice non percepisce certo il fatto da provare, ma la rappresentazione che di esso dà il testimone. Ed ancora si pensi ai documenti, che sono in fondo delle cose, che rappresentano i fatti da provare, ed è con tale rappresentazione che evidentemente il giudice prende diretto contatto.

Infine, sul piano della valutazione dei mezzi di prova rappresentativi, si distingue tra prova *legale* e prova *libera*. Tutta l'attività istruttoria è legale, nel senso che essa riguarda mezzi previsti dalla legge [17], che vanno assunti sempre secondo quanto la legge dispone. Ma, poi, una volta che le prove esistono agli atti, perché assunte, se trattasi di prove costituende, o prodotte, se trattasi di prove precostituite, esse vanno valutate ed è qui che gioca la distinzione tra prova libera e prova legale, che emerge chiaramente dall'art. 116, 1° comma, c.p.c. in cui si dice: «Il giudice deve valutare le prove secondo il suo prudente apprezzamento, salvo che la legge disponga altrimenti».

Storicamente, in questo ambito, i sistemi processuali hanno fatto scelte di-

---

[17] Peraltro, mancando una norma esplicita che neghi l'ammissibilità di strumenti di conoscenza del giudice diversi da quelli previsti dalla legge, la giurisprudenza finisce a volte per sostenere, in virtù del principio generale del libero convincimento, la configurabilità di prove c.d. atipiche. Ma è assai dubbio che nei casi concreti non si possa ricondurre gli strumenti ammessi nell'alveo dei mezzi di prova disciplinati dalla legge.

verse. Così alcuni hanno valorizzato al massimo il principio del libero convincimento del giudice, mentre altri, più restii ad attribuire spazi di valutazione al giudice, hanno preferito affidarsi a rigide regole di prova legale. Il nostro sistema esprime un punto di mediazione e di equilibrio tra i due estremi, scegliendo come *principio* di base nella valutazione probatoria quello *del libero convincimento*, ma aggiungendo anche delle eccezioni, specificamente previste, nelle quali al giudice non è concesso alcun spazio di valutazione, dovendo egli attenersi alla rappresentazione dei fatti che certi mezzi di prova gli offrono.

Un caso di prova legale è stato già citato ed è la confessione.

Ma, si pensi anche ad un altro importante mezzo di prova legale: l'atto pubblico. Questo «è il documento redatto, con le richieste formalità, da un notaio o da altro pubblico ufficiale autorizzato ad attribuirgli pubblica fede nel luogo dove l'atto è formato» (art. 2699 c.c.) ed esso «fa piena prova, fino a querela di falso, della provenienza del documento dal pubblico ufficiale che lo ha formato, nonché delle dichiarazioni delle parti e degli altri fatti che il pubblico ufficiale attesta avvenuti in sua presenza o da lui compiuti» (art. 2700 c.c.). Di conseguenza il giudice non può legalmente dubitare dei fatti che il pubblico ufficiale attesta essere avvenuti di fronte a lui e li deve fissare in giudizio per come essi sono rappresentati nel documento [18].

Quando, invece, il giudice si trova di fronte ad una prova libera, egli ha un rilevante spazio di valutazione, nel cui ambito gioca quello che classicamente è chiamato libero convincimento e che il citato art. 116 chiama, più precisamente, *prudente apprezzamento*. In questa sintetica espressione si vuole trovare il punto di equilibrio tra la scelta del legislatore di affidarsi sostanzialmente alla capacità del giudicante di formarsi un convincimento in fatto e l'esigenza di evitare possibili arbitrii di singoli giudici. Il giudice, quando deve giungere alla ricostruzione dei fatti sulla base di prove libere, tra le quali spicca la testimonianza, ha il compito di valutare l'attendibilità della rappresentazione con la quale entra in contatto, compito delicato e non sempre nitidamente percepibile in termini razionali. In questo ambito egli può adottare, spesso, più di una scelta, perché più scelte valutative appaiono verosimili e sostenibili. Ma ciò che egli non può fare è adottare una scelta inverosimile, ossia insostenibile alla luce dei canoni di comune esperienza.

---

[18] Ovviamente resta impregiudicato, non solo il valore giuridico dei fatti, ma anche altri aspetti che riguardano i fatti rappresentati. Se, ad esempio, il notaio ha redatto un contratto, il giudice sarà sicuro che quel contratto è stato stipulato, ma non potrà certo escludere, per il fatto che esso è contenuto in un atto pubblico, che il contratto possa essere invalido perché magari vi era un vizio della volontà in capo ad uno dei contraenti.

Quindi il concetto di "prudente apprezzamento" richiama la raffigurazione di uno spazio recintato, nella quale lo spazio rappresenta l'ambito, più o meno ampio, di movimento del giudice e il recinto è tracciato dalle regole di comune esperienza, le c.d. massime di esperienza tratte dall'*id quod plerumque accidit*, che non possono essere violate. Violare queste regole significherebbe andare oltre il recinto, quindi oltre il prudente apprezzamento e scadere nell'arbitrio.

Il giudice può valutare la prova libera secondo diverse linee argomentative, purché esse siano possibili, mentre non può assumere un criterio di valutazione impossibile o comunque inverosimile alla luce delle massime di esperienza rintracciabili nella nostra attuale convivenza umana. Da questo punto di vista, in fondo anche l'art. 116 c.p.c. contiene, in una certa misura, una regola di prova legale, perché essa, affidandosi al prudente apprezzamento, attribuisce al giudice uno spazio di libertà e nello stesso tempo traccia il limite a questa libertà, oltre il quale c'è l'arbitrio, in sé censurabile sul piano della legittimità del giudizio di fatto [19].

Il convincimento del giudice può fondarsi anche su mezzi di presunzione. Il meccanismo presuntivo è un ragionamento di tipo inferenziale (ossia dal particolare al particolare), per cui dalla conoscenza di un fatto si trae la fissazione del modo di essere di un altro fatto. Il criterio di collegamento dell'inferenza logica, ossia il ponte argomentativo per passare dall'affermazione di un fatto all'affermazione (o anche alla negazione) di un altro fatto, è dato ancora una volta da una massima di esperienza. Tale meccanismo può essere adottato dalla legge o approntato dal giudice. Bisogna, allora distinguere tra le *presunzioni legali* e le c.d. *presunzioni semplici*.

Le presunzioni legali, più che essere strumenti di conoscenza della realtà storica rilevante in causa, rappresentano, in realtà, dei meccanismi che il legislatore utilizza per alterare la fattispecie del diritto fatto valere in giudizio, ovvero per alterare il normale riparto degli oneri probatori tra colui che pretende di essere titolare del diritto e colui che resiste a tale pretesa. Esse possono essere invincibili, ossia, come si suol dire, assolute (*iuris et de iure*) oppure superabili.

Come esempio delle prime, per la verità assai rare [20], si prenda l'art. 599 c.c., nel quale, dopo il disposto per cui le disposizioni testamentarie a vantaggio delle persone incapaci a ricevere sono nulle anche se fatte sotto nome d'interposta

---

[19] Questi concetti saranno molto utili quando studieremo il sindacato della Corte di cassazione: vedi in seguito il paragrafo 5 nel settimo capitolo.

[20] Forse si potrebbe trarre un esempio anche dall'art. 2049 c.c., costruendo la responsabilità dei padroni e dei committenti, per i danni arrecati da fatto illecito dei loro domestici o commessi, non in termini oggettivi, bensì come responsabilità per *culpa in eligendo* o *in vigilando*.

persona, si aggiunge, ed è qui la presunzione assoluta, che sono «reputate persone interposte il padre, la madre, i discendenti e il coniuge della persona incapace, anche se chiamati congiuntamente con l'incapace». O ancora si prenda l'art. 7, 3° comma, del D.Lgs. n. 231/2002 (attuazione della direttiva 2000/35/CE in materia di lotta contro i ritardi di pagamento nelle transazioni commerciali), così come modificato dal D.Lgs. n. 192/2012, che, trattando della nullità di clausole contrattuali, così recita: «Si considera gravemente iniqua la clausola che esclude l'applicazione di interessi di mora. Non è ammessa prova contraria».

Le presunzioni legali superabili sono di tre tipi.

Vi sono quelle che si possono vincere solo esercitando vittoriosamente un'azione in giudizio: a tal proposito si legga l'art. 238 c.c., ai sensi del quale «Salvo quanto disposto dagli artt. 128, 233, 234, 235 e 239, nessuno può reclamare uno stato contrario a quello che gli attribuiscono l'atto di nascita di figlio nato nel matrimonio e il possesso di stato conforme all'atto di nascita». Ciò significa che, ad esempio, se in un processo il padre e il figlio nato nel matrimonio litigano sul diritto agli alimenti, lo stato di figlio nato nel matrimonio non si può mettere in discussione in via incidentale, dovendosi, eventualmente, accertare con efficacia di giudicato l'insussistenza di quello stato[21].

Vi sono, poi, presunzioni legali superabili solo con certi mezzi di prova. Si pensi alle c.d. prescrizioni presuntive, di cui agli artt. 2954 e ss. c.c., nelle quali il legislatore, più propriamente, presume che certi crediti dopo un certo tempo si siano estinti per adempimento e dispone che tale presunzione di adempimento sia superabile solo per mezzo del giuramento decisorio (art. 2960 c.c.)[22].

Infine vi sono presunzioni legali superabili con ogni mezzo di prova (c.d. *iuris tantum*). Si pensi a quanto dispone l'art. 2054 c.c., che, in materia di responsabilità nei casi di sinistri stradali, prevede due presunzioni legali. La prima, contenuta nel 1° comma, è la presunzione di colpa del conducente del veicolo, assolvendo così colui che fa valere il diritto al risarcimento del danno dalla prova della colpa del responsabile, come sarebbe normale alla luce della norma fondamentale di cui all'art. 2043 c.c. Poi, nel comma successivo, si legge: «Nel caso di scontro tra veicoli si presume, fino a prova contraria, che ciascuno dei conducenti abbia concorso ugualmente a produrre il danno subito dai singoli veicoli». E ancora si pensi all'art. 1142 c.c. per cui «Il possessore attuale che ha posseduto in tempo più remoto si presume che abbia posseduto anche nel tempo intermedio».

---

[21] Vedi, per maggiori approfondimenti sull'accertamento incidentale il paragrafo 3 nel sesto capitolo.

[22] Il giuramento decisorio è una prova legale consistente in una dichiarazione che una parte, provocata dall'altra, fa, secondo certe formalità, di un fatto a sé favorevole: cfr. l'art. 2736, n. 1, c.c.

Le presunzioni semplici sono, invece, ragionamenti probatori approntati dal giudice, il quale dalla conoscenza di un fatto, assunta nel processo secondo le regole dell'istruzione probatoria, direttamente non rilevante in causa (fatto secondario o indizio) trae la fissazione del modo di essere di un altro fatto direttamente rilevante (fatto principale).

A tal proposito, l'art. 2729, 1° comma, c.c. dispone: «Le presunzioni non stabilite dalla legge sono lasciate alla prudenza del giudice, il quale non deve ammettere che presunzioni gravi, precise e concordanti».

Questa formula, forse un po' ridondante, vuole solo rinviare a quello che è il meccanismo intimo del ragionamento presuntivo, che deve fondarsi sull'individuazione di una massima di esperienza come criterio per porre l'inferenza logica, per cui il detto ragionamento è concepibile solo se, alla luce della comune esperienza, esso è verosimile. Per il resto, il giudice ha un ampio spazio di movimento, perché egli, in astratto, può costruire la prova per presunzioni anche sulla base di un solo fatto secondario (indizio) e poi decidere la causa unicamente sulla base di essa, senza altri elementi di prova. Tutto dipende dalla "forza" del ragionamento presuntivo nel caso concreto. Del resto, come abbiamo già accennato sopra, l'alibi è il classico esempio di prova indiziaria, ma esso, se è certa la prova del fatto su cui si fonda il ragionamento, è invincibile, perché insuperabile è la massima di esperienza che consente il ragionamento, ossia che nessun uomo può essere nella stessa unità di tempo in due luoghi diversi.

Infine, il giudice può avvalersi dei c.d. *argomenti di prova*. L'art. 116, 2° comma, c.p.c. recita: «Il giudice può desumere argomenti di prova dalle risposte che le parti gli danno a norma dell'articolo seguente, dal loro rifiuto ingiustificato a consentire le ispezioni che egli ha ordinate e, in generale, dal contegno delle parti stesse nel processo» [23]. L'articolo seguente disciplina l'interrogatorio non formale delle parti, recitando: «Il giudice, in qualunque stato e grado del processo, ha facoltà di ordinare la comparizione personale delle parti in contraddittorio tra loro per interrogarle liberamente sui fatti della causa. Le parti possono farsi assistere dai difensori» (art. 117). A questo si aggiunga la previsione di cui all'art. 185, 1° comma, c.p.c., ai sensi del quale «Il giudice istrut-

---

[23] Può anche accadere che la legge attribuisca valore di argomento di prova anche a comportamenti tenuti al di fuori e prima del processo. Vedi a tal proposito il già citato art. 12*bis* nel D.Lgs. n. 28/2010, inserito con D.Lgs. n. 149/2022 (che riproduce il precedente art. 8, comma 4*bis* del D.Lgs. n. 28/2010), ai sensi del quale dalla mancata partecipazione senza giustificato motivo al procedimento di mediazione il giudice può desumere argomenti di prova nel successivo giudizio. Qui il legislatore costruisce una sanzione a carico della parte che non ha cooperato al tentativo di conciliazione che l'altra parte ha intrapreso, sia nel caso che il tentativo fosse obbligatorio per legge sia nel caso contrario. Il caso è stato già indicato nel precedente paragrafo di questo capitolo, come esempio distonico rispetto al trattamento della contumacia nel processo.

tore, in caso di richiesta congiunta delle parti, fissa la comparizione delle medesime al fine di interrogarle liberamente e di provocarne la conciliazione. Il giudice istruttore ha altresì facoltà di fissare la predetta udienza di comparizione personale a norma dell'articolo 117. Quando è disposta la comparizione personale, le parti hanno facoltà di farsi rappresentare da un procuratore generale o speciale il quale deve essere a conoscenza dei fatti della causa. La procura deve essere conferita con atto pubblico o scrittura privata autenticata e deve attribuire al procuratore il potere di conciliare o transigere la controversia. Se la procura è conferita con scrittura privata, questa può essere autenticata anche dal difensore della parte. La mancata conoscenza, senza giustificato motivo, dei fatti della causa da parte del procuratore è valutata ai sensi del secondo comma dell'articolo 116» [24].

Gli argomenti di prova, che, come emerge chiaramente, sono ricavabili da una serie di comportamenti delle parti, non sono propriamente mezzi di prova, ma operano solo come elementi ausiliari di convincimento, strumenti di cui il giudice si avvale per valutare le vere fonti del suo convincimento, ossia i mezzi di prova e di presunzione. Quindi non sarebbe legittimo risolvere la questione di fatto unicamente sulla base di argomenti di prova, ancorché la giurisprudenza a volte si allontani da questa chiara, anche se non esplicita, indicazione del codice di rito [25].

3. *I tempi del gioco processuale nel giudizio di primo grado*

Da quanto detto finora risulta evidente come il gioco del processo possa essere più o meno complicato, già solo immaginando che esso riguardi due sole parti e una sola situazione giuridica soggettiva [26]. È indubbio che questa (normalmente) sia l'oggetto del processo, ossia ciò che sarà oggetto della decisione e, quindi, del giudicato. Ed altrettanto indubbio è il fatto che in ordine a tale oggetto il giudice non abbia alcun potere, stando solo alle parti individuarlo.

---

[24] Così a seguito della legge n. 263/2005. La norma nel testo va letta unitamente all'art. 183 c.p.c., così come riformulato con D.Lgs. n. 149/2022, di cui tratteremo nel prossimo paragrafo. Inoltre, è stata aggiunta anche la possibilità per il giudice di formulare una proposta di conciliazione fino al momento in cui egli fissa l'udienza di rimessione della causa in decisione (art. 185*bis* c.p.c., anch'esso riformulato con D.Lgs. n. 149/2022).

[25] Si pensi al rifiuto opposto all'esame del DNA nei giudizi per la dichiarazione di paternità: qui la C.S. tende a ritenere che sia sufficiente questo comportamento non collaborativo a far ritenere raggiunta la prova in ordine alla paternità.

[26] Il processo, poi, può complicarsi sia oggettivamente sia soggettivamente: vedi *infra* il prossimo capitolo.

Per cui, mantenendoci all'ipotesi strutturalmente più semplice, esso coincide col diritto che l'attore fa valere nella domanda, contenuta nell'atto introduttivo, col quale è instaurato il processo stesso.

Ma, individuato il diritto che è oggetto del processo, resta pur sempre distinto il problema della delineazione dell'oggetto della cognizione, nonché della produzione di mezzi di prova e della formulazione di istanze istruttorie. Insomma, bisognerà vedere all'interno della causa quali sono le questioni che le parti fanno, i mezzi di attacco e di difesa sui quali esse vogliono puntare le loro prospettive di vittoria, e, poi, quali sono i mezzi di prova che esse spendono, ammesso che la lite verta anche sulla questione di fatto.

Per mettere in campo tutte queste armi si svolge il processo, che può evidentemente essere più o meno complesso a seconda dalla maggiore o minore abbondanza di quelle armi. Non è questo il luogo per poter studiare, in modo approfondito, gli atti del processo, analizzandone minuziosamente le tante possibilità di sviluppo. Ma, in questa sede, possiamo e dobbiamo almeno comprendere che questo gioco ha dei ritmi, ossia dei tempi, che i suoi protagonisti devono rispettare. Cercheremo ora di cogliere in sintesi questi ritmi, tracciando il loro ordine ideale secondo l'attuale codice di procedura civile[27].

Innanzitutto, è ovvio che le parti, se lo vogliono, possono spendere tutto ciò che hanno da spendere già negli atti introduttivi. Così l'attore, nell'atto col quale si instaura il processo, che sarà un atto di citazione di cui all'art. 163 c.p.c. ovvero un ricorso redatto ai sensi dell'art. 281*undecies* c.p.c., che contiene la domanda, può, oltre ad individuare il diritto che fa valere, anche spendere tutti i mezzi di attacco che ritiene utili, nonché tutti i mezzi istruttori che ha a disposizione. E la stessa scelta, *mutatis mutandis*, può compiere il convenuto nel suo primo atto, ossia nella comparsa di risposta, che è disciplinata nell'art. 167 c.p.c. per il rito ordinario e nell'art. 281*undecies*, 3° e 4° comma, c.p.c. per il rito semplificato. Ma questa eventualità difficilmente si realizza e, comunque, anche se le parti cercano di spendere ogni loro arma negli atti introduttivi, resta sempre la possibilità che, poi, esse debbano ricorrere ad altri strumenti in con-

---

[27] La prospettiva assunta nel testo comprende solo il rito ordinario e il rito a questo generalmente alternativo denominato "procedimento semplificato di cognizione", disciplinato dagli artt. 281*decies* e ss. c.p.c. Ma, si tenga presente che possono anche essere previsti, per determinati tipi di controversie, riti speciali, i quali, sia pure attenendosi ad un modello di cognizione piena e non sommaria, tuttavia, si svolgono secondo regole diverse da quelle dettate per il rito ordinario. Si richiamano, a tal proposito, gli artt. 413 e ss. c.p.c. per le controversie individuali di lavoro. Non possiamo approfondire l'analisi di questo rito speciale. Si rileva solo che il rito lavoro non è molto diverso dal rito ordinario, distinguendosene essenzialmente, oltre che per le modalità con cui s'instaura il processo, che seguono la tecnica del ricorso e non dell'atto di citazione, per una disciplina più rigida del sistema delle preclusioni.

seguenza di successivi accadimenti processuali, come, ad esempio, la spendita dei poteri d'ufficio del giudice o l'intervento di un terzo.

Se un simile quadro di estrema efficienza non si realizza, le attività delle parti possono svilupparsi, in ogni caso, anche in momenti successivi agli atti introduttivi. In fondo, nel modello della legge, l'unica attività da compiere ineluttabilmente negli atti introduttivi attiene all'individuazione dell'oggetto del processo, che, peraltro, può pure subire dei mutamenti in momenti successivi per varie ragioni, come ad esempio per il coinvolgimento di un terzo o a causa della *reconventio reconventionis* dell'attore[28].

Invece, tutto ciò che riguarda la trattazione e l'istruzione probatoria può anche svolgersi in seguito, ancorché con alcune limitazioni e seguendo determinati principi. Analizziamo sommariamente i due percorsi alternativi disciplinati dal codice di rito, entrambi, come si suole dire, a cognizione piena, in quanto le regole dell'attività sono dettate dalla legge e non trovate di volta in volta dal giudice secondo una sua scelta discrezionale (c.d. *case management*).

Per quello ordinario, che, si ribadisce, comincia con un atto di citazione, le norme fondamentali del codice di procedura civile da tenere presenti sono gli artt. 167, 171*bis*, 171*ter*, 180, 183 e 189. In tali norme non si delinea un sistema caratterizzato da vere e proprie fasi separate, all'interno delle quali svolgere i diversi tipi di attività preliminari alla decisione della causa, ossia, per un verso, la trattazione, attinente alla spendita dei mezzi di attacco e di difesa, e, per altro verso, l'acquisizione dei mezzi istruttori. Tuttavia, è anche vero che in esse emerge l'esigenza di un ordine nello svolgimento delle possibili attività processuali.

Prima del D.Lgs. n. 149/2022 trattazione ed articolazioni istruttorie erano concentrate nella prima udienza di cui all'art. 183, nonché nella sua coda scritta, così come era disciplinata dal 6° comma della medesima norma. Oggi quelle attività sono state anticipate con i nuovi artt. 171*bis* e *ter*.

Peraltro, prima di analizzare queste disposizioni, ancora oggi bisogna tenere presente la previsione di cui all'art. 167, 2° comma, c.p.c., ai sensi del quale il convenuto deve proporre, a pena di decadenza, nella comparsa di risposta le eccezioni di merito che non siano rilevabili d'ufficio. Quindi, a 70 giorni prima dell'udienza, attuale termine per la costituzione del convenuto, questi deve spendere tali mezzi di difesa, restandogli in seguito, tendenzialmente, solo la possibilità di utilizzare eccezioni c.d. in senso lato.

Nel sistema attuale il giudice svolge verifiche preliminari sul processo, quindi in relazione a questioni di rito, non più all'udienza, bensì fuori da questa

---

[28] Sulla *reconventio reconventionis* dell'attore vedi nel sesto capitolo il paragrafo 6.

entro 15 giorni dalla scadenza del termine di costituzione del convenuto. Ciò è quanto oggi dispone l'art. 171*bis*, in particolare disponendo: «il giudice istruttore (...), verificata d'ufficio la regolarità del contraddittorio, pronuncia, quando occorre, i provvedimenti previsti dagli articoli 102, secondo comma, 107, 164, secondo, terzo, quinto e sesto comma, 167, secondo e terzo comma, 171, terzo comma, 182, 269, secondo comma, 291 e 292». Aggiungendosi più in generale che il giudice in questo contesto dovrebbe indicare alle parti le questioni rilevabili d'ufficio (anche di merito) di cui ritiene opportuna la trattazione, anche con riguardo alle condizioni di procedibilità della domanda e alla sussistenza dei presupposti per procedere con rito semplificato.

Insomma, prima di entrare nel vivo della trattazione, in particolare sul merito, si vorrebbe che il giudice facesse opera di "pulizia" degli aspetti di rito, fermo restando che, ovviamente, se abbiamo a che fare con questioni di rito rilevabili, in base alle discipline già viste trattando delle questioni processuali, anche nel corso del processo, questo potere sarà spendibile anche successivamente.

In questa opera di verifica è possibile che nulla emerga, ed allora resterà fissata la data dell'udienza come indicata nell'atto di citazione o, al più, egli potrà differirla per ragioni d'ufficio fino ad un massimo di 45 giorni. Se, invece, emergono problemi, allora il giudice darà i provvedimenti del caso, fermo restando che le parti potranno poi trattare delle relative questioni, e fissare una nuova data della prima udienza.

Qui emerge un dubbio, posto che nell'art. 171*bis* si prevede, per un verso, che il giudice dia i provvedimenti di cui alle norme citate nel 1° comma, e, per altro verso, che delle questioni le parti possono trattare nelle memorie di cui all'art. 171*ter*. Come opera questo meccanismo? Il giudice dà il provvedimento e poi le parti tratteranno? Oppure il giudice fa prima trattare e poi dà il provvedimento?

Sembrerebbe più rispondente alla norma la prima interpretazione, per cui il giudice provvede senza che sia attivato prima il contraddittorio, tra le parti e tra le parti ed il giudice, essendo possibile il dialogo solo a cose già avvenute [29].

---

[29] Peraltro, in qualche caso l'assunto potrebbe essere dubbio. Si pensi al rilievo del mancato assolvimento della condizione di procedibilità, qual è ad esempio la mediazione obbligatoria: il giudice in fase preliminare indica solo la questione per poi, dopo la trattazione delle parti sul punto, eventualmente disporre per la sanatoria in udienza? Oppure il giudice dispone subito per il rinvio d'udienza al fine di consentire l'esperimento del tentativo, salvo poi, fallito questo, tornare di fronte al giudice e discuterne? Sembrerebbe più opportuna, sul piano pratico, la prima soluzione, ma non credo che essa sia certa dal punto di vista normativo. Neanche leggendo l'art. 5, 2° comma, del D.Lgs. n. 28/2010, che attribuisce al giudice il rilievo dell'eccezione alla prima udienza, perché ora il giudice può rilevare il problema anche prima. Altro caso dubbio attiene al momento dell'eventuale passaggio al rito semplificato: anche alla luce dell'art. 183*bis* c.p.c.,

Ciò è palesemente contrario all'idea secondo la quale il principio del contraddittorio esprime la necessità che le parti debbano essere ascoltate al fine di influenzare le decisioni del giudice.

Quando si ha la data definitiva dell'udienza come punto di riferimento, è applicabile l'art. 171*ter*, che disciplina memorie integrative delle parti per svolgere attività che, prima del D.Lgs. n. 149/2022, erano svolte in udienza e nella sua coda scritta.

La citata disposizione prevede tre memorie calendarizzate con termini calcolati a ritroso partendo dalla data dell'udienza: la prima a 40 giorni prima, la seconda a 20 giorni prima e la terza a 10 giorni prima.

Nella prima memoria le parti possono svolgere due tipi di attività. Innanzitutto esse posso svolgere attività che si potrebbero ritenere precluse, ma che vanno ammesse per l'operatività della dialettica del contraddittorio. A tal proposito la norma dice che esse possono «proporre le domande e le eccezioni che sono conseguenza della domanda riconvenzionale o delle eccezioni proposte dal convenuto o dal terzo».

Del resto, più in generale ed anche oltre questi termini va ricordato come ogni parte possa sempre reagire senza limitazioni, ancora domandando e allegando, alle attività (rituali) della controparte, nonché ai rilievi del giudice. Quest'ultimo può, al di là ed oltre questa fase preliminare, sollevare questioni d'ufficio ed allora le parti devono poter replicare. E sempre il giudice può inquadrare la causa secondo una prospettiva giuridica nuova (*iura novit curia*), dalla quale magari emerge la possibile rilevanza di fatti non ancora allegati, ed allora alla parte interessata deve essere attribuito il potere di spendere questi eventuali fatti. Tutto ciò consegue semplicemente dall'operatività del *principio del contraddittorio*, che in ogni caso *prevale sul principio di preclusione*.

In secondo luogo è disciplinato il c.d. *ius poenitendi*, quando si prevede che in detta memoria le parti possono, in ogni caso, compiere precisazioni e modificazioni di domande e di eccezioni in senso lato, anche se non dipendenti da attività del giudice o della controparte. Le precisazioni consistono nell'allegazione di nuovi fatti, diciamo così, accessori, ossia non tali da porre nuove questioni nella causa. Insomma con esse l'attore non cambia la fattispecie costitutiva sulla cui base ha fatto valere il diritto per il quale egli pretende tutela, né il convenuto cambia le sue eccezioni, trattandosi di nuovi profili all'interno di questioni già fatte. Le modificazioni, invece, alterano l'oggetto della cognizione,

---

sembrerebbe doversi dire che in via preliminare il giudice si limiti all'indicazione di tale possibilità, per poi disporre il passaggio all'udienza, dopo che le parti hanno discusso del punto nella trattazione ai sensi dell'art. 171*ter* c.p.c. Ma, se in tal modo questa trattazione potrebbe risultare superflua, all'interprete può rimanere il dubbio che quel momento sia da anticipare.

ossia i mezzi di attacco e di difesa. Esse possono attenere alle eccezioni, per cui il convenuto si fonda su fatti impeditivi, modificativi o estintivi diversi da quelli già spesi, purché si tratti di eccezioni in senso lato. Oppure esse possono riguardare la domanda. Qui, ancora una volta, emerge l'importanza della distinzione tra diritti autoindividuati e diritti eteroindividuati, perché un cambiamento della fattispecie costitutiva allegata per quelli comporta solo una modificazione della domanda stessa, come tale ammessa, mentre lo stesso tipo di cambiamento per questi comporta una vera e propria mutazione della domanda, ossia l'individuazione di un diritto diverso da quello originariamente fatto valere, e come tale essa non dovrebbe essere ammessa [30].

In terzo luogo è previsto che in questa memoria l'attore possa chiedere di essere autorizzato a chiamare in causa un terzo, se l'esigenza è sorta a seguito delle difese svolte dal convenuto nella comparsa di risposta [31].

Nella seconda memoria le parti potranno replicare alle domande e alle eccezioni nuove o modificate dalle altre parti, proporre le eccezioni che sono conseguenza delle domande nuove da queste formulate nella prima memoria, nonché indicare i mezzi di prova ed effettuare produzioni documentali. Quindi in tale contesto non c'è più spazio per uno *ius poenitendi*, ma solo per attuare esigenze di contraddittorio. Inoltre è a questo momento che cadono le preclusioni istruttorie.

Infine nella terza memoria le parti possono replicare alle eccezioni nuove e indicare prova contraria. Quindi, non si tratta della apertura a nuove eccezioni, bensì solo della replica ad eccezioni ammesse nella seconda memoria integrativa, ossia della difesa che si può spendere a fronte di una eccezione. Se, ad esempio, l'eccezione rilevata ritualmente nella seconda memoria è di prescrizione, si potrà replicare facendo valere che la norma applicabile è diversa da quella pretesa dalla controparte, per cui il termine di prescrizione non è quello

---

[30] Ma la C.S., nell'applicare il previgente 5° comma dell'art. 183, in cui si collocava l'attività in parola nell'udienza, tendeva a superare questi concetti classici e ad ammettere domande nuove in aggiunta a quella originaria, purché attinenti alla medesima vicenda sostanziale. Si pensi all'azione di arricchimento subordinata a quella di adempimento. Così, si aprivano spazi di incerto utilizzo del potere discrezionale del giudice in nome dell'economia dei giudizi. Vedremo come la nuova norma sarà applicata.

[31] La stranezza sta nel fatto che il giudice non si attiva a fronte di tale richiesta e tutto è rinviato all'udienza. per cui il dialogo tra le parti continua serrato, col maturare, credo, delle preclusioni ivi previste. Poi è possibile che il giudice autorizzi la chiamata all'udienza ed allora sarà fissata una nuova udienza, rispetto alla quale, a ritroso, dovranno ripartire i termini per le tre memorie qui descritte, ma solo nel dialogo tra le parti ed il terzo. Quindi si pone il dubbio: è possibile che una questione comune, emersa solo nel dialogo col terzo, faccia assolvere il terzo, ma non sia utilizzabile tra le parti? Comunque su meccanismi delle chiamate torneremo nel prossimo capitolo.

indicato da colui che l'ha rilevata ovvero che si sono verificati fatti interruttivi o sospensivi del termine di prescrizione.

Ma, come si accennava sopra, resta la possibilità di compiere delle attività di trattazione anche in seguito, quando pur sembrerebbe che esse siano precluse. Ci riferiamo a tutte quelle attività che l'interessato non era in grado di svolgere al momento in cui la legge glielo imponeva [32]. Queste sono di due tipi, potendo esse attenere ad allegazioni dipendenti dall'esercizio dei poteri del giudice o ad allegazioni dipendenti da sopravvenienze.

Le prime presuppongono che il giudice eserciti in ritardo, ossia dopo l'udienza di trattazione, il suo potere-dovere di sollevare questioni o comunque di inquadrare giuridicamente la causa: in tal caso, sempre l'operatività del principio del contraddittorio, che, come abbiamo già detto, indubbiamente prevale sul principio di preclusione, impone di concedere all'interessato il potere di replicare.

Le seconde si riferiscono a norme sopravvenute, che fra l'altro possono rendere rilevanti fatti diversi da quelli già allegati, o a fatti che accadono successivamente all'udienza di trattazione. Nessuno può evidentemente fondare la propria posizione processuale su norme o fatti che non esistono o che, comunque, non rilevano al momento in cui quella posizione va espressa, per cui il legislatore non può impedire di spendere le sopravvenienze quando appunto esse vengono ad esistere, nonostante il precedente maturare delle preclusioni. Tuttavia, anche per queste attività c'è un limite temporale, direi inevitabile, nel processo ed è il momento in cui si svolge la precisazione delle conclusioni, pur necessarie anche nel mutato quadro di cui all'art. 189 c.p.c. Questo momento rappresenta il ponte tra la fase di trattazione-istruzione e la fase di decisione della causa ed in esso vi è l'ultima occasione per modificare l'oggetto della cognizione. Quindi, anche per le sopravvenienze questa attività rappresenta, per così dire, "l'ultima spiaggia", nel senso che esse sono spendibili nel processo solo se si verificano in tempo utile per allegarle in detto momento [33].

Chiarito e fissato cosa è da decidere, quali siano le questioni oggetto della cognizione del giudice e quali siano i mezzi di prova prodotti ovvero la cui assunzione è richiesta, si arriva finalmente all'udienza di cui all'art. 183.

In questa udienza innanzitutto il giudice interroga liberamente le parti al fine

---

[32] Il problema che si affronta nel testo è diverso da quello risolto dall'art. 153, 2° comma, c.p.c., ai sensi del quale: «La parte che dimostra di essere incorsa in decadenze per causa ad essa non imputabile può chiedere al giudice di essere rimessa in termini. Il giudice provvede a norma dell'articolo 294, secondo e terzo comma».

[33] Ciò ha un'importante ricaduta nell'ambito dei limiti cronologici del giudicato, sui quali vedi *infra* nel paragrafo 7 di questo capitolo.

di chiedere chiarimenti, peraltro sulla base dei fatti già allegati, senza quindi che per questa via si riaprano le allegazioni, nonché al fine di tentare la conciliazione. Per questa ragione le parti devono comparire personalmente, se non vogliono che il loro comportamento non collaborativo sia valutato come argomento di prova negativo. Peraltro, questo obbligo è, se così si può dire, attutito da due elementi[34]. Il primo: le parti possono farsi rappresentare ai sensi dell'art. 185 c.p.c. Il secondo: l'udienza può svolgersi con modalità da remoto ai sensi dell'art. 127*bis* c.p.c., per facilitare la parte in difficoltà, ed, anzi, se il difensore di una parte ne fa richiesta per serie difficoltà del suo assistito e il giudice non l'accoglie[35], si potrebbe anche ipotizzare una violazione del principio del contraddittorio nonostante la mancanza di una qualche violazione di legge procedurale[36].

Se il giudice non riesce a conciliare le parti, la prima attività che gli compete è quella di valutare se si debba autorizzare l'attore, che ne abbia fatto istanza nella prima memoria integrativa di cui all'art. 171*ter*, c.p.c., a chiamare in causa un terzo. Non è possibile omettere questa valutazione e procedere altrimenti, se si considera l'importanza per l'attore di ottenere il coinvolgimento del terzo[37].

Solo se non vi sia questo problema si apre l'alternativa tra l'applicare l'art. 187 c.p.c. ovvero il pronunciare ordinanza istruttoria, nella quale il giudice: 1) decide sulle istanze istruttorie delle parti, accogliendole o rigettandole; 2) dispone d'ufficio l'assunzione di mezzi di prova, dando alle parti un doppio termine perentorio al fine di indicare controprove nonché replicare, attività alle quali il giudice risponderà poi con una seconda ordinanza; 3) fissa il calendario delle udienze successive, a cominciare da quella per l'assunzione dei mezzi di prova ammessi, da celebrarsi entro 90 giorni, sino a quella di rimessione in decisione, indicando gli incombenti che verranno espletati in ciascuna di esse[38].

Passando ora al rito semplificato, preliminarmente si rileva che esso è percorribile, a scelta dell'attore poi verificata dal giudice, nei casi in cui i fatti di

---

[34] Senza considerare il caso, in fondo patologico, in cui nessuna delle due parti si presenti personalmente, per cui la previsione della sanzione (art. 116, 2° comma, c.p.c.) viene di fatto messa fuori gioco.

[35] In base alle previsioni dell'art. 127*bis* c.p.c., l'udienza potrebbe svolgersi in presenza o da remoto per tutti ovvero in presenza di una parte e da remoto con l'altra.

[36] Sembra, invece, difficile ipotizzare che le attività in parola possano svolgersi con l'udienza c.d. cartolare ai sensi dell'art. 127*ter* c.p.c. Così, quand'anche questa disposizione preveda che il giudice sia vincolato ad un'eventuale richiesta congiunta delle parti costituite in tal senso, il giudice dovrò procedere in presenza o da remoto, insomma in qualche modo, se così possiamo dire, *de visu*.

[37] Vedremo poi nel capitolo sul processo complicato.

[38] Ma non credo che, poi, vi sia una totale rigidità, ben potendo successivamente emergere attività che è necessario svolgere. Si pensi, per fare un esempio, ad una mediazione delegata.

causa non sono controversi, oppure quando la domanda è fondata su prova documentale o è di pronta soluzione ovvero richiede un'istruttoria non complessa: art. 281*decies* c.p.c. Quindi non rileva se il tribunale debba decidere a composizione monocratica o collegiale ai sensi dell'art. 50*bis* c.p.c.[39].

Per la sua disciplina le norme da prendere in considerazione sono gli artt. 281*undecies* e 281*duodecies* c.p.c.

Il processo, lo si ribadisce, comincia col deposito di un ricorso, al quale segue un decreto del giudice che fissa l'udienza di comparizione delle parti, con successiva notifica di ricorso e decreto al convenuto a cura dell'attore.

Il convenuto deve, nella comparsa di risposta tempestivamente depositata ossia 10 giorni prima dell'udienza, certamente spendere le sue difese, ma in particolare a pena di decadenza egli deve proporre domanda riconvenzionale ovvero rilevare eccezioni in senso stretto, di rito e merito[40].

Si arriva, quindi, all'udienza fissata, nell'ambito della quale, oltre alle verifiche preliminare di rito, da svolgersi, in ipotesi, da parte del giudice[41], pur continuando ad ipotizzare un processo che resta tra le parti originarie, non è chiaro come siano possibili ulteriori attività in termini di domande, questioni e prove.

Quanto alla possibilità di proporre nuove domande, allargando l'oggetto del processo, se le esigenze del contradditorio non dovrebbero essere trascurate, tuttavia la legge non prevede la possibilità, ad esempio, che l'attore possa proporre una domanda riconvenzionale, quale conseguenza delle difese spese dal convenuto nella comparsa di risposta, posto che l'art. 281*duodecies*, 3° comma, c.p.c. limita la spendibilità di attività consequenziali alle sole eccezioni. Insomma, l'attore può difendersi in tutti i modi avverso la strategia del convenuto, rilevando eccezioni avverso la sua domanda riconvenzionale ovvero difese avverso le sue eccezioni[42], ma, sembrerebbe, non può proporre una sua domanda riconvenzionale quale conseguenza di quelle difese, come abbiamo visto accadere nel rito ordinario.

Tuttavia, delle due l'una: o l'interprete corregge la legge oppure la legge è incostituzionale.

Sembra preferibile la prima scelta, magari facendo rientrare questa ipotetica attività dell'attore nell'ambito di applicazione del 4° comma dello stesso artico-

---

[39] Peraltro questo rito si applica anche al giudizio di fronte al giudice di pace.

[40] Quanto ai meccanismi delle chiamate di terzi, ad opera sia del convenuto sia dell'attore, vedremo nel capitolo dedicato al processo complicato.

[41] Insomma, se in ogni processo si devono effettuare le dette verifiche di rito, ciò accade prima dell'udienza nel rito ordinario e direttamente all'udienza nel rito semplificato.

[42] Ad esempio rilevando fatti interruttivi a fronte dell'eccezione di prescrizione.

lo, che verrebbe così doppiamente, ma inevitabilmente, forzato con l'affermare: 1) che qui il giudice non potrebbe fare altro che autorizzare la richiesta da parte dell'attore, ravvisando sempre un giustificato motivo; 2) che la modifica della domanda debba implicare anche l'eventualità di una *mutatio libelli*.

Ma dubbi emergono anche a fronte dell'operatività del c.d. *ius poenitendi* nonché delle preclusioni istruttorie.

Quanto al primo, il suo esercizio non è ammesso senz'altro, per cui, a differenza di quanto accade nel rito ordinario, dopo gli atti introduttivi alle parti, almeno in linea di principio, non dovrebbe essere concesso di fare nuove questioni, ossia spendere ulteriori fatti costitutivi dello stesso diritto già azionato ovvero ulteriori eccezioni in senso lato. Ad esse è riaperta la trattazione solo in presenza di una delle seguenti condizioni: 1) che tali attività siano dovute alla dialettica del contraddittorio, ovvero 2) che, trattandosi di puro *ius poenitendi*, il giudice autorizzi.

Rispetto alle preclusioni istruttorie, sia in riferimento alle prove costituende che a quelle precostituite, la legge tace e, comunque, non sembra che esse possano collegarsi alle memorie di cui al 4° comma dell'art. 281*duodecies* c.p.c., perché qui si presuppone un'ulteriore attività di trattazione, oltretutto autorizzata dal giudice. Di conseguenza l'interprete deve ricostruire il sistema tenendo conto di quel silenzio e fondandosi su qualche traccia normativa che induce a conclusioni implicite.

A mio avviso, le parti devono provare [43] allo stesso momento in cui ad esse è dato di domandare e fare questioni, quindi negli atti introduttivi. Ciò sembra implicito nella stessa mancanza di previsioni autorizzative in senso contrario, non potendosi fondare sulla lettera ambigua degli articoli in gioco [44].

Successivamente ogni parte può sempre provare se ciò deriva dalla possibilità di allegare fatti sopravvenuti ovvero dalla necessità di rispondere, in contraddittorio, a questioni ritualmente sollevate dalla controparte ovvero all'esercizio dei poteri officiosi del giudice [45]. Inoltre ad esse è riaperta la possibilità di provare in collegamento, e solo in collegamento, alle eventuali que-

---

[43] Produrre documenti e presentare istanze istruttorie.

[44] È vero che l'art. 281*undecies*, 3° comma, c.p.c. prevede esplicitamente la sanzione della decadenza per il convenuto solo in riferimento alla domanda riconvenzionale ed alle eccezioni in senso stretto. Ma è anche vero che, poi, l'art. 281*duodecies* c.p.c. non prevede la possibilità di esercitare liberamente uno *ius poenitendi*, per cui il "dovere" del convenuto di mettere in campo le sue armi con la comparsa di risposta tempestivamente depositata, di cui parla il 3° comma del citato art. 281*undecies*, finisce per essere sanzionato nel modo detto nel testo. Di conseguenza, per parità delle armi, le stesse preclusioni valgono per l'attore quando scrive il suo ricorso introduttivo.

[45] Che, si ricorda, attengono sia al rilievo di questioni sia ai mezzi di prova.

stioni nuove che si possono fare in prima udienza, previa autorizzazione da parte del giudice[46].

Restano due domande.

La prima: qual è il rapporto tra questi due riti?

Ovviamente è l'attore che fa la prima mossa, instaurando il processo, quindi scegliendo il percorso che egli ritiene adatto. Ma poi, questa scelta deve essere verificata dal giudice[47], che, in ipotesi, provvede sempre con ordinanza non impugnabile, per cui il problema può porsi una sola volta ed è risolto dal giudice in modo praticamente insindacabile.

Se l'attore sceglie il rito ordinario, partendo con la notifica di un atto di citazione, poi il giudice può ritenere che vi siano i presupposti per il rito semplificato e quindi disporne il passaggio ai sensi dell'art. 183*bis* c.p.c.

Se, al contrario, l'attore sceglie il rito semplificato, partendo col deposito di un ricorso, allora è possibile che poi il giudice disponga il passaggio al rito ordinario ai sensi del 1° comma dell'art. 281*duodecies* c.p.c., quindi fissando un'udienza dalla quale a ritroso decorrono i termini per le attività sopra descritte di cui all'art. 171*ter* c.p.c. Questo passaggio avviene se emerge una delle seguenti condizioni: 1) quando il giudice ritiene che non vi siano i presupposti per il rito semplificato, ossia i fatti sono controversi oppure la domanda non è fondata su prova documentale o di pronta soluzione oppure ancora è necessaria un'istruttoria complessa; 2) quando, a prescindere da queste caratteristiche, la causa sia comunque complessa, magari per aspetti di diritto ovvero perché si crea una complicazione oggettiva e/o soggettiva.

La seconda domanda, che si pone in generale: posto che le attività viste, attinenti al domandare, fare questioni e provare, hanno una tempistica per legge, chi è legittimato a far valere la tardività delle attività delineate? Se una parte allega un fatto, rileva un'eccezione o svolge un'attività istruttoria oltre il termine di preclusione, qual è il regime dell'eccezione processuale con la quale va rilevata l'irritualità? In mancanza di norme che soccorrono, sembra doversi applicare il principio generale in materia di nullità extraformali per cui il vizio è rilevabile anche d'ufficio. Del resto anche la giurisprudenza ritiene che la violazione delle regole sulle preclusioni, essendo esse dettate al fine di garantire un più rapido svolgimento del processo, a cui è sotteso un interesse pubblico, sia rilevabile (anche) d'ufficio dal giudice.

Quanto, poi, alle conseguenze della detta tardività, ancorché nulla sia previ-

---

[46] Per essere chiari: l'attività istruttoria indicata nel 4° comma dell'art. 281*duodecies* c.p.c. non può riferirsi alle questioni già fatte negli atti introduttivi, bensì, si ripete, solo a quelle nuove autorizzate dal giudice.

[47] A prescindere dall'essere la causa a decisione monocratica o collegiale.

sto al riguardo, è pacifico che l'attività svolta tardivamente non possa avere effetti nel processo. Inoltre, la parte che doveva compiere un certo atto entro un certo termine e non lo ha fatto, non può più compierlo utilmente nel processo dopo che quel termine sia scaduto. Peraltro, se la parte non ha potuto compiere quel certo atto tempestivamente per causa ad essa non imputabile, è possibile che sia recuperato il tempo perduto chiedendo al giudice la rimessione in termini di cui all'art. 153, 2° comma, c.p.c. In tal caso l'interessato, se riesce ad ottenere un simile provvedimento dal giudice, viene, per così dire, rimesso in corsa per porre in essere utilmente (con effetti nel processo) quell'atto per compiere il quale aveva perso il suo tempo originario.

4. *Giudicato formale e giudicato sostanziale*

Fissati i fatti rilevanti, seguendo le regole e i principi sopra indicati, il giudice applica ad essi il diritto oggettivo e quindi, traendo la conclusione, pronuncia la sentenza di merito, accogliendo o rigettando la domanda. Tale sentenza può essere impugnata o meno. Comunque, in ogni caso, prima o poi si giungerà al giudicato, perché essa non è stata impugnata con l'idoneo rimedio nei termini previsti dalla legge oppure perché sono stati esauriti tutti i mezzi (ordinari) di impugnazione possibili.

Ci troviamo, così, di fronte al grande problema del giudicato, il cui studio parte dall'individuazione del caso pratico in cui esso, sostanzialmente, si pone. Questo caso è quello di un processo pendente su un certo diritto soggettivo in cui si spenda una sentenza, passata in giudicato, pronunciata in altro processo, precedentemente celebrato sullo stesso diritto o comunque su una situazione giuridica oggettivamente rilevante. In una simile ipotesi il principio indiscutibile, che possiamo fin d'ora enunciare, è che non si può nuovamente giudicare sul diritto che è stato già oggetto di giudizio (*ne bis in idem*), essendo ciò impedito dal precedente giudicato. Riprendendo un'espressione latina, Giuseppe Chiovenda diceva, molto semplicemente, che la *res iudicata* è la *res litigiosa* dopo che è stata giudicata, quindi essa non è altro che la stabile attribuzione di quel bene della vita che il giudice ha appunto attribuito nella sentenza, dopo che esso è stato in contestazione durante il processo.

Per comprendere il senso e la portata di questo semplice principio, dovremo svolgere molti approfondimenti, in particolare per delineare i limiti del giudicato: oggettivi, soggettivi e temporali.

Per il momento cerchiamo di chiarire alcuni concetti di base e di sgombrare il campo da alcune questioni preliminari. Dal primo punto di vista bisogna ora tracciare la distinzione tra il giudicato c.d. *sostanziale* e il giudicato c.d. *formale*, perché, se è comune l'affermazione per cui quello presuppone questo, evidentemente trattasi di due fenomeni connessi, ma diversi. Dal secondo punto di vista è bene precisare che il giudicato sostanziale riguarda, propriamente, solo le sentenze che decidono su diritti soggettivi e non anche le altre sentenze, quelle definitive di rito e quelle su questioni, di rito o di merito.

Il giudicato formale è la stabilità della sentenza come atto. Una volta pronunciata, la sentenza è assoggettabile ai mezzi di impugnazione, che, come meglio vedremo [48], si distinguono tra ordinari e straordinari. La sentenza assume la sua stabilità quando sono stati esperiti o non sono più esperibili i mezzi ordinari (art. 324 c.p.c.).

Si prenda, come esempio, la sentenza di primo grado: la parte soccombente può proporre appello entro un certo termine oppure lasciar scadere detto termine senza prendere l'iniziativa. In questo secondo caso la sentenza passa in giudicato. Nel primo caso, invece, si giungerà alla pronuncia di una sentenza d'appello, contro la quale il soccombente potrà proporre, sempre entro un dato termine, ricorso in cassazione. Anche qui le possibilità sono due: se il ricorso non è proposto, la sentenza di secondo grado passa in giudicato, mentre, se il ricorso è proposto, quella stessa sentenza passerà in giudicato solo ove il ricorso sia rigettato.

Pure su questo piano è evidente la distanza abissale che corre tra la sentenza e il negozio giuridico. Invero, a prescindere dalle diverse tipologie di vizi denunciabili riguardo ai due diversi tipi di atti di normazione concreta, i rimedi contro di essi ipotizzabili sono strutturalmente diversi. L'interessato può far valere i vizi, che rendono in ipotesi il negozio nullo o annullabile, in ogni sede che ritenga utile, ossia in via di domanda o in via di eccezione. Egli, dal primo punto di vista può impugnare direttamente il negozio oppure, dal secondo punto di vista, sollevare la questione nell'ambito di un processo con altro oggetto, nel quale quella invalidità rilevi. Ma l'interessato non può fare la stessa cosa a fronte di una sentenza, potendo egli far valere gli ipotetici vizi di questa, relativi alla sua ingiustizia o alla sua invalidità, solo percorrendo la via dei mezzi di impugnazione, con la conseguenza che, preclusi questi, magari per scadenza dei termini, non vi è altra strada per giungere all'obiettivo, salva la sopravvivenza di quei vizi che, a causa della loro particolare gravità, abbiamo in precedenza definito (arg. dall'art. 161, 2° comma, c.p.c.) come comportanti una nullità veramente assoluta [49].

---

[48] Si rinvia al settimo capitolo.

[49] Torna al paragrafo 12 del quarto capitolo e vedi poi *infra* il paragrafo 8 nel presente capitolo.

Il giudicato formale riguarda tutte le sentenze, siano esse definitive, nel senso che definiscono, in rito o in merito, un grado di giudizio, siano esse non definitive, perché, ad esempio, decidono su questioni. Invero, tutte le sentenze sono in qualche modo impugnabili e tutte le sentenze, come atti giuridici, giungono alla loro stabilità, ossia alla loro immodificabilità, se le impugnazioni possibili (ordinarie) non sono spese o quando queste sono state esperite.

Solo dopo che è passata in giudicato (formale), la sentenza produce il giudicato sostanziale, ossia la stabile attribuzione del bene della vita, l'indiscutibilità di tale attribuzione per il futuro. L'art. 2909 c.c. recita: «L'accertamento contenuto nella sentenza passata in giudicato fa stato ad ogni effetto tra le parti, i loro eredi o aventi causa». Quindi il giudicato sostanziale è stabilità, non dell'atto, ma dell'effetto di accertamento che è tipico della sentenza, sulla base del quale è attribuito il bene della vita in contestazione.

Se questo è vero, bisogna ricavarne che il fenomeno del giudicato sostanziale è riferibile solo alle sentenze in cui si accerta (in positivo o in negativo) l'esistenza e/o il modo di essere di diritti soggettivi, perché solo in esse si attribuiscono beni della vita. Invece esso non è riferibile alle sentenze che hanno un diverso oggetto, ossia alle sentenze con le quali si rigetta la domanda per carenza di un presupposto processuale (definitive di rito) e alle sentenze su questioni, siano esse di rito o di merito.

Peraltro, nulla esclude che un dato ordinamento scelga di attribuire efficacia extraprocessuale (o panprocessuale) a sentenze in cui non si attribuiscono beni della vita. Si tratterà di un fenomeno diverso dal giudicato sostanziale, ma è un fenomeno del tutto possibile, se, si ripete, il legislatore concretamente lo disciplina. E noi già sappiamo che tale scelta è stata, in parte, effettuata nel nostro sistema, in cui si prevede che hanno efficacia al di fuori del processo in cui sono pronunciate le sentenze parziali di merito e le pronunce della Corte di cassazione sulle questioni di competenza e di giurisdizione [50].

Non è praticamente inutile tenere ben distinta l'efficacia di giudicato (sostanziale), tipica delle sentenze che decidono sul diritto soggettivo fatto valere in giudizio, dall'efficacia semplicemente panprocessuale delle sentenze da ultimo citate.

Ciò per due motivi.

Innanzitutto perché, posto che solo il giudicato sostanziale risponde ad un'esigenza oggi ritenuta imprescindibile nei sistemi processuali, l'efficacia meramente panprocessuale è concepibile solo nella misura in cui essa è specificamente prevista per alcune sentenze, per cui essa verrebbe meno se venissero

---

[50] Vedi *retro* nel quarto capitolo i paragrafi 3, 4 e 15.

meno le norme che la prevedono. In secondo luogo perché, come meglio vedremo studiando i limiti cronologici del giudicato, solo il giudicato sostanziale resiste anche allo *ius superveniens* retroattivo [51].

5. *Limiti oggettivi del giudicato*

Ci si chiede: su cosa è giudicato? Se la *res iudicata* non è altro che la *res litigiosa* dopo che è stata giudicata, evidentemente l'oggetto del giudicato coincide con quello che è stato, prima, l'oggetto della domanda, poi, l'oggetto del processo ed, infine, l'oggetto della decisione. In altri termini è giudicato il diritto fatto valere, in riferimento all'illecito lamentato e alla conseguente tutela richiesta (c.d. *petitum* immediato). Con la precisazione che, se, per un errore del giudice, ciò che è stato deciso non corrisponde a ciò che è stato domandato, il giudicato riguarderà il deciso e non il domandato.

Questo modo di concepire l'oggetto del processo e del giudicato è proprio del nostro tempo, ma esso non è l'unico modo astrattamente possibile [52]. Basti ricordare come in sistemi passati si sia ritenuto che l'oggetto del giudicato fosse solo la questione giuridica che l'attore poneva sulla base dei fatti da lui narrati. In tal modo i limiti di quell'oggetto erano più ristretti e comunque diversi da quelli che noi oggi tracciamo, comprendendosi in essi solo le questioni, di fatto e di diritto, che concretamente si erano sollevate nel processo, senza avvertire l'esigenza di individuare, attraverso quelle questioni, propriamente una situazione giuridica sostanziale fatta valere in giudizio.

Quindi, tornando a rilievi attuali e volendo rimanere coerenti all'affermazione di partenza, più in generale non si può dire che l'oggetto del processo possa costruirsi come una entità appunto processuale, ritagliata su una vicenda umana, il cui perimetro ontologico-naturalistico rileverebbe per tracciare i limiti oggettivi della decisione.

L'oggetto del processo è il diritto affermato nella domanda, situazione giuridica che è preesistente al processo come sua affermazione. Insomma, la scelta

---

[51] Ma la giurisprudenza ha, a volte, messo in dubbio questa differenza: vedi *infra* in questo capitolo il paragrafo 7.

[52] Peraltro, è interessante notare come qui ci si trovi veramente di fronte ad una ideologia, perché, a ben vedere, nel nostro sistema non vi è una norma nella quale si affermi che oggetto del processo è e deve essere il diritto soggettivo. Lo stesso art. 24, 1° comma, Cost., che impone allo Stato di approntare l'apparato della tutela giurisdizionale per consentire la tutela dei diritti soggettivi e degli interessi legittimi, in realtà non impone anche di ritenere che, di conseguenza, l'oggetto del processo non possa che essere una situazione giuridica soggettiva.

dell'attore sta solo nell'individuare il diritto sostanziale che vuole far valere, individuandolo tra tutti quelli che in astratto sono prospettabili sul piano sostanziale [53].

Peraltro, si tenga presente che, se normalmente il processo civile ha oggi ad oggetto un diritto soggettivo, è possibile che la legge preveda che esso, in certi casi, abbia ad oggetto una questione rilevante per l'esistenza e/o il modo di essere di un diritto soggettivo o per il suo accertamento. Da questo secondo punto di vista si pensi alla querela di falso in riferimento ad un atto pubblico in cui è rappresentato un fatto giuridicamente rilevante. Dal primo punto di vista si pensi ad esempio all'azione inibitoria disciplinata dall'art. 840*sexiesdecies* c.p.c., che, recependo nel codice di rito il precedente art. 140 del Codice del consumo, attribuisce a certi enti esponenziali, portatori di interessi collettivi [54], il potere di agire in giudizio al fine di ottenere, oltre alla pronuncia di un ordine inibitorio, l'accertamento con forza di giudicato di questioni comuni ad una pluralità indefinita di consumatori. A questi casi si aggiungano, poi, quelli in cui il processo civile ha ad oggetto una questione processuale, come avviene, ad esempio, nell'ambito dell'opposizione agli atti esecutivi di cui all'art. 617 c.p.c. o del giudizio di riconoscibilità della sentenza straniera ai sensi dell'art. 67 della legge n. 218/1995.

Se l'oggetto del giudicato è dato dal diritto fatto valere in giudizio, il problema della sua individuazione innanzitutto coincide col problema *dell'identificazione dei diritti*. Ed allora noi dobbiamo richiamare quanto abbiamo già detto in tema di litispendenza [55], ossia che certamente i diritti si individuano per mezzo dei seguenti elementi:

a) i soggetti;

b) l'oggetto, comprendente sia il bene della vita in contestazione (*petitum* mediato) e la relazione con esso sia il tipo di provvedimento richiesto, quindi il tipo di tutela perseguita (*petitum* immediato);

c) la *causa petendi*, ossia i fatti costitutivi del diritto, ove si facciano valere diritti eteroindividuati, vale a dire diritti di credito.

Con particolare riferimento a quest'ultimo elemento, dobbiamo richiamare

---

[53] E, si ripete (torna in fondo al precedente paragrafo 1 in questo capitolo), è solo nell'ambito della domanda così individuata che può operare il principio per cui *iura novit curia*, insomma il potere del giudice di rilevare d'ufficio profili giuridici.

[54] Ovvero oggi anche a singoli individui, alla luce dell'art. 840*sexiesdecies* inserito nel codice di procedura civile con la legge n. 31/2019, che ha modificato l'istituto in parola, unitamente all'azione di classe. Su questa vedi *infra* nel paragrafo 16 del capitolo quinto.

[55] Torna al paragrafo 9 del quarto capitolo.

quanto si è detto a proposito della litispendenza ed applicare gli stessi principi anche qui rispetto al giudicato.

Se Tizio fa valere in giudizio un *diritto autoindividuato*, ad esempio un diritto di proprietà su un certo bene, egli, per individuare il diritto in questione, non deve anche puntualizzare in base a quali fatti si afferma proprietario del bene. Ovviamente nessun attore ometterà questa narrazione nella sua domanda, perché una simile omissione avrebbe come inevitabile conseguenza la sconfitta nel merito. Invero, colui che vuol far valere un diritto in giudizio deve affermare e provare i fatti che fondano la sua pretesa, altrimenti, visto l'art. 2697 c.c., egli perderà certamente la causa. Ma, si ripete, dal punto di vista dell'individuazione del diritto quella narrazione non serve, perché il diritto di proprietà è individuato anche senza l'allegazione della fattispecie costitutiva. Tale "irrilevanza" della *causa petendi* comporta praticamente, dal punto di vista dei limiti oggettivi del giudicato, che Tizio, se risulta soccombente in un processo in cui, agendo contro Caio, si è affermato proprietario di un certo bene in base a determinati fatti, non può, poi, instaurare un secondo processo, sempre contro Caio, affermandosi proprietario dello stesso bene in base ad una fattispecie diversa da quella spesa nel primo processo, ma al tempo della pendenza di questo già sussistente. Ciò gli è impedito per la semplice ragione che, non comportando la modificazione della *causa petendi* da lui spesa il mutamento del diritto fatto valere, in questo secondo processo egli vorrebbe rimettere in discussione quello stesso diritto che ormai è giudicato.

Altro discorso vale per i *diritti eteroindividuati*, per i quali la fattispecie costitutiva è uno degli elementi di identificazione. Rispetto a questi la modificazione della *causa petendi*, lasciando invariati gli altri elementi, comporta il mutamento del diritto fatto valere. Ma, allora, Tizio, soccombente in un processo in cui abbia preteso contro Caio il pagamento di una certa somma di denaro sulla base di una determinata fattispecie costitutiva, ben potrà instaurare un altro processo, sempre contro Caio per la stessa somma di denaro, ma in base ad una diversa fattispecie costitutiva, pur già esistente al momento della pendenza del primo processo, senza che il precedente giudicato gli sia di ostacolo. Ciò perché evidentemente il diritto, che è oggetto della seconda causa, è diverso dal diritto giudicato.

Insomma, qui rileva per l'individuazione del diritto (anche) la fattispecie costitutiva, che, si badi, non sta nel fatto naturalistico narrato, bensì nel fatto qualificato alla luce di una determinata fattispecie giuridica.

Tuttavia resta aperto un grave problema: come si individuano i limiti oggettivi del giudicato nei processi costitutivi?

Questi [56] si hanno nelle ipotesi in cui l'ordinamento riconosce ad un dato

---

[56] Sulla tutela costitutiva vedi *retro* il paragrafo 5 del terzo capitolo.

soggetto, in presenza di alcuni presupposti, l'interesse ad una certa modificazione giuridica, ma non gli attribuisce, a tal fine, un'idonea situazione sostanziale, ossia un potere (unilaterale) di modificazione giuridica, dovendo egli, mancando la cooperazione della controparte, chiedere al giudice la pronuncia di una sentenza che produca quella modificazione. Si pensi all'area delle impugnative negoziali e, per il seguito del discorso, si faccia l'esempio dell'azione con la quale si chiede l'annullamento del contratto in base ai motivi di cui agli artt. 1425 e ss. c.c.

Aderendo all'opinione più diffusa, secondo la quale il processo costitutivo ha ad oggetto il diritto alla modificazione giuridica, anche se trattasi di un diritto da esercitarsi necessariamente per via giudiziale, dobbiamo concludere che nell'esempio da noi scelto il processo abbia ad oggetto il diritto all'annullamento del contratto. Ma, è a questo punto che si pone la difficoltà maggiore, perché è ancora poco chiaro il modo in cui si deve individuare il *diritto alla modificazione giuridica*, in generale, e, quindi, nel nostro caso, il diritto all'annullamento del contratto.

Si potrebbe avvicinare il diritto alla modificazione giuridica ai diritti eteroindividuati, ossia ritenere che la fattispecie giuridica abbia un ruolo decisivo nella loro individuazione. In tal caso il diritto all'annullamento del contratto concretamente speso in un dato processo sarebbe individuato (anche) in virtù del motivo che ha fondato la domanda, scelto, ad esempio, tra quelli che il codice civile indica come vizi della volontà: il dolo, la violenza e l'errore (art. 1427 c.c.). La conseguenza pratica, sul piano dei limiti oggettivi del giudicato, sarebbe che il soggetto interessato all'annullamento, che sia risultato soccombente in un primo processo nel quale abbia affermato solo uno dei possibili vizi della volontà, potrebbe instaurare, poi, un secondo processo, sempre in riferimento all'annullamento dello stesso contratto, spendendo un altro tipo di vizio della volontà, diverso da quello sulla base del quale era risultato, in precedenza, soccombente. Ciò perché, evidentemente, saremmo di fronte a diversi diritti all'annullamento.

Questa ricostruzione non è convincente.

Innanzitutto con essa si arriva a conseguenze pratiche poco ragionevoli, perché si rischia di moltiplicare i processi relativi alla stessa vicenda umana o, meglio, se così si può dire, allo stesso problema di fondo. In secondo luogo, volendo mantenere un confronto con la dicotomia tra diritti eteroindividuati e diritti autoindividuati, a ben vedere, il diritto alla modificazione giuridica è più avvicinabile a questi, piuttosto che a quelli, perché una certa modificazione giuridica, se è ottenibile a norma di legge, lo è una volta sola in una data unità di tempo. Invero, se un contratto è annullabile, lo è una volta sola, anche se, per avventura, dovessero sussistere più motivi per l'annullamento.

Partendo da questi rilievi, è assai più ragionevole escludere che i motivi della pretesa modificazione giuridica abbiano un ruolo nell'identificazione del diritto fatto valere in giudizio, restando centrale, in buona sostanza, il tipo di modificazione giuridica che l'attore chiede al giudice. Per cui, mantenendo l'esempio, se è celebrato un processo sull'annullabilità di un certo contratto, è in questo processo che si devono spendere tutti i possibili motivi di annullabilità, perché l'oggetto di tale giudizio, e quindi del giudicato, è appunto il diritto all'annullamento del contratto. Se questo processo giunge ad una sentenza di rigetto della domanda di annullamento, non sarà possibile instaurare un altro processo sempre sull'annullabilità del contratto, magari spendendo motivi non spesi nel precedente processo, perché in questo è stato giudicato sulla non annullabilità del contratto.

Ovviamente restano impregiudicate altre, ipotetiche, azioni di impugnativa, che si collegano ad altri tipi di modificazione giuridica, che non sono rientrati nel celebrato processo. Ossia il giudicato sull'azione di annullamento non impedisce giudizi, ad esempio, sulla risoluzione o sulla rescissione dello stesso contratto. Ciò perché, comunque, l'oggetto del processo in questione è solo il diritto alla modificazione giuridica speso e non, magari, la sussistenza o meno del rapporto giuridico derivante dal contratto [57]. In definitiva, la sentenza che nega l'annullabilità del contratto non accerta, con ciò, la sussistenza del rapporto contrattuale a quel momento, con esclusione di ogni altra azione di impugnativa, in ipotesi spendibile a quel momento, ma essa si limita, puramente e semplicemente, ad escludere l'annullabilità del detto contratto.

Il giudicato, quindi, riguarda il diritto fatto valere in giudizio, per cui i suoi limiti si tracciano in base ai criteri di individuazione del diritto stesso.

Ma, se con ciò noi conosciamo il perimetro del giudicato, resta ancora da chiederci: qual è la profondità del giudicato? O, più precisamente, se il diritto fatto valere in giudizio è l'effetto di una fattispecie, il giudicato copre anche le questioni decise, ossia i mezzi di attacco e di difesa spesi nella causa?

La risposta a tale domanda è generalmente negativa, perché, si dice, il giudicato riguarda la situazione giuridica soggettiva azionata e non anche le questioni, che si identificano con i fatti costitutivi, per un verso, e con i fatti impeditivi, modificativi ed estintivi, per altro verso. E ciò nel nostro sistema è indubbia-

---

[57] Idea, questa, alla quale tendono decisamente una parte della dottrina e, solo all'apparenza, la più recente giurisprudenza. Invero una simile proposta, oltre a rischiare di porre nel nulla il fondamentale principio della domanda, è quantomeno contraria al diritto positivo, visto che dalle norme sulla trascrizione della domanda (vedi essenzialmente l'art. 2652 c.c.) emerge chiaramente come le singole impugnative negoziali di cui stiamo parlando assurgano ad autonomi oggetti del processo.

mente vero, almeno nella misura in cui le dette questioni sottendono meri fatti giuridici. Ma, il problema è che non sempre è così, perché a volte esse riguardano vere e proprie situazioni giuridiche.

Prima di procedere nello studio del problema processuale, bisogna individuare l'importante fenomeno (sostanziale) del nesso di *pregiudizialità-dipendenza*. Questo nesso, che è uno dei diversi tipi di relazione che possono correre tra due situazioni giuridiche [58], si ha quando una situazione giuridica rientra nella fattispecie costitutiva di altra situazione giuridica. Se, su un piano logico-giuridico, il diritto soggettivo è l'effetto di una fattispecie, ossia la conseguenza, innanzitutto, della sussistenza di determinati fatti costitutivi, è possibile che questi "fatti" siano appunto mere vicende o situazioni concrete, ma è anche possibile che essi consistano in altri effetti giuridici, quindi in situazioni giuridiche, che di per sé potrebbero pure essere oggetto di un autonomo processo.

Si facciano degli esempi.

La proprietà di una data *res* è un presupposto necessario dell'imputabilità del diritto al risarcimento del danno derivante dal pregiudizio materiale ad essa.

Il diritto agli alimenti (artt. 433 e ss. c.c.) è l'effetto di una fattispecie che comprende, per un verso, situazioni di fatto, quali lo stato di bisogno di colui che pretende gli alimenti e la capacità di colui che dovrebbe darli, e, per altro verso, una situazione giuridica, qual è lo stato di parentela.

L'obbligo del fideiussore sussiste in virtù della stipulazione del contratto di fideiussione, tra creditore e fideiussore (art. 1936 c.c.), ma anche per l'esistenza, fin quando esiste, dell'obbligo principale, ossia di quell'obbligo il cui adempimento il fideiussore garantisce.

In funzione di protezione dei danneggiati in incidenti stradali l'art. 2054, 3° comma, c.c. dispone che il proprietario dell'autoveicolo «è responsabile in solido col conducente, se non prova che la circolazione del veicolo è avvenuta contro la sua volontà», per cui un simile obbligo evidentemente presuppone, oltre ad una serie di meri fatti, anche una situazione giuridica soggettiva, ossia la proprietà del veicolo.

Nell'applicazione dell'art. 1917 c.c., il diritto dell'assicurato ad essere tenuto indenne da parte dell'assicuratore presuppone la sussistenza dell'obbligo a risarcire il danno arrecato al danneggiato.

Tornando al problema processuale, la domanda posta può essere ulteriormente specificata immaginando la pendenza di un processo sulla situazione giuridica dipendente, che è quella condizionata dalla sussistenza della situazione

---

[58] Per il quadro generale dei nessi tra le situazioni giuridiche vedi *infra* il paragrafo 2 nel sesto capitolo.

giuridica pregiudiziale, e, quindi, chiedendoci: se, ovviamente, il giudice deve accertare tutti i fatti costitutivi del diritto fatto valere in giudizio, quando tra di essi vi sono elementi che di per sé non sono meri fatti, bensì autonomi effetti giuridici, qual è il valore giuridico dell'accertamento? In altri termini, il giudice si limita a conoscere la *questione pregiudiziale* o la decide? Il suo accertamento in ordine ad essa, certamente sempre pieno ed esauriente, vale solo all'interno del processo, quale mero passaggio al fine di decidere, con forza di giudicato, unicamente sul diritto fatto valere oppure esso vale anche all'esterno del processo, per cui il giudice finisce per decidere con forza di giudicato anche la questione pregiudiziale?

La risposta è ricavabile dall'art. 34 c.p.c., che così recita: «Il giudice, se per legge o per esplicita domanda di una delle parti è necessario decidere con efficacia di giudicato una questione pregiudiziale che appartiene per materia o valore alla competenza di un giudice superiore, rimette tutta la causa a quest'ultimo, assegnando alle parti un termine perentorio per la riassunzione della causa». A parte gli aspetti meramente procedimentali relativi a problemi di competenza [59], da questa norma si possono trarre importanti rilievi sistematici.

In primo luogo, emerge chiaramente il principio per cui il giudice ha il potere-dovere di conoscere tutte le questioni necessarie per arrivare a decidere sull'oggetto della domanda. Non importa se una questione riguarda il modo di essere di un'autonoma situazione giuridica soggettiva, che, potendo essere oggetto di autonomo processo, il giudice adito non potrebbe, per carenza di competenza o di giurisdizione, decidere con forza di giudicato, perché, finché si tratta di conoscere (ossia di accertare *incidenter tantum*), egli può e deve conoscere, non potendosi esimere dall'aggirare una questione, la cui soluzione rappresenta un passaggio logicamente imprescindibile per giungere a rispondere nel merito alla domanda, con la quale è stato instaurato il processo.

In secondo luogo, dal citato art. 34 emerge che il giudice, quando si occupa di questioni pregiudiziali, normalmente le risolve con un accertamento che non è destinato a "fare stato" per il futuro, quindi il giudicato, normalmente, non riguarda anche quelle questioni, restando esso limitato al diritto fatto valere. Ciò vale sempre che su quella certa questione la volontà della legge o di una delle parti non imponga al giudice la decisione con forza di giudicato. Insomma, se, per decidere sul diritto fatto valere, il giudice deve necessariamente accertare (anche) l'esistenza e/o il modo di essere di una situazione giuridica pregiudiziale, in quanto questa rappresenta un elemento costitutivo di quel diritto, tale accertamento avverrà *incidenter tantum*, ossia senza efficacia di giudicato, quindi

---

[59] Sui quali torneremo nel paragrafo 3 del sesto capitolo.

esso avrà solo un valore interno (nel processo), a meno che, in virtù di una norma di legge o della domanda di una parte, al giudice sia sottratto il potere di conoscere e gli sia imposto di decidere con efficacia di giudicato.

Tornando, ora, alla domanda relativa alla profondità del giudicato, è evidente che la risposta debba essere (normalmente) negativa, perché dall'art. 34 c.p.c. si ricava esplicitamente il principio per cui il giudicato non riguarda (normalmente) anche l'eventuale situazione giuridica pregiudiziale, che il giudice abbia conosciuto per decidere sulla situazione giuridica dipendente, che è stata oggetto della domanda.

Ma, a questo punto, il discorso subisce un'altra complicazione, perché, a ben vedere, il fenomeno della pregiudizialità assume connotati non sempre identici. Sono immaginabili almeno due modelli strutturali di pregiudizialità, che, con tutto l'arbitrio che la scelta delle parole implica, possiamo individuare con due espressioni diverse: pregiudizialità tecnica e pregiudizialità logica.

La *pregiudizialità tecnica* si riferisce ad ipotesi in cui il nesso di pregiudizialità-dipendenza sussiste tra due situazioni giuridiche del tutto diverse, che attribuiscono ai singoli diversi beni della vita. Si riprenda l'esempio, tratto dall'art. 2054, 3° comma, c.c., della relazione intercorrente tra la proprietà del veicolo e l'obbligo del titolare di essa a risarcire il danno, derivante dalla circolazione, causato dal conducente del veicolo stesso. In questo caso non vi è dubbio che si applichi il principio sopra enunciato per cui il giudicato non riguarda (normalmente) anche la situazione giuridica, e quindi la questione, pregiudiziale.

La *pregiudizialità logica* si riferisce, invece, ad ipotesi in cui, sul piano sostanziale, da una sorta di rapporto giuridico fondamentale scaturiscono diversi effetti giuridici singolari. Qui la situazione giuridica pregiudiziale non attribuisce propriamente un bene della vita, ma rappresenta una sorta di collante, di schema di sintesi, una situazione-madre di tutta una serie di effetti, che, soli, attribuiscono reali beni della vita. Ed, invero, quando tutti i singoli effetti saranno esauriti, quella situazione-madre verrà fisiologicamente meno, perché sarà esaurita pure la sua funzione, che era quella e solo quella di tenere insieme, appunto, quei singoli effetti.

Molti esempi di questo fenomeno sono rintracciabili nell'ambito dei rapporti contrattuali. Si pensi alla relazione tra il c.d. rapporto di lavoro subordinato ed i singoli effetti da esso, considerato nel suo complesso, scaturenti (il diritto alla retribuzione, il diritto alle ferie, ecc.). O ancora si pensi alla relazione tra il rapporto fondamentale di compravendita ed i suoi singoli effetti, fra i quali, innanzitutto, il diritto del venditore al pagamento del prezzo ed il diritto del compratore alla consegna del bene. In tutti questi casi il c.d. rapporto fondamentale non attribuisce di per sé beni della vita, che sono invece l'oggetto dei suoi singoli effetti, ed esso si esaurisce naturalmente, si estingue fisiologicamente quando quei singoli effetti saranno estinti.

È in questo ambito che il problema dei limiti oggettivi del giudicato, dal punto di vista della profondità, ha bisogno di precisazioni, perché qui non vale del tutto quanto abbiamo ricavato dall'art. 34 c.p.c.

Immaginiamo un processo nel quale il venditore fa valere il diritto al prezzo, derivante dal rapporto contrattuale di compravendita. Non vi è dubbio che oggetto di questo processo sia il singolo effetto scaturente dal rapporto contrattuale, per cui, a seguito di esso, sarà giudicato sul diritto al pagamento del prezzo. Ma, è anche possibile che, nonostante la mancanza di una domanda di parte, quindi prescindendo dalla disciplina contenuta nell'art. 34 c.p.c., sia giudicato anche sull'esistenza del rapporto fondamentale. Ciò accade quando il contenuto della decisione sul singolo effetto presuppone necessariamente un dato modo di essere del rapporto fondamentale, per cui l'accertamento di questo è *antecedente logico necessario* di quello.

Se il giudice accoglie la domanda in cui si faceva valere il diritto al prezzo, in tale sua decisione egli evidentemente presuppone l'esistenza del rapporto fondamentale, perché non si potrebbe affermare l'esistenza di quello senza previamente affermare l'esistenza di questo. In una situazione del genere, evidenti esigenze di coerenza nei rapporti giuridici, o se si vuole tra le decisioni a questi relative, impongono di ritenere che l'accertamento sul rapporto fondamentale non avvenga solo *incidenter tantum*, ma valga comunque, a prescindere, si ripete, da un'esplicita domanda di parte, anche in futuri processi. Così, se in un secondo processo il compratore farà valere il diritto alla consegna del bene, si potrà discutere su tutto, ma non sull'esistenza del rapporto fondamentale, per cui il venditore, risultato vittorioso nel primo processo proprio sul presupposto dell'esistenza di questo, non potrebbe sfuggire alla condanna alla consegna del bene lamentando, in ipotesi, l'insussistenza del rapporto di compravendita. In caso contrario i meccanismi del processo farebbero letteralmente "saltare" il c.d. sinallagma funzionale.

Diversamente stanno le cose a fronte di decisioni con altro contenuto. Si immagini, sempre in riferimento ad un processo nel quale il venditore fa valere il diritto al prezzo, che il giudice giunga alla pronuncia di una sentenza di rigetto, quindi neghi l'esistenza del singolo effetto derivante dal rapporto fondamentale. Qui, per stabilire se il giudicato copre anche la questione attinente all'esistenza del rapporto fondamentale, bisogna andare a verificare il *motivo* che fonda la pronuncia di rigetto.

Se il giudice ha potuto decidere immediatamente sulla base dell'accoglimento di un'eccezione, con la quale è stato fatto valere, ad esempio, un fatto estintivo del singolo effetto (prescrizione, adempimento o altro), evidentemente non vi può essere alcun giudicato sul rapporto fondamentale. Se, invece, il giudice rigetta la domanda sul singolo effetto a causa dell'accertata insussistenza del rapporto fondamentale, allora il giudicato negativo riguarderà anche questo. Per cui, anche qui salvando il c.d. sinallagma funzionale, il compratore, convenuto vittorioso in tale processo, non potrebbe, poi, instaurare un secondo processo, nel quale, affermando ciò che prima aveva negato, ossia la sussistenza del rapporto fondamentale, pretenda il riconoscimento del diritto alla consegna del bene.

In conclusione possiamo dire che il giudicato sostanziale riguarda il diritto che è stato oggetto prima della domanda, poi del processo ed infine della decisione. Esso normalmente non riguarda anche le questioni risolte dal giudice per decidere sul diritto fatto valere. Tuttavia, se, tra le questioni emerse, vi è anche una questione c.d. pregiudiziale, attinente ad un elemento che non è in sé un mero fatto giuridico, ma una situazione giuridica sostanziale, che potrebbe essere oggetto di un autonomo processo, è possibile che il giudicato riguardi anche questa. Ove si tratti di una pregiudiziale in senso tecnico, il relativo accertamento del giudice è compiuto con efficacia di giudicato solo se ciò è imposto da una norma di legge o da una domanda di parte. Ove si tratti di una pregiudiziale in senso logico, invece, l'accertamento relativo al rapporto fondamentale avrà comunque valore esterno in tutte le ipotesi in cui esso costituisca un antecedente logico necessario della decisione assunta sul singolo effetto giuridico fatto valere in giudizio.

6. *Limiti soggettivi del giudicato*

Il problema dei limiti soggettivi del giudicato si risolve nella seguente domanda: in presenza di quali condizioni ed in quali limiti la sentenza divenuta immutabile (giudicato formale) e resa tra alcuni soggetti può vincolare (anche) coloro che sono rimasti formalmente estranei al processo e che non sono stati posti in grado di parteciparvi? O più sinteticamente: può la sentenza avere efficacia *ultra partes*?

La risposta a tale domanda va cercata sulla base del diritto vigente, senza lasciarsi condizionare da teorie precostituite, che rischiano di diventare veri e propri ideologismi, a volte privi di fondamento giuridico.

Tuttavia, il diritto vigente, ad una prima impressione, sembra offrire indicazioni contraddittorie.

Innanzitutto, sul piano delle fonti di rango superiore, ci imbattiamo in norme dalle quali dovremmo trarre, puramente e semplicemente, l'idea che una sentenza non possa che valere solo tra i soggetti che hanno preso parte al processo della sua formazione. Si tratta di tutte quelle norme che pongono quale valore fondamentale nell'ambito dell'attività giurisdizionale il principio del contraddittorio, ossia degli artt. 24, 2° comma, Cost. («La difesa è diritto inviolabile in ogni stato e grado del procedimento»), 111, 2° comma, Cost. («Ogni processo si svolge nel contraddittorio tra le parti, in condizioni di parità ...») e 6 della Convenzione europea dei diritti dell'uomo. Uno dei contenuti di tale principio consiste nella necessità di consentire a tutti coloro che sono interessati ad una data misura giurisdizionale di influenzare il suo contenuto, appunto partecipando all'attività processuale che deve necessariamente svolgersi prima di adottarla. Per cui rappresenta una naturale conseguenza del principio stesso che le sentenze debbano avere efficacia solo per le parti del processo e non anche per i terzi.

Ma, se scendiamo a livello di norme di legge ordinaria, troviamo disposizioni che o prevedono esplicitamente l'efficacia *ultra partes* della sentenza o, pur non prevedendola, la presuppongono.

Tra le norme del primo tipo si considerino le seguenti:

– l'art. 2909 c.c. recita: «L'accertamento contenuto nella sentenza passata in giudicato fa stato a ogni effetto tra le parti, i loro eredi o aventi causa»;

– l'art. 111 c.p.c., in materia di successione a titolo particolare nel diritto controverso, fra l'altro dispone: «La sentenza ... spiega sempre i suoi effetti anche contro il successore a titolo particolare ...»;

– l'art. 1595, 3° comma, c.c. recita: «Senza pregiudizio delle ragioni del subconduttore verso il sublocatore, la nullità o la risoluzione del contratto di locazione ha effetto anche nei confronti del subconduttore, e la sentenza pronunciata tra locatore e conduttore ha effetto anche contro di lui»;

– l'art. 1306 c.c., nell'ambito della disciplina delle obbligazioni solidali, prevede un'efficacia *ultra partes* solo del giudicato favorevole, disponendo: «La sentenza pronunziata tra il creditore e uno dei debitori in solido, o tra il debitore e uno dei creditori in solido, non ha effetto contro gli altri debitori o contro gli altri creditori. / Gli altri debitori possono opporla al creditore, salvo che sia fondata sopra ragioni personali al condebitore; gli altri creditori possono farla valere contro il debitore, salve le eccezioni personali che questi può opporre a ciascuno di essi».

In tutte le norme ora citate è evidente come, sia pure nel quadro di situazioni diverse, si preveda esplicitamente che la sentenza abbia efficacia anche nei confronti di un soggetto che non ha preso parte al processo della sua formazione.

Tra le norme del secondo tipo, che, pur non prevedendola, tuttavia presuppongono un'efficacia *ultra partes* della sentenza, si considerino le seguenti:

– l'art. 105, 2° comma, c.p.c., in materia di intervento volontario del terzo nel processo, prevede: «Può altresì intervenire per sostenere le ragioni di alcuna delle parti, quando vi ha un proprio interesse»;

– l'art. 404 c.p.c., disciplinando il mezzo di impugnazione dell'opposizione di terzo, al 2° comma dispone: «Gli aventi causa e i creditori di una delle parti possono fare opposizione alla sentenza, quando è l'effetto di dolo o collusione a loro danno».

Queste due norme vanno lette insieme, perché esse presuppongono lo stesso fenomeno sostanziale e processuale [60], ossia presuppongono che un dato soggetto, titolare di una situazione giuridica dipendente rispetto a quella che è oggetto del processo, subisca comunque l'efficacia della sentenza pronunciata sulla situazione pregiudiziale, per cui l'ordinamento permette a tale soggetto o di intervenire nel processo, per influenzare il contenuto di quella sentenza, o, rimanendo terzo rispetto al processo, di impugnare la sentenza finale, provando, però, il dolo o la collusione delle parti a suo danno.

Di fronte ad un quadro così complesso, e all'apparenza contraddittorio, l'interprete deve sforzarsi di ricostruire il sistema dei limiti soggettivi del giudicato in termini razionali e coerenti. In questo sforzo è, peraltro, inevitabile partire dal principio che emerge dalle norme di rango superiore e cioè che la sentenza, almeno come regola generale, non può valere nei confronti dei terzi. Ciò impone, per un verso, di interpretare restrittivamente le norme che prevedono un'efficacia *ultra partes* della sentenza e, per altro verso, di concedere al terzo, in ipotesi coinvolto dall'efficacia di una sentenza tra altri pronunciata, la possibilità di spendere rimedi processuali, preventivi e successivi.

Preliminarmente, si tenga presente che, se il problema del giudicato sta essenzialmente nell'individuare il valore di una sentenza, pronunciata in un primo processo, nell'ambito di un secondo processo, ha senso interrogarsi sull'efficacia nei confronti di Sempronio della sentenza pronunciata tra Tizio e Caio solo se il secondo processo, nel quale è coinvolto Sempronio, abbia un oggetto per il quale è in qualche modo rilevante il contenuto di quella sentenza. Insomma, un problema di limiti soggettivi del giudicato praticamente si pone se innanzitutto l'oggetto del giudicato riguarda il terzo, essendo, in caso contrario, per questo terzo del tutto indifferente la sentenza tra altri pronunciata.

E allora le situazioni immaginabili sono tre:

a) che il terzo sia interessato al giudicato formatosi tra altri perché egli è titolare di una situazione dipendente rispetto a quella giudicata;

---

[60] Almeno in parte: vedi le precisazioni svolte sull'opposizione di terzo di cui all'art. 404, 2° comma, c.p.c., *infra* nel paragrafo 2 del settimo capitolo.

b) che il terzo sia interessato alla sentenza tra altri pronunciata perché questa riguarda un diritto di cui egli è contitolare;

c) che il terzo sia creditore di una delle parti in causa.

Il problema dei limiti soggettivi del giudicato va sezionato considerando queste tre diverse situazioni.

Partendo dalla prima, dobbiamo innanzitutto richiamare alla mente quanto già si è detto sul nesso di pregiudizialità-dipendenza, aggiungendo qui, solo, che nei casi da tenere ora presenti le parti della situazione pregiudiziale non coincidono con le parti della situazione dipendente, perché questa, appunto, fa capo ad un terzo. Quindi, per affrontare la questione ora in gioco, dobbiamo distinguere a seconda del momento in cui, rispetto al fenomeno processuale, è nata la situazione dipendente.

Se la situazione dipendente del terzo è nata dopo la formazione della cosa giudicata, questa varrà anche nei suoi confronti e ciò per l'esplicito disposto di cui all'art. 2909 c.c. Tale norma è del tutto legittima dal punto di vista costituzionale, perché non è neppure in astratto formulabile la violazione del principio del contraddittorio a danno di soggetti che, al momento in cui è stato celebrato il processo, non erano ancora considerabili alla luce di quello che era il suo oggetto, avendo essi derivato il loro diritto da quello che è stato oggetto del processo solo dopo la fine di questo. Detti terzi, che entrano in scena dopo la formazione del giudicato, avranno a disposizione gli stessi rimedi delle parti del processo, che, però, a questo punto sono ben scarsi, limitandosi essi alle impugnazioni straordinarie, in particolare, in questo caso, alla revocazione per uno dei motivi di cui ai nn. 1), 2), 3) e 6) dell'art. 395 c.p.c.

Se la situazione dipendente in capo al terzo nasce durante il processo, ossia prima del giudicato, ma dopo la proposizione della domanda, allora si applica l'art. 111 c.p.c. Fermo restando che su questa norma torneremo ampiamente [61], per il momento si tenga presente solo il principio, enunciato nel suo 4° comma, per cui la sentenza pronunciata in questa situazione varrà comunque anche nei confronti del successore, abbia o non abbia egli preso parte al processo.

Anche questa ipotesi di efficacia *ultra partes* della sentenza non è eccepibile sul piano costituzionale. Invero, l'art. 24 Cost., oltre a sancire, nel suo 2° comma, il principio del contraddittorio, costituzionalizza anche, nel suo 1° comma, il diritto di azione, garantendone non solo l'esistenza, ma anche l'effettività. Ora, nell'art. 111 c.p.c. è disciplinato uno di quei meccanismi che devono garantire, appunto, l'effettività del diritto di azione, precisamente nella norma il legislatore vuole, attuando il principio per cui il tempo necessario per celebrare

---

[61] Vedi in seguito il paragrafo 15 nel sesto capitolo.

un processo non deve andare a danno della parte che ha ragione, tutelare la parte che non ha dato causa alla successione da eventuali pregiudizi, che possano derivarle dall'avvenuta successione. Ed uno dei modi per garantire tale tutela è proprio quello di consentire a colui che non ha dato causa alla successione di opporre la sentenza, in ipotesi a lui favorevole, al terzo successore, anche se questi non abbia preso parte al processo.

Qui il legislatore sceglie, nel conflitto pratico tra il diritto di azione della parte interessata e il diritto di difesa del terzo successore, entrambi valori di eguale rilievo costituzionale, di prediligere il primo a scapito del secondo[62]. Ciò, per un verso, è ragionevole per la semplice operatività del principio, direi di diritto naturale, *prior in tempore potior in iure*, per cui deve prevalere l'interesse di colui che, diciamo, è arrivato prima sulla scena della vicenda giuridica, e, per altro verso, è normativamente attuato in termini accettabili, perché il terzo successore può sempre intervenire nel processo, influenzando così quello che sarà il contenuto della sentenza, ed anche se resta estraneo al processo, egli può sempre attaccare la pronunciata sentenza utilizzando i mezzi di impugnazione propri delle parti (art. 111, 3° e 4° comma, c.p.c.).

Più problematico è il discorso quando la situazione dipendente del terzo nasce prima della proposizione della domanda, ossia essa preesiste al processo.

In questo ambito la dottrina italiana ha per lungo tempo ritenuto che i limiti soggettivi del giudicato dovessero semplicemente ricavarsi dai suoi limiti oggettivi. In altri termini, accentuando molto la concezione pubblicistica dell'attività giurisdizionale, si riteneva che il giudicato, essendo un comando concreto posto da un organo dello Stato, dovesse valere per tutti i consociati, ovviamente nei limiti del suo oggetto. Di conseguenza, seguendo questa linea argomentativa, il problema dei terzi era solo un problema di individuazione dei nessi di rilevanza strutturale tra le situazioni facenti capo ad essi e la situazione giuridica già giudicata. Insomma questa dottrina attribuiva alla sentenza un valore assoluto e, nei suoi limiti oggettivi, indiscutibile per chiunque.

La rigidità di una simile concezione era solo in parte scalfita da chi cercava almeno di portare ad essa un correttivo per mezzo della distinzione tra efficacia ed autorità della sentenza. Così si arrivò a sostenere che la sentenza, se, in quanto atto dello Stato, ha un'efficacia naturale nei confronti di tutti i consociati, quindi anche nei confronti di soggetti titolari di situazioni giuridiche dipen-

---

[62] Stiamo ipotizzando il caso più comune, ossia quello della successione dal lato del convenuto. Ovviamente in caso di successione dal lato dell'attore ciò che prevale è l'effettività del diritto di difesa in capo al convenuto che non ha dato luogo alla successione. Ancorché forse l'art. 111 c.p.c. sia stato originariamente scritto pensando alla prima situazione, esso vale comunque anche nella seconda. Vedi *infra* il paragrafo 15 del sesto capitolo.

denti da quella giudicata, tuttavia ha autorità di giudicato solo nei confronti dei soggetti che hanno preso parte al processo della sua formazione, per cui i terzi, pur da essa coinvolti, devono poter respingerne l'efficacia contestando l'ingiustizia. Ma, anche in questa ottica il terzo era pregiudicato, in quanto gli si addossava l'onere di contestare e provare quella ingiustizia.

Queste idee sono entrate in crisi quando, negli anni '70 del secolo scorso, la Corte costituzionale ha, pur pronunciandosi nell'ambito della giustizia penale, limitato la possibilità di opporre il giudicato ai terzi fondandosi sul principio del contraddittorio e, quindi, sull'idea che normalmente la sentenza può valere solo nei confronti dei soggetti che hanno preso parte al processo della sua formazione o, comunque, sono stati posti in grado di prenderne parte. Questa nuova concezione ha preso inevitabilmente campo anche nell'ambito della giustizia civile ed oggi nessuno più dubita del fatto che non si possa opporre la sentenza ad un terzo solo perché egli, oggettivamente, è titolare di una situazione giuridica dipendente da quella che è stata oggetto del giudicato.

Ma restano delle eccezioni.

Così, riprendendo una delle norme già citate, è evidente che nell'art. 1595, 3° comma, c.c. è prevista un'ipotesi di efficacia della sentenza nei confronti del titolare di una situazione dipendente, per il solo fatto dell'esistenza del nesso di pregiudizialità-dipendenza e a prescindere da ogni altra condizione.

Ipotesi di questo genere sono giustificabili, perché in esse il terzo è pregiudicato da una sentenza negli stessi termini in cui egli sarebbe pur pregiudicabile in virtù di un negozio giuridico e non sarebbe ragionevole se l'ordinamento proteggesse il terzo rispetto ad una sentenza più di quanto lo protegge rispetto ad un negozio. O, se si vuole, ponendoci dal punto di vista delle parti: Tizio e Caio, se possono pregiudicare Sempronio con un negozio, possono pregiudicarlo anche per mezzo di un processo, ma se essi non possono pregiudicarlo con un negozio, neanche possono pregiudicarlo per la via dell'attività giurisdizionale.

Tornando, ora, all'esempio del subconduttore, è evidente che, se locatore e conduttore possono pregiudicarlo già solo con un negozio giuridico che elimini il rapporto di locazione, non sarebbe ragionevole escludere l'efficacia nei suoi confronti di una sentenza che ha le stesse conseguenze pratiche. Ciò che, invece, resta indispensabile anche in situazioni di questo tipo è l'attribuzione al terzo di strumenti che gli consentano, se vuole, di interloquire nella vicenda processuale. E tali strumenti qui ci sono sicuramente, perché il terzo può, in via preventiva, svolgere intervento ai sensi dell'art. 105, 2° comma, c.p.c. e, in via successiva, ossia se non ha scelto la via dell'intervento, proporre opposizione di terzo revocatoria ai sensi dell'art. 404, 2° comma, c.p.c.

Passando, ora, al settore della *contitolarità dei diritti (o delle azioni)*, ci troviamo di fronte a casi in cui più soggetti sono legittimati a dedurre in giudizio la stessa situazione sostanziale e non è necessario il litisconsorzio nel processo tra di essi[63]. Si pensi, in materia di società per azioni, all'impugnazione delle delibere dell'assemblea, che può essere compiuta dai soci assenti, dissenzienti od astenuti, dagli amministratori, dal consiglio di sorveglianza e dal collegio sindacale (art. 2377 c.c.)[64] o al reclamo che ogni socio può proporre avverso il bilancio finale di liquidazione (art. 2492 c.c.)[65].

In questi ambiti è molto difficile coordinare le due opposte esigenze, ossia, per un verso, il diritto di difesa del soggetto contitolare del diritto che non abbia preso parte al processo e, per altro verso, la necessità di giungere a regolamentazioni uniformi delle situazioni ultraindividuali. Il terzo può certamente intervenire nel processo da altri instaurato e, se sono instaurati processi separati sulla stessa situazione, ad esempio si hanno più impugnazioni della stessa delibera o più reclami avverso lo stesso bilancio separatamente proposti, sarà possibile la riunione delle cause (argomenta dagli artt. 2378, 5° comma, e 2492, 4° comma, c.c.). Ma, se non si verifica alcuno di questi casi, eventualità comunque improbabile, perché la legge prevede un termine di decadenza per proporre dette impugnative, la sentenza pronunciata tra alcuni degli interessati non può valere, puramente e semplicemente, anche contro tutti gli altri. La scelta del sistema è che essa varrà solo se favorevole e non anche in caso contrario. Così sia l'art. 2377, oggi 7° comma, sia l'art. 2492, 4° comma, c.c. prevedono l'efficacia *ultra partes* della sola sentenza di accoglimento.

Peraltro, lo stesso principio dell'efficacia *ultra partes* della sentenza a seconda dell'esito della lite vale anche in altri settori, nei quali però l'oggetto del processo non sta in un diritto imputabile a più soggetti. Si pensi al campo dei c.d. interessi diffusi o collettivi, in riferimento ai quali la legge individua determinati enti esponenziali legittimati ad esercitare azioni con funzione ini-

---

[63] Sul litisconsorzio necessario di cui all'art. 102 c.p.c. vedi *infra* il paragrafo 7 nel sesto capitolo.

[64] La norma, a seguito del D.Lgs. 17 gennaio 2003, n. 6, ha subito delle modifiche, fra le quali ricordiamo, per quello che a noi interessa, il 3° e il 4° comma: «L'impugnazione può essere proposta dai soci quando possiedono tante azioni aventi diritto di voto con riferimento alla deliberazione che rappresentino, anche congiuntamente, l'uno per mille del capitale sociale nelle società che fanno ricorso al mercato del capitale di rischio e il cinque per cento nelle altre; lo statuto può ridurre o escludere questo requisito. Per l'impugnazione delle deliberazioni delle assemblee speciali queste percentuali sono riferite al capitale rappresentato dalle azioni della categoria. / I soci che non rappresentano la parte di capitale indicata nel comma precedente e quelli che, in quanto privi di voto, non sono legittimati a proporre l'impugnativa hanno diritto al risarcimento del danno loro cagionato dalla non conformità della deliberazione alla legge o allo statuto».

[65] Corrispondente all'art. 2453 c.c. prima del D.Lgs. 17 gennaio 2003, n. 6.

bitoria o ripristinatoria. Così, ad esempio, accade per l'azione prevista dall'art. 840*sexiesdecies* c.p.c., in cui, oltre a qualsiasi interessato, normalmente l'ente rappresentativo fa valere un interesse collettivo di una data categoria di consumatori, interesse che non è imputabile propriamente all'ente stesso, che si presenta solo come legittimato a farlo valere. In questi processi, il cui oggetto tecnicamente, lungi dall'essere l'impalpabile interesse collettivo, sta propriamente nell'accertamento delle questioni comuni alla pluralità dei consumatori rientranti in una certa categoria, si giunge ad una pronuncia che ha una diversa efficacia soggettiva a seconda che con essa si accolga o si rigetti la domanda. Se la domanda è rigettata, la sentenza non può pregiudicare i singoli consumatori che certo non sono stati parti del processo. Se, invece, la domanda è accolta, la pronuncia, oltre a contenere l'ordine inibitorio o ripristinatorio richiesto, accerta anche l'illecito, accertamento che ben può essere utilizzato a proprio favore dai singoli consumatori nei loro, eventuali, processi individuali nei confronti del professionista soccombente.

Questo assunto non è ricavabile da norme esplicite. Né qui potrebbero essere applicate per analogia le norme sopra citate o l'art. 1306 c.c., che esplicitamente si riferisce solo alle obbligazioni solidali, perché nell'azione di cui all'art. 840*sexiesdecies* c.p.c. non abbiamo un processo in cui si faccia valere un diritto in contitolarità, un rapporto comune a più soggetti. Piuttosto dobbiamo qui affermare il seguente principio generale: la sentenza, se non può essere fatta valere contro coloro che sono rimasti estranei al processo della sua formazione, ben può essere invocata a favore di quei terzi che se ne possano avvantaggiare. Ciò non è impedito da alcuna norma di legge, per cui le disposizioni che esplicitamente prevedono l'efficacia *ultra partes* della sentenza civile a seconda dell'esito della lite, più che essere norme eccezionali, sono solo espressioni del detto principio generale. Né una simile affermazione può rappresentare un pregiudizio per il diritto di difesa della parte sconfitta, perché tale parte ha avuto nel processo ogni possibilità di difendersi sull'oggetto di esso.

Resta da dire, infine, della posizione del *creditore* rispetto alle liti del suo debitore. Qui siamo in presenza di una situazione di dipendenza del tutto particolare, della quale va ben compresa la struttura, prima di spiegarne i profili processuali.

L'art. 2740, 1° comma, c.c. recita: «Il debitore risponde dell'adempimento delle obbligazioni con tutti i suoi beni presenti e futuri». E l'art. 2910, 1° comma, c.c. aggiunge: «Il creditore, per conseguire quanto gli è dovuto, può fare espropriare i beni del debitore, secondo le regole stabilite dal codice di procedura civile». Quindi il creditore è interessato alla consistenza patrimoniale del suo debitore, perché è da essa che dipende la maggiore o minore speranza di realizzare il suo credito. Ciò significa che, a fronte di un processo in cui è in gioco un bene rientrante nel patrimonio del suo debitore, il creditore è in una situazione di dipendenza, ancorché non di tipo strutturale.

La dipendenza non è strutturale perché, in un caso del genere, il diritto oggetto del processo non è elemento della fattispecie costitutiva del diritto del creditore, per cui l'esito di un simile giudizio non potrà pregiudicare il creditore nel senso che questi corra il rischio di veder diminuita la possibilità di ottenere il riconoscimento dell'esistenza del credito. Ma, vi è comunque una dipendenza del creditore dalle liti del suo debitore perché egli, nel caso di soccombenza di questi, diminuirà la sua garanzia patrimoniale, quindi la possibilità concreta di attuare il credito.

Ora, che il creditore non possa disconoscere le sentenze pronunciate contro il suo debitore è cosa certa. Ciò, innanzitutto, è implicito nell'art. 404, 2° comma, c.p.c., perché, se il creditore è legittimato a proporre opposizione di terzo c.d. revocatoria avverso le sentenze in questione, evidentemente si deve presupporre che egli ne subisca l'efficacia. Ma, una simile conclusione è, più in generale, conforme a quanto si è detto sopra, perché il creditore potrebbe subire gli stessi pregiudizi, che qui stiamo immaginando come collegati ad un giudicato, anche in virtù di negozi giuridici. Invero, l'interesse del creditore alla salvaguardia della consistenza patrimoniale del suo debitore non implica certo impossibilità per quest'ultimo di porre in essere negozi dispositivi relativi ai suoi beni. Il debitore resta legittimato a disporre dei suoi beni, purché i suoi atti di disposizione non siano posti in essere appositamente al fine di diminuire la garanzia patrimoniale per i suoi creditori.

Quindi, in definitiva, l'importante è attribuire al creditore degli strumenti che gli consentano di prevenire le brutte intenzioni del suo debitore o di reagire ad atti già perfezionatisi. Tra gli strumenti processuali preventivi spicca l'intervento adesivo-dipendente di cui all'art. 105, 2° comma, c.p.c.[66]. Mentre, nel caso di mancato intervento, il terzo creditore potrà proporre, avverso la sentenza che vede soccombente il suo debitore, la già citata opposizione di terzo revocatoria, provando il dolo o la collusione a suo danno. Ed è qui interessante notare come tale mezzo di impugnazione dia al creditore, *mutatis mutandis*, lo stesso tipo di tutela che l'ordinamento gli assicura, per mezzo dell'azione revocatoria ai sensi dell'art. 2901 c.c., nel caso in cui il debitore pregiudichi le sue aspettative per mezzo di un negozio giuridico.

In altri termini, se il debitore, che voglia pregiudicare il suo creditore, può raggiungere lo scopo mediante un negozio o mediante un processo e quindi una sentenza, l'ordinamento tutela il creditore attribuendogli la possibilità di spen-

---

[66] Sul quale vedi *infra* il paragrafo 9 nel sesto capitolo.

dere: nel primo caso l'azione revocatoria in relazione al negozio e nel secondo caso un mezzo di impugnazione avverso la sentenza.

7. *Limiti cronologici del giudicato*

Il giudicato, che riguarda il diritto fatto valere e coinvolge, normalmente, solo coloro che hanno preso parte al processo della sua formazione, ha anche un momento di riferimento. Con la pronuncia della sentenza di merito, il giudice accerta o nega l'esistenza del diritto, che è stato oggetto della domanda e del processo, ad un certo momento, per cui il giudicato ha anche dei limiti cronologici, nel senso che esso non potrà coprire ciò che accade dopo quel momento.

Nel fluire incessante delle cose umane è sempre possibile che si verifichino delle vicende che, in qualche modo, possono in astratto riguardare ciò che è stato già giudicato. Si possono immaginare delle sopravvenute modificazioni normative, magari retroattive, o la sopravvenienza di nuovi fatti giuridicamente rilevanti per il diritto, che è stato oggetto del giudicato.

Le *sopravvenienze normative (ius superveniens)* non travolgono il giudicato, anche se retroattive, derivino esse da nuove leggi o anche da sentenze della Corte costituzionale.

Questo principio rappresenta una conseguenza pratica dell'idea che l'attività giurisdizionale dichiarativa abbia, comunque e sempre, efficacia costitutiva, in quanto, risolvendosi in un'attività di normazione concreta, essa concretizza l'ordinamento. Richiamando quanto si è già detto, la funzione dichiarativa del giudice è tutta e solo in ciò che la norma concreta da lui posta in essere non è liberamente trovata, ma deriva da un'operazione di sussunzione giuridica della fattispecie concreta, per cui il giudice, pronunciando la sentenza, atto di normazione concreta, lungi dal perseguire un fine da lui individuato, persegue in concreto il fine già scelto dal legislatore nella posizione della norma generale ed astratta, che ha trovato applicazione nel caso concreto.

È vero che l'ordinamento si concretizza già prima dell'attività giurisdizionale, perché le situazioni giuridiche soggettive nascono e vivono a prescindere dai processi. Ma, è anche vero che, ove si abbia la loro lesione, o comunque si assuma il verificarsi di una lesione, l'attivazione del processo conduce ad una nuova concretizzazione dell'ordinamento. Di conseguenza, alla fine del processo, la norma concreta, che per il futuro presiederà ai doverosi comportamenti delle parti, sarà, non più derivata dalla norma generale ed astratta che è stata applicata, bensì solo dal contenuto della sentenza passata in giudicato (sostanziale).

Insomma, il giudicato, se è (nuova) concretizzazione dell'ordinamento, rompe il nesso originario fattispecie-norma astratta-effetto e quindi esso non può essere travolto da sopravvenute modificazioni, anche retroattive, della norma astratta. Se la fonte dei doveri comportamentali delle parti in ordine ad un dato bene della vita non sta più nella norma di legge applicata, bensì nella norma concreta fissata dal giudice, è evidente come la modifica della norma di legge non possa rilevare nella relazione tra le parti.

Questo principio resta confermato anche nel caso in cui oggetto del giudicato sia un rapporto giuridico durevole (ad esempio un'obbligazione alimentare). In tale ipotesi lo *ius superveniens* interesserà il rapporto giuridico, ma esso, anche se retroattivo, non travolgerà comunque il giudicato, ma si limiterà a disciplinare il tratto di rapporto che si sia svolto successivamente alla pronuncia della sentenza.

Peraltro, noi sappiamo che il concetto di giudicato esprime un'esigenza di stabilità dell'attribuzione del bene della vita risultante dal processo. Ed, allora, ciò che abbiamo rilevato vale solo quando siamo in presenza di un vero e proprio giudicato sostanziale, quindi di una sentenza che ha attribuito un bene della vita. Diverso è, invece, il discorso per le sentenze che, pur avendo efficacia al di fuori del processo in cui sono pronunciate, tuttavia non esplicano propriamente efficacia di giudicato, perché in esse non viene attribuito un bene della vita. Si ripensi alle sentenze non definitive su questioni di merito e a quelle sentenze di rito o comunque pronunce della Corte di cassazione a cui la legge attribuisce efficacia vincolante anche in futuri processi, efficacia c.d. panprocessuale[67]. Per queste non può valere il principio sopra enunciato della resistenza del giudicato allo *ius superveniens* retroattivo[68].

Passando alle sopravvenienze in fatto, la teoria dei limiti cronologici del giudicato si sintetizza nel principio per cui questo copre il *dedotto* e il *deducibile*, sfuggendo ai suoi limiti ciò che non era deducibile nel processo.

Ancora una volta ci troviamo di fronte a conseguenze pratiche derivanti da scelte teorico-concettuali. Fra queste si ricordi, in primo luogo, quella per cui l'oggetto del processo non è dato dalla questione giuridica che l'attore abbia sollevato sulla base di determinati fatti, ma è dato dal diritto fatto valere. Per

---

[67] Si veda *retro* il paragrafo 15 nel quarto capitolo e il paragrafo 4 nel presente capitolo. Si aggiunga, visto l'art. 393 c.p.c., la permanente efficacia vincolante del principio di diritto enunciato nella sentenza della Corte di cassazione, ove si estingua il giudizio di rinvio.

[68] Peraltro, la Corte di cassazione ha messo in dubbio quanto si dice nel testo, affermando la resistenza allo *ius superveniens* retroattivo (nel caso di specie si trattava di una sentenza della Corte costituzionale) di una sua pronuncia in sede di regolamento di giurisdizione, sull'assunto che la c.d. efficacia panprocessuale sarebbe equivalente all'efficacia di cosa giudicata.

cui i fatti rilevano non direttamente come l'oggetto del giudicato, ma indirettamente nella misura in cui essi servono o meno ad identificare il diritto fatto valere. In secondo luogo, si ricordi ancora che la sentenza rompe il nesso fattispecie-norma astratta-effetto e la norma concreta che presiederà ai futuri rapporti delle parti sarà tutta e solo quella in essa contenuta, essendo la sentenza atto di (nuova) concretizzazione dell'ordinamento. E, allora, una volta che è stato giudicato su un dato diritto soggettivo, tutti i fatti che possono riguardarlo sono, per così dire, "bruciati", anche se essi non sono stati spesi nel processo su di esso, pur potendo essere spesi.

Si prenda il caso in cui Tizio abbia agito nei confronti di Caio per vedersi riconosciuto proprietario di un dato bene. Qui l'oggetto del processo è dato da un diritto autoindividuato [69], per la cui individuazione non è necessaria la fattispecie costitutiva, ma è ovvio che l'attore, pur essendo il diritto autoindividuato, avrà speso certamente dei fatti a fondamento della sua domanda, perché solo in questo modo egli poteva sperare di vincere la causa. Ora, concluso il processo con la pronuncia della sentenza di merito, sarà giudicato in riferimento a quel diritto di proprietà e non solo in riferimento alla pretesa giuridica, che l'attore abbia in ipotesi fondato su determinati fatti da lui narrati. In altri termini, in caso di soccombenza dell'attore, ad un certo momento è negato il diritto di proprietà da lui affermato, il bene della vita in gioco è attribuito al convenuto e non ha importanza se, per avventura, al tempo del processo esistessero altri fatti costitutivi che l'attore avrebbe potuto spendere a sostegno della sua domanda, ma che non ha speso.

Questo significa che il giudicato copre il dedotto e il deducibile. Il giudicato riguarda il diritto fatto valere e, una volta raggiunto, non hanno più rilievo i fatti relativi a quel diritto, siano essi stati dedotti o meno.

Peraltro, il giudicato, se può e deve coprire ciò che era deducibile, non può evidentemente coprire ciò che deducibile non era. E in un processo non è deducibile il fatto che non esiste o, meglio, che non è accaduto in tempo utile per poterlo spendere nel processo in corso. Questo è un principio di buon senso, prima di essere un principio giuridico. Invero, non si può accollare a qualcuno l'onere di compiere un'attività impossibile e sarebbe impossibile pretendere dalle parti l'allegazione nel processo di fatti che non si sono (ancora) verificati durante la pendenza del processo stesso. Ma, qui bisogna individuare bene il momento a cui riferire l'operatività del principio, anche richiamando a tal proposito quanto abbiamo già detto sui ritmi del gioco processuale.

---

[69] Diverso è il discorso per i diritti etero individuati, per i quali contano i principi visti in materia di limiti oggettivi. Insomma, un problema di limiti cronologici del giudicato si pone solo se si ipotizza che il secondo processo abbia un oggetto identico ad un primo processo che ha prodotto la cosa giudicata.

Noi abbiamo visto che la legge impone dei tempi alle attività delle parti, che quindi, se non compiute tempestivamente, si precludono. Tuttavia, abbiamo anche aggiunto che nessun sistema di preclusioni può impedire di compiere, in un momento successivo a quello legalmente previsto, un'attività che a quel momento non era oggettivamente possibile. Così, se, ad esempio, dopo la trattazione che abbiamo visto svolgersi ai sensi dell'art. 171*ter* c.p.c. interviene un fatto nuovo, perché non esistente prima, evidentemente la parte interessata potrà sempre allegarlo in giudizio. Ma, c'è un momento finale, oltre il quale non è assolutamente più possibile spendere nuovi fatti: *il momento della precisazione delle conclusioni*, ossia il compimento di quella sorta di ponte di passaggio dalla fase di trattazione-istruzione alla fase di decisione, che rappresenta l'ultima spiaggia per far entrare nel processo nuovo materiale. Se questa attività rappresenta l'ultimo momento utile per poter spendere fatti nel processo, evidentemente è a quel momento che noi dobbiamo riferire i limiti cronologici del giudicato [70].

In definitiva, per comprendere i limiti cronologici del giudicato rispetto ai fatti non rileva il momento della formazione del giudicato né quello della pronuncia della sentenza. Nell'ambito di quei limiti rientrano i fatti che si sono verificati in tempo per allegarli nella precisazione delle conclusioni [71], con la conseguenza che il giudicato non potrà bruciare i fatti che, invece, sono accaduti dopo quel momento, ma ovviamente prima della pronuncia della sentenza. Quindi sarà sempre possibile instaurare, poi, un secondo processo sullo stesso diritto già giudicato, ma in base a fatti che nel primo processo non erano deducibili [72].

Si pensi, tipicamente, ad un'opposizione all'esecuzione ai sensi dell'art. 615 c.p.c., con la quale si contesta l'esistenza del credito a motivo del quale si pro-

---

[70] Anche nel modificato regime della fase decisoria ovviamente (D.Lgs. n. 149/2022) persiste un momento di precisazione delle conclusioni, ancorché sia stata eliminata l'udienza di precisazione delle conclusioni. Gli articoli di riferimento nel c.p.c. sono: 189, 275, 275*bis*, 281*quinquies*, 281*sexies*. In questa sede non importano approfondimenti su questi passaggi eminentemente pratici e continuamente cambiati dal legislatore.

[71] Si precisa che se il processo si è svolto in un solo grado, la precisazione delle conclusioni rilevante sarà quella relativa a quel grado; ma, se, invece, è stato proposto appello, allora la precisazione delle conclusioni alla quale riferire i limiti cronologici del giudicato sarà appunto quella svolta in grado d'appello.

[72] Quello assunto nel testo è un concetto di "deducibilità" oggettiva, sul quale non vi sono discussioni. Tuttavia alcuni ritengono che il giudicato non possa bruciare neanche i fatti che, pur esistenti al momento del primo processo, non erano tuttavia in esso allegabili perché incolpevolmente sconosciuti. Così, sarebbe possibile un secondo processo sullo stesso diritto allegando la sopravvenienza, non del fatto, bensì della sua conoscenza. Ma questa idea, pur autorevolmente sostenuta, non pare ad oggi maggioritaria e la sua utilizzazione potrebbe creare non poche incertezze.

cede ad esecuzione forzata. Quand'anche il creditore si fondi su una sentenza di condanna, la sua controparte ha sempre speranze di vittoria, in sede di opposizione, se egli contesta l'esistenza del credito in base ad un fatto estintivo verificatosi successivamente alla precisazione delle conclusioni, svoltasi nel processo in cui è stata pronunciata quella sentenza di condanna.

Si aggiunga solo un'ultima precisazione in riferimento alle sentenze di rigetto in merito. Il giudicato sostanziale rappresenta sempre la (stabile) attribuzione, ad una delle parti in causa, di un bene della vita, attraverso la concretizzazione di una norma che presiede alle relazioni future delle parti in rapporto a quel certo bene. Tuttavia, tale normatività del giudicato, ossia la sua influenza nelle relazioni future delle parti, quando si tratta di una sentenza di rigetto della domanda può risultare più o meno ampia, a seconda del motivo che ha fondato quel rigetto.

Poniamo, ad esempio, che l'attore abbia fatto valere nei confronti del convenuto un dato diritto di credito. Ben diversa è la portata della vittoria, in ipotesi, del convenuto nel caso in cui la domanda venga rigettata perché il credito non è scaduto rispetto al caso in cui quella domanda sia rigettata perché l'attore non ha provato i fatti costitutivi del credito. In questa seconda ipotesi il conflitto è risolto anche per il futuro, perché è ormai giudicato che il credito non è mai sorto. Nella prima ipotesi, invece, la normatività del giudicato è tutta e solo ancorata alla mancata scadenza del credito, per cui il conflitto si riaprirà quando il credito verrà a scadenza.

8. *Operatività del giudicato*

Una volta compreso che cos'è il giudicato sostanziale, nonché quali sono i suoi limiti, oggettivi, soggettivi e cronologici, dobbiamo tornare alla dinamica del problema pratico del giudicato, che emerge quando esso è speso in un processo successivo a quello in cui il giudicato stesso si è formato.

Le ipotesi concretamente immaginabili sono due:

a) che il secondo processo verta su un diritto identico a quello su cui è stato già giudicato [73];

[73] Quanto diremo vale, in buona sostanza, anche per il caso in cui il secondo processo verta su un diritto incompatibile rispetto a quello che è stato oggetto del giudicato, ma della relazione di incompatibilità tra diritti parleremo nel prossimo capitolo. Inoltre, nel testo si immaginano situazioni nelle quali non si pongono problemi sul piano dei limiti soggettivi del giudicato, perché le parti in gioco sono sempre le stesse.

b) che il secondo processo abbia ad oggetto un diritto dipendente rispetto a quello, pregiudiziale, su cui è stato già giudicato.

Cominciando dalla prima ipotesi, qui emerge come sia possibile che uno stesso fenomeno abbia valenze giuridiche diverse a seconda dei diversi punti di vista che si assumono per osservarlo. L'essenza del giudicato sta nella stabilità dell'attribuzione del bene della vita che con esso è stata sancita, quindi, in buona sostanza, nella stabilità della norma concreta che la sentenza ha prodotto. Sul piano dei rapporti sostanziali il giudicato non è altro che una norma che presiede ad una certa relazione intercorrente tra determinati soggetti.

Ma, in un secondo processo instaurato sullo stesso diritto che è stato oggetto del giudicato, questo non opera sul piano del giudizio di merito, non impone al giudice il criterio di valutazione per decidere sul diritto fatto valere, bensì esso esplica un'efficacia processuale impediente, ossia impedisce una nuova pronuncia su ciò che è stato già giudicato (*ne bis in idem*). In altri termini, il giudicato è un *presupposto processuale negativo*, una condizione che non deve esistere perché il giudice possa e debba decidere nel merito la causa.

Peraltro, anche se non si dovesse condividere questo inquadramento del giudicato, non si potrebbe in ogni caso ritenere che esso esplichi un'efficacia sul piano del merito. Invero, pur partendo dall'idea che il giudicato impedisca, non tanto il giudizio in sé, quanto un giudizio diverso da quello compiuto nella sentenza passata in giudicato, dovremmo comunque ravvisare nella questione inerente al precedente giudicato una questione di rito, perché in un processo, in cui il giudice non può che decidere negli stessi termini nei quali è già stato deciso in altro precedente processo, si avrebbe carenza di interesse ad agire, quindi pur sempre un motivo per chiudere questo secondo processo con la pronuncia di una sentenza, non di merito, bensì di rito. L'interesse ad agire rappresenta il filtro attraverso il quale l'ordinamento vuole evitare il compimento di attività giurisdizionali (pubbliche) inutili e sarebbe ben inutile permettere lo svolgimento di un processo che, fin dall'inizio, ha un esito necessariamente scontato.

L'eccezione con la quale si fa valere il precedente giudicato è, quindi, prettamente di carattere processuale, attinendo, si ripete, ad un presupposto processuale. Essa, mancando ogni disciplina esplicita al riguardo, è, secondo i principi generali [74], rilevabile anche d'ufficio in ogni stato è grado del processo [75]. Se il

---

[74] Vedi *retro* il paragrafo 2 nel quarto capitolo.

[75] Si tenga presente che la giurisprudenza, se in passato aveva teso a ritenere che l'eccezione di cosa giudicata avesse natura di merito e fosse rilevabile solo ad istanza di parte, si è poi ravveduta. Così le Sezioni Unite della Corte di cassazione hanno ormai affermato sia che l'esistenza del giudicato possa essere rilevata direttamente dalla C.S. stessa sia che nel giudizio di fronte ad essa sia pienamente sindacabile l'interpretazione che il giudice di merito abbia

giudice la ritiene fondata, non vi è certo spazio per alcuna sanatoria e sulla sua base si pronuncerà semplicemente una sentenza di rigetto in rito della domanda, con la quale il processo si chiude.

Da quanto detto finora potrebbe derivare l'impressione che la questione relativa all'esistenza di un precedente giudicato sia sempre di facile soluzione. Questa impressione sarebbe sbagliata, perché vi sono casi in cui la decisione su di essa dipende dalla soluzione di problemi anche molto intricati. Lasciando per il momento da parte le dispute che possono nascere in riferimento ad un giudicato straniero[76], la parte interessata a negare la fondatezza dell'eccezione in parola può contestare due profili: l'operatività del giudicato in considerazione dei suoi limiti oppure la nullità della sentenza che si assume essere passata in giudicato.

Dal primo punto di vista, dobbiamo richiamare alla mente tutti i limiti del giudicato. Ed allora, pur tralasciando i problemi relativi ai limiti soggettivi del giudicato, ossia immaginando che il processo in cui si è formato il giudicato e quello in cui è spesa l'eccezione di cosa giudicata abbiano le stesse parti, può sempre emergere un profilo attinente ai limiti oggettivi o ai limiti cronologici. L'attore, ossia colui che, evidentemente, è interessato al rigetto dell'eccezione di cosa giudicata, può negare che l'oggetto del secondo processo sia identico a quello del giudicato oppure, pur affermandolo, può sostenere che nel giudizio successivamente instaurato siano spese sopravvenienze, che non sono coperte dal precedente giudicato[77].

Dal secondo punto di vista, si ripensi ai principi che, in materia di nullità,

---

fornito di una sentenza pronunciata tra le stesse parti in altro processo e passata in giudicato. Queste conclusioni sono certamente condivisibili, anche se la C.S. è giunta ad esse dando una valenza esagerata al rilievo per cui la sentenza sia un atto di normazione concreta, ossia produttivo di una *lex specialis* nel caso concreto. In altri termini, non si può dire che la C.S. può sindacare l'interpretazione del giudicato solo perché qui si tratta di interpretare una norma di diritto. Invero, come norma di diritto la violazione del giudicato non sarebbe in sé sindacabile, perché si tratterebbe di una norma del caso singolo, priva di portata sociale e, quindi, insuscettibile di ulteriori e future violazioni in una serie indefinita di casi futuri. Piuttosto la violazione del giudicato rientra in una questione processuale, per il sindacato della quale la C.S. è giudice anche del fatto.

[76] Si rinvia al prossimo paragrafo.

[77] È interessante rilevare che uno dei motivi che spingevano la Corte di cassazione ad affermare che la questione relativa al giudicato fosse una questione di merito stava nella possibilità di trarne la conseguenza per cui, nel giudizio di fronte ad essa, non fosse possibile rivedere l'interpretazione che il giudice di merito avesse fornito del giudicato speso, risolvendosi questa in una questione di fatto. Sul superamento di questo assunto vedi la precedente nota 75. Sul ruolo della Corte di cassazione e sui limiti del suo giudizio torneremo quando studieremo il mezzo di impugnazione del ricorso in cassazione.

sono tratti dall'art. 161 c.p.c.[78]. Quasi tutti i vizi del processo e della sentenza si trasformano in motivi di appello o di ricorso in cassazione, per cui, col passaggio in giudicato della sentenza, quasi tutti i vizi, ancora esistenti, si sanano. Ma, ve ne sono di quelli, pochi per la verità, il cui rilievo sopravvive al passaggio in giudicato della sentenza, per i quali, quindi, non vale l'onere dell'impugnazione, vizi che l'interessato può far valere in ogni sede utile. E questa può essere anche data dal processo che ora stiamo immaginando, in cui, sulla base della sentenza viziata, è spesa l'eccezione di cosa giudicata, avverso la quale l'attore rileva quel vizio che, per causare l'inefficacia della sentenza, è sopravvissuto al suo passaggio in giudicato.

Tuttavia, è possibile che nel processo non emerga l'esistenza di un giudicato sullo stesso oggetto e che, inoltre, in esso si arrivi a pronunciare una sentenza con un contenuto esattamente contrario a quello della precedente sentenza passata in giudicato. Siamo allora di fronte ad un *conflitto pratico di giudicati.* Questo è un inconveniente che l'ordinamento cerca di evitare in tutti i modi: con l'istituto della litispendenza (art. 39 c.p.c.), se i processi sullo stesso oggetto corrono in parallelo[79], con l'eccezione di cosa giudicata, se, invece, essi si svolgono in successione temporale.

Ma, se questi strumenti preventivi non funzionano, il conflitto può concretamente verificarsi ed allora è necessario che esso si risolva, in qualche modo, a favore di uno dei due giudicati, perché essi, certamente, non possono praticamente coesistere.

In mancanza di previsioni legislative, sembra che il detto conflitto possa risolversi in base al rilievo che, essendo la sentenza un atto di normazione concreta, nel caso di successione di sentenze, che pronuncino in modo contrastante sullo stesso oggetto, debba valere il principio per cui nella successione delle norme prevale quella successiva. Di conseguenza, il primo giudicato ha la forza di impedire la formazione di un secondo giudicato sullo stesso oggetto, ma, se questo effetto impediente non si esplica, il secondo giudicato travolge il primo. Del resto l'assunto è confermato anche dalla previsione contenuta nell'art. 395, n. 5, c.p.c.[80]. Invero, se l'esistenza di un precedente giudicato è motivo di revocazione ordinaria della sentenza con esso contrastante, evidentemente se ne deve ricavare che, ove il mezzo d'impugnazione non sia speso, la seconda sentenza, divenuta definitiva, produca un comando concreto che prevale sul precedente giudicato.

Venendo ora a trattare della seconda ipotesi, quella in cui il processo succes-

---

[78] Vedi *retro* il paragrafo 12 nel quarto capitolo.

[79] Vedi *retro* il paragrafo 9 nel quarto capitolo.

[80] Sulla revocazione ordinaria vedi anche *infra* nel settimo capitolo.

sivamente instaurato ha un oggetto dipendente rispetto alla situazione giuridica sulla quale è stata pronunciata la precedente sentenza passata in giudicato, emerge un'efficacia, non più negativa, ma positiva del giudicato. Il giudicato sul rapporto pregiudiziale non può certo impedire la decisione sul rapporto dipendente, per cui nel processo instaurato su quest'ultimo quel giudicato avrà solo l'effetto di imporre al giudice un certo modo di fissare la questione pregiudiziale. Insomma, nel secondo processo il giudice sarà libero di risolvere come vuole tutte le questioni che sono utili al fine di decidere nel merito della domanda, tutte tranne una: quella relativa al rapporto pregiudiziale, sul quale egli è appunto vincolato dal contenuto del giudicato.

Peraltro, anche in questo caso si possono creare delle complicazioni. Può essere che sorgano contestazioni sulla valenza del giudicato o sull'efficacia della sentenza, che si assume essere passata in giudicato. Come può essere, addirittura, che quel giudicato non sia neanche speso nel processo sulla situazione dipendente. Ecco, allora, che può verificarsi il caso che il secondo giudice accerti nuovamente il rapporto, pregiudiziale, già giudicato e magari in modo contrario a quanto deciso in precedenza. Siamo qui in presenza di un *conflitto logico* di giudicati. È auspicabile che un simile conflitto non venga a crearsi, ma, se esso, invece, si verifica, dall'ordinamento non emergono strumenti idonei a risolverlo, per cui il conflitto resta. Ciò, a differenza di quanto abbiamo detto sul conflitto pratico tra giudicati, può essere accettato, perché i due giudicati in questione non riguardano lo stesso diritto, ma diritti diversi, ancorché connessi, essi non attribuiscono contraddittoriamente lo stesso bene della vita a due soggetti diversi, bensì attribuiscono beni della vita diversi.

9. *Riconoscimento delle sentenze straniere*

Un'attenzione a parte merita il caso in cui il giudicato è dato da una sentenza straniera. La materia è regolata dagli artt. 64 e ss. della legge 31 maggio 1995, n. 218 ("Riforma del sistema italiano di diritto internazionale privato"), la quale, come abbiamo già visto parlando della litispendenza, si applica solo negli spazi in cui non opera una Convenzionale internazionale [81], nonché dall'art. 30 del D.Lgs. 1 settembre 2011, n. 150, per quanto riguarda gli aspetti procedurali.

La legge n. 218/1995 ha abolito gli artt. 796 e ss. c.p.c., che disciplinavano il

[81] Vedi l'art. 2 della citata legge. Ovviamente per noi è centrale la vecchia Convenzione di Bruxelles del 1968, poi recepita nel Reg. n. 44/2001, più volte citata nei capitoli precedenti, ed oggi nel Reg. n. 1215/2012.

giudizio di delibazione, ossia quel giudizio all'esito del quale l'ordinamento italiano recepiva i giudicati stranieri, e ha posto al centro del suo sistema il principio fondamentale per cui «La sentenza straniera è riconosciuta in Italia senza che sia necessario il ricorso ad alcun procedimento» (art. 64).

Per la verità, l'idea liberale di un ordinamento giuridico statale aperto, sottesa al detto principio, era già viva nella prima fase di applicazione del codice di procedura civile del 1865, nel quale era pur previsto il giudizio di delibazione, ma esso aveva, essenzialmente, solo lo scopo di attribuire efficacia esecutiva alla sentenza straniera. Poi, a cavallo tra il XIX e il XX secolo, quella idea fu messa in crisi, fino al punto di riformare la legge e prevedere la necessità del giudizio di delibazione ad ogni effetto, quindi anche per far valere in Italia l'effetto di accertamento della sentenza straniera. Ne derivarono discussioni infinite sui rapporti tra giudicato straniero e sentenza di delibazione, che ricalcavano molti dei contenuti del dibattito sui rapporti tra lodo arbitrale e provvedimento statale di omologazione.

Così, alcuni ritenevano che si dovesse ravvisare nel caso di specie una fattispecie complessa, costituita dalla sentenza straniera e dalla sentenza di delibazione; altri, invece, affermavano che la sentenza di delibazione rappresentasse, rispetto al giudicato straniero, solo una sorta di *condicio iuris*; altri ancora, infine, vedevano nella sentenza straniera solo l'approntamento di una materia logica, che forniva il contenuto all'unico, vero, atto giurisdizionale, dato dal provvedimento di delibazione. Queste idee, tutte frutto di una concezione chiusa dell'ordinamento statale, furono recepite nel codice di procedura civile del 1942, appunto nella disciplina dell'azione di delibazione, costruita come azione costitutiva il cui esercizio era indispensabile per recepire in Italia, ad ogni effetto, un giudicato straniero.

Solo verso la metà degli anni '90 del XX secolo si ha un'inversione di tendenza rispetto a quella concezione. Infatti, nel 1994 viene approvata la novella sull'arbitrato e nel 1995 è riformato il diritto internazionale privato ed in entrambe noi troviamo l'approdo ad una nuova idea dei rapporti tra l'ordinamento statale e le giurisdizioni "diverse", un'idea di estrema apertura secondo la quale lo Stato, oltre ad esercitare l'attività giurisdizionale per mezzo dei suoi organi, riconosce i frutti di altre giurisdizioni, quella dei privati e quelle che fanno capo ad altri Stati.

Nello studio degli artt. 64 e ss., legge n. 218/1995 partiamo da una precisazione e da due rilievi di fondo.

La precisazione attiene alla parola "sentenza" utilizzata nell'art. 64. Con essa la legge vuole riferirsi ad ogni provvedimento con cui un'autorità giurisdizionale straniera decide su una controversia relativa ad una situazione giuridica sostanziale. Quindi, ciò che conta è la sostanza e non la forma del provvedimento stesso.

I rilievi di fondo, che emergono dalla semplice lettura delle norme, sono i seguenti:

a) la sentenza straniera ha in Italia efficacia automatica, nel senso che la norma concreta prodotta da un giudicato straniero vale di per sé a livello di ordinamento statale italiano;

b) un giudizio *ad hoc* sulla riconoscibilità della sentenza straniera è necessario solo a certe condizioni e per certi fini, ossia, fatti salvi successivi approfondimenti, esso va celebrato quando vi è contestazione sulla riconoscibilità oppure quando, non essendo la tutela fornita autosufficiente, ma dovendosi compiere, dopo la pronuncia della sentenza stessa, delle doverose attività, queste non sono poste in essere spontaneamente dall'obbligato, per cui bisogna attribuire al provvedimento straniero efficacia esecutiva.

Cominciamo ad analizzare il caso in cui sia sollevata una *contestazione sulla riconoscibilità* della sentenza straniera. La contestazione può aversi all'interno di un processo pendente in Italia oppure essa può sorgere a prescindere da tale pendenza.

La prima ipotesi si verifica se il giudicato straniero è speso in un processo italiano, che evidentemente ha ad oggetto un diritto per il quale quel giudicato rileva. Ciò può accadere perché il diritto, oggetto della controversia italiana, è identico a quello già giudicato all'estero oppure perché esso è dipendente da questo. Insomma, l'interessato può far valere il giudicato straniero in un processo italiano per trarne un effetto impediente (*ne bis in idem*) o per trarne un effetto positivo, riguardando il giudicato straniero un diritto pregiudiziale rispetto a quello attualmente in contestazione in Italia.

Se una parte spende nel processo italiano un giudicato straniero, è possibile che l'altra parte ne contesti la riconoscibilità ed allora il giudice dovrà risolvere la relativa questione, secondo le condizioni di cui all'art. 64, ma la sua pronuncia in merito ha "efficacia limitata al giudizio" (art. 67, 3° comma, legge n. 218/1995). Ciò significa che la decisione del giudice adito non vale al di fuori del processo in cui essa è assunta, per cui resta impregiudicata per il futuro la questione della riconoscibilità del giudicato straniero, che può sempre essere riproposta, ovviamente se vi sono altre sedi nelle quali essa può avere un rilievo.

Peraltro, in questa ipotesi si aprono due importanti domande, che ad oggi restano aperte.

La prima riguarda il potere-dovere del giudice, di fronte al quale è speso il giudicato straniero, di occuparsi comunque dei possibili motivi di non riconoscibilità. Se la controparte solleva contestazioni, certamente si apre lo spazio per un accertamento incidentale in ordine alla riconoscibilità della sentenza straniera. Ma, se non vi è alcuna contestazione, il giudice non deve porsi alcun problema oppure egli deve comunque vagliare d'ufficio la riconoscibilità del giudicato straniero? Scegliere la prima risposta significa attingere alla logica del mero accertamento, che si compie solo ove vi sia una lite. Scegliere la seconda risposta significa prediligere una ragione di interesse pubblico. Ancorché dubitativamente sembra preferibile la prima, per il semplice fatto che la seconda, più dispendiosa, non sembra affatto necessaria.

La seconda domanda attiene all'applicabilità in questo contesto dell'art. 34 c.p.c., ossia: può una parte con la sua domanda trasformare la questione in causa, quindi chiedere che sulla riconoscibilità della sentenza straniera si decida con forza di giudicato una volta per tutte? In linea di principio sembrerebbe doversi rispondere affermativamente. Ma, è anche vero che nel caso concreto potrebbero emergere difficoltà pratiche, perché, se nessun problema si pone ove il rilievo avvenga in Corte d'appello, giudice competente a decidere la questione della riconoscibilità, la vicenda diventa intricata se, invece, tale questione emerge in tribunale. In questo caso, non potendo il tribunale deciderla, si dovrebbe ipotizzare una rimessione di essa alla Corte d'appello competente con sospensione del giudizio in tribunale. Ma un simile scenario non sarebbe molto positivo.

La detta contestazione può avvenire al di fuori di un processo, creando così una situazione di incertezza sulla riconoscibilità di una certa sentenza straniera. In tal caso l'interessato può agire in giudizio per eliminare quella incertezza, chiedendo al giudice italiano [82] la pronuncia di una sentenza che ha ad oggetto esclusivamente la questione della riconoscibilità della sentenza straniera (art. 67, 1° comma).

Siamo in presenza di un processo dichiarativo che fornisce una tutela di mero accertamento, non su una situazione giuridica sostanziale, bensì solo su una questione di carattere processuale [83]. Con la previsione di esso non si contraddice il principio della automatica efficacia della sentenza straniera, ma si fornisce solo all'interessato un mezzo per eliminare l'incertezza che altri ha creato. In altre parole, tale giudizio non serve ad attribuire efficacia in Italia al provvedimento straniero, ma solo ad eliminare, una volta per tutte, i dubbi sollevati sulle condizioni di riconoscibilità, per cui, se quella incertezza non viene creata, l'interessato non ha alcun bisogno, precisamente alcun interesse, di agire per otte-

---

[82] L'art. 30 del D.Lgs. n. 150/2011, a cui rinvia l'art. 67, comma 1*bis*, prevede la competenza della Corte d'appello del luogo di attuazione. Ma, quando è in gioco la sola riconoscibilità, potrebbe anche sostenersi che il problema della competenza per territorio vada risolto secondo le regole generali, quindi si debba guardare al luogo in cui il convenuto ha residenza o domicilio.

[83] Sulla possibilità che l'ordinamento preveda giudizi di questo genere vedi *retro* un accenno nel paragrafo 6 del terzo capitolo e nel paragrafo 5 del presente capitolo.

nere l'accertamento con forza di giudicato della riconoscibilità della sentenza straniera. Peraltro, non è escluso che esso possa essere instaurato, oltre che da colui che ha interesse ad affermare la riconoscibilità della sentenza straniera, anche da colui che, al contrario, ha interesse a negarla.

Veniamo, ora, al caso in cui il giudizio in parola sorga, come dice l'art. 67, 1° comma, dalla "mancata ottemperanza".

Sicuramente la norma trova applicazione quando, a fronte di una sentenza straniera di condanna, il soccombente, obbligato e condannato, non obbedisce all'ordine di prestazione impostogli dal giudice, quindi non tiene quel comportamento doveroso che è funzionalmente collegato alla realizzazione del diritto della parte vittoriosa. La tutela di condanna non è autosufficiente [84], perché appunto essa non soddisfa di per sé il bisogno di tutela, dovendo l'interessato ancora dipendere dalla cooperazione dell'obbligato. Ed è per questo che, normalmente, alla tutela di condanna è collegata la tutela esecutiva e che, quindi, la sentenza di condanna, oltre ad accertare un diritto e a rivolgere un comando, costituisce, normalmente, titolo esecutivo, ossia è fattispecie costitutiva dell'azione esecutiva. Ma, se ciò è vero per le sentenze italiane, non è altrettanto vero per le sentenze straniere. Queste valgono in Italia solo per l'accertamento che contengono e non anche per la loro (potenziale) idoneità a costituire titolo esecutivo, per cui, ove si voglia instaurare in Italia un processo esecutivo sulla base di una sentenza di condanna straniera, è previamente necessario chiedere ed ottenere il c.d. *exequatur*, ossia instaurare un giudizio nel quale, in caso di esito positivo, si attribuisce al provvedimento straniero efficacia esecutiva a livello dell'ordinamento italiano.

Ancora una volta sorge naturale il parallelo con la giustizia privata. Invero, sia la sentenza privata (il lodo) sia la sentenza straniera hanno efficacia a livello dell'ordinamento statale italiano in quanto atti di normazione concreta, quindi per quello che riguarda l'effetto tipico del giudicato sostanziale, ossia l'effetto di accertamento. Ma, l'ordinamento statale non è disposto a riconoscere a quegli atti anche l'efficacia esecutiva [85] ed impone all'interessato l'onere di richiedere l'attribuzione di tale efficacia ad un suo giudice [86].

---

[84] Vedi *retro* il paragrafo 4 nel terzo capitolo.

[85] Diverso è il discorso nell'ambito della Unione europea a seguito del Reg. n. 1215/2012, che nel suo art. 39 ha abolito l'*exequatur*, così disponendo: «La decisione emessa in uno Stato membro che è esecutiva in tale Stato membro è altresì esecutiva negli altri Stati membri senza che sia richiesta una dichiarazione di esecutività».

[86] Si tenga, peraltro, presente che il giudice, mentre svolge degli accertamenti puramente formali (art. 825, 1° comma, c.p.c.) al fine di concedere l'*exequatur* al lodo, si trova a compiere ben altri accertamenti quando si tratta di attribuire efficacia esecutiva alla sentenza straniera. Si

È idea diffusa che il giudizio in parola sia necessario anche quando l'interessato, pur non dovendo procedere ad esecuzione forzata, abbia piuttosto bisogno di altre attività di attuazione in senso lato. Si pensi alle ipotesi in cui si debba procedere a compiere trascrizioni o iscrizioni ipotecarie o anche ai casi di operatività di misure coercitive, caso quest'ultimo per la verità più chiaro in quanto la necessità dell'*exequatur* deriva dalla necessità di procedere ad esecuzione forzata per la loro attuazione.

Ma, la questione è aperta, perché, invero, l'unica certezza che emerge dalla legge è che il giudizio di cui all'art. 67, 1° comma, sia indispensabile quando si tratti di attribuire alla sentenza straniera l'idoneità a fondare un processo esecutivo. Invece, per ogni altro aspetto, che può rientrare in un concetto lato di attuazione della sentenza, non si possono avere le stesse certezze, neanche in virtù di altre norme dell'ordinamento. Prendiamo, ad esempio, l'art. 2820 c.c., in virtù del quale la sentenza straniera (di condanna) è titolo per iscrivere ipoteca giudiziale solo «dopo che ne è stata dichiarata l'efficacia dall'autorità giudiziaria italiana, salvo che le convenzioni internazionali dispongano diversamente». Si potrebbe sostenere che da questa norma emerga testualmente l'idea che il giudizio di riconoscibilità sia necessario per ogni attività di attuazione in genere, anche non propriamente esecutiva. Ma, si potrebbe anche dire che quella norma, vigente prima dell'entrata in vigore della legge n. 218/1995, sia stata implicitamente abrogata da questa legge, perché essa ha chiaramente un senso, anche nelle parole utilizzate, solo in un sistema, qual era quello precedente, che escluda l'efficacia automatica delle sentenze straniere.

Strutturalmente il giudizio di cui all'art. 67, 1° comma, è sempre identico, sia esso instaurato in funzione dell'attuazione della sentenza straniera[87] o per una contestazione che sia insorta sulla riconoscibilità di essa. In particolare, in tale giudizio si esplica pur sempre una tutela di mero accertamento, risultando l'efficacia esecutiva, in ipotesi attribuita alla sentenza straniera, un effetto che deriva direttamente dalla legge per il caso in cui si riconosca che non sussistono impedimenti al riconoscimento.

La Corte d'appello, visto l'art. 30 del D.Lgs. n. 150/2011, così come modifi-

---

aggiunga anche che tutto quello che abbiamo detto in materia di arbitrato, in questa sede e in precedenza, vale quando si immagina un arbitrato con sede in Italia (interno o internazionale). Se, invece, l'arbitrato ha sede all'estero, allora il lodo finale non ha alcuna efficacia automatica a livello di ordinamento italiano, neanche di mero accertamento, dovendo esso previamente essere recepito (artt. 839 e ss. c.p.c.).

[87] Pur mantenendo il linguaggio della legge, che qui parla di "ottemperanza" della sentenza straniera, non si deve comunque dimenticare che l'esecuzione forzata non è propriamente attuazione di un provvedimento, quanto piuttosto realizzazione di un credito insoddisfatto. Sul concetto torna al paragrafo 4 del primo capitolo.

cato nel D.Lgs. n. 149/2022, a cui rinvia il comma 1*bis* dell'art. 67 della legge n. 218/1995, procede secondo le forme del rito semplificato di cognizione ai sensi degli artt. 281*decies* ss. c.p.c. [88], peraltro senza che sia necessario l'intervento del Pubblico Ministero [89], e decide con sentenza, avverso la quale è esperibile il ricorso in cassazione. Aperto il relativo giudizio, il giudice può rilevare d'ufficio la carenza o la sussistenza delle condizioni di riconoscibilità, ovviamente nell'ambito di ciò che risulta dagli atti. Ciò per la semplice operatività dei principi generali, posto che le dette condizioni non sono elementi di identificazione dell'oggetto del processo, per cui il giudice può spendere, in riferimento ad esse, il suo potere di rilievo d'ufficio finché il legislatore non glielo sottrae, attribuendolo esclusivamente alle parti.

Circa il riparto dell'*onere della prova*, bisogna distinguere le *condizioni in positivo*, il cui onere probatorio è accollato a colui che è interessato al riconoscimento, dalle *condizioni in negativo*, che, ponendosi come fatti impeditivi del riconoscimento, dovranno essere provate da colui che è interessato a negare la riconoscibilità. Qui l'unico criterio utilizzabile per tracciare la distinzione è dato dalla scelta effettuata dal legislatore nella formulazione delle condizioni di riconoscibilità nell'art. 64.

Per cui, sembra potersi dire che *l'interessato al riconoscimento* dovrà provare che:

– il giudice che ha pronunciato la sentenza poteva conoscere della causa secondo i principi della competenza giurisdizionale propri dell'ordinamento italiano (lett. *a*));

– l'atto introduttivo del giudizio è stato portato a conoscenza del convenuto in conformità a quanto previsto dalla legge del luogo dove si è svolto il processo (lett. *b*) prima frase);

– le parti si sono costituite in giudizio secondo la legge del luogo dove si è svolto il processo o la contumacia è stata dichiarata in conformità a tale legge (lett. *c*));

– la sentenza è passata in giudicato secondo la legge del luogo in cui è stata pronunziata (lett. *d*)).

---

[88] Trattasi di un rito speciale che, se nel contesto del codice di procedura civile si presenta come alternativo al rito ordinario, nel contesto del citato D.Lgs. si presenta, invece, come esclusivo. In altri termini, il legislatore ha riportato esclusivamente al detto rito le controversie in parola perché le ha ritenute *a priori* semplici nella loro base fattuale, sottraendo all'attore ed al giudice ogni spazio di valutazione in concreto e, quindi, ogni scelta di caso in caso tra il rito ordinario ed il rito semplificato.

[89] Come, invece, accadeva nel precedente giudizio di delibazione, ai sensi dell'art. 796, 3° comma, c.p.c.

Invece, starà a colui che è *interessato a negare il riconoscimento* provare che:

– sono stati violati i diritti essenziali della difesa (lett. *b*) ultima frase);

– la sentenza straniera è contraria ad altra sentenza pronunziata da un giudice italiano passata in giudicato (lett. *e*));

– pende un processo davanti a un giudice italiano per il medesimo oggetto e fra le stesse parti, che abbia avuto inizio prima del processo straniero (lett. *f*));

– le disposizioni della sentenza straniera producono effetti contrari all'ordine pubblico (lett. *g*)).

Comunque, concluso il giudizio in parola e passata in giudicato la relativa pronuncia, non si potrà più rimettere in discussione, almeno tra le parti che hanno ad esso partecipato, la questione della riconoscibilità della sentenza straniera messa in gioco, senza che abbia alcuna importanza il fatto che non si sia discusso su tutte le condizioni di cui all'art. 64. Insomma, non si potrà riaprire la questione della riconoscibilità in un'altra sede, spendendo motivi non trattati nel precedente giudizio di riconoscimento celebrato ai sensi dell'art. 67. Altro è, ovviamente, il caso che qualche condizione positiva, prima insussistente, sopravvenga: si pensi all'ipotesi in cui solo successivamente al giudizio di riconoscibilità passi in giudicato la sentenza straniera.

Su alcune delle condizioni elencate è necessario compiere brevi approfondimenti.

Rispetto al requisito *sub a)*, che impone al giudice italiano di negare la riconoscibilità ove il giudice che abbia pronunciato la sentenza non avesse la competenza giurisdizionale secondo i principi a noi propri, ci si chiede: il controinteressato al riconoscimento deve aver rilevato la relativa questione di rito nel processo straniero? La risposta è negativa, perché s'imporrebbe a costui di fare una questione di fronte ad un giudice che la risolverebbe secondo criteri "suoi", magari diversi da quelli vigenti in Italia [90]. Ed allora l'imposizione di un simile onere preventivo non avrebbe alcun senso.

Rispetto al requisito *sub d*) si precisa che il riferimento è ad una sentenza che, secondo la legge processuale dello Stato in cui è stata pronunciata, ha raggiunto una stabilità paragonabile a quella che nel nostro sistema una sentenza raggiunge col suo passaggio in giudicato. Come abbiamo già accennato [91] e meglio vedremo in seguito [92], secondo le norme del nostro codice di procedura

[90] Si pensi alla pretesa dei giudici nordamericani di giudicare sui danni arrecati ai propri cittadini per atti di terrorismo, dovunque essi siano avvenuti.

[91] Vedi il paragrafo 4 in questo capitolo.

[92] Cfr. *infra* nel settimo capitolo.

civile la sentenza è attaccabile con specifici rimedi, chiamati mezzi di impugnazione, i quali si distinguono in mezzi ordinari e mezzi straordinari. Quelli sono spendibili entro un certo termine che decorre da un momento predeterminabile, mentre questi sono spendibili o senza alcun termine o entro un termine la cui decorrenza è incerta sia nell'*an* sia nel *quando*. Il c.d. giudicato formale si raggiunge quando non sono più spendibili i mezzi di impugnazione ordinari (art. 324 c.p.c.), ossia la sentenza passa in giudicato nel momento in cui si precludono i mezzi di impugnazione la cui proponibilità è prevedibile, per così dire, in anticipo. In una situazione di questo tipo possiamo parlare di stabilità della sentenza, ancorché si tratti di una stabilità pur sempre relativa, perché non si può escludere che essa sia ulteriormente attaccata con un mezzo di impugnazione straordinario. Ebbene, il citato requisito di cui all'art. 64 si riferisce ad una stabilità di questo genere.

Ma, il discorso più complesso è quello che riguarda i requisiti di cui alle lett. *e*) ed *f*).

Il primo aspetto che emerge è che la sentenza straniera non è riconoscibile in Italia ove contrasti con un giudicato italiano[93]. Il caso è quello del conflitto pratico tra il giudicato italiano e il giudicato straniero, quindi qui si immagina che le due decisioni contrastanti vertano sullo stesso oggetto[94] oltre che essere, ovviamente, pronunciate tra gli stessi soggetti. Ma, se, anche in una prospettiva puramente interna, è spesso difficile risolvere il problema dell'identificazione dell'oggetto del giudicato, le difficoltà possono aumentare quando la prospettiva si allarga ai giudicati stranieri, perché i criteri di identificazione dell'oggetto del giudicato possono variare nei diversi ordinamenti. Molto sinteticamente possiamo dire che si ha conflitto pratico tra giudicato straniero e giudicato italiano quando gli effetti delle due pronunce si elidono reciprocamente. Questo accade, non solo ove i giudicati hanno ad oggetto lo stesso diritto o, se si vuole, posto che non in tutti gli ordinamenti oggetto del processo è il diritto soggettivo, ove statuiscano in modo contrastante sullo stesso bene della vita, ma anche quando, ad esempio, una pronuncia nega la validità di un contratto ed altra pronuncia riconosce un singolo effetto in ipotesi derivante da quel contratto.

Sorge poi la domanda: il giudicato straniero va recepito in Italia secondo i

---

[93] Si aggiunga, anche se la norma non lo dice esplicitamente, che al giudicato italiano è equiparato il giudicato straniero già precedentemente riconosciuto con sentenza pronunciata ai sensi dell'art. 30 del D.Lgs. n. 150/2011, a cui rinvia l'art. 67, comma 1*bis*, della legge n. 218/1995.

[94] O anche su oggetti incompatibili, visto che i limiti oggettivi del giudicato coprono appunto anche i diritti incompatibili. Cfr. quanto diremo nel prossimo capitolo sulla relazione di incompatibilità tra diritti.

limiti oggettivi dello Stato in cui esso si è formato o secondo i limiti oggettivi tracciabili in base alla legge italiana?

Nel sistema antecedente all'entrata in vigore della legge n. 218/1995, non avendo i giudicati stranieri un'efficacia automatica a livello del nostro ordinamento e dovendo essere recepiti per mezzo di un provvedimento giurisdizionale (azione di delibazione), era naturale ritenere che le sentenze straniere, quando e nel momento in cui erano recepite, lo erano in base al modo in cui la legge italiana traccia i limiti oggettivi del giudicato. Ma, oggi non si può rimanere fedeli a questo principio nel quadro di un sistema in cui i giudicati stranieri non hanno più bisogno di essere recepiti per esplicare efficacia in Italia. Piuttosto, oggi, si deve partire dal principio esattamente opposto e, quindi, ritenere che i giudicati stranieri vadano recepiti per quello che essi sono in origine, secondo la portata che ad essi viene attribuita dalla legge dello Stato in cui sono prodotti.

Per comprendere i termini del problema si tenga presente che una sentenza straniera può, rispetto ad una sentenza italiana di contenuto paragonabile, avere, secondo la legge processuale del sistema in cui essa è pronunciata, una portata meno ampia o più ampia. Si considerino, allora, separatamente i due casi.

Dal primo punto di vista, si pensi alla tutela prevista nel nostro art. 2932 c.c. [95]. In questa norma, presupponendo che le parti abbiano stipulato un contratto preliminare, ma non anche il successivo contratto definitivo, a causa della mancata cooperazione di una di esse, si prevede che l'interessato possa agire in giudizio per ottenere una sentenza, che non si limita ad accertare l'illecito e a condannare il responsabile ai conseguenti adempimenti, bensì fornisce definitivamente la tutela necessaria, ossia produce gli effetti del contratto definitivo non concluso spontaneamente.

Ma, ci sono sistemi nei quali nella stessa situazione l'interessato può solo pretendere dal giudice la pronuncia di una sentenza di condanna ad un *facere* giuridico (magari assistita da una misura coercitiva), fondata appunto su quella che è, in fondo, la lesione di un rapporto obbligatorio, avente come contenuto l'obbligo di stipulare un contratto. Ora, è evidente come una sentenza di questo genere abbia una valenza minore rispetto a quella che ha la sentenza pronunciata dal giudice italiano ai sensi dell'art. 2932 c.c. I presupposti di entrambe sono identici, perché si ha sempre a che fare con un comportamento antigiuridico consistente nella violazione dell'obbligo a concludere un contratto, ma le tutele fornite sono diverse, perché in un caso si attribuisce all'interessato una tutela autosufficiente, che ha elementi della tutela di condanna ed elementi della tutela costitutiva, mentre nell'altro caso gli si fornisce solo una tutela di condanna,

---

[95] Vedi *retro* il paragrafo 5 del terzo capitolo.

quindi una tutela non autosufficiente. Una sentenza straniera col detto contenuto non può avere, in Italia, una portata superiore a quella che essa ha nel suo Stato di origine, anche se nel nostro sistema quella stessa sentenza avrebbe avuto una portata maggiore.

Dal secondo punto di vista, una sentenza straniera può avere una portata più ampia di quella che ha una sentenza italiana con analogo contenuto. Ciò vale essenzialmente per quella che abbiano chiamato profondità del giudicato [96].

In Italia il giudicato può riguardare, oltre al diritto fatto valere nella domanda, anche una c.d. questione pregiudiziale, quando nella fattispecie costitutiva del diritto fatto valere si ha un elemento che di per sé non è un mero fatto, ma una situazione giuridica soggettiva, quindi un *quid* che, secondo i principi generali, potrebbe essere oggetto di un autonomo processo. Invece, nel nostro sistema il giudicato non può riguardare anche la soluzione di mere questioni, non coincidenti con effetti giuridici, che il giudice ha dovuto affrontare per arrivare a decidere sul diritto fatto valere.

Ma, vi sono ordinamenti nei quali, al contrario, il giudicato scende anche sull'accertamento compiuto in riferimento a tali questioni ed allora sorge la domanda: un giudicato proveniente da ordinamenti di questo genere vale in Italia anche in riferimento a quegli accertamenti?

Francamente a me sembra che si debba dare risposta positiva a tale domanda [97] e ciò per due ragioni.

Innanzitutto, perché in questo modo si resta coerenti col principio dell'automatico riconoscimento delle sentenze straniere.

In secondo luogo perché una simile risposta non si pone in contrasto con alcun principio di ordine pubblico. In primo luogo non si può diffidare della "serietà" di detti accertamenti, perché, a ben vedere, l'accertamento in ordine al diritto fatto valere si identifica con la soluzione delle questioni per esso rilevanti. Inoltre, e più in generale, se nel nostro sistema si ritiene che la minima unità azionabile sia data da un diritto soggettivo [98], è anche vero che ciò deriva solo dall'idea che non valga la pena di mettere in moto la giurisdizione statale se non si chiede "almeno" l'accertamento di una situazione giuridica soggettiva. Non si mette in crisi un qualche principio fondamentale della nostra convivenza civile se si consente ai giudici dello Stato di riconoscere l'efficacia di sentenze da altri pronunciate, che abbiano un oggetto minore. Del resto, già in una pro-

[96] Vedi il paragrafo 5 nel presente capitolo.

[97] Ma non nascondo che la questione è ancora aperta.

[98] Idea diffusa e anche qui accolta. Ma, a ben vedere, non vi è una sola norma positiva che l'abbia esplicitamente recepita!

spettiva interna, i giudici pubblici riconoscono sentenze private che hanno ad oggetto mere questioni (c.d. perizia contrattuale)[99]. Ed anche per la stessa attività giurisdizionale del giudice statale sono previste delle eccezioni[100]: si pensi alla querela di falso, con la quale, evidentemente, si instaura un giudizio che non ha ad oggetto un diritto, bensì solo una questione.

In definitiva, il giudicato straniero è recepito in Italia per quello che esso è all'origine, secondo i "suoi" limiti oggettivi, per cui i giudici italiani lo devono interpretare in base alle regole dello Stato di sua provenienza e non in base alle regole processuali italiane.

Venendo ora all'analisi del fenomeno processuale nella sua dinamica, distinguiamo varie ipotesi.

La prima ipotesi si ha quando, per così dire, il giudicato straniero giunge in Italia nel momento in cui vi è già un giudicato italiano sullo stesso oggetto. Insomma siamo già di fronte ad un conflitto pratico tra giudicati. La legge dispone semplicemente la prevalenza del giudicato italiano, anche se potrebbe dubitarsi di questa prevalenza ove il giudicato italiano sopravvenga successivamente a quello straniero.

La seconda ipotesi si ha quando il giudicato straniero giunge sulla scena del nostro ordinamento nel momento in cui pende un processo italiano sullo stesso oggetto. All'interno di questa ipotesi bisogna distinguere due casi.

Se il processo italiano era stato instaurato prima del processo straniero, in cui è stata pronunciata la sentenza che si vorrebbe ora riconoscere, il disposto della lett. *f*) dell'art. 64 prevede esplicitamente che tale sentenza straniera non è riconoscibile. Del resto, in tal caso, il processo italiano ha proseguito la sua marcia legittimamente, appunto perché previamente pendente rispetto a quello straniero[101], per cui anche il frutto della giurisdizione straniera è respinto. Salvo, ovviamente, il caso in cui si contesti proprio il fatto che il processo italiano fosse iniziato prima di quello straniero[102].

Se, invece, il processo italiano era stato instaurato dopo quello straniero, il giudicato in questo prodotto è, in linea di principio, riconoscibile in Italia. Ma,

---

[99] Vedi *supra* il paragrafo 2 del terzo capitolo.

[100] A parte quel frutto patologico rappresentato dalle sentenze non definitive su questioni, di cui abbiamo già trattato.

[101] Torna a quanto si è detto, nel paragrafo 10 del quarto capitolo, sulla litispendenza internazionale, prima disciplinata dall'art. 7 della legge n. 218/1995 ed oggi dall'art. 33 del Reg. n. 1215/2012.

[102] Si tenga sempre presente che ogni delibazione fatta prima, in sede di cognizione sull'eccezione di litispendenza, non vincola a fronte della successiva questione relativa al riconoscimento della sentenza straniera.

qui bisogna immaginare diverse situazioni e riannodare i fili di questa complessa matassa anche riprendendo quanto si disse a proposito dell'eccezione di litispendenza internazionale [103].

Se nel processo italiano, instaurato successivamente a quello straniero, era stata rilevata l'eccezione di litispendenza internazionale, è possibile che essa, nonostante la previa pendenza del processo straniero, sia stata rigettata, magari in virtù di una negativa prognosi di riconoscibilità [104]. In tal caso, l'attività giurisdizionale italiana ha continuato il suo svolgimento, ma è stata battuta sul tempo, perché è sopraggiunto, prima della sua conclusione, il giudicato straniero. L'interessato potrà far valere la sentenza straniera in Italia, oltre che azionando il giudizio di cui all'art. 67, 1° comma, legge n. 218/1995, anche spendendola nel processo ancora aperto sulla stessa causa. Invero, il giudice di questo processo, nel momento in cui valuta il giudicato straniero, non è vincolato alla prognosi di riconoscibilità da lui stesso effettuata in precedenza, quando ha deciso sull'eccezione di litispendenza internazionale. In altri termini, è ben possibile che quel giudice ritenga (ora) riconoscibile il giudicato straniero anche se egli aveva (prima) effettuato una negativa prognosi di riconoscibilità.

Se, invece, la rilevata eccezione di litispendenza internazionale era stata accolta, noi sappiamo che il processo italiano si è fermato, precisamente esso è stato sospeso. In tal caso, può essere che una parte, ad esempio quella che è risultata soccombente all'estero, sia interessata a riassumere il processo italiano e, allora, l'altra farà valere in esso il giudicato straniero.

Poniamo, infine, il caso che nel processo italiano, instaurato successivamente a quello straniero, non sia stata rilevata l'eccezione di litispendenza internazionale. Il processo italiano e il processo straniero hanno avuto il loro corso in parallelo, ma questo ha battuto quello ed è giunto prima al giudicato. L'interessato potrà far valere in ogni modo questo giudicato in Italia.

Certamente, sempre che vi siano le condizioni, egli potrà instaurare il giudizio di cui all'art. 67, 1° comma, legge n. 218/1995.

Ma, altrettanto certamente egli potrà spendere quel giudicato anche nel processo italiano, ancora pendente sulla stessa causa. Ed allora sarà vanificata tutta l'attività giurisdizionale inutilmente svolta in Italia.

---

[103] Vedi *supra* il paragrafo 10 nel quarto capitolo.

[104] Peraltro, sempre riprendendo quanto si è detto nel paragrafo 10 del quarto capitolo, a seguito della sostituzione della disciplina contenuta nel previgente art. 7 della legge n. 218/1995 con le disposizioni di cui all'art. 33 del Reg. n. 1215/2012 vi è ora uno spazio di discrezionalità di cui gode il giudice, a causa del quale è più probabile che l'eccezione in parola sia respinta. Inoltre, visto l'art. 33, 2° comma, del citato Regolamento, è anche possibile che il processo italiano, prima sospeso, venga poi riassunto, risultando così esso pendente attivamente al momento del sopraggiungere della sentenza straniera.

Ciò è vero a prescindere dall'idea che si abbia sulla disciplina dell'eccezione di litispendenza internazionale.

Ossia, se anche si volesse ritenere che tale eccezione sia rilevabile solo ad istanza di parte e, come si suole dire, *in limine litis*, non si potrebbe trarre dalla preclusione di questa eccezione anche la preclusione dell'eccezione di cosa giudicata straniera[105]. È vero che le due eccezioni hanno, in fondo, lo stesso obiettivo, vale a dire quello di evitare conflitti pratici di giudicati, ma è anche vero che è immaginabile che un ordinamento attribuisca rilievo al giudicato pur quando non è possibile, o non è più possibile, riconoscere valore al processo della sua formazione.

Si pensi, tipicamente, ai rapporti tra giurisdizione statale e giurisdizione privata, nei quali, secondo l'opinione comune ed oggi anche secondo la legge (art. 819*ter* c.p.c.), opera l'eccezione di cosa giudicata e non anche l'eccezione di litispendenza. In questo ambito il processo statale non può chiudersi per litispendenza, ove penda contemporaneamente un processo arbitrale, previamente instaurato sulla stessa causa, potendo operare, tra le due giurisdizioni, solo l'eccezione di patto compromissorio, che di per sé prescinde dalla pendenza o meno del processo arbitrale e, comunque, è spendibile nel processo statale in tempi assai stretti. Tuttavia, la non spendibilità dell'eccezione di litispendenza e la preclusione dell'eccezione di patto compromissorio non impediscono, certo, di ritenere che, correndo in parallelo i due processi, il giudicato arbitrale, una volta sopraggiunto, sia comunque spendibile nel processo statale ancora aperto.

E, allora, non si vede per quale motivo la stessa logica non debba valere anche nei rapporti tra la giurisdizione italiana e le giurisdizioni straniere. Il processo italiano, instaurato dopo quello straniero, dovrebbe arrestarsi per litispendenza, sussistendone tutti i presupposti, tra i quali anche il rilievo dell'eccezione. Ma, se ciò non si verifica, proprio a causa del mancato rilievo della relativa eccezione, non è possibile escludere, per questo solo fatto, l'operatività, nel processo italiano ancora pendente, del sopraggiunto giudicato straniero.

---

[105] Anche sul problema della disciplina dell'eccezione di litispendenza internazionale torna al paragrafo 10 del quarto capitolo.

Capitolo Sesto

IL PROCESSO COMPLICATO

1. *Introduzione*

Il discorso svolto fino a questo momento ha avuto presente un processo "a struttura semplice", ossia celebrato tra due parti contendenti in riferimento ad un rapporto giuridico sostanziale. Quindi abbiamo sempre immaginato un attore e un convenuto in lite su un unico oggetto.

Ma, è possibile che il processo sia "complicato", per ragioni oggettive e/o per ragioni soggettive.

Può essere che i litiganti siano più di due (complicazione soggettiva) ed è possibile che il processo non abbia un solo oggetto, bensì vengano in gioco più situazioni giuridiche soggettive (complicazione oggettiva). Tali diverse complicazioni, poi, possono intrecciarsi o meno, nel senso che ad una pluralità di parti può essere sottesa o meno anche una pluralità di oggetti, come, del resto, è anche possibile che nel processo si contenda sull'esistenza e/o il modo di essere di più effetti giuridici, ma pur sempre tra un attore e un convenuto. E, ancora, le dette complicazioni, soggettive e/o oggettive, possono essere originarie o successive, vale a dire il processo può essere complicato fin dalla sua instaurazione oppure può accadere che esso, nato con una struttura semplice, si complichi successivamente alla sua instaurazione.

Molte sono le norme che nel codice di procedura civile si occupano del processo complicato. A fini puramente didattici, è possibile dividerle in tre gruppi.

Nel primo gruppo rientrano quelle che si occupano di fenomeni di complicazione oggettiva immaginabili tra due sole parti (artt. 31, 34, 35, 36 e 104 c.p.c.). Nel secondo gruppo troviamo le norme che immaginano sempre un processo litisconsortile, ossia con una pluralità di parti, a prescindere dal fatto che, poi, a tale pluralità di parti sia sottesa o meno anche una pluralità di oggetti (artt. 102, 103, 33, 105, 106, 32 e 107 c.p.c.). Infine, nel terzo gruppo collochiamo le norme che disciplinano fenomeni di modificazione soggettiva che avvengono nel processo (artt. 108, 109, 110 e 111 c.p.c.).

Si tratta di tre grandi capitoli nello studio del processo complicato e noi cercheremo di fissare almeno i punti essenziali degli istituti in gioco [1].

Peraltro, posto che spesso il processo si complica (almeno anche) per ragioni oggettive, è necessario, preliminarmente, svolgere un discorso generale sulla *connessione*, per inquadrare quali siano i tipi di nessi che possono intercorrere tra le situazioni giuridiche soggettive, tali da giustificare la loro trattazione in un unico processo.

2. *Connessione e simultaneo processo*

Con il termine "connessione" ci si vuol riferire a tutte le possibili relazioni intercorrenti tra diverse situazioni giuridiche soggettive. La connessione è, quindi, un fenomeno sostanziale, qualcosa che esiste prima del processo.

Poi, essa emerge a livello del diritto processuale come occasione del c.d. *simultaneo processo*, ossia di un processo nel cui ambito il giudice è chiamato a decidere, non su una sola situazione giuridica soggettiva, bensì su più situazioni giuridiche soggettive. In altri termini, intanto è immaginabile un processo simultaneo, quindi un processo su più effetti giuridici, un processo nel quale si agitino più cause, in quanto tra quegli effetti giuridici, quindi tra le cause che li riguardano, vi sia un legame, un nesso preesistente al processo.

Tali nessi sono di vario tipo e di diversa intensità e, di conseguenza, diverso è il modo in cui la legge processuale li considera. Per comprendere la disciplina processuale è necessario avere prima un quadro generale di essi.

Innanzitutto, la connessione può essere meramente *soggettiva* o *oggettiva*.

Due situazioni giuridiche sono connesse per ragioni meramente soggettive appunto perché esse hanno in comune solo i loro soggetti. Ad una simile relazione si richiamano gli artt. 35 e 104 del codice di procedura civile.

Assai più complesso è il fenomeno della connessione oggettiva, che, peral-

---

[1] Sull'art. 110 c.p.c. ("Successione nel processo") abbiamo già detto in collegamento all'interruzione del processo: cfr. il paragrafo 14 nel quarto capitolo.

tro, può aversi tra situazioni giuridiche che fanno capo alle stesse parti o anche tra situazioni giuridiche che fanno capo a parti diverse. Possiamo distinguere tre tipi di connessione oggettiva:

a) la connessione per titolo o per oggetto con relazione di compatibilità;
b) la connessione per incompatibilità;
c) la connessione per pregiudizialità-dipendenza.

La *connessione per titolo* si ha quando due diritti hanno in comune uno o più elementi della fattispecie costitutiva, ossia della c.d. *causa petendi*. Si pensi all'ipotesi in cui un soggetto, con un unico fatto doloso o colposo, cagioni un danno ingiusto a più soggetti: qui i diversi diritti al risarcimento del danno, sorti in capo ai danneggiati ai sensi dell'art. 2043 c.c., hanno in comune almeno l'elemento costitutivo del fatto del danneggiante.

La *connessione per oggetto con relazione di compatibilità* si ha quando due diritti, facenti capo a due soggetti diversi, hanno in comune il bene della vita a cui essi si riferiscono e, tuttavia, visti i loro contenuti, possono coesistere nella stessa unità di tempo. Si pensi, classicamente, al caso in cui sullo stesso bene insistano il diritto di usufrutto di Caio e la nuda proprietà di Tizio: qui abbiamo due diritti reali sulla stessa *res* in capo a due soggetti diversi, ma essi hanno una relazione di compatibilità perché possono coesistere nella stessa unità di tempo.

Presuppongono una connessione per titolo o una connessione per oggetto con relazione di compatibilità una parte dell'art. 36, l'art. 103 c.p.c. ed una parte dell'art. 105, 1° comma, c.p.c.

Anche la *connessione per incompatibilità* si incentra sul fatto che tra due diritti, in ipotesi facenti capo a due soggetti diversi, vi è in comune il bene della vita, ma in essa la relazione è tale per cui tali diritti non possono coesistere nella stessa unità di tempo. Si pensi all'ipotesi in cui due soggetti diversi pretendano, nello stesso momento, di essere proprietari esclusivi dello stesso bene: è evidente che non possono coesistere tali due, presunti, diritti, per cui o esiste l'uno o esiste l'altro. Vedremo in seguito che l'ordinamento fissa i criteri di prevalenza, ossia le regole in base alle quali si può risolvere il conflitto tra due diritti incompatibili.

Presuppongono una connessione per incompatibilità, almeno in parte, gli artt. 36, 105, 1° comma, 106 e 404, 1° comma, c.p.c.

Infine, si ha la connessione per *pregiudizialità-dipendenza*[2] quando una situazione giuridica (pregiudiziale) rientra nella fattispecie costitutiva di altra si-

[2] Questo tipo di relazione tra diritti è, invero, del tutto particolare e anche su un piano terminologico la possiamo inserire nella connessione oggettiva solo intendendo questa espressione in termini assai lati.

tuazione giuridica (dipendente). In tal caso non si può neanche dire che i due diritti abbiano un elemento in comune, ma addirittura accade che uno di essi fondi l'esistenza dell'altro. Di questo tipo di relazione abbiamo già parlato, per cui si rinvia a quei luoghi anche per i relativi esempi [3], ricordando in questa sede solo che detta relazione può correre tra effetti giuridici che fanno capo alle stesse parti o tra effetti giuridici che fanno capo a parti diverse.

Le norme che nel codice di rito presuppongono una connessione per pregiudizialità-dipendenza sono quelle contenute negli artt. 34, 105, 2° comma, 106, ultimo inciso, 107 e 404, 2° comma.

Se, come abbiamo detto poco sopra, la connessione tra diritti emerge a livello processuale come occasione per celebrare un *simultaneo processo*, è anche vero che questo è un *fenomeno possibile*, oltretutto a certe condizioni, e non necessario. In altri termini, se due diritti hanno una relazione tale per cui l'ordinamento consente agli interessati, in presenza di dati presupposti e secondo determinate modalità, di litigare su di essi nell'ambito di un unico processo, è possibile che questo processo unico su di essi si realizzi, come è possibile che non si realizzi.

Il simultaneo processo può realizzarsi su iniziativa del giudice o su iniziativa di parte.

L'*iniziativa del giudice* può aversi in diversi modi e in diverse occasioni.

Innanzitutto, il giudice può ridurre ad un solo, e simultaneo, processo più processi originariamente instaurati separatamente. Se questi erano stati instaurati di fronte allo stesso ufficio giudiziario, egli può utilizzare il meccanismo della riunione ai sensi dell'art. 274 c.p.c. [4]. Se, invece, i processi pendono di fronte ad uffici giudiziari diversi, allora il giudice può, ai sensi dell'art. 40

---

[3] Vedi *retro* il paragrafo 13 nel quarto capitolo, i paragrafi 5 e 8 nel quinto capitolo.

[4] L'art. 274 c.p.c. recita: «Se più procedimenti relativi a cause connesse pendono davanti allo stesso giudice, questi, anche d'ufficio, può disporne la riunione. / Se il giudice istruttore o il presidente della sezione ha notizia che per una causa connessa pende procedimento davanti ad altro giudice o davanti ad altra sezione dello stesso tribunale, ne riferisce al presidente, il quale, sentite le parti, ordina con decreto che le cause siano chiamate alla medesima udienza davanti allo stesso giudice o alla stessa sezione per i provvedimenti opportuni». Il potere discrezionale del giudice viene, invece, ridotto quando trattasi di liti in materia di lavoro ovvero di cause che appartengono alla competenza del giudice di pace, per le quali l'art. 151 disp. att. c.p.c., anche a seguito del D.Lgs. n. 40/2006, dispone: «La riunione, ai sensi dell'articolo 274 del codice, dei procedimenti relativi a controversie in materia di lavoro e di previdenza e di assistenza e a controversie dinanzi al giudice di pace, connesse anche soltanto per identità delle questioni dalla cui risoluzione dipende, totalmente o parzialmente, la loro decisione, deve essere sempre disposta dal giudice, tranne nelle ipotesi che essa renda troppo gravoso o comunque ritardi eccessivamente il processo. In queste ipotesi la riunione, salvo gravi e motivate ragioni, è, comunque, disposta tra le controversie che si trovano nella stessa fase processuale. Analogamente si provvede nel giudizio di appello. / Le competenze e gli onorari saranno ridotti in considerazione dell'unitaria trattazione delle controversie riunite».

c.p.c., rilevare la connessione non oltre la prima udienza e decidere in merito ad essa con un'ordinanza avverso la quale è proponibile regolamento di competenza ai sensi dell'art. 42 c.p.c., dato che siamo qui di fronte ad una sorta di pronuncia di incompetenza assunta dal giudice che si spoglia della causa, ordinandone la trasmigrazione ad altro ufficio giudiziario.

Inoltre, il giudice può complicare l'unico processo pendente ordinando, ai sensi dell'art. 107 c.p.c., la chiamata di un terzo al quale ritiene comune la causa [5].

L'iniziativa di parte, certo più usuale, può essere originaria o successiva.

È originaria quando il processo nasce complicato, per ragioni oggettive e/o soggettive. Così può accadere che l'attore, in relazione ad un rapporto obbligatorio a contenuto pecuniario, aggiunga, fin dall'inizio, alla domanda principale, relativa al capitale, quella accessoria, relativa agli interessi (art. 31 c.p.c.). O che contro il medesimo convenuto si propongano più domande non altrimenti connesse (art. 104 c.p.c.). Come può accadere che più parti agiscano o siano convenute nello stesso processo in relazione a diritti connessi per titolo o per oggetto con relazione di compatibilità (art. 103 c.p.c.) [6].

L'iniziativa è successiva quando il processo, nato con una struttura semplice, ossia tra un attore e un convenuto in relazione ad una sola situazione giuridica soggettiva, si complica appunto in un momento successivo alla sua instaurazione. A tal proposito si possono immaginare situazioni e modalità diverse.

In primo luogo, può aversi uno sviluppo tra le stesse parti, per cui nel processo può insorgere una causa ulteriore rispetto a quella oggetto della domanda. Di questo fenomeno si occupano gli artt. 34, 35 e 36 c.p.c.

In secondo luogo, più processi contemporaneamente pendenti su cause connesse possono essere ridotti ad unità per l'eccezione di connessione che una parte rilevi ai sensi dell'art. 40 c.p.c., non oltre la prima udienza.

Infine, lo sviluppo del fenomeno processuale può giungere a coinvolgere un terzo, ossia un soggetto che non era parte del processo al momento della sua instaurazione. Poi, è possibile che tale coinvolgimento si verifichi in modi diversi, perché è lo stesso terzo ad intervenire (art. 105 c.p.c.) o perché è una delle parti a chiamarlo nel processo (art. 106 c.p.c.).

Ma, si ripete, la connessione tra diritti rende possibile, e a certe condizioni, il simultaneo processo, senza imporne l'instaurazione. Per cui può anche accadere che esso non si realizzi. Se la legge consente ad un terzo di intervenire, è possibile che questo terzo intervenga come è possibile che egli non intervenga. Se

---

[5] Per approfondimenti vedi in questo capitolo il paragrafo 12.

[6] Istituto a parte è quello disciplinato dall'art. 102 c.p.c., in cui vedremo (cfr. il paragrafo 7 in questo capitolo) che il litisconsorzio non è meramente possibile, bensì addirittura necessario.

una parte può chiamare in causa un terzo, è possibile che la chiamata sia effettuata, ma anche che essa non sia effettuata. Se una parte può rilevare l'eccezione di connessione, può anche accadere che detta eccezione non sia rilevata [7] o che i processi aventi oggetti connessi non siano celebrati contemporaneamente, bensì in successione temporale. Se una parte può trasformare in causa una questione pregiudiziale (art. 34 c.p.c.) o utilizzare l'eccezione di compensazione (art. 35 c.p.c.) o ancora proporre domanda riconvenzionale (art. 36 c.p.c.), è anche possibile che essa non faccia nulla di tutto ciò. Insomma, posta la sussistenza di una determinata relazione tra situazioni giuridiche soggettive e la possibilità, offerta dalla legge processuale, di trattare quelle situazioni in un unico processo, tale possibilità può essere in concreto sfruttata o meno.

E, allora, sorge la domanda: se si perde l'occasione del simultaneo processo, l'ordinamento ne prende semplicemente atto oppure esso appronta altri meccanismi per far fronte ad eventuali problemi che possono verificarsi?

La risposta non è univoca, perché il simultaneo processo non risponde ad una sola logica, non ha un'unica funzione, ma esso svolge funzioni diverse a seconda dei diversi tipi di connessione tra diritti, precisamente a seconda che la connessione sia più o meno intensa o, se si vuole, più o meno implicata.

Quando la connessione è *meno implicata*, l'ordinamento prevede la possibilità del simultaneo processo essenzialmente per ragioni di *economia processuale*. Il riferimento è alle ipotesi in cui la relazione tra le diverse situazioni giuridiche è meramente soggettiva o anche oggettiva, ma nelle sue forme più deboli, ossia per titolo o per oggetto con relazione di compatibilità (si rinvia agli artt. 103 e 104 c.p.c. [8]). In questi casi la legge consente la celebrazione di un solo processo su più diritti, perché in tal modo si risparmia tempo ed energia. Ma, se tale occasione è perduta, non residuano ulteriori problemi a cui fare fronte.

Non solo. In queste ipotesi, anche quando il simultaneo processo si realizza, l'ordinamento non esprime una particolare esigenza al suo mantenimento, nel senso che esso può anche, per così dire, frantumarsi successivamente. Così, come vedremo meglio in seguito [9], è possibile la separazione tra le cause perché

---

[7] Oltretutto si tenga presente che, ai sensi dell'art. 40, 2° comma, c.p.c., la «connessione non può essere eccepita dalle parti né rilevata d'ufficio dopo la prima udienza» ed inoltre che, pur rilevata la relativa eccezione, «la rimessione non può essere ordinata quando lo stato della causa principale o preventivamente proposta non consente l'esauriente trattazione e decisione delle cause connesse».

[8] Anche l'art. 35 c.p.c. si occupa di un caso di connessione meramente soggettiva, ma vedremo che ad esso è sottesa un'esigenza più complessa di quella della semplice economia processuale. Cfr. *infra* in questo capitolo il paragrafo 5.

[9] Vedi, per un verso, in questo capitolo il paragrafo 8 e, per altro verso, il paragrafo 6 nel settimo capitolo.

il mantenimento del loro cumulo è diventato antieconomico, come è possibile che il processo litisconsortile si frantumi nel passaggio alle fasi di impugnazione (argomenta dall'art. 332 c.p.c.).

Quando, invece, il *nesso* è *più implicato*, il simultaneo processo ha, essenzialmente, la funzione di assicurare il *coordinamento tra le decisioni* relative alle situazioni giuridiche così connesse. Il riferimento è alla connessione per incompatibilità e a quella per pregiudizialità-dipendenza. In questo ambito il discorso si complica perché, se l'economia processuale, al di là dell'importanza che le si può riconoscere, si attua, in ogni caso, solo col simultaneo processo, per cui l'aspirazione ad essa va irrimediabilmente perduta ove questo non si realizzi, evidentemente il coordinamento tra le decisioni relative a diritti connessi in modo più implicato è aspirazione perseguibile anche in modi alternativi al simultaneo processo. Ed, allora, il problema è capire qual è il valore che l'ordinamento attribuisce a questa aspirazione, per individuare gli strumenti, eventualmente alternativi al simultaneo processo, positivamente previsti per realizzare lo stesso fine: quello, appunto, del coordinamento tra le decisioni attinenti a diritti connessi per incompatibilità o per pregiudizialità-dipendenza.

Allo stato attuale del nostro diritto positivo, possiamo dire che il legislatore ritiene certamente auspicabile l'attuazione del detto coordinamento anche là dove non si realizza il simultaneo processo, in quanto vi sono strumenti alternativi che operano proprio quando questo non si è realizzato.

Il primo strumento, o meglio complesso di strumenti, a cui pensiamo è ricavabile dalla teoria del giudicato. In primo luogo, questo ha una profondità tale da coinvolgere anche la c.d. questione pregiudiziale in senso logico, meccanismo che consente, poi, in un eventuale secondo processo su altro effetto giuridico derivante dallo stesso rapporto giuridico fondamentale, di giungere ad una decisione che sia coerente con quella precedentemente assunta in ordine al necessario antecedente logico. In secondo luogo, se il giudicato sostanziale rappresenta, in buona sostanza, la stabile attribuzione ad un dato soggetto di un bene della vita, evidentemente quella attribuzione non può, poi, essere messa in discussione in alcun modo: né rimettendo in gioco lo stesso diritto giudicato né rimettendo in gioco diritti incompatibili con quello già giudicato. Ciò almeno quando la successiva pretesa proviene da uno dei soggetti che hanno preso parte al processo di formazione di quel giudicato [10]. In terzo luogo, se il processo sul-

---

[10] Se la situazione giuridica incompatibile fa, invece, capo ad un terzo, fermo restando la non opponibilità del giudicato, a lui resterà sempre la possibilità di veder riconosciuto il suo diritto in altro processo o, al più, ove rischi un c.d. danno da esecuzione derivante dal giudicato tra altri, gli è attribuita la spendibilità di un particolare mezzo di impugnazione: l'opposizione di terzo c.d. ordinaria di cui all'art. 404, 1° comma, c.p.c. Su ciò torneremo nel paragrafo primo del prossimo capitolo.

la situazione dipendente è celebrato dopo quello che ha avuto ad oggetto la situazione pregiudiziale, il coordinamento è ancora possibile, almeno se i due processi si svolgono tra le stesse parti, facendo valere nel secondo l'efficacia positiva del giudicato formatosi sulla situazione pregiudiziale. Ove, invece, la situazione dipendente faccia capo ad un terzo, tale efficacia positiva sarà spendibile contro di lui solo nei limitati casi in cui è concepibile un'efficacia *ultra partes* del giudicato senza incorrere nella violazione del principio costituzionalmente garantito del contraddittorio [11].

Il secondo strumento è dato dalla sospensione necessaria di cui all'art. 295 c.p.c., per il caso in cui pendano contemporaneamente processi aventi oggetti connessi per pregiudizialità-dipendenza e questi non si possano riunire, perché magari, visto l'art. 40, 2° comma, c.p.c., è mancata la relativa eccezione in prima udienza o perché, pur essendo stato fatto tempestivamente il rilievo, tuttavia la causa pregiudiziale iniziata prima è in stato avanzato [12].

Una volta instaurato, il simultaneo processo è presieduto da regole peculiari che possono, però, essere anche diverse, quantomeno perché, come è evidentemente emerso già da queste brevi note introduttive, esso può atteggiarsi, oggettivamente e soggettivamente, in modi diversi.

Preliminarmente si tengano presenti alcuni principi fondamentali.

Il principio di base è che le regole del simultaneo processo dipendono dalla struttura oggettiva di esso e, se anche questa è complicata, ciò che conta è il tipo di nesso che corre tra le diverse situazioni giuridiche soggettive.

Quindi, a tal proposito, non ha alcuna influenza il modo in cui si è realizzata la complicazione, soggettiva e/o oggettiva. Abbiamo visto che il simultaneo processo può essere originario o successivo, che esso può realizzarsi per iniziativa del giudice o di uno dei soggetti interessati e che, tra questi, può essere che l'iniziativa provenga da una delle parti già in causa o da un terzo, che decide di intervenire nel processo tra altri pendente. Tutti questi meccanismi, però, ci fanno capire solo come si può instaurare un processo simultaneo, perché, una volta che ciò è accaduto, la sua disciplina non dipende da quei meccanismi, bensì, si ripete, unicamente dalla struttura oggettiva che il processo ha acquisito.

Così, per fare un solo esempio, vedremo [13] come, nel passaggio ai gradi d'impugnazione, l'applicazione dell'art. 331 c.p.c., che esige il permanere del simultaneo processo, dipende dal fatto di trovarsi di fronte ad una causa in-

---

[11] Vedi *retro* il paragrafo 6 nel quinto capitolo.

[12] Sulla problematicità dell'istituto della sospensione vedi, peraltro, *retro* il paragrafo 13 nel quarto capitolo.

[13] Nel paragrafo 7 del prossimo capitolo.

scindibile tra più soggetti ovvero ad una pluralità di cause dipendenti, sempre tra più parti, senza che rilevi il modo in cui il processo complicato si sia costituito.

In secondo luogo, bisogna fare una distinzione tra le questioni che attengono al rito e le questioni che attengono al merito del processo cumulato.

Dal primo punto di vista, il simultaneo processo rappresenta solo un contenitore formalmente unico, nel cui ambito, però, vanno tenuti distinti i procedimenti relativi alle singole cause. In altri termini, i profili di rito vanno valutati separatamente per ogni causa [14], per cui può accadere, ad esempio, che in riferimento ad una causa, e non anche all'altra o alle altre, vi sia la carenza di un presupposto processuale. E, quindi, può anche verificarsi che una causa sia da decidersi in rito, mentre l'altra o le altre siano da decidersi in merito (*principio dell'autonomia processuale*).

Dal secondo punto di vista, invece, emerge, al contrario, l'unitarietà del simultaneo processo, nel cui ambito si svolge una sola ed unitaria trattazione-istruzione. Da ciò deriva che, salvo eccezioni, che poi vedremo, gli elementi assunti nel processo, ancorché propriamente nell'ambito di una delle cause, valgono ai fini della decisione di tutte le cause cumulate. Del resto, a ben vedere, è questo il vantaggio caratteristico del simultaneo processo: quello di poter svolgere una trattazione-istruzione unica in riferimento a più controversie, per poter fare in modo che i risultati di questa siano utilizzabili per decidere su tutti i diritti soggettivi in gioco (*principio dell'acquisizione*).

3. *Accertamenti incidentali*

L'art. 34 c.p.c. così recita: «Il giudice, se per legge o per esplicita domanda di una delle parti è necessario decidere con efficacia di giudicato una questione pregiudiziale che appartiene per materia o valore alla competenza di un giudice superiore, rimette tutta la causa a quest'ultimo, assegnando alle parti un termine perentorio per la riassunzione della causa davanti a lui».

Qui una questione si trasforma in causa, per cui il processo, che resta semplice sul piano soggettivo, rimanendo in esso le parti originarie, si complica, successivamente, solo sul piano oggettivo, aggiungendosi, a quella originaria, un'altra causa.

La norma ipotizza che, tra i presupposti della situazione giuridica fatta valere con la domanda, vi sia (anche) un elemento costitutivo che potrebbe, di per

---

[14] Salvo aspetti particolari: si pensi alla competenza per connessione.

sé, essere oggetto di un autonomo processo. Indubbiamente la "questione pregiudiziale" a cui l'articolo si riferisce rappresenta un passaggio logico che il giudice non può evitare, per arrivare a decidere nel merito della domanda proposta, ma essa, data la sua idoneità ad essere oggetto di un autonomo processo, ha un contenuto del tutto peculiare rispetto a tutte le altre "questioni", che pure il giudice non può evitare di affrontare nel suo percorso.

Innanzitutto, la questione pregiudiziale in parola non è costituita da un profilo di rito. Ovviamente, se nel processo vengono rilevate eccezioni attinenti alla carenza di presupposti processuali, il giudice si trova di fronte a questioni che deve necessariamente decidere, a snodi dai quali non può evitare di passare, per giungere, poi, alla decisione nel merito solo nel caso in cui egli si convinca che vi siano i presupposti processuali messi in dubbio. Ma, tali profili non hanno nulla a che fare con la "questione pregiudiziale" di cui all'art. 34 c.p.c., perché non è concepibile un autonomo processo che abbia ad oggetto l'accertamento dell'esistenza di un presupposto processuale, almeno tendenzialmente [15].

In secondo luogo, essa non si riferisce all'accertamento di tutti i possibili elementi costitutivi del diritto fatto valere, perché, se normalmente tra questi vi sono meri fatti giuridici, non è possibile, almeno nell'attuale diritto vigente, instaurare un autonomo processo al solo fine di ottenere dal giudice (pubblico) l'accertamento di un fatto giuridicamente rilevante per l'esistenza di una situazione giuridica soggettiva, dovendosi, al contrario, azionare direttamente quest'ultima.

Ma, allora, la "questione pregiudiziale" di cui all'art. 34 c.p.c., se ha come contenuto un elemento della fattispecie costitutiva del diritto fatto valere che è idoneo ad essere oggetto di un autonomo processo, non può che riferirsi, a sua volta, ad un'altra situazione giuridica soggettiva. Così si spiega l'alternativa che pone la norma in relazione alla risoluzione della questione, che può essere decisa incidentalmente (*incidenter tantum*) o con efficacia di giudicato.

L'alternativa non riguarda la serietà dell'accertamento del giudice, il quale dovrà, comunque, decidere la questione pregiudiziale in base ad una cognizione piena ed esauriente. Essa riguarda l'efficacia dell'accertamento compiuto, che può avere una valenza esclusivamente all'interno del processo qui ipotizzato o anche all'esterno, ossia, appunto un'efficacia di giudicato. Ma, se è immaginabile un'efficacia di giudicato, evidentemente la questione pregiudiziale ha ne-

---

[15] Sono previste almeno due importanti eccezioni. La prima è relativa all'accertamento della valida esistenza di un patto compromissorio (art. 819*ter*, ult. comma, c.p.c.), che rappresenta un presupposto processuale positivo nel giudizio arbitrale ed un presupposto processuale negativo nel processo statale. La seconda riguarda la riconoscibilità della sentenza straniera, sulla cui base è possibile un'eccezione di cosa giudicata. Quindi, in teoria, anche per dette questioni, in quanto possibili oggetti di autonomi processi, potrebbe valere quanto andremo a dire nel testo sulla loro trasformazione in causa. Ma che ciò sia realmente sostenibile può essere dubbio.

cessariamente ad oggetto una situazione giuridica soggettiva, perché solo a questa è riferibile il giudicato sostanziale.

Riprendendo il filo di un discorso già svolto in precedenza [16], l'art. 34 c.p.c., norma indubbiamente di sistema, contiene due principi fondamentali.

Il primo riguarda i poteri di cognizione del giudice. Questi può e deve conoscere tutte le questioni che rappresentano dei passaggi imprescindibili per arrivare a decidere nel merito della domanda proposta. Anche se alcune di quelle questioni riguardano situazioni giuridiche che il giudice adito non potrebbe decidere, finché si tratta di conoscere e non di decidere, il giudice non soffre limitazioni [17].

Il secondo principio attiene ai limiti oggettivi del giudicato. Se, come emerge dal testo della disposizione in commento, il giudice deve decidere con forza di giudicato la questione pregiudiziale solo ove ciò sia imposto dalla legge o richiesto da una delle parti, normalmente il giudicato copre solo l'accertamento relativo al diritto fatto valere con la domanda originaria e non anche la situazione pregiudiziale, che il giudice si limita ad accertare *incidenter tantum*. A meno che non si tratti di un caso di pregiudizialità logica, ossia l'oggetto della domanda sia dato da un singolo effetto derivante da un rapporto fondamentale, ipotesi nella quale sarà giudicato, con efficacia esterna al processo, oltre il singolo effetto, anche l'esistenza di quel rapporto fondamentale, almeno quando questa rappresenta un antecedente logico necessario della decisione su quello.

Limitando, quindi, il discorso essenzialmente ai casi di pregiudizialità tecnica [18], l'art. 34 c.p.c. dispone, come abbiamo visto, che il giudice debba decidere con forza di giudicato la questione pregiudiziale, in altri termini che la questione si trasformi in causa, in due ipotesi: a) perché vi è l'esplicita domanda di una delle parti o b) perché lo impone la legge.

La domanda di parte, che trasforma un processo semplice in un processo oggettivamente complicato, non si può proporre in ogni momento, ma solo nel rispetto dei tempi che l'ordinamento prevede per proporre, appunto, nel processo le domande successive a quella originaria. A tal fine, il convenuto dovrà attivarsi nella comparsa di risposta ai sensi dell'art. 167, 2° comma, c.p.c. e l'at-

---

[16] Vedi il paragrafo 5 nel quinto capitolo.

[17] Il principio è confermato anche dall'art. 6 della legge n. 218/1995, nel quale si legge: «Il giudice italiano conosce, incidentalmente, le questioni che non rientrano nella giurisdizione italiana e la cui soluzione è necessaria per decidere sulla domanda proposta». Le questioni a cui si riferisce la norma attengono, non a meri fatti giuridicamente rilevanti, bensì a situazioni giuridiche pregiudiziali, che potrebbero, quindi, essere oggetto di un autonomo processo.

[18] Sulla distinzione tra pregiudizialità tecnica e pregiudizialità logica vedi sempre il paragrafo 5 nel quinto capitolo.

tore, eventualmente, nella prima memoria prevista dall'art. 171*ter* c.p.c., quindi prima che si arrivi all'udienza di prima comparizione di cui all'art. 183 c.p.c.[19]. Inoltre, con essa viene in gioco un'altra causa, che, se sarà trattata unitariamente a quella originaria per la decisione nel merito, va considerata autonomamente in riferimento ai presupposti processuali. Questi possono sussistere per l'una causa e non anche per l'altra e allora una sarà decisa nel merito e l'altra sarà definita in rito, sempre che la carenza di un presupposto processuale sia emersa col rilievo della relativa eccezione.

Peraltro, se per la causa dipendente vi sono tutti i presupposti processuali, il giudice, per poterla decidere, dovrà risolvere la "questione pregiudiziale" in ogni caso. Di conseguenza, detta questione, se non può essere decisa con forza di giudicato, nonostante la domanda di parte, per la carenza di un presupposto processuale ad essa attinente che sia stata fatta valere con il rilievo della relativa eccezione, sarà comunque "conosciuta" al fine di rispondere nel merito alla domanda originaria. In altri termini non è pensabile che la domanda di parte, con cui si trasforma in causa la c.d. questione pregiudiziale, possa rappresentare un espediente per impedire la decisione sulla causa originaria. Per cui, proposta domanda di accertamento incidentale, delle due l'una: o è possibile la decisione con forza di giudicato anche sulla causa pregiudiziale, ed allora il giudice pronuncerà una sentenza su due diverse situazioni giuridiche soggettive, ossia con due distinti capi di decisione, oppure quella decisione con forza di giudicato non è possibile, ed allora il giudice deciderà solo della causa originaria e a tale fine risolverà in via incidentale la questione pregiudiziale.

Per quanto riguarda l'eventualità che sia la legge ad imporre la decisione con forza di giudicato della questione pregiudiziale, il discorso è assai delicato, perché con ciò si mette in crisi il principio della domanda. Certo, non sarà, comunque, il giudice a proporre la domanda, quindi ad individuare un ulteriore oggetto del processo. Ma, resta il fatto che, se la legge impone che su un determinato rapporto pregiudiziale debba sempre decidersi con forza di giudicato, evidentemente il principio della domanda è violato nel suo contenuto negativo, ossia rispetto alla possibilità che deve essere lasciata all'interessato anche di non domandare, quindi di non agire per la tutela di una situazione giuridica soggettiva.

Indubbiamente il legislatore può fare una scelta in tal senso per ragioni di ordine pubblico.

Si prenda il caso di cui all'art. 124 c.c., il quale dispone: «Il coniuge può in qualunque tempo impugnare il matrimonio dell'altro coniuge; se si oppone la nullità del primo matrimonio, tale questione deve essere preventivamente giu-

---

[19] Vedi la disciplina di nuova introduzione in base al D.Lgs. n. 149/2022, per la quale torna al paragrafo 3 del quinto capitolo.

dicata». Accade che Tizio e Mevia si sposano, poi Tizio contrae un secondo matrimonio con Caia ed allora Mevia impugna questo secondo matrimonio. In tale giudizio si oppone la nullità del primo matrimonio, quello tra Tizio e Mevia, asserendosi, quindi, la validità del secondo matrimonio sull'assunto della carenza del primo. Qui il legislatore interviene disponendo che sulla nullità del primo matrimonio il giudice non possa limitarsi ad un accertamento incidentale, ma debba decidere sempre con forza di giudicato.

Il motivo è chiaro, perché, se non vi fosse la disposizione in parola e il giudice potesse decidere sulla validità del primo matrimonio solo ai fini della decisione della causa originaria, quindi senza alcuna valenza per il futuro, si potrebbero creare degli inconvenienti. Invero, il giudice potrebbe rigettare la domanda, ritenendo valido il secondo matrimonio per l'asserita nullità del primo matrimonio. Ma, non essendo l'accertamento di tale nullità efficace per altri giudici in processi futuri, si potrebbe avere un secondo giudicato in cui, invece, si afferma la validità di quel primo matrimonio, pur incidentalmente ritenuto nullo da quel giudice. E, così, ci troveremmo di fronte ad una bigamia legale!

Per evitare un simile inconveniente la legge dispone che la questione pregiudiziale in oggetto sia decisa una volta per tutte, per cui nel processo immaginato si chiarirà definitivamente quale dei due matrimoni è valido e quale è nullo.

Ma, il quadro normativo non è, in questo campo, né esauriente né del tutto coerente con quanto abbiamo appena detto.

Così vi sono ipotesi in cui è comunque richiesta la decisione con efficacia di giudicato sulla "questione pregiudiziale", anche se non vi è un'esplicita norma in tal senso. Si pensi ai casi in cui il diritto fatto valere dipende (anche) dalla sussistenza di un determinato *status*, il cui modo di essere è messo in discussione. Qui la questione pregiudiziale si trasformerà sempre in causa. Ad esempio, se è in gioco il diritto agli alimenti di Tizio nei confronti di Caio e viene contestato il (necessario) rapporto di parentela tra le due parti, il giudice lo accerterà sempre con forza di giudicato.

E, d'altro canto, vi sono ipotesi di pregiudizialità c.d. *ex lege*, quindi esplicitamente previste come tali dalla legge, nelle quali però, lungi dal riscontrare l'emersione di imprescindibili ragioni di ordine pubblico, sembra che sia stata espressa solo una scelta discrezionale del legislatore. Si pensi alla querela di falso disciplinata dagli artt. 221 e ss. c.p.c. Se in un processo è prodotto un atto pubblico, la cui genuinità è messa in dubbio, non è possibile giudicare incidentalmente, ossia ai soli fini del processo in corso, della falsità del documento, ma il legislatore vuole che, seguendo certe norme di rito, di detta falsità si decida una volta per tutte, quindi, come si suole dire, con forza di giudicato [20].

---

[20] Che non sia inevitabile decidere sempre e solo con forza di giudicato la questione del falso

Ove, per previsione di legge o per domanda di parte, il giudice debba decidere, e non più semplicemente conoscere, la questione pregiudiziale, l'art. 34 c.p.c. dispone che le due cause debbano restare riunite in un unico processo. Se, poi, emergono problemi di competenza, perché, singolarmente considerate, le cause rientrerebbero nella competenza di giudici diversi, dall'art. 34 e dall'art. 40, 6° e 7° comma, c.p.c. si ricava il modo per individuare, in ogni caso, il giudice competente per connessione, ossia il giudice del simultaneo processo.

Le ipotesi normalmente prospettabili sono due.

La prima si ha quando, adito il giudice di pace, emerga una questione pregiudiziale per la cui decisione è competente, per materia o valore, il tribunale. In tal caso si applica letteralmente l'art. 34 c.p.c., il quale dispone appunto, che, se la questione pregiudiziale appartiene alla competenza di un giudice superiore, il giudice inferiore, di fronte al quale pende il processo sulla situazione giuridica dipendente, «rimette tutta la causa a quest'ultimo, assegnando alle parti un termine perentorio per la riassunzione della causa davanti a lui».

La seconda ipotesi si ha, invece, quando la causa relativa alla situazione dipendente è instaurata di fronte al tribunale e la questione pregiudiziale, da decidersi con forza di giudicato, appartenga alla competenza del giudice di pace. In tal caso le cause restano unite di fronte al giudice originariamente adito, ma ciò si ricava, non tanto dall'art. 34 c.p.c., quanto dall'art. 40 c.p.c., il quale dispone che tra il tribunale e il giudice di pace il giudice competente per connessione è il tribunale [21].

Eppure, nonostante le disposizioni ora viste, è possibile che non sia celebrato un unico processo sulle situazioni connesse per pregiudizialità-dipendenza. In tal caso sarà inevitabilmente sacrificata l'esigenza di coordinare le decisioni tra le situazioni così intimamente connesse oppure l'ordinamento appronta altri meccanismi, alternativi al simultaneo processo, per attuarla?

Innanzitutto, può accadere che sulle dette situazioni giuridiche pendano contemporaneamente due processi distinti. Allora troverà applicazione, almeno secondo l'impostazione tradizionale, l'art. 295 c.p.c., per cui il processo sulla situazione dipendente sarà sospeso in attesa della definizione del processo sulla situazione pregiudiziale [22].

---

emerge anche dal fatto che in passato sono state pure presentate proposte di legge nelle quali si prevedeva la possibilità di decidere tale questione anche *incidenter tantum*.

[21] Il quadro potrebbe complicarsi immaginando competenze funzionali di altri giudici. Si pensi, ad esempio, alla questione di riconoscibilità della sentenza straniera, sulla cui problematicità torna al paragrafo 9 del capitolo quinto.

[22] Peraltro, l'idea tradizionale è oggi messa in dubbio e la questione dei limiti di applicazione

Ma, può anche accadere che su dette situazioni si svolgano processi in sequenza temporale.

Se si svolge prima il processo sulla situazione pregiudiziale, il relativo giudicato sarà speso, poi, nel processo sulla situazione dipendente, per cui il giudice di questa sarà libero di decidere su tutte le questioni rilevanti, tranne che sulla questione attinente alla situazione giuridica pregiudiziale, dovendo egli semplicemente attenersi all'accertamento già compiuto[23]. Ciò vale, ovviamente, in ogni caso in cui i due processi si svolgano tra le stesse parti, mentre diverso è il discorso quando al secondo processo prenda parte un soggetto che non ha partecipato al processo in cui si è formato il giudicato. In tale ultima ipotesi, normalmente il giudicato non sarà spendibile nei confronti del terzo[24].

Se, invece, è celebrato prima il processo sulla situazione giuridica dipendente e in questo la questione pregiudiziale non si è trasformata in causa pregiudiziale, per cui il giudice ne ha semplicemente conosciuto, senza assumere una decisione con forza di giudicato, allora si possono creare delle disarmonie. Invero, un secondo giudice, che dovesse essere chiamato a decidere su quella situazione giuridica pregiudiziale, non subirebbe alcun vincolo dalla cognizione meramente incidentale su essa compiuta dal primo giudice e, di conseguenza, egli potrebbe accertare detta situazione giuridica in modo contrario a quanto precedentemente accertato (si ripete: *incidenter tantum*). Ecco, allora, che si crea un conflitto logico tra giudicati, che l'ordinamento, se pur cerca di evitare, tuttavia accetta, nel caso che comunque si verifichi, accettazione praticamente possibile perché le due situazioni giuridiche in gioco attribuiscono beni della vita diversi.

4. *Pregiudizialità internazionale*

Il caso interessante è quello che si verifica quando, in un processo instaurato di fronte al giudice italiano, emerga una questione pregiudiziale che riguarda un

---

dell'art. 295 c.p.c. è ancora assai dibattuta: vedi *retro* il paragrafo 13 nel quarto capitolo. In ogni caso, anche a voler accogliere una prospettiva restrittiva, la sospensione sarà inevitabile quando si ha a che fare con una pregiudiziale c.d. *ex lege*, ossia una di quelle questioni pregiudiziali che la legge impone di decidere sempre con efficacia di giudicato. A meno che il processo sul rapporto dipendente sia iniziato prima del processo sul rapporto pregiudiziale, situazione nella quale questo secondo processo dovrebbe essere chiuso ai sensi dell'art. 39 c.p.c.

[23] Trattasi dell'efficacia positiva del giudicato, sulla quale vedi *retro* il paragrafo 8 nel quinto capitolo.

[24] Sui limiti soggettivi del giudicato si rinvia al paragrafo 6 del quinto capitolo.

diritto soggettivo rispetto al quale il giudice italiano non ha giurisdizione[25]. Le norme di riferimento sono contenute in parte nella legge 31 maggio 1995, n. 218 ("Riforma del sistema italiano di diritto internazionale privato") e si tratta dell'art. 6, ai sensi del quale "Il giudice italiano conosce, incidentalmente, le questioni che non rientrano nella giurisdizione italiana e la cui soluzione è necessaria per decidere sulla domanda proposta", e in parte nell'art. 34 del Reg. n. 1215/2012, che ha sostituito il previgente art. 7, 3° comma, della legge n. 218/1995[26], in cui si prevede l'ipotesi che all'estero penda una causa pregiudiziale quando in Italia pende un processo su una situazione dipendente.

Anche alla luce di quanto previsto nell'art. 34 c.p.c., bisogna distinguere a seconda che si tratti o meno di una pregiudiziale c.d. *ex lege*, ossia di una situazione giuridica sostanziale sulla quale si debba o solo si possa decidere con efficacia di giudicato.

Se la questione pregiudiziale ha come contenuto una situazione giuridica che è anche meramente conoscibile, allora il giudice italiano certamente avrà il potere di accertarla con efficacia incidentale e altrettanto certamente non sembra che una delle parti possa, con una sua domanda, trasformare la questione in causa. Invero, se si accogliesse l'idea contraria, il giudice italiano, privo di giurisdizione su quel rapporto pregiudiziale, dovrebbe sospendere il processo praticamente senza limiti di tempo, in attesa, o forse sarebbe meglio dire nella speranza, che una parte instauri il relativo giudizio di fronte al giudice straniero munito di giurisdizione. Quindi, in tal caso, è inibita la trasformabilità in causa della questione, non potendo ragionevolmente trovare, per questa parte, applicazione l'art. 34 c.p.c.

Peraltro, è possibile che, contemporaneamente alla pendenza del processo italiano, l'interessato instauri il processo all'estero sul rapporto pregiudiziale. In tal caso si applica l'art. 34 del Reg. n. 1215/2012, secondo i possibili sviluppi che abbiamo già trattato analizzando la sospensione del processo[27].

Ove, infine, la situazione giuridica pregiudiziale è di quelle per le quali la legge impone sempre la decisione con efficacia di giudicato, il giudice italiano, in ipotesi sfornito di giurisdizione al riguardo, non potrà fare altro che sospendere e ciò non in base ad una, previa, valutazione discrezionale, ma semplicemente per il fatto che egli si trova di fronte ad un impedimento insormontabile. Invero, egli non può decidere del diritto (dipendente) fatto valere senza che sia risolta la questione pregiudiziale, ma rispetto a questa il giudice italiano non

---

[25] Sulla pregiudizialità internazionale torna anche a quanto abbiamo detto *retro* nel paragrafo 13 del quarto capitolo, in fondo.

[26] Su queste ultime disposizioni torna al paragrafo 13 (in fondo) del quarto capitolo.

[27] Torna ancora al paragrafo 13 del quarto capitolo.

può far nulla: non può deciderla, non può conoscerla e neanche può rimettere le cause, pregiudiziale e dipendente, ad altro giudice. Ecco allora che si ha una di quelle situazioni per le quali un giudice deve sospendere necessariamente il processo, a prescindere dalla pendenza del processo sulla causa pregiudiziale, perché si trova di fronte ad un impedimento insuperabile, restandogli altrimenti solo la via del rigetto della domanda[28]. A questa eventualità è preferibile un processo "dormiente", ancorché senza un limite di tempo, posto che un suo eventuale risveglio vedrà almeno salvati gli effetti della domanda originaria.

5. *Eccezione di compensazione*

Per poter meglio comprendere il trattamento dell'eccezione di compensazione, è necessario svolgere alcune considerazioni preliminari di carattere più generale ed acquisire il concetto di *eccezione riconvenzionale*.

Riprendendo quanto si disse in ordine ai possibili contenuti del gioco processuale[29], si ricorda che il convenuto costituito può assumere atteggiamenti difensivi di vario genere.

Egli può limitarsi a mettere in campo mere difese, semplicemente negando la veridicità delle affermazioni in fatto e/o in diritto compiute dall'attore, con ciò non allargando, quindi, né l'oggetto della cognizione né, tanto meno, l'oggetto del processo.

Il convenuto, poi, può far valere eccezioni, ossia spendere fatti impeditivi, modificativi o estintivi del diritto fatto valere dall'attore. In tal caso egli allarga, non l'oggetto del processo, ma solo l'oggetto della cognizione del giudice, perché con l'eccezione non si fa valere un altro diritto soggettivo, bensì si fa valere solo un mezzo di difesa, si solleva una questione che rientra pur sempre nell'ambito della causa già pendente.

Infine, il convenuto può, non solo difendersi, ma contrattaccare, ossia far valere a sua volta una situazione giuridica soggettiva nei confronti dell'attore, quindi proporre una domanda riconvenzionale. Allora il processo si complica sul piano oggettivo, perché alla causa originaria si aggiunge una nuova causa.

Nella trama di queste possibili strategie difensive si colloca, in posizione del tutto peculiare, la c.d. eccezione riconvenzionale. Abbiamo poco sopra visto che nella fattispecie costitutiva di un effetto giuridico (= situazione giuridica

---

[28] Su questa logica della sospensione necessaria per pregiudizialità vedi *retro* il paragrafo 13 nel quarto capitolo.

[29] Vedi *retro* il paragrafo 1 del quinto capitolo.

soggettiva) possono rientrare, oltre a meri fatti giuridici, anche elementi che sono di per sé effetti giuridici, quindi elementi che potrebbero essere oggetto di processi autonomi. Ebbene lo stesso fenomeno può verificarsi sul piano della fattispecie negativa dell'effetto giuridico, ossia dal versante degli elementi impeditivi, modificativi ed estintivi, in riferimento ai quali si sollevano le eccezioni di merito nel processo.

Normalmente anche questi elementi consistono in meri fatti giuridici: si pensi, ad esempio, tra le possibili cause di estinzione di un diritto, all'adempimento e alla prescrizione, consistendo quello semplicemente nel comportamento doveroso tenuto dall'obbligato in funzione della realizzazione di un rapporto obbligatorio e questa nel venir meno del diritto a causa dell'inerzia del suo titolare protrattasi per un dato periodo di tempo (argomenta dall'art. 2934 c.c.).

Ma, a volte, essi non sono dati da meri fatti giuridici, bensì da un *quid* che è di per sé un effetto giuridico, quindi un elemento che potrebbe essere oggetto di un autonomo processo. Ciò accade nell'ipotesi in cui il convenuto può spendere un *diritto incompatibile* con quello fatto valere dall'attore, quindi un effetto che abbia una valenza negativa rispetto a questo diritto, fungendo rispetto ad esso, appunto, come elemento impeditivo, modificativo o estintivo.

Insomma, siamo in una di quelle situazioni nelle quali tra due effetti giuridici esiste una relazione per cui essi non possono coesistere, almeno nella stessa unità di tempo, e tra essi si dovrà stabilire quale sopravvive e quale soccombe. Si pensi al caso in cui il convenuto, citato in giudizio per l'esecuzione di un contratto, lamenti l'invalidità del contratto stesso. O, ancora, si faccia il caso di un convenuto che, citato in giudizio dall'attore che si afferma titolare del diritto di proprietà su un dato bene, affermi di essere lui il proprietario (esclusivo) dello stesso bene.

Ora, in situazioni del genere il convenuto, che voglia far valere nel processo l'effetto incompatibile, può scegliere come farlo valere, potendo su di esso fondare la proposizione di una domanda o il rilievo di un'eccezione.

Nel primo caso egli allargherà certamente l'oggetto del processo e, quindi, del futuro giudicato. Il processo, instaurato in termini semplici, si complica dal punto di vista oggettivo, perché alla causa originaria si aggiunge un'altra causa, avente ad oggetto l'effetto incompatibile affermato dal convenuto, il quale otterrà ovviamente, alla fine del processo, l'accertamento con forza di giudicato del diritto da lui fatto valere con la domanda riconvenzionale.

Nel secondo caso, invece, il convenuto, in linea di principio, allarga, non l'oggetto del processo, ma solo l'oggetto della cognizione del giudice, in quanto egli non chiede l'accertamento con forza di giudicato del diritto incompatibile, ma spende questo solo in funzione del rigetto della domanda dell'attore, come un fatto impeditivo, modificativo o estintivo.

Tuttavia, questa eccezione, che chiamiamo riconvenzionale, ha una sua specificità appunto perché essa si fonda, non su un mero fatto giuridico, bensì su un effetto che, come tale, potrebbe essere oggetto di un autonomo processo e, dunque, oggetto di un giudicato. E tale specificità emerge se solo si considera che anche qui, come già abbiamo visto nell'analisi dell'art. 34 c.p.c., può accadere che la questione si trasformi in causa, che quindi quell'elemento, entrato nel processo semplicemente come un "fatto" impeditivo, modificativo o estintivo, sprigioni tutte le sue potenzialità, chiedendo una parte l'accertamento con forza di giudicato dell'effetto incompatibile.

Peraltro, in questo ambito bisogna fare molta chiarezza su alcuni snodi, relativi ad aspetti di tecnica processuale e ad aspetti che attengono ancora al piano dei limiti oggettivi del giudicato.

Dal primo punto di vista, la scelta del convenuto di far valere l'effetto incompatibile come eccezione o come domanda ha conseguenze diverse in ordine ai poteri del giudice. Invero, a fronte della proposizione di una domanda il giudice ha il dovere di dare una risposta, per cui egli dovrà in ogni caso decidere sull'effetto incompatibile, accertare, con efficacia di giudicato, l'esistenza del diritto fatto valere dal convenuto. Ma, se, invece, il convenuto ha speso il diritto incompatibile solo come eccezione, quindi unicamente al fine di veder rigettata la domanda dell'attore, allora, innanzitutto, non è detto che il giudice debba in ogni caso decidere sull'eccezione proposta, ben potendo verificarsi il caso che essa possa essere legittimamente assorbita. Non vi è un ordine logico che il giudice debba seguire nella decisione delle questioni di merito, dovendo egli attenersi solo al canone, di economia processuale, della c.d. ragione più liquida[30].

Se, ad esempio, emerge immediatamente la carenza di un fatto costitutivo del diritto fatto valere, il giudice deciderà certamente per il rigetto della domanda, senza procedere ad ulteriore attività, perché sarebbe del tutto inutile accertare l'eventuale esistenza di altri fatti costitutivi o dei fatti impeditivi, modificativi od estintivi, in ipotesi spesi dal convenuto come eccezioni, in quanto il suo giudizio in ordine all'infondatezza della domanda non potrebbe evidentemente cambiare.

Ed ancora, se il convenuto spende diverse eccezioni, al giudice basta la prova di una di esse per poter pronunciare, senza alcuna istruzione e tanto meno decisione sulle altre, una sentenza di rigetto della domanda proposta.

---

[30] A meno che il convenuto non abbia imposto una graduazione, scelta possibile e vincolante per il giudice solo se essa è fondata su un peculiare interesse, per cui la precettività del giudicato sarebbe per il convenuto più utile se la sua vittoria si fondasse su certe difese piuttosto che su altre. Ad esempio la vittoria del convenuto sarebbe più solida se essa si fondasse sulla negazione del fatto costitutivo del credito in gioco piuttosto che sulla sua mancata scadenza. La rilevanza di questi aspetti emergerà, poi, nello studio delle impugnazioni: in particolare vedi *infra* il paragrafo 3 del capitolo settimo.

Insomma, e riassuntivamente, se normalmente tra le varie questioni di merito non vi è un ordine logico, emerge una differenza tra il caso dell'accoglimento della domanda e quello del suo rigetto. Invero, per il rigetto potrebbe bastare una sola ragione impediente, se appunto liquida ovvero di immediata soluzione, mentre per l'accoglimento sarà sempre necessario accertare tutte le questioni poste, perché il diritto affermato esiste solo se esistono tutti i suoi fatti costitutivi e, allo stesso tempo, non esiste nemmeno uno dei fatti impeditivi, modificativi ed estintivi rilevati nel processo.

Ma, lo snodo più importante riguarda il problema dei limiti oggettivi del giudicato. Preliminarmente si tenga presente che, se la cosa giudicata rappresenta la stabile attribuzione di un bene della vita ad un determinato soggetto nei confronti di altro determinato soggetto, evidentemente detta attribuzione non potrà essere messa in crisi, tra le stesse parti, né in un successivo processo sullo stesso diritto né in un successivo processo su un diritto incompatibile. Invero, è evidente che essa sarebbe ugualmente vanificata sia negando, poi, il diritto prima affermato sia affermando, poi, un diritto incompatibile con quello prima affermato.

Ed allora, a fronte dell'eccezione riconvenzionale, se è vero che in linea di principio dobbiamo negare un allargamento dell'oggetto del processo, è anche vero che, avendo essa ad oggetto un diritto incompatibile, bisogna approfondire il discorso ed analizzare le diverse situazioni immaginabili, precisamente occorre distinguere a seconda che il giudice rigetti o accolga la domanda proposta dall'attore.

Se il giudice rigetta la domanda originariamente proposta, il giudicato riguarderà solo il diritto che in essa era stato affermato. Così, ad esempio, se l'attore aveva affermato di essere proprietario di un dato bene nei confronti del convenuto, la sentenza che rigetta la domanda si limiterà a negare la proprietà vantata dall'attore. Qui non conta il fatto che il giudice abbia negato l'esistenza del diritto di proprietà in capo all'attore perché, in ipotesi, egli ha affermato l'esistenza del diritto di proprietà in capo al convenuto. Se il convenuto ha speso il suo (incompatibile) diritto di proprietà solo come eccezione, quindi al solo fine di veder rigettata la domanda avversaria, la sentenza di rigetto di tale domanda farà stato solo sulla negazione del diritto di proprietà dell'attore, restando impregiudicato, in un eventuale futuro processo, il problema dell'esistenza del diritto di proprietà del convenuto. Questi, se voleva in ogni caso l'accertamento con efficacia di giudicato del suo diritto, doveva farlo valere proponendo una domanda riconvenzionale e non limitarsi a fondare su di esso un'eccezione (riconvenzionale).

Tutt'altro scenario si propone nell'ipotesi in cui il giudice accolga la domanda dell'attore, perché in tal caso l'effetto incompatibile, pur speso dal convenuto solo come eccezione, si brucia comunque come possibile oggetto di un futuro processo. Ed, anzi, la verità è che, a fronte di una sentenza che afferma l'esistenza del diritto azionato dall'attore, quell'effetto incompatibile si brucia anche se nel processo esso non sia fatto valere in alcun modo: né come domanda né come eccezione. Ciò accade in virtù del principio, sopra enunciato, per cui l'attribuzione del bene della vita cristallizzata nella cosa giudicata non può essere messa in crisi in futuri processi tra le stesse parti, né direttamente né indirettamente.

Se l'ordinamento ha attribuito, con una sentenza passata in giudicato, un dato bene a Tizio nei confronti di Caio, non è possibile che poi Caio sottragga quel bene a Tizio facendo valere, in altro processo, un suo diritto incompatibile con quello già giudicato, perché con ciò si violerebbe quella attribuzione, esattamente come se si consentisse di rimettere in discussione direttamente il diritto di Tizio, già definitivamente affermato[31].

Venendo, ora, all'eccezione di compensazione, dobbiamo essenzialmente comprendere il significato dell'art. 35 c.p.c., la cui lettera, però, non è del tutto soddisfacente.

Preliminarmente, si ricorda che la compensazione è un fenomeno sostanziale rientrante nell'ambito dei c.d. modi di estinzione delle obbligazioni diversi dall'adempimento, consistente in ciò che quando "due persone sono obbligate l'una verso l'altra, i due debiti si estinguono per le quantità corrispondenti" (art. 1241 c.c.). Ecco, allora, che i due crediti si estinguono dal giorno della loro coesistenza, ancorché in giudizio il giudice non possa rilevare l'avvenuta compensazione, essendo la relativa eccezione rilevabile solo ad istanza di parte (art. 1242 c.c.)[32].

Ora, il convenuto può utilizzare il suo controcredito come domanda o come eccezione.

Nel primo caso, il processo subisce certamente una complicazione oggettiva, aggiungendosi alla causa originaria, relativa al credito dell'attore, quella, suc-

---

[31] È ovvio che quanto si dice nel testo lascia del tutto impregiudicato il profilo attinente ai limiti cronologici del giudicato, per cui resta aperta la possibilità di rimettere in discussione il diritto già giudicato, direttamente o indirettamente, attraverso la proposizione di una domanda relativa ad un diritto incompatibile, se ci si fonda su fatti che sfuggono a quei limiti cronologici.

[32] Inoltre, ai sensi dell'art. 1243 c.c., la compensazione può essere legale o giudiziale, per cui: «La compensazione si verifica solo tra due debiti che hanno per oggetto una somma di danaro o una quantità di cose fungibili dello stesso genere e che sono ugualmente liquidi ed esigibili. / Se il debito opposto in compensazione non è liquido ma è di facile e pronta liquidazione, il giudice può dichiarare la compensazione per la parte del debito che riconosce esistente, e può anche sospendere la condanna per il credito liquido fino all'accertamento del credito opposto in compensazione».

cessiva, relativa al credito del convenuto. Ed, ovviamente, il giudice accerterà sempre con efficacia di giudicato l'esistenza e il modo di essere di entrambi i crediti.

Nel secondo caso siamo di fronte ad un'eccezione riconvenzionale, ancorché del tutto particolare. Quella di compensazione è un'eccezione riconvenzionale perché, evidentemente, con essa il convenuto fa valere, in funzione del rigetto della domanda dell'attore, non un mero fatto giuridico, bensì un diritto soggettivo. Ma, per diversi altri aspetti, l'eccezione di compensazione si differenzia dalle altre eccezioni riconvenzionali.

Innanzitutto, come meglio vedremo tra breve, se il controcredito è speso dal convenuto come eccezione di compensazione, esso, ove l'eccezione venga decisa e non assorbita, si brucerà in ogni caso, a prescindere dall'esito del processo. Inoltre, se i crediti contrapposti s'incrociano, essi si estinguono reciprocamente. Già solo quest'ultimo aspetto fa capire la peculiarità del caso rispetto a quanto abbiamo detto per gli altri diritti incompatibili. Il nesso di incompatibilità, normalmente, non fa estinguere entrambi gli effetti giuridici, ma determina l'estinzione solo di uno di essi, facendo sopravvivere l'altro, in base ai criteri della prevalenza giuridica[33]. Insomma, nella relazione di incompatibilità tra situazioni giuridiche soggettive accade che una situazione è fatto impeditivo, modificativo o estintivo dell'altra situazione, per cui tra le due una sopravvive e l'altra soccombe. Nella compensazione, invece, i due diritti, incrociandosi, si estinguono vicendevolmente.

Inoltre, il controcredito del convenuto non è, in realtà, un diritto propriamente incompatibile con quello fatto valere dall'attore, nel senso che i due diritti non possano coesistere sul piano sostanziale. E la riprova di ciò sta nel fatto che il controcredito del convenuto, se non è speso in alcun modo nel processo, non potrà certo essere pregiudicato dall'eventuale sentenza con la quale si affermi l'esistenza del credito dell'attore, cosa che invece dovrebbe accadere ove esso fosse un effetto incompatibile con quello giudicato. In altri termini, l'eccezione di compensazione rappresenta uno strumento che l'ordinamento mette a disposizione di un soggetto che, essendo allo stesso tempo creditore e debitore di altro soggetto, non voglia rischiare di pagare il suo debito senza essere sicuro di riuscire, poi, ad ottenere la soddisfazione del suo credito. Tra i crediti che si incrociano, perché corrono tra gli stessi soggetti, ancorché a parti invertite, vi è, di per sé, ossia fuori del processo, solo una relazione soggettiva e non anche oggettiva, almeno fino a quando il soggetto citato in giudizio per il suo debito non decida di spendere in compensazione il suo credito. È solo in questa ipotesi

[33] Sui criteri di prevalenza vedi il paragrafo 9 in questo capitolo.

che i due crediti concretamente si incrociano e si estinguono a vicenda. Ma, se questa ipotesi non si realizza le vicende dei due crediti non interferiscono le une con le altre.

Possiamo ora meglio comprendere il trattamento processuale del controcredito, in ipotesi speso in compensazione dal convenuto. A tal proposito bisogna distinguere a seconda dell'ammontare di esso rispetto all'ammontare del credito fatto valere dall'attore ed ovviamente anche a seconda che su di esso il convenuto rilevi un'eccezione o proponga una domanda.

Il convenuto può spendere nel processo un controcredito di ammontare pari o inferiore all'ammontare del credito affermato dall'attore, scegliendo tra il rilievo dell'eccezione e la proposizione della domanda. Qui, innanzitutto, la differenza sta nel trattamento processuale di queste diverse attività, perché, come si è detto poco sopra, a fronte di una domanda il giudice ha il dovere di dare certamente una risposta, mentre un'eccezione può anche essere legittimamente assorbita.

Quindi, se il convenuto propone una domanda riconvenzionale avente ad oggetto il suo (presunto) controcredito, il giudice dovrà in ogni caso decidere, con efficacia di giudicato, sull'esistenza e/o il modo di essere di esso. Ove, invece, il convenuto si limiti all'eccezione di compensazione, allora è pur possibile che si giunga al rigetto della domanda senza dover neanche conoscere del controcredito, magari perché non risulta provato un fatto costitutivo del diritto fatto valere dall'attore o perché risulta provata qualche altra eccezione spesa dal convenuto. Oltretutto, a questo proposito, si rileva come l'eccezione di compensazione sfugga al criterio, di semplice economia processuale, della ragione più liquida, ma rappresenti, piuttosto, un tipo di eccezione che il giudice deve considerare sempre per ultima, direi anche se il convenuto nel rilevarla non espliciti una richiesta di graduazione. Ciò per l'ovvia ragione che essa è, per il convenuto, certamente onerosa, in quanto, se è ritenuta fondata, sulla sua base il convenuto vince la causa, ma perde a sua volta un bene della vita.

Tuttavia, se l'eccezione di compensazione non viene assorbita, e, quindi, il giudice la utilizza per decidere la causa, il controcredito del convenuto si brucia in ogni caso, sia stata la domanda dell'attore rigettata o accolta. Ancora una volta siamo in presenza di un aspetto del tutto peculiare a questo specifico fenomeno.

Se il giudice ritiene fondata l'eccezione di compensazione e, di conseguenza, rigetta la domanda, è naturale che, bruciandosi il credito dell'attore, si bruci allo stesso tempo il controcredito del convenuto, perché in ciò vi è semplicemente la normale operatività del fenomeno sostanziale della compensazione, quale modo di estinzione delle obbligazioni diverso dall'adempimento. In fondo, in questo scenario non abbiamo neanche bisogno di chiamare in campo la nozione di giudicato sostanziale per poter creare un quadro duraturo di coerenza tra i diversi rapporti giuridici.

Peraltro, la stessa coerenza va salvata anche nel caso in cui, invece, il giudice ritenga insussistente il controcredito speso dal convenuto solo come eccezione e, quindi, accertata l'esistenza del solo credito dell'attore, ne accolga la relativa domanda. È vero che il controcredito del convenuto non è di per sé un diritto incompatibile rispetto a quello vantato dall'attore ed è anche vero che qui il convenuto non ha proposto in relazione ad esso una domanda, bensì solo un'eccezione. Ma, è pure vero che sarebbe incoerente un sistema nel quale, sulla base della negazione del controcredito, si attribuisse all'attore il bene della vita da lui preteso e, poi, si permettesse, in un altro e futuro processo, di rimettere in gioco quello stesso controcredito.

In altri termini, il convenuto, contro il quale l'attore vanta l'esistenza di un determinato credito, può scegliere liberamente se difendersi utilizzando (anche) o meno un suo (presunto) controcredito. Egli, ove lasci fuori dalla partita tale controcredito, evidentemente non dovrà temere alcuna conseguenza su di esso derivante dalla decisione della causa pendente. Se, al contrario, quel controcredito è speso, allora il convenuto non può pretendere di trarre un indebito vantaggio dal fatto che, sulla sua base, abbia rilevato solo un'eccezione, ma, avendo scelto di mettere in relazione i due crediti, egli deve sapere che la partita si gioca in questo processo una volta per tutte, sempre che, si ripete, l'eccezione di compensazione non sia assorbita e, quindi, dell'esistenza del controcredito il giudice non si sia in alcun modo occupato.

È, infine, possibile che il controcredito vantato dal convenuto sia di ammontare superiore a quello fatto valere dall'attore. Anche in tale caso, ovviamente, il convenuto può scegliere tra la proposizione di una domanda riconvenzionale e il rilievo dell'eccezione di compensazione.

Se, per il controcredito è proposta domanda riconvenzionale, abbiamo sempre il sopraggiungere di una complicazione oggettiva e il giudice accerterà in ogni caso, con efficacia di giudicato, l'esistenza e/o il modo di essere del controcredito fatto valere dal convenuto.

Diverso è il discorso per l'eventualità che, invece, il convenuto faccia un'eccezione di compensazione. Qui trova veramente applicazione l'art. 35 c.p.c., in cui si indica in quale caso il giudice decide con efficacia di giudicato anche sul residuo, ossia sulla parte di controcredito che supera il corrispondente ammontare del credito fatto valere dall'attore.

Si faccia l'esempio di un controcredito di cinquemila euro opposto in compensazione ad un credito di tremila euro. Esso, ancorché sia speso semplicemente come eccezione, certamente, ove sia in concreto utilizzato dal giudice per decidere sulla domanda dell'attore, si brucia fino al pari ammontare di tremila euro. Ma, ed è qui che entra in gioco il disposto di cui all'art. 35 c.p.c., è anche possibile che il controcredito sia coinvolto in tutto il suo ammontare, nonostante che il convenuto si fosse limitato a rilevare l'eccezione di compensazione, senza proporre una domanda su di esso, insomma è possibile che, come si suole dire, la questione si trasformi in causa. Il tutto dipende dall'atteggiamento dell'attore.

Se l'attore non contesta il credito opposto in compensazione dal convenuto, la questione non si trasforma in causa. Ciò, peraltro, significa solo che il controcredito non è impegnato in tutto il suo ammontare, ma solo in un ammontare pari a quello del credito fatto valere con la domanda. In altri termini, ripetendo ancora quanto già detto, ove il giudice decida la controversia utilizzando l'eccezione di compensazione, il relativo controcredito si brucia comunque, sia l'eccezione accolta o respinta. Resta, però, al suo (presunto) titolare la possibilità di far valere il residuo in un altro processo. Quindi, nell'esempio sopra fatto, bruciato il controcredito fino all'ammontare di tremila euro, è sempre possibile pretendere in altro processo il pagamento del residuo di duemila euro.

Se, invece, l'attore contesta il controcredito opposto in compensazione, allora la questione si trasforma senz'altro in causa e, dovendo il giudice a questo punto necessariamente decidere con forza di giudicato sull'intero suo ammontare, l'art. 35 c.p.c. detta disposizioni per l'eventualità che si pongano problemi di competenza.

Il caso prospettato è quello in cui del controcredito non possa decidere il giudice originariamente adito, perché esso eccede la sua competenza per valore. Si immagini, quindi, un processo instaurato di fronte al giudice di pace, in cui sia opposto in compensazione un controcredito per il quale è competente il tribunale. Ebbene anche nell'art. 35 c.p.c., come nel precedente art. 34, si sancisce la possibilità del simultaneo processo, stabilendo che tutte le cause cumulate siano rimesse al giudice superiore. Ma, qui tale eventualità è concepita come residuale, quando la norma recita "altrimenti provvede a norma dell'articolo precedente", immaginandosi, invece, quale prima opzione la separazione delle due cause. L'art. 35, infatti, dispone che «se la domanda è fondata su titolo non controverso o facilmente accertabile», il giudice adito «può decidere su di essa e rimettere le parti al giudice competente per la decisione relativa all'eccezione di compensazione». Ciò significa che, se la causa relativa al credito fatto valere dall'attore appare tale da poter essere decisa in tempi rapidi, non si può rallentare la sua definizione per la necessità di attendere l'istruzione necessaria alla causa relativa al controcredito fatto valere dal convenuto, ma le due cause andranno separate, per cui l'una sarà decisa dal giudice originariamente adito e solo l'altra sarà rimessa alla decisione del giudice superiore.

Ecco che ragioni di economia processuale escludono la possibilità di celebrare il simultaneo processo e l'inconveniente dei tempi del processo si scarica sul convenuto, le cui difese esigono una più lunga indagine rispetto alla fissazione dei fatti costitutivi del diritto fatto valere dall'attore.

Tuttavia, anche in tale ultima ipotesi l'ordinamento non perde di vista quelle ragioni difensive che hanno spinto il convenuto a mettere in gioco un suo controcredito e, così, nell'art. 35 c.p.c. si prevede che il giudice originariamente adito, che abbia trattenuto presso di sé la causa relativa al credito fatto valere dall'attore, possa subordinare «quando occorre, l'esecuzione della sentenza alla prestazione di una cauzione».

Al fondo dell'eccezione di compensazione c'è la preoccupazione di dover pagare un proprio debito senza, poi, riuscire a realizzare un proprio credito nei confronti della stessa controparte. Se il processo resta unito, il rischio sarà evitato con la semplice pronuncia della sentenza che, incrociando i due crediti, li dichiarerà estinti entrambi, almeno fino al loro pari ammontare. Ma, se il simultaneo processo si spezza, allora l'ordinamento para quello stesso rischio con la *cauzione* imposta a colui che, ottenuta per primo la sentenza di condanna della controparte, volesse porla in esecuzione. Così, la parte che ha rilevato l'eccezione di compensazione non potrà temere di dover pagare il suo debito senza, poi, trovare nel patrimonio del suo debitore alcun bene su cui rifarsi, nell'eventualità che, in un momento successivo, sia riconosciuta anche l'esistenza del suo credito.

6. *Domanda riconvenzionale*

Siamo qui di fronte al livello massimo della strategia difensiva del convenuto, il quale non si limita a spendere mezzi per ottenere il rigetto della domanda dell'attore, ma addirittura sceglie di contrattaccare, proponendo a sua volta una domanda contro la sua controparte, quindi allargando senz'altro l'oggetto del processo e del futuro giudicato.

L'art. 36 c.p.c. limita la detta possibilità ad ipotesi in cui sussistono alcuni tipi di connessione tra la domanda riconvenzionale e quella originariamente proposta. Ma, tale norma va letta insieme all'art. 104 c.p.c., ai sensi del quale l'attore può proporre contro lo stesso convenuto più domande anche non altrimenti connesse, ossia relative a diritti che hanno quale unico elemento in comune i soggetti. Ed, allora, in virtù del principio di parità delle armi, evidentemente si deve ritenere che, nell'ambito dello stesso processo, anche il convenuto possa proporre contro l'attore tutte le domande che vuole, tra le quali, quindi, corra solo un nesso meramente soggettivo. Con l'unico limite della competenza, ossia sempre che il giudice di fronte al quale pende il processo sia "naturalmente" competente per tutte le domande che si vogliano proporre. Di conseguenza, le necessarie connessioni (oggettive), che ora vedremo richiamate nell'art. 36 c.p.c., rilevano solo quando la domanda riconvenzionale non appartenga alla competenza del giudice originariamente adito.

Se, poi, dovesse proporsi una domanda riconvenzionale che non è di competenza del giudice adito né attiene ad un diritto che abbia le dovute connessioni con quello già affermato nella domanda introduttiva, ne conseguirà la separazione delle due cause, col trasferimento di quella riconvenzionale al giudice competente.

L'art. 36 c.p.c. prevede la possibilità di proporre una domanda riconvenzionale quando questa abbia ad oggetto una situazione giuridica soggettiva che sia connessa con quella che è già in causa o *per titolo* o *per eccezione*.

La connessione per titolo, come è già stato rilevato[34], si ha quando due situazioni giuridiche abbiano in comune almeno un elemento della fattispecie costitutiva (*causa petendi*).

Si faccia l'esempio, comunissimo, di un processo in cui, avverso l'attore, che ha agito per far valere il diritto al risarcimento del danno derivante da un sinistro stradale, il convenuto contrattacchi proponendo domanda riconvenzionale nella quale a sua volta pretenda di essere risarcito, accollando all'attore la responsabilità del medesimo sinistro[35]. Qui è evidente come la domanda riconvenzionale sia connessa per titolo con quella originaria, scaturendo i due (presunti) diritti dallo stesso fatto dell'incidente stradale. Oltretutto in questo caso ci troviamo di fronte anche a diritti che si incrociano in una relazione peculiare che li rende parzialmente incompatibili. Non è che essi siano connessi per incompatibilità nel senso che l'uno sia elemento estintivo dell'altro, non potendo essi coesistere nella stessa unità di tempo. Piuttosto essi sono solo parzialmente incompatibili, nel senso che non possono coesistere per l'intero ammontare preteso. In altri termini, le due domande così proposte potranno anche essere, in ipotesi, entrambe accolte, ma non per l'intero ammontare delle pretese, ma solo in virtù del riparto del concorso di colpa, che, stante l'art. 2054, 2° comma, c.c., si presume paritario, salvo prova contraria.

Si faccia, poi, anche un altro esempio assai frequente: quello di un processo in cui, a fronte dell'attore che ha fatto valere un diritto nascente da un contratto, il convenuto faccia a sua volta valere altro diritto nascente dallo stesso contrat-

---

[34] Vedi *supra* il paragrafo 2 in questo capitolo.

[35] Per il caso di specie è, peraltro, importante citare l'art. 2054, 2° comma, c.c., ai sensi del quale «Nel caso di scontro tra veicoli si presume, fino a prova contraria, che ciascuno dei conducenti abbia concorso ugualmente a produrre il danno subito dai singoli veicoli».

to. Così, ad esempio, chiesto il pagamento del prezzo risultante da un contratto di compravendita da parte del venditore, il convenuto pretenda, da parte sua, la consegna del bene. Anche qui la connessione per titolo è evidente, avendo i due diritti in comune la loro stessa fonte, ossia lo stesso contratto.

La connessione per eccezione, invece, si può avere in due situazioni diverse.

Innanzitutto, è possibile che il convenuto spenda come domanda un effetto giuridico incompatibile, quindi un diritto che ha valenza impeditiva, modificativa o estintiva del diritto fatto valere dall'attore. Qui deve essere richiamato tutto ciò che è stato detto nel paragrafo precedente come introduzione allo studio dell'eccezione di compensazione.

L'effetto giuridico, il diritto incompatibile, così definito per la sua valenza negativa rispetto al diritto della controparte, può essere speso nel processo sia come eccezione (c.d. eccezione riconvenzionale) sia come domanda. Nel primo caso, a parte l'ipotesi del tutto peculiare dell'eccezione di compensazione, non si allarga l'oggetto del processo, ma si pone solo una questione, che di per sé rientra nella causa originaria. Invece nel secondo caso si allarga senz'altro l'oggetto del processo e, quindi, del futuro giudicato.

Noi, peraltro, già sappiamo che la differenza tra le due strategie sta certamente solo nel trattamento dell'attività processuale compiuta, in quanto il giudice, se potrà al limite assorbire legittimamente la questione, non potrà, invece, mai esimersi dal decidere la domanda, in ipotesi proposta sull'effetto incompatibile. Tuttavia, ciò non deve indurre a trarre conclusioni semplicistiche sul piano dei limiti oggettivi del giudicato, perché questi vanno in ogni caso tracciati avendo presente la necessità di garantire la stabilità dell'attribuzione del bene della vita compiuta nella sentenza. Tale stabilità esige che in futuri processi, ovviamente tra le stesse parti, non sia possibile rimettere in discussione il diritto riconosciuto né direttamente né indirettamente, ossia attraverso la spendita di diritti incompatibili. Ed, allora, se il giudice pronuncia una sentenza di rigetto per l'attore, sull'effetto incompatibile, che il convenuto non abbia speso come domanda, bensì solo come eccezione, non vi sarà alcuna decisione con efficacia di giudicato. Ma, se, invece, il giudice accoglie la domanda dell'attore, l'effetto incompatibile, che in ipotesi sia stato speso dal convenuto come eccezione o che addirittura non sia stato speso in alcun modo, si brucia comunque per il futuro, appunto in virtù dei limiti oggettivi di quel giudicato.

Così, ripetendo esempi già fatti, se Tizio è riconosciuto proprietario di un determinato bene nei confronti di Caio, questi non potrà in un successivo processo affermarsi proprietario dello stesso bene ancora nei confronti di Tizio, abbia egli cercato o meno nel primo processo di ottenere il rigetto della domanda di Tizio spendendo come eccezione l'effetto incompatibile rappresentato dal suo (presunto) diritto di proprietà. E se viene accolta la domanda di Tizio nei confronti di Caio per l'esecuzione di un contratto, Caio non potrà più, in altro processo, lamentare l'invalidità del contratto, perché il suo diritto di impugnativa risulta ormai bruciato dal giudicato relativo all'effetto giuridico nascente da quel contratto, ritenuto validamente esistente dal precedente giudice.

La seconda situazione si ha quando il convenuto si limiti a rilevare un'eccezione e, poi, sulla base di questa sia l'attore a proporre un'altra domanda. Si faccia il caso del convenuto che opponga all'attore la novazione e questi, visto il disposto dell'art. 1230 c.c., per cui «L'obbligazione si estingue quando le parti sostituiscono all'obbligazione originaria una nuova obbligazione con oggetto o titolo diverso», controreplichi proponendo una domanda riconvenzionale che abbia ad oggetto l'effetto giuridico derivante dal nuovo rapporto.

Ma, almeno a mio parere, una domanda riconvenzionale dell'attore si può avere anche spendendo diritti concorrenti, rispetto ai quali l'interesse dell'attore emerge dal modo in cui si è difeso il convenuto. Così, ad esempio, se la domanda originaria riguardava l'adempimento di una pretesa contrattuale, a fronte dell'eccezione di nullità del contratto ben l'attore può domandare l'ingiustificato arricchimento, ai sensi dell'art. 2041 c.c., magari a condizione che sia rigettata la domanda di adempimento, senza che quindi a questa sia fatta alcuna rinuncia.

Venendo agli aspetti procedimentali, si tenga innanzitutto presente che il legislatore impone sempre, in ogni tipo di rito, a colui che voglia proporre domanda riconvenzionale, di farlo immediatamente[36].

Così nel rito ordinario, il convenuto deve proporre domanda riconvenzionale a pena di decadenza nella comparsa di risposta depositata settanta giorni prima dell'udienza (art. 167, 2° comma, c.p.c.) e l'attore deve proporre l'eventuale sua domanda riconvenzionale, che sia conseguenza della domanda riconvenzionale o delle eccezioni proposte dal convenuto, nella prima memoria integrativa di cui all'art. 171*ter* c.p.c.

Nel rito semplificato il convenuto deve proporre domanda riconvenzionale nella comparsa di risposta tempestivamente depositata dieci giorni prima dell'udienza (art. 281*undecies*, 2° e 3° comma, c.p.c.), mentre l'attore deve proporre, eventualmente, la sua *reconventio reconventionis* all'udienza, previa autorizzazione del giudice (art. 281*duodecies*, 4° comma, c.p.c.).

Nel rito speciale dettato per le controversie individuali di lavoro, il convenuto deve proporre a pena di decadenza le domande riconvenzionali nella memoria difensiva di cui all'art. 416 c.p.c.[37] e l'attore, se vuole a sua volta proporre

---

[36] Si torni, più in generale, al paragrafo 3 del quinto capitolo.

[37] Peraltro nel rito lavoro il meccanismo è più complesso, visto l'art. 418 c.p.c. che così recita: «Il convenuto che abbia proposto una domanda in via riconvenzionale a norma del secondo

domanda riconvenzionale che sia conseguenza della domanda o delle difese del convenuto, dovrà attivarsi in modo analogo, ossia con altra memoria sempre ai sensi dello stesso art. 416.

Ove, poi, la domanda riconvenzionale ecceda la competenza del giudice adito, l'art. 36 c.p.c. prevede che il giudice «applica le disposizioni dei due articoli precedenti». Ma, come abbiamo già visto, i meccanismi delineati negli artt. 34 e 35 c.p.c. non sono del tutto identici, perché in quello si salva in ogni caso il simultaneo processo, mentre in questo si prevede sia che venga celebrato il simultaneo processo sia che, invece, le cause vengano separate per ragioni di economia processuale.

E, allora, si distingua a seconda che il processo sia stato instaurato di fronte al tribunale o di fronte al giudice di pace e, comunque, si tengano presenti il 6° e il 7° comma dell'art. 40 c.p.c., dai quali emerge che il giudice competente per connessione è sempre il tribunale.

Nel primo caso, ove la domanda riconvenzionale appartenga alla competenza del giudice di pace, le due cause restano riunite di fronte al tribunale originariamente adito.

Nel secondo caso, invece, ove la domanda riconvenzionale appartenga alla competenza del tribunale, sono immaginabili due sviluppi: è possibile che il giudice di pace rimetta entrambe le cause al tribunale oppure è possibile che, applicando l'art. 35 c.p.c., il giudice di pace trattenga presso di sé la domanda originariamente proposta, perché fondata su titolo non controverso o facilmente accertabile, e rimetta al tribunale solo la domanda riconvenzionale. Ed, allora, è anche prospettabile l'eventualità che, decidendo la causa trattenuta, il giudice subordini, quando occorre, l'esecuzione della sentenza alla prestazione di una cauzione.

Resta, peraltro, il rilievo che, se tra le cause corre una connessione particolarmente implicata, non sembra affatto opportuno che il giudice di pace, a fronte di una domanda riconvenzionale di competenza del tribunale, opti per la separazione, rimettendo al giudice superiore la sola domanda riconvenzionale. Così, nell'ipotesi che il convenuto faccia valere un diritto incompatibile, è pre-

---

comma dell'articolo 416 deve, con istanza contenuta nella stessa memoria, a pena di decadenza dalla riconvenzionale medesima, chiedere al giudice che, a modifica del decreto di cui al secondo comma dell'articolo 415, pronunci, non oltre cinque giorni, un nuovo decreto per la fissazione dell'udienza. / Tra la proposizione della domanda riconvenzionale e l'udienza di discussione non devono decorrere più di cinquanta giorni. / Il decreto che fissa l'udienza deve essere notificato all'attore, a cura dell'ufficio, unitamente alla memoria difensiva, entro dieci giorni dalla data in cui è stato pronunciato. / Tra la data di notificazione all'attore del decreto pronunciato a norma del primo comma e quella dell'udienza di discussione deve intercorrere un termine non minore di venticinque giorni. / Nel caso in cui la notificazione del decreto debba farsi all'estero il termine di cui al secondo comma è elevato a settanta giorni, e quello di cui al comma precedente è elevato a trentacinque giorni».

feribile in ogni caso la celebrazione del simultaneo processo, per cui il giudice di pace dovrà rimettere entrambe le cause al tribunale.

7. *Litisconsorzio necessario*

Ci occuperemo ora del processo litisconsortile. Si tratta di analizzare una serie di ipotesi accomunate dal fatto di avere sempre a che fare con un processo soggettivamente complicato, ossia celebrato tra più parti, ovvero tra più di due parti. Ma, come vedremo, tra di esse vi sono differenze anche assai rilevanti, quanto meno perché a volte la pluralità di parti sottende pure una pluralità di oggetti, quindi di diritti controversi nello stesso processo, mentre altre volte così non è, mantenendo il processo, nonostante la pluralità di parti, un unico oggetto, un'unica causa da decidere tra i più litiganti.

Seguendo semplicemente l'ordine del codice di procedura civile, partiamo dallo studio del litisconsorzio necessario. L'art. 102 c.p.c. recita: «Se la decisione non può pronunciarsi che in confronto di più parti, queste debbono agire o essere convenute nello stesso processo. / Se questo è promosso da alcune o contro alcune soltanto di esse, il giudice ordina l'integrazione del contraddittorio in un termine perentorio da lui stabilito».

La norma si riferisce ad ipotesi nelle quali, proposta da Tizio una domanda nei confronti di Caio per l'accertamento e la tutela di una certa situazione giuridica soggettiva, il giudice rileva che, per come è prospettata la domanda, non può pronunciarsi nel merito se non viene integrato il contraddittorio nei confronti di un terzo Sempronio, perché, quand'anche Tizio avesse ragione, questa non gli può essere riconosciuta in concreto se non coinvolgendo appunto anche detto terzo.

Da questa semplice descrizione risulta evidente il motivo che spinge ad inserire il fenomeno in parola nell'ambito dei presupposti processuali [38]. Questi sono delle condizioni che devono esistere (presupposti positivi) o che non devono esistere (presupposti negativi) affinché il giudice possa e debba decidere nel merito la causa, per cui in caso di un loro difetto (insanabile) il processo non può che sfociare in una mera pronuncia di rigetto in rito della domanda, che nulla dice in ordine al diritto con essa fatto valere. Ed anche qui, nel caso del litisconsorzio necessario, la logica è la medesima, perché il giudice, ravvisato il presupposto di applicazione dell'art. 102 c.p.c., rileva la carenza della struttura soggettiva dell'instaurato processo che comporta un impedimento alla decisione

[38] Vedi l'accenno e il rinvio *retro* nel paragrafo 2 del quarto capitolo.

nel merito, carenza che, vedremo, è recuperabile, ma che, se non recuperata, comporta la chiusura in rito del processo.

Il problema grave è che l'art. 102 c.p.c. contiene un'espressione tautologica, dalla quale non emerge certo con chiarezza quale sia il presupposto della sua applicazione. Ed, allora, per comprendere il senso di un istituto, in fondo, ingombrante, perché si impone alle parti di operare un adeguamento della struttura soggettiva del processo, se esse vogliono giungere ad una pronuncia di merito, è opportuno prendere le mosse da ipotesi in cui è la legge stessa a prevedere esplicitamente la necessità del litisconsorzio, per trovare in queste una logica da utilizzare, magari, anche per altri casi non contemplati da norme di legge.

Un'ipotesi di litisconsorzio necessario la troviamo disciplinata nell'art. 784 c.p.c., il quale, in materia di scioglimento delle comunioni, impone che nel giudizio di divisione siano parti tutti i condomini. Non si può pronunciare la divisione se al relativo giudizio non partecipino tutti i soggetti che erano parti della comunione.

Tale necessaria struttura soggettiva del giudizio di divisione è del tutto comprensibile se solo si pensa allo scopo del giudizio stesso nel quale, sciogliendosi la comunione, si vuole attribuire a ciascuno dei soggetti interessati un diritto di proprietà esclusiva su una parte di ciò che prima era in comune. Se con la comunione ogni soggetto era proprietario del tutto, salvo lo stesso diritto degli altri, dopo la divisione ogni soggetto sarà proprietario esclusivo di una parte, senza, quindi, che su questa parte possano incidere diritti degli altri. E, allora, per poter ottenere la proprietà esclusiva su una parte di ciò che era in comune, è necessario che su detta parte si ritirino, per così dire, i diritti di tutti i condomini, ma ciò sarà possibile solo se al giudizio di divisione partecipino, appunto, tutti costoro. Perché, se anche uno di essi non dovesse essere chiamato nel relativo giudizio, evidentemente il diritto di proprietà comune del pretermesso non verrebbe meno e i partecipanti al giudizio di divisione non otterrebbero una proprietà esclusiva sulla parte a loro attribuita.

Altra ipotesi di litisconsorzio necessario prevista esplicitamente dalla legge la troviamo nell'art. 247 c.c., il quale, in materia di azione di disconoscimento della paternità, dispone che il «presunto padre, la madre ed il figlio sono litisconsorti necessari nel giudizio di disconoscimento». Anche qui troviamo la stessa logica di fondo appena sopra individuata. Invero, nell'azione in parola si tratta di trasformare lo *status* di figlio, oltre che della madre, del presunto padre in quello di figlio naturale della madre, ma ciò è possibile solo coinvolgendo tutti gli interessati, ossia tutti coloro che sono sul piano del diritto sostanziale parti del rapporto messo in discussione.

Da questi esempi emerge come la ragione che rende necessario un litisconsorzio nel processo stia nel fatto che in questo è messa in gioco una *situazione giuridica sostanziale unica*, ma *coinvolgente più soggetti*, sulla quale si pretende dal giudice una decisione unica che valga, e non possa non valere, per tutti costoro.

Ma, in che senso, su un piano processuale, è necessaria una decisione pronunciata nei confronti di tutti gli interessati? Qual è il motivo che spinge il giudice a negare, all'attore che ha agito, la pronuncia della sentenza di merito se non viene integrato il contraddittorio nei confronti del litisconsorte pretermesso?

Per trovare una risposta dobbiamo, per un verso, richiamare il principio del contraddittorio e, per altro verso, precisare, tuttavia, che l'istituto in parola non ha tanto la funzione di tutelare il litisconsorte pretermesso, quanto piuttosto quella di tutelare l'attore che agisce, in quanto questi non potrebbe ottenere la tutela che pur richiede senza coinvolgere tutti i necessari litisconsorti.

Tenendo sempre presente il punto di partenza del discorso, e cioè che la situazione giuridica messa in gioco esige una decisione che valga per tutti i soggetti coinvolti sul piano sostanziale, si rileva che, se il litisconsorte pretermesso non fosse chiamato in giudizio, magari per il semplice motivo che nessuno, neanche il giudice, si rende conto della necessità del litisconsorzio, la sentenza pronunciata non potrebbe certo valere nei suoi confronti. Qui valgono sempre i principi generali in materia di limiti soggettivi del giudicato, in particolare il principio per cui (normalmente) la sentenza ha effetti solo nei confronti di coloro che hanno partecipato al processo della sua formazione o che, comunque, sono stati posti in grado di parteciparvi, non potendo, invece, essa valere nei confronti dei terzi. Per cui, dal mancato ordine di integrazione del contraddittorio ai sensi dell'art. 102 c.p.c. il terzo, litisconsorte pretermesso, non subisce alcun pregiudizio.

Al contrario, da tale mancato ordine, è semmai l'attore a subire pregiudizio, ove si giunga alla pronuncia della sentenza di merito senza che il giudice si accorga di avere di fronte un caso di litisconsorzio necessario. Invero, se, vista la situazione giuridica fatta valere dall'attore e il tipo di tutela per essa richiesta, egli può essere soddisfatto solo se ottiene una pronuncia che valga per tutti i soggetti coinvolti sul piano sostanziale, è evidente che, ove non sia stato chiamato in giudizio anche solo uno di costoro, la sentenza, in ipotesi comunque pronunciata, non potendo valere per il litisconsorte pretermesso, è per lui inutile, ancorché magari essa accolga la domanda.

In altri termini, il discorso si snoda tra due poli.

L'attore, se vuole ottenere una sentenza utile per la tutela che richiede, ha bisogno di una pronuncia che valga tra più soggetti. Peraltro, dovendosi mantenere fermo il principio per cui il giudicato vale solo tra le parti del processo della sua formazione, la sentenza potrà valere nei confronti di tutti i soggetti sostanzialmente coinvolti solo se costoro sono anche processualmente coinvolti.

E, allora, nelle dette situazioni, ove l'attore non abbia citato tutti i legittimi contraddittori, il giudice dovrà ordinare l'integrazione del contraddittorio rispetto ai pretermessi, perché, se non lo facesse, egli potrebbe anche dare ragione all'attore, ma pronuncerebbe una sentenza *inutiliter data*, dal punto di vista della tutela che l'attore aveva richiesto.

La previsione dell'art. 102 c.p.c. non viola il principio della domanda, perché, in ipotesi, ogni soggetto dovrebbe rimanere libero di scegliere *se* proporre una domanda, *che cosa* eventualmente domandare e *contro chi* domandare. Invero, con l'ordine di integrazione del contraddittorio il giudice si limita a perseguire un adeguamento della struttura soggettiva del processo rispetto ad un oggetto del processo stesso che è stato del tutto delineato dall'attore. Egli non scende dal necessario piedistallo della sua terzietà ed imparzialità, ma interviene per evitare che la macchina giudiziaria giri a vuoto, perché, senza la necessaria integrazione soggettiva, dovrebbe magari accogliere nel merito la domanda dell'attore, ma allo stesso tempo attribuirebbe a questi una tutela apparente e non effettiva.

Bisogna, peraltro, fare alcune importanti precisazioni.

La prima attiene al regime della sentenza pronunciata *inter pauciores*, ossia senza tutti i necessari legittimati. Essa, abbiamo detto, è *inutiliter data*, vale a dire non è utile all'attore dal punto di vista del tipo di tutela che egli aveva richiesto. Ciò, però, non significa che la detta sentenza sia inesistente ed anzi è ben possibile che essa, pur non producendo l'effetto che l'attore perseguiva con la proposizione della domanda, produca tuttavia qualche altro effetto.

Si prenda, ad esempio, un soggetto che, proprietario di un fondo sfornito di accesso alla via pubblica, voglia ottenere la costituzione di una servitù di passaggio coattiva sul fondo vicino (art. 1051 c.c.), che è di proprietà di più soggetti. Per raggiungere il suo obiettivo, egli, mancando la necessaria cooperazione tra le parti per giungere alla stipula di un contratto (art. 1032 c.c.), deve citare in giudizio tutti i proprietari del fondo (che sarà) servente, nel senso che, ove l'azione sia esercitata solo nei confronti di uno di essi, l'attore, quand'anche ottenesse la pronuncia di una sentenza di accoglimento della domanda, non avrebbe raggiunto lo scopo, ossia la costituzione della servitù.

Tuttavia, una sentenza del genere, certamente inutile alla luce del *petitum* della domanda, non è però né inesistente né priva di effetti, in quanto il convenuto soccombente sarà obbligato a non porre impedimento all'esercizio della servitù (art. 1059, 2° comma, c.c.). Insomma, a fronte di una domanda di tale tipo il giudice dovrebbe ordinare l'integrazione del contraddittorio nei confronti del proprietario o dei proprietari non citati del fondo (che sarà) servente, perché solo così potrà, in ipotesi, pronunciare una sentenza che costituisce la servitù. Ma, se per avventura, egli non dovesse accorgersi del problema, l'eventuale sentenza di accoglimento della domanda avrà comunque un effetto, ancorché non adeguato alla tutela richiesta, perché esso sarà di tipo obbligatorio e non reale.

In secondo luogo, si vuole ancora sottolineare come, se è vero che la necessità del litisconsorzio si collega certamente ad ipotesi in cui viene messa in gioco una situazione giuridica sostanziale unica plurisoggettiva, è anche vero che, poi, elemento essenziale di valutazione, per stabilire se applicare o meno l'art. 102 c.p.c. nel caso concreto, è il tipo di tutela che si chiede per quella certa situazione giuridica. E, allora, si rileva che non a caso tutti gli esempi fatti finora riguardano processi costitutivi. Invero, è in questi che solitamente si pone un problema di litisconsorzio necessario, sempre che, ovviamente, la situazione giuridica sulla quale si vuole operare la modificazione coinvolga più soggetti.

Peraltro, non si può escludere che possa emergere la necessità di ordinare l'integrazione del contraddittorio, ai sensi dell'art. 102 c.p.c., anche in processi nei quali si chieda una tutela di mero accertamento. Si pensi a casi nei quali un soggetto sia interessato ad eliminare situazioni di apparenza giuridica che coinvolgono più soggetti. Così, ad esempio, si pensi all'azione con la quale si voglia ottenere l'accertamento della mancanza di efficacia di un contratto stipulato tra più soggetti, per un motivo originario (nullità) o per una causa sopravvenuta (previa attivazione della clausola risolutiva espressa di cui all'art. 1456 c.c.). O anche all'azione con cui si chieda l'accertamento dell'avvenuta acquisizione di un diritto di proprietà per usucapione nei confronti di tutti coloro che risultino titolari di diritti reali dai pubblici registri. Anche qui, allora, si avrà un processo necessariamente litisconsortile, sia pure di mero accertamento, a meno che il filtro dell'interesse ad agire renda necessaria, e quindi giuridicamente possibile, la domanda nei confronti di una sola delle controparti, perché solo questa ha determinato quella situazione d'incertezza che la tutela di mero accertamento è destinata ad eliminare.

Né si può escludere che la norma in commento possa operare nell'ambito di un processo in cui sia chiesta la pronuncia di una sentenza di condanna. Si pensi al caso in cui il rapporto obbligatorio fatto valere veda dal lato passivo più coobbligati e sia in gioco una prestazione che può essere adempiuta solo congiuntamente da tutti costoro. Così ad esempio nell'ipotesi in cui più artigiani si siano obbligati a fare un certo manufatto, ognuno spendendo la propria specializzazione. Od ancora si pensi all'obbligo di rilasciare un certo immobile goduto in locazione *pro indiviso* da più conduttori.

In tutti questi casi il creditore può soddisfarsi solo per mezzo della prestazione, non di uno solo degli obbligati, bensì di tutti i coobbligati che operino congiuntamente. Ma allora un eventuale processo in cui un simile creditore voglia far valere la sua pretesa non potrebbe che coinvolgere tutti gli obbligati alla prestazione congiunta, essendo del tutto inutile una sentenza di condanna che fosse pronunciata contro uno solo di essi.

Infine, si deve rilevare che quello appena individuato non è l'unico settore di operatività dell'art. 102 c.p.c., potendosi rintracciare nell'ordinamento altre ipotesi di litisconsorzio necessario, che rispondono, non ad un'esigenza sostanziale, qual è quella finora posta in luce, bensì solo ad *esigenze processuali*. Trattasi di due gruppi di ipotesi, per le quali vale, al contrario di quanto detto in riferimento al campo delle situazioni uniche plurisoggettive, il principio per cui il litisconsorzio è necessario solo in quanto e nella misura in cui esso è specificamente previsto dalla legge.

Il primo gruppo di ipotesi comprende casi in cui il legislatore esige la partecipazione al processo di terzi titolari di diritti dipendenti rispetto a quello che è oggetto del processo. L'esempio classico lo troviamo nel già citato art. 784 c.p.c., non nella parte in cui esso si riferisce agli eredi e ai condomini, bensì nella parte in cui sono richiamati i creditori opponenti, se vi sono.

Noi già sappiamo che i terzi titolari di situazioni giuridiche dipendenti possono, in alcune situazioni, subire pregiudizi dal giudicato formatosi, tra altri, sulla situazione pregiudiziale. Ma, da ciò non si può certo trarre la conseguenza di imporre alle parti di un processo sempre, in ogni ipotesi, di citare in giudizio, necessariamente, tutti i terzi titolari di situazioni dipendenti rispetto a quella azionata, escludendo la decisione nel merito della causa in mancanza di detto coinvolgimento processuale. Una simile scelta, evidentemente onerosa per le parti, può essere fatta dal legislatore per ragioni particolari e in casi particolari ed, allora, è ovvio che norme, come quella ora in commento, devono essere considerate di stretta interpretazione.

Il secondo gruppo di ipotesi riguarda il settore della legittimazione straordinaria. Richiamando quanto già detto in altro luogo sull'art. 81 c.p.c. [39], si ricorda che, se normalmente ogni soggetto può agire in giudizio solo affermandosi titolare del diritto fatto valere, a volte, però, la legge consente di agire in nome proprio per il diritto di un altro. Si tratta di casi tipici, nei quali il legislatore valuta con particolare attenzione l'interesse di un soggetto rispetto ai diritti e alle azioni che altro soggetto potrebbe esercitare, al punto da consentirgli di sostituirsi al legittimato ordinario inerte e perseguire per lui la tutela giurisdizionale. Peraltro, è ovvio che in situazioni del genere gli effetti di merito della sentenza che sarà pronunciata riguarderanno direttamente il titolare del diritto azionato ed, allora, è altrettanto ovvio che quel soggetto dovrà esse-

---

[39] Vedi *retro* nel paragrafo 6 del quarto capitolo.

re chiamato in giudizio per consentirgli di partecipare al processo di formazione di quella sentenza [40].

Venendo ora al profilo dinamico, naturalmente un problema processuale si pone solo se l'attore, in base al contenuto della domanda proposta, non ha correttamente individuato i necessari contraddittori. In tal caso l'art. 102, 2° comma, c.p.c. dispone che «il giudice ordina l'integrazione del contraddittorio in un termine perentorio da lui stabilito».

Quindi, innanzitutto, il vizio attinente all'integrità del contraddittorio è rilevabile anche d'ufficio in ogni stato e grado del processo. In secondo luogo, esso, una volta rilevato, è sanabile, ove le parti rispettino l'ordine del giudice di chiamare in giudizio il litisconsorte pretermesso. Anzi, posto che con la detta sanatoria si salvano gli effetti sostanziali e processuali della domanda, ossia essa ha, come si suole dire, efficacia *ex tunc*, il vizio in parola è, non solo rilevabile, ma anche sanabile pure se esso emerge in fase di impugnazione ordinaria, dovendo il giudice d'appello o, eventualmente, la Corte di cassazione rimettere a tal fine la causa al giudice di primo grado [41].

Cosa accade nell'ipotesi in cui, invece, il vizio non è sanato, perché nessuna delle parti si attiva, o non si attiva nel termine perentorio, per rispettare l'ordine del giudice?

L'art. 307, 3° comma, c.p.c. dispone che, qualora le parti alle quali spetta di integrare il contraddittorio non vi abbiano provveduto entro il termine perentorio stabilito dal giudice, il processo si estingue, specificando, poi, il 4° comma della medesima norma, a seguito della modifica intervenuta con legge n. 69/2009, che l'estinzione può essere dichiarata anche d'ufficio, a prescindere quindi dall'eccezione di parte.

Bisogna distinguere a seconda che, nonostante l'inerzia delle parti, il litisconsorte pretermesso si costituisca ugualmente o meno.

Nel primo caso, nel processo si è realizzata la sanatoria del vizio, ancorché non per merito delle parti, per cui è possibile giungere alla pronuncia della sen-

---

[40] Ipotesi del tutto peculiare è poi quella in cui il danneggiato da sinistro stradale eserciti l'azione risarcitoria direttamente nei confronti della società di assicurazione del responsabile civile. In tal caso, ai sensi dell'art. 144 del D.Lgs. n. 209/2005 (c.d. Codice delle assicurazioni), il responsabile civile deve essere citato in giudizio. L'ipotesi è peculiare perché la domanda è proposta nei confronti di un soggetto titolare di un obbligo dipendente da quello del danneggiante (o forse semplicemente responsabile per il debito risarcitorio), il quale, titolare dell'obbligo pregiudiziale, è dalla legge qualificato come litisconsorte necessario. Lo stesso schema è riprodotto nell'art. 12 della legge n. 24/2017 in materia di responsabilità medica, in cui, prevedendosi un'azione diretta del paziente danneggiato nei confronti della società assicurativa, si dispone la necessità del litisconsorzio con la struttura sanitaria assicurata ovvero del medico assicurato.

[41] Argomenta dagli artt. 354, 1° comma, e 383, 3° comma, c.p.c.

tenza di merito[42]. Resterebbe, per la verità, un profilo di inattività delle parti che, attenendosi alla lettera della legge, potrebbe provocare ugualmente l'estinzione del processo anche d'ufficio. Ma, francamente, tenderei a respingere una simile interpretazione, posto che nel caso che stiamo ipotizzando la sanatoria del vizio si è tuttavia avuta, ancorché non per la buona volontà delle parti, per cui non avrebbe alcun senso immaginare che il giudice debba comunque dichiarare l'estinzione del processo. Insomma, mutando ciò che c'è da mutare, qui dovrebbe utilizzarsi la logica che emerge dal 3° comma dell'art. 156 c.p.c., per cui ogni nullità processuale si sana o se si vuole non è dichiarabile ove in qualche modo si sia raggiunto lo scopo che la prescrizione contenuta nella norma processuale aveva di mira.

Nel secondo caso il vizio relativo al presupposto processuale, che pur era sanabile, è ormai insanabile ed, allora, il processo non può, in nessun caso, giungere ad una sentenza di merito. Esso certamente si estingue, a prescindere dai comportamenti delle parti, posto che il giudice può pronunciare ormai l'estinzione d'ufficio[43].

Per quanto riguarda infine le peculiari regole che presiedono ad un processo in cui sia necessario il litisconsorzio tra più soggetti ai sensi dell'art. 102 c.p.c. si rinvia a quanto si dirà in fondo al prossimo paragrafo rispetto a tutte le ipotesi di c.d. litisconsorzio unitario. Trattasi dei casi in cui, instauratosi un processo tra più parti in ordine ad una situazione unica plurisoggettiva, a prescindere dal fatto che il litisconsorzio fosse necessario o meno, siano imprescindibili una trattazione ed una decisione unica.

8. *Litisconsorzio facoltativo*

Il litisconsorzio facoltativo è disciplinato dall'art. 103 c.p.c. Con tale espressione ci si riferisce ad ipotesi nelle quali il litisconsorzio, per un verso, non è necessario e, per altro verso, sottende sempre una pluralità di oggetti, quindi alla pluralità di parti si accompagna sempre una pluralità di cause, ossia di diritti azionati. Oltretutto nell'art. 103 c.p.c. il legislatore immagina un processo che nasce litisconsortile, in quanto già con la domanda introduttiva più parti agiscono o sono convenute nello stesso processo. Tuttavia, è pur vero che i princi-

---

[42] Si aggiunge che il terzo intervenuto volontariamente per l'integrazione del contraddittorio non subisce le preclusioni in ipotesi già maturate per le parti, per cui egli può compiere ogni atto processuale: vedi in tal senso l'art. 268, 2° comma, c.p.c.

[43] Sulle forme dell'estinzione torna al paragrafo 15 del quarto capitolo.

pi processuali di cui ora parleremo valgono, più in generale, in ogni processo celebrato tra più parti su più cause legate per i tipi di connessione individuati dall'art. 103 c.p.c. e ciò a prescindere dal modo in cui il simultaneo processo si sia costituito.

A seconda del tipo di connessione tra le cause, il litisconsorzio facoltativo è qualificato, secondo la terminologia di uso comune, come "proprio" o "improprio". Questi termini non sono utilizzati dal legislatore, ma con essi si vogliono distinguere due gruppi di ipotesi che sono, però, previsti dalla legge.

Considerando il disposto dell'art. 103, 1° comma, c.p.c. il litisconsorzio facoltativo *proprio* si ha quando tra i diritti messi in gioco nello stesso processo vi sia una connessione per titolo o per oggetto con relazione di compatibilità. Quindi è possibile instaurare un unico processo su più effetti giuridici se essi abbiano in comune almeno uno degli elementi rientranti nelle rispettive fattispecie costitutive oppure se essi riguardino lo stesso oggetto, ma siano tuttavia compatibili, ossia possano giuridicamente coesistere nella stessa unità di tempo [44].

In casi del genere, nei quali la connessione tra i diritti non è particolarmente implicata, l'ordinamento consente il simultaneo processo, più che in funzione del coordinamento tra le decisioni, piuttosto per ragioni di economia processuale, in quanto la trattazione congiunta delle cause consente di risparmiare attività processuale.

Ma, quali sono i prezzi che l'ordinamento è disposto a pagare per favorire un simultaneo processo concepito solo per ragioni di economia processuale? Ed, inoltre, riprendendo uno spunto già emerso [45], fino a che punto è ragionevole la sua prosecuzione, ossia il mantenimento della trattazione unitaria per le diverse cause?

Con la prima domanda si vuole porre il problema della competenza. Il simultaneo processo non ha ostacoli quando le parti vogliono instaurarlo di fronte ad un giudice che è naturalmente competente per ciascuna di esse.

Se, invece, così non è, allora è necessario che il legislatore preveda delle norme che consentano la deroga alle regole di competenza, diciamo così, ordinarie, appunto per favorire l'instaurazione di un solo processo in riferimento ad esse.

Nelle ipotesi qui immaginate è, innanzitutto, prevista la possibilità di derogare al criterio generale della competenza per territorio fornito dagli artt. 18 e 19 c.p.c. Ai sensi dell'art. 33 c.p.c., ove le cause connesse per titolo o per oggetto con relazione di compatibilità appartengano, singolarmente considerate,

---

[44] Per gli esempi si rinvia al paragrafo 2 in questo capitolo.

[45] Vedi ancora il paragrafo 2 in questo capitolo.

alla competenza per territorio di giudici diversi, in quanto i diversi convenuti hanno, ad esempio, residenza o domicilio in luoghi diversi, l'attore può proporle in un unico processo instaurato di fronte ad uno dei detti giudici.

Ma, ancorché non prevista in modo del tutto chiaro, nel sistema troviamo implicitamente anche una possibilità di deroga ai criteri di competenza per valore. Ciò emerge dallo stesso art. 103 c.p.c., quando esso, prevedendo il caso che il simultaneo processo si frantumi, dispone, nel suo ultimo inciso, che il giudice adito rimetta al giudice inferiore le cause di sua competenza. Ora, una simile norma non avrebbe senso se in essa non si presupponesse che, all'instaurazione del simultaneo processo, vi sia stata una deroga alla competenza per valore. Così, ad esempio, essa sarà concretamente operativa ove, iniziato il processo cumulato in tribunale, la rottura del cumulo faccia emergere una causa che era di competenza del giudice di pace e che, quindi, a questo punto, sarà rimessa al giudice di pace.

Peraltro, se certamente da detta norma si ricava implicitamente l'ammissibilità, ai fini dell'instaurazione del processo litisconsortile, della deroga a criteri di competenza verticali, residua un dubbio. Ove le cause connesse siano singolarmente di competenza l'una del tribunale e l'altra del giudice di pace, è ragionevole ritenere che il giudice competente per il simultaneo processo sia il tribunale. Ma, se quelle cause rientrino, invece, singolarmente considerate, nella competenza per valore del giudice di pace, ci si chiede: per l'instaurazione del simultaneo processo si devono previamente sommare quei valori? In altri termini, posto che la competenza per valore del giudice di pace arriva a 10.000 euro (art. 7 c.p.c.), se le cause che si vogliono cumulare hanno un valore di 6.000 euro ciascuna, per il simultaneo processo bisogna sommare quei valori e, così, instaurarlo di fronte al tribunale?

Dall'ultimo inciso dell'art. 103 c.p.c. non traiamo alcuna indicazione a tal proposito, mentre un supporto potrebbe, ipoteticamente, venire dall'art. 10, 2° comma, c.p.c. ai sensi del quale «le domande proposte nello stesso processo contro la medesima persona si sommano tra loro». Ed, allora, si potrebbe, sempre ipoteticamente, immaginare che, almeno in un caso di solo litisconsorzio attivo, in cui più attori agiscono contro un solo convenuto, i valori si sommino e concludere, nell'esempio fatto, che il giudice del simultaneo processo sia il tribunale. Tuttavia, una simile soluzione ipotetica non è praticamente sostenuta, essendo opinione comune che qui non trovi applicazione l'art. 10, 2° comma, c.p.c.[46]. E, devo dire, probabilmente l'opinione comune è da accogliere, perché, in caso contrario, nell'esempio fatto, al frantumarsi del simultaneo processo ne

[46] Il quale si applica quando l'attore propone più cause contro un convenuto.

potrebbe conseguire la rimessione di tutte le cause al giudice di pace, senza lasciarne alcuna incardinata di fronte al tribunale.

Occupandoci, ora, della seconda domanda, essendo qui in gioco solo il valore dell'economia processuale, l'ordinamento prevede ipotesi in cui il cumulo oggettivo, pur originariamente favorito, si frantumi in un momento successivo dello svolgimento del fenomeno processuale.

Ciò può accadere innanzitutto nel passaggio alle fasi di impugnazione, in quanto, come vedremo a suo tempo, le cause connesse per titolo o per oggetto con relazione di compatibilità sono scindibili secondo la terminologia usata nell'art. 332 c.p.c., per cui è ben possibile che per una di esse si celebri un giudizio di impugnazione, mentre per l'altra diventi definitiva la sentenza già pronunciata[47].

Inoltre, ciò può accadere perché, ai sensi dell'art. 103, 2° comma, c.p.c. il giudice dispone la separazione delle cause. La separazione sarà pronunciata se tutte le parti ne fanno istanza o «quando la continuazione della loro riunione ritarderebbe o renderebbe più gravoso il processo». Quindi, a parte il caso della richiesta congiunta di tutte le parti, la legge prevede la frantumazione del cumulo là dove viene meno la ragione che aveva spinto a consentirlo, perché la trattazione congiunta delle cause, che in origine poteva sembrare economica, è diventata, successivamente, per qualche motivo, antieconomica. Si pensi all'ipotesi in cui solo una causa sia matura per la decisione, magari per la chiara fondatezza di un'eccezione, processuale o di merito, solo ad essa attinente: perché si dovrebbe aspettare la maturazione anche dell'altra causa o delle altre cause, rinviando la definizione della causa matura? Così facendo si utilizzerebbe l'istituto contro la sua stessa logica. Ed, allora, è perfettamente coerente il legislatore nel prevedere, nell'ipotesi in questione, la separazione delle cause.

Il litisconsorzio facoltativo improprio si ha, invece, quando, riprendendo le parole dell'art. 103, 1° comma, c.p.c., la decisione delle cause «dipende, totalmente o parzialmente, dalla risoluzione di identiche questioni». Appare evidente la ragione che spinge ad utilizzare l'aggettivo "improprio": qui, invero, siamo di fronte a situazioni nelle quali tra i diritti azionati non vi è una vera e propria connessione, non corre un nesso strutturale, ma vi è un legame, diciamo così, più flebile.

Le ipotesi che classicamente si riconducono al campo di applicazione della norma sono quelle nelle quali la decisione delle diverse cause dipende, in buona sostanza, dalla soluzione di una comune *questione giuridica*. Così, ad esempio, quando, nell'ambito delle controversie di lavoro, per decidere in relazione a più

---

[47] Approfondiremo il discorso nel paragrafo 7 del settimo capitolo.

diritti, facenti capo a persone diverse, sia necessario risolvere la questione comune attinente all'interpretazione di una clausola di contratto collettivo.

Peraltro, in casi di questo tipo, vista la carenza di un vero e proprio nesso strutturale fra i diritti in gioco, l'ordinamento non è disposto a pagare alcun prezzo al fine di consentire il simultaneo processo. In particolare, emerge chiaramente dal testo dell'art. 33 c.p.c. come le deroghe ai criteri di competenza, che abbiamo visto operare per il litisconsorzio facoltativo proprio, non valgano anche per quello improprio, per cui questo è realizzabile, non solo ovviamente quando gli interessati lo vogliano, ma anche se non vi sono problemi di competenza.

Per quello che riguarda la disciplina del processo litisconsortile, una volta che questo si sia instaurato, in mancanza di chiare norme al riguardo, possiamo risolvere i vari problemi concreti solo seguendo i principi generali già enunciati [48]. A tal proposito, bisogna, innanzitutto, distinguere a seconda che si guardi alle questioni di rito o alle questioni di merito.

Sul piano del *rito* vale, tendenzialmente, il *principio dell'autonomia processuale*. Il processo litisconsortile va considerato come una sorta di contenitore unico di più strutture processuali, tante quante sono le cause che il simultaneo processo contiene. Il che significa che le questioni di rito vanno affrontate e risolte separatamente per ogni causa [49], per cui ben può accadere che solo rispetto ad una causa, e non anche in riferimento all'altra o alle altre, si riscontri la carenza di un presupposto processuale. Allora il giudice disporrà la separazione, ai sensi dell'art. 103, 2° comma, c.p.c. in quanto solo una causa è matura per la decisione, precisamente per il rigetto in rito della relativa domanda, mentre per l'altra o le altre il processo dovrà proseguire.

Peraltro, è anche possibile che vi siano questioni di rito comuni a tutte le cause cumulate. Per stabilire se detta questione, ove fondata, travolga tutte le cause, bisogna guardare la disciplina della relativa eccezione e distinguere a seconda che essa sia rilevabile solo ad istanza di parte o anche d'ufficio. In quest'ultimo caso il compiuto rilievo dell'eccezione opera per tutti i litisconsorti o, se si vuole essere più precisi, per tutte le cause cumulate [50]. Se, invece, la questione può porsi solo ove una parte rilevi la necessaria eccezione, allora essa, se decisa in modo impediente, opera solo nell'ambito della causa che coinvolge la parte che l'ha sollevata [51].

---

[48] Si rinvia al paragrafo 2 in questo capitolo.

[49] Si pensi, ad esempio, all'evento interruttivo che riguardi una parte.

[50] Si pensi ad un caso di estinzione per una fattispecie comune.

[51] Si faccia il caso, in riferimento alla questione di giurisdizione, dell'eccezione sollevata da uno dei convenuti ai sensi degli articoli 4 e 11 della legge n. 218/1995, sul cui complesso meccanismo torna al paragrafo 3 nel capitolo quarto.

Sul piano del *merito*, invece, vale tendenzialmente il *principio di acquisizione*, ossia, avendosi una trattazione-istruzione unitaria, gli elementi assunti varranno, normalmente, per la decisione di tutte le cause. Del resto sta in ciò il vantaggio del simultaneo processo.

Ma, anche su questo piano sono necessarie delle precisazioni, perché bisogna fare i conti con l'efficacia di alcuni poteri processuali riservati alla parte. Ci si riferisce alle eccezioni in senso stretto e ai mezzi di prova "dispositivi".

Le eccezioni di merito sono, di solito, in senso lato, ossia rilevabili anche d'ufficio ed ove esse siano spese nell'ambito di un processo litisconsortile, il giudice ne terrà conto per decidere su tutte le cause cumulate, sempre che, ovviamente, esse abbiano una valenza comune. Ma, se il potere di rilevare una certa eccezione è riservato alla parte, allora il rilievo concretamente compiuto non può che valere solo nell'ambito della causa che coinvolge la parte che si è attivata ed il giudice non potrà utilizzare la questione anche nell'ambito delle altre cause. E lo stesso regime vale ovviamente per le eccezioni "personali", ossia attinenti a fatti che rilevano solo in una causa e non anche nelle altre.

Per quanto riguarda i mezzi di prova, si ricorda che ve ne sono alcuni consistenti in dichiarazioni di scienza di una parte che vincolano il giudice nella sua valutazione, nel senso che il giudice non potrà fare altro che fissare il fatto così come esso è stato rappresentato nella dichiarazione di parte. Si facciano gli esempi della confessione e del giuramento decisorio. Trattasi evidentemente di mezzi di prova e non di negozi giuridici. Tuttavia, vista la loro efficacia legale, possiamo qualificarli come strumenti, in senso lato, dispositivi, perché ben si potrebbe, attraverso essi, costringere il giudice a fissare l'esistenza e/o il modo di essere di un diritto soggettivo in modo contrastante con la sua effettiva realtà. Ed, infatti, non a caso la legge prevede, quale condizione di ammissibilità di detti strumenti, la disponibilità, soggettiva ed oggettiva, del diritto a cui si riferiscono i fatti che saranno oggetto della confessione e del giuramento.

Ebbene anche per mezzi di prova del genere va ripetuto quanto abbiamo detto in riferimento alla valenza delle eccezioni in senso stretto: essi potranno operare solo all'interno della causa nella quale sono stati utilizzati, non potendo essere utilizzati dal giudice per decidere l'altra o le altre cause cumulate.

Ma, allora, come è evidente, il principio di acquisizione, strumento principale per la realizzazione dell'economia processuale sul piano delle questioni di merito, se ha una portata rilevante, non è tuttavia l'unico principio operante nel processo litisconsortile. Nei casi da ultimo evidenziati si potrà così giungere anche per ragioni di merito alla separazione delle cause per una sopraggiunta situazione antieconomica, perché, ad esempio, è possibile che solo una causa sia matura per la decisione in virtù di un'eccezione in senso stretto solo nel suo ambito rilevata o di una confessione solo in essa prestata.

Prima di concludere si faccia un cenno al c.d. *litisconsorzio quasi necessario o unitario*. Questa espressione non è utilizzata in alcuna norma di legge. Tuttavia, noi possiamo convenzionalmente farne uso al fine di individuare, con essa, quelle ipotesi in cui più soggetti sono legittimati ad azionare una stessa situazione giuridica soggettiva, ma l'ordinamento, pur consentendo la celebrazione di un unico processo che li coinvolga tutti, esclude che ciò sia necessario ai sensi dell'art. 102 c.p.c., in quanto realizza il necessario coordinamento sostanziale in altro modo.

Si pensi, in materia di società per azioni, all'impugnazione delle delibere assembleari che, se anche proviene da un solo socio, va ugualmente avanti senza che sia necessaria alcuna integrazione del contraddittorio, in quanto il coordinamento sostanziale si ottiene attraverso il meccanismo, disposto dall'art. 2377, 7° comma, c.c. dell'estensione del giudicato favorevole anche a coloro che non hanno partecipato al processo[52].

In questi casi, quindi, il litisconsorzio non è necessario, ma, se esso si realizza, allora il processo sarà disciplinato dai principi del litisconsorzio unitario, ossia dalla necessità della trattazione e decisione unica, perché, a prescindere dal modo, dall'occasione che ne ha determinato l'instaurazione, qui ci troviamo comunque di fronte ad un processo tra più soggetti su una identica situazione giuridica sostanziale.

Da ciò derivano varie conseguenze pratiche.

In primo luogo, a differenza di quanto abbiamo detto per il litisconsorzio facoltativo, il processo dovrà rimanere litisconsortile anche nel passaggio ad eventuali fasi di impugnazione, applicandosi qui l'art. 331 c.p.c.[53].

In secondo luogo, non avendosi qui più cause cumulate, ma solo una causa riferibile a più soggetti, evidentemente non si potrà immaginare il ricorso alla separazione, che, invece, nel processo a cui si riferisce l'art. 103 c.p.c., consente di non pregiudicare la decisione della causa già matura per attendere l'ulteriore istruzione dell'altra o delle altre.

Infine, la necessaria unità di trattazione e decisione implica che, normalmente, l'esercizio dei poteri di parte ha effetti per tutti, anche se ad operare è solo uno dei litisconsorti. Ciò vale anche per i profili di rito, principio ribadito recentemente dalla Corte costituzionale che ha dichiarato l'incostituzionalità degli artt. 38 e 102 c.p.c. nella parte in cui essi non dispongono che l'eccezione d'incompetenza per territorio sollevata da uno dei litisconsorti necessari ha effetto anche per gli altri convenuti.

---

[52] Si veda quanto abbiamo detto *retro* nel paragrafo 6 del quinto capitolo.

[53] Su tale aspetto torneremo ampiamente nel prossimo capitolo, quando, studiando il litisconsorzio in fase di gravame, analizzeremo specificamente gli artt. 331 e 332 c.p.c.

Ma, su quest'ultimo piano, possono esservi delle particolarità.

Per un verso, è possibile che l'esercizio di un certo potere processuale, se normalmente provoca determinati effetti, nel caso di litisconsorzio unitario provochi effetti diversi. Così, ad esempio, in riferimento ai mezzi di prova che abbiamo definito in senso lato dispositivi, gli artt. 2733, 3° comma, e 2738, 3° comma, c.c. dispongono che la confessione resa o il giuramento prestato da uno solo dei litisconsorti degrada da prova legale a prova liberamente valutabile dal giudice.

Per altro verso, è anche possibile che addirittura, stante la struttura oggettiva unitaria del processo, si debba escludere che un dato potere processuale possa essere esercitato solo da uno dei litisconsorti. Se, ad esempio, la lite si struttura, nonostante la pluralità di parti, in due fronti contrapposti, che vedono da un lato più parti e dall'altro lato solo una parte, non è pensabile che una sola delle parti che si pongono sul primo lato possa deferire, con effetti, in ipotesi, pregiudizievoli per tutti, il giuramento decisorio al comune avversario, ed allora, in tal caso, quel deferimento può avvenire solo se a ciò si determinano tutti i litisconsorti.

9. *Intervento volontario*

È possibile che nel processo già instaurato intervenga volontariamente un terzo. Si tratta di ipotesi nelle quali, evidentemente, a differenza di quanto accade nell'ambito dell'art. 103 c.p.c., il processo subisce una complicazione dopo la sua instaurazione: nato esso in riferimento ad una certa causa tra un attore e un convenuto, sopraggiunge una complicazione per il fatto che un terzo decide, volontariamente, di entrare in scena.

L'art. 105 c.p.c. disciplina i presupposti in presenza dei quali ciò può avvenire. Per comprenderne il senso, si tenga preliminarmente presente che in detta norma si immaginano due gruppi di casi, a seconda che l'intervento sia *innovativo* o *non innovativo*. In altri termini, se con l'intervento si ha sempre, certamente, una sopravvenuta complicazione soggettiva, perché alle due parti originarie se ne aggiunge una terza, con esso non si ha sempre anche una complicazione oggettiva, potendo, a volte, il terzo intervenire per far valere un suo diritto ed, altre volte, invece, intervenire senza far valere alcun diritto, quindi senza aggiungere a quella originaria un'altra causa.

L'intervento innovativo può essere di due tipi: principale o litisconsortile.

Nell'*intervento principale* (c.d. *ad excludendum*) il terzo fa valere, contro tutte le parti del processo, un diritto che è connesso per ragioni oggettive con quello già in causa ed inoltre è, rispetto a questo, *incompatibile*, *autonomo* e, almeno nelle aspettative dell'interveniente che vuole vincere nel merito, anche *prevalente*.

Richiamando quanto si è detto in altro luogo [54], due diritti sono incompatibili quando non possono coesistere nella stessa unità di tempo, per cui, tra essi, o esiste l'uno o esiste l'altro. Il caso più semplice di intervento principale è, allora, quello in cui, avendo Tizio fatto valere in giudizio contro Caio la sua (presunta) proprietà esclusiva su un certo bene, intervenga Sempronio affermandosi, contro entrambe le parti già in causa, proprietario di quello stesso bene [55]. In questo caso, oltretutto, all'incompatibilità giuridica si aggiunge anche una possibile incompatibilità pratica, perché Caio, se fosse citato in due processi diversi, uno instaurato da Tizio e l'altro instaurato da Sempronio, e subisse in entrambi una sentenza di condanna a consegnare il bene, non potrebbe eseguire entrambi i comandi giudiziari, perché egli potrebbe consegnare quel bene una volta sola. In altri casi, invece, l'incompatibilità è solo giuridica: così, ad esempio, quando l'incompatibilità corre tra due diritti di credito. Invero, se un soggetto è condannato a pagare sempre per lo stesso debito due volte, in due processi diversi a fronte di due attori diversi, è ben possibile praticamente che egli rispetti entrambi i comandi giudiziari.

Inoltre, perché si abbia un intervento principale, il diritto del terzo deve essere, rispetto a quello già oggetto del processo, oltre che incompatibile, anche autonomo. La posizione del terzo è autonoma nella misura in cui egli, se non intervenisse, non sarebbe soggetto all'efficacia della cosa giudicata.

Ciò accade certamente quando il diritto del terzo è autonomo rispetto a quello che è oggetto del processo già sul piano sostanziale, perché non ne deriva. In altri termini, mantenendo l'esempio fatto, il diritto di proprietà affermato dall'interveniente Sempronio è autonomo sul piano sostanziale nel momento in cui questi afferma di averlo acquistato a titolo originario o anche titolo derivativo, ma non da una delle parti in causa, bensì da altro soggetto del tutto estraneo alla vicenda processuale in corso. Un'eventuale efficacia *ultra partes* della cosa giudicata è concepibile solo se per il diritto del terzo ha una qualche rilevanza l'oggetto del giudicato, mentre, se questo nesso oggettivo non vi è, il giudicato è per il terzo semplicemente indifferente [56]. E un tale nes-

---

[54] Vedi i paragrafi 2 e 5 in questo stesso capitolo.

[55] L'incompatibilità potrebbe anche essere "parziale". Ad esempio, si faccia il caso in cui, pretendendo l'attore di essere pienamente proprietario di un certo bene nei confronti del convenuto, intervenga un terzo che si affermi usufruttuario o comproprietario di quel bene, con ciò, quindi, escludendo, non la proprietà in campo all'attore, bensì la sua proprietà piena ovvero esclusiva.

[56] Si rinvia al paragrafo 6 del quinto capitolo.

so manca ove, appunto, il (presunto) diritto di proprietà, di cui già si discute nel processo, non condiziona, sul piano sostanziale, il (presunto) diritto di proprietà del terzo.

Ma, l'autonomia in parola si ha anche quando, pur derivando, sul piano sostanziale, il diritto del terzo da quello per il quale è stata proposta la domanda, tuttavia la posizione dell'interveniente è autonoma perché, ove egli rimanesse estraneo al processo, non subirebbe l'efficacia del giudicato. Ciò si verifica se il terzo ha acquistato il diritto prima dell'instaurazione del processo, per cui, se egli non sceglie la via dell'intervento, non gli potrà essere opposto il giudicato tra altri formatosi, non avendosi qui il presupposto per applicare l'art. 111 c.p.c.[57].

Infine, il terzo dovrà affermare la prevalenza del suo diritto. Con ciò siamo in presenza, non tanto di un requisito di ammissibilità, quanto piuttosto di un elemento che è indispensabile al terzo per risultare vittorioso nel merito. A tal proposito si devono richiamare i criteri di prevalenza sostanziale che il diritto privato stabilisce in base al modo in cui il diritto è acquistato. Non è possibile affrontare qui un simile problema, che, oltretutto, è complicato anche dal fatto che nel sistema vi sono diverse leggi di circolazione a seconda dei diversi tipi di beni. Tuttavia, per dare un minimo di concretezza al nostro discorso, sinteticamente si ricordano solo i due seguenti principi basilari: tra due acquisti a titolo originario prevale il secondo, mentre tra due acquisti a titolo derivativo da un comune dante causa prevale il primo, fatta salva l'operatività di norme particolari, come, ad esempio, quella che favorisce la previa trascrizione dell'atto di acquisto (art. 2644 c.c.). Ciò sempre che i detti acquisti restino entrambi a titolo derivativo, perché, se, al contrario, uno di essi si trasformi, per così dire, in un acquisto a titolo originario, quello a titolo derivativo è destinato comunque a soccombere, a prescindere dalla sua previa data: così nell'ipotesi di un secondo acquirente di cosa mobile che però, a scapito del primo avente causa dal medesimo dante causa, abbia acquistato il possesso in buona fede (artt. 1153 e 1155 c.c.).

Nell'*intervento litisconsortile*, invece, il terzo fa valere, non nei confronti di tutte le parti, ma solo di alcune di esse, un diritto connesso con quello che è già oggetto del processo per titolo o per oggetto con relazione di compatibilità. È evidente come i presupposti di questo tipo di intervento siano identici a quelli che consentono l'instaurazione di un processo litisconsortile ai sensi dell'art. 103 c.p.c. Ed, allora, ancora una volta possiamo notare come un processo simultaneo, con le stesse caratteristiche soggettive ed oggettive, possa venire in essere in modi diversi.

---

[57] Sul ruolo dell'art. 111 c.p.c. nella teoria dei limiti soggettivi del giudicato vedi *supra* il paragrafo 6 del quinto capitolo ed *infra* il paragrafo 15 del presente capitolo.

Nell'art. 103 c.p.c. si immagina che fin dall'origine si instauri un processo litisconsortile con cumulo oggettivo tra cause che hanno determinate relazioni. Nell'art. 105 c.p.c., per la parte che ora interessa, si immagina, invece, che un processo nato semplice, soggettivamente ed oggettivamente, subisca successivamente una complicazione e, quindi, a seguito di ciò, finisca per avere la stessa struttura soggettiva ed oggettiva del simultaneo processo instaurato ai sensi dell'art. 103 c.p.c.

Resta solo da aggiungere che, ovviamente, una volta costituitosi, ai sensi dell'art. 103 c.p.c. o ai sensi dell'art. 105 c.p.c., il simultaneo processo sarà disciplinato dalle stesse regole, perché sempre identica è la sua struttura oggettiva[58].

Anche l'intervento non innovativo può essere di due tipi: adesivo-autonomo o adesivo-dipendente. In entrambi i casi la successiva partecipazione del terzo non comporta un allargamento dell'oggetto del processo, ossia questo continua a celebrarsi sulla stessa situazione giuridica sostanziale che è stata oggetto della domanda introduttiva. Tuttavia, i due tipi di intervento sono assai diversi tra loro.

L'*intervento adesivo-autonomo* si ha quando il terzo che interviene è contitolare della situazione giuridica già in causa. Questa ipotesi non è esplicitamente prevista dall'art. 105 c.p.c., ma non si può certo dubitare della sua esistenza, posto che abbiamo, in pratica, a che fare con tutti quei casi in cui è possibile azionare una situazione sostanziale plurisoggettiva senza che, però, vi sia la necessità del litisconsorzio ai sensi dell'art. 102 c.p.c. Insomma, si richiamano i casi che abbiamo citato nell'ambito della figura del litisconsorzio quasi-necessario. Con la conseguenza che, se il processo litisconsortile si instaura, e a prescindere da come esso si instaura[59], saranno applicabili le regole che valgono per il litisconsorzio unitario, ossia per un processo che è celebrato tra più parti su un unico oggetto, di cui esse sono contitolari.

L'*intervento adesivo-dipendente* del terzo, anche detto *ad adiuvandum*, è, invece, esplicitamente previsto. Ad esso si riferisce il 2° comma dell'art. 105 c.p.c., che così recita: «Può altresì intervenire per sostenere le ragioni di alcuna delle parti, quando vi ha un proprio interesse». Qui, certamente, il terzo che interviene non fa valere un altro diritto, ma neanche è (con)titolare della situazio-

---

[58] Si fa, così, applicazione del principio generale, enunciato nel paragrafo 2 del presente capitolo, dell'esclusiva rilevanza del tipo di nesso strutturale intercorrente tra le diverse situazioni giuridiche soggettive azionate nello stesso processo.

[59] I modi sono tre: 1) i legittimati agiscono congiuntamente; 2) i legittimati agiscono disgiuntamente di fronte allo stesso ufficio giudiziario, il quale riunisce le cause; 3) dopo l'azione di uno, l'altro interviene in causa.

ne giuridica già oggetto del processo. Egli interviene per sostenere le ragioni di una delle parti in lite e a ciò l'ordinamento lo legittima perché gli riconosce un "interesse" sufficientemente rilevante. Per cogliere il senso e il limite di un simile interesse bisogna richiamare quanto abbiamo detto in materia di limiti soggettivi del giudicato[60].

Un interesse che legittimi il terzo ad intervenire nella lite altrui si ha quando detto terzo sia titolare di una situazione giuridica dipendente rispetto a quella controversa. In casi del genere è palese l'apprezzabilità giuridica dell'interesse del terzo, perché, posto che il modo di essere della situazione pregiudiziale condiziona l'esistenza e/o il modo di essere della situazione dipendente, il terzo sarà interessato a che il contenuto della sentenza sulla situazione pregiudiziale sia a lui, di riflesso, favorevole.

Peraltro, in questo ambito bisogna tenere presente una importante distinzione tra due diversi gruppi di terzi titolari di situazioni dipendenti. Normalmente i terzi, titolari di situazioni dipendenti nate prima della litispendenza, non subiscono l'efficacia della sentenza pronunciata alla fine di un processo rispetto al quale essi sono rimasti, appunto, terzi, non essendovi intervenuti. Alla regola fanno eccezione quelle ipotesi in cui il terzo sarebbe pregiudicabile anche in virtù di un contratto stipulato tra le parti del rapporto sostanziale, perché non sarebbe ragionevole che un simile terzo fosse protetto rispetto ad una sentenza più di quanto non lo sia rispetto ad un negozio.

Ora, questa distinzione non rileva dal punto di vista della legittimazione all'intervento adesivo-dipendente, nel senso che si deve ritenere legittimato ad intervenire sia il terzo che, ove non intervenisse, subirebbe comunque l'efficacia della sentenza sia il terzo che, invece, ove non intervenisse, non subirebbe quella efficacia. Certamente, il legislatore aveva il dovere di consentire al primo tipo di terzi l'intervento in causa, come una sorta di corrispettivo per l'efficacia *ultra partes* della sentenza[61]. Ma, ciò non significa che, allora, solo quei terzi possono esplicare intervento adesivo-dipendente, perché anche coloro che, rimanendo terzi, non subirebbero l'efficacia della sentenza, in quanto titolari di situazioni giuridiche dipendenti rispetto a quella oggetto del processo, sono interessati a favorire una data decisione piuttosto che un'altra. Tuttavia, la diffe-

---

[60] Si rinvia ancora al paragrafo 6 del quinto capitolo.

[61] Nel paragrafo 6 del quinto capitolo abbiamo detto che in casi del genere, nei quali si ha una crisi, ancorché giustificata, del principio del contraddittorio, l'ordinamento deve approntare in favore dei terzi dei mezzi preventivi, qual è, appunto, l'intervento ai sensi dell'art. 105, 2° comma, c.p.c., e dei mezzi successivi, qual è l'opposizione di terzo revocatoria, ai sensi dell'art. 404, 2° comma, c.p.c., utilizzabile da colui che, pur potendo intervenire, non è concretamente intervenuto.

renza tra i due gruppi di terzi resta importante sul piano della disciplina del processo dopo l'avvenuto intervento e di ciò tra breve diremo.

Piuttosto, c'è da aggiungere che l'interesse legittimante può anche essere, non propriamente giuridico, bensì di fatto, almeno quando vi sono, nella legge, indizi tali da far ritenere che detto interesse abbia un qualche, apprezzabile, riconoscimento [62]. Ci si vuol riferire al possibile intervento del creditore nelle liti del suo debitore.

Anche qui si tratta di richiamare quanto abbiamo detto nell'analisi dei limiti soggettivi del giudicato [63]. Invero, il creditore non è condizionato su un piano giuridico dall'esito del giudizio che ora si immagina, perché questo non pregiudica mai la sua possibilità di essere riconosciuto creditore. Egli può essere pregiudicato su un piano di fatto, precisamente in ordine alla sua possibilità di essere concretamente soddisfatto. Ma, questo interesse di fatto è chiaramente riconosciuto e protetto dal legislatore. Si pensi all'azione surrogatoria di cui all'art. 2900 c.c., nel quale si legge che il «creditore, per assicurare che siano soddisfatte o conservate le sue ragioni, può esercitare i diritti e le azioni che spettano verso i terzi al proprio debitore e che questi trascura di esercitare, purché i diritti e le azioni abbiano contenuto patrimoniale e non si tratti di diritti o di azioni che, per loro natura o per disposizione di legge, non possono essere esercitati se non dal loro titolare». O ancora al potere riconosciuto al creditore di eccepire la prescrizione, ai sensi dell'art. 2939 c.c. E un altro indizio viene dall'art. 404, 2° comma, c.p.c. ai sensi del quale al creditore è esplicitamente riconosciuta la legittimazione a proporre opposizione di terzo revocatoria avverso la sentenza che, coinvolgendo il suo debitore, sia il frutto di dolo o collusione a suo danno.

Venendo, ora, ai profili attinenti alla disciplina del processo dopo l'intervento del terzo, i problemi da affrontare sono essenzialmente due ed essi si possono sintetizzare nella posizione delle seguenti domande:

a) su quali basi il giudice può e deve valutare la legittimazione all'intervento del terzo?

b) quali sono i poteri processuali del terzo?

Affrontando il primo problema, è evidente che, se in un processo instaurato tra Tizio e Caio non può intervenire qualsiasi tipo di terzo, ma solo un soggetto che è a ciò legittimato in base ai presupposti previsti nell'art. 105 c.p.c., può ben nascere una controversia tra le parti sull'ammissibilità di un dato interven-

[62] Quindi, per fare un esempio banale, l'ospite abituale di una villa vicino al mare non è legittimato ad intervenire per aiutare il proprietario di essa a "difenderla" in giudizio.

[63] Ritorna sempre al paragrafo 6 del quinto capitolo.

to, per cui una di esse o entrambe contestano la sussistenza della legittimazione del terzo all'intervento. Il giudice, allora, dovrà risolvere la questione insorta accertando la sussistenza delle condizioni che abbiamo studiato in questo paragrafo.

Ma, posto che detta questione appartiene ai profili di rito e non già ai profili di merito del processo, fino a che punto può arrivare la cognizione del giudice in ordine all'accertamento del presupposto che legittima il terzo all'intervento?

Anche in questo ambito bisogna richiamare ed applicare il principio generale per cui, se la soluzione di una questione di rito dipende da un elemento che rileva anche per il merito, essa va trovata assumendo tale elemento per come è rappresentato, mentre, se la soluzione della questione di rito dipende da un elemento che non rileva anche per il merito, allora essa va trovata accertando l'effettivo modo di essere di detto elemento[64].

Così, se il terzo esplica un intervento principale (o *ad excludendum*), affermandosi titolare di un diritto incompatibile ed autonomo rispetto a quello che è già oggetto del processo, evidentemente la legittimazione all'intervento si può stimare solo sulla base di tale affermazione, perché ogni accertamento in ordine alla veridicità di detta affermazione interesserà il merito. Insomma, per la soluzione della questione di rito attinente all'ammissibilità dell'intervento il giudice si deve accontentare di verificare che quanto afferma l'interveniente sia conforme col presupposto dell'art. 105 c.p.c., senza potersi e doversi preoccupare di accertare anche che quanto è affermato sia vero. Tale verità dovrà certamente essere verificata nel processo, ma ciò non ai fini della soluzione di una questione di rito, bensì ai fini della decisione nel merito[65].

Diverso è il discorso rispetto al presupposto dell'intervento adesivo-dipendente (o *ad adiuvandum*). Qui il terzo che interviene si afferma titolare di un diritto dipendente, strutturalmente o in via di fatto, da quello che è oggetto del processo, diritto che egli non fa valere con l'intervento, ma che rappresenta solo il fondamento di quell'interesse che lo legittima, appunto, all'intervento. Ma, allora, se sorge una controversia sulla sussistenza di tale diritto, di tale presupposto legittimante, il giudice non può e non deve accontentarsi della prospettazione effettuata dal terzo e dovrà accertare il modo di essere del presupposto, visto che esso non rileva anche per la decisione nel merito.

Peraltro, non bisogna confondere il problema della profondità della cognizione del giudice col problema dell'efficacia dell'accertamento da questi effettuato. Invero, nel contesto che si immagina l'accertamento del diritto del terzo è

---

[64] Per l'enunciazione e l'applicazione del principio vedi il paragrafo 4 del quarto capitolo.

[65] Altro è che, poi, ammesso l'intervento, la domanda del terzo sia rigettata in rito per la carenza di qualche presupposto processuale di diverso genere, tra quelli in precedenza studiati.

compiuto, comunque, ai fini della soluzione di una questione di rito ed allora esso non avrà alcuna efficacia al di fuori del processo in cui il terzo ha esplicato il suo intervento, insomma quell'accertamento, pur riguardando un diritto, non avrà alcuna efficacia di giudicato.

Affrontando, ora, il secondo problema, si tenga presente che l'art. 268 c.p.c. dispone, per un verso, che l'intervento «può aver luogo sino al momento in cui il giudice fissa l'udienza di rimessione della causa in decisione» e, per altro verso, che il «terzo non può compiere atti che al momento dell'intervento non sono più consentiti ad alcuna parte, salvo che comparisca volontariamente per l'integrazione necessaria del contraddittorio». Quindi, stando alla lettera della norma, sembra che, a parte il caso dell'intervento di quel litisconsorte pretermesso che deve partecipare al processo per le esigenze già viste nell'ambito dell'art. 102 c.p.c., ogni altro terzo, pur potendo intervenire, in buona sostanza, durante tutto il corso del processo [66], dovrebbe accettare il processo nello stato in cui si trova, in particolare subendo le stesse preclusioni che, in ipotesi, siano maturate per le parti [67].

Una simile conclusione non sembra condivisibile, dovendosi quantomeno distinguere da caso a caso, in particolare a seconda che l'intervento sia innovativo o non innovativo, ossia a seconda che il terzo, intervenendo, faccia valere nel processo un suo diritto (art. 105, 1° comma) o meno (art. 105, 2° comma).

Se l'intervento è innovativo, non si può concepire che i poteri processuali del terzo siano limitati, perché una simile limitazione si porrebbe in stridente contraddizione col potere, pur riconosciuto al terzo, di proporre una domanda in relazione ad un diritto. Invero, delle due l'una: o l'ordinamento non concede al terzo di intervenire domandando [68] oppure, se al terzo è concesso di intervenire

[66] Noi, qui, stiamo comunque immaginando un intervento che avviene nel processo di primo grado. Ma si tenga presente che quasi tutti gli interventi finora visti sono ammessi anche in appello, visto che l'art. 344 c.p.c. prevede: «Nel giudizio d'appello è ammesso soltanto l'intervento dei terzi, che potrebbero proporre opposizione a norma dell'art. 404». Nonostante la formula apparentemente riduttiva di detta norma, ponendo a confronto l'area dei terzi legittimati all'intervento ai sensi dell'art. 105 c.p.c. con l'area dei terzi che, sempre che non intervengano, sono legittimati ad impugnare la sentenza con l'opposizione di terzo ordinaria (art. 404, 1° comma, c.p.c.) o con l'opposizione di terzo revocatoria (art. 404, 2° comma, c.p.c.), emerge che in appello certamente non si può esplicare solo l'intervento da noi definito litisconsortile, rimanendo ammissibili molti degli altri. Vedi nel prossimo capitolo sulla non coincidenza dell'area dei legittimati all'opposizione di terzo ordinaria con l'area dei legittimati all'intervento principale, nonché sulla non coincidenza dei legittimati all'opposizione di terzo revocatoria con i legittimati all'intervento adesivo-dipendente.

[67] Sui tempi del gioco processuale si rinvia al paragrafo 3 del quinto capitolo.

[68] Ed, infatti, vi sono riti speciali nei quali l'intervento innovativo è ammesso solo all'inizio del processo: così nell'art. 419 c.p.c., in materia di controversie individuali di lavoro.

facendo valere un suo diritto, non gli si può, poi, sottrarre il potere di allegare e provare per sostenere la domanda proposta. Insomma, se il terzo è legittimato ad affermare un diritto in giudizio, egli deve anche essere legittimato a spendere tutti i poteri processuali che sono necessari per sostenere nel merito la detta affermazione.

Né sembra condivisibile l'idea contraria che la giurisprudenza vorrebbe trarre, oltre che dalla citata lettera della norma, anche dal principio della ragionevole durata del processo. Invero, se su quella lettera abbiamo appena detto, c'è da aggiungere che un'interpretazione che finisce per disincentivare il simultaneo processo non rende un buon servizio all'esigenza di avere un più tollerabile carico complessivo di lavoro per la giurisdizione statale.

La questione relativa ai poteri processuali dell'interveniente è assai più complessa quando questi esplica un intervento adesivo-dipendente. In tal caso, il terzo non fa valere un suo diritto, ma vuole interloquire nella formazione della decisione sul diritto altrui. Ma, allora, per esso non si pone solo un problema di tempi, alla luce del citato art. 268 c.p.c., bensì, preliminarmente, un problema di latitudine dei poteri. Possiamo distinguere tre aspetti diversi, per la cui trattazione si pongono tre domande diverse:

– qual è la latitudine dei poteri processuali del terzo?
– quali sono i tempi per esercitare detti poteri?
– qual è il valore degli atti processuali delle parti nei confronti del terzo?

Venendo a sostenere le ragioni di una delle parti in causa, rispetto ad una situazione giuridica di cui non è titolare, il terzo non può, evidentemente, compiere atti processuali per i quali si presuppone quella titolarità o comunque la disponibilità del diritto controverso. Così, ad esempio, l'interventore adesivo-dipendente non potrà rendere una dichiarazione confessoria, posto che, vista la sua efficacia di prova legale, l'art. 2731 c.c. dispone: «La confessione non è efficace se non proviene da persona capace di disporre del diritto, a cui i fatti confessati si riferiscono».

Ma, per il resto, i poteri processuali del terzo sono assai estesi. Egli può allegare fatti, rilevare eccezioni e provare i fatti controversi, al fine di influenzare, anche a suo vantaggio, la formazione della decisione del giudice. E può anche rilevare eccezioni in senso stretto (art. 112 c.p.c.), visto che la legge prevede esplicitamente tale rilevabilità ad opera dei terzi (art. 2939 c.c.) in riferimento all'eccezione di prescrizione, che pur, sempre per esplicita previsione di legge (art. 2938 c.c.), non è rilevabile d'ufficio.

A lungo si è discusso sul potere di impugnare la sentenza. Può, ad esempio, l'interventore adesivo-dipendente, a fronte della pronuncia di una sentenza di primo grado per lui indirettamente sfavorevole, proporre appello in assenza di ogni iniziativa in tal senso da parte del soggetto che subisce direttamente la soccombenza?

A mio parere non vi sono ragioni per negare qui un potere d'impugnazione in via autonoma. Ma la giurisprudenza a tal proposito non fornisce indicazioni univoche. Se in linea di principio in essa sembrano emergere posizioni contrarie, è anche vero che poi in alcuni casi pratici si assumono posizioni in controtendenza, come ad esempio accade quando si legittima il chiamato in garanzia impropria all'impugnazione del capo relativo al rapporto principale, rispetto al quale detto soggetto ha la posizione di una parte dipendente.

Circa i tempi, è proprio al terzo che interviene ai sensi dell'art. 105, 2° comma, c.p.c. che deve applicarsi il principio enunciato nel citato art. 268 c.p.c., per cui egli dovrà accettare il processo nello stato in cui si trova.

Peraltro, è anche vero che l'intervento adesivo-dipendente non si collega sempre alla stessa situazione di partenza e delle possibili differenze bisogna tenere conto. Indubbiamente qui ci si riferisce pur sempre ad un terzo che è titolare di una situazione dipendente rispetto a quella che è già oggetto del processo, per cui il modo di essere, o, per meglio dire, il modo in cui sarà decisa la situazione giuridica nel processo influenzerà l'esistenza e/o il modo di essere della situazione giuridica facente capo al terzo. Ma, è anche vero che a volte quel terzo subirà comunque l'efficacia della sentenza pronunciata sulla situazione pregiudiziale, anche se resterà, appunto, terzo rispetto al processo, mentre altre volte egli, se non sceglierà la via dell'intervento, non sarà soggetto all'efficacia *ultra partes* del giudicato tra altri formatosi.

In entrambi i casi abbiamo un terzo legittimato ad esplicare intervento adesivo-dipendente. Tuttavia, le posizioni di partenza non sono identiche e ciò deve essere considerato nella disciplina del processo successivamente al compiuto intervento, visto che di ciò tiene senz'altro conto il legislatore quando, immaginando al contrario che l'intervento non sia compiuto, attribuisce al terzo che subisce in ogni caso il giudicato altrui, e, si badi, solo a questo tipo di terzo, il potere di proporre opposizione di terzo revocatoria, ai sensi dell'art. 404, 2° comma, c.p.c., provando che la sentenza è effetto di dolo o collusione a suo danno.

Ebbene, da questi presupposti e da questi indizi normativi, si deve trarre la conclusione che almeno il terzo comunque soggetto al giudicato altrui, se in linea di principio non può compiere atti che, al momento dell'intervento, non sono più consentititi alle parti originarie, potrà, però, chiedere la rimessione in termini ove dimostri il dolo o la collusione delle parti a suo danno. A ciò si può arrivare nel processo ordinario allargando un po' le maglie dell'art. 153, 2° comma, c.p.c.

Queste regole non saranno, invece, applicabili al terzo che non subirebbe l'efficacia della sentenza ove non scelga di intervenire nel processo. Invero, se il processo è giunto ad una fase nella quale non sono più spendibili sostanziali poteri, tale soggetto può ben decidere di rimanere estraneo ad esso, senza dover temere pregiudizi, posto che, appunto, la sentenza che il giudice pronuncerà non sarà a lui opponibile.

La distinzione fatta tra le due diverse categorie di terzi legittimati all'intervento adesivo-dipendente aiuta a risolvere anche l'ultimo problema, relativo al valore degli atti processuali di parte nei confronti dell'interveniente. La questione riguarda, in particolare, l'efficacia degli atti processuali che possiamo definire, in senso lato, dispositivi. Si faccia il caso della confessione [69]: che valore ha la confessione resa da una parte nei confronti del terzo intervenuto in via adesivo-dipendente?

Se questo terzo rientra nella cerchia di coloro che avrebbero subito il giudicato anche rimanendo al di fuori del processo, a lui sarà senz'altro opponibile la confessione resa dalla parte, al cui ausilio l'intervento era stato compiuto. Tuttavia, dovrebbe pur rimanere all'interventore una difesa fondata sull'affermazione del dolo o collusione a suo danno. Ma, come spenderla concretamente? Se egli, avendo ormai assunto la qualità di parte nel processo, non potrebbe poi proporre l'opposizione di cui all'art. 404, 2° comma, c.p.c., né potrebbe sfuggire all'efficacia della cosa giudicata, è ragionevole affermare che quella difesa vada spesa subito, nel corso del processo pendente, al fine di impedire che la decisione si fondi su un atto "dispositivo" fraudolento.

Se, invece, si tratta di un terzo che, se non fosse intervenuto, non sarebbe stato soggetto al giudicato, allora, evidentemente, le parti originarie non lo possono pregiudicare per mezzo di un atto, come è la dichiarazione confessoria, che, se non è un negozio giuridico, tuttavia, vista la sua efficacia di prova legale, può indirettamente, attraverso la fissazione dei fatti, rappresentare un modo per disporre dei diritti.

Ma come può attuarsi questo principio?

In altri ordinamenti, il contemperamento degli interessi è stato trovato consentendo al giudice la pronuncia della sentenza sulla base dell'atto di parte, ma lasciando allo stesso tempo al terzo la possibilità di rimettere in discussione l'accertamento giudiziale in altro processo. Questa soluzione non può essere trasferita nell'ambito del nostro ordinamento, perché, rappresentando essa una sorta di eccezione alla regola per cui al giudicato sono soggetti tutti coloro che

---

[69] Ma a mio parere problemi analoghi si pongono anche a fronte della mancata contestazione, che, ai sensi del novellato art. 115, 1° comma, c.p.c., rende non controverso un fatto e quindi, sottraendolo all'area dei fatti che devono essere provati, vincola il giudice a fissarlo così come è stato allegato. Vedi *retro* nel paragrafo 2 del quinto capitolo.

hanno preso parte al processo della sua formazione, la si potrebbe sostenere solo in presenza di una norma esplicita.

Ed, allora, se bisogna trovare una soluzione al problema che impedisca altre discussioni in futuri processi, le possibilità in astratto sono due. Si potrebbe consentire al giudice di pronunciare una sentenza che, quand'anche ha ad oggetto la stessa situazione giuridica soggettiva, tuttavia può essere di contenuto diverso, uno per le parti originarie ed un altro nei confronti del terzo. Oppure si potrebbero applicare qui le regole che valgono per il litisconsorzio unitario, per cui, ad esempio, mantenendo il caso della confessione, alla luce dell'art. 2733, 3° comma, c.c., essa scadrebbe da prova legale a prova libera.

Forse la prima soluzione è quella preferibile perché con essa non si alterano i poteri originari delle parti, mentre la seconda soluzione, quand'anche sembri ragionevole, comporta una simile alterazione. Invero, non si deve dimenticare il fatto che le regole del c.d. litisconsorzio unitario sono concepite per un processo che, se certamente ha ad oggetto una sola situazione giuridica soggettiva, tuttavia coinvolge tutti soggetti che sono anche (presunti) contitolari di quella situazione. Invece, nel contesto qui immaginato, è vero che il processo mantiene un unico oggetto, coincidente col diritto affermato nella domanda originaria, ma è anche vero che il terzo interventore non è contitolare di quel diritto, bensì è titolare solo di un diritto da quello dipendente, un diritto che non diventa oggetto del processo, bensì rappresenta solo la situazione legittimante che fonda l'intervento [70].

10. *Chiamata per comunanza di causa*

L'art. 106 c.p.c., rubricato "Intervento su istanza di parte", recita: «Ciascuna parte può chiamare nel processo un terzo al quale ritiene comune la causa».

Qui si determina, successivamente all'instaurazione del processo, una com-

---

[70] Quanto detto nel testo fa ritenere discutibile quella giurisprudenza che afferma che la confessione, contenuta nel modulo di constatazione amichevole, resa dal danneggiante al danneggiato da sinistro stradale scada a prova liberamente valutabile nel processo in cui sono litisconsorti necessari il danneggiato, il danneggiante e l'assicuratore. È vero che (anche) ad un simile caso sembra riferirsi il 3° comma dell'art. 2733 c.c. Ma è anche vero che qui, se si accetta l'opinione più diffusa, sotteso al litisconsorzio necessario non c'è una situazione giuridica unica, avendo il giudizio ad oggetto due rapporti connessi per pregiudizialità-dipendenza, essendo l'obbligo dell'assicuratore dipendente dall'obbligo del danneggiante. La detta giurisprudenza acquista un fondamento più solido se, invece, si parte dall'idea che l'assicuratore sia solo responsabile per il debito del danneggiante: così avremmo un processo avente ad oggetto la causa risarcitoria. Ma questa è una costruzione del tutto esclusa.

plicazione soggettiva per l'iniziativa di una delle parti originarie, la quale ritiene di coinvolgere nella vicenda un terzo che si presume sia titolare di una situazione giuridica in qualche modo connessa (comunanza di causa) con quella che è già stata oggetto della domanda. A volte, come vedremo, a tale (successiva) complicazione soggettiva si aggiunge anche una (successiva) complicazione oggettiva. Ma, ciò non accade sempre, perché lo scopo essenziale dell'istituto sta innanzitutto nell'attribuire al terzo la qualità di parte al fine di potergli opporre un giudicato che, altrimenti, ossia ove quel terzo non prendesse parte al processo, non gli sarebbe opponibile.

La norma, formulata in modo molto generico, ha assunto una concretezza nella sua applicazione pratica. I casi ai quali essa comunemente è riportata sono quelli in cui il convenuto si difende mediante la c.d. *contestazione della legittimazione passiva* o la c.d. *contestazione della legittimazione attiva*. Si tratta sempre di difese nel merito, nonostante l'uso del termine "legittimazione", che potrebbe far pensare ad una difesa in rito.

Una fattispecie frequente nella prassi si ha nel settore della responsabilità da circolazione stradale. Si pensi al caso in cui, proposta la domanda da Tizio nei confronti di Caio per far valere il diritto al risarcimento del danno causato da sinistro stradale, Caio si difenda negando di essere lui il vero obbligato [71] e, contemporaneamente, indichi Sempronio quale soggetto responsabile e quindi tenuto al risarcimento del danno.

Caio non nega, in astratto, la sussistenza del diritto di Tizio. Né egli contesta la sua legittimazione a contraddire, nel senso di rilevare un difetto di presupposto processuale che giustifichi la pronuncia di una sentenza che non decida nel merito sul diritto di Tizio [72]. Caio si difende nel merito contestando, appunto nel merito, di essere il soggetto passivo del rapporto obbligatorio ed indica un altro soggetto quale vero obbligato. A fronte di una simile difesa Tizio ha interesse a chiamare in giudizio Sempronio, ossia colui che è indicato come il vero obbligato, quantomeno al fine di opporgli il (futuro) giudicato.

Invero, il rischio dell'attore è grave. Egli, se non si attiva per la chiamata, può correre il rischio di ottenere una sentenza che gli riconosca in astratto il diritto, ma che, allo stesso tempo, gli neghi la condanna del convenuto affermando che il vero obbligato è colui che il convenuto ha indicato come tale. Se, poi,

---

[71] Negazione che, si badi, rientra tra le mere difese e non tra le eccezioni: sulla distinzione torna al paragrafo 1 del capitolo quinto.

[72] Si ricorda ancora che la legittimazione ad agire e a contraddire, quale presupposto processuale, ossia condizione che deve esistere perché il giudice possa e debba decidere nel merito la causa, si stima sulla base della semplice domanda e non sulla realtà degli assetti sostanziali in gioco. Si ritorni, a tal proposito, al paragrafo 6 del quarto capitolo.

a seguito di ciò, Tizio dovesse agire nei confronti di Sempronio, questi potrebbe, a sua volta, pur riconoscendo in astratto la sussistenza del diritto fatto valere, contestare la sua legittimazione passiva ed indicare Caio come vero obbligato. Una simile difesa non gli sarebbe preclusa dalla precedente sentenza, al cui processo di formazione egli non ha partecipato, ed allora il povero Tizio potrebbe ottenere un'altra sentenza con la quale, riconosciutogli il diritto in astratto, il giudice gli neghi ancora la condanna nei confronti del nuovo convenuto, affermando che non è questo il vero obbligato.

Quindi, la *ratio* della chiamata per comunanza di causa sta nella necessità di evitare possibili inconvenienti che possono derivare all'attore dalla normale operatività dei principi in materia di limiti soggettivi del giudicato. Mentre non sembra che alla chiamata del c.d. vero obbligato abbia un qualche interesse il convenuto, il quale si sia difeso appunto contestando la sua legittimazione passiva e francamente appare incomprensibile una certa giurisprudenza che, al contrario, configura un simile interesse.

Si faccia un altro classico esempio in materia di azione per la costituzione di servitù coattiva. Ai sensi dell'art. 1051 c.c., il proprietario del fondo che non ha accesso alla via pubblica ha diritto alla costituzione di una servitù di passo a carico del fondo vicino che, invece, abbia quell'accesso. Ma, se vi sono più fondi confinanti, allora la servitù di passo «si deve stabilire in quella parte per cui l'accesso alla via pubblica è più breve e riesce di minore danno» (art. 1051, 2° comma, c.c.). Ed, allora, può accadere che Tizio agisca nei confronti del vicino Caio chiedendo la costituzione di detta servitù e Caio si difenda affermando senz'altro che Tizio ha diritto alla costituzione della servitù, ma allo stesso tempo negando di essere lui il "vero obbligato", indicando Sempronio, altro vicino, quale soggetto tenuto a concedere quella servitù, in quanto è sul suo fondo che il passaggio risulta più breve e di minor danno.

Ancora una volta siamo di fronte ad un attore che rischia di subire pregiudizi dalla normale operatività delle regole sui limiti soggettivi del giudicato. Invero, se Tizio non si attiva per chiamare in causa Sempronio, può aversi lo stesso scenario già visto nell'esempio precedente. Egli può veder riconosciuto in astratto il suo diritto nell'ambito del processo instaurato nei confronti di Caio, ma allo stesso tempo non ottenere in concreto la costituzione della servitù perché il giudice afferma che questa va costituita sul fondo di Sempronio. Tuttavia, se poi Tizio agisce nei confronti di Sempronio, non è escluso che questi, non soggetto alla sentenza già pronunciata, si difenda riconoscendo senz'altro il diritto di Tizio, ma indicando a sua volta quale "vero obbligato" Caio. Ed, evidentemente, se il giudice gli darà ragione, eventualità del tutto possibile, Tizio avrà ottenuto due sentenze che riconoscono entrambe in astratto il suo diritto, ma nessuna di esse ha costituito la servitù.

È chiaro quindi, quale sia l'interesse alla chiamata e la logica dell'intervento su istanza di parte per la c.d. "comunanza di causa".

Tuttavia, nei casi citati, l'attribuzione al terzo della qualità di parte è solo l'obiettivo minimo dell'istituto, dalla cui realizzazione non deriva alcuna complicazione sul piano oggettivo in via automatica.

Insomma, se l'attore non propone un'esplicita domanda nei confronti del chiamato, non si può ritenere, come a volte fa un'incauta giurisprudenza, che vi sia una sorta di estensione della domanda originaria nei confronti del terzo. Alla complicazione soggettiva si aggiunge anche quella oggettiva solo nel caso in cui l'attore, che si attiva per coinvolgere nel processo il terzo, decide anche di proporre una domanda nei suoi confronti. Così si determina un cumulo alternativo, nel senso che l'attore, affermandosi sempre titolare di quello stesso diritto che già era stato oggetto della domanda originaria, chiede la condanna o di Caio o di Sempronio, a seconda di quale dei due soggetti risulterà essere il vero obbligato.

Ognuna delle due scelte comporta dei rischi e dei vantaggi.

Se l'attore chiama il terzo al solo fine di opporgli il giudicato, il vantaggio sta in ciò che, se la domanda è accolta, alla vittoria nel merito si accompagnerà anche la vittoria sul piano del riparto delle spese processuali. Invece, il rischio è quello di essere costretti ad instaurare un secondo processo contro il "vero obbligato", ove la domanda contro l'originario convenuto sia rigettata. Naturalmente, la sentenza pronunciata in questo processo ha effetti anche nei confronti del chiamato. Tuttavia, resta il fatto che, se contro di lui l'attore non aveva proposto alcuna domanda, sarà necessario instaurare un secondo processo per ottenere la condanna del "vero obbligato", ancorché in tale processo l'esito dovrebbe essere scontato, ossia a sfavore del soggetto che era stato chiamato ai sensi dell'art. 106 c.p.c. nel primo processo e che sarà il convenuto nel secondo processo. Tutto ciò fatte salve le difese che questo soggetto possa spendere in quanto non precluse dalla conclusione del primo processo, che ha posto capo ad una decisione nella quale si erano accertati con forza di giudicato l'illecito e la sua imputabilità [73].

---

[73] Quanto si dice nel testo potrebbe essere discutibile. Nel primo processo certamente è accertato che il convenuto non è obbligato, per cui il convenuto nel secondo processo (chiamato nel primo) non potrebbe difendersi dicendo: non sono obbligato, perché ad essere obbligato è colui che è stato convenuto nel primo processo. Altrettanto certamente nel secondo processo il convenuto potrebbe difendersi, ad esempio, con un'eccezione di prescrizione o di compensazione. Ma, ed è qui il dubbio, può egli difendersi affermando: non sono io obbligato, ma, pur non essendo obbligato colui che è stato convenuto nel primo processo, tuttavia il vero legittimato passivo è un soggetto diverso? Rispondere affermativamente significherebbe depotenziare l'utilità della chiamata fatta nel primo processo. Per questa ragione si propone la risposta negativa, anche se in tal modo si finisce per presupporre che il giudicato formatosi col primo processo riguardi anche, non un diritto, ma una questione giuridica concreta, ossia la questione della imputabilità dell'illecito al soggetto là chiamato e poi convenuto nel secondo processo.

Se, al contrario, l'attore, oltre a far acquisire al terzo la qualità di parte, propone anche una domanda contro di lui, il vantaggio è che la vicenda certamente finirà in questo unico processo. Lo svantaggio, invece, sta nel fatto che l'attore comunque sarà condanno a pagare le spese processuali per quella domanda che verrà rigettata.

E ciò accadrà certamente, perché, trattandosi di domande alternative, evidentemente il giudice ne potrà accogliere solo una, condannando il "vero obbligato" ed assolvendo l'altro.

Quanto detto finora vale anche, *mutatis mutandis*, nei casi c.d. di contestazione della legittimazione attiva.

Si tratta di situazioni nelle quali il convenuto, sempre difendendosi sul piano del merito, contesta all'attore di essere il vero legittimato, ossia il vero titolare del diritto in gioco. Il convenuto non nega di essere obbligato, ma nega che la prestazione, da lui dovuta, debba essere eseguita a favore dell'attore, indicando un altro soggetto come "il vero creditore".

Il caso concreto può aversi quando, ad esempio, vi sia stata una cessione del credito. Caio, debitore, citato da Tizio (presunto) cessionario, riconosce di essere obbligato, ma dice di esserlo nei confronti di Sempronio, cedente.

Qui l'interesse alla chiamata non è tanto in capo all'attore, come accade, invece, nelle ipotesi di contestazione della legittimazione passiva, quanto piuttosto in capo al convenuto. Questi, se non si attiva per la chiamata, rischia di essere condannato a pagare due volte per lo "stesso obbligo" [74], ancora una volta perché una sentenza di condanna, pronunciata nel primo processo celebrato, in ipotesi, solo tra Tizio e Caio, non sarebbe spendibile in un secondo processo in cui Caio fosse citato in giudizio da Sempronio. Ed, allora, ancora una volta vediamo come la chiamata del terzo serva per evitare che una delle parti subisca dei pregiudizi dalla normale operatività delle regole in materia di limiti soggettivi del giudicato.

Peraltro, pure nei casi di contestazione della legittimazione attiva è possibile che alla complicazione soggettiva si aggiunga una complicazione oggettiva, proponendosi un'altra domanda. Ciò può accadere per iniziativa del convenuto nei confronti del terzo o anche, viceversa, per iniziativa del terzo chiamato, che si afferma come unico, vero, creditore.

Infine, la chiamata per comunanza di causa può aversi anche ove si chieda l'accertamento con forza di giudicato di una situazione giuridica pregiudiziale, rispetto a quella che è stata oggetto della domanda dell'attore, che faccia capo

---

[74] Le virgolette sono dovute al fatto che, se certamente nel caso fatto il debitore deve pagare una volta sola, per cui possiamo dire che sostanzialmente c'è un solo obbligo, formalmente il diritto del cedente ed il diritto del cessionario sono diversi, essendo quello pregiudiziale a questo.

ad un terzo. Si pensi alla lite tra un ente previdenziale e un datore di lavoro in cui questi contesti la sussistenza del (presunto) rapporto di lavoro dipendente in gioco e, quindi, chiami in causa il (presunto) lavoratore dipendente, appunto al fine di ottenere l'accertamento con forza di giudicato della reale situazione giuridica nel suo contraddittorio.

Sul piano meramente procedimentale, si tenga presente che, visto l'art. 269 c.p.c., la parte interessata alla chiamata deve attivarsi subito, all'inizio del processo. A seguito del D.Lgs. n. 149/2022, se il detto principio è rimasto fermo, quanto alle concrete modalità bisogna distinguere a seconda che siano applicate le norme del rito ordinario ovvero quelle del rito semplificato e, poi, a seconda che la chiamata sia attivata dal convenuto ovvero dall'attore.

Guardando al rito ordinario, il convenuto, visto l'art. 167, 3° comma, c.p.c., che intende chiamare un terzo in causa deve farne dichiarazione nella comparsa di risposta depositata 70 giorni prima dell'udienza, affinché il giudice, visti gli artt. 171*bis* e 269, 2° comma, c.p.c. possa spostare la data di quella prima udienza, la fine di consentire la citazione del terzo a cura dello stesso convenuto [75].

L'attore, invece, sorgendo il suo interesse dalle difese spese dal convenuto nella comparsa di risposta depositata prima dell'udienza, deve attivarsi nella prima memoria integrativa, disciplinata dall'art. 171*ter*, chiedendo al giudice di esserne autorizzato. Il giudice, però, non provvede subito, bensì, dopo che la dialettica tra le parti descritta dall'art. 171*ter* c.p.c. si è conclusa, egli provvederà all'udienza di cui all'art. 183 c.p.c. Quindi, se la chiamata è autorizzata [76], si avrà la fissazione di una nuova udienza per consentire la citazione del terzo a cura dell'attore. In questo caso, a ritroso dalla data di questa udienza decorre-

---

[75] In riferimento a questa eventualità, simile al regime precedente, la giurisprudenza più recente affermava che spettasse al giudice una valutazione discrezionale in ordine alla concessione dello spostamento di udienza richiesto dal convenuto, affermandosi che il giudice avrebbe anche potuto negarlo, posto che, per un verso, la chiamata potrebbe pregiudicare la ragionevole durata del processo in corso e, per altro verso, è sempre possibile un altro processo contro quella parte che si vorrebbe chiamare. La giurisprudenza commetteva tre errori. Il primo nel vedere uno spazio di discrezionalità là dove questo mancava, posto che il 2° comma dell'art. 269 c.p.c. imponeva al giudice quello spostamento di udienza. Invero, la valutazione del giudice si svolge per verificare il presupposto della comunanza di causa, senza che poi, accertato questo, egli possa svolgere anche una valutazione di opportunità. Il secondo nel non comprendere che il principio della ragionevole durata del processo, di cui all'art. 111, 2° comma, Cost., impone anche di favorire, piuttosto che di sfavorire, il simultaneo processo, al fine di rendere il carico complessivo del servizio pubblico della giustizia più tollerabile. Il terzo nel non rendersi conto che la negazione della chiamata potrebbe vulnerare il diritto di difesa di una parte. Oggi il sistema cambia di poco e, quindi, quella giurisprudenza potrebbe essere confermata, restando così valide le critiche appena fatte.

[76] Anche qui la valutazione del giudice implica solo il verificare se nel caso concreto vi sia o meno la comunanza di causa richiesta dall'art. 106 c.p.c.

ranno i termini per le memorie integrative di cui all'art. 171*ter*, quindi riparte il dialogo in trattazione, ma solo tra le parti ed il terzo, perché, come chiarisce l'art. 269, 5° comma, c.p.c., le preclusioni maturate in precedenza tra le parti restano ferme.

Nel rito semplificato la chiamata ad opera del convenuto va attivata nella comparsa di risposta depositata prima dell'udienza con contestuale richiesta al giudice di spostamento dell'udienza in precedenza fissata (art. 281*undecies*, 4° comma, c.p.c.). L'attore, invece, il cui interesse sia sorto dalle difese che il convenuto ha spesso della detta comparsa, deve attivarsi in prima udienza al fine di ottenerne uno spostamento per consentire sempre la citazione del terzo (art. 281*duodecies*, 2° comma, c.p.c.).

11. *Chiamata in garanzia*

L'art. 106 c.p.c. aggiunge che ciascuna parte può chiamare nel processo un terzo «dal quale pretende di essere garantita».

Anche questo è, evidentemente, un caso di coinvolgimento successivo di un terzo su iniziativa di una delle parti, ma esso va trattato separatamente, perché è del tutto peculiare rispetto all'ipotesi di chiamata per comunanza di causa.

Il fenomeno processuale della chiamata in garanzia non è sempre identico, dovendosi distinguere diverse tipologie. Tuttavia, alla base di esso vi è sempre un fenomeno sostanziale, il quale, in ogni caso, è caratterizzato dal fatto che l'ordinamento consente ad un soggetto di accollare ad un altro il peso economico della sua soccombenza in giudizio.

Ancorché nell'art. 106 c.p.c. non vi sia traccia di alcuna distinzione, nella prassi della chiamata in garanzia tradizionalmente [77] si è sempre tenuta separata una garanzia c.d. *propria* da una garanzia c.d. *impropria*. Inoltre, nell'ambito della prima categoria, si opera un'ulteriore ripartizione: tra garanzia formale e garanzia personale o semplice.

Lo scopo e il contenuto del fenomeno che oggi chiamiamo garanzia propria sono stati in passato oggetto di grandi dispute. In particolare nella prima metà del XX secolo si sono scontrate due teorie. Secondo l'una, sostenuta da Piero Calamandrei, la chiamata in garanzia doveva consistere essenzialmente in una domanda di difesa processuale rivolta dalla parte al terzo. Secondo l'altra, invece, sostenuta da Giuseppe Chiovenda, la chiamata in garanzia doveva consistere semplicemente nell'esercizio dell'azione di regresso, in presenza dei suoi pre-

---

[77] Ma tra breve vedremo che la tradizione è ormai in via di superamento.

supposti sostanziali, nell'ambito dello stesso processo in cui l'avente diritto al regresso era citato come obbligato.

Oggi non si ritiene più, ormai, che queste due prospettive debbano porsi in alternativa, ma si afferma che la chiamata in garanzia può servire ad entrambi gli scopi ora menzionati. E così si qualifica come garanzia formale quella che era la chiamata in garanzia nel pensiero di Calamandrei e come garanzia personale quella che, invece, era la chiamata in garanzia nel pensiero di Chiovenda.

La chiamata in *garanzia formale* si collega al fenomeno sostanziale del trasferimento dei diritti ed al principio, in questo operante, per cui il dante causa deve garantire all'avente causa che, al momento dell'atto di trasferimento, egli è titolare del diritto che sta trasferendo. Se Tizio cede un credito a Caio, egli deve garantire che al momento della cessione il detto credito fa parte del suo patrimonio (art. 1266 c.c.). Così, se è venduto un bene, il venditore deve garantire al compratore che al momento del perfezionamento del contratto quel bene è di sua proprietà (art. 1483 c.c.). Ed ancora, se Tizio dà in locazione a Caio un bene, egli deve garantire che su detto bene non vi siano diritti di terzi che possano pregiudicare il godimento del bene stesso da parte del conduttore (art. 1585 c.c.).

Certamente tali obblighi di garanzia comportano che, se l'avente causa subisce la perdita o la diminuzione di ciò che gli è stato trasferito, a causa dell'esistenza di un diritto incompatibile del terzo, egli ha diritto al risarcimento del danno nei confronti del dante causa. Ma, in tale ambito, prima di questo diritto sostanziale risarcitorio, l'avente causa può far valere nei confronti del dante causa una *pretesa* di contenuto esclusivamente *processuale*: la pretesa ad intervenire nel processo, in ipotesi instaurato contro di lui dal terzo (c.d. causa di molestia), per esercitarvi la difesa per suo conto avverso quel terzo. La chiamata in garanzia formale ha come contenuto minimo proprio questa *pretesa alla difesa processuale*.

Così, l'acquirente, citato in giudizio da un terzo che afferma di essere proprietario del bene venduto, può [78] chiamare in garanzia il venditore e pretendere da lui che lo difenda (art. 1485 c.c.). E il conduttore, citato in giudizio da un terzo che pretende di avere un diritto sul bene locato, può chiamare in garanzia il locatore e pretendere che lo difenda (art. 1586 c.c.).

Il convenuto (presunto) garantito può anche aggiungere, nella chiamata in garanzia, una domanda rivolta ad ottenere il risarcimento del danno per il caso

---

[78] A noi interessa vedere la prospettiva processuale, dal cui punto di vista emerge un potere processuale. Altro è che sul piano sostanziale il compratore convenuto in giudizio debba chiamare il suo dante causa se non vuole correre il rischio di perdere il diritto alla garanzia ove, persa la causa, si veda opporre (fondatamente) dal venditore l'eccezione di avere mal gestito la lite (argomenta dall'art. 1485 c.c.).

della sua soccombenza nella causa di molestia. Ma, tale domanda condizionata è solo eventuale e non necessaria, bastando qui alla chiamata in garanzia la pretesa processuale alla difesa in giudizio. Ovviamente, a seconda della scelta operata da colui che effettua la chiamata, nel processo si avrà o meno anche una complicazione oggettiva. Invero, se il contenuto della chiamata in garanzia è limitato alla pretesa della difesa in giudizio, l'oggetto del processo resta quello originario. Se, invece, a tale pretesa processuale il (presunto) garantito aggiunge anche la domanda risarcitoria, per l'eventualità della soccombenza nella causa di molestia, allora, aggiungendosi a quest'ultima causa quella risarcitoria, nel processo si avrà, oltre all'inevitabile complicazione soggettiva, pure una complicazione oggettiva.

Al contrario, nella chiamata in *garanzia personale o semplice* non si esercita alcuna pretesa alla difesa processuale, ma solo *un'azione di regresso*. Quindi essa è immaginabile in tutte quelle ipotesi nelle quali, nell'ambito dei rapporti sostanziali, nasce un diritto al regresso.

Si pensi all'ampio settore delle obbligazioni solidali.

La solidarietà può essere sia dal lato passivo sia dal lato attivo e la sua nozione la troviamo nell'art. 1292 c.c., che così recita: «L'obbligazione è in solido quando più debitori sono obbligati tutti per la medesima prestazione, in modo che ciascuno può essere costretto all'adempimento per la totalità e l'adempimento da parte di uno libera gli altri; oppure quando tra più creditori ciascuno ha diritto di chiedere l'adempimento dell'intera obbligazione e l'adempimento conseguito da uno di essi libera il debitore verso tutti i creditori».

Poi, però, le obbligazioni solidali possono strutturarsi, al loro interno, ossia nei rapporti tra i condebitori o i concreditori, in modi diversi. La regola generale è dettata all'art. 1298 c.c., nel quale si dispone che nei «rapporti interni l'obbligazione in solido si divide tra i diversi debitori o tra i diversi creditori, salvo che sia stata contratta nell'interesse esclusivo di alcuno di essi. Le parti di ciascuno si presumono uguali, se non risulta diversamente».

Nell'ambito delle obbligazioni solidali c.d. nell'interesse di uno il peso economico si scaricherà tutto, appunto, su uno. Si pensi al caso del proprietario dell'autoveicolo, che, obbligato in solido col conducente per il danno da circolazione stradale ai sensi dell'art. 2054, 3° comma, c.c., se sarà costretto a pagare al danneggiato, accollerà l'intera somma a carico del conducente, unico responsabile ed unico obbligato finale. Si pensi ancora al fideiussore che, obbligato in solido col debitore principale (art. 1944 c.c.), se sarà costretto a pagare il debito, avrà azione di regresso nei confronti del debitore principale, unico obbligato finale (art. 1950 c.c.) [79].

---

[79] Non ha, invece, azione di regresso l'assicuratore della responsabilità civile che, nel setto-

Ora, in tutti questi casi, la chiamata in garanzia ha come contenuto una domanda con la quale si fa valere il diritto al regresso. L'ordinamento consente al convenuto, citato quale coobbligato in solido per il pagamento del debito, di utilizzare lo stesso processo per esercitare quell'azione di regresso, per la quale, altrimenti, egli dovrebbe instaurare un altro processo.

Ma, allora, qui abbiamo sempre un allargamento dell'oggetto del processo, in quanto alla causa originaria si aggiunge quella relativa al diritto di regresso. In quest'ultima il (presunto) garantito propone avverso il (presunto) garante una domanda di condanna condizionata, non tanto o non solo alla sua soccombenza rispetto alla domanda principale, quanto piuttosto al futuro pagamento, posto che il diritto al regresso nasce propriamente da tale compiuto pagamento (art. 1299 c.c.).

Oltre l'ampio campo della garanzia propria, all'interno del quale abbiamo visto distinguersi due gruppi di casi razionalmente individuabili, si aprirebbe, secondo una risalente opinione espressa in dottrina e in giurisprudenza, il settore della garanzia impropria. Siamo in presenza di una vera e propria "invenzione" della prassi, della quale, peraltro, non si comprendono bene neanche i tratti concettuali caratterizzanti.

Gli esempi che si riportano ad essa sono vari.

Si fa il caso di vicende che a catena generano la nascita di obbligazioni. Si pensi ad un tamponamento stradale a catena, in riferimento al quale ciascuno cita in giudizio colui che lo ha tamponato, appunto risalendo la catena dei tamponamenti. Analogo è il caso delle vendite a catena per le quali si pone un problema di vizi della cosa venduta.

Ma, si fa anche il caso in cui, in attuazione di un contratto di assicurazione della responsabilità civile, l'assicurato, citato in giudizio da colui che è stato danneggiato da un comportamento coperto da garanzia assicurativa, chiama in giudizio la compagnia di assicurazione per essere tenuto indenne (art. 1917 c.c.).

La dottrina ha cercato, in base ad esempi di questo tipo, di individuare una definizione della garanzia impropria. Ma, senza successo, posto che ogni definizione, essendo immaginata appositamente per spiegare qualche caso, finisce per lasciare fuori altri casi. Così l'idea che si abbia spazio per la garanzia im-

---

re dei sinistri stradali ovvero della responsabilità medica, sia convenuto nell'ambito della c.d. azione diretta da parte del danneggiato. Invero, se condannato, egli non può spostare il peso economico della sua soccombenza sull'assicurato, proprio in virtù del contratto assicurativo che li lega. Altro è che vi sia spazio per un'azione di rivalsa (strumento propriamente diverso dal regresso), per mezzo della quale l'assicuratore spende avverso il suo assicurato (danneggiante) eccezioni derivanti dalla polizza che tuttavia non erano opponibili al danneggiato: si pensi alla classica franchigia. Questa eventuale azione può essere esercitata nello stesso processo, nel quale, però, il danneggiante-assicurato dovrebbe comunque essere presente come litisconsorte necessario.

propria tutte le volte in cui un soggetto è esposto all'azione di un altro soggetto per il fatto di un terzo, senza che vi sia una connessione strutturale tra le diverse situazioni giuridiche, è palesemente pensata per i casi degli incidenti a catena e delle vendite a catena, ma essa non spiega l'esempio tratto dal contratto di assicurazione della responsabilità civile, nel quale, invece, emerge la classica connessione per pregiudizialità-dipendenza, posto che l'obbligo dell'assicuratore è dipendente dall'obbligo dell'assicurato verso il danneggiato. Ed, ancora, l'idea che, invece, la garanzia impropria sia il frutto di una volontà negoziale non può certo spiegare gli esempi dei fatti illeciti a catena.

In definitiva, se proprio si volesse cercare una sintesi concettuale di questo oscuro settore, ci si potrebbe accontentare solo di una definizione in termini negativi, limitandosi a dire che tutte le volte in cui, per una ragione di diritto sostanziale, un soggetto, citato in giudizio a causa di un certo diritto, può scaricare su un altro soggetto le conseguenze economiche negative che possono derivare dalla sua soccombenza, ma non siamo in presenza di alcuna delle ipotesi che vanno sotto il nome di garanzia propria, sia formale che personale, allora siamo in presenza di una garanzia diversa da quest'ultima, che perciò chiamiamo impropria.

Insomma, la garanzia impropria opera solo come categoria residuale e si individua, più che per quello che essa è, piuttosto per quello che essa non è. Posto che, sul piano sostanziale, si può parlare di garanzia tutte le volte in cui un soggetto ha diritto di scaricare su un altro il peso economico della sua soccombenza, sul piano processuale possiamo costruire i fenomeni della garanzia formale e della garanzia personale in collegamento a chiari settori del diritto sostanziale: quello del trasferimento dei diritti per la prima e quello in cui nascono diritti di regresso per la seconda. In ogni altro caso, al di là di questi, in cui l'ordinamento consente uno sgravio economico della soccombenza a carico di altro soggetto saremmo nell'area della garanzia impropria.

Piuttosto c'è da domandarsi perché, in mancanza di indicazioni normative in tal senso, nella prassi si è voluto creare il problema dell'individuazione della garanzia impropria e, quindi, della sua diversificazione rispetto alla garanzia propria. Il motivo sta nell'applicazione dell'art. 32 c.p.c., che, in ipotesi, dovrebbe aversi solo per quest'ultima.

L'art. 32 c.p.c. è norma che favorisce il simultaneo processo, prevedendo che la «domanda di garanzia può essere proposta al giudice competente per la causa principale affinché sia decisa nello stesso processo. Qualora essa ecceda la competenza per valore del giudice adito, questi rimette entrambe le cause al giudice superiore assegnando alle parti un termine perentorio per la riassunzione». Ebbene, secondo l'opinione finora riportata, tale norma non potrebbe applicarsi in riferimento a casi di garanzia impropria, potendosi celebrare per essi il simultaneo processo solo se non si pongono problemi di competenza.

Tale opinione non sembrava giustificata ed è stata, ormai, superata dalla C.S., che non distingue più sul piano del trattamento processuale tra garanzia propria ed impropria.

Peraltro, si tenga presente che, in ogni caso, al convenuto interessato resta sempre la scelta di chiamare il terzo al solo fine di opporgli il (futuro) giudicato.

Sul piano strettamente procedurale, se per quanto riguarda le modalità con cui si effettua la chiamata c'è solo da rinviare a quanto si è detto nel paragrafo precedente, per il resto sono degni di nota due brevissimi rilievi.

Il primo: visto il dettato dell'art. 271 c.p.c. [80], evidentemente il chiamato non subisce alcuna preclusione, in ipotesi già maturata per le parti.

Il secondo: il chiamato può trovarsi a giocare una partita su due fronti, quello attinente alla causa di molestia e quello attinente al suo (presunto) obbligo risarcitorio o di regresso. Rispetto al primo fronte egli è nella stessa posizione di qualsiasi titolare di situazione dipendente, di cui abbiamo già parlato [81]. Rispetto al secondo fronte, trattandosi di una causa che ha ad oggetto un suo (presunto) obbligo, egli avrà, ovviamente, tutti i normali poteri di un legittimato ordinario.

12. *Intervento per ordine del giudice*

L'art. 107 c.p.c. recita: «Il giudice, quando ritiene opportuno che il processo si svolga in confronto di un terzo al quale la causa è comune, ne ordina l'intervento». Si tratta del c.d. intervento *iussu iudicis*.

Non bisogna confondere la funzione e la disciplina di questo ordine del giudice, rivolto all'intervento di un terzo, con l'ordine di integrazione del contraddittorio che sempre il giudice pone in essere nei casi di litisconsorzio necessario di cui all'art. 102 c.p.c. In entrambi i casi il giudice indica alle parti un terzo che deve assumere la qualità di parte nel processo. Ma questo è l'unico elemento in comune tra i due istituti.

In applicazione dell'art. 102 c.p.c. il giudice ordina l'integrazione del con-

[80] Che, alla luce del D.Lgs. n. 149/2022 così recita: «Al terzo si applicano, con riferimento all'udienza per la quale è citato, le disposizioni degli articoli 166, 167, primo comma e 171*ter*. Se intende chiamare a sua volta in causa un terzo, deve farne dichiarazione a pena di decadenza nella comparsa di risposta ed essere poi autorizzato dal giudice ai sensi del terzo comma dell'articolo 269».

[81] Vedi il paragrafo 9 in questo capitolo.

tradditorio rispetto ad una parte necessaria, perché ravvisa di essere in presenza di un caso in cui egli, quand'anche l'attore avesse ragione nel merito, non potrebbe attribuire la tutela richiesta senza coinvolgere anche il litisconsorte pretermesso. Questo istituto opera a livello di presupposti processuali. Ed, infatti, se l'ordine del giudice non viene rispettato, il processo non può proseguire per giungere alla pronuncia nel merito, ma deve chiudersi per mezzo di un provvedimento di estinzione[82].

Invece, nell'ambito dell'art. 107 c.p.c. il giudice ravvisa una comunanza di causa rispetto al terzo e ne ordina la chiamata in base a valutazioni di opportunità.

Di conseguenza, è anche diversa la sanzione che l'ordinamento collega al mancato rispetto dell'ordine del giudice, in quanto, alla luce del combinato disposto degli artt. 107, 270 e 307, 1° comma, c.p.c. la mancata chiamata del terzo provoca solo la cancellazione della causa dal ruolo con possibile riassunzione della stessa entro tre mesi.

Anche qui, come abbiamo visto nell'analisi della prima parte dell'art. 106 c.p.c., il legislatore ha utilizzato un'espressione generica, qual è quella di "comunanza di causa". Per cui, anche qui si pone il problema di individuare i possibili casi ad essa riportabili, cercando di costruire una logica nell'applicazione della norma. La prassi ha assolto a questo compito partendo da due assunti minimi che si possono considerare certi.

Il primo attiene al limite invalicabile del rispetto del principio della domanda. Invero, il giudice non può mai, per via dell'ordine di chiamata di un terzo, violare il principio per cui non sta a lui individuare l'oggetto del processo, quindi non sta certo a lui far valere un diritto nei confronti del terzo.

Il secondo riguarda l'inutilità di una chiamata a scopo istruttorio. Se è necessario acquisire al processo la conoscenza che dei fatti rilevanti ha un terzo, è sufficiente chiamare in giudizio questo terzo come testimone, non essendovi alcun bisogno di fargli acquisire la qualità di parte, fermo restando, ovviamente, il limite tracciato dall'art. 246 c.p.c.

Ciò premesso, si possono distinguere tre gruppi di casi nei quali è immaginabile l'intervento *iussu iudicis*.

Innanzitutto, il giudice può ordinare la chiamata di quel terzo che potrebbe esplicare intervento adesivo-dipendente ai sensi dell'art. 105, 2° comma, c.p.c. e che, inoltre, se restasse estraneo al processo, sarebbe legittimato a proporre, in via successiva, opposizione di terzo revocatoria ai sensi dell'art. 404, 2° comma, c.p.c., provando che la sentenza è stata il frutto di dolo o collusione a suo danno. Si tratta evidentemente di un terzo al quale la causa è comune perché

---

[82] Per approfondimenti vedi il paragrafo 7 in questo capitolo.

egli è titolare di una situazione dipendente rispetto a quella che è oggetto del processo. Tuttavia, è improbabile che l'area dei soggetti che il giudice può ordinare di chiamare in giudizio ai sensi dell'art. 107 c.p.c. coincida perfettamente con l'area di coloro che abbiamo visto essere legittimati a proporre intervento adesivo-dipendente[83].

Invero, sono legittimati ad intervenire tutti coloro che sono titolari di situazioni dipendenti rispetto a quella che è oggetto del processo, siano essi soggetti in ogni caso al giudicato o meno. L'interesse all'intervento è comunque prospettabile, anche in capo a coloro che, se non intervenissero, non subirebbero l'efficacia riflessa della sentenza, in quanto costoro ben potrebbero voler perseguire l'obiettivo di favorire la formazione di un giudicato a loro indirettamente utile, in quanto vertente su una situazione pregiudiziale rispetto a quella a loro, in ipotesi, spettante. Ma, non sembra molto sensato pensare che, allora, anche questo tipo di terzi possa essere coinvolto nel campo dell'intervento *iussu iudicis*, perché non se ne comprenderebbe la ragione, ossia il genere di valutazione di opportunità che dovrebbe compiere il giudice per ordinarne la chiamata.

Diverso è, invece, il discorso per quella più ristretta cerchia di terzi legittimati all'intervento adesivo-dipendente, che sono titolari di situazioni dipendenti in modo tale per cui essi sono comunque soggetti al giudicato. Rispetto a questi il giudice può ritenere opportuna la chiamata in quanto, se così si può dire, sente odore di bruciato per il povero terzo, i cui interessi rischiano di essere pregiudicati da un'attività processuale carente, se non addirittura affetta da quei vizi che potrebbero giustificare la successiva proposizione dell'opposizione di terzo revocatoria. Insomma, è ragionevole immaginare che il giudice, ammesso che sappia dell'esistenza di un terzo di questo tipo, spenda un suo potere d'ufficio per coinvolgere nel processo un terzo che, in ogni caso, pur rimanendo estraneo al giudizio, non potrebbe sfuggire alla cosa giudicata.

Il secondo gruppo di casi si ha quando una questione pregiudiziale si trasforma in causa ai sensi dell'art. 34 c.p.c. ed essa riguarda una situazione giuridica che fa capo ad un terzo. Qui l'ordine del giudice, lungi dal violare il principio della domanda, ha in fondo lo scopo di adeguare la struttura soggettiva del processo a quella che vorrebbe essere, ormai, la sua struttura oggettiva. Finché della questione pregiudiziale è possibile la cognizione incidentale, non si pongono problemi. Ma, se, invece, quella questione si trasforma in causa, è necessario che l'accertamento con forza di giudicato si compia tra i giusti legittimati[84].

Infine, è immaginabile che l'ordine del giudice operi, se così si può dire, in

---

[83] Vedi il paragrafo 9 in questo capitolo.

[84] Sugli accertamenti incidentali si rinvia al paragrafo 3 del presente capitolo.

funzione di supplenza delle parti. Si tratta dei casi in cui una parte avrebbe potuto attivarsi per la chiamata di un terzo ai sensi della prima parte dell'art. 106 c.p.c., ossia là dove vi sia stata, ad opera del convenuto, una contestazione della legittimazione passiva o una contestazione della legittimazione attiva. In queste ipotesi, come abbiamo visto in precedenza[85], il legislatore attribuisce il potere di coinvolgere nel processo il terzo, indicato quale "vero" obbligato o quale "vero" creditore, a quella parte che, altrimenti, rischierebbe di essere pregiudicata dalla normale operatività dei principi relativi ai limiti soggettivi del giudicato.

Ora, posto che questo potere va esercitato in tempi processuali assai stretti (argomenta dall'art. 269 c.p.c.), mentre il potere di chiamata del giudice, come dispone l'art. 270 c.p.c., può essere esercitato "in ogni momento", ben potrà il soggetto indicato come vero creditore o vero obbligato essere coinvolto nel processo appunto su iniziativa del giudice, quando ormai il potere di parte sia precluso.

Anche qui non vi è alcuna violazione del principio della domanda, perché con la chiamata non si ha alcun allargamento dell'oggetto del processo, ma solo un ampliamento di coloro che saranno soggetti al giudicato. E, considerando i gravi inconvenienti a cui potrebbe andare incontro la parte interessata, francamente non si vede come si potrebbe escludere in questi casi il positivo esito della valutazione di opportunità prevista nell'art. 107 c.p.c.

Peraltro, nelle ipotesi in cui la decisione della controversia dipenda (anche) dalla soluzione di una questione pregiudiziale ovvero comune ad un terzo, la chiamata potrebbe sempre essere ritenuta opportuna anche al fine di giungere ad una migliore decisione, ossia più rispondente possibile alla realtà sostanziale preesistente. A tale fine potrebbe essere utile il dialogo col terzo chiamato, vicino a quella questione. Con ciò non si riesuma propriamente una chiamata a scopo istruttorio perché, per un verso, trattasi di un terzo che, visto l'art. 246 c.p.c., probabilmente non potrebbe essere sentito come testimone e, per altro verso, con la chiamata il terzo è coinvolto nella trattazione della causa, attività per mezzo della quale si acquisisce al giudizio una conoscenza che va ben oltre la sola ricostruzione dei fatti affermati dalle parti originarie, potendo quel terzo rilevare questioni, articolare prove, esporre ragioni giuridiche.

Effettuata la chiamata, entreranno in gioco le regole peculiari del simultaneo processo.

In particolare, per quanto riguarda le questioni di merito, quelle regole dipenderanno dalla struttura oggettiva del processo e, quindi, dalla relazione tra le singole parti e quell'oggetto. Su ciò abbiamo già detto studiando gli artt. 105 e 106 c.p.c., per cui rinviamo a quei luoghi. Del resto, si ripete ancora, la disci-

---

[85] Vedi il paragrafo 10 in questo capitolo.

plina del simultaneo processo non è condizionata dal modo in cui esso si è realizzato, per cui non ha alcuna importanza che la complicazione, oggettiva e/o soggettiva, sia derivata da un intervento volontario, da un intervento su istanza di parte o da un intervento per ordine del giudice.

13. *Estromissione del garantito*

L'estromissione è, in generale, un fenomeno inverso rispetto a quello visto finora, perché il processo non acquista un'ulteriore parte, bensì ne perde una. Ovviamente il suo presupposto è che il processo fosse litisconsortile, ossia in esso vi fossero più di due parti. Ecco che, sussistendo i presupposti che ora indicheremo, un soggetto perde la qualità di parte e, di conseguenza, egli è posto nella condizione di sfuggire agli effetti non di merito scaturenti dal fenomeno processuale. In particolare, l'estromesso, mentre resterà soggetto al giudicato sostanziale, non potrà più essere destinatario di una condanna a pagare le spese del processo.

La prima figura è disciplinata nell'art. 108 c.p.c., il quale recita: «Se il garante comparisce e accetta di assumere la causa in luogo del garantito, questi può chiedere, qualora le altre parti non si oppongano, la propria estromissione».

Il caso è, ovviamente, immaginabile quando vi sia stata una chiamata in garanzia ai sensi dell'ultima parte dell'art. 106 c.p.c. Ma, ed è questo il punto centrale del discorso, non è possibile l'estromissione del garantito in tutte le ipotesi che abbiamo visto nell'ambito della chiamata in garanzia, bensì solo in alcune di esse. Invero, colui che ha effettuato la chiamata può scegliere di uscire di scena solo se con questa non ha proposto alcuna domanda, non ha fatto valere alcun diritto sostanziale nei confronti del chiamato. Ed, allora, l'estromissione del garantito è prospettabile solo nel caso di garanzia formale e non anche in quello di garanzia personale, ossia quando la chiamata in garanzia si collega al settore del trasferimento dei diritti e non anche quando essa si risolve nell'esercizio dell'azione di regresso. Non solo: essa è prospettabile solo se, operata la chiamata del dante causa, l'avente causa si limita a pretendere da lui la difesa processuale, senza far valere il diritto al risarcimento del danno per l'eventualità della sua soccombenza.

Insomma, riprendendo l'esempio tratto dal contratto di compravendita, se il compratore, citato da un terzo nella causa di molestia, chiama in garanzia il venditore dicendogli semplicemente «vieni nel processo e difendimi», ben potrà egli voler uscire dalla vicenda processuale, nella quale non ha molto da dire o da fare, avendo il suo venditore la possibilità e il dovere di spendere tutte le carte che ha in mano per provare che era veramente titolare di quel diritto che egli ha trasferito. Così il venditore rimarrà solo a difendere in nome proprio la posizione giuridica di altri e il compratore eviterà ulteriori fastidi ed anche, eventualmente, una condanna a pagare le spese del processo. Ma, riguardando il giudizio una situazione che ormai fa capo a lui, è ovvio che, come dispone sempre l'art. 108 c.p.c., «la sentenza di merito pronunciata nel giudizio spiega i suoi effetti anche contro l'estromesso».

Peraltro, proprio perché con l'estromissione si perde un possibile obbligato a pagare le spese del processo, può accadere che l'altra parte, l'attore nella causa di molestia, si opponga. Questo atteggiamento influisce sul modo di disporre l'estromissione. In mancanza di opposizione, il giudice la dispone senz'altro con ordinanza, come dice testualmente l'art. 108 c.p.c. Nel caso in cui, invece, vi sia opposizione, se non per questo solo fatto l'estromissione può essere impedita, come sembra doversi ricavare dalla lettera della norma, nasce, tuttavia, una controversia sulla questione ed allora il giudice dovrà pronunciarsi con sentenza.

14. *Estromissione dell'obbligato*

Il secondo caso di estromissione è disciplinato dall'art. 109 c.p.c., che dispone: «Se si contende a quale di più parti spetta una prestazione e l'obbligato si dichiara pronto a eseguirla a favore di chi ne ha diritto, il giudice può ordinare il deposito della cosa o della somma dovuta e, dopo il deposito, può estromettere l'obbligato dal processo».

È il caso c.d. della *lite tra pretendenti*, nel quale due soggetti pretendono la stessa prestazione da un presunto obbligato. Questi non nega di essere obbligato, ma il problema è stabilire a favore di chi debba eseguirsi la prestazione, problema che andrà risolto secondo i criteri di prevalenza sostanziale tra i due pretendenti.

Quindi, per giungere a prospettare una possibile applicazione dell'art. 109 c.p.c., evidentemente c'è già stato o un intervento principale, ai sensi dell'art. 105, 1° comma, c.p.c. o un intervento su istanza di parte generato da una contestazione della legittimazione attiva o, infine, un intervento per ordine del giudice, anch'esso occasionato dalla medesima contestazione della legittimazione attiva. Peraltro, una volta che il simultaneo processo si è realizzato secondo una struttura che vede al suo interno una lite tra pretendenti, ai fini dell'applicazione dell'art. 109 c.p.c. non ha alcuna importanza come ciò sia avvenuto.

L'interesse dell'obbligato ad essere estromesso è evidente. Egli, non contestando di essere obbligato, vuole solo sapere con certezza a favore di chi, unico avente diritto, deve adempiere. All'obbligato non interessa quale tra i pretendenti prevarrà. La sua unica preoccupazione era quella di evitare il rischio di adempiere due volte la stessa prestazione. Ma, una volta che nel processo si è giunti alla lite tra pretendenti, quel rischio è superato e non c'è ragione che l'obbligato, riconosciutosi come tale, debba continuare a compiere attività processuali costose, al cui esito egli è indifferente. Ecco che, allora, depositando la cosa o la somma dovuta, egli esce dal gioco.

Resta da precisare che detto deposito non comporta una sorta di rinuncia al diritto sulla cosa o sulla somma da parte dell'estromesso. Per cui, se per avventura nessuno dei pretendenti dovesse vincere, magari perché il processo si chiude con una sentenza di rito, quella cosa o quella somma torna all'estromesso.

Per quello che riguarda, infine, il provvedimento di estromissione vale quanto abbiamo detto per l'estromissione del garantito.

15. *Successione nel diritto controverso*

In termini molto generali la successione processuale consiste in una modificazione soggettiva che avviene nel corso del processo per cui un soggetto acquista la qualità di parte processuale, che prima non aveva, al posto di un altro che, contemporaneamente, perde quella qualità che, invece, prima aveva. Tuttavia, il fenomeno non è affatto unitario ed anzi gli artt. 110 e 111 c.p.c. risolvono problemi diversi e rispondono a logiche diverse.

Della successione nel processo ai sensi dell'art. 110 c.p.c. abbiamo già detto quando ci siamo occupati dell'interruzione del processo [86]. Invero questa serve proprio a rendere possibile quella, che si rende necessaria quando una parte viene meno e, quindi, bisogna ricostituire la bilateralità del gioco processuale. Ricordiamo ancora che la parte venuta meno è sostituita dal suo successore a titolo universale, a prescindere dalla sorte del diritto controverso.

Ben diverso, e direi assai più spinoso, è il problema che vuole risolvere il complesso disposto dell'art. 111 c.p.c.

Questa norma si occupa del caso in cui, durante la pendenza del processo, vi sia una successione nel diritto controverso [87] e il suo obiettivo è quello di evitare

---

[86] Si ritorni al paragrafo 14 del quarto capitolo.

[87] Ancorché la rubrica e il 1° comma dell'art. 111 parlino solo di successione a titolo particolare nel diritto controverso, la norma si applica, in realtà, anche quando si ha una successione a titolo universale nel diritto controverso, purché con ciò non si abbia il venir meno della parte. Una simile ipotesi può verificarsi essenzialmente quando si ha un trasferimento di fasci di rapporti da un ente ad un altro.

che una simile vicenda possa rappresentare un pregiudizio per la parte che non ha dato causa alla successione. Essa, quindi, rappresenta un altro di quegli istituti che servono ad attuare il principio fondamentale, elaborato in Italia per primo da Giuseppe Chiovenda nei primi anni del XX secolo, per cui il tempo necessario per celebrare un processo non deve andare a danno della parte che ha ragione, la quale, se e quando otterrà il riconoscimento della sua ragione, deve poterlo ottenere come se ciò fosse accaduto il giorno stesso in cui è stata proposta la domanda. Insomma, il passare del tempo in sé e i possibili eventi che durante il suo corso possono accadere devono in qualche modo essere neutralizzati o, meglio, devono essere neutralizzati gli eventuali pregiudizi che possono derivarne.

Il modo in cui il legislatore vuole evitare pregiudizi alla parte che non ha dato causa alla successione sta tutto in due prescrizioni che sono contenute nell'art. 111 c.p.c. e cioè:

– quella contenuta nel 1° comma, per cui "il processo prosegue tra le parti originarie",

– quella contenuta nell'ultimo comma, per cui la sentenza pronunciata «spiega sempre i suoi effetti anche contro il successore a titolo particolare».

Disporre che, nonostante l'avvenuta successione nel diritto controverso, il processo prosegue tra le parti originarie significa, in buona sostanza, rendere irrilevante, almeno nel processo, l'avvenuta successione.

Su questo aspetto torneremo tra breve, ma, innanzitutto, si tenga presente che rappresenta solo un'esplicazione dello stesso principio il disposto contenuto nel 2° comma della norma in commento, il quale così recita: «Se il trasferimento a titolo particolare avviene a causa di morte, il processo è proseguito dal successore universale o in suo confronto». Infatti, qui, emerge, prima del trasferimento del diritto controverso, il problema del venir meno della parte e, quindi, della normale bilateralità del processo. Tale problema, come sappiamo, prescinde dalle vicende sostanziali del diritto in gioco ed è risolto individuando nel successore universale della parte venuta meno il naturale prosecutore del processo. Per cui il 2° comma dell'art. 111 c.p.c. non è altro che un'applicazione del principio già contenuto nell'art. 110 c.p.c. Se, poi, il diritto controverso è stato oggetto di un legato a favore di altro soggetto, allora, fermo restando che il processo deve proseguire, secondo la regola generale, nei confronti del successore a titolo universale, tutto quello che andremo a dire sull'art. 111 c.p.c. si applicherà nei confronti del legatario [88].

---

[88] Quanto si dice nel testo è, peraltro, concepibile solo se si tratta di un c.d. legato di specie, ossia relativo ad un diritto che già esisteva nel patrimonio del *de cuius*, perché solo in questo caso, ovviamente, è possibile che esso sia già controverso. Si pensi al caso in cui oggetto del le-

Disporre, poi, che la sentenza ha effetto nei confronti del successore, anche se costui non prende parte al processo della sua formazione, processo della cui pendenza, peraltro, non deve neanche essere avvertito, significa creare un'eccezione alla regola ordinaria secondo la quale, invece, la cosa giudicata è opponibile solo a coloro che hanno preso parte al processo della sua formazione o, comunque, sono stati posti in condizione di prenderne parte.

Questa eccezione è ragionevole e costituzionalmente legittima.

Venendo qui in conflitto due diritti costituzionalmente garantiti, quello di difesa del successore e quello di azione di colui che non ha dato causa alla successione, è inevitabile che uno dei due soccomba ed è ragionevole che a prevalere sia quello che, diciamo così, emerge per primo. Invero, il diritto di azione, la cui effettività è messa in pericolo dall'avvenuta successione, è stato in concreto esercitato prima del momento in cui emerge il problema del diritto di difesa del terzo successore e, quindi, non potendo proteggere in ugual misura entrambe le posizioni, è una naturale conseguenza del principio *prior in tempore potior in iure*, proteggere maggiormente la posizione di colui che non ha dato causa alla successione[89].

La semplice estensione dell'efficacia del giudicato al successore nel diritto controverso è un mezzo di tutela sufficiente quando nessuna parte allega nel processo il fatto dell'avvenuta successione. In tal caso il processo prosegue ignorando completamente il problema e al suo termine la parte che non ha dato causa alla successione, se sarà vittoriosa, potrà opporre la sentenza anche al successore.

Lo stesso discorso vale quando la detta successione, pur conosciuta nel processo, ha, tuttavia, valenza costitutiva, ossia, essendo trasferito al terzo un diritto minore e derivato da quello controverso, quest'ultimo non è per ciò estinto sul piano sostanziale. Si faccia il caso in cui, controversa la proprietà su un determinato bene, durante la pendenza del processo si costituisca in capo ad un terzo un diritto reale minore, sia esso di godimento o di garanzia. Anche qui la parte che non ha dato causa alla successione non ha bisogno di altro se non della possibilità, ove vincerà la causa, di opporre il giudicato anche a colui a favore del quale l'altra parte aveva costituito il detto diritto reale minore.

Il quadro si complica, invece, quando nel processo si ha conoscenza, per via di allegazione di parte, di una *successione con valenza traslativa del diritto*

---

gato sia il diritto di proprietà su un determinato bene, che apparteneva appunto al *de cuius*, o anche un diritto di credito. Invece il discorso non può riguardare il c.d. legato di genere, perché con questo si attribuisce al legatario un diritto che nasce con l'apertura della successione e si rivolge nei confronti dell'erede: si pensi, ad esempio, al classico vitalizio.

[89] Vedi anche *retro* il paragrafo 6 nel quinto capitolo.

controverso, quindi di una successione con la quale si estingue sul piano sostanziale la situazione giuridica che era oggetto del processo.

Si pensi, ad esempio, al caso in cui Tizio, avendo fatto valere nei confronti di Caio un certo credito, trasferisca a Sempronio quel credito durante il corso del processo. Qui, sul piano sostanziale, l'acquisto del diritto di credito da parte di Sempronio estingue il vecchio diritto di credito che era in capo a Tizio.

O, ancora, si immagini che, avendo Tizio agito in rivendicazione nei confronti di Caio, questi trasferisca a Sempronio, con la proprietà del bene, anche il possesso. In tal caso Caio estingue anche il suo (presunto) obbligo di consegna del bene, che, al più, potrà ormai essere imputato a Sempronio.

E, infine, si pensi al caso in cui, avendo Tizio agito in giudizio per la costituzione di una servitù coattiva nei confronti di Caio, proprietario del fondo, in ipotesi servente, quest'ultimo, durante il corso del processo, trasferisca a Sempronio il fondo e, quindi, estingua il suo (presunto) obbligo di costituzione della servitù.

In tutti questi casi l'allegazione dell'avvenuta successione in sé non determina alcuna modificazione dell'oggetto del processo, che rimane quello individuato nella domanda originaria.

Né si ha alcun problema sul piano della legittimazione ad agire o a contraddire della parte che ha dato causa alla successione, perché la legittimazione processuale si stima sulla base della domanda e non sulla base dell'effettivo modo di essere della realtà sostanziale[90].

Piuttosto, un problema ulteriore per la parte che non ha dato causa alla successione si pone sul piano del merito, proprio perché, come abbiamo detto, la successione in questione ha valenza estintiva rispetto alla situazione giuridica oggetto del processo. Insomma, qui la successione non è un fatto che abbia in sé valenza modificativa della realtà processuale, la domanda e la collegata legittimazione processuale, bensì essa è un fatto che ha valenza per l'oggetto sostanziale della domanda, ossia per il diritto fatto valere.

Ora, secondo i principi generali, il giudice deve decidere la causa nel merito in base al modo di essere della situazione sostanziale oggetto del processo, non al momento della domanda, bensì al momento della decisione. Quindi, se la successione nel diritto controverso ha valenza estintiva appunto di questo diritto fatto valere, la regola generale imporrebbe al giudice semplicemente di pronunciare una sentenza di rigetto in merito della domanda, proprio a causa di quella successione.

Ma, allora, prima di godere della possibilità di opporre la sentenza al succes-

---

[90] Ritorna al paragrafo 6 del quarto capitolo.

sore, la parte che non ha dato causa alla successione deve poter ottenere una sentenza che le sia utile nel suo contenuto, ossia sul piano del merito, perché il rischio più grave che essa corre, in questo caso, è quello di veder pronunciata una sentenza che dichiara estinto il diritto per la semplice successione, sentenza che sarebbe per lei pregiudizievole.

Così, l'attore in rivendicazione, avendo il convenuto trasferito ad altri il bene e con ciò anche il relativo possesso, subirebbe la pronuncia di una sentenza di rigetto della domanda, perché non può essere obbligato alla consegna di un bene colui che non è più possessore. A cosa servirebbe, poi, all'attore la possibilità di opporre una simile sentenza al successore? In realtà egli dovrebbe instaurare un altro processo contro costui, col rischio magari di trovarsi di fronte ad un'altra successione durante la pendenza del giudizio e, quindi, col rischio di dover continuamente rincorrere processualmente tutti i possibili, e futuri, successori.

E lo stesso vale nel citato esempio dell'azione per la costituzione della servitù coattiva.

Né si evita il problema quando la successione è dal lato attivo. Infatti, non può star meglio il presunto debitore che, convenuto in giudizio ad opera del suo presunto creditore, a fronte della cessione del credito da parte di questi, vede pronunciata una sentenza di rigetto della domanda semplicemente perché il credito originariamente azionato è estinto per l'avvenuta successione[91], quando, magari, egli ha, invece, interesse a dimostrare di non essere mai stato debitore, per evitare, così, una volta per tutte, ogni ulteriore controversia con il cessionario di quel credito.

Ecco, allora, che il vero significato dell'affermazione, contenuta nel 1° comma dell'art. 111 c.p.c., per cui «il processo prosegue tra le parti originarie», sta nel disporre, non solo che l'oggetto del processo rimane invariato, ma anche che per esso è irrilevante l'avvenuta successione.

Insomma, il giudice, quand'anche abbia avuto ritualmente conoscenza dell'avvenuta successione, non ne deve tenere conto, dovendo fare ancora un'eccezione ad un'altra regola, quella, si ripete, secondo la quale la decisione di merito deve fondarsi sulla realtà della situazione sostanziale che emerge nel processo al momento della decisione stessa. Non è che la successione sia invalida sul piano sostanziale. Semplicemente essa è *irrilevante processualmente* e il giudice decide come se essa non si fosse verificata[92].

---

[91] Fatto estintivo che magari facilmente può rappresentare quella ragione più liquida che comporta l'assorbimento di ogni altra questione.

[92] La tecnica di congelare una certa situazione sostanziale al fine di garantire l'effettività di una data forma di tutela è utilizzata in vario modo. Anche nel processo esecutivo per espropriazione i c.d. effetti sostanziali del pignoramento (art. 2913 c.c.) non sono altro che un modo per

Così, riprendendo gli esempi fatti, l'attore in rivendicazione potrà, se ha ragione nel merito, prima vincere la causa, nonostante l'avvenuta successione posta in essere dal convenuto, e, quindi, opporre la sentenza di accoglimento, nel suo duplice contenuto di accertamento e di condanna esecutiva, nei confronti del successore. Colui che ha domandato la costituzione della servitù coattiva potrà prima ottenere la sentenza di accoglimento e, poi, opporla al successore. Ed, infine, il convenuto, nonostante l'avvenuta cessione del credito da parte dell'attore, potrà ottenere una sentenza di rigetto della domanda perché quel credito in realtà non esisteva neanche nei confronti del cedente, con ciò opponendo al cessionario un giudicato che ha ben altra portata rispetto a quella che avrebbe avuto una sentenza che avesse negato l'esistenza del credito originariamente azionato per il fatto puro e semplice dell'avvenuta cessione.

Peraltro, per l'ipotesi da ultimo fatta della successione dal lato attivo bisogna introdurre un correttivo, se si vuole realizzare pienamente lo scopo di evitare ogni pregiudizio alla parte che non ha dato causa alla successione.

Allegata in giudizio l'avvenuta cessione del credito, l'attore può modificare la domanda dichiarando di stare ormai in causa per il diritto del cessionario. In questo caso muta l'oggetto del processo e il cedente non sta più nel processo come un legittimato ordinario, ma in proprio per il diritto del successore. A fronte di una simile vicenda la controparte non può subire alcun pregiudizio. Essa può difendersi su ogni piano: negando l'esistenza dell'originario diritto del cedente o facendo valere difese proprie al diritto del cessionario, che è ormai diventato il vero oggetto del processo.

Se, invece, non si ha alcuna modificazione della domanda ed oggetto del processo resta quello originario, ossia il credito del cedente, abbiamo visto che il convenuto può evitare una riduttiva vittoria per il solo fatto dell'avvenuta cessione e, considerandosi questa irrilevante nel processo, egli può sempre provare di non essere debitore fin dall'origine. Ma, è anche vero, che in questo particolare caso bisogna lasciare a colui che non ha dato causa alla successione l'alternativa di chiedere al giudice di considerare, invece, rilevante l'avvenuta cessione, perché è possibile che egli abbia ragioni di difesa spendibili solo nei confronti del successore. Ora, in quest'ultima ipotesi, volendo mantenersi vincolati al principio dell'irrilevanza della successione, si pregiudicherebbe il convenuto, perché egli non potrebbe spendere difese di quel tipo, proprie esclusivamente al cessionario, in un processo in cui l'oggetto è rimasto quello originario, ossia il credito del cedente.

---

rendere processualmente irrilevanti possibili atti di disposizione relativi ai beni soggetti all'aggressione esecutiva. Tali atti non sono invalidi sul piano sostanziale, ma, semplicemente, essi sono considerati come non avvenuti all'interno del processo esecutivo.

Allora, qui il convenuto, che non deve subire alcun cambiamento pregiudizievole dall'avvenuta successione, deve poter ottenere dal giudice una sentenza di rigetto a causa del solo fatto che il credito del cedente si è estinto con la cessione, per poter poi in altra sede far valere contro il cessionario le difese a questi proprie.

Insomma, è come se l'avvenuta cessione del credito diventasse la base di un'eccezione in senso stretto relativa ad un fatto estintivo: sta al (presunto) debitore decidere se avvalersene o meno.

Venendo ora ad analizzare più specificamente le disposizioni dell'art. 111 c.p.c., c'è da dire che il successore, se subisce in ogni caso l'efficacia della sentenza che sarà pronunciata, può, tuttavia, sempre che venga a conoscenza del processo pendente, intervenire nel giudizio [93] o essere chiamato. Se ciò accade, è anche possibile che la parte che ha dato causa alla successione venga estromessa, sempre che le altre parti non si oppongano. Inoltre, il successore, ancorché non acquisti la qualità di parte, può comunque impugnare la sentenza utilizzando i rimedi tipici delle parti e non quelli dei terzi. Quindi, ad esempio, egli potrà proporre appello avverso una sentenza di primo grado o ricorso in cassazione avverso una sentenza di appello.

Peraltro, in riferimento all'applicazione della regola per cui la sentenza ha efficacia nei confronti del successore anche se questi non partecipa al giudizio residua un problema. Invero, una simile efficacia *ultra partes* è legata all'avvenuta successione e la sentenza che stiamo immaginando non ha certo lo scopo di accertare che tale successione sia effettivamente avvenuta né di accertare nei confronti di chi, in ipotesi, essa sia avvenuta.

In altri termini, in altro e futuro contesto il terzo, nei cui confronti si voglia far valere l'efficacia del giudicato perché successore nel diritto controverso, potrebbe sempre contestare la sussistenza del presupposto di quella efficacia, dicendo:

– che il suo diritto non deriva da una delle parti di quel processo e quindi di quella sentenza;
– che il suo diritto deriva da una di quelle parti, ma che l'atto d'acquisto è antecedente al processo, quindi egli non è successore nel diritto controverso [94].

---

[93] Ma non anche nell'eventualità che si sia giunti al giudizio di fronte alla C.S. Il successore rimasto terzo può proporre ricorso in cassazione, ma non intervenire nel relativo giudizio pendente, perché in generale manca una normativa che consenta un intervento in questa fase del processo.

[94] Questa possibile contestazione da parte del successore non intervenuto va salvata anche nell'eventualità che la sentenza abbia accertato la sua successione nel diritto controverso. Si potrebbe negare l'assunto, rilevando che, se la sentenza ha effetto nei suoi confronti, non si vede

Con la prima difesa il terzo afferma che la sentenza non può valere nei suoi confronti per il semplice fatto che il suo contenuto non ha nei suoi confronti una rilevanza sul piano oggettivo. È immaginabile l'efficacia *ultra partes* della sentenza se l'oggetto di questa è rilevante rispetto alla situazione giuridica di un terzo, ad esempio perché questa situazione è dipendente da quella accertata con efficacia di giudicato. Ma, se la situazione giuridica che fa capo al terzo non deriva da quella già giudicata, evidentemente non ha alcun senso prospettare una soggezione del terzo al giudicato. E ciò è proprio quello che accade quando il terzo afferma che il suo diritto è stato acquistato a titolo originario.

L'art. 111 c.p.c. considera esplicitamente questa naturale eccezione all'efficacia *ultra partes* della sentenza quando, nell'ultimo comma, fa «salve le norme sull'acquisto in buona fede dei mobili». Il richiamo è, evidentemente, a quanto dispone l'art. 1153 c.c., in cui si prevede che colui, il quale abbia acquistato un bene mobile da chi non era proprietario, diventa ugualmente proprietario se, in presenza di un titolo astrattamente idoneo a trasferire la proprietà, ne acquista il possesso in buona fede. Questa norma prospetta un acquisto del diritto di proprietà che non è a titolo derivativo, ma originario. L'acquisto a titolo derivativo, che si vorrebbe produrre con l'atto di trasferimento, non può prodursi se il diritto non era in capo a colui che nell'atto compare come il dante causa. Tuttavia, per garantire la certezza dei traffici giuridici, l'ordinamento tutela ugualmente l'acquirente, se questi ha acquistato il possesso in buona fede, riconoscendogli l'acquisto del diritto, ma, evidentemente, non certo a titolo derivativo, bensì originario.

Dall'indicazione di questo caso, esplicitamente enunciato nell'art. 111 c.p.c., si ripete, va tratto il principio generale per cui la cosa giudicata può essere opposta al successore nel diritto controverso, ma non anche ad un terzo che è titolare di un diritto che non deriva da quello giudicato.

Più complesso è il discorso rispetto alla seconda difesa sopra citata, con la quale si vuole, essenzialmente, richiamare il significato dell'ultimo inciso dell'art. 111 c.p.c., in cui si fanno salve le norme sulla trascrizione.

La trascrizione degli atti relativi a beni immobili[95] ha, nel nostro sistema, un'efficacia, non costitutiva, ma di pubblicità. Così, in particolare, l'eventuale

perché non dovrebbe aversi tale effetto anche nell'accertamento della sua successione. Ma, se fosse così, il sacrificio del diritto di difesa del terzo sarebbe eccessivo rispetto allo scopo dell'istituto. Invero, colui che non ha dato causa alla successione deve veder garantita l'effettività del suo diritto di azione o difesa rispetto all'originario oggetto del processo. ma non si vede perché anche il presupposto dell'estensione dell'efficacia del giudicato dovrebbe poter essere accertato senza contraddittorio con colui a carico del quale si vuol far valere la deroga alla regola generale sui limiti soggettivi del giudicato.

[95] Vedi gli artt. 2643 e ss. c.c.

conflitto tra due acquirenti dallo stesso dante causa si risolve in base alla trascrizione, prevalendo, non colui che ha acquistato per primo, bensì colui che ha trascritto per primo il suo atto di acquisto (art. 2644 c.c.).

Qualora la domanda giudiziale abbia ad oggetto diritti relativi a beni immobili, la trascrizione di essa[96] determina la litispendenza rispetto ai terzi, quindi ai fini dell'applicazione dell'art. 111 c.p.c. Ciò, si badi, non significa annullare quanto prevede l'art. 39, 3° comma, c.p.c., ma significa, semplicemente distinguere tra due diversi punti di vista. La pendenza della lite tra le parti, con tutto quello che ciò significa in termini di effetti processuali e sostanziali, si determina al momento della notificazione dell'atto di citazione nel rito ordinario ovvero del deposito del ricorso nel rito semplificato[97]. Altro è la pendenza della lite rispetto ai terzi: questa si determina al momento della trascrizione della domanda.

Quindi, volendo vedere il problema in chiave di applicabilità dell'art. 111 c.p.c., colui, che acquista da una delle parti del processo prima della proposizione della domanda, ma trascrive l'atto di acquisto successivamente, è da considerare come un successore nel diritto controverso. Di conseguenza, la sentenza che sarà pronunciata in detto processo sarà a lui opponibile ai sensi dell'ultimo comma dell'art. 111 c.p.c.

Se, invece, l'atto di acquisto è avvenuto dopo la proposizione della domanda, ma esso è stato trascritto prima che sia stata trascritta la domanda, allora l'avente causa non è successore nel diritto controverso e, quindi, a lui non sarà opponibile la cosa giudicata.

Insomma, l'ordinamento tratta la domanda giudiziale come se fosse un atto di acquisto, nel senso che risolve il conflitto tra la parte processuale che non ha dato causa alla successione e l'acquirente nello stesso modo in cui risolve il conflitto tra due acquirenti dallo stesso dante causa, ovvero andando a vedere le trascrizioni degli atti rilevanti. Qui gli atti rilevanti sono la domanda giudiziale e l'atto di trasferimento e questo è considerato come fatto in corso di causa appunto se, a prescindere dalla data del suo perfezionamento, esso è trascritto dopo la trascrizione della domanda.

Quindi, quando l'istituto opera, è molto importante per l'attore essere tempestivo nella trascrizione della domanda. Ecco il motivo per cui la disciplina di

---

[96] Si leggano gli artt. 2652 e 2653 c.c. Si aggiunga a queste norme l'art. 2668*bis*, introdotto nel codice civile con legge n. 69/2009, ai sensi del quale la trascrizione della domanda conserva i suoi effetti per venti anni, per cui l'effetto cessa se essa non è rinnovata prima della scadenza di detto termine. Ovviamente l'eventuale cessazione dell'efficacia della trascrizione della domanda ha conseguenze sull'applicazione delle norme contenute nell'art. 111 c.p.c.

[97] Sulla questione torna al paragrafo 9 del quarto capitolo.

codesta attività nei rapporti col conservatore dei registri immobiliari, visto l'art. 2658 c.c., così come modificato con D.Lgs. n. 149/2022, è diversa a seconda che il processo sia iniziato con la citazione (rito ordinario) ovvero col ricorso (rito semplificato). Nel primo caso l'attore dovrà presentare copia autentica del documento che contiene la domanda, munito della relazione di notifica alla controparte. Nel secondo caso, invece, non potendosi attendere i tempi della fissazione dell'udienza, si prescinde dalla detta notifica, prevedendosi che la parte presenti copia conforme dell'atto che contiene la domanda munita dell'attestazione della data del suo deposito presso l'ufficio giudiziario.

Peraltro, c'è da aggiungere che, alla luce degli artt. 2652 e 2653 c.c., la trascrizione dell'atto di acquisto del terzo, effettuata prima della trascrizione della domanda, non ha sempre la stessa valenza.

Se prendiamo il caso trattato nel n. 1 dell'art. 2653 c.c., quello dell'azione di rivendicazione, noi troviamo enunciato semplicemente il meccanismo descritto sopra. L'attore in rivendicazione, che abbia trascritto la domanda dopo la trascrizione dell'atto di acquisto del terzo, otterrà una sentenza, in ipotesi favorevole, ma in concreto inopponibile al successore, perché nei confronti di questi, che ha trascritto l'acquisto prima della trascrizione della domanda, non può applicarsi il disposto dell'art. 111 c.p.c. Tuttavia, egli potrà sempre instaurare un secondo processo nei confronti di detto terzo, il quale certamente sul piano sostanziale non ha acquistato più di quanto poteva trasferirgli il suo dante causa.

Insomma, per dirla in altri termini, dal punto di vista dell'acquirente la trascrizione tempestiva lo ha protetto dall'efficacia di quel giudicato, ma non gli ha attribuito nulla sul piano sostanziale. Per cui, se il suo dante causa non era proprietario, neanche lui è divenuto proprietario e, citato in giudizio da quello stesso attore del precedente processo, soccomberà senz'altro nel merito.

Se, invece, prendiamo i casi enunciati nell'art. 2652 c.c., il discorso cambia.

Ora, nell'ipotesi in cui Tizio trasferisce un bene a Caio e questi, poi, trasferisca lo stesso bene a Sempronio, in base ai principi generali dovremmo semplicemente ritenere che, se viene meno o era inefficace il titolo di Caio, viene meno anche il titolo di Sempronio. Insomma, utilizzando antichi brocardi, dovremmo limitarci a dire che *resoluto iure dantis resolvitur et ius accipientis* ed anche che *nemo plus iuris in alium transferre potest quam ipse habet*.

Tuttavia la legge, al fine di garantire maggiormente la sicurezza dei traffici giuridici, detta delle eccezioni a quei principi generali ed in ciò utilizza (anche) l'elemento della trascrizione. L'art. 2652 c.c. disciplina queste eccezioni, ossia i casi e i modi in cui, mantenendo l'esempio, il venir meno del titolo di Caio non determina il venir meno del titolo di Sempronio.

Il n. 1 dell'art. 2652 c.c. fa l'ipotesi più semplice del rapporto tra la domanda di risoluzione di un contratto e il successivo atto di trasferimento del bene che era stato oggetto di quel contratto. Se Tizio domanda la risoluzione di un contratto stipulato con Caio, la sentenza, in ipotesi, per lui favorevole, non pregiudica Sempronio che ha acquistato da Caio e ha trascritto l'atto prima della trascrizione della domanda. Ciò significa che Sempronio è, non solo protetto dall'efficacia della sentenza, ma addirittura prevale sul piano sostanziale rispetto a Tizio. Quindi, siamo in presenza di un caso in cui la tempestiva trascrizione ha una valenza, non solo processuale, ma anche sostanziale.

Poi, nell'art. 2652 c.c. sono disciplinate altre ipotesi, nelle quali la prevalenza del terzo acquirente dipende, non solo dalla trascrizione dell'atto, ma anche da altri elementi. Si prenda, ad esempio, il caso della domanda diretta a far dichiarare la nullità del contratto (il n. 6). Se il terzo acquirente trascrive l'atto di acquisto prima della trascrizione della domanda di nullità, egli certamente godrà di una protezione sul piano processuale, ossia non subirà l'efficacia dell'emananda sentenza. Inoltre, il terzo, se è in buona fede e la domanda è trascritta dopo cinque anni dalla trascrizione dell'atto impugnato, prevarrà anche sul piano sostanziale nei confronti di colui che ha agito per far dichiarare la nullità.

16. *Azione di classe*

L'ultimo istituto processuale da trattare nell'ambito del processo complicato attiene alla figura dell'azione di classe, che rappresenta uno strumento per ottenere una tutela effettiva da parte di coloro che hanno subito un c.d. torto di massa.

Nell'ambito di una trattazione manualistica sarebbe bene spiegare gli istituti processuali seguendo il tracciato della legge vigente, facendo emergere i concetti di fondo e gli snodi applicativi principali. Tuttavia un simile metodo, a cui pur siamo rimasti fedeli in codesto manuale, non sembra utilmente praticabile a fronte dell'argomento in oggetto per due ragioni.

La prima: la legislazione italiana in materia continua ad essere in divenire, pur dopo l'entrata in vigore della legge n. 31/2019, che, modificando la normativa precedente, anche spostandola di collocazione (dal Codice del consumo agli articoli 840*bis* ss., c.p.c.), ha adottato un modello sul quale però sono in corso ulteriori proposte di modifica, che, se andranno in porto, cambieranno ancora il quadro legislativo [98].

---

[98] Comunque al momento il modello citato è stato sostanzialmente ripreso, con varianti, anche nel D.Lgs. 10 marzo 2023, n. 28, che, apportando modifiche al Codice del consumo, ha disciplinato le c.d. azioni rappresentative, nazionali e trasfrontaliere, da promuoversi contro pro-

La seconda: i meccanismi dello strumento processuale sono troppo complicati e dettagliati per poter essere esposti in questa sede, insomma esigerebbe una trattazione specialistica e non istituzionale-manualistica.

Di conseguenza, merita piuttosto mettere a fuoco il problema processuale sotteso allo strumento in parola, dando così uno sguardo a leggi vigenti, ma anche ipotizzando scelte tecniche diverse. Insomma, credo che ai fini dell'insegnamento sia utile far comprendere il problema sotteso all'istituto, per poi offrire un quadro sintetico dei possibili paradigmi processuali per la sua soluzione, guardando quantomeno alla recente storia delle proposte circolate e delle leggi approvate in Italia negli ultimi anni.

Il problema processuale a fronte del c.d. torto di massa nasce dal fatto che in questo accade che un certo comportamento illecito o una serie di comportamenti illeciti tipologicamente identici, come ad esempio si ha nella stipula da parte di un imprenditore di una serie di identici contratti con una serie di utenti [99], genera la nascita di una pluralità indefinita di crediti restitutori o risarcitori.

Quindi la prima caratteristica sostanziale del torto di massa sta nella numerosità delle situazioni giuridiche soggettive che l'illecito provoca, a fronte della quale non è pensabile che siano utilizzabili gli ordinari strumenti del processo complicato. In particolare, posto che i detti crediti risultano connessi per titolo o quantomeno per l'identità delle questioni dal cui modo di essere deriva la loro esistenza e/o il loro contenuto, non sembra si possa immaginare che centinaia, se non migliaia, di interessati possano incamminarsi per la strada tracciata dall'art. 103 c.p.c., instaurando un unico processo in cui ognuno di loro spenda poteri processuali autonomi, perché un simile processo litisconsortile sarebbe certamente ingestibile.

Ecco che il legislatore, se non vuole costringere ogni singolo (potenziale) creditore ad agire individualmente, scenario che danneggerebbe sia costoro [100] sia l'apparato della giustizia statale [101], deve approntare un modulo processuale nel cui ambito poter dare tutela a tutte le singole posizioni sostanziali, posizioni che, ancorché ovviamente non identiche, sono tuttavia accorpabili in una classe,

---

fessionisti per le violazioni delle disposizioni di cui all'allegato II*septies* dello stesso articolato, ipotesi nelle quali non è proponibile l'azione di classe disciplinata del c.p.c.

[99] Si pensi ai contratti finanziari o ai contratti con gestori di telefonia mobile o anche alla vendita di un certo prodotto difettoso.

[100] Si tenga presente che spesso il singolo utente o consumatore godrebbe al più di un credito il cui ammontare non meriterebbe la spesa e l'agitazione emotiva che un processo provoca. Senza considerare che quasi sempre vi è una grande sproporzione di mezzi tra ipotetici attori di questo tipo e un ipotetico convenuto imputato di aver posto in essere un torto di massa.

[101] Il quale ha convenienza ad evitare la pendenza di centinaia o migliaia di singoli processi scaturenti da una medesima vicenda.

perché fondate su una causa comune che le rende omogenee, causa che affonda la sue radici nella vicenda concreta che ha prodotto il torto di massa.

La prima esigenza sta, allora, nella semplificazione soggettiva del processo di classe. Se in questo si deve fornire tutela ad una serie indefinita di creditori, tuttavia non è pensabile che costoro si confrontino col comune convenuto spendendo poteri processuali paritari. È necessario che contro il comune avversario uno solo, l'attore che "rappresenta"[102] la classe, agisca per i tanti, i quali devono a lui affidarsi. E qui si pone già la prima scelta tra l'adottare il principio del c.d. *opt out* o il principio del c.d. *opt in*, imponendo l'applicazione di quello a ciascun potenziale creditore, in ipotesi, la manifestazione della volontà di uscire dalla classe e lasciando, invece, l'applicazione di questo la scelta ad ogni singolo potenziale creditore di entrare nella classe.

Posto che nel nostro sistema è saldamente preferito il principio del c.d. *opt in*, è necessario ripercorrere, sia pure sommariamente, i diversi modelli che sono emersi nel nostro Paese negli ultimi anni, considerando che i problemi processuali che un legislatore deve affrontare, salvo ulteriori dettagli, sono essenzialmente tre: 1) dopo aver definito la classe e attribuito la patente di credibilità ad un determinato attore che si proponga come suo alfiere, si deve risolvere la causa comune, ossia accertare il verificarsi di un torto di massa e la sua imputabilità ad un dato soggetto; 2) si devono, quindi, accertare i crediti di coloro che hanno deciso di aderire all'avventura collettiva, ossia, come qualcuno ha detto, di salire sul comune pullman del processo di classe, evitando di affidarsi al più costoso taxi privato, ossia il processo individuale, al fine di ottenere tutela per il suo credito; 3) si deve provvedere, in caso di vittoria, ove l'autore dell'illecito continui nella sua mancanza di cooperazione, ad attuare i crediti che, pur riconosciuti, restino tuttavia insoddisfatti.

Il modello più semplice contempla un'azione di classe nell'ambito della quale, nel contraddittorio tra un attore ritenuto idoneo a difendere gli interessi della classe[103] ed un convenuto, sia unicamente accertato l'illecito e la sua im-

---

[102] Le virgolette sono imposte dal fatto che tra attore di classe e membri di questa non vi è propriamente un rapporto di rappresentanza, in quanto questi non divengono parti formali del processo a cui imputare le spese. Né si può dire che l'attore di classe sia un legittimato straordinario, che farebbe valere in nome proprio diritti altrui, perché non vi è in capo a lui un simile potere per legge in riferimento a determinate situazioni giuridiche soggettive ed inoltre, se qui fosse applicabile l'art. 81 c.p.c., si avrebbe la necessità del litisconsorzio con i c.d. legittimati ordinari, eventualità che riporterebbe il processo di classe ad una complicazione soggettiva inaccettabile.

[103] Nei diversi modelli proposti emerge un vaglio di ammissibilità della domanda, sommariamente condotto, in cui si verifica che: 1) la domanda non sia manifestamente infondata, 2) vi sia la configurabilità di una classe comprendente al suo interno diritti omogenei, 3) l'attore non versi in conflitto d'interesse con la classe e sia in grado di curarne adeguatamente gli interessi.

putabilità al convenuto, per poi lasciare, in caso di vittoria, ai singoli aderenti il compito di far valere i loro singoli diritti in giudizi individuali di completamento ed anche, eventualmente, in processi esecutivi singolarmente instaurati. Questo modello presenta forti inconvenienti sia per i singoli creditori sia per l'imprenditore che in ipotesi abbia vinto la causa collettiva.

Per i singoli creditori l'inconveniente più grave sta nella loro solitudine. Il pullman dell'azione di classe non arriva al capolinea della tutela dei loro diritti, ma si ferma ad una stazione intermedia, alla quale l'autista dice loro di scendere per proseguire individualmente, con l'unico vantaggio di aver fatto un pezzo di percorso insieme. Peraltro, posto che la cosa giudicata, se non è opponibile in negativo a coloro che non hanno preso parte al processo, ben potendo, però, i terzi avvantaggiarsene ove il suo contenuto sia favorevole [104], in un sistema del genere non è neanche conveniente l'adesione. Ciò per il semplice fatto che, se il non aderente può, comunque, nel suo cammino individuale godere vantaggio dall'accoglimento della domanda di classe senza, al contrario, essere pregiudicato da una sentenza di rigetto, gli aderenti, invece, si assoggettano alla sentenza a prescindere dal suo contenuto.

Per l'imprenditore convenuto, in ipotesi vittorioso, l'inconveniente deriva dalla semplice operatività del principio per cui la cosa giudicata riguarda solo coloro che hanno preso parte al processo della sua formazione. In mancanza di una norma esplicita che affronti il problema, vietando l'esperibilità di più azioni di classe per gli stessi fatti contro lo stesso convenuto, l'imprenditore vittorioso non può godere del giudicato a lui favorevole contro altri, ipotetici, attori di classe, restando così esposto, non solo all'esercizio di azioni individuali dei non aderenti[105], ma anche a ripetute azioni di classe per la stessa vicenda.

Ecco, allora, che è necessario approntare un modello più strutturato, che elimini i detti inconvenienti. Ad oggi, tra legge precedentemente vigente [106] e legge attualmente (per ora!) in vigore [107], ne sono emersi due, che, se hanno alcune caratteristiche in comune, sono però assai diversi tra loro.

---

[104] Torna al paragrafo 6 del quinto capitolo.

[105] Azioni che, al limite, potrebbero essere poco temute dall'imprenditore.

[106] Si trattava dell'art. 140*bis* inserito nel Codice del consumo con L n. 99 /2009, poi ritoccata con L n. 27/2012, di conversione del D.L. n. 1/2012.

[107] Trattasi della legge n. 31/2019. Con tale articolato si è portata la disciplina dell'azione di classe nell'ambito del codice di procedura civile, arricchitosi degli articoli 840*bis* ss., fino all'art. 840*quinquiesdecies*, residuando, poi, un art. 840*sexiesdecies* nel quale si disciplina il diverso istituto dell'azione inibitoria collettiva. Così lo strumento in parola è uscito dalle strettoie del Codice del consumo per diventare uno strumento di carattere più generale, mirante a tutelare le persone avverso ogni ipotizzabile torto di massa.

In comune detti modelli hanno: 1) la semplificazione soggettiva del processo, per cui un solo attore di classe [108] spende i poteri processuali necessari contro il comune avversario, quantomeno per la soluzione della causa comune; 2) il vaglio di ammissibilità della domanda da svolgere all'inizio della vicenda, nell'ambito del quale si delineano anche i caratteri della classe; 3) l'impedimento ad interventi ai sensi dell'art. 105 c.p.c., restando al più la possibilità chiamate in causa ai sensi dell'art. 106 c.p.c., ma solo se riferite alla causa comune[109]; 4) la necessità di attribuire la competenza per tali cause, non a tutti i tribunali sparsi nel territorio nazionale, ma solo ad alcuni tra essi[110]; 5) la necessità di evitare la solitudine dei singoli aderenti, mantenendoli nell'ambito del percorso comune anche per la tutela dei loro singoli crediti; 6) la necessità di garantire all'imprenditore vittorioso di non essere esposto ad altre azioni di classe per gli stessi fatti [111].

Per il resto essi si differenziano, anche sensibilmente. Innanzitutto perché la legge processuale può fermarsi alla disciplina dell'azione dichiarativa ovvero proseguire fino a disciplinare anche la fase successiva all'accertamento dei singoli crediti, ossia alla fase della loro attuazione.

Ma, soprattutto, perché diverso può essere il modo di disciplinare il rapporto tra la soluzione della causa comune e l'accertamento dei singoli crediti degli aderenti. Le soluzioni prospettabili, e in concreto prospettate nei diversi articolati che stiamo prendendo in considerazione, sono almeno due.

La prima soluzione era scelta nella normativa precedentemente collocata nell'art. 140*bis* Codice del consumo, per cui si manteneva in un unico contenitore sia l'accertamento del torto di massa sia l'accertamento dei singoli crediti degli aderenti, ipotizzando così un percorso alla fine del quale la sentenza, in

---

[108] Il quale, a seconda delle diverse scelte legislative possibili, può essere: un membro della classe, un'associazione accredita ovvero un'associazione a cui un membro della classe dà mandato. Secondo la disciplina attualmente vigente può agire certamente un membro della classe, ma anche di per sé un'associazione consumeristica o meno, per la precisione un'associazione o un'organizzazione senza scopo di lucro iscritta in apposito elenco presso il Ministero della giustizia (art. 840*bis*, 2° comma, c.p.c.). Nel campo di applicazione del D.Lgs. n. 28/2023, invece, possono agire solo associazioni accreditate.

[109] Si pensi alla chiamata del c.d. vero obbligato in caso di contestazione della legittimazione passiva. La chiamata in garanzia sembra possibile, ma solo al fine di estendere l'efficacia del giudicato al garante, senza che nello stesso processo sia azionabile la causa di garanzia.

[110] Può trattarsi delle sezioni specializzate per le imprese ovvero tendenzialmente, ma non esclusivamente, dei tribunali ordinari nei capoluoghi di regione. La legge vigente dispone che la domanda si propone con ricorso «esclusivamente davanti alla sezione specializzata in materia di impresa competente per il luogo ove ha sede la parte resistente» (art. 840*ter*, 1° comma, c.p.c.).

[111] Nella legge vigente il c.d. principio di unicità dell'azione di classe è previsto e disciplinato nell'art. 840*quater* c.p.c.

ipotesi di accoglimento, dopo aver accertato l'illecito e la sua imputabilità al convenuto, condannava questo a pagare le somme dovute ai singoli aderenti.

Tale soluzione presentava il grave inconveniente di mischiare temi di indagine diversi, con il rischio che l'accertamento della causa comune fosse fortemente appesantito da questioni individuali relative ai singoli crediti. Se non si poteva certo pregiudicare il convenuto nell'esercizio del suo diritto di difesa su tutti i fronti di attacco che egli subiva, era evidente come non gli si potesse impedire di spendere difese ed eccezioni riguardanti, non solo la sussistenza o meno del torto di massa e la sua imputabilità propriamente a lui, ma anche le singole posizioni soggettive degli aderenti in gioco. Quando si è in presenza di una vera classe, caratterizzata dalla omogeneità, queste situazioni dovrebbero dipendere, nella loro esistenza e/o contenuto, dalle stesse questioni. Ma, è pur possibile che nel caso concreto questa rigida omogeneità si perda ed, allora, il processo di classe alla luce di quella disciplina si trovava in gravi difficoltà, dalle quali forse si poteva uscire solo immaginando una modifica in corsa del suo oggetto, passando dall'accertamento dei singoli crediti all'accertamento della sola causa comune.

Ma questa operazione era ardua sul piano interpretativo ed, inoltre, rischiava di vanificare uno degli obiettivi della disciplina, ossia quello di evitare la solitudine dei singoli creditori che in questo caso si sarebbero trovati a dover battere la strada di giudizi individuali di completamento.

La seconda soluzione, che è poi quella offerta dalla legge in vigore, gioca, invece, sulla separazione tra le diverse problematiche. Il processo di classe diventa un percorso complesso che si snoda in tre tappe.

La prima fase si apre con la domanda di un attore di classe, il quale, dopo aver passato positivamente il vaglio di ammissibilità, punta ad ottenere una sentenza dal contenuto complesso, nella quale, visto l'art. 840*sexies* c.p.c., essenzialmente: 1) si accerta il torto di massa [112], ossia che vi è stata una condotta illecita imputabile al convenuto, con la quale potenzialmente si danneggia una serie indefinita di persone; 2) si definiscono i caratteri della classe; 3) si apre la fase delle adesioni dei singoli creditori, fissandone le modalità e nominando i soggetti che ne saranno protagonisti, ossia il rappresentante comune degli aderenti, che avrà il compito di approntare il progetto dei diritti individuali (art. 840*octies* c.p.c.), e il giudice delegato, che dovrà pronunciarsi su tale progetto (art. 840*octies*, 5° comma, c.p.c.).

Nella seconda fase si ha l'accertamento dei singoli crediti di coloro che ade-

---

[112] Vi potrà essere anche, in aggiunta, l'accertamento del solo credito individuale dell'attore di classe, ma questo non è un contenuto necessario, dovendo esso aversi solo se abbia agito un membro della classe.

riscono, secondo il procedimento snello disciplinato sempre nell'art. 840*octies* c.p.c. È anche possibile che le adesioni siano raccolte preventivamente prima della pronuncia della sentenza di cui abbiamo appena accennato. Ma, posto che, visto l'art. 840*quinquies*, 1° comma, c.p.c., nella prima fase non è assolutamente possibile ottenere l'accertamento dei propri crediti, la fase "naturale" delle adesioni si pone inevitabilmente in questa seconda fase, nell'ambito della quale le modalità di esse sono disciplinate nell'art. 840*septies* c.p.c.

Infine, la terza fase è dedicata all'attuazione dei crediti, che può aversi per adempimento da parte dell'imprenditore condannato (art. 840*duodecies* c.p.c.) ovvero per la via dell'esecuzione forzata collettiva (art. 840*terdecies* c.p.c.).

Senza poter qui approfondire i tanti snodi processuali che la legge fa emergere, restano da fare in questa sede due ordini di considerazioni.

Innanzitutto è evidente come il modello da ultimo descritto sia più utile agli scopi di tutela di tutti i protagonisti della vicenda. Oltretutto nella legge in vigore sono anche disciplinate ipotesi di accordo, sia nella fase antecedente alla pronuncia della sentenza sia nella fase successiva.

Il punto critico in questi modelli resta quello della possibile revoca dell'adesione, che non trova una soddisfacente disciplina in nessuno di essi.

Con l'adesione il singolo creditore esercita la sua azione, propone la domanda che riguarda il suo singolo credito. Egli nell'ambito del primo modello si mette totalmente nelle mani dell'attore di classe, mentre nel secondo modello si affida a codesto soggetto solo nella fase di accertamento del torto di massa, potendo poi difendere in prima persona la sua posizione individuale, ma senza poter impugnare il provvedimento che in ipotesi rigetti la sua domanda (art. 840*undecies* c.p.c.).

A fronte di questa situazione, se nella legge precedentemente vigente nulla era detto al proposito, per cui l'interprete poteva solo affidarsi all'istituto generale dettato dall'art. 306 c.p.c., considerando che il giudice doveva contemperare l'esigenza dell'aderente che si accorgesse dell'incapacità dell'attore di classe con l'esigenza del convenuto a non veder scappare aderenti che prevedevano una (giusta) sconfitta imminente, nella legge in vigore qualcosa è detto, attribuendosi all'aderente un potere di revoca fino a quando non sia divenuto definitivo il provvedimento del giudice delegato che ha deciso sui singoli crediti (art. 840*undecies*, 9° comma, c.p.c.).

Ma quanto ipotizzare una revoca della domanda da parte dell'aderente dopo aver perso la causa sia di dubbia legittimità costituzionale, per il pregiudizio ingiustificato dell'avversario vittorioso, non è difficile comprendere per lo studente che ha avuto la pazienza di seguirmi fino a questo punto.

Capitolo Settimo

I MEZZI DI IMPUGNAZIONE

Sommario: 1. Funzione dei mezzi di impugnazione. – 2. I singoli mezzi di impugnazione. – 3. Profili di rito dei giudizi di impugnazione. – 4. Profili di merito: l'appello. – 5. Profili di merito: il ricorso per cassazione. – 6. Concetti giuridici indeterminati e sindacato della Corte di cassazione. – 7. Il processo complicato nelle fasi di gravame. – 8. Effetto espansivo interno ed esterno.

1. *Funzione dei mezzi di impugnazione*

I mezzi di impugnazione sono i rimedi che l'ordinamento appronta avverso le sentenze. Con essi, e solo con essi, il soggetto interessato può cercare di modificare una sentenza, dal cui contenuto gli deriva un pregiudizio, sollevando censure in rito e/o in merito, attaccando la sentenza come atto e/o la sentenza come giudizio.

Affermare che i mezzi di impugnazione sono i rimedi spendibili contro le sentenze significa far emergere due rilievi fondamentali:

a) che non esiste altro rimedio avverso una sentenza al di fuori dei mezzi di impugnazione;
b) che i mezzi di impugnazione sono spendibili solo avverso una sentenza.

Qualsiasi vizio o errore si voglia denunciare contro una sentenza va fatto valere con l'idoneo mezzo di impugnazione [1], da utilizzare nei termini e secondo le regole ad esso proprie (*principio dell'onere dell'impugnazione*). Ciò significa che, persa l'occasione di utilizzare quel mezzo, non è data altra occasione allo stesso fine.

Così, ad esempio, colui che voglia lamentare l'invalidità e/o l'ingiustizia di una sentenza di primo grado deve proporre appello nel termine rituale, con la

[1] Vedi *infra* sull'individuazione dell'idoneo mezzo di impugnazione a seconda della sentenza da attaccare.

conseguenza che, se non viene seguita tale strada, non si potrà più far valere vizi della sentenza in altra sede.

Le uniche eccezioni a tale principio sono date da quelle scarsissime ipotesi nelle quali si ha a che fare con un vizio talmente grave da sopravvivere al passaggio in giudicato della sentenza, insomma una nullità veramente assoluta, che l'interessato può far valere in ogni sede utile. Ma, quanto questi casi siano rari abbiamo già visto trattando dell'art. 161 c.p.c.[2].

Circa l'altra affermazione, che i mezzi di impugnazione sono spendibili solo avverso una sentenza, bisogna fare due precisazioni.

Innanzitutto, c'è da dire che, ovviamente, non possono essere oggetto di impugnazione le ordinanze pronunciate durante il corso del processo[3]. Quanto statuito con l'ordinanza finisce per confluire nella sentenza e colui che è interessato a contestare il contenuto dell'ordinanza potrà farlo impugnandola insieme alla sentenza o, per meglio dire, attraverso di essa. Quindi solo con la pronuncia della sentenza, con la quale, peraltro, il giudice si spoglia sempre del potere di tornare su quello che è stato il suo oggetto[4], si mette in moto il meccanismo delle impugnazioni. È questo il motivo per cui l'ordinamento non attribuisce al giudice il potere di scegliere, a suo piacere, a seconda delle diverse questioni da risolvere, tra il pronunciarsi con la forma della sentenza o con la forma dell'ordinanza, dovendo egli, invece, seguire le precise indicazioni della legge, tra le quali spicca quanto dispone l'art. 279 c.p.c.

Insomma, è il legislatore che stabilisce in quali situazioni deve pronunciarsi ordinanza e in quali sentenza.

Né il giudice potrebbe, indirettamente, cambiare l'ordine delle indicate conseguenze adottando la forma errata. Se per decidere su un dato oggetto era richiesta dalla legge la forma della sentenza, l'interessato potrà impugnare il

---

[2] Ritorna al paragrafo 12 del quarto capitolo.

[3] Non rientrano nel discorso che si fa nel testo alcune peculiari ordinanze, che hanno sempre la sostanza di una sentenza, quali ad esempio quelle pronunciate sulla competenza, che di per sé sono impugnabili con regolamento di competenza. Inoltre fuori da questo capitolo si pongono le ordinanze di cui agli artt. 183*ter* e 183*quater*, introdotti nel codice di rito con D.Lgs. n. 149/2022, con le quali è pur possibile che venga definito il processo dichiarativo. Invero, essendo esse formalmente di tipo sommario, perché, ancorché assunte a cognizione piena, non acquistano efficacia ai sensi dell'art. 2909 c.c., il rimedio previsto sta nel reclamo di cui all'art. 669*terdecies* c.p.c., ossia lo stesso che la legge appronta per i provvedimenti cautelari, rimedio che non rientra tra i mezzi d'impugnazione.

[4] Invece le ordinanze sono, normalmente, modificabili e revocabili dal giudice che le ha pronunciate, salvo: 1) le ordinanze pronunciate sull'accordo delle parti, in materia della quale queste possono disporre; 2) le ordinanze dichiarate espressamente non impugnabili dalla legge; 3) le ordinanze per le quali la legge predisponga uno speciale mezzo di reclamo (art. 177 c.p.c.).

provvedimento assunto dal giudice, anche se questi ha, in ipotesi, adottato la forma, irrituale, dell'ordinanza. Ed, anzi, sposandosi con ciò il c.d. criterio della sostanza, si deve anche aggiungere che l'interessato avrà l'onere dell'impugnazione. Si pensi all'eventualità che il giudice di primo grado, chiamato a decidere in virtù dell'istruzione di una sola eccezione ritenuta idonea a definire il giudizio, anziché rigettare la domanda pronunci un'ordinanza di rigetto di quella certa eccezione, invece di una sentenza parziale: qui il convenuto soccombente dovrà appellare immediatamente ovvero formulare riserva, precludendosi per lui la possibilità di coltivare quella eccezione semplicemente aspettando la fine del giudizio di primo grado.

In secondo luogo, la giurisprudenza della Corte di cassazione ha ritenuto che debba poter essere speso (almeno) il ricorso in cassazione, di cui all'art. 111, 7° comma, Cost., avverso ogni provvedimento che, pur non avendo la forma della *sentenza*, ne abbia tuttavia la *sostanza*. Qui non si immagina un errore del giudice nel caso concreto, ma semmai un errore del legislatore, che ha previsto la forma del decreto o dell'ordinanza per una pronuncia che ha la sostanza della sentenza, perché con essa si decide su una situazione giuridica soggettiva. Quando nell'ordinamento si trovano casi del genere e quando, oltretutto, avverso quel provvedimento non è dato altro rimedio [5], è ormai elemento costitutivo del diritto vivente l'idea che il soccombente possa almeno appigliarsi alla garanzia costituzionale del ricorso in cassazione per violazione di legge, che implica senz'altro la possibilità di lamentare tutti i possibili vizi elencati nell'art. 360, 1° comma, c.p.c. [6].

Con i mezzi di impugnazione si possono far valere tutti i possibili vizi della sentenza, si fondino essi su un (presunto) errore del giudice o meno. A questo proposito sono necessari diversi approfondimenti.

Preliminarmente si tenga sempre presente che la sentenza è un atto di normazione concreta con funzione dichiarativa. Essa, quindi, prima di comandare accerta qual è il diritto nel caso concreto e la sua peculiarità sta, appunto, nel comandare in base e in conseguenza di quell'accertamento. In altri termini, il cuore della sentenza sta nel giudizio.

Ma, allora, il vero *scopo* dei rimedi approntati contro di essa, ossia dei mezzi di impugnazione, non può essere, normalmente, quello di eliminare la

---

[5] Si pensi, ad esempio, al provvedimento di liquidazione del compenso degli arbitri di cui all'art. 814 c.p.c. una volta esauriti i relativi reclami.

[6] Così è oggi disposto, a seguito dell'entrata in vigore del D.Lgs. n. 40/2006, nell'ultimo comma del citato art. 360. Per cui deve ritenersi superata la giurisprudenza della C.S., che escludeva dai motivi di ricorso in cassazione proposto ai sensi del 7° comma dell'art. 111 Cost. il difetto di motivazione previsto nel n. 5 dell'art. 360.

sentenza, puramente e semplicemente, bensì quello di *modificare il giudizio* in essa contenuto o, comunque, in qualche modo la sua *precettività*. Questa idea di fondo ci può aiutare per comprendere le intime caratteristiche dei diversi mezzi di impugnazione ed anche le varie strategie che un soggetto impugnante può assumere.

Innanzitutto egli può lamentare errori commessi dal giudice.

Qual è la tipologia di questi errori e qual è il rapporto tra essi ed i vari mezzi di impugnazione previsti?

Affermare che nella sentenza il giudice comanda dopo aver accertato, significa sottolineare il compimento di un'operazione di sussunzione giuridica. Tale operazione è il punto di arrivo della soluzione di due ordini di questioni attinenti al merito: quelle relative alla fissazione dei fatti rilevanti e quelle relative all'applicazione a detti fatti delle norme di giudizio. Peraltro, la sentenza, in quanto atto, deve anche essere pronunciata in modo rituale, ossia in presenza dei presupposti processuali e rispettando le regole che presiedono agli atti del processo, nonché le regole processuali che presiedono alla sua stessa costruzione, appunto in quanto atto giuridico.

In altri termini, la sentenza può essere, innanzitutto, attaccata direttamente perché *ingiusta*, in quanto in essa vi è un'erronea fissazione dei fatti e/o un'erronea applicazione della norma di giudizio.

Rispetto alla soluzione della *quaestio facti* è possibile che si chieda al giudice dell'impugnazione una nuova valutazione probatoria o che, invece, si lamenti la violazione di regole legali che presiedono a quella valutazione[7]. Tra queste, fra le altre, si ricordino: la regola che impone di fissare il fatto così come esso è concordemente affermato dalle parti (fatto pacifico) o risulta dalla comune esperienza (fatto notorio); le regole c.d. di prova legale, ossia che (pre)valutano l'attendibilità di certi mezzi di prova (si pensi alla confessione); le regole dettate dal codice civile in materia di interpretazione dei contratti (artt. 1362 e ss.); la regola del prudente apprezzamento (art. 116 c.p.c.), in virtù della quale il giudice deve valutare le prove c.d. libere nel rispetto delle comuni massime di esperienza e non secondo il suo arbitrio.

Rispetto alla soluzione della *quaestio iuris* l'interessato lamenterà o un'errata interpretazione della norma astratta utilizzata o una sua falsa applicazione, ossia, da un altro punto di vista, l'errore di sussunzione, avendo il giudice ripor-

---

[7] Si tratta di regole diverse da quelle che disciplinano propriamente l'attività istruttoria, quali ad esempio le norme che attribuiscono al giudice il potere di assumere d'ufficio certi mezzi di prova e non altri oppure le regole che presiedono al giudizio di ammissibilità di un dato mezzo di prova. Torna al quinto capitolo, paragrafo 2, nonché vai, in questo capitolo, al successivo paragrafo 5.

tato alla norma astratta un caso che non vi rientrava. Peraltro, si tenga presente che la norma di giudizio dipende dal contenuto della domanda originaria, vale a dire dal tipo di oggetto, quindi dal "merito", messo in gioco [8]. Così, se normalmente sono norme di giudizio quelle che comunemente chiamiamo "sostanziali", in quanto presiedono alla costituzione, modificazione ed estinzione di situazioni giuridiche soggettive, tra le quali spicca il diritto soggettivo, è pur possibile che il giudizio dipenda dall'applicazione di altro genere di norme, perché l'oggetto del processo è dato da una questione processuale. Si pensi al processo instaurato per l'annullamento del lodo (artt. 828, 829 e 830 c.p.c.) o a quello instaurato sulla questione di riconoscibilità delle sentenze straniere (art. 67 della legge n. 218/1995) o ancora a quello in cui si decide su un'opposizione agli atti esecutivi (art. 617 c.p.c.).

In secondo luogo la sentenza può essere attaccata perché *irritualmente pronunciata*, a causa di ogni violazione di norma processuale che possa essersi verificata nella pronuncia della sentenza stessa o durante il corso del processo, sempre che, ovviamente, in quest'ultimo caso, non sia intervenuta una sanatoria.

Ma, se quelli ora citati rappresentano tutti i possibili errori commessi dal giudice che ha pronunciato la sentenza, il punto ora è affrontare l'altro aspetto della domanda sopra posta: qual è il loro rapporto con i diversi tipi di mezzi di impugnazione?

Il primo rilievo, che a me sembra fondamentale, deriva da quanto abbiamo già accennato rispetto allo scopo dei mezzi di impugnazione, che è, in definitiva, sempre quello di modificare il giudizio. Salve ulteriori specificazioni, che faremo nel prossimo paragrafo, con particolare riguardo alla distinzione tra i mezzi di impugnazione ordinari ed i mezzi di impugnazione straordinari, nel giudizio di impugnazione si finisce sempre per trovarsi di fronte al problema del giudizio sul rapporto sostanziale, a meno che, trattandosi di un mezzo di impugnazione ordinario, il giudizio già compiuto non debba essere modificato, non nel merito, ma a causa della carenza di un presupposto processuale, che comporti la necessità di pronunciare il rigetto in rito della domanda originaria. Con ciò, vorrei essenzialmente sottolineare che, nel nostro ordinamento, non vi sono mezzi di impugnazione rivolti a far valere solo nullità singolari al fine di ottenere solo l'eliminazione della sentenza come atto. Neanche dal punto di vista dei rimedi è possibile tracciare un vero parallelo col negozio giuridico, perché, essendo diverse le funzioni del negozio e della sentenza, è sempre diverso anche lo scopo dei rimedi che l'ordinamento appronta nei confronti di tali atti di normazione.

---

[8] Si ritorni al paragrafo 6 del terzo capitolo.

Insomma, ogni mezzo di impugnazione ha una vocazione, per così dire, generalista, potendosi con ognuno di essi far valere vizi di vario genere, di attività e di giudizio, perché con ognuno di essi si vuole, quale vero obiettivo, una modificazione della sentenza impugnata.

Non è ragionevole pensare che un soggetto possa lamentare, avverso la sentenza pronunciata, solo una nullità singolare o quantomeno non è ragionevole immaginare che il riconoscimento di un vizio del genere rappresenti un fine ultimo nella proposizione di un mezzo di impugnazione. Invero, come le norme del processo sono dettate in via strumentale, ossia perché il legislatore ritiene che il loro rispetto renderà probabile una giusta decisione, così la violazione di quelle norme può essere censurata in via strumentale, ossia per poi riprendere un cammino più corretto verso una decisione che, probabilmente, sarà più giusta o, in ogni caso, più attendibile.

Insomma, non è immaginabile che il soccombente nel giudizio di primo grado proponga appello limitandosi a contestare la presenza di vizi processuali o che il soccombente nel giudizio di secondo grado faccia altrettanto proponendo ricorso in cassazione, volendo solo l'eliminazione della sentenza d'appello e non anche una nuova decisione della causa. Ed anche allargando lo spettro del discorso ad altri possibili vizi singolari, non rientranti tra le nullità processuali, ma che fondano alcuni peculiari mezzi di impugnazione, resta sempre vero il rilievo che lo scopo del rimedio non sta mai solo nell'accertamento di quel certo vizio e, quindi, in ipotesi, nella pura eliminazione della sentenza. Così, ad esempio, non è immaginabile che colui, il quale propone revocazione per uno dei motivi di cui all'art. 395 c.p.c., voglia solo l'eliminazione della sentenza e non anche la modificazione del giudizio in essa contenuto.

Questo rilievo di fondo resta vero anche quando, nei vari gradi dello stesso processo, l'impugnante si limiti a sollevare solo una questione processuale impediente. In tal caso egli rileva la carenza di una condizione necessaria per decidere nel merito la causa e con ciò mira, in sede di impugnazione, alla pronuncia di una sentenza, comunque, sostitutiva di quella impugnata: una sentenza di rito che, in definitiva, rigetti la domanda originaria appunto per carenza di un presupposto processuale. Pure qui l'impugnazione mira, non alla semplice eliminazione della sentenza impugnata, bensì ad una sua modificazione. Invero il giudice *a quo* (che ha pronunciato la sentenza impugnata) non doveva decidere nel merito, ma appunto rigettare la domanda in rito ed è ciò che farà il giudice *ad quem* (quello dell'impugnazione), ove riconosca fondata la questione impediente.

Altro è che il legislatore possa, tecnicamente, costruire diversamente il rapporto tra le possibili censure, che comunque sempre devono essere contenute nell'atto di impugnazione, e il mezzo di impugnazione, che comunque sempre mira, quale scopo finale, alla modificazione del giudizio.

A tal proposito, vi sono mezzi di impugnazione con i quali si può far valere ogni tipo di vizio e mezzi di impugnazione con i quali, invece, lo spettro delle censure è più ristretto.

Certamente il rimedio più ampio è quello dell'appello, potendo l'appellante lamentare ogni possibile motivo che rende la sentenza invalida o il giudizio ingiusto, attenga esso alla soluzione della questione di fatto o alla soluzione della questione di diritto.

Meno ampio, invece, è lo spettro delle censure ammissibili nel ricorso in cassazione. Ma, se noi leggiamo l'art. 360 c.p.c., nel quale è contenuto l'elenco dei motivi di ricorso, ci accorgiamo che da esso è esclusa solo la possibilità di chiedere alla Corte di cassazione di sindacare (direttamente) la soluzione della questione di fatto relativa alla decisione nel merito, restando invece ammissibile ogni altro genere di censura, sia in rito sia in merito[9]. La disciplina del ricorso in cassazione è condizionata dallo scopo di nomofilachia proprio della Corte di cassazione, per cui, l'interesse del singolo alla modificazione del giudizio deve convivere con l'interesse generale all'uniformità e alla certezza del diritto vivente. Ciò ha portato ad escludere la possibilità di lamentare in cassazione l'ingiustizia in fatto della sentenza. Quindi, lungi dal poter dire che il ricorso in cassazione rappresenti un mezzo di impugnazione ammesso solo per motivi "tipici", la verità è semplicemente che esso può fondarsi su ogni ipotesi di violazione di legge, sostanziale (o comunque attinente al merito) o processuale.

Invece, un vero rimedio a critica vincolata, ossia limitato a motivi tipici, è la revocazione, la quale, sia essa ordinaria o straordinaria[10], è ammessa solo per uno dei motivi elencati nell'art. 395 c.p.c.

Inoltre, vi sono mezzi di impugnazione con i quali si mette in gioco immediatamente l'oggetto del giudizio, la causa sulla quale si vuole una modificazione del precedente giudizio, ed altri con i quali, invece, è necessario che preliminarmente il giudice dell'impugnazione accerti la fondatezza della censura sollevata. La distinzione che si fonda su questa differenza strutturale non coincide con quella tradizionale tra mezzi di impugnazione ordinari e mezzi di impugnazione straordinari. L'elemento sul quale ora stiamo ragionando ha una valenza, diciamo così, trasversale, perché sia nel primo gruppo sia nel secondo troviamo rimedi ordinari e rimedi straordinari.

Hanno ad oggetto la causa, nei suoi profili di rito e di merito, rimedi ordinari come l'appello o il ricorso in cassazione. In essi l'impugnante ha sempre l'onere di sollevare censure, di lamentare errori commessi dal giudice che ha pronunciato

---

[9] Sul ruolo della Corte di cassazione vedi il paragrafo 4 del secondo capitolo. Per ulteriori precisazioni sul ricorso in cassazione vedi di seguito il paragrafo 5 in questo capitolo.

[10] Sulla differenza torneremo nel prossimo paragrafo.

la sentenza impugnata, ma in essi l'oggetto del giudizio di impugnazione non sta in queste censure, potendo il giudice *ad quem* anche decidere la causa oltre e a prescindere dalle censure sollevate. In altri termini, qui le censure rappresentano una sorta di punto di partenza del giudizio di impugnazione, esse sono oggetto della cognizione del giudice dell'impugnazione, ma non sono l'oggetto dell'impugnazione, restando questo pur sempre quello stesso oggetto, di rito e di merito, che era proprio della fase che ha posto capo alla sentenza impugnata.

Ma, non deve certo passare dal previo accertamento di qualche specifico vizio neanche il terzo che proponga opposizione di terzo c.d. ordinaria ai sensi dell'art. 404, 1° comma, c.p.c. rimedio, a dispetto dell'aggettivo "ordinaria", tipicamente straordinario. Qui si immagina un terzo che, pur non essendo soggetto alla cosa giudicata altrui, ossia formatasi in un processo celebrato tra altri, subisce tuttavia un pregiudizio da quella sentenza, tale per cui l'ordinamento gli attribuisce il potere di impugnarla. Si tratta di un soggetto che, titolare di una situazione incompatibile e autonoma rispetto a quella giudicata, avrebbe anche potuto espletare un intervento principale ai sensi dell'art. 105 c.p.c., ma che, non avendolo proposto, si trova, dopo la pronuncia della sentenza, ad essere esposto al rischio di un danno dall'attuazione di questa sentenza [11].

Si faccia il caso di Tizio, acquirente di un bene mobile da Caio, a fronte di una sentenza che condanna Caio a consegnare lo stesso bene a Sempronio per un acquisto da questi effettuato in data successiva all'acquisto di Tizio. Se tra due acquirenti dallo stesso dante causa prevale naturalmente il primo (*prior in tempore potior in iure*), è anche vero che, trattandosi di beni mobili, il nostro ordinamento utilizza la regola che, a prescindere dalle date d'acquisto, prevale comunque colui che per primo acquista in buona fede il possesso (art. 1155 c.c.). Ed, allora, nell'esempio fatto, colui che ha acquistato in data anteriore (Tizio) sarebbe pregiudicato ove fosse attuata, spontaneamente o in via di esecuzione forzata, la sentenza che condanna il dante causa (Caio) a consegnare il bene a colui che ha acquistato per secondo (Sempronio). Da qui la legittimazione di Tizio a proporre opposizione di terzo ai sensi dell'art. 404, 1° comma,

[11] Non si vede, invece, la ragione per attribuire la legittimazione a proporre questo mezzo di impugnazione anche al litisconsorte necessario pretermesso, ossia a colui che si sarebbe dovuto chiamare nel giudizio ai sensi dell'art. 102 c.p.c. Avrebbe senso immaginare un'opposizione di terzo da parte di questo soggetto ove si ritenesse che la sentenza pronunciata *inter pauciores* esplichi efficacia anche nei confronti del pretermesso. In tal caso il rimedio in parola servirebbe per lamentare la violazione del principio del contraddittorio. Ma, poiché la sentenza pronunciata senza tutti i necessari litisconsorti non ha effetto per il pretermesso, ed anzi è questa la ragione perché essa è, come si suol dire *inutiliter data*, francamente non si vede perché, sulla base di quale interesse, quel litisconsorte pretermesso dovrebbe poter impugnare una sentenza che non gli arreca alcun pregiudizio.

c.p.c. per far valere il suo diritto incompatibile ed autonomo, instaurando un giudizio nel quale si rimetterà in discussione la vecchia causa con l'aggiunta di una prospettiva nuova, quella offerta dalla (presunta) sussistenza del diritto del terzo e dalla questione della prevalenza tra i due diritti [12].

Invece, è necessario preliminarmente accertare la presenza di specifici vizi nella revocazione, sia essa ordinaria (per i motivi di cui ai nn. 4) e 5) dell'art. 395 c.p.c.) sia essa straordinaria (per gli altri motivi sempre dell'art. 395 c.p.c.). Anche nel giudizio di impugnazione instaurato a seguito della proposizione della revocazione si tratterà di modificare il giudizio. Ma, si ripete, in esso il giudice deve prima passare da una sorta di imbuto preliminare predefinito, nel quale egli deve interrogarsi, necessariamente e preliminarmente, sulla fondatezza del motivo addotto e solo in caso di esito positivo potrà arrivare, poi, ad occuparsi della causa, quindi di ciò che è stato oggetto della sentenza impugnata.

E lo stesso deve dirsi per l'opposizione di terzo c.d. revocatoria ai sensi dell'art. 404, 2° comma, c.p.c., altro mezzo straordinario spendibile da parte di un soggetto che non ha acquisito la qualità di parte nel processo di formazione della sentenza impugnata. Questo tipo di opposizione di terzo è assai diverso dall'altro, disciplinato dal 1° comma della stessa norma. Qui abbiamo a che fare con un terzo che subisce l'efficacia di giudicato, perché creditore di una delle parti o titolare di una situazione dipendente da quella giudicata in modo tale da non poter opporre il suo prevalente diritto di difesa [13]. Anche questo soggetto impugnante vuole la modifica del giudizio, ma prima egli deve provare il dolo o la collusione tra le parti a suo danno, censura la cui fondatezza condiziona ogni valutazione successiva.

Infine, come abbiamo accennato all'inizio, è possibile che nel giudizio di impugnazione si faccia valere un vizio che non si fondi su errori commessi dal giudice, ossia si facciano valere profili di *ingiustizia oggettiva* della sentenza. Si tratta di casi nei quali la sentenza è certamente ingiusta, ma ciò non è dovuto ad un errore del giudice, perché quella ingiustizia si collega ad elementi che il giudice non poteva prendere in considerazione.

Questo accade, ad esempio, nell'ambito della già citata opposizione di terzo ordinaria, nella quale si apre uno scenario, offerto dall'affermazione del diritto di un terzo, che non esisteva nel giudizio che ha portato alla sentenza già pronunciata.

Ma, questo può accadere anche nei vari gradi di uno stesso processo, soprat-

---

[12] Sui concetti di incompatibilità, autonomia e prevalenza torna al paragrafo 9 del sesto capitolo. Peraltro, è evidente come la cerchia dei legittimati all'opposizione di terzo ordinaria sia più ristretta della cerchia dei legittimati all'intervento principale.

[13] Sull'efficacia *ultra partes* della sentenza vedi il paragrafo 6 del quinto capitolo.

tutto nel giudizio d'appello, in riferimento alle sopravvenienze in fatto [14] e/o in diritto [15]. Qui bisogna tracciare un raccordo con i limiti cronologici del giudicato, i quali, come già sappiamo, vanno riferiti all'ultimo momento utile per far valere nel processo i diversi profili [16].

Così, trattando dei fatti rilevanti per la decisione della causa, l'accertamento contenuto nella sentenza di primo grado va riferito alla precisazione delle conclusioni fatta appunto nel giudizio di primo grado. Per cui, se non è proposto l'appello e quella sentenza passa in giudicato, certamente i limiti cronologici della cosa giudicata vanno rapportati alla citata attività. Se, invece, l'appello è proposto, allora l'interessato che voglia far valer le dette sopravvenienze in fatto ha l'onere di attivarsi nel giudizio di appello, altrimenti le "brucerà", perché, proseguendo il processo in secondo grado, evidentemente i limiti cronologici del futuro giudicato saranno rapportati (almeno) alla precisazione delle conclusioni compiuta nel giudizio d'appello.

2. *I singoli mezzi di impugnazione*

I mezzi di impugnazione sono rimedi tipici, ossia sono solo quelli previsti dalla legge. L'art. 323 c.p.c. recita: «I mezzi per impugnare le sentenze, oltre al regolamento di competenza nei casi previsti dalla legge, sono: l'appello, il ricorso per cassazione, la revocazione e l'opposizione di terzo».

Questi rimedi sono classificabili secondo due criteri, gli unici normativamente fondati.

Innanzitutto si possono distinguere i mezzi di impugnazione *delle parti* dai mezzi di impugnazione *dei terzi* [17]. Coloro che hanno assunto la qualità di parte nel

---

[14] Assai meno nel giudizio di cassazione, poco idoneo a recepire novità in fatto.

[15] Possibili, invece, certamente anche nel giudizio di cassazione.

[16] Vedi il paragrafo 7 nel quinto capitolo.

[17] Esiste, peraltro, anche un rimedio particolarissimo e certo non di frequente uso: la revocazione proposta dal pubblico ministero. L'art. 397 c.p.c. recita: «Nelle cause in cui l'intervento del pubblico ministero è obbligatorio a norma dell'articolo 70 primo comma, le sentenze previste nei due artt. precedenti possono essere impugnate per revocazione dal pubblico ministero: 1) quando la sentenza è stata pronunciata senza che egli sia stato sentito; 2) quando la sentenza è l'effetto della collusione posta in opera dalle parti per frodare la legge». Peraltro, con D.Lgs. n. 149/2022, è stato aggiunto un comma in virtù del quale anche il procuratore generale presso la Corte di cassazione può promuovere il nuovo caso di revocazione, anch'esso introdotto con la stessa riforma, disciplinato dall'inserito art. 391*quater* col quale si vuole lamentare la contrarietà di un giudicato alla Convenzione europea dei diritti dell'uomo alla duplice condizione per cui: 1) la violazione accertata dalla Corte europea abbia pregiudicato un diritto di stato della persona

processo, nonché i soggetti ad essi parificati, ossia i successori di cui all'art. 2909 c.c.[18] e all'art. 111 c.p.c.[19], possono proporre il regolamento di competenza, l'appello, il ricorso per cassazione o la revocazione[20]. Coloro che non hanno assunto la detta qualità potranno, invece, proporre l'opposizione di cui all'art. 404 c.p.c.

Di quest'ultima abbiamo già detto nel precedente paragrafo. Si ricordi solo, ancora, che nell'art. 404 c.p.c. sono individuati due rimedi diversi rivolti a due tipi di terzi diversi.

L'opposizione di terzo c.d. ordinaria, disciplinata dal 1° comma della norma, è il mezzo di impugnazione che può utilizzare un terzo che, pur non essendo soggetto all'efficacia della sentenza, è tuttavia danneggiato da essa o meglio dalla sua possibile attuazione. Si tratta, quindi, di un soggetto che, titolare di un diritto incompatibile, autonomo e prevalente rispetto a quello giudicato, avrebbe potuto effettuare un intervento principale nel processo, intervento che, però, evidentemente non ha fatto. Tuttavia, l'area dei legittimati a detto intervento è più ampia dell'area dei legittimati all'impugnazione, nel senso che non tutti coloro che sarebbero potuti intervenire e non sono in concreto intervenuti possono, poi, impugnare la sentenza ai sensi dell'art. 404, 1° comma, c.p.c., perché non tutti quei soggetti, se rimasti estranei al processo, sono esposti ad un eventuale danno da esecuzione. A ciò saranno esposti solo i terzi che dall'attuazione della sentenza perderebbero la prevalenza giuridica del loro diritto.

L'opposizione di terzo c.d. revocatoria, fondata sulla prova del dolo o della collusione tra le parti, ai sensi del 2° comma della stessa norma, è, invece, il rimedio che l'ordinamento concede al terzo che, titolare di una situazione dipendente da quella giudicata, subisce comunque l'efficacia della sentenza tra altri pronunciata. Anche qui si pone un parallelo con l'intervento volontario, perché detto terzo avrebbe potuto scegliere di partecipare al processo ai sensi dell'art. 105, 2° comma, c.p.c. Ma, anche qui c'è da precisare che l'area dei legittimati all'intervento adesivo-dipendente è più ampia dell'area dei legittimati all'opposizione di terzo revocatoria.

Invero, possono espletare intervento *ad adiuvandum* tutti coloro che sono titolari di situazioni dipendenti da quella che è oggetto del processo, a prescindere dal fatto che essi siano, poi, in ogni caso soggetti all'efficacia dell'emananda sentenza. Invece, sono legittimati all'impugnazione in parola solo coloro che,

---

e 2) l'equa indennità eventualmente accordata dalla Corte europea ai sensi dell'art. 41 della Convenzione non risulti idonea a compensare le conseguenze della violazione.

[18] Ritorna al paragrafo 6 del quinto capitolo.

[19] Vedi *supra* il paragrafo 15 nel sesto capitolo.

[20] Peraltro i successori di cui si occupa l'art. 2909 c.c. avranno ben poco da fare, in quanto, essendo ormai la sentenza passata in giudicato, essi potranno al più spendere la revocazione c.d. straordinaria.

tra quei terzi, sono comunque soggetti all'efficacia dell'emanata sentenza, quindi solo coloro che da questa subiscono un pregiudizio. L'ordinamento mette in conto la possibilità che tale pregiudizio si verifichi, ma esclude che esso si verifichi legittimamente se il giudizio è stato condizionato dal dolo o dalla collusione tra le parti a danno di detti terzi.

La seconda classificazione che emerge dal diritto positivo è quella tra i mezzi di impugnazione *ordinari* ed i mezzi di impugnazione *straordinari*. La distinzione si stima in riferimento alla formazione della cosa giudicata in senso formale[21], per cui, come recita l'art. 324 c.p.c., «S'intende passata in giudicato la sentenza che non è più soggetta né a regolamento di competenza, né ad appello, né a ricorso per cassazione, né a revocazione per i motivi di cui ai numeri 4 e 5 dell'art. 395». Quindi, sono mezzi di impugnazione straordinari la revocazione per i motivi di cui ai numeri 1, 2, 3 e 6 dell'art. 395 c.p.c.[22] e l'opposizione di terzo, sia ordinaria sia revocatoria.

Questa distinzione è centrale, almeno nell'attuale diritto positivo, anche se il senso di essa è stato spesso travisato.

La distinzione non si fonda sul modo di atteggiarsi delle censure dell'impugnante.

Non si può certo dire che le impugnazioni ordinarie siano mezzi a critica libera mentre le impugnazioni straordinarie siano mezzi a critica vincolata, perché, a tacer d'altro, basta considerare la revocazione, che, per i motivi di cui ai numeri 4 e 5 dell'art. 395 c.p.c., è un mezzo di impugnazione ordinario, per comprendere come non sia questa la ragione del distinguere.

Né si può sostenere che con i mezzi di impugnazione straordinari si farebbero valere vizi occulti, mentre con i mezzi di impugnazione ordinari si farebbero valere vizi palesi, perché ciò, se a volte è vero, come ad esempio accade nella revocazione c.d. straordinaria o nell'opposizione di terzo revocatoria, altre volte non è vero, come accade nell'opposizione di terzo ordinaria, che risponde a tutt'altra logica.

La distinzione non si fonda neanche sul fatto che i mezzi ordinari sarebbero sempre dei gravami, nel senso che con essi il giudice dovrebbe, pur partendo dalle censure dell'impugnante, tuttavia occuparsi sempre della possibile modifica del giudizio, anche andando al di là di quelle censure, mentre i mezzi straordinari sarebbero dei rimedi nei quali il giudice dovrebbe necessariamente passare da una preliminare verifica della fondatezza dei motivi fatti valere dall'impugnante, prima di poter giungere, in ipotesi, alla modifica del giudizio. In-

---

[21] Vedi *supra* il paragrafo 4 nel quinto capitolo.

[22] A cui, dopo l'entrata in vigore del D.Lgs. n. 149/2022, si aggiunge la revocazione di cui al nuovo art. 391*quater* c.p.c.: vedi sopra alla nota 17.

vero, in un simile quadro non rientrerebbero, per un verso, la revocazione per i motivi di cui ai numeri 4 e 5 dell'art. 395 c.p.c. e, per altro verso, l'opposizione di terzo ordinaria, perché in quella, pur essendo un mezzo di impugnazione ordinario, il giudice è appunto vincolato dalla verifica dei motivi addotti ed in questa, invece, pur trattandosi di un mezzo d'impugnazione straordinario, il giudice affronta il problema della modifica del giudizio immediatamente.

Né, infine, può dirsi che la ragione del distinguere stia nell'oggetto, avendo i mezzi ordinari lo scopo di modificare il giudizio e i mezzi straordinari lo scopo di eliminare la sentenza. Qui c'è l'equivoco più grande, perché i mezzi di impugnazione sono rimedi che puntano sempre, ancorché con tecniche diverse, a modificare il giudizio o comunque la sua precettività. Ed allora anche i mezzi straordinari non possono essere propriamente delle azioni d'impugnativa, come le azioni di impugnativa che mirano ad eliminare i negozi giuridici, perché anch'essi, in definitiva, in quanto rimedi approntati avverso una sentenza, hanno la funzione ultima di modificare il giudizio in questa contenuto.

Piuttosto, quest'ultimo aspetto, pure se esso è spesso mal posto, ci fa avvicinare al senso della distinzione, che sta semplicemente in quello che la stessa legge fa emergere e cioè nel rapporto tra i diversi mezzi di impugnazione e la formazione del giudicato formale, ossia la conclusione del processo.

La proponibilità dei mezzi ordinari condiziona la conclusione del processo e, quindi, la definitività della sentenza, mentre la possibile proposizione dei mezzi straordinari si colloca al di fuori di un processo ormai concluso. Ciò significa che i primi rappresentano gradi di uno stesso fenomeno, di quel fenomeno che è iniziato con la proposizione della domanda che ha reso pendente la lite, per cui il loro esaurimento rappresenta anche l'esaurimento di quella pendenza. Invece, i secondi sono rimedi che, pur mantenendo la sostanza di mezzi di impugnazione, in quanto essi sono sempre caratterizzati dallo scopo di modificare il giudizio, hanno tuttavia la forma, la veste di azioni.

Non è vero, quindi, che siamo in presenza di azioni con la vesta di impugnazioni, ma è vero il contrario! Ciò perché qui si mette sempre in discussione l'ingiustizia della sentenza. Di conseguenza, i fondamenti su cui può basarsi l'uso di tali mezzi non vanno confusi col caso delle c.d. sopravvenienze, le quali consentono di superare il giudicato in qualsiasi sede utile. Invero, sulla base di dette sopravvenienze non si mette in discussione il giudizio compiuto, non si attacca propriamente la decisione presa, bensì la si supera.

In altri termini, con la proposizione dei mezzi di impugnazione straordinari si determina una nuova litispendenza, si instaura un altro processo, diverso da quello concluso con la sentenza passata in giudicato, cosa resa evidente, ad esempio, dall'art. 2652, 1° comma, n. 9, c.c., nel quale si prevede la trascrizione della domanda di revocazione per i motivi di cui all'art. 395, nn. 1, 2, 3 e 6 c.p.c.[23]. Quindi non si applica l'art. 111 c.p.c., ancorandolo alla domanda originaria, e l'acquisto fatto dopo il giudicato è salvo se: 1) l'avente causa è in buona fede, 2) ha trascritto il suo titolo prima della trascrizione della domanda di revocazione, 3) la domanda di revocazione è trascritta 5 anni dopo la trascrizione della sentenza impugnata[24].

Ma, ciò non toglie che anche in essi l'obiettivo non sta nell'eliminazione della sentenza, come accade nella spendita di rimedi giurisdizionali avverso altri atti giuridici, quale ad esempio il negozio giuridico, bensì sta in definitiva nella modifica del giudizio. Questo scopo costituisce l'essenza di tutti i mezzi di impugnazione, anche di quelli che assumono la veste di azioni.

Da qui, e solo da qui, derivano altre conseguenze tecniche.

In primo luogo sul piano dei *termini*. Invero, i mezzi ordinari, se devono condizionare la formazione della cosa giudicata in senso formale, devono essere proponibili in termini prevedibili. E ciò è possibile, innanzitutto, se il termine, oltre ad essere determinato nella durata, decorre da un momento certo. Così accade per tutti i mezzi ordinari, come emerge dagli artt. 325 e ss. c.p.c.

L'appello è proponibile nel termine breve di trenta giorni dalla notificazione della sentenza[25] o, se detta notificazione non è compiuta, nel termine lungo di sei mesi dalla sua pubblicazione.

Il ricorso in cassazione è proponibile nel termine breve di sessanta giorni dalla notificazione della sentenza o, in mancanza di notificazione, nel termine lungo di sei mesi dalla sua pubblicazione.

Il regolamento di competenza, che devolve la causa alla Corte di cassazione solo per una questione impediente, è proponibile entro il termine di trenta giorni dalla comunicazione dell'ordinanza che abbia pronunciato sulla competenza (art. 47, 2° comma, c.p.c.).

La revocazione per i motivi di cui ai numeri 4 e 5 dell'art. 395 c.p.c. è proponibile entro il termine breve di trenta giorni dalla notificazione della sentenza o, in mancanza di notificazione, entro il termine lungo di sei mesi dalla sua pubblicazione.

---

[23] Nonché della domanda di opposizione di terzo di cui all'art. 404, 2° comma, c.p.c.

[24] Quest'ultimo requisito non vale nel caso di revocazione fondata sull'art. 391*quater* c.p.c., recitando il n. 9*bis*, aggiunto a quanto indicato nel testo con D.Lgs. n. 149/2022, così: «le domande di revocazione contro le sentenze soggette a trascrizione per le cause previste dall'articolo 391quater del codice di procedura civile. La sentenza che accoglie la domanda non pregiudica i diritti acquistati dai terzi di buona fede in base ad un atto trascritto o iscritto anteriormente alla trascrizione della domanda».

[25] Il principio generale già pacifico, per cui la notificazione della sentenza fa decorrere il termine breve per l'impugnazione anche nei confronti del notificante, è stato trasfuso nell'art. 326 c.p.c. con D.Lgs. n. 149/2022.

Invece, per i mezzi straordinari il termine o non è neanche determinato nella sua durata oppure, se è determinato nella sua durata, risulta incerto il momento della sua decorrenza.

Per la proposizione dell'opposizione di terzo ordinaria (art. 404, 1° comma, c.p.c.) non è previsto alcun termine. Quindi essa è sempre proponibile, almeno fino al momento in cui la sua utilizzazione diventa inutile, ossia quando la sentenza è attuata. Se il rimedio serve ad evitare l'esecuzione, spontanea o forzata, della sentenza, evidentemente esso non è più proponibile, ancorché manchi qualsiasi indicazione di un termine, quando non si può più evitare il pregiudizio in riferimento al quale ne era immaginabile l'uso.

Per la proposizione della revocazione straordinaria e dell'opposizione di terzo revocatoria è, invece, previsto il termine di trenta giorni, ma questo ha una decorrenza incerta sia nell'*an* sia nel *quando*, in quanto ovviamente detta decorrenza si ha solo quando emerge uno dei motivi per i quali quella proposizione è possibile. Così l'art. 326 c.p.c. dispone che i trenta giorni decorrono «dal giorno in cui è stato scoperto il dolo o la falsità o la collusione o è stato recuperato il documento o è passata in giudicato la sentenza di cui al n. 6 dell'articolo 395».

In secondo luogo, possiamo riscontrare differenze sul piano dell'oggetto, nel senso che è nell'ambito dei mezzi di impugnazione ordinari che si pone il problema di delimitare l'effetto devolutivo, ossia ci si chiede quanto dell'oggetto del grado precedente, sia nei profili di rito sia nei profili di merito, viene trasferito anche nel grado successivo, insomma quanto la causa pendente continua il suo corso nello sviluppo dei mezzi interni al processo.

3. *Profili di rito dei giudizi di impugnazione*

Dobbiamo analizzare le condizioni che devono esistere affinché il giudice dell'impugnazione possa decidere nel merito del giudizio di impugnazione, ossia occuparsi delle censure sollevate avverso la sentenza impugnata e della eventuale modifica del giudizio in questa contenuto.

Quindi, non si tratta delle questioni attinenti ai presupposti processuali relativi al processo nel suo complesso, ossia delle condizioni che devono esistere o non esistere perché il giudice abbia il potere-dovere di dare una risposta nel merito della domanda con la quale l'attore ha instaurato originariamente il processo. Piuttosto si tratta di profili che attengono propriamente al rimedio, al mezzo di impugnazione speso. Di conseguenza, la loro valutazione è per il giudice dell'impugnazione pregiudiziale alla considerazione di qualsiasi altra questione, di rito o di merito, attinente alla causa.

Immaginando, per il momento, una situazione semplice, ossia un giudizio svolto tra due parti in riferimento ad una sola causa, le domande da cui partire sono in buona sostanza le seguenti:

a) chi è legittimato a proporre l'impugnazione?
b) qual è il giudice competente?
c) qual è il rimedio idoneo?
d) qual è la tecnica di proposizione?

Legittimato a proporre l'impugnazione è colui che è risultato *soccombente* nella sentenza, avverso la quale il rimedio è proposto, purché non abbia fatto acquiescenza. Sviluppiamo questa semplice affermazione facendo l'esempio di una sentenza di primo grado, avverso la quale è proponibile l'appello (art. 339 c.p.c.).

Se il giudice di primo grado ha rigettato in rito la domanda, affermando la carenza di un presupposto processuale, legittimato ad impugnare è certamente colui che aveva proposto la domanda, visto che non gli è neanche riuscito di ottenere una risposta nel merito.

Se, invece, il giudice di primo grado si è pronunciato sull'esistenza e/o il modo di essere della situazione giuridica fatta valere, allora legittimato sarà l'attore, ove il giudice abbia negato il diritto, o il convenuto, ove il giudice abbia, al contrario, dato la tutela richiesta. Insomma, avendo il giudice attribuito ad uno dei due litiganti il bene della vita in contestazione, soccombente, e quindi legittimato a proporre appello, sarà la parte avversaria di quella a cui il bene è stato, appunto, attribuito. Con ciò noi individuiamo il concetto di *soccombenza pratica* e diciamo che legittimato all'impugnazione è il soccombente pratico.

A questo concetto si contrappone, o se si vuole si affianca, quello di *soccombenza teorica*, col quale si vuole indicare il soggetto che, pur avendo vinto la causa, ha tuttavia perso su alcune questioni. Si pensi, per fare un esempio, al convenuto che si sia difeso su vari piani e magari spendendo più eccezioni, ossia facendo valere più fatti impeditivi, modificativi od estintivi. È possibile che nella sentenza il giudice abbia rigettato alcune eccezioni, ma, avendone accolta anche una sola, abbia allo stesso tempo rigettato la domanda dell'attore. In tal caso, è evidente che l'attore sarà soccombente pratico, mentre il convenuto sarà solo soccombente teorico su una o più questioni, risultando, invece, essere il vincitore della causa. Qui il convenuto non ha alcuna legittimazione ad appellare, dovendo egli solo scegliere, al più, di coltivare le questioni sulle quali ha patito una soccombenza teorica ove l'attore, unico legittimato, decida di proporre l'impugnazione [26].

Tuttavia, quanto appena detto non può valere in alcuni casi particolari di soc-

---

[26] Su questo aspetto torneremo ancora nel prossimo paragrafo.

combenza teorica, ossia quando, ad esempio, il convenuto abbia sì vinto, ma traendo dalla sentenza un'utilità minore rispetto a quella a cui puntava graduando le sue eccezioni. Ad esempio è legittimato ad impugnare un convenuto che aveva negato il credito avversario perché fondato su contratto invalido e abbia vinto solo in virtù di un'eccezione residuale inerente alla mancata scadenza di quel credito. E ancora è legittimato ad impugnare il convenuto che abbia ottenuto il rigetto della domanda solo in virtù di un'eccezione di compensazione se innanzitutto egli aveva puntato alla vittoria negando la sussistenza dei fatti costitutivi del credito ovvero facendo valere altri fatti impeditivi, modificativi o estintivi. Inoltre, seguendo questa logica, se il giudizio di primo grado si sia concluso con un rigetto in rito sulla base di un rilievo d'ufficio, a me sembra che il convenuto che si sia difeso in quel grado solo in merito, mostrando quindi interesse ad ottenere una vittoria appunto su tale piano, sia legittimato all'impugnazione.

Peraltro, è anche vero che quanto appena detto va coordinato con altri due aspetti.

Il primo attiene al rilievo per cui il concetto di soccombenza va stimato sulla base del contenuto della sentenza. Se in questa vi è la decisione della causa, il soccombente, legittimato all'impugnazione, è colui che ha perso la causa, colui al quale non è stato attribuito il bene della vita in gioco, salvo le precisazioni appena sopra fatte per le ipotesi da ultimo indicate di soccombenza teorica, diciamo così, particolari. Ma, se nella sentenza vi è solo la decisione di una questione, evidentemente il soccombente è colui che ha perso solo su detta questione. Qui riemerge la figura della sentenza non definitiva, che noi abbiamo visto in diversi contesti [27], la quale può avere ad oggetto la soluzione di una questione di merito o la soluzione di una questione attinente ad un presupposto processuale.

A seguito dell'entrata in vigore del D.Lgs. n. 40/2006 la sentenza non definitiva su questione ha una diversa disciplina a seconda che essa sia pronunciata in primo grado o in grado d'appello.

Quando la sentenza non definitiva è stata pronunciata in primo grado resta attuale la disciplina precedente, per cui, essendo detta sentenza immediatamente impugnabile, la parte soccombente può scegliere tra due possibilità: proporre immediatamente appello oppure fare *riserva d'appello*, ossia mantenere vivo il suo diritto di impugnare la sentenza non definitiva fino alla pronuncia della sentenza definitiva [28]. La riserva va effettuata nel termine per impugnare e, in ogni

---

[27] Escludiamo dal discorso che segue il caso in cui sia in gioco la questione di competenza, sulla cui peculiarità abbiamo già detto nel paragrafo 4 del quarto capitolo.

[28] L'istituto della riserva non è generale, ma è previsto solo per l'appello, all'art. 340 c.p.c., e, oggi più limitatamente, per il ricorso per cassazione, all'art. 361 c.p.c. Precisamente, se per

caso, non oltre l'udienza successiva alla comunicazione della sentenza non definitiva. Se, invece, non è effettuata detta riserva, alla parte non resta che l'impugnazione immediata, finché corre il relativo termine[29], altrimenti la sentenza non definitiva passa in giudicato.

Il meccanismo della riserva è, evidentemente, approntato per consentire alla parte soccombente solo su una questione di attendere la pronuncia della sentenza definitiva, per poter a questo punto valutare il suo reale interesse ad impugnare. Invero, se il soccombente sulla questione perderà anche la causa, egli potrà impugnare sia la sentenza definitiva sia la sentenza non definitiva. Se, invece, egli risulterà vittorioso nella causa, allora la sua soccombenza in riferimento alla sentenza non definitiva, guardando la vicenda processuale nel suo complesso, sarà solo teorica ed allora l'interesse ad impugnare (con la forma della incidentale, che poi vedremo) una simile sentenza gli deriverà solo dall'eventuale impugnazione che l'altra parte dovesse proporre avverso la sentenza definitiva.

Quando, invece, la sentenza non definitiva su questione è stata pronunciata nell'ambito del giudizio di secondo grado, l'interessato non ha da porsi ormai alcun dubbio perché il legislatore ha stabilito che non è ipotizzabile una riserva di ricorso per cassazione per la semplice ragione che una simile sentenza non è più impugnabile immediatamente di fronte alla C.S. Oggi il rinnovato art. 360, 3° comma, c.p.c. così recita: «Non sono immediatamente impugnabili con ricorso per cassazione le sentenze che decidono di questioni insorte senza definire, neppure parzialmente, il giudizio. Il ricorso per cassazione avverso tali sentenze può essere proposto, senza necessità di riserva, allorché sia impugnata la sentenza che definisce, anche parzialmente, il giudizio».

La discrasia nel sistema è evidente, perché è irragionevole la differenza di trattamento tra le sentenze su questione a seconda che esse siano pronunciate in

---

l'appello sono riservabili tutte le sentenze non definitive, per il ricorso in cassazione lo sono solo quelle previste dall'art. 278 c.p.c. e le c.d. sentenze *parzialmente definitive*, ossia le sentenze pronunciate su una delle cause cumulate, ove il simultaneo processo si celebri in relazione a situazioni giuridiche sostanziali connesse in modo particolarmente implicato. Del tutto peculiare è, poi, l'ipotesi prevista dal nuovo art. 420*bis* c.p.c., inserito con D.Lgs. n. 40/2006, che così recita: «Quando per la definizione di una controversia di cui all'articolo 409 è necessario risolvere in via pregiudiziale una questione concernente l'efficacia, la validità o l'interpretazione delle clausole di un contratto o accordo collettivo nazionale, il giudice decide con sentenza tale questione, impartendo distinti provvedimenti per l'ulteriore istruzione o, comunque, per la prosecuzione della causa fissando una successiva udienza in data non anteriore a novanta giorni. / La sentenza è impugnabile soltanto con ricorso immediato per cassazione da proporsi entro sessanta giorni dalla comunicazione dell'avviso di deposito della sentenza».

[29] Ciò accade quando il termine per fare riserva è più breve del termine per proporre appello o ricorso in cassazione, ossia quando l'udienza, di cui si fa menzione nel testo, viene a svolgersi prima del decorso del termine dell'impugnazione.

primo grado o in grado d'appello [30]. Discrasia che diventa ancor più evidente se si pensa che, ove il soccombente in relazione ad una sentenza del genere pronunciata in primo grado decida di proporre immediatamente appello e in questa sede venga confermata la sua soccombenza, una simile sentenza, certamente su questione rispetto alla causa originaria, ma altrettanto certamente "definitiva" del grado d'impugnazione, ben possa, ed anzi direi debba, essere soggetta al ricorso in cassazione immediato.

Il secondo aspetto attiene alla possibile *soccombenza parziale reciproca*, che si può avere tra le due parti contrapposte. Se, a fronte dell'attore che pretende di avere 1000 dal convenuto, il quale conclude per il rigetto integrale della domanda, il giudice accoglie solo in parte le richieste, abbiamo un caso in cui entrambi i contendenti risultano soccombenti pratici e, quindi, sono legittimati a proporre l'impugnazione. Ma, qui entriamo nel campo delle complicazioni, che affronteremo separatamente tra breve [31].

Peraltro, il soggetto legittimato all'impugnazione non deve aver prestato acquiescenza.

L'*acquiescenza* rappresenta un fatto estintivo del potere di proporre l'impugnazione. Essa è disciplinata dall'art. 329 c.p.c. e può essere di due tipi.

Innanzitutto l'acquiescenza può risultare «da accettazione espressa o da atti incompatibili con la volontà di avvalersi delle impugnazioni ammesse dalla legge» (art. 329, 1° comma). Qui siamo di fronte ad un negozio con effetti processuali, alla manifestazione della volontà di accettare la pronuncia pur impugnabile, quindi ad un atto di disposizione del potere di impugnare. Ciò significa che l'acquiescenza è concepibile solo quando è sorto il potere di cui si vuole disporre, in quanto, se si ammettesse un'acquiescenza preventiva, in realtà si consentirebbe alle parti di disporre, non di un potere processuale, ma delle norme sui mezzi di impugnazione, che scadrebbero a norme processuali dispositive.

Detta volontà può essere manifestata espressamente per mezzo di una dichiarazione di essa o implicitamente, ossia per comportamenti concludenti, quali quelli consistenti in atti che, come dice la citata norma, sono incompatibili con la volontà di avvalersi dell'impugnazione. Bisogna essere molto cauti nell'interpretare in questo senso i comportamenti delle parti. Così, per fare un esempio, non si può trarre una simile volontà dal fatto che la parte attui spontaneamente una sentenza suscettibile di esecuzione forzata, mentre, al contrario, si può trarre una volontà di acquiescenza da colui che esegue una sentenza non

[30] Una simile situazione si è venuta a creare perché la legge n. 80/2005, con la quale era stata attribuita delega al Governo per modificare il giudizio di cassazione, non comprendeva anche la disciplina dell'appello.

[31] Vedi *infra* il successivo paragrafo 7.

suscettibile di esecuzione forzata[32]. Resta, peraltro, sempre possibile, pur in esempi di quest'ultimo tipo, che colui che compie l'atto incompatibile dichiari espressamente di non voler, con ciò, fare acquiescenza[33].

In secondo luogo, l'acquiescenza può derivare da una situazione oggettiva e si ha quando l'impugnante attacca solo alcune parti della sentenza, precludendosi con ciò la revisione del giudizio contenuto nelle altre parti. L'ipotesi è quella in cui la sentenza consti di più *capi* o *parti*, perché in essa si è deciso su più oggetti, su più situazioni giuridiche soggettive. Allora, alla luce dell'art. 329, 2° comma, il soccombente, legittimato ad impugnare i diversi capi, ha l'onere di proporre il rimedio immediatamente in riferimento a tutti, determinando, al contrario, il passaggio in giudicato dei capi avverso i quali egli non abbia sollevato le sue censure.

Si faccia il caso di una sentenza in cui si sia accolta la domanda di risoluzione per inadempimento più la consequenziale domanda di risarcimento danni ovvero il caso in cui la decisione del giudice abbia attribuito sia il capitale sia gli interessi. Si deve affermare che l'impugnazione di un solo capo faccia passare in giudicato l'altro. Tuttavia, questa norma va letta insieme all'art. 336, 1° comma, c.p.c., che, come vedremo[34], stabilisce che la riforma di un capo pregiudiziale ha effetto anche rispetto al capo dipendente non fatto oggetto d'im-

---

[32] Si tenga presente che la sentenza di primo grado è provvisoriamente esecutiva (art. 282 c.p.c.), ma che detta esecutività può essere sospesa dal giudice d'appello (quindi ad appello ormai pendente) ai sensi dell'art. 283 c.p.c., il quale, a seguito del D.Lgs. n. 149/2022, oggi così recita: «Il giudice d'appello, su istanza di parte proposta con l'impugnazione principale o con quella incidentale, sospende in tutto o in parte l'efficacia esecutiva o l'esecuzione della sentenza impugnata, con o senza cauzione, se l'impugnazione appare manifestamente fondata o se dall'esecuzione della sentenza può derivare un pregiudizio grave e irreparabile, pur quando la condanna ha ad oggetto il pagamento di una somma di denaro, anche in relazione alla possibilità di insolvenza di una delle parti./ L'istanza di cui al primo comma può essere proposta o riproposta nel corso del giudizio di appello se si verificano mutamenti nelle circostanze, che devono essere specificamente indicati nel ricorso, a pena di inammissibilità». Si aggiunga che un caso di acquiescenza è stato riscontrato in giurisprudenza nell'eventualità che l'interessato, subita una declinatoria di giurisdizione, decida di "trasferire" il processo di fronte al giudice giusto. La C.S. ha affermato il prodursi di una fattispecie di rinuncia all'appello, dovendosi in quel trasferimento riscontrare un atto incompatibile con la volontà di avvalersi dell'appello, insomma un'accettazione implicita dell'indicazione di giurisdizione.

[33] Ma si potrebbe dubitare che un simile potere di riserva sia esercitabile anche nel caso fatto nella nota precedente, ossia quando il soccombente sulla questione di giurisdizione attui il trasferimento della causa al giudice indicato come colui che sia munito di *potestas iudicandi*. Invero, se ciò si ammettesse, rischieremmo di avere la contemporanea pendenza di due processi sulla stessa causa: uno in primo grado di fronte al giudice c.d. *ad quem* e l'altro in appello, a seguito dell'impugnazione della declinatoria di giurisdizione.

[34] Vai al prossimo paragrafo 8.

pugnazione. Ed, allora, la situazione finale che emerge dalla chiusura del processo può variare a seconda di quale sia il capo oggetto d'impugnazione.

Se colui che è stato convenuto in primo grado, risultato soccombente su tutto, impugna solo in riferimento alla domanda dipendente (il risarcimento danni ovvero il capo sugli interessi), il capo pregiudiziale passa in giudicato, senza che poi possa cambiare qualcosa all'esito del giudizio di gravame. Se, invece, quel soggetto impugna solo il capo pregiudiziale (sulla risoluzione o sul capitale), allora è vero che, alla luce dell'art. 329, 2° comma, c.p.c., il capo non impugnato passa in giudicato, ma è altresì vero che esso sarà travolto comunque ove il giudice dell'impugnazione dovesse accogliere il gravame, perché alla luce dell'art. 336, 1° comma, c.p.c., la riforma del capo pregiudiziale travolge il capo dipendente, anche se questo non è stato devoluto al grado superiore.

Il legittimato all'impugnazione deve scegliere il rimedio idoneo e spenderlo di fronte al giudice competente.

Scegliere il rimedio idoneo, e quindi giuridicamente ammissibile, può essere assai semplice. Così, avverso una sentenza di primo grado è proponibile l'appello (art. 339 c.p.c.)[35]. Avverso una sentenza d'appello o in unico grado è proponibile ricorso per cassazione o la revocazione. Avverso una ordinanza sulla competenza è proponibile regolamento di competenza. Avverso una sentenza passata in giudicato è proponibile solo un mezzo di impugnazione straordinario[36].

Ma vi sono delle situazioni in cui, invece, la scelta del rimedio ammissibile non è così scontata. Ciò si verifica quando il tipo di rimedio ammissibile nel caso concreto dipende dall'oggetto del giudizio che ha posto capo alla sentenza che si vuole impugnare o, se si vuole, dal tipo di giudizio. Si faccia l'esempio delle opposizioni esecutive, in particolare del rapporto tra l'opposizione all'esecuzione di cui all'art. 615 c.p.c. e l'opposizione agli atti esecutivi di cui all'art. 617 c.p.c.[37].

---

[35] La norma aggiunge «purché l'appello non sia escluso dalla legge o dall'accordo delle parti a norma dell'articolo 360, secondo comma». E poi precisa: «È inappellabile la sentenza che il giudice ha pronunciato secondo equità a norma dell'articolo 114. / Le sentenze del giudice di pace pronunciate secondo equità a norma dell'articolo 113, secondo comma, sono appellabili esclusivamente per violazione delle norme sul procedimento, per violazione di norme costituzionali o comunitarie ovvero dei principi regolatori della materia». Rispetto a quest'ultimo aspetto, sul quale ha, peraltro, inciso l'entrata in vigore del D.Lgs. n. 40/2006, si legga l'art. 113, 2° comma, c.p.c.: «Il giudice di pace decide secondo equità le cause il cui valore non eccede millecento euro, salvo quelle derivanti da rapporti giuridici relativi a contratti conclusi secondo le modalità di cui all'articolo 1342 del codice civile».

[36] Peraltro, l'opposizione di terzo ordinaria, in coerenza con la sua *ratio*, è proponibile avverso una «sentenza passata in giudicato o comunque esecutiva» (art. 404, 1° comma, c.p.c.).

[37] Rimedio spendibile anche nell'ambito delle controversie distributive di cui all'art. 512 c.p.c.

La sentenza che decide sulla prima è appellabile, mentre la sentenza che decide sulla seconda, essendo qualificata come "non impugnabile" dall'art. 618 c.p.c., è soggetta al ricorso per cassazione ai sensi dell'art. 111, 7° comma, Cost.

In casi del genere, la giurisprudenza adotta il c.d. criterio dell'apparenza. Ossia, per stabilire qual è propriamente il tipo di sentenza che si ha di fronte e, quindi, qual è il tipo di mezzo d'impugnazione ammissibile, essa ritiene che ci si debba affidare alla qualificazione che del giudizio e del suo oggetto abbia dato il giudice che ha pronunciato la sentenza, piuttosto che a quella che magari sarebbe, in ipotesi corretta. Per cui, restando all'esempio, se il giudice ha qualificato l'opposizione proposta come opposizione all'esecuzione, il rimedio spendibile sarà l'appello, mentre se egli ha qualificato l'opposizione proposta come opposizione agli atti esecutivi, allora sarà spendibile il ricorso per cassazione ai sensi dell'art. 111, 7° comma, Cost.[38].

Per quanto riguarda l'individuazione del giudice competente[39], l'appello «contro le sentenze del giudice di pace e del tribunale si propone rispettivamente al tribunale ed alla corte d'appello nella cui circoscrizione ha sede il giudice che ha pronunciato la sentenza» (art. 341 c.p.c.).

Il ricorso per cassazione si propone alla Corte di cassazione che, unica su tutto il territorio nazionale, siede a Roma. Così anche il regolamento di competenza.

La revocazione si propone davanti al medesimo giudice che ha pronunciato la sentenza impugnata (art. 398 c.p.c.). E lo stesso vale per l'opposizione di terzo (art. 405 c.p.c.). Detta regola è stata accolta dal D.Lgs. n. 40/2006 anche quando si tratti di impugnare la sentenza con cui la Corte di cassazione ha deciso nel merito la causa, inserendo un art. 391*ter* c.p.c., con cui si dispone: «Il provvedimento con il quale la Corte ha deciso la causa nel merito è, altresì, im-

---

[38] Qui bisogna fare due precisazioni. La prima: il criterio indicato opera quando il giudice c.d. *a quo* abbia effettuato la detta qualificazione, perché in caso contrario questa sarà fatta inevitabilmente dal giudice dell'impugnazione (c.d. *ad quem*). La seconda: a volte la giurisprudenza si allontana dal criterio dell'apparenza e, adottando l'opposto criterio della sostanza, ha attribuito piuttosto al giudice *ad quem* il potere di qualificazione. Ciò in passato è accaduto, ad esempio, in sede d'impugnazione della sentenza con cui si rigettava la domanda per la sussistenza di un patto compromissorio, che era appellabile se le parti avevano scelto un arbitrato irrituale e soggetta, invece, a regolamento di competenza ai sensi dell'art. 819*ter* c.p.c. se le parti avevano scelto un arbitrato rituale. A seguito del D.Lgs. n. 149/2022 questo problema non dovrebbe più porsi, perché oggi l'art. 819*ter* c.p.c. prevede che la declinatoria per patto compromissorio rituale avvenga con ordinanza d'incompetenza, restando la necessità di adottare la forma di sentenza per il caso di patto compromissorio irrituale.

[39] L'errore nell'individuazione del giudice competente non determina l'inammissibilità dell'impugnazione, ma solo una pronuncia d'incompetenza, appunto! Quindi il vizio è sanabile per mezzo della *translatio iudicii*.

pugnabile per revocazione per i motivi di cui ai numeri 1, 2, 3 e 6 del primo comma dell'articolo 395 e per opposizione di terzo. I relativi ricorsi si propongono alla stessa Corte e debbono contenere gli elementi, rispettivamente, degli articoli 398, commi secondo e terzo, e 405, comma secondo»[40]. Peraltro, non essendo possibile di fronte alla C.S. il compimento di accertamenti di fatto, potrebbe prospettarsi la necessità di un rinvio ad altro giudice per modificare il giudizio contenuto nella sentenza impugnata. A tal proposito l'art. 391*ter*, 2° comma, c.p.c. dispone: «Quando pronuncia la revocazione o accoglie l'opposizione di terzo, la Corte decide la causa nel merito qualora non siano necessari ulteriori accertamenti di fatto; altrimenti, pronunciata la revocazione ovvero dichiarata ammissibile l'opposizione di terzo, rinvia la causa al giudice che ha pronunciato la sentenza cassata».

Caso particolare è, poi, quello disciplinato dal nuovo art. 391*quater* c.p.c., che, qualificato come una specie di revocazione, emerge formalmente sempre come ricorso in cassazione, a prescindere da quale sia il giudice che abbia pronunciato la sentenza passata in giudicato, che sia stata dichiarata dalla Corte europea dei diritti dell'uomo contraria alla Convenzione per la salvaguardia dei diritti dell'uomo. Si legga a tal proposito il comma aggiunto all'art. 362 c.p.c., secondo il quale: «Le decisioni dei giudici ordinari passate in giudicato possono altresì essere impugnate per revocazione ai sensi dell'articolo 391*quater*»[41].

Rispetto, poi, alla tecnica della proposizione del rimedio, l'aspetto essenziale l'abbiamo già individuato e sta nella necessità di rispettare i termini previsti dalla legge. Per il resto l'appello si propone con atto di citazione (art. 342 c.p.c.). Il ricorso in cassazione con un atto denominato ricorso, ma che, comunque, va prima notificato alla controparte e poi depositato nella cancelleria della Corte (art. 369 c.p.c.). E sempre con atto di citazione va proposta la revocazione (art. 398 c.p.c.) e l'opposizione di terzo (art. 405 c.p.c.).

Resta, infine, da rilevare come nelle fasi di impugnazione emergano due sanzioni processuali che non compaiono nel giudizio di primo grado, quindi due figure legate ai profili di rito propri di tali fasi: l'inammissibilità e l'improcedibilità. Dette questioni, attenendo a profili di rito, non del processo nel suo complesso, ma dei mezzi di impugnazione in sé, vanno decise per prime, ossia esse sono logicamente pregiudiziali a tutte le altre.

L'*inammissibilità* è sanzione prevista in diversi articoli del codice di rito. Ma rispetto ad essa noi oggi dobbiamo distinguere due gruppi di ipotesi: quelle

---

[40] Per quanto riguarda, invece, la revocazione c.d. ordinaria proponibile contro le sentenze della C.S. l'art. 391*bis* c.p.c. prevede l'impugnabilità ai sensi del solo n. 4 dell'art. 395 c.p.c.

[41] Normalmente dovrebbe trattarsi, però, di una sentenza della C.S., dato che alla Corte EDU si arriva dopo aver esaurito i rimedi interni.

che rientrano nella categoria, diciamo così, classica ossia risalente all'impianto originario del codice di procedura civile e quelle che invece, introdotte di recente sempre nel codice di rito, rispondono ad una logica diversa da quella appena definita come classica.

Da quest'ultimo punto di vista si pensi all'art. 342 c.p.c. che, dettato in riferimento all'appello, così recita: «L'appello si propone con citazione contenente le indicazioni prescritte nell'articolo 163. L'appello deve essere motivato, e per ciascuno dei motivi deve indicare a pena di inammissibilità, in modo chiaro, sintetico e specifico: 1) il capo della decisione di primo grado che viene impugnato; 2) le censure proposte alla ricostruzione dei fatti compiuta dal giudice di primo grado; 3) le violazioni di legge denunciate e la loro rilevanza ai fini della decisione impugnata» [42].

Per il ricorso in cassazione si legga l'art. 365 c.p.c., ai sensi del quale il ricorso deve essere sottoscritto a pena di inammissibilità da un avvocato iscritto all'apposito albo, munito di procura speciale. E poi ancora l'art. 366 c.p.c. nel quale si indica quale debba essere il contenuto del ricorso, sempre a pena di inammissibilità [43].

Per la revocazione si legga l'art. 398 c.p.c., nella quale si prevede cosa l'atto d'impugnazione debba indicare a pena di inammissibilità. Infine, quale norma di carattere generale, si citi l'art. 331 c.p.c., sulla quale poi torneremo, che sanziona con l'inammissibilità il mancato rispetto dell'ordine d'integrazione del contraddittorio impartito dal giudice nelle ipotesi di cause inscindibili ovvero tra loro dipendenti.

Ebbene dalla lettura di queste norme emerge sostanzialmente una medesima logica, che così può sintetizzarsi: la sanzione della inammissibilità è in buona

---

[42] La formulazione è dovuta al D.Lgs. n. 149/2022. Quanto alle esigenze di specificità dei motivi che devono fondare la domanda di modifica della sentenza di primo grado non si capisce cosa effettivamente cambi rispetto alla formulazione precedente. Piuttosto il legislatore poco attento sembra collegare la sanzione della inammissibilità anche alla mancanza di chiarezza e sinteticità dell'atto d'appello. Spero che nella prassi interpretativa si troverà un correttivo, anche alla luce del principio, che emerge nell'art. 46 disp. att. c.p.c., per cui l'obbligo di redigere gli atti in modo chiaro e sintetico (art. 121 c.p.c.) dovrebbe trovare una sanzione sul piano delle spese e non della sanzione processuale incidente sull'atto.

[43] Anche la formulazione dell'art. 366 c.p.c. è stata ritoccata (sempre con D.Lgs. n. 149/2022), riportandosi nel testo della norma l'esigenza di avere atti chiari e sintetici. Siano quindi, richiamate le perplessità sollevate nella nota precedente. Se l'art. 366 individua gli elementi che l'atto d'impugnazione deve contenere appunto a pena d'inammissibilità, contengono, invece, delle semplici raccomandazioni eventuali protocolli, come quello d'intesa tra la C.S. e il C.N.F. (Consiglio nazionale forense) siglato a Roma il 17 dicembre 2015, in cui si individuano delle linee interpretative, come ad esempio quella che vorrebbe alleggerire l'attuazione del c.d. principio di autosufficienza, escludendo la necessaria trascrizione integrale nel ricorso degli atti e dei documenti a cui si fa riferimento. Essendo delle mere raccomandazioni, esse non vincolano certo la C.S.

sostanza collegata dal legislatore a casi di nullità insanabili o non sanate (vedi in particolare l'art. 331 c.p.c.) dell'atto d'impugnazione.

Se così è, si ha la possibilità di utilizzare la categoria anche oltre le ipotesi esplicitamente previste dalla legge. Ed, invero, nessuno dubita del fatto che, ad esempio, pur mancando esplicite disposizioni di legge al riguardo, sia inammissibile l'impugnazione proposta fuori termine o da soggetto non legittimato o ancora che sia inammissibile l'impugnazione quando è scelto il rimedio sbagliato.

Accanto a queste ipotesi, rispondenti ad una logica definita classica, perché certamente presente nell'impianto originario del codice di procedura civile, ne emerge un'altra, che si allontano da codesta prospettiva. Ci riferiamo al c.d. filtro nell'ambito del giudizio di cassazione [44].

La norma di riferimento è contenuta nell'art. 360bis c.p.c., alla luce della quale: «Il ricorso è inammissibile: 1) quando il provvedimento impugnato ha deciso le questioni di diritto in modo conforme alla giurisprudenza della Corte e l'esame dei motivi non offre elementi per confermare o mutare l'orientamento della stessa; 2) quando è manifestamente infondata la censura relativa alla violazione dei principi regolatori del giusto processo» [45].

Ora, è evidente come qui il legislatore, confondendo il rito col merito dell'impugnazione, qualifichi come inammissibile, e quindi da rigettare in rito, un ricorso che si presenta in realtà manifestamente infondato e, quindi, che dovrebbe più propriamente essere rigettato nel merito [46]. Ma la norma in commento non vuole, né lo potrebbe alla luce dell'art. 111, 7° comma, Cost., limitare le possibilità di accesso alla C.S., che restano sempre quelle che derivano dai motivi di ricorso di cui all'art. 360 c.p.c., nei quali si prevede la censurabilità di ogni possibile violazione di legge che abbia compiuto il giudice del merito.

---

[44] Sullo stesso modello ne era previsto anche uno in appello, ma è stato abrogato dal D.Lgs. n. 149/2022, che ha riformulato l'art. 348*bis* ed abrogato l'art. 348*ter* c.p.c., con cui esso era disciplinato. Di questa vecchia disciplina è sopravvissuta solo la previsione, oggi contenuta nell'art. 360, 4° comma, c.p.c., secondo la quale: «Quando la pronuncia di appello conferma la decisione di primo grado per le stesse ragioni, inerenti ai medesimi fatti, poste a base della decisione impugnata, il ricorso per cassazione può essere proposto esclusivamente per i motivi di cui al primo comma, numeri 1), 2), 3) e 4). Tale disposizione non si applica relativamente alle cause di cui all'articolo 70, primo comma». Se, come vedremo (vai al prossimo paragrafo 5), il motivo escluso contenuto nel n. 5 consiste pur sempre in un caso di violazione di legge, è evidente quanto questa previsione sia contraria all'art. 111, 7° comma, Cost.

[45] L'articolo non è stato toccato dal D.Lgs. n. 149/2022.

[46] Ciò era stato voluto per ragioni processuali, ossia per far decidere il ricorso in casi del genere, non dalle sezioni ordinarie, bensì da una apposita sezione, c.d. sezione filtro, immaginando che in questo modo si potesse sveltire lo smaltimento del carico di lavoro della Corte di cassazione. Ma questa previsione è stata abrogata col D.Lgs. n. 149/2022.

Per chiarire meglio il discorso si approfondisca l'analisi dei due aspetti a cui la norma si riferisce, ossia alla denuncia di *errores in iudicando* o di *errores in procedendo*.

Rispetto ai primi si vuole evidentemente evitare che la Corte di cassazione sia investita da ricorsi che attaccano sentenze nelle quali il giudice di merito si è allineato alla giurisprudenza costante della Corte stessa e consentire l'accesso al giudizio di legittimità solo se il giudice del merito si sia posto in contrasto con quella giurisprudenza. Si creano tuttavia zone intermedie ed in ogni caso si lascia, come è inevitabile, uno spazio di valutazione alla Corte di cassazione. Le zone intermedie si hanno quando la C.S. non ha in realtà una giurisprudenza costante in riferimento alle questioni giuridiche trattate nella causa, essendovi contrasto tra le sezioni. In questo caso il ricorso dovrà essere dichiarato ammissibile. E sempre ammissibile dovrà essere dichiarato il ricorso in cui si sollevi una questione nuova, per cui non si può dire che il giudice del merito abbia sposato o respinto la giurisprudenza della C.S., che nel caso di specie manca. La discrezionalità totale è lasciata alla Corte nell'ammettere il ricorso nonostante che il giudice del merito si sia adeguato alla sua giurisprudenza costante, quando essa, anche sollecitata dal modo in cui il ricorso è formulato, voglia tornare sulla questione giuridica posta, per confermare o mutare la sua giurisprudenza.

Ora, è evidente come la legge sia in fondo lettera morta se non viene vivificata dalla giurisprudenza che ne interpreta il significato alla luce dei casi concreti. La Corte di cassazione ha nel sistema proprio il compito, non di dire qual è la verità, concetto sfuggente e discutibile, bensì di razionalizzare ed unificare il c.d. diritto vivente, al fine di poter garantire quel poco di certezza del diritto che è possibile garantire in un certo momento storico. Ed, allora, un ricorso che si ponga contro il diritto vivente, ossia contro ciò che la costante giurisprudenza dice essere la legge, non è propriamente inammissibile, ma infondato. Se il giudice del merito ha deciso la controversia allineandosi al diritto vivente, ossia alla costante giurisprudenza della Corte di cassazione, il soccombente che pretenda l'annullamento della sentenza per violazione di legge non propone un ricorso mal costruito sul piano del rito, ma manifestamente infondato nel merito.

Analoghe considerazioni valgano in riferimento agli *errores in procedendo*, con la precisazione ulteriore per cui il n. 2) dell'art. 360*bis*, ancorché si occupi esplicitamente solo della violazione dei principi regolatori del giusto processo, si riferisce evidentemente alla valutazione d'inammissibilità di ogni *error in procecedendo*, perché con esso non si è certo voluto limitare la censurabilità delle nullità processuali ai sensi dell'art. 360, 1° comma, n. 4), c.p.c.

Insomma, il legislatore tratta come rigetto in rito un caso di rigetto in merito.

A meno che non si voglia sposare un tentativo di rilettura della norma offerto dalla stessa C.S., seguendo il quale anche in questo ambito si potrebbe distinguere il "modo" dalla "fondatezza". Si potrebbe dire: il ricorrente deve dialogare con la giurisprudenza della Corte e se così egli fa il ricorso è ben costruito e quindi ammissibile, altro è che nel merito le sue argomentazioni siano manifestamente infondate, ipotesi nella quale vi sarà al più un rigetto nel merito del ricorso.
Eppure anche questo tentativo sembra destinato a non convincere nel momento in cui la stessa C.S non lo persegue con coerenza, cosa che emerge nel momento in cui essa afferma che la giurisprudenza di riferimento per il rigetto in parola debba essere, non quella esistente al momento del ricorso, bensì quella formatasi al momento della decisione. Ma, se così è, si finisce per cadere in contraddizione, perché un vizio di costruzione dell'atto d'impugnazione dovrebbe essere vagliato alla luce del diritto vivente che regge l'atto, quindi la giurisprudenza esistente al momento in cui l'atto è compiuto.

Peraltro, l'uso della categoria della inammissibilità deve pur avere qualche conseguenza e credo che questa stia nella necessità di dover posporre eventuali valutazioni attinenti ai presupposti del processo nel suo complesso, perché le questioni di rito del mezzo d'impugnazione in sé devono essere valutate logicamente prima.

L'*improcedibilità*, invece, è collegata al non tempestivo deposito del ricorso per cassazione unitamente a determinati atti e documenti (art. 369 c.p.c.)[47], al non tempestivo deposito della citazione con la quale è stata proposta revocazione (art. 399 c.p.c.), alla mancata costituzione dell'appellante nei termini (art. 348, 1° comma, c.p.c.) o alla sua mancata comparizione (art. 348, 2° comma, c.p.c.)[48]. Ma, allora, posto che queste non sono altro che ipotesi di inattività

[47] Anche a seguito del D.Lgs. n. 40/2006, nonché del successivo D.Lgs. n. 149/2022, i primi due commi dell'art. 369 c.p.c. così recitano: «Il ricorso è depositato nella cancelleria della corte, a pena d'improcedibilità, nel termine di giorni venti dall'ultima notificazione alle parti contro le quali è proposto. / Insieme col ricorso debbono essere depositati, sempre a pena d'improcedibilità: 1) il decreto di concessione del gratuito patrocinio; 2) copia autentica della sentenza o della decisione impugnata con la relazione di notificazione, se questa è avvenuta, tranne che nei casi di cui ai due articoli precedenti; oppure copia autentica dei provvedimenti dai quali risulta il conflitto nei casi di cui ai numeri 1 e 2 dell'articolo 362; 3) la procura speciale, se questa è conferita con atto separato; 4) gli atti processuali, i documenti, i contratti o accordi collettivi sui quali il ricorso si fonda».

[48] Ma, in quest'ultimo caso è necessario un passaggio in più. Infatti, l'art. 348, 2° comma, c.p.c. dispone: «Se l'appellante non compare alla prima udienza, benché si sia anteriormente costituito, il collegio, con ordinanza non impugnabile, rinvia la causa ad una prossima udienza, della quale il cancelliere dà comunicazione all'appellante. Se anche alla nuova udienza l'appellante non compare, l'appello è dichiarato improcedibile anche d'ufficio».

delle parti, per cui l'improcedibilità non assume un suo spazio di applicabilità in virtù di una logica peculiare, se ne deve ricavare che questa sanzione è applicabile solo nei casi citati ed esplicitamente disciplinati dalla legge [49].

Passando al profilo dinamico, il giudice dell'impugnazione, ravvisata anche d'ufficio la sussistenza di un presupposto dell'inammissibilità o dell'improcedibilità, pronuncia normalmente sentenza con la quale rigetta in rito l'impugnazione proposta. Questa affermazione di principio esige due correttivi.

Il primo riguarda la dichiarazione di improcedibilità nel giudizio d'appello, ove questo sia celebrato di fronte alla corte d'appello e sia nominato l'istruttore ai sensi dell'art. 349*bis* c.p.c. In tal caso, visto l'art. 348 c.p.c., a cui si è aggiunto un comma col D.Lgs. n. 149/2022, l'improcedibilità è disposta da questi con ordinanza reclamabile davanti al collegio, il quale pronuncerà sentenza se rigetta il reclamo ed ordinanza se lo accoglie, posto che il processo continuerà e la questione della improcedibilità potrà essere riproposta al momento della decisione [50].

Il secondo correttivo riguarda il giudizio di cassazione, nell'ambito del quale l'inammissibilità e l'improcedibilità sono dichiarate con ordinanza in camera di consiglio. Ed anzi in questo contesto si potrebbe giungere a definire l'impugnazione anche con una sorta di non-decisione ove riesca ad operare il meccanismo, introdotto col D.Lgs. n. 149/2022, di cui all'art. 380*bis* c.p.c., il quale si fonda su una sorta di accettazione implicita di una proposta di definizione che ravvisi un caso di inammissibilità, improcedibilità o manifesta infondatezza [51].

---

[49] Del tutto a parte mi sembra che debba porsi l'ultimo comma dell'art. 420*bis*, inserito nel codice con D.Lgs. n. 40/2006, il quale, nell'ipotesi di ricorso immediato in cassazione avverso la sentenza con cui si risolve la «questione concernente l'efficacia, la validità o l'interpretazione delle clausole di un contratto o accordo collettivo nazionale», dispone: «Copia del ricorso per cassazione deve, a pena di inammissibilità del ricorso, essere depositata presso la cancelleria del giudice che ha emesso la sentenza impugnata entro venti giorni dalla notificazione del ricorso alle altre parti».

[50] Insomma abbiamo meccanismi analoghi a quelli visti trattando dell'estinzione: torna al paragrafo 15 del quarto capitolo.

[51] La norma recita: «Se non è stata ancora fissata la data della decisione, il presidente della sezione o un consigliere da questo delegato può formulare una sintetica proposta di definizione del giudizio, quando ravvisa la inammissibilità, improcedibilità o manifesta infondatezza del ricorso principale e di quello incidentale eventualmente proposto. La proposta è comunicata ai difensori delle parti./ Entro quaranta giorni dalla comunicazione la parte ricorrente, con istanza sottoscritta dal difensore, munito di una nuova procura speciale, può chiedere la decisione. In mancanza, il ricorso si intende rinunciato e la Corte provvede ai sensi dell'articolo 391./ Se entro il termine indicato al secondo comma la parte chiede la decisione, la Corte procede ai sensi dell'articolo 380*bis*.1 e quando definisce il giudizio in conformità alla proposta applica il terzo e il quarto comma dell'articolo 96». Insomma, insistere nella richiesta della decisione può essere

La dichiarazione d'inammissibilità o d'improcedibilità impedisce che il mezzo di impugnazione possa essere riproposto (artt. 358 e 387 c.p.c.).

Se l'impedimento alla riproposizione del mezzo deriva, non dal verificarsi di una causa d'inammissibilità o di improcedibilità, bensì dalla sua dichiarazione, ciò significa innanzitutto che il mezzo d'impugnazione già proposto può essere riproposto dallo stesso impugnante prima che intervenga appunto la pronuncia giudiziale con cui si dichiara l'inammissibilità o l'improcedibilità, ancorché l'interessato goda in tal caso solo del termine breve per l'impugnazione, posto che dalla data del suo primo atto d'impugnazione deve intendersi verificata in capo a lui la conoscenza legale della sentenza.

Inoltre, l'intervenuta dichiarazione d'inammissibilità o improcedibilità impedisce la riproposizione del mezzo già speso solo ad opera di chi se ne è malamente avvalso. Ciò significa, in primo luogo, che la sentenza già impugnata potrebbe ancora essere impugnata pure dallo stesso soggetto che aveva proposto il rimedio dichiarato inammissibile o improcedibile nel momento in cui questi proponga un altro tipo di impugnazione, ad esempio quello idoneo, ancora ammissibile, là dove prima aveva scelto un mezzo inidoneo. In secondo luogo, non è escluso che la sentenza potrebbe essere nuovamente impugnata con lo stesso mezzo dichiarato inammissibile o improcedibile, se la seconda impugnazione proviene da soggetto diverso da quello che si era attivato in precedenza[52].

Superato ogni pregiudiziale profilo di rito proprio del rimedio speso, il giudice dell'impugnazione deve occuparsi del merito di questa, ossia delle censure sollevate avverso la sentenza impugnata ed in definitiva dell'eventuale modifica del giudizio già compiuto. Il discorso a questo punto dovrebbe svilupparsi in termini specifici, distinguendo tra i diversi tipi di mezzi di impugnazione. Ma non è possibile seguire un simile modo di procedere in questa sede, nella quale è necessario pur sempre mantenersi su un piano generale, assumendo una visione d'insieme.

Tuttavia, non sembrando neanche opportuno tralasciare del tutto la trattazione di questo profilo, ci limiteremo ad affrontarlo restando unicamente nell'ambito dei mezzi di impugnazione ordinari ed anzi, tra questi, occupandoci solo dei rimedi più importanti: l'appello e il ricorso in cassazione.

---

assai pericoloso ed infatti la parte interessata deve dare un ulteriore mandato al suo avvocato, oltre a quello che gli ha già conferito per fare il ricorso.

[52] Ciò implica che vi siano più soggetti legittimati ad impugnare la stessa sentenza. Ma, per le complicazioni vedi di seguito il paragrafo 7.

4. *Profili di merito: l'appello*

L'appello è, come abbiamo già detto, il mezzo di impugnazione più ampio, nel senso che con esso si può far valere ogni tipo di vizio della sentenza. Peraltro, pur dovendo l'appellante indicare, a pena d'inammissibilità, i motivi specifici dell'impugnazione (cfr. l'art. 342, 1° comma, c.p.c., così come è oggi modificato con D.Lgs. n. 149/2022) quindi le censure che egli solleva avverso la sentenza pronunciata, l'oggetto dell'appello non è neanche nell'immediato rappresentato da quei vizi lamentati e dalla sentenza come atto, in ipotesi, da eliminare, bensì esso è dato dalla causa in sé, nei suoi profili di rito e di merito. In altre parole, il giudice dell'appello conosce certamente delle censure mosse dall'appellante, ma l'oggetto del suo giudizio è (tendenzialmente) identico all'oggetto del giudizio compiuto in primo grado. Ancorché tenendo presente che una decisione sulla causa vi è già stata e che essa farà necessariamente da riferimento allo svolgimento del giudizio d'appello. Tale precisazione ha delle conseguenze pratiche, a cominciare dal contenuto dell'atto introduttivo. Se la domanda proposta in primo grado è postulazione del giudizio, nel senso che in essa l'attore formula un'ipotesi di sentenza su un diritto di cui, affermandosene l'esistenza, si chiede il riconoscimento, la domanda che si propone con l'atto d'appello contiene la formulazione di un'ipotesi di sentenza che mira a modificare il giudizio di primo grado su quello stesso diritto. È in tale formulazione, che passa dalla denuncia di errori, che emerge il senso più genuino della previsione per cui l'atto d'appello deve contenere, oltre alle indicazioni di cui all'art. 163 c.p.c., anche i c.d. motivi specifici, nell'ambito dello schema descritto nel già citato art. 342 c.p.c.

Bisogna, ora, analizzare la tecnica di tale devoluzione e, poi, i possibili esiti dell'appello, occupandosi qui degli esiti «in merito» e non anche delle ipotesi, già viste, di inammissibilità e di improcedibilità.

Se il processo aveva ad oggetto una sola causa, evidentemente con l'appello non può che essere proseguito il processo su quell'unica causa. Ma, se, invece, si ha un processo cumulato e nel caso concreto vi è un solo soccombente sulle diverse cause, allora questi già nell'atto d'appello determinerà su quale oggetto o su quali oggetti vorrà chiedere un secondo giudizio. Qui opera il già citato art. 329, 2° comma, c.p.c., ai sensi del quale l'impugnazione parziale importa acquiescenza alle parti della sentenza non impugnata, per cui il giudizio d'appello avrà un oggetto ridotto rispetto a quello che era stato l'oggetto del giudizio di primo grado[53].

---

[53] Se, poi, è l'appellato ad essere soccombente pratico su alcuni capi entrerà in gioco l'istituto dell'impugnazione incidentale, sul quale vedi il prossimo paragrafo 7. Peraltro, come là ve-

Peraltro, definita la situazione giuridica sostanziale devoluta in appello, è necessario anche delimitare le questioni che si vogliono sottoporre ad un secondo giudizio. Questo aspetto del problema riguarda entrambi i contendenti, sia l'appellante sia l'appellato.

Ovviamente l'appellante, avendo perso la causa evidentemente sulla base della soluzione per lui negativa di una o più questioni, nel rimettere in gioco il diritto controverso, rimetterà in gioco anche quelle questioni, perché solo ribaltando il giudizio su queste egli potrà sperare di ribaltare il giudizio finale su quello. Se poi il giudizio di primo grado si sia chiuso con una pronuncia di rigetto in rito, il soccombente che appella contro di essa s'intende che devolva implicitamente la domanda e le questioni sottese al merito del processo, aspetti di cui il giudice di primo grado non si è occupato, a causa del rigetto in rito, e che invece, saranno valutati dal giudice di secondo grado ove questi accolga l'impugnazione e ribalti la pronuncia in rito.

Ma anche l'appellato, pur essendo risultato vittorioso in primo grado, potrebbe avere interesse a coltivare questioni che il giudice di primo grado o non ha neanche affrontato o ha risolto in modo per lui sfavorevole. A tal proposito è applicabile l'art. 346 c.p.c., che così recita: «Le domande e le eccezioni non accolte nella sentenza di primo grado, che non sono espressamente riproposte in appello, si intendono rinunciate».

Quindi, l'appellato deve attivarsi, ancorché non con un atto di impugnazione, bensì solo con la riproposizione, al fine di devolvere al giudice d'appello le questioni che egli vuole mantenere vive, quindi quei mezzi di attacco e di difesa che, essendo oggetto della cognizione del giudice e non oggetto propriamente della sua decisione, non rappresentano un capo autonomo della sentenza appellata. Può trattarsi di una *domanda assorbita*, ossia non decisa dal giudice di primo grado[54], oppure di *un'eccezione assorbita o rigettata* o ancora, avendo a che fare con un diritto autoindividuato, di *ragioni della domanda* che il giudice di primo grado abbia assorbito o ritenuto infondate. Mentre, certamente non

---

dremo, è possibile che, ai sensi dell'art. 336, 1° comma, c.p.c., un capo dipendente sia travolto dalla modifica di un capo pregiudiziale, anche se non reso oggetto d'impugnazione.

[54] Potrebbe non essere sempre semplice comprendere se una certa domanda sia stata rigettata in merito ovvero assorbita. È il caso, ad esempio, della domanda di garanzia che il convenuto abbia proposto nei confronti del chiamato ai sensi dell'art. 106 c.p.c. Certamente tale domanda, se il convenuto risulti vittorioso avverso l'attore (che ha proposto la c.d. domanda di molestia), dovrà essere rigettata. Ma si potrebbe ritenere che un simile rigetto sia propriamente nel merito, per la mancanza di un suo elemento costitutivo (l'obbligo del convenuto), ovvero che esso sia naturalmente in rito a causa di assorbimento. Se l'attore ha posto esplicitamente la condizione per la decisione, si avrà assorbimento, ma se così non è accaduto, si discute sul se la domanda di garanzia sia "naturalmente" condizionata o meno.

può trattarsi di domande rigettate, come potrebbe sembrare da una lettura superficiale del citato art. 346, perché, si ripete, ad ogni domanda rigettata corrisponde certamente un capo della sentenza, che, come tale, visto l'art. 329, 2° comma, c.p.c., può essere oggetto di impugnazione e non di mera riproposizione.

Resta, peraltro, l'eventualità che per devolvere al giudice d'appello il giudizio su una questione sia necessario spendere un atto di impugnazione: ciò accade quando essa non è stata decisa nella sentenza definitiva di primo grado, ma in una sentenza non definitiva.

Insomma, è vero che al giudice d'appello è in buona sostanza devoluta la causa già decisa, ma è anche vero che i limiti della devoluzione sono tracciati dalle parti, che qui valuteranno le proprie strategie ed anche la propria convenienza. Così, posto che anche in appello si riprodurrà lo stesso ordine logico tra le questioni del processo complessivamente considerato, in particolare la necessaria pregiudizialità delle questioni di rito rispetto a quelle di merito, è anche possibile che l'appellato scelga di lasciar cadere una questione che lo ha visto soccombente (teorico) in primo grado.

Si faccia l'esempio di un convenuto che si veda rigettata un'eccezione di rito, con la quale aveva fatto valere la carenza di un presupposto processuale, ma poi ottenga il rigetto in merito della domanda avversaria. In questa situazione l'unico legittimato a proporre appello è l'attore, soccombente pratico, essendo il convenuto solo soccombente teorico su detta questione. Ora, se l'attore propone appello, è vero che il convenuto-appellato ha la possibilità di coltivare la questione di rito, ma è anche vero che egli deve fare bene i suoi conti, perché potrebbe, con ciò, vanificare la vittoria in merito ottenendo una vittoria in rito, che evidentemente vale assai meno. Invero, il giudice dell'appello, dovendo decidere prima sulla carenza del presupposto processuale, potrebbe farsi su di essa un'opinione diversa da quella del giudice di primo grado e così, senza neanche preoccuparsi di analizzare gli altri profili della causa, pronunciare una sentenza con la quale, modificando il giudizio contenuto nella sentenza impugnata, rigetta in rito l'originaria domanda. Allora, in tal caso il convenuto-appellato deve preventivamente ponderare le sue possibilità di veder confermata la vittoria nel merito e, se la sua prognosi è positiva, egli non ha alcuna convenienza a sfruttare la, pur presente, opportunità di coltivare la questione sulla quale ha patito una soccombenza (teorica).

Però sui descritti meccanismi di devoluzione e, quindi, sui rapporti tra possibilità di mera riproposizione ai sensi dell'art. 346 c.p.c. e necessità, invece, di proporre appello incidentale, ai sensi dell'art. 343 c.p.c., emerge una accesa disputa. Intanto, per capirne il senso pratico, si tengano presenti le differenze processuali.

L'appello incidentale va proposto a pena di decadenza nella comparsa di risposta da depositare venti giorni prima dell'udienza e deve essere corredato dei motivi specifici a pena di inammissibilità. Invece la mera riproposizione di una questione non esige la redazione di motivi specifici ed, inoltre, mancando la previsione esplicita di un termine per tale attività, la giurisprudenza ha ritenuto che essa possa essere compiuta nella prima difesa, anche all'udienza[55].

La C.S. e la dottrina maggioritaria ritengono che tutte le volte in cui il giudice di primo grado abbia deciso delle questioni l'appellato che le voglia mettere in discussione abbia l'onere di proporre appello incidentale, dovendosi limitare l'applicabilità dell'art. 346 c.p.c. alle sole questioni assorbite.

Tale opinione si fonda su due argomenti. Il primo: perché, si dice, altrimenti non si capirebbe la differenza rispetto all'ipotesi in cui quella stessa questione venga decisa con sentenza parziale, ipotesi che certamente impone l'uso dell'appello incidentale. Il secondo: perché, si aggiunge, con la mera riproposizione si eluderebbe l'onere di far valere motivi specifici, che sempre vanno spesi quando si attacca un *decisum*.

Questa opinione, pur largamente diffusa, non è condivisibile.

Il primo argomento non tiene conto del fatto che la differenza di disciplina tra diverse situazioni è del tutto ragionevole, per cui non si vede perché, la necessità (inevitabile) di utilizzare l'appello incidentale avverso una decisione che abbia assunto la forma di una sentenza a sé dovrebbe essere replicata quando, invece, la questione sia stata decisa nell'unica sentenza definitiva del giudizio di primo grado.

Insomma, non si capisce per quale motivo si dovrebbe imporre all'appellato una forma eccessiva per riproporre questioni che egli utilizza, non per chiedere una modifica del giudizio, ma solo per chiederne la conferma.

---

[55] Si segnala come i tempi del gioco nel giudizio d'appello non abbiano mai trovato una chiara e completa disciplina nel codice. La lacuna è rimasta anche con l'ultima riforma contenuta nel D.Lgs. n. 149/2022. È chiaro che l'oggetto della decisione debba essere individuato negli atti introduttivi: appello per l'impugnante e appello incidentale per l'impugnato. Ma, poi, non è chiaro fino a quando le parti possano fare questioni, sia in riferimento a quelle già emerse in primo grado (art. 346 c.p.c.) sia quelle nuove di cui all'art. 345, 2° comma, c.p.c., ovvero chiedere l'assunzione di mezzi di prova nuovi, nei limiti di cui all'art. 345, 3° comma, c.p.c., oppure non ammessi in primo grado ovvero ivi assunti irritualmente. Oggi (a seguito del D.Lgs. n. 149/2022) un assai tenue indizio normativo potrebbe venire dall'ultimo comma dell'art. 350 c.p.c., secondo il quale in prima udienza il giudice, se non ritiene di andare subito in decisione perché l'appello è inammissibile ovvero manifestamente infondato o fondato, procede al tentativo di conciliazione e, quindi, provvede sulle eventuali richieste istruttorie, dando disposizioni per la loro assunzione. Allora si potrebbe dire: se in prima udienza si prevede che si svolga solo questa attività, ogni altra attività presupposta va fatta prima. Quindi, l'appellante deve spendere tutto quello che ha nell'atto d'appello e l'appellato, mutando ciò che c'è da mutare, deve fare altrettanto nella comparsa di risposta depositata almeno venti giorni prima dell'udienza. Se questa fosse la corretta interpretazione, allora tra appello incidentale e riproposizione resterebbe solo una differenza sul modo di costruire l'atto e non anche sui tempi.

Ma, allora, anche in parte riprendendo quanto si è detto poco sopra, qui bisogna fare una distinzione tra la devoluzione di questioni per mezzo delle quali si finisce per chiedere una modifica del giudizio e la devoluzione di questioni che potrebbero fondare solo una conferma del giudizio avutosi in primo grado, dovendosi imporre l'appello incidentale solo per le prime.

Tra queste vi sono le questioni attinenti ai presupposti processuali. Se l'appellato rimette in gioco la carenza di un presupposto processuale, egli con ciò mette a rischio la sua vittoria nel merito e, se avrà ragione in appello, otterrà una modifica del giudizio, ossia un rigetto in rito della originaria domanda al posto di un già avutosi rigetto in merito [56].

Tra le questioni di merito un appello incidentale, al posto di una mera riproposizione ai sensi dell'art. 346 c.p.c., si dovrà spendere solo quando con esse l'appellato chiede una modifica della precettività del giudizio, avendo egli sì vinto la causa, ma con la pronuncia di una sentenza che gli ha dato un'utilità minore di quella a cui aspirava [57].

Al meccanismo visto finora sfuggono, naturalmente, le eccezioni di rito rilevabili anche d'ufficio in ogni stato e grado del processo che non siano già state sollevate in primo grado. Se queste sono state rilevate nel grado precedente, allora l'interessato avrà l'onere di riproporle nella logica descritta, altrimenti esse sono precluse. Ma, se il rilievo in primo grado non vi è stato, esso è possibile ancora in appello, a prescindere da ogni attività dell'appellante o dell'appellato e senza che siano ipotizzabili pronunce implicite del giudice di primo grado, categoria concettuale che ormai è stata espunta, con la nuova formulazione dell'art. 37 c.p.c., anche in riferimento alla questione di giurisdizione, per la quale la C.S. l'aveva erroneamente utilizzata [58].

Definita la tecnica della devoluzione al giudice d'appello della causa e delle questioni che hanno rappresentato l'oggetto del giudizio e l'oggetto della cognizione del giudice di primo grado, resta da dire di *eventuali novità*, relative al rapporto giuridico fatto valere, che possono prodursi in secondo grado. A tal proposito soccorre l'art. 345 c.p.c., nel quale si fornisce una disciplina diversa a seconda del tipo di attività.

In appello non sono ammesse domande nuove, a meno che si tratti di adeguamenti relativi a domande già proposte, fondati su elementi che non si po-

---

[56] E qui, si ripete, la scelta per l'appellato deve essere assai cauta.

[57] Torna a quanto si è precisato in questo capitolo nel paragrafo terzo a proposito delle diverse ipotesi di soccombenza teorica.

[58] Sulla peculiare disciplina dell'eccezione di carenza di giurisdizione, rilevabile anche d'ufficio in primo grado, ma poi solo ad istanza di parte nell'atto d'impugnazione, torna al paragrafo 3 nel quarto capitolo.

tevano certo far valere prima. L'art. 345, 1° comma, c.p.c. dispone che possono «domandarsi gli interessi, i frutti e gli accessori maturati dopo la sentenza impugnata, nonché il risarcimento dei danni sofferti dopo la sentenza stessa», norma che può applicarsi solo se interessi, frutti e accessori siano già stati chiesti nel giudizio di primo grado, non potendosi in grado d'appello avanzare *ex novo* queste pretese, magari per il solo tratto temporale successivo alla pronuncia della sentenza di primo grado, perché una simile condotta processuale andrebbe ad infrangersi contro lo scoglio del divieto del frazionamento del credito.

Peraltro è pacificamente ritenuta ammissibile la domanda del tutto nuova con la quale l'appellante, che abbia in precedenza adempiuto sulla base della sconfitta subita in primo grado, chiede la restituzione di quanto prestato per l'eventualità che in appello sia eliminata, in merito o in rito, la sentenza di primo grado. Questo credito restitutorio si fonda su un'esigenza di riequilibrio tra le parti, avendo il vincitore in primo grado goduto della provvisoria esecutività della sentenza ivi pronunciata. Ed esso ben può essere oggetto in appello di una domanda, che evidentemente non si poteva certo proporre prima.

Inoltre, un possibile allargamento del giudizio può derivare dall'intervento di un terzo, visto che l'art. 344 c.p.c. dispone l'ammissibilità nel giudizio di appello dell'intervento dei terzi che potrebbero proporre opposizione ai sensi dell'art. 404 c.p.c. Ora, se il terzo interveniente è colui che potrebbe proporre opposizione ai sensi del 2° comma dell'art. 404 c.p.c., non vi è alcun allargamento dell'oggetto del giudizio. Ma, se, invece, detto terzo è colui che potrebbe proporre opposizione ai sensi del 1° comma dell'art. 404 c.p.c., allora vi è un allargamento dell'oggetto del giudizio, perché, come già sappiamo, quel terzo fa valere un suo diritto incompatibile, autonomo e prevalente rispetto al diritto oggetto del processo.

Uno spazio più ampio è, invece, concesso, visto il 2° comma dell'art. 345 c.p.c., alla possibilità di sollevare questioni, potendosi far valere sia eccezioni in senso lato, quindi rilevabili anche d'ufficio[59], sia ulteriori fatti costitutivi del diritto oggetto del processo, se si tratta di fatti che non abbiano valenza di identificazione, quindi, in ultima analisi, se trattasi di diritti che non si identificano per mezzo della fattispecie costitutiva. Peraltro, la portata di questa aper-

---

[59] La C.S. ritiene che in appello si possano rilevare d'ufficio anche questioni assorbite in primo grado. Ma qui c'è un errore evidente, perché la disciplina dell'eccezione può essere applicata una sola volta. Ora, se una data eccezione è già stata rilevata in primo grado, non si può rilevarla una seconda volta in appello. Ed essa, se è stata assorbita in primo grado, al più può essere riproposta in appello dalla parte interessata ai sensi dell'art. 346 c.p.c., non avendo certo più il giudice il potere di rilevare un'eccezione già rilevata.

tura nel giudizio di appello è assai dubbia, perché non è ancora chiaro se per suo tramite l'interessato possa anche allegare i fatti oppure se egli, invece, possa solo porre giuridicamente le dette questioni, basandosi, però, su fatti che già risultano dagli atti. In ogni caso, le eventuali limitazioni possono riguardare solo i fatti che erano già accaduti prima della precisazione delle conclusioni fatta nel giudizio di primo grado, perché l'allegazione dei fatti accaduti successivamente e il rilievo delle questioni su di esse sollevabili non possono subire alcuna limitazione[60].

Infine, è anche possibile che in appello si facciano nuove istanze istruttorie. In questo grado del processo un'ulteriore attività istruttoria può svolgersi per vari motivi. Innanzitutto ciò può accadere perché si devono assumere prove non assunte in primo grado. Si pensi al caso in cui l'interessato abbia convinto il giudice d'appello ad accogliere un'istanza istruttoria già presentata e respinta in primo grado. O ancora si pensi al caso in cui in appello riemerga una questione assorbita in primo grado: è possibile che si debba assumere un mezzo di prova che in primo grado non era stato assunto perché considerato inutile visto l'assorbimento della questione a cui si riferiva.

Ma, si può pure verificare l'ipotesi che siano ammessi in appello veri e propri *nuovi* mezzi di prova. L'art. 345, 3° comma, c.p.c., se esordisce con la previsione di un divieto di carattere generale, divieto che, canonizzando la più recente giurisprudenza, ormai, a seguito della legge n. 69/2009, la norma riferisce esplicitamente sia alle prove costituende sia alle prove precostituite (documenti), prevede, però, anche, dopo la modifica intervenuta con la legge n. 134/2012, un'eccezione esplicita: il caso in cui l'interessato sia stato nell'impossibilità di utilizzare quel mezzo nel giudizio di primo grado per causa a lui non imputabile.

Ora, questa ipotesi non rappresenta altro che un'applicazione nel giudizio d'appello dell'istituto della rimessione in termini disciplinato dall'art. 153, 2° comma, c.p.c. Ma, al di là dell'ipotesi esplicita, faranno eccezione anche tutte quelle situazioni nelle quali, nonostante le regole sulle preclusioni, è sempre ammessa l'allegazione di fatti nuovi o il compimento di nuove attività istruttorie[61]. Così, per ricordare qualche esempio, si pensi alla possibilità di allegare fatti accaduti dopo la precisazione delle conclusioni fatta in primo grado o fatti che diventano rilevanti nella causa a seguito dello *ius superveniens* o della spendita da parte del giudice del suo potere di rilevare questioni, ovviamente

---

[60] Si tratta di sopravvenienze che, se la sentenza di primo grado non fosse appellata, sfuggirebbero ai limiti cronologici del giudicato: vedi approfondimenti nel paragrafo 7 del quinto capitolo.

[61] Torna al paragrafo 3 nel quinto capitolo.

rilevabili anche d'ufficio, o infine alla necessità di lasciare all'interessato la possibilità di replicare ove la sua controparte abbia rilevato in appello un'eccezione in senso lato o abbia fatto valere, in relazione ad un diritto auto-individuato, un fatto costitutivo diverso. Insomma, qui riemerge la duplice regola in virtù della quale, per un verso, le preclusioni possono riguardare solo le attività che oggettivamente si possono compiere al momento in cui esse maturano e, per altro verso, vale sempre l'affermazione che il principio del contraddittorio prevale sul principio di preclusione.

Delineato l'oggetto del giudizio di appello e l'oggetto della cognizione del giudice in appello, si tratta ora di analizzare i possibili esiti di questo giudizio d'impugnazione.

Normalmente questo grado del processo si chiude con una sentenza che o conferma il giudizio contenuto nella sentenza impugnata o lo modifica. E tale modifica si può avere in tutti i sensi immaginabili.

Proposto appello avverso una sentenza di rigetto in rito della domanda, è possibile che il giudice dell'impugnazione:

– confermi la sentenza impugnata;

– oppure la modifichi, rigettando sempre in rito l'originaria domanda, ma per la carenza di un diverso presupposto processuale;

– o pronunciando nel merito della causa, ossia sulla situazione giuridica soggettiva fatta valere con la domanda originaria.

Proposto appello avverso una sentenza che abbia pronunciato nel merito della domanda, è possibile che il giudice dell'impugnazione:

– confermi la sentenza impugnata;

– oppure la modifichi, rigettando in rito la domanda originaria per la carenza di un presupposto processuale che il giudice di primo grado non aveva ravvisato;

– o ancora la modifichi nel merito, ossia pronunciando una diversa sentenza sul rapporto giuridico sostanziale fatto valere dall'originario attore.

Ma, nei casi di cui all'art. 354 c.p.c. il giudizio di appello pone capo ad una pronuncia che si limita ad eliminare la sentenza impugnata ed a rimettere la causa al giudice di primo grado. Peraltro, come ora vedremo, neanche in queste ipotesi si contraddice il principio generale per cui i mezzi di impugnazione servono in definitiva ad ottenere una (eventuale) modifica del giudizio, perché in essa, a ben vedere, l'elemento caratterizzante non sta tanto nell'eliminazione della sentenza impugnata, ma nella necessità di tornare al giudizio di primo grado. Insomma, qui il cuore del fenomeno non sta nell'eliminazione pura e semplice di una sentenza, quanto, piuttosto, sia pure mediante la preliminare eliminazione della sentenza, nella necessità che il processo regredisca ad una fase antecedente.

Venendo all'analisi delle ipotesi, alla luce della riforma avvenuta con D.Lgs. n. 149/2022, non abbiamo mai regressione del processo al giudizio di primo grado ove in questo si sia erroneamente giunti ad un rigetto in rito: in questa eventualità il processo continuerà sempre di fronte al giudice d'appello, il quale giungerà alla decisione in merito.

Oggi, abrogato il previgente art. 353 c.p.c., l'art. 354 c.p.c. così recita: «Il giudice d'appello, se dichiara la nullità della notificazione dell'atto introduttivo, riconosce che nel giudizio di primo grado doveva essere integrato il contraddittorio o non doveva essere estromessa una parte, oppure dichiara la nullità della sentenza di primo grado a norma dell'articolo 161, secondo comma, pronuncia sentenza con cui rimette la causa al primo giudice./ Nei casi di rimessione al primo giudice, le parti devono riassumere il processo nel termine perentorio di tre mesi dalla notificazione della sentenza. Se contro la sentenza d'appello è proposto ricorso per cassazione, il termine è interrotto./ Se il giudice d'appello riconosce sussistente la giurisdizione negata dal primo giudice o dichiara la nullità di altri atti compiuti in primo grado, ammette le parti a compiere le attività che sarebbero precluse e ordina, in quanto possibile, la rinnovazione degli atti a norma dell'articolo 356».

Prima di codesta riforma, si poteva dire che la norma, al di là dei casi specifici indicati, si riferisse a tutte le ipotesi, anche non esplicitamente previste, in cui il giudizio di primo grado fosse al fondo affetto da un vizio che, pur potendo essere sanato con efficacia retroattiva (*ex tunc*), non era stato tuttavia sanato.

Leggendo in questo modo l'articolo, ne poteva emergere una disciplina ragionevole per due motivi.

Innanzitutto perché, se è vero che il più delle volte questi casi comportano la necessità di rifare praticamente ogni attività, è anche vero che, mantenendo in vita il processo, si salvano gli effetti processuali e sostanziali della domanda originaria. E questo è il motivo per cui non avrebbe avuto senso applicare una simile disciplina quando il vizio è sanabile con efficacia non retroattiva (*ex nunc*), perché in questi casi non vi è alcun vantaggio a mantenere in vita lo stesso processo.

In secondo luogo perché, facendo tornare la causa al giudice di primo grado, si evitava di appesantire impropriamente il giudizio d'appello, che dovrebbe servire ad una revisione di un giudizio già svolto.

Ma la C.S. non ha mai letto razionalmente la norma precedentemente vigente ed anzi ha sempre affermato che la rimessione al primo giudice fosse possibile solo nei casi tassativamente previsti. Così ne emergeva un sistema del tutto irragionevole, perché, per fare qualche esempio, non si comprendeva perché un vizio nell'atto di citazione relativo alla *vocatio in ius* dovesse essere trattato diversamente da un vizio di notifica del medesimo atto. E, ancora, non si comprendeva come fosse possibile rifare da capo in appello tutte le attività necessarie dopo l'emersione di un vizio di capacità o di rappresentanza tecnica.

Ma purtroppo, oggi quella assurdità è diventata legge nel citato 3° comma dell'art. 354 c.p.c., per cui avremo rimessione al giudice di primo grado solo nei casi previsti dalla norma e non in altri. Si potranno, così, verificare situazioni poco ragionevoli, come ad esempio nell'eventualità che emerga un vizio dell'atto introduttivo del processo, che comporterà la celebrazione di giudizi d'appello sovrabbondanti, dovendo praticamente ricominciare da capo ogni attività.

5. *Profili di merito: il ricorso per cassazione*

Anche l'oggetto del giudizio di cassazione non sta nei motivi fatti valere dal ricorrente e nella sentenza come atto da eliminare, ma si identifica con l'oggetto, processuale e sostanziale, che il processo ha avuto nei gradi precedenti. Insomma, anche il ricorso per cassazione è un mezzo di impugnazione in cui, pur partendosi dalle censure sollevate dall'impugnante, l'obiettivo immediato sta nella (eventuale) modifica del giudizio contenuto nella sentenza impugnata, alla quale la Corte di cassazione può giungere a prescindere da quelle censure, ad esempio rilevando un vizio attinente ad un presupposto processuale oppure rilevando profili giuridici della causa nel merito, che nessuna delle parti aveva considerato, o anche applicando lo *ius superveniens*.

Peraltro, il giudizio di cassazione ha due peculiarità.

La prima deriva dalla *funzione di nomofilachia* dell'organo a cui il ricorso è proposto. Da questa consegue che il soccombente-impugnante può cercare di ribaltare la sua soccombenza solo lamentando errori in diritto e non anche errori in fatto.

Per cui si può censurare l'errata interpretazione e/o applicazione di ogni norma di diritto, sia essa il frutto di uno dei fatti di produzione normativa dell'ordinamento statale (fonti del diritto) o il frutto di fonti negoziali di particolare rilevanza sociale[62] o, ancora, sia essa relativa al giudizio di merito o al pro-

---

[62] L'assunto è oggi confermato nel rinnovato n. 3 del 1° comma dell'art. 360 c.p.c., il quale, a seguito dell'entrata in vigore del D.Lgs. n. 40/2006, dispone che si possa lamentare col ricorso in cassazione la violazione o falsa applicazione di norme di diritto nonché «dei contratti e accordi collettivi nazionali di lavoro». Insomma anche il concetto di "norma di diritto" assume nel giudizio di cassazione una sua peculiare valenza, condizionata dalla funzione di nomofilachia della C.S.

cesso oppure attenga, propriamente alle regole che presiedono alla valutazione che fonda la soluzione della questione di fatto (art. 360, n. 5, c.p.c.[63]). Ma ciò che non si può pretendere dalla Corte di cassazione è che nel giudizio di fronte ad essa si affermi l'ingiustizia della sentenza impugnata direttamente a causa dell'erroneità della soluzione della *quaestio facti*.

La seconda peculiarità è strutturale, ossia attiene alla disciplina propriamente del giudizio di cassazione, nel quale non è possibile compiere alcuna attività di assunzione probatoria né produrre nuovi documenti, salva la limitatissima ed inevitabile eccezione fornita dall'art. 372 c.p.c., ai sensi del quale è ammesso il deposito di atti e documenti che riguardano la nullità della sentenza impugnata e l'ammissibilità del ricorso e del controricorso. Da ciò consegue che la Corte di cassazione non può pronunciare una sentenza conclusiva del processo, ma è costretta a rinviare ad altro giudice, tutte le volte in cui si trova di fronte ad un ostacolo per essa insormontabile, ossia alla necessità di assumere mezzi di prova. Insomma, il rinvio ad altro giudice non è una naturale conseguenza di una ipotetica funzione negativa-eliminatoria del ricorso in cassazione, bensì esso è solo conseguenza di alcune insufficienze strutturali del giudizio di cassazione.

Così anche in cassazione la tecnica della devoluzione è la stessa che abbiamo già visto. In particolare, a fronte dell'impugnazione proposta da colui che è risultato soccombente pratico nel grado precedente, il resistente, che sia eventualmente soccombente teorico su alcune questioni dovrà, se vuole, riproporle, senza bisogno di alcun atto propriamente di impugnazione[64], salve, riprendendo quanto si è già detto per il giudizio d'appello, le questioni attinenti ai presupposti processuali ed alcune questioni di merito Ed anche in cassazione egli dovrà fare bene i suoi conti, perché, se la questione attiene ad un presupposto processuale, è possibile che egli, coltivandola con l'impugnazione incidentale,

---

[63] A seguito della legge n. 134/2012 la formulazione del n. 5 è tornata a quello che era nel c.p.c. GRANDI, recitando oggi la norma che il ricorso è possibile «per omesso esame circa un fatto decisivo per il giudizio che è stato oggetto di discussione tra le parti». Con ciò il legislatore, nel tentativo di limitare l'accesso alla C.S., ha enunciato la violazione di una sola norma metodologica in relazione alla soluzione della *quaestio facti*. Ma essendo tutte le norme sul metodo del giudizio di fatto assunte dalla legge, evidentemente la loro violazione espunta dalla porta dell'art. 360, n. 5, c.p.c. rientrerà dalla finestra degli altri motivi dello stesso art. 360, o, comunque, in ultima analisi del generale motivo «per violazione di legge» di cui all'art. 111, 7° comma, Cost. Quindi poco senso ha anche l'aver voluto escludere l'utilizzabilità del citato n. 5 nei casi in cui il giudice d'appello abbia confermato il giudizio di fatto compiuto dal giudice di primo grado: vedi oggi l'art. 360, 3° comma, c.p.c.

[64] Se, invece, il resistente ha anch'egli ragioni di soccombenza pratica, allora entra in gioco l'istituto dell'impugnazione incidentale, sul quale vedi il prossimo paragrafo.

vanifichi la vittoria in merito, essendo sempre le questioni di rito pregiudiziali rispetto a quelle di merito[65].

Al contrario, non vi sono in cassazione spazi per nuove attività di allegazione e prova, sia in riferimento alle questioni di rito attinenti al processo nel suo complesso sia in riferimento alle questioni di merito[66]. Resta, però, in astratto immaginabile l'allegazione di fatti non verificatisi prima della precisazione delle conclusioni fatta nel grado che ha posto capo alla sentenza impugnata. Tuttavia, avendo il giudizio di cassazione scarse possibilità strutturali, tale eventualità è solo virtuale e, quel che più conta, con essa non si sposta il referente temporale dei limiti cronologici del giudicato. In altri termini, può accadere che le parti alleghino fatti, documentalmente provabili, verificatisi durante la pendenza del giudizio in cassazione: si pensi alla classica transazione, sulla base della quale la Corte porrà capo ad una pronuncia di cessazione della materia del contendere. Ma, eventualità del genere, che possono anche non essere sfruttate dalle parti, non tolgono che normalmente il giudicato, se non vi sarà un giudizio di rinvio, avrà come suo referente temporale l'ultima precisazione delle conclusioni fatta nel grado precedente a quello del giudizio di cassazione.

Venendo ora agli esiti possibili, il ricorso per cassazione presenta delle specificità.

Sul piano formale-strutturale ci si trova di fronte a più percorsi possibili, distinguendosi essenzialmente tra quello che procede per pubblica udienza e quello che, invece, si svolge in camera di consiglio, e più esiti formali possibili, sfociando la pubblica udienza nella pronuncia di una sentenza e ponendo, invece, capo la camera di consiglio ad un'ordinanza. Oltre al caso assai particolare di cui all'art. 380*bis*, di cui già si è detto in precedenza[67].

---

[65] Ma qui, se si volesse approfondire, si scoprirebbe che la C.S. non tratta tutte le questioni di rito allo stesso modo. Così per alcune, in particolare la questione di giurisdizione, essa non ritiene che valga anche nel giudizio in cassazione l'ordine logico tra rito e merito ed anzi ritiene che il ricorso incidentale dell'impugnato sia "naturalmente" condizionato all'accoglimento del ricorso principale, perché solo l'avverarsi di una simile condizione farebbe emergere un interesse ad impugnare. Nel testo non si aderisce a tale costruzione, che, per un verso, non ha basi normative e, per altro verso, non riesce ad essere coerente al suo interno. Ciò per due motivi: perché, se l'argomento di fondo fosse vero, dovrebbe valere per tutte le questioni di rito e non solo per alcune e perché esso dovrebbe, allora, essere speso anche nell'ambito del giudizio di appello.

[66] Si ricordi ancora il fondamentale disposto dell'art. 372 c.p.c., che così recita: «Non è ammesso il deposito di atti e documenti non prodotti nei precedenti gradi del processo, tranne di quelli che riguardano la nullità della sentenza impugnata e l'ammissibilità del ricorso e del controricorso».

[67] Torna in questo capitolo al paragrafo 3.

Quanto ai possibili contenuti delle decisioni bisogna distinguere, prendendo in considerazione gli artt. 382, 383 e 384 c.p.c., dai quali emerge, in buona sostanza, che, sia pure con qualche precisazione, essi non sono, poi, molto dissimili dai possibili esiti dell'appello.

Innanzitutto, la Corte di cassazione deve annullare la sentenza impugnata e rinviare la causa al giudice di primo grado nelle stesse ipotesi in cui ciò avrebbe dovuto fare il giudice d'appello (art. 383, 3° comma, c.p.c.). Questa ipotesi è, ovviamente, immaginabile quando il giudice d'appello abbia commesso un errore, non accorgendosi di essere in presenza di uno dei presupposti di applicazione dell'art. 354 c.p.c.

In secondo luogo, anche la Corte di cassazione si troverà, in fin dei conti, a dover confermare[68] o modificare il giudizio contenuto nella sentenza, con l'unica sostanziale differenza che nel giudizio di cassazione non c'è alcuna possibilità di assumere mezzi di prova. Ed, allora, tutte le volte in cui ci si trovi di fronte alla necessità di assumere un mezzo di prova, la Corte, a differenza del giudice d'appello, dovrà rinviare la causa «ad altro giudice di grado pari a quello che ha pronunciato la sentenza cassata» (art. 383, 1° comma, c.p.c.).

Così, quando nel corso del processo si sia verificata una condizione che ne impediva la prosecuzione, la C.S. dovrà pronunciare quel provvedimento che avrebbe dovuto pronunciare in precedenza il giudice di merito. Per essa si tratterà sempre di una c.d. cassazione senza rinvio ai sensi del 3° comma dell'art. 382 c.p.c., ancorché detta pronuncia avrà conseguenze assai diverse a seconda che si tratti di rilevare una causa di estinzione verificatasi nel giudizio di primo grado o una causa di estinzione verificatasi nel giudizio di appello od ancora un motivo per cui il giudizio di secondo grado sarebbe dovuto terminare semplicemente con una dichiarazione d'inammissibilità o di improcedibilità. Invero, se nella prima ipotesi il processo non avrà dato alcun frutto, salvo quanto di-

---

[68] Non mi sembra che rappresenti una gran differenza il fatto che, nell'attuale diritto vigente, la pronuncia in grado d'appello con la quale si conferma la sentenza impugnata ha comunque effetto sostitutivo di questa, mentre la sentenza di cassazione che rigetta il ricorso mantiene in vita, come atto, la sentenza impugnata. Ciò deriva da una tradizione risalente al sistema precedente, nel quale, mentre l'appello era un gravame caratterizzato dall'effetto devolutivo, il ricorso in cassazione era, invece, una sorta di azione di impugnativa con funzione puramente negativa-eliminatoria, che, in caso di suo accoglimento, comportava, appunto, solo la cassazione della sentenza impugnata. Questo aspetto affonda le sue radici più lontane nell'origine politica della Corte di cassazione (vedi *supra* nel paragrafo 4 del secondo capitolo), nata con la rivoluzione francese come organo di repressione degli abusi dei giudici. Inoltre, se oggi si mutasse la tecnica dell'appello, facendo conseguire dal rigetto delle censure dell'appellante la conferma della sentenza impugnata e non la sua sostituzione, non credo che vi sarebbe con ciò un significativo cambiamento delle cose rispetto a concrete questioni pratiche.

sposto dall'art. 310 c.p.c. [69], nelle altre ipotesi emergerà la sostanziale definitività del giudizio pronunciato dal giudice di primo grado.

Ed ancora, quando in presenza di un vizio attinente a presupposto processuale l'art. 382, 3° comma, c.p.c. dispone sempre che la Corte debba cassare senza rinvio, in realtà essa indica un caso di modificazione del giudizio contenuto nella sentenza impugnata, perché qui, lungi dall'eliminare, puramente e semplicemente la sentenza come atto, non si fa altro che dare un preciso esito al processo nel suo complesso, pronunciando una sentenza di rigetto in rito della domanda originaria, appunto, per carenza di un presupposto processuale.

Ed anche rispetto al modo in cui un problema del genere può emergere in cassazione bisogna ripetere quanto abbiamo già detto per il giudizio di appello.

Ove la questione di rito sia stata già decisa in precedenza, essa riemergerà in cassazione solo su iniziativa dell'interessato, il quale sempre dovrà attivarsi proponendo impugnazione, eventualmente anche in via incidentale ove sulla questione risulti soccombente (teorico) colui contro il quale è proposto il ricorso principale del soccombente (pratico), ricorso questo che, a differenza di quanto pensa la giurisprudenza e molta parte della dottrina, non ha alcuna condizione, non potendosi neanche nell'ambito del giudizio di cassazione alterare il normale ordine logico tra le questioni di rito e le questioni di merito [70].

Nel caso in cui, al contrario, la questione non sia già emersa in precedenza ed ovviamente attenga ad un presupposto processuale la cui carenza è rilevabile anche d'ufficio in ogni stato e grado del processo, allora essa può emergere per la prima volta anche in cassazione ed ovviamente a prescindere da ogni censura di parte. Quindi, nonostante che le parti litighino su altri punti, nonostante che il ricorrente abbia censurato la sentenza pronunciata per uno o alcuni dei motivi canonici elencati nell'art. 360 c.p.c., la Corte può, completamente a prescindere da quelle censure, rilevare d'ufficio un vizio attinente ad un presupposto processuale e, stimolato il contraddittorio con e tra le parti [71], che non si erano ac-

---

[69] Torna al paragrafo 15 del quarto capitolo.

[70] Insomma, non vi è alcuna ragione derivante dalla struttura del giudizio di cassazione (che non è un'azione d'impugnativa) che imponga ovvero consenta di considerare un simile ricorso incidentale condizionato all'accoglimento del ricorso principale. Se così fosse, la regola dovrebbe valere per tutte le questioni di rito, estensione che non viene, o almeno non sempre, predicata. Inoltre, se si volesse fondare il ragionamento sulla sussistenza o meno dell'interesse ad impugnare, se ne dovrebbe ricavare che anche l'appello incidentale su questione di rito dovrebbe essere condizionato, conseguenza che, invece, il più delle volte non viene tratta.

[71] Vedi il 3° comma dell'art. 384 c.p.c., così come riformato dal D.Lgs. n. 40/2006, ai sensi del quale «Se ritiene di porre a fondamento della sua decisione una questione rilevata d'ufficio, la Corte riserva la decisione, assegnando con ordinanza al pubblico ministero e alle parti un termine non inferiore a venti giorni e non superiore a sessanta giorni dalla comunicazione per il deposito in cancelleria di osservazioni sulla medesima questione».

corte del problema, giungere a rigettare in rito la domanda originariamente proposta, vanificando tutto quello che nei vari gradi del processo era stato fatto fino a quel momento.

Rispetto al "merito", ossia alla decisione della causa sulla situazione giuridica fatta valere nel processo, tutto si gioca sul modo in cui si vuole intendere l'art. 384 c.p.c., nell'ambito del quale emergono chiari i due volti del giudizio di cassazione, quello che guarda alla funzione di nomofilachia, attento alla cura dell'interesse generale alla razionalizzazione del diritto vivente, e quello che guarda all'interesse del singolo, parte del processo, che cerca solo di ottenere una diversa decisione del caso singolo. Il primo aspetto risulta evidente nel momento in cui la citata norma, nel suo 1° comma, statuisce che la «Corte enuncia il principio di diritto quando decide il ricorso proposto a norma dell'articolo 360, primo comma, n. 3), e in ogni altro caso in cui, decidendo su altri motivi del ricorso, risolve una questione di diritto di particolare importanza». Ma intrecciato con esso emerge il secondo volto del giudizio di cassazione nel momento in cui, nel 2° comma sempre dell'art. 384, si prevede che la «Corte, quando accoglie il ricorso [72], cassa la sentenza rinviando la causa ad altro giudice, il quale deve uniformarsi al principio di diritto e comunque a quanto statuito dalla Corte, ovvero decide la causa nel merito qualora non siano necessari ulteriori accertamenti di fatto».

Le disposizioni ora riportate sono il frutto di una modifica approntata col D.Lgs. n. 40/2006. Con esse sono state superate alcune imprecisioni contenute nel vecchio testo dell'art. 384 c.p.c. In particolare, seguendo un'opinione già manifestatasi in precedenza, si sono chiariti due punti: che il vincolo imposto al giudice di rinvio non si ha solo quando la sentenza è cassata ai sensi dell'art. 360, n. 3, c.p.c. e che, potenzialmente, la Corte di cassazione può decidere nel merito la causa a prescindere dal motivo che ha fondato l'accoglimento del ricorso [73].

Ciò che, invece, non è stato chiarito è il limite al potere della decisione sostitutiva della C.S. dato dalla necessità di compiere "ulteriori accertamenti di fatto", avendo la nuova formulazione della norma ripetuto la stessa espressione che era contenuta nel vecchio testo del medesimo art. 384.

---

[72] Ciò accade in presenza di una duplice condizione: che la sentenza sia affetta dal vizio e che detto vizio sia "causale", ossia si vada a ripercuotere sulla sentenza. In caso contrario vale quanto dispone l'ultimo comma dell'art. 384 c.p.c., ai sensi del quale non «sono soggette a cassazione le sentenze erroneamente motivate in diritto, quando il dispositivo sia conforme al diritto; in tal caso la Corte si limita a correggere la motivazione».

[73] In precedenza secondo l'opinione prevalente (che era, a mio avviso, da respingere) la decisione nel merito ad opera della C.S. era concepibile solo in caso di cassazione della sentenza impugnata ai sensi dell'art. 360, n. 3, c.p.c.

Personalmente non posso che confermare la mia opinione [74] secondo la quale, alla luce del principio della ragionevole durata del processo, sancito dall'art. 111, 2° comma, Cost. [75], è necessario allargare al massimo il potere della Corte di cassazione di decidere nel merito la causa, fermandosi solo di fronte agli inevitabili limiti strutturali del giudizio di cassazione.

A mio avviso, la Corte, tutte le volte in cui ritiene, sulla base delle censure sollevate dalle parti o sulla base di profili giuridici da essa rilevati, che la sentenza impugnata sia ingiusta o invalida, deve cercare, di modificare il giudizio e con ciò chiudere il processo definitivamente, a meno che essa non sia costretta al rinvio. In questa sede non possiamo fare una casistica, ma dobbiamo, piuttosto, sottolineare ancora il principio fondamentale per cui lo scoglio insormontabile di fronte al quale può trovarsi la Corte sta nella necessità di assumere mezzi di prova, necessità che non può evitarle di disporre il rinvio. Per il resto essa può modificare il giudizio con ampi margini.

Così, se la Corte riscontra la violazione di una norma di attività nell'istruzione probatoria compiuta (denunciata ai sensi dell'art. 360, n. 4, c.p.c.), tale per cui è necessario assumere una prova non assunta o irritualmente assunta, essa dovrà rinviare. Ed ancora essa dovrà certamente rinviare quando, ritenuto erroneo il precedente rigetto in rito e dovendosi, quindi, a questo punto decidere nel merito la causa, si debbano provare fatti che magari sono anche già stati allegati, ma che non sono stati provati. Infine la Corte dovrà rinviare quando, assunta una diversa prospettiva giuridica della causa che rende rilevanti altri fatti, questi debbano essere provati, siano essi già stati allegati o siano indicati ora dalle parti.

Ma, vi sono, per il resto, ampi spazi nei quali la Corte può decidere nel merito.

Essa può senz'altro definire il giudizio quando si tratti di applicare una regola metodologica attinente alla corretta valutazione che deve fondare la soluzione della questione di fatto, la cui violazione sia stata denunciata ai sensi dell'art. 360, n. 5, c.p.c. o comunque sotto il generale motivo della violazione di legge. Essa può, così, anche sostituire la soluzione della questione di fatto quando si tratti di:

– applicare le norme sulla prova legale;

– utilizzare le massime di esperienza che la legge ha recepito nel concetto di "prudente apprezzamento" di cui all'art. 116, 1° comma, c.p.c. ovvero 2729 c.c. rispetto alla costruzione del ragionamento inferenziale che sostanzia la prova per presunzioni;

– applicare il principio per cui i fatti pacifici e i fatti notori sono espunti dal tema di prova;

---

[74] Già espressa nelle precedenti edizioni di questo manuale.

[75] Torna al paragrafo 5 nel secondo capitolo.

– applicare correttamente le norme sull'interpretazione dei contratti (artt. 1362 e ss. c.c.);
– utilizzare il canone di completezza, in base al quale il giudice deve, nell'applicare alla fattispecie sostanziale i concetti giuridici indeterminati, valutare tutti gli elementi di fatto di possibile rilevanza.

Insomma, la Corte può decidere nel merito la causa tutte le volte in cui, riscontrata direttamente l'ingiustizia o indirettamente un sintomo di ingiustizia della soluzione data dal giudice alla causa nel merito, non emergono problemi a fronte della base di fatto della pronuncia che deve assumere. Se questa base di fatto può restare identica a quella contenuta nella sentenza impugnata, perché si tratta solo di applicare diversamente il diritto agli stessi fatti, allora la Corte può senza dubbio decidere nel merito.

Ma se, invece, quella base può o deve cambiare, allora delle due l'una: o la Corte può attingere il materiale dagli atti di causa, nel senso che da questi emergono già provati i necessari fatti, ed allora è possibile, ed anzi doverosa, la definizione in merito della causa, oppure è necessario provare i fatti ora divenuti rilevanti, ed allora la Corte ha solo la strada del rinvio. In quest'ultimo caso essa si spoglierà della causa e la rimetterà, ai sensi dell'art. 383, 1° comma, c.p.c., ad un giudice di pari grado a quello che ha pronunciato la sentenza cassata, il quale proseguirà l'opera incompiuta condizionato dal principio di diritto che la Corte gli avrà indicato o comunque da quanto da essa statuito.

6. *Concetti giuridici indeterminati e sindacato della Corte di cassazione*

Prima di considerare esaurita la trattazione del giudizio di cassazione è utile svolgere un approfondimento in ordine alla questione più spinosa che in esso si pone, ossia alla possibilità di sindacare in cassazione l'errore del giudice nell'applicazione dei c.d. concetti giuridici indeterminati.

Come già è stato detto in precedenza [76], il loro uso serve a dare elasticità alla legge scritta, adeguando il sistema alle più svariate particolarità dei casi concreti e all'evoluzione nel tempo delle conoscenze e dei convincimenti in una data comunità [77]. Si pensi, per fare qualche esempio, ai concetti di: giusta causa di licenziamento, non scarsa importanza dell'inadempimento (art. 1455 c.c.), ec-

---

[76] Torna al paragrafo 4 nel secondo capitolo.

[77] Insomma l'evoluzione delle c.d. massime di esperienza, che contengono sia proposizioni dell'essere (scienza e tecnica) sia proposizioni del dover essere (usi, morale).

cesiva onerosità sopravvenuta (art. 1467 c.c.), normale tollerabilità delle immissioni (art. 844 c.c.), concorrenza sleale (art. 2598 c.c.).

La dottrina tradizionale, per distinguere tra ciò che è sindacabile e ciò che non è sindacabile, ritiene, secondo una prospettiva logico-concettuale, che rientri nella questione di fatto (insindacabile) l'accertamento di ciò che è accaduto nella vicenda umana sottoposta a giudizio, mentre rientri nella questione di diritto (sindacabile) sia l'interpretazione della legge sia la sua applicazione nel caso concreto, ossia la singola operazione sussuntiva.

La C.S., al contrario, assume posizioni più variegate affermando che: 1) in linea di massima il singolo giudizio sussuntivo non è sindacabile, restando esso nell'ambito dello spazio di valutazione del giudice di merito; 2) così, sempre in linea di massima, è possibile solo sindacare, per un verso, che il giudice del merito abbia rispettato i criteri interpretativi e in definitiva lo scopo del concetto giuridico applicato e, per altro verso, che il singolo giudizio sussuntivo non sia affetto da vizi logici ovvero non abbia tralasciato la valutazione di circostanze di possibile rilevanza; 3) peraltro vi sono casi nei quali è possibile valutare come direttamente giusto o ingiusto il singolo giudizio sussuntivo, affermando o negando che la singola vicenda sottoposta a giudizio sia o non sia riportabile al concetto giuridico utilizzato.

In questo contrasto ha sicuramente ragione la C.S. [78], ma per comprendere la complessità della sua posizione è necessario approfondire un poco il problema della distinzione tra questione di fatto e questione di diritto, almeno nella sua rilevanza in questo specifico ambito.

Per poter continuare il discorso è, però, preliminarmente necessario comprendere in quale momento del giudizio si pone la difficoltà della distinzione e poi chiarire in cosa si caratterizza la struttura logica del concetto giuridico indeterminato.

Dal primo punto di vista è utile avvalersi del sillogismo, quale figura logica che, se non spiega come il giudice trovi il giudizio, serve tuttavia a capire come il giudice giustifica le sue conclusioni. In fondo per mezzo del sillogismo, che consta di una premessa maggiore, una premessa minore ed una conclusione, il giudice non fa altro che, nella motivazione della sentenza, ripercorrere la struttura logica della norma giuridica da applicare al caso concreto.

Se questa, quale proposizione di dovere, segue il modello per cui «se è A deve essere B», il giudizio del giudice, ipotizzando ad esempio l'accoglimento della domanda, non fa altro che affermare che «posto che in concreto si è veri-

---

[78] Che, a ben vedere, si comporta come le altre C.S. che rispondono al modello della cassazione. In questo contrasto è la dottrina ad essere in ritardo, ma, si badi, solo quella italiana!

ficato A deve trarsene la conseguenza B». Insomma, riprendendo ragionamenti già svolti[79], se la sentenza non è altro che la concretizzazione della legge nel caso singolo, in essa si potranno distinguere: una premessa maggiore, nella quale è posta la norma di legge secondo il suo significato tratto da un'operazione di interpretazione, una premessa minore, nella quale si afferma che si è verificato in concreto il suo presupposto ed, infine, una conclusione nella quale si trae in concreto la conseguenza che in astratto la legge ha indicato.

Applicando, ad esempio, l'art. 2043 c.c. il giudice, posta in astratto la norma secondo la sua interpretazione, afferma che in concreto si è determinato il suo presupposto e quindi ne trae la conseguenza di condannare il danneggiante a risarcire il danno al danneggiato.

Ora, se nessuno dubita del fatto che sia nella premessa maggiore sia nella conclusione si ponga una questione di diritto, il problema della distinzione tra questione di diritto e questione di fatto si pone nella premessa minore. Ciò perché è in questa che si ha una convivenza tra l'una e l'altra, quantomeno per il fatto che è nell'affermazione (o anche negazione) dell'essersi verificato il presupposto della norma sostanziale che il giudice deve inevitabilmente sia fissare quali siano gli accadimenti che si possono ritenere provati o comunque non bisognosi di essere provati sia operare (o negare) la sussunzione giuridica, insomma leggere gli accadimenti fissati alla luce del concetto giuridico utilizzato.

Ed, in effetti, è proprio in questo contesto che emerge il detto contrasto tra la dottrina e la C.S., affermando quella che la questione di fatto si ferma all'accertamento degli accadimenti, ponendosi l'intera operazione di sussunzione giuridica nell'area della *quaestio iuris*, ed affermando, invece, questa che (tendenzialmente) rientra nella *quaestio facti* insindacabile anche l'operazione di sussunzione giuridica, almeno nella maggior parte dei casi.

Venendo, poi, alla struttura logica del concetto giuridico indeterminato, bisogna preliminarmente comprendere la struttura logica del concetto giuridico in genere[80].

Ogni concetto giuridico è l'indicazione di un gruppo di oggetti per mezzo di un nome comune, in quanto quegli oggetti sono omogenei, insomma hanno una somiglianza. Il contenuto del concetto sta in questa somiglianza che è definita con una proposizione generale. L'estensione del concetto sta nella classe di tutti gli oggetti "pensati" per mezzo del nome comune (la parola) che li esprime.

Quindi, logicamente, un concetto giuridico è definibile o se si vuole inter-

---

[79] Torna al paragrafo 1 del terzo capitolo e al paragrafo 1 del quinto capitolo.

[80] Per la verità si dovrebbe parlare dei concetti *tout court*, ma qui interessano, appunto, solo i concetti giuridici.

pretabile in due modi: fissando in una proposizione astratta i suoi caratteri generali (interpretazione definente) ovvero individuando gli oggetti "pensati" che vi rientrano, vale a dire i casi ad esso riportabili (interpretazione esemplificativa o per subordinazione di casi).

Nell'uso del concetto, quindi nell'applicazione in concreto della norma che lo contiene, i detti modi per definirlo dovrebbero trovare una corrispondenza certa ed immediata, perché la fissazione dei caratteri generali di un concetto dovrebbe servire, appunto, ad identificare nella singola vicenda umana i casi che vi rientrano ed i casi che non vi rientrano.

Questa semplicità emerge a fronte di concetti determinati, che, se spesso sono concetti originariamente giuridici, quali ad esempio la «capacità giuridica», la «prescrizione», la «cosa giudicata in senso formale», possono essere anche concetti che si formano a monte dell'ordinamento e che questo semplicemente recepisce come tale, quale può essere ad esempio oggi il concetto di essere umano.

Ma quando è in gioco un concetto giuridico indeterminato le cose si complicano, perché per esso la fissazione del concetto in astratto, la sua definizione in generale, può avvenire soltanto per mezzo di una proposizione a sua volta indeterminata. Il più delle volte in astratto si possono solo definire lo scopo del concetto ed alcuni principi interpretativi, elementi che non bastano a rendere semplice l'operazione di sussunzione giuridica, ossia chiara ed immediata l'affermazione o la negazione che un singolo caso sia o meno ad esso riportabile.

Qui l'operazione sussuntiva esige una buona dose di valutazione nel caso singolo. Ma è anche vero che, andando a guardare un numero ampio di casistica, si nota che i giudizi sussuntivi non sono tutti uguali, perché, se alcuni sono intimamente legati ad irripetibili circostanze del caso singolo, altri, invece, sono svolti a fronte di fattispecie ripetibili, insomma a fronte di vicende umane dai caratteri ripetibili in una ulteriore e indefinibile serie di casi futuri.

Ecco, allora, che la fissazione dei casi ripetibili partecipa alla formazione del concetto giuridico, il quale è indeterminato appunto per il fatto che per la sua definizione è più utile una interpretazione esemplificativa o per subordinazione di casi, restando la sua individuazione per interpretazione definente insufficiente.

Applicando questi presupposti alla comprensione del giudizio di cassazione, emerge come in questo contesto la vera linea di confine tra questione di fatto e questione di diritto non sia rintracciabile per mezzo di un'impostazione puramente logica. Una simile impostazione, già sul suo stesso piano, a volte fornirebbe una risposta ed altre volte non riuscirebbe nell'intento, perché non sempre nel giudizio del giudice si riesce a distinguere due atti mentali ossia due giudizi sulla vicenda umana da decidere che possano essere separati: l'uno di puro accertamento del fatto, ossia di comprensione del reale per mezzo di criteri pregiuridici, e l'altro di sussunzione giuridica, quindi di catalogazione del reale per mezzo del concetto giuridico.

Piuttosto, la detta distinzione si coglie applicando un criterio teleologico, ispirato allo scopo della C.S., che sta nella nomofilachia, quindi nella sua vocazione ad intervenire per razionalizzare il farsi del diritto vivente, insomma, come si suol dire, per "fare giurisprudenza".

Se il soccombente può perseguire il suo interesse individuale (c.d. *ius litigatoris*) solo se allo stesso tempo la C.S. può curare l'interesse generale alla nomofilachia (c.d. *ius constitutionis*), con il relativo ricorso si potrà pretendere un sindacato sull'ingiustizia di un giudizio sussuntivo solo se nel caso la C.S. ha l'occasione per fissare un principio interpretativo o un caso tipico che valga in casi futuri. Se, al contrario, nel caso si tratterebbe solo di dare giustizia al singolo litigante senza far emergere alcunché che possa avere una valenza più generale, la C.S. si ritrae dal suo sindacato, perché questo non servirebbe (anche) a fare giurisprudenza.

Facciamo degli esempi.

Se nella sentenza l'applicazione del concetto di giusta causa di licenziamento avviene in modo da far emergere l'incomprensione dello scopo ad esso sotteso, ossia l'essere il licenziamento sanzione alla rottura del rapporto di fiducia tra datore di lavoro e lavoratore, la C.S. sindacherà certamente il giudizio appunto per affermare la corretta interpretazione del concetto giuridico. La stessa cosa essa farà se, ad esempio, è stato applicato l'art. 844 c.c. senza comprendere che tale norma tutela il diritto alla salute. O anche quando si applica l'art. 1467 c.c. violando il principio interpretativo per cui lo squilibrio rilevante per la risoluzione deve essere sopravvenuto per un fatto imprevedibile.

Tuttavia, anche a prescindere dalla formulazione di principi interpretativi astratti, l'opera della C.S. è utile e necessaria anche quando si tratta di decidere casi dai caratteri ripetibili, perché quel certo caso concreto potrà appunto verificarsi ancora e così essere assoggettato a futuri giudizi.

Si pensi, nel campo di applicazione del concetto di giusta causa di licenziamento, alle ipotesi in cui: 1) un dipendente di banca si sia appropriato di denaro, 2) un insegnante dipendente di una scuola cattolica abbia contratto matrimonio laico [81], 3) un dipendente abbia fatto un uso fraudolento di certificati medici.

Ebbene nel sindacare questi giudizi sussuntivi concreti la C.S. farà giurisprudenza perché parteciperà alla definizione del concetto giuridico utilizzato per via di interpretazione esemplificativa o per subordinazione di casi.

---

[81] Questo è un caso ovviamente assai discutibile nella sua soluzione, ma è certamente un caso tipico, ossia avente caratteristiche strutturali ripetibili.

Ma, se la censura sollevata non permette di affermare un principio interpretativo del concetto giuridico utilizzato né fornisce l'occasione per fissare un esempio per il futuro, non avrebbe alcun senso un sindacato della C.S., perché in esso non si avrebbe l'occasione per fare una qualche affermazione rilevante per casi futuri. In queste situazioni il giudizio sussuntivo, strettamente legato a circostanze del caso singolo, sarà sindacabile al più indirettamente, per mezzo della via tracciata dall'art. 360, 1° comma, n. 5 c.p.c., che impone al giudice, quale regola metodologica, l'obbligo di tenere in considerazione tutte le circostanze di possibile rilevanza giuridica [82].

Resta un'ultima domanda: tra i concetti giuridici indeterminati ve ne sono alcuni talmente vaghi, inafferrabili in astratto, da poter dire che la loro applicazione debba sempre essere insindacabile in cassazione? Si pensi ai casi in cui la legge utilizza espressioni che rinviano ad una misura o una graduazione, come ad esempio avviene nell'art. 844 c.c., ove si parla di "normale" tollerabilità, nell'art. 1455 c.c., ove si parla di "non scarsa importanza" dell'inadempimento.

La risposta positiva, formulata in Francia agli inizi del XIX secolo e ripresa da una parte della dottrina tedesca nel XX secolo, può giustificarsi solo se si parte da una certa concezione del ruolo della C.S. e della nomofilachia. Se quella ha un ruolo essenzialmente di garanzia del principio della separazione tra potere legislativo e potere giudiziario e se lo scopo della nomofilachia sta essenzialmente nella necessità di garantire la legalità dell'attività giurisdizionale, quindi nella necessità di reprimere eccessi di potere dei giudici, se ne può ricavare la seguente affermazione: ove la legge usa espressioni talmente vaghe da far intendere che in essa ci si affida allo spazio di valutazione dei giudici le sentenze in cui si fa uso di un simile potere di valutazione non devono essere cassate, perché con ciò si finirebbe solo per sostituire al giudizio opinabile del giudice del merito il giudizio altrettanto opinabile della C.S.

Ma, nel momento in cui s'intende [83] che la C.S., più che avere un ruolo di garanzia a fronte della separazione dei poteri, è oggi l'organo di vertice della giurisdizione e che il suo scopo non sta nella protezione della legge dagli attacchi dei giudici, quanto piuttosto nella razionalizzazione del farsi del diritto vivente, se ne deve ricavare che non può ipotizzarsi un limite al sindacato della C.S. derivato da uno spazio riservato ai giudici di merito.

Ciò che conta non è il tipo di concetto giuridico utilizzato, ma la caratteristi-

---

[82] Questa norma non ha nulla a che fare con una carenza di motivazione, sancendosi in essa un difetto di base legale del giudizio sussuntivo, un errore nella lettura giuridica della fattispecie, che però non può dare corso ad un sindacato diretto perché non servirebbe all'attuazione dello scopo di nomofilachia.

[83] Torna ancora al paragrafo 4 del capitolo secondo.

ca della fattispecie concreta che si ha di fronte: se questa presenta caratteri ripetibili, allora la C.S. può e deve intervenire al fine di dare l'esempio per casi futuri. Si potrà consentire nel dire che l'applicazione di certi concetti giuridici dà in concreto meno occasioni all'emersione di casi con queste caratteristiche. Ma ciò non può, però, far dimenticare che la valutazione va fatta di caso in caso, senza riservare ai giudici di merito degli spazi di valutazione *a priori* protetti da ogni sindacato.

7. *Il processo complicato nelle fasi di gravame*

Dobbiamo affrontare due argomenti diversi, ancorché per certi aspetti connessi. Il primo riguarda il problema del c.d. litisconsorzio nelle fasi di gravame, le cui norme di riferimento sono gli artt. 331 e 332 c.p.c. Il secondo attiene alle impugnazioni incidentali, disciplinate dagli artt. 333 e 334 c.p.c.

Nello studio degli artt. 331 e 332 c.p.c. bisogna porre la seguente domanda: se la sentenza è stata pronunciata tra più parti, è necessario riprodurre tale pluralità di parti nel giudizio di impugnazione?

Trovare la risposta non è cosa semplice, soprattutto perché, come già sappiamo, dietro la pluralità di parti vi possono essere nel processo strutture oggettive assai diverse, potendosi immaginare che il giudizio abbia ad oggetto una sola situazione giuridica o più situazioni giuridiche e, in quest'ultimo caso, potendosi prospettare connessioni più implicate o meno implicate.

In questo quadro i citati artt. 331 e 332 c.p.c. hanno scopi diversi.

Il disposto dell'art. 332 serve a garantire l'unità del processo nelle fasi di impugnazione, non nel senso che la sentenza debba necessariamente essere impugnata in tutti i suoi capi, ma nel senso che, se ciò accade, bisogna fare in modo che il processo non si smembri in più rami in sede di impugnazione. La norma contenuta nell'art. 331, invece, ha l'obiettivo di assicurare l'unità della decisione in fase di gravame, abbia il processo ad oggetto una sola situazione giuridica soggettiva o più situazioni giuridiche soggettive, immaginandosi, quindi, in questo secondo caso, che nel giudizio di impugnazione debba innanzitutto riprodursi lo stesso cumulo oggettivo esistente nel grado che ha posto capo alla sentenza impugnata.

Insomma, se l'art. 332 c.p.c. mira a non rompere l'unità strutturale del processo, l'art. 331 c.p.c. mira più precisamente a non scindere il giudizio, quindi l'unità della decisione.

Quanto appena detto risulta evidente dalle diverse discipline delle due norme.

Nell'art. 331 è previsto che il giudice dell'impugnazione, riscontrato sussistente il presupposto applicativo della norma, ordini *l'integrazione del contraddittorio* rispetto alla parte nei cui confronti non sia stata proposta l'impugnazione e, quindi, se detto ordine non sia rispettato, dichiari inammissibile la proposta impugnazione. Ciò significa che nella logica della disposizione vi è l'obiettivo di giungere, in ogni caso, a definire il processo con una sola sentenza che valga per tutte le parti. E, se nel processo si hanno cause "tra loro dipendenti", in detta logica si vuole imporre un certo oggetto del giudizio di impugnazione, per cui o tale giudizio si svolge su tutte le cause già decise nella sentenza impugnata oppure esso non si svolge per nulla. Insomma, non è possibile che la pronunciata sentenza diventi definitiva per alcuni o su alcune cause, mentre essa possa essere modificata in sede di impugnazione per altri o in riferimento ad altre cause.

Nell'art. 332, invece, è previsto che il giudice ordini la *notifica della proposta impugnazione* alle parti che potrebbero ancora proporre la stessa impugnazione e, se detta notifica non è compiuta, si dispone che il processo rimanga sospeso fino a quando la sentenza in gioco passi in giudicato per tali parti, che non hanno proposto l'impugnazione, ma che potrebbero ancora proporla. Qui si vuole imporre alle parti di svolgere un solo giudizio di impugnazione sulla stessa sentenza e lo scopo è raggiunto imponendo a colui che può ancora impugnare la forma dell'impugnazione incidentale, che diventa doverosa quando si riceve la notificazione dell'impugnazione da altri proposta [84].

Non ha importanza il fatto che il giudizio di impugnazione abbia lo stesso oggetto del giudizio definito con la sentenza impugnata, perché è ben possibile che questa sentenza passi in giudicato per alcune sue parti e non per altre. Quello che conta è evitare il rischio di smembramento del processo in fase di gravame, per cui delle due l'una: o l'ordine di notifica è rispettato, ed allora colui che riceve detta notifica potrà impugnare solo in via incidentale, oppure l'ordine di notifica non è rispettato, ed allora si sospende il giudizio di impugnazione in attesa che altri legittimati (eventualmente) propongano in via principale la stessa impugnazione, raggiungendo ugualmente l'obiettivo di mantenere unito il processo perché, se vi saranno altre impugnazioni, si applicherà l'art. 335 c.p.c., ai sensi del quale tutte «le impugnazioni proposte separatamente contro la stessa sentenza debbono essere riunite, anche d'ufficio, in un solo processo».

Ma, quando si applica la prima norma e quando, invece, si applica la seconda norma?

L'art. 332 c.p.c. si applica ove ci si trovi di fronte a "cause scindibili". Questa è una categoria che si ricava residualmente, ossia possiamo dire che si han-

---

[84] Vedi maggiori approfondimenti tra breve.

no cause scindibili ove non si possa ritenere che il cumulo nel processo sia dato da "cause tra loro dipendenti". Quindi il nostro vero problema sta nel delineare il campo di applicazione dell'art. 331 c.p.c., perché poi il campo di applicazione dell'art. 332 si ricava di conseguenza. E tale compito va assolto partendo dall'idea che la norma sia di stretta interpretazione, data la severità del suo regime.

L'art. 331 c.p.c., prima di fare il caso delle cause tra loro dipendenti, cita l'ipotesi in cui la sentenza sia "pronunciata tra più parti in causa inscindibile". Questa, secondo l'opinione comune, si verifica tutte le volte in cui il processo ha ad oggetto una sola situazione giuridica soggettiva, che deve essere decisa unitariamente per tutte le parti del processo, siano queste anche contitolari o meno di quella situazione. Quindi il caso della "causa inscindibile" si avrebbe quando le parti del processo sono anche parti del rapporto sostanziale, come accade nelle ipotesi di litisconsorzio necessario [85] o di litisconsorzio quasi necessario [86], ma anche quando le parti del processo non sono pure tutte parti del rapporto sostanziale, come accade ove vi sia stato un intervento del terzo titolare di situazione dipendente, ai sensi dell'art. 105, 2° comma, o dell'art. 107 c.p.c., o un intervento per comunanza di causa, ai sensi dell'art. 106 c.p.c., senza che con ciò vi sia stata un'ulteriore domanda.

A mio avviso, se nel primo gruppo di casi l'opinione comune è condivisibile, nel secondo gruppo di casi, invece, bisogna essere più cauti, perché in questi il motivo che dovrebbe fondare l'applicazione dell'art. 331 c.p.c. non è più sostanziale, bensì di tipo processuale: precisamente bisogna garantire che la parte in senso formale e non anche sostanziale possa continuare ad esercitare i suoi poteri processuali anche nelle fasi d'impugnazione.

Ma allora, facendo l'esempio dell'interventore titolare di una situazione dipendente da quella che è oggetto del processo, bisogna distinguere. Se la posizione dell'interventore è legata a quella pregiudiziale già oggetto del processo da un nesso di dipendenza permanente, certamente nulla dobbiamo aggiungere all'opinione pacifica, perché siamo in presenza del titolare di una situazione che comunque verrebbe investito dell'effetto riflesso del giudicato formatosi sulla situazione pregiudiziale. Se, invece, così non è, come è più frequente che accada, allora bisogna distinguere a seconda dell'esito del giudizio compiuto, partendo da un presupposto che a me pare francamente difficile da negare, ossia: ove l'interventore non partecipasse al giudizio d'impugnazione ben è concepibile che per lui passi in giudicato la sentenza già pronunciata o, se si vuole, det-

---

[85] Ritorna al paragrafo 7 del sesto capitolo.

[86] Ritorna al paragrafo 8 del sesto capitolo.

to in altri e più chiari termini, non si può pensare che contro di lui si possa opporre la decisione sfavorevole resa in grado d'impugnazione, ove non vi sia stata la sua partecipazione al processo di formazione di tale sentenza.

Si faccia il caso dell'appello.

In caso di vittoria dell'attore, quindi di sconfitta del convenuto e del terzo intervenuto in suo aiuto, il convenuto soccombente in primo grado che voglia appellare deve necessariamente integrare il contraddittorio nei riguardi del titolare della situazione dipendente [87], che altrimenti vedrebbe pregiudicata la sua posizione processuale. È vero che in caso di vittoria in appello della parte soccombente in primo grado l'interventore ne avrebbe indirettamente, e necessariamente, un vantaggio. Ma è altresì vero che, avendo lui voluto partecipare al processo per influenzare il contenuto della decisione, non lo si può lasciare fuori dal gioco nel passaggio dal primo al secondo grado.

Diverso è il caso ove sia il convenuto a vincere, e di riflesso l'interventore *ad adiuvandum*. Qui ad appellare sarà l'attore soccombente, ma non c'è alcuna ragione che gli si imponga di integrare il contradditorio nei confronti dell'interventore, perché non vi sono diritti processuali di questo in pericolo. Invero, ove il titolare della situazione dipendente non dovesse partecipare al giudizio di gravame, non vi sarebbe ragione per affermare che contro di lui varrebbe la sentenza d'appello pronunciata in riforma della sentenza di primo grado, restando piuttosto quest'ultima efficace, in modo più favorevole, nei suoi confronti. Insomma, se qui si applicasse l'art. 331 c.p.c., lo si farebbe contro il suo scopo ed, allora, per evitare di allargare le maglie di una disposizione che abbiamo definito di stretta interpretazione, è forse meglio forzare, piuttosto, l'istituto dell'impugnazione incidentale, anche tardiva [88], per consentire all'appellato, il vero interessato alla partecipazione del titolare della situazione dipendente, di coinvolgere l'interventore, ove l'attore soccombente in primo grado impugni.

Più complesso è individuare il concetto di "cause tra loro dipendenti". Qui l'inconveniente che si vuole evitare, disponendo l'ordine di integrazione, è di carattere sostanziale. Precisamente, è necessario che il giudizio di impugnazione coinvolga tutte le cause già decise tutte le volte in cui, se così non si disponesse, ove fosse accolta l'impugnazione relativa ad una sola causa, si determinerebbe una situazione di incompatibilità sostanziale con il modo in cui rimarrebbe decisa altra causa nella parte di sentenza non assoggettata ad impugnazione.

---

[87] Che, peraltro, potrebbe anch'egli impugnare, ovviamente citando entrambe le parti presenti, ossia quelle a cui fa capo l'unico rapporto sostanziale in gioco. Non avrebbe alcun senso ipotizzare un appello di questo legittimato solo nei confronti della parte c.d. adiuvata.

[88] Sul quale vedi tra poco.

Così, o l'impugnante ha posto in essere un atto sufficiente sul piano oggettivo e soggettivo oppure il giudice ordina la sanatoria, affinché si acquisisca ciò che manca, ossia: al contempo un allargamento oggettivo e, di conseguenza, un corrispondente allargamento soggettivo. Insomma, evitando ogni finzione, è il giudice che, valutata l'applicabilità nel caso dell'art. 331 c.p.c. e riscontrato il difetto dell'atto d'impugnazione, ordina all'impugnante: rimetti in gioco anche la causa che non hai voluto devolvere, perché, a prescindere ed oltre i principi della domanda, della soccombenza e quindi dell'interesse ad impugnare, io non deciderò neanche la causa su cui tu vuoi veramente ed esplicitamente che io decida se non trascini in appello anche la possibile riforma della causa dipendente!

Quali sono le fattispecie riportabili all'applicazione dell'art. 331 c.p.c., posto che il concetto di cause dipendenti rinvia ad un bisogno di evitare incompatibilità sostanziali? Posto che ovviamente il problema va sempre risolto caso per caso, si facciano qui alcuni esempi.

Si faccia l'esempio di un giudizio di primo grado nel quale vi sia stata una chiamata in garanzia avente come contenuto l'esercizio dell'azione di regresso [89], per cui la sentenza sottoponibile ad appello consta di due capi, il primo relativo alla decisione della causa tra l'attore (A) e il convenuto (B) ed il secondo relativo alla decisione della causa tra il convenuto-chiamante (B) e il chiamato-garante (C). Partendo da una situazione di questo tipo non è detto che sempre, in grado d'appello, debba trovare applicazione l'art. 331 c.p.c., dovendosi, invece, appurare caso per caso le compatibilità sostanziali.

Se (A) vince contro (B) e (B) perde contro (C), l'unico soccombente su tutti i fronti è (B). Questi potrà impugnare la sentenza in tutti i modi che vorrà: egli potrà tentare l'appello solo contro (A) o solo contro (C) oppure contro entrambi. Ma, certamente non sarà mai costretto a continuare la lite su entrambe le cause, potendo egli, al contrario, se vuole, devolvere al giudice di secondo grado una sola delle cause sulle quali è risultato soccombente.

Se (A) vince contro (B) e (B) vince contro (C), si possono verificare due ipotesi.

Innanzitutto, è possibile che (B) impugni sul capo di sua soccombenza, quindi contro (A). Qui trova senz'altro applicazione l'art. 331 c.p.c., ossia il giudice ordinerà l'integrazione del contraddittorio nei confronti di (C), la qual cosa poi significa che non si può celebrare l'appello solo sulla causa principale, dovendosi necessariamente devolvere con questa anche la causa di garanzia. E la ragione di tale impossibilità è tutta sostanziale. Invero, se non vi fosse il det-

[89] Vedi *supra* il paragrafo 11 del sesto capitolo.

to ordine di integrazione del contraddittorio, nel caso di vittoria di (B) in appello e di mantenimento della sua vittoria contro (C) sancita nella sentenza di primo grado, in ipotesi non impugnata su questo capo, si avrebbe una chiara incompatibilità tra due pronunce, nelle quali, per un verso, si negherebbe l'obbligo di (B) verso (A) e, per altro verso, si affermerebbe l'obbligo di regresso di (C) verso (B). Ora, non è possibile per ragioni sostanziali che si affermi quest'ultimo obbligo, di (C), negandosi allo stesso tempo l'obbligo, diciamo così, principale, ossia l'obbligo di (B).

Insomma, nell'art. 331 c.p.c. vi è un *vulnus* al principio dispositivo e una sorta di superamento del principio per cui la soccombenza è necessario presupposto dell'impugnazione: (B), se vuole coltivare l'impugnazione contro (A), deve rimettere in gioco anche la sua vittoria contro (C), perché, per ragioni sostanziali, non si potrebbe ammettere che (B) conseguisse una vittoria in appello contro (A), mantenendo la vittoria già conseguita contro (C).

In secondo luogo, è possibile che ad impugnare sia (C), il quale voglia cercare di ribaltare la sua soccombenza patita contro (B). In tal caso non opera l'art. 331 c.p.c., perché l'eventuale vittoria in appello di (C) contro (B) ben può coesistere con la sconfitta subita in primo grado da (B) contro (A), per il semplice fatto che, sul piano sostanziale, la negazione dell'obbligo di regresso è compatibile con l'affermazione dell'obbligo principale. Né ha alcuna importanza la ragione sulla quale (C) fonda l'impugnazione. Quand'anche egli negasse il suo obbligo solo a causa della negazione dell'obbligo principale, non sarebbe ragionevole imporgli di rimettere necessariamente in gioco anche la causa tra (A) e (B), perché un simile onere non sarebbe fondato su esigenze prevalenti.

Insomma qui non si capisce proprio la ragione che dovrebbe imporre un unico accertamento per tutti sulla sussistenza dell'obbligo di (B) verso (A). Perché, come spesso ritiene la C.S. in riferimento alla chiamata in garanzia della compagnia assicurativa per la responsabilità civile, si deve dire che (B) non può essere ritenuto responsabile verso (A) e non esserlo a fronte della causa di garanzia con (C)? Sembra, piuttosto, che, mancando il rischio che emerga un'incompatibilità sostanziale, dovrebbero prevalere i principi fondamentali del processo: quello dispositivo e quello che lega il potere d'impugnare alla soccombenza.

Del resto, in un caso del genere (B) non rischierebbe alcun pregiudizio, perché egli potrebbe sempre, a seguito dell'impugnazione di (C), decidere di impugnare, a questo punto in via incidentale, il capo di sua soccombenza, devolvendo al giudice dell'appello la causa attinente al suo obbligo principale.

Situazione analoga a quest'ultimo caso si ha nell'ipotesi del cumulo alternativo. Si torni a quanto abbiamo detto in riferimento alla c.d. contestazione della legittimazione passiva con conseguente chiamata del terzo, presunto vero obbligato, ai sensi dell'art. 106 c.p.c. [90]. Avendo l'attore (A), non solo chiamato il terzo nel processo, ma anche proposto domanda nei suoi confronti, egli potrà al più risultare vittorioso contro uno dei convenuti (B), restando soccombente contro l'altro (C). Ora, se (B) impugna contro (A), contestando di essere obbligato, non trova comunque applicazione l'art. 331 c.p.c., perché, ove resti ferma la pronuncia di primo grado che ha negato l'obbligo di (C), è del tutto compatibile con tale pronuncia l'eventuale sentenza di secondo grado che neghi pure l'obbligo di (B). E (A), se vuole evitare l'inconveniente di risultare sconfitto su tutti i fronti, può sempre, quando contro di lui impugna (B), impugnare in via incidentale avverso (C).

Diverso è il discorso, invece, ove nel giudizio di primo grado vi sia stata una lite tra pretendenti [91]. In tal caso due soggetti affermano contro il comune convenuto di essere titolari di diritti incompatibili, per cui, se uno vince e l'altro perde, l'appello del soccombente dovrà portare con sé, necessariamente, l'integrazione del contraddittorio rispetto alla parte vittoriosa, ossia la devoluzione al giudice dell'impugnazione anche della causa relativa al pretendente vittorioso. Invero, se così non fosse, si rischierebbe di avere due giudicati tra loro incompatibili.

Infine, nel complesso campo delle obbligazioni solidali, limitandoci a quelle c.d. ad interesse comune [92], si faccia solo il caso, tra i più discutibili, in cui il creditore (A) vinca in primo grado contro due condebitori in solido (B e C).

È diffusa l'idea per cui, trattandosi di più rapporti obbligatori, per i quali le norme del codice civile fanno chiaramente intendere come non sia richiesta una decisione unica, ben è possibile che, mancando azioni di regresso, si celebri il giudizio d'appello su iniziativa di uno solo, senza che sia necessaria l'integrazione del contradditorio nei confronti dell'altro condebitore soccombente, trovando così applicazione l'art. 332 c.p.c. e non l'art. 331 c.p.c. Se l'appellante vince, avremo nei confronti del creditore che uno è condannato (in primo grado) e l'altro è assolto (in secondo grado), per cui il creditore può chiedere il tutto al condannato, che non può giovarsi dell'effetto favorevole di cui all'art. 1306 c.c., ossia del giudicato favorevole ottenuto dall'altro, essendo lui ormai soggetto al giudicato sfavorevole nei suoi confronti formatosi in primo grado. Se, poi, il condebitore condannato agisce in regresso contro il condebitore assolto, questi non può opporgli il precedente giudicato favorevole ottenuto nel

---

[90] Cfr. il paragrafo 10 nel sesto capitolo.

[91] La quale può verificarsi a causa di diversi fenomeni processuali: per intervento principale ai sensi dell'art. 105, 1° comma, c.p.c., per chiamata ai sensi dell'art. 106 c.p.c. a seguito della c.d. contestazione della legittimazione attiva o, infine, per chiamata su ordine del giudice ai sensi dell'art. 107 c.p.c. Torna ai paragrafi 9, 10 e 12 del sesto capitolo.

[92] Torna anche al paragrafo 11 nel sesto capitolo.

giudizio di gravame del primo processo, perché tale vittoria gli giova a fronte del creditore contro il quale appunto ha vinto, ma non anche nel successivo processo in cui sia convenuto in regresso da chi ha pagato.

A mio avviso potrebbe essere dubbia la non operatività in questo contesto del principio tratto dall'art. 1306 c.c., ed allora proprio a causa di questa incertezza si potrebbe auspicare l'applicazione dell'art. 331 c.p.c. Se è vero che ogni singolo condebitore può litigare separatamente col comune creditore, si potrebbe pur ritenere che, ove, al contrario, i condebitori abbiano litigato insieme contro il comune creditore in un giudizio di primo grado, debbano poi continuare a farlo nei gradi d'impugnazione, avendo processualmente a che fare con una "causa unica", ancorché non (necessariamente) con un unico rapporto giuridico sul piano sostanziale.

Connesso con l'argomento ora trattato è certamente quello delle *impugnazioni incidentali.*

Se a fronte di una sentenza vi sono più soccombenti pratici, quindi più potenziali legittimati a proporre impugnazione, l'ordinamento vuole evitare che si generino diversi giudizi di impugnazione, approntando dei meccanismi che consentono comunque il mantenimento di un processo unitario, anche in presenza di più impugnazioni. I meccanismi sono due:

– l'imposizione della forma dell'impugnazione incidentale (art. 333 c.p.c.);
– la riunione di più impugnazioni proposte in via principale (art. 335 c.p.c.).

Quest'ultimo meccanismo ha nel sistema una valenza residuale, nel senso che esso funziona solo se non riesce ad operare il primo. Ma, l'impugnazione incidentale può rappresentare concretamente il mezzo idoneo allo scopo solo se colui o coloro che sono legittimati all'impugnazione *tout court* ricevono la notifica di altra impugnazione.

Hanno l'onere di impugnare in via incidentale i seguenti soggetti:

– colui contro il quale è proposta l'impugnazione principale (art. 330 c.p.c.);
– colui nei cui confronti è effettuata l'integrazione del contraddittorio ai sensi dell'art. 331 c.p.c.;
– colui che riceve la notificazione di cui all'art. 332 c.p.c.

L'impugnazione incidentale è solo quella che giunge dopo la prima impugnazione proposta, la quale, quindi, è detta principale non perché sia più importante o addirittura perché condiziona l'ammissibilità dell'impugnazione incidentale, ma solo perché essa arriva temporalmente per prima. In altri termini l'impugnante in via incidentale è colui che avrebbe la legittimazione e i termini per impugnare in via principale, ma che deve adottare una forma particolare solo perché altro legittimato si è attivato prima di lui.

L'impugnazione incidentale va proposta nell'atto di risposta previsto in quel certo giudizio di impugnazione, da compiere tempestivamente nel termine di legge. Così in appello essa va proposta nella comparsa di risposta (art. 343 c.p.c.), mentre nel giudizio di cassazione essa va proposta nel controricorso (artt. 370 e 371 c.p.c.). Ciò significa che colui che riceve la notificazione dell'impugnazione principale, quand'anche avrebbe avuto un termine più lungo per proporre impugnazione in via principale, deve ormai rispettare, a pena di inammissibilità, il termine di quell'atto di risposta.

Peraltro, si ricordi ancora che, come è già stato in precedenza sottolineato, l'impugnazione incidentale è necessaria quando si hanno ragioni di soccombenza pratica da far valere e non anche quando si hanno solo ragioni di soccombenza teorica, per le quali basta la mera riproposizione. A meno che su singole questioni non vi sia stata la pronuncia di sentenze non definitive, che, quindi, come tali, devono essere soggette ad impugnazione.

Infine, l'art. 334 c.p.c. disciplina casi particolari in cui si concede la legittimazione a proporre impugnazione in via incidentale a soggetti che avevano perso la legittimazione a proporre impugnazione in via principale. In altri termini, qui si individuano soggetti che, pur non potendo più attivarsi per impugnare per primi la sentenza, sono tuttavia rimessi in corsa dall'impugnazione da altri proposta. Precisamente si tratta delle parti «contro le quali è stata proposta impugnazione e quelle chiamate ad integrare il contraddittorio a norma dell'articolo 331».

Anche in questo tipo di impugnazione incidentale l'interessato deve rispettare la forma e i termini di ogni impugnazione incidentale, nel senso che anche essa deve essere proposta nell'atto di risposta previsto per quel genere di giudizio di impugnazione. Tuttavia, correttamente l'art. 334 qualifica detta impugnazione incidentale come *tardiva* in quanto essa è fatta dopo che per l'interessato la sentenza è, ormai, passata in giudicato, avendo egli prestato acquiescenza o avendo fatto scadere i termini per l'impugnazione in via principale.

Eppure, a dispetto delle apparenze, tale istituto è previsto per facilitare il passaggio in giudicato delle sentenze, perché è proprio per la sua esistenza che un soggetto, risultato nella sentenza per certi aspetti soccombente e per altri vittorioso, quindi pur legittimato ad impugnare la sentenza nella parte di sua soccombenza pratica, può scegliere di lasciar perdere per aspettare le mosse di altro soccombente.

Si faccia classicamente il caso della soccombenza pratica reciproca tra un attore e un convenuto, che può aversi quando nel processo si siano decise più cause, ma anche quando in riferimento all'unica domanda proposta dall'attore questi abbia goduto solo di un accoglimento parziale. Ciascuno dei due può anche scegliere di accettare l'assetto degli interessi che risulta dalla sentenza, omettendo l'impugnazione in via principale, perché sa che comunque, se l'altro impugnerà, egli potrà a sua volta reagire con l'impugnazione incidentale anche se per lui quella sentenza è, ormai, passata in giudicato.

Ed ancora si riprenda l'esempio del convenuto che, soccombente rispetto all'attore, abbia tuttavia vinto nella causa di garanzia. Egli può anche accettare nel complesso una sentenza che, in pratica, non gli apporta alcun pregiudizio economico e, così, evitare di prendere l'iniziativa per primo rispetto all'impugnazione. Ma, ciò è possibile perché quel soggetto sa che potrà sempre rimettersi in corsa ai sensi dell'art. 334 con l'impugnazione incidentale, anche tardiva, se per caso il chiamato in garanzia, soccombente nella causa di garanzia, dovesse, invece, proporre l'impugnazione.

Peraltro, l'impugnazione incidentale tardiva, a differenza dell'impugnazione incidentale tempestiva, è secondaria rispetto all'impugnazione principale, perché, in fondo, la sua possibilità scaturisce appunto dalla proposizione di questa. Ed, allora, è logico il disposto del 2° comma dell'art. 334, così come modificato col D.Lgs. n. 149/2002, ai sensi del quale «se l'impugnazione principale è dichiarata inammissibile o improcedibile, l'impugnazione incidentale perde ogni efficacia».

Resta a questo punto il dubbio per l'eventualità che intervenga una rinuncia.

Se l'ultimo intervento normativo esplicita un principio che già la giurisprudenza affermava[93] e se in esso è escluso il caso della rinuncia, come sempre la C.S. già prima escludeva, si dovrebbe concludere nel dire che un'impugnazione incidentale tardiva non cade per l'intervenuta rinuncia dell'impugnazione principale.

Probabilmente l'interprete deve arrendersi a questo rilievo. Ma non si può neanche tacere di fronte all'irragionevolezza. È vero che la rinuncia si collega all'esclusiva volontà dell'impugnante in via principale. Ma è anche vero che, se qui emergere un principio di dipendenza dell'incidentale tardiva dall'impugnazione principale, se ne dovrebbe ricavare l'applicabilità dell'art. 334, 2° comma, c.p.c. ad ogni ipotesi in cui cade l'impugnazione principale, si tratti di inammissibilità, improcedibilità o rinuncia.

8. *Effetto espansivo interno ed esterno*

L'art. 336, 1° comma, c.p.c. recita: «La riforma o la cassazione parziale ha effetto anche sulle parti della sentenza dipendenti dalla parte riformata o cassata».

---

[93] Ossia l'idea che la norma in commento dovesse essere applicata anche al caso della improcedibilità, visto che essa si riferiva esplicitamente solo a quello della inammissibilità.

Immaginando una sentenza nella quale una parte è dipendente dall'altra, se l'impugnazione della sola parte pregiudiziale va a buon fine, con ciò è travolta senz'altro anche la parte dipendente (c.d. *effetto espansivo interno*). Tale norma può rappresentare, quindi, anche una sorta di superamento *ex post* di quanto dispone il 2° comma dell'art. 329 c.p.c., ai sensi del quale si forma il giudicato per le parti di sentenza non impugnate.

I casi sono diversi e possono verificarsi sia quando il processo ha ad oggetto una sola causa sia quando, invece, esso ha ad oggetto più cause, ovviamente connesse per pregiudizialità-dipendenza.

Dal primo punto di vista si pensi, ad esempio, all'ipotesi in cui, pronunciata una sentenza in cui il giudice si afferma competente e decide, di conseguenza, nel merito, l'interessato proponga regolamento (facoltativo) di competenza: se la Corte di cassazione nega la competenza prima affermata dal giudice originariamente adito, con ciò è travolto anche il capo dipendente relativo al merito. Oppure si pensi al caso in cui, ribaltata in sede di impugnazione la soccombenza, venga con ciò travolta anche la originaria condanna alle spese a favore di colui che in precedenza era risultato vittorioso nel merito.

Nella seconda ipotesi, sempre che le cause dipendenti riguardino le stesse parti[94], si pensi a tutti i casi in cui viene modificato in sede di impugnazione il giudizio sul rapporto pregiudiziale. Così, ad esempio, proposta impugnativa negoziale e conseguente azione risarcitoria, avendo in primo grado l'attore vinto su entrambe le domande, ove in secondo grado sia modificata la decisione sull'impugnativa negoziale, senz'altro sarà travolta, con ciò, anche la decisione sulla conseguente domanda risarcitoria.

Diverso e più complesso è il fenomeno del c.d. *effetto espansivo esterno* disciplinato dal 2° comma dello stesso art. 336, che così recita: «La riforma o la cassazione estende i suoi effetti ai provvedimenti e agli atti dipendenti dalla sentenza riformata o cassata». Qui non si immagina la dipendenza tra parti dello stesso provvedimento, bensì la dipendenza tra più provvedimenti e si stabilisce che la caduta del provvedimento pregiudiziale comporta la caduta anche del provvedimento dipendente.

La norma può trovare applicazione innanzitutto quando sia pronunciata una sentenza non definitiva.

Si immagini che nel giudizio di primo grado sia pronunciata una sentenza non definitiva su una questione di merito o di rito e che l'interessato, non volendo differire l'appello mediante la riserva ai sensi dell'art. 340 c.p.c., proponga invece appello immediato. In tal caso si possono verificare due scenari.

---

[94] Se, invece, le cause dipendenti fanno capo a parti diverse, troverà applicazione l'art. 331 c.p.c., sul quale vedi il paragrafo precedente in questo capitolo.

Innanzitutto è possibile che il processo di primo grado sia sospeso ai sensi dell'art. 279, 4° comma, c.p.c. [95]. Allora si attenderà la pronuncia della sentenza in sede di impugnazione e se in questa è modificata la sentenza non definitiva, quindi, in pratica, è rigettata l'originaria domanda, il processo di primo grado perderà ogni senso.

Se, invece, il processo in primo grado non viene sospeso, allora l'eventuale modifica della sentenza non definitiva in sede di impugnazione travolgerà gli altri atti compiuti ed anche un'eventuale sentenza definitiva pronunciata in primo grado. Qui gli atti dipendenti vengono travolti non perché diventano invalidi, ma perché diventano "inutili". Per cui si può comprendere come, ove la sentenza di appello sia a sua volta cassata, quegli stessi atti possano ben ritornare "utili".

Tuttavia, tale meccanismo può presentare delle complicazioni.

Ove nel giudizio di primo grado si sia giunti a pronunciare la sentenza definitiva, si può anche immaginare che detta sentenza venga prima travolta dalla sentenza d'appello, che abbia modificato la sentenza non definitiva, e poi, magari, "riviva" a seguito della cassazione di questa sentenza d'appello.

Ma, se nel giudizio di primo grado non si sia ancora giunti alla pronuncia della sentenza definitiva, allora, per far operare il meccanismo senza inconvenienti, è necessario apportare dei correttivi alla lettera della norma in commento. Precisamente si deve ritenere che la modifica della sentenza non definitiva in grado d'appello abbia, di per sé, solo l'effetto di arrestare la progressione degli atti in primo grado, venendo, invece, travolti gli atti compiuti solo quando la sentenza d'appello passi in giudicato.

Inoltre, l'art. 336, 2° comma, c.p.c. trova applicazione quando sia modificata in appello o cassata una sentenza esecutiva. In questo caso gli atti esecutivi eventualmente in corso non possono continuare la loro progressione, perché viene a mancare l'atto-titolo esecutivo.

Più precisamente è bene distinguere.

L'effetto sostitutivo della sentenza di secondo grado rispetto alla sentenza di primo grado, lungi dal derivare dall'art. 336, 2° comma, c.p.c., certamente emerge da alcuni indizi normativi, tra i quali classicamente si possono citare l'art. 336, 1° comma, e 393 c.p.c. Dal primo, che disciplina il c.d. effetto espansivo interno, si può ricavare certamente l'idea per cui la sentenza di riforma, se

[95] La norma dispone che «quando sia proposto appello immediato contro una delle sentenze previste dal n. 4 del secondo comma, il giudice istruttore, su istanza concorde delle parti, qualora ritenga che i provvedimenti dell'ordinanza collegiale siano dipendenti da quelli contenuti nella sentenza impugnata, può disporre con ordinanza non impugnabile che l'esecuzione o la prosecuzione dell'ulteriore istruttoria sia sospesa sino alla definizione del giudizio di appello».

ha effetti sui capi dipendenti che non siano stati impegnati dall'appellante, evidentemente li ha innanzitutto, in termini sostitutivi, sul capo che sia stato oggetto di esplicita impugnazione. Dal secondo, che disciplina gli effetti dell'estinzione del giudizio di rinvio [96], prevedendo che tutto il processo viene meno, salvandosi solo il principio di diritto enunciato dalla corte di cassazione, si può trarre l'affermazione che, se non si fosse avuto in precedenza quell'effetto sostitutivo, si sarebbe qui dovuto prevedere la riemersione della (efficacia della) sentenza di primo grado.

Ma, al di là ed a prescindere da questi indizi, il vero ed ineliminabile argomento affonda le sue radici nei rapporti tra diritto e processo. Invero, sarebbe assurdo mantenere in vita la norma concreta fissata nel giudizio di primo grado quando essa sia stata eliminata o sostituita da un'altra norma concreta.

Tale effetto sostitutivo impedisce la prosecuzione di un'esecuzione in atto ed ovviamente impedisce l'instaurazione di un'esecuzione *ex novo*.

L'art. 336, 2° comma, c.p.c., si occupa piuttosto degli atti esecutivi dipendenti già compiuti sulla base della sentenza di primo grado: questi cadono subito, per cui il vincitore in primo grado, poi soccombente in appello, perde gli atti compiuti [97]. Così, se costui dovesse poi di nuovo tornare a vincere nel corso del prosieguo del processo, si dovrà ricominciare con una nuova esecuzione forzata.

Se, poi, alla sentenza esecutiva sia già stata data esecuzione, spontaneamente o in via di esecuzione forzata, allora l'originaria condanna esecutiva sarà ribaltata con una condanna alla restituzione. Ma, anche questo aspetto francamente sta, propriamente, fuori dall'ambito di applicazione dell'art. 336 c.p.c. e risponde, piuttosto, ad un principio di equilibrio tra le parti, per cui l'esecutività di una condanna provvisoria, ossia contenuta in una sentenza ancora non passata in giudicato, deve essere controbilanciata dal riconoscimento di una pretesa restitutoria a favore della controparte, che ottenga l'eliminazione dell'atto-titolo esecutivo, magari anche solo per ragioni di rito.

Non sembra, invece, che si possa immaginare un effetto espansivo esterno, ai sensi dell'art. 336, 2° comma, c.p.c., tra due provvedimenti pronunciati in processi dichiarativi diversi [98]. Se, ad esempio, il giudice decide su un rapporto, la cui esistenza e/o modo di essere dipende dall'esistenza di altra situazione giuridica, fondandosi su una precedente sentenza passata in giudicato che ha deciso appunto su quest'ultimo rapporto, la sentenza così pronunciata non può

---

[96] Se non è stato rispettato il termine per la riassunzione ovvero si sia poi verificata una causa di estinzione.

[97] Si pensi alla caduta del pignoramento compiuto ed ovviamente al venir meno dei suoi effetti sostanziali.

[98] Ancorché la C.S. più di recente lo abbia affermato.

automaticamente essere travolta da un'eventuale modifica della sentenza sul rapporto pregiudiziale. Il nostro ordinamento non si è occupato del caso, per cui in riferimento ad esso, invece di favorire effetti automatici, forse è più ragionevole immaginare che la sentenza dipendente possa essere soggetta a revocazione utilizzando analogicamente il motivo di cui al n. 2 dell'art. 395 c.p.c.

Finito di stampare nel mese di giugno 2023
nella Rotolito S.p.A. – Via Sondrio, 3 – 20096 Pioltello (MI)